U0106819

故宮博物院藏文物珍品全集

元代繪畫

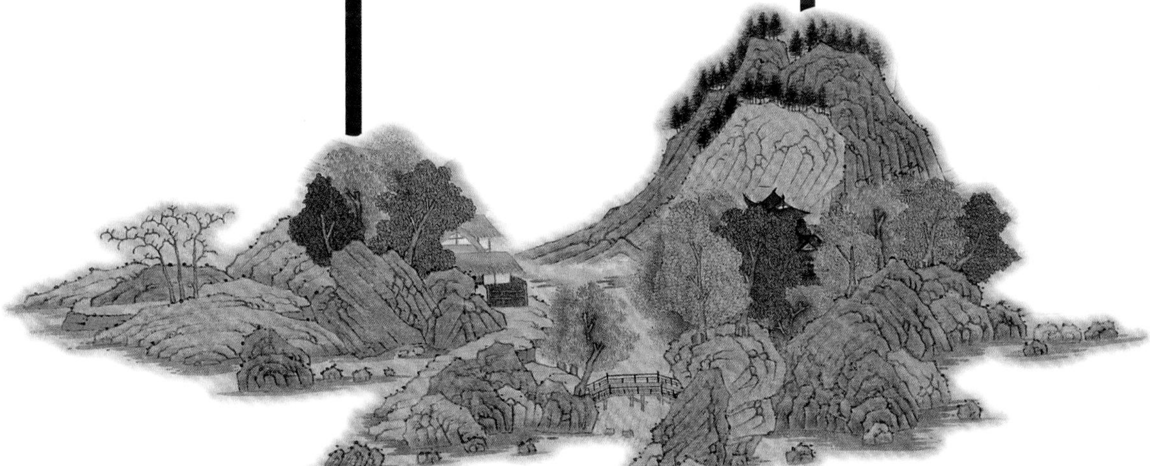

主編：余輝

商務印書館

元代繪畫
Paintings of the Yuan Dynasty

故宮博物院藏文物珍品全集
The Complete Collection of Treasures of the Palace Museum

主　編 ………………… 余　輝
副主編 ………………… 曾　君
編　委 ………………… 文金祥　孟嗣徽　馬季戈　婁　瑋
許忠陵　傅東光　潘深亮
攝　影 ………………… 胡　錘　馮　輝

出版人 ………………… 陳萬雄
編輯顧問 ………………… 吳　空
責任編輯 ………………… 田　村
設　計 ………………… 張婉儀
出　版 ………………… 商務印書館（香港）有限公司
香港筲箕灣耀興道3號東滙廣場8樓
http: // www.commercialpress.com.hk
製　版 ………………… 深圳中華商務聯合印刷有限公司
深圳市龍崗區平湖鎮春湖工業區中華商務印刷大廈
印　刷 ………………… 深圳中華商務聯合印刷有限公司
深圳市龍崗區平湖鎮春湖工業區中華商務印刷大廈
版　次 ………………… 2005年6月第1版第1次印刷

ISBN 962 07 5328 3

All inquiries should be directed to:
The Commercial Press (Hong Kong) Ltd.
8/F., Eastern Central Plaza, 3 Yiu Hing Road, Shau Kei Wan, Hong Kong.

故宮博物院藏文物珍品全集

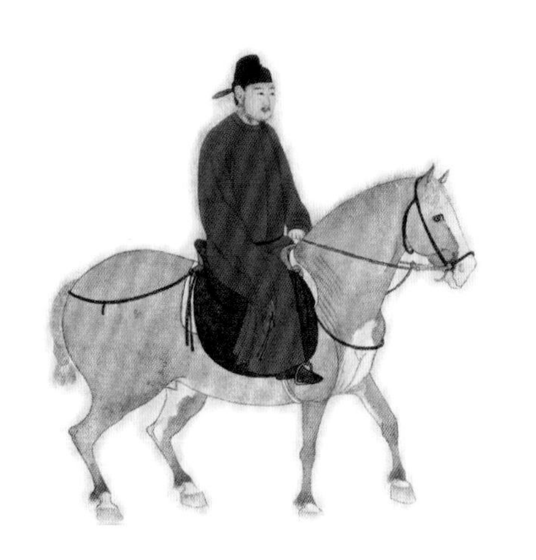

總序

楊新

故宮博物院是在明、清兩代皇宮的基礎上建立起來的國家博物館，位於北京市中心，佔地72萬平方米，收藏文物近百萬件。

公元1406年，明代永樂皇帝朱棣下詔將北平升為北京，翌年即在元代舊宮的基址上，開始大規模營造新的宮殿。公元1420年宮殿落成，稱紫禁城，正式遷都北京。公元1644年，清王朝取代明帝國統治，仍建都北京，居住在紫禁城內。按古老的禮制，紫禁城內分前朝、後寢兩大部分。前朝包括太和、中和、保和三大殿，輔以文華、武英兩殿。後寢包括乾清、交泰、坤寧三宮及東、西六宮等，總稱內廷。明、清兩代，從永樂皇帝朱棣至末代皇帝溥儀，共有24位皇帝及其后妃都居住在這裏。1911年孫中山領導的"辛亥革命"，推翻了清王朝統治，結束了兩千餘年的封建帝制。1914年，北洋政府將瀋陽故宮和承德避暑山莊的部分文物移來，在紫禁城內前朝部分成立古物陳列所。1924年，溥儀被逐出內廷，紫禁城後半部分於1925年建成故宮博物院。

歷代以來，皇帝們都自稱為"天子"。"普天之下，莫非王土；率土之濱，莫非王臣"（《詩經．小雅．北山》），他們把全國的土地和人民視作自己的財產。因此在宮廷內，不但匯集了從全國各地進貢來的各種歷史文化藝術精品和奇珍異寶，而且也集中了全國最優秀的藝術家和匠師，創造新的文化藝術品。中間雖屢經改朝換代，宮廷中的收藏損失無法估計，但是，由於中國的國土遼闊，歷史悠久，人民富於創造，文物散而復聚。清代繼承明代宮廷遺產，到乾隆時期，宮廷中收藏之富，超過了以往任何時代。到清代末年，英法聯軍、八國聯軍兩度侵入北京，橫燒劫掠，文物損失散佚殆不少。溥儀居內廷時，以賞賜、送禮等名義將文物盜出宮外，手下人亦效其尤，至1923年中正殿大火，清宮文物再次遭到嚴重損失。儘管如此，清宮的收藏仍然可觀。在故宮博物院籌備建立時，由"辦理清室善後委員會"對其所藏進行了清點，事竣後整理刊印出《故宮物品點查報告》共六編28

冊，計有文物117萬餘件（套）。1947年底，古物陳列所併入故宮博物院，其文物同時亦歸故宮博物院收藏管理。

二次大戰期間，為了保護故宮文物不至遭到日本侵略者的掠奪和戰火的毀滅，故宮博物院從大量的藏品中檢選出器物、書畫、圖書、檔案共計13427箱又64包，分五批運至上海和南京，後又輾轉流散到川、黔各地。抗日戰爭勝利以後，文物復又運回南京。隨着國內政治形勢的變化，在南京的文物又有2972箱於1948年底至1949年被運往台灣，50年代南京文物大部分運返北京，尚有2211箱至今仍存放在故宮博物院於南京建造的庫房中。

中華人民共和國成立以後，故宮博物院的體制有所變化，根據當時上級的有關指令，原宮廷中收藏圖書中的一部分，被調撥到北京圖書館，而檔案文獻，則另成立了"中國第一歷史檔案館"負責收藏保管。

50至60年代，故宮博物院對北京本院的文物重新進行了清理核對，按新的觀念，把過去劃分"器物"和書畫類的才被編入文物的範疇，凡屬於清宮舊藏的，均給予"故"字編號，計有711338件，其中從過去未被登記的"物品"堆中發現1200餘件。作為國家最大博物館，故宮博物院肩負有蒐藏保護流散在社會上珍貴文物的責任。1949年以後，通過收購、調撥、交換和接受捐贈等渠道以豐富館藏。凡屬新入藏的，均給予"新"字編號，截至1994年底，計有222920件。

這近百萬件文物，蘊藏着中華民族文化藝術極其豐富的史料。其遠自原始社會、商、周、秦、漢，經魏、晉、南北朝、隋、唐，歷五代兩宋、元、明，而至於清代和近世。歷朝歷代，均有佳品，從未有間斷。其文物品類，一應俱有，有青銅、玉器、陶瓷、碑刻造像、法書名畫、印璽、漆器、琺瑯、絲織刺繡、竹木牙骨雕刻、金銀器皿、文房珍玩、鐘錶、珠翠首飾、家具以及其他歷史文物等等。每一品種，又自成歷史系列。可以説這是一座巨大的東方文化藝術寶庫，不但集中反映了中華民族數千年文化藝術的歷史發展，凝聚着中國人民巨大的精神力量，同時它也是人類文明進步不可缺少的組成元素。

開發這座寶庫，弘揚民族文化傳統，為社會提供了解和研究這一傳統的可信史料，是故宮博物院的重要任務之一。過去我院曾經通過編輯出版各種圖書、畫冊、刊物，為提供這方面資料作了不少工作，在社會上產生了廣泛的影響，對於推動各科學術的深入研究起到了良好的作用。但是，一種全面而系統地介紹故宮文物以一窺全豹的出版物，由於種種原因，尚未來得及進行。今天，隨着社會的物質生活的提高，和中外文化交流的頻繁往來，

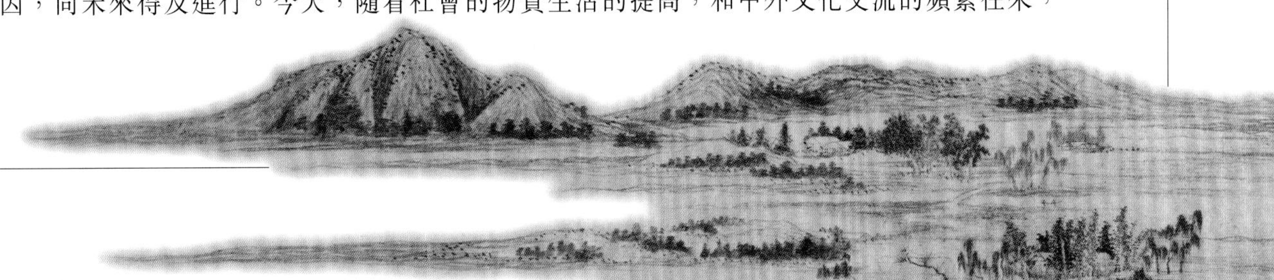

無論是中國還是西方，人們越來越多地注意到故宮。學者專家們，無論是專門研究中國的文化歷史，還是從事於東、西方文化的對比研究，也都希望從故宮的藏品中發掘資料，以探索人類文明發展的奧秘。因此，我們決定與香港商務印書館共同努力，合作出版一套全面系統地反映故宮文物收藏的大型圖冊。

要想無一遺漏將近百萬件文物全都出版，我想在近數十年內是不可能的。因此我們在考慮到社會需要的同時，不能不採取精選的辦法，百裏挑一，將那些最具典型和代表性的文物集中起來，約有一萬二千餘件，分成六十卷出版，故名《故宮博物院藏文物珍品全集》。這需要八至十年時間才能完成，可以説是一項跨世紀的工程。六十卷的體例，我們採取按文物分類的方法進行編排，但是不囿於這一方法。例如其中一些與宮廷歷史、典章制度及日常生活有直接關係的文物，則採用特定主題的編輯方法。這部分是最具有宮廷特色的文物，以往常被人們所忽視，而在學術研究深入發展的今天，卻越來越顯示出其重要歷史價值。另外，對某一類數量較多的文物，例如繪畫和陶瓷，則採用每一卷或幾卷具有相對獨立和完整的編排方法，以便於讀者的需要和選購。

如此浩大的工程，其任務是艱巨的。為此我們動員了全院的文物研究者一道工作。由院內老一輩專家和聘請院外若干著名學者為顧問作指導，使這套大型圖冊的科學性、資料性和觀賞性相結合得盡可能地完善完美。但是，由於我們的力量有限，主要任務由中、青年人承擔，其中的錯誤和不足在所難免，因此當我們剛剛開始進行這一工作時，誠懇地希望得到各方面的批評指正和建設性意見，使以後的各卷，能達到更理想之目的。

感謝香港商務印書館的忠誠合作！感謝所有支持和鼓勵我們進行這一事業的人們！

1995年8月30日於燈下

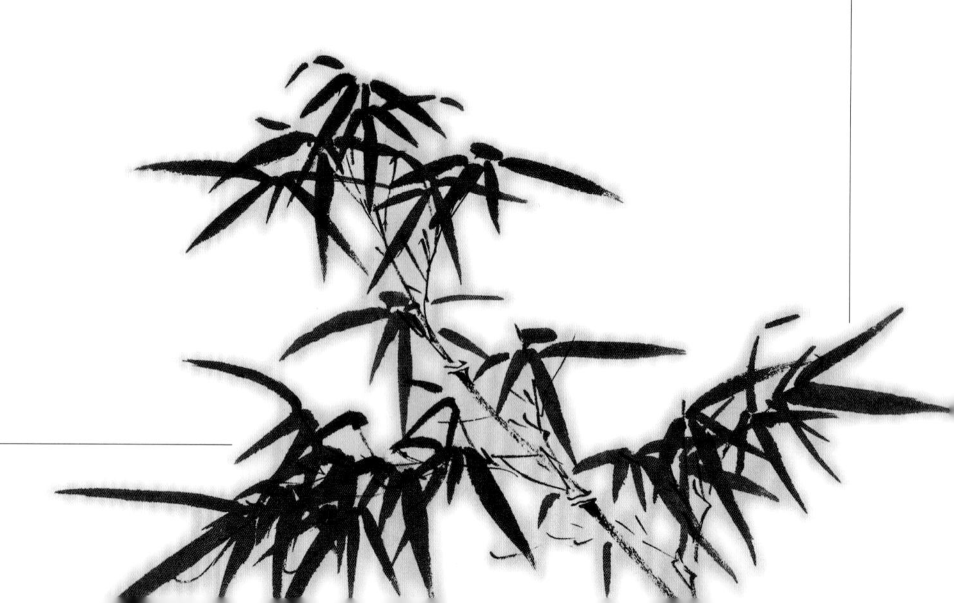

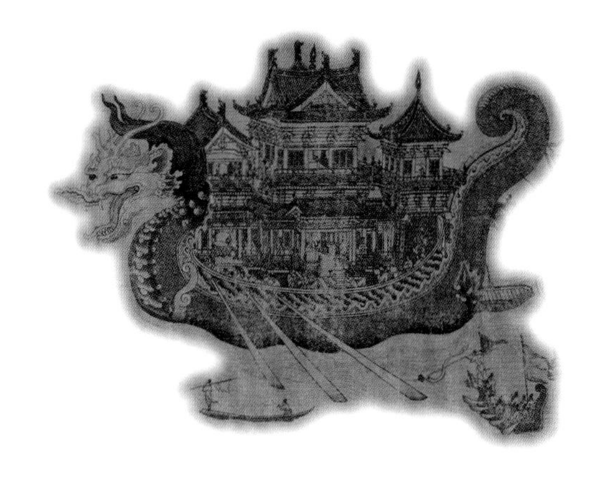

目錄

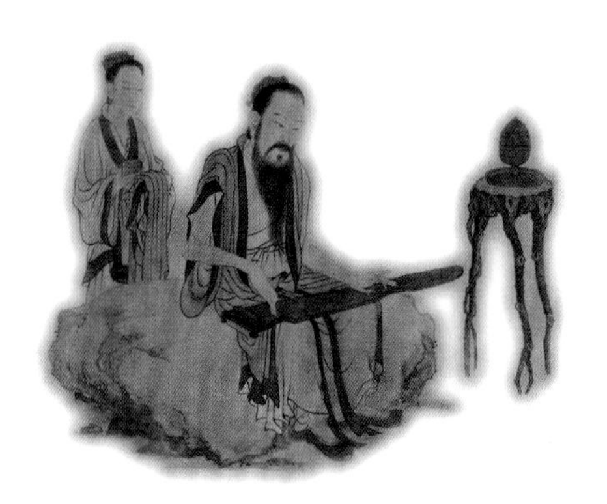

文物目錄

錢選與趙孟頫

元四家及傳派

米氏雲山傳人

李郭傳派及南宋遺韻

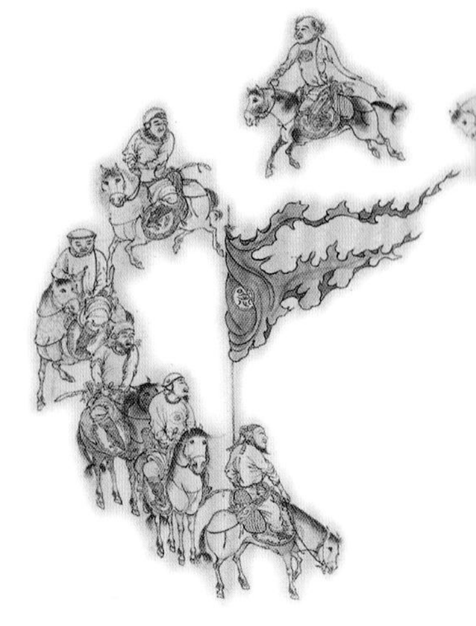

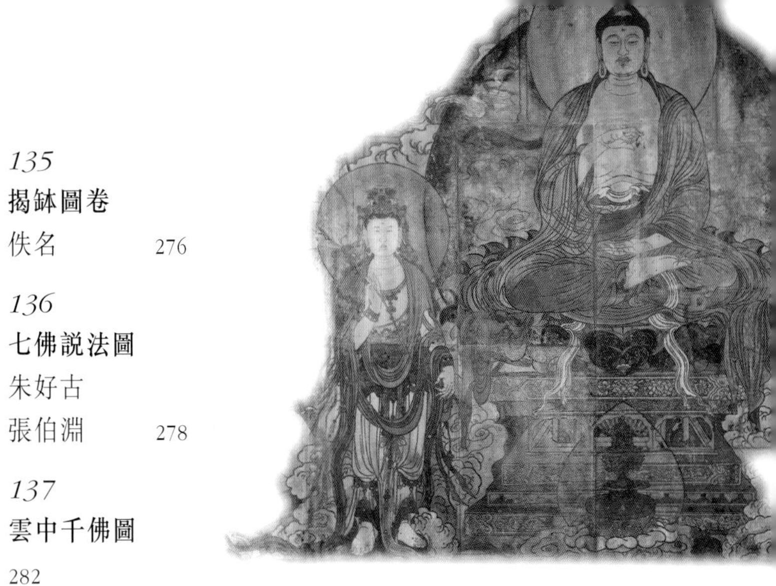

匠師之作

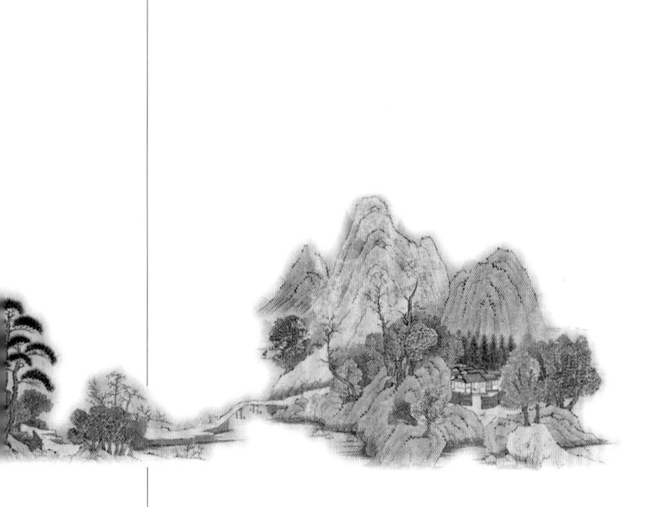

導言

多種文化氛圍中的元代畫壇

余輝

有近百年歷史的元代繪畫是豐富多彩的，這歸之於元代文化的開放性。1271年，蒙古人建立的元朝統一了中國，同時進一步打開了中國通往世界的大門，使各種域外文化湧進中原社會，形成了多民族文化蓬勃發展的局面。元朝諸帝，特別是元仁宗愛育黎拔力八達（1312—1320）熱衷於繪畫活動，他們都不以一種審美意識制約朝野畫家。多元文化並存的社會背景給繪畫藝術的發展帶來了新的生機，繪畫的內容、形式和風格也是多元化的，也即是説，元代繪畫的演進不局限於文人畫，而是在繪畫藝術的各個層面，如民間繪畫、介於文人與工匠之間的繪畫、宮廷繪畫和道、釋等宗教繪畫，都出現了鶯飛草長、雜花生樹的景象。因而認識這段繪畫歷史，應該注意更全面和客觀。

故宮博物院收藏的元代繪畫，其收藏量和完美的品質，堪稱世界之冠，幾乎代表了元代畫壇諸畫科和各流派的藝術成就，其中紙絹畫計有一百三十餘件，寺觀壁畫有一大鋪和三塊殘片。

本卷為單本收錄的院藏元代繪畫，編纂形式按相近的畫家集羣和相似的繪畫題材、依照時序，組成八個部分。這樣，既上承按畫科分卷的晉唐兩宋繪畫，又下接按畫派分卷的明清繪畫。在收錄藏品方面，以往被誤定為前朝名家的繪畫，經鑒定甄別，成為新列入的元代畫作；同時，本卷也剔除了多本舊傳為元代的明清繪畫，僅保留了個別有歷史意義和藝術價值的摹本。

一、元代文人畫的開創者

元代文人畫的開創者是錢選、趙孟頫，他們均為湖州（今屬浙江）籍，前者在宋亡後隱逸一生，後者則仕隱交替，時榮時枯。兩人先後在江南標舉“隸體”、“士氣”、“古意”的畫學思想，遠取晉唐的工麗之風，並揉入清雅簡澹的文人意趣。趙孟頫大大增強了北宋文人寫意畫的風致，對他的家族和“元四家”大有影響，為江南文人畫家所宗法。他們的文人畫觀念上承晉唐宋寫實繪畫的“古意”，下啟明清寫意繪畫的“逸氣”，成為元代文人畫的核心畫家。

確定錢選山水畫風鑒定標尺的是《山居圖》卷（圖1），因卷尾有作者自題五言詩，款印俱全。該圖表現了文人士大夫在靜謐的山林裏聊度閑日，這正是當時文人畫家的理想生活。其畫法學唐人，畫風精麗工整，筆法方折，拙中見巧，畫家以雙勾填青綠，而不失雅韻。另一幅《幽居圖》卷（圖2）無名款，只題有“幽（半字）居圖”，字體和畫風與《山居圖》大體相近，只是行筆略粗勁些，應是錢氏晚些時候的力作。錢選的藝術努力昭示了文人畫家所必須具備的寫實功力和文人素養。

趙孟頫在江南擴展了文人畫的實力，並將文人畫推進到元代宮廷，他協調了蒙古貴族和文人畫家不同的審美趣味。故宮博物院庋藏的趙孟頫畫作，真實地展現了趙孟頫在各個時期的繪畫面貌和在山水、花鳥、人物等畫科的藝術成就。

《人騎圖》卷（圖7）是故宮藏年款最早的趙氏之作，作於“元貞丙申歲（1296）”，此時，重用趙孟頫的元世祖已去世，他擔心自己會遭到不測，故託病辭去在濟南路任同知總管府事的官職。但他又不甘於退出官場，便暫居故里，等待時機。畫中的人物是着唐裝的紅衣官人騎馬像，正是趙孟頫在外任時躊躇滿志的寫照。至於趙孟頫抑鬱、沉靜和睿智的個性，集中體現在他的《自畫像》頁（圖6）裏，但描繪這一個性的手法不是肖像本身，而是一片翠竹。這種以背景為主的自畫像在早期繪畫中僅見於此。

趙孟頫的人馬畫有兩路畫風，其一是清麗淡雅的一路，如《人騎圖》卷，該圖取法於北宋李公麟，筆意清雅簡潔。其二是工整精麗的一路，得益於唐代人畫馬，最具特色的是他的《秋郊飲馬圖》卷（圖8），這是現存趙孟頫唯一有在內廷任職期年款的畫跡，研究此圖，可以認知元廷對繪畫審美的取捨態度，該圖畫一唐裝圉官在池畔牧馬，色彩沉穩穠麗，樹石筆法渾厚灑脫。乾筆和青綠分別屬文人和藝匠的作畫技巧，趙孟頫將蒙古貴族喜好的濃重色彩和文人儒雅的氣息巧妙地熔於一爐。該圖一直深藏於宮中，以致於1933年文物南遷時，故宮職員都不知此圖之所在，長期遺落於一隅，使之殘破不堪，經1955年重新裝裱，方顯現出原畫的神采。他的《浴馬圖》卷（圖9）亦曾遭此經歷，圖中表現馬匹入池前後的不同心理狀態，

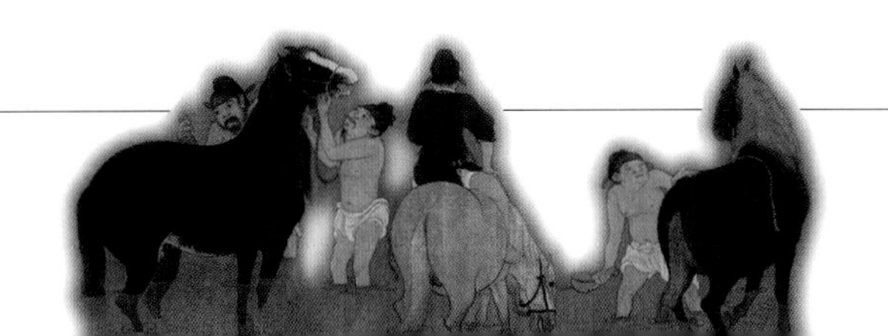

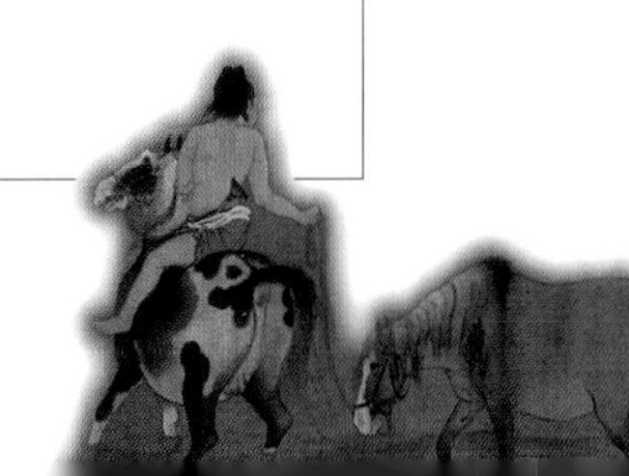

未浴的馬匹因畏寒而用前蹄試水，入池者洗浴得痛快愜意，出浴者仍戀水不肯登岸……

趙孟頫對後世影響最大的山水畫莫過於《水村圖》卷（圖10），是圖作於趙氏畫藝之盛時，畫家已成熟地奠定了枯筆淡墨山水的藝術風格，一片雲水環繞着平緩綿延的丘陵，意境清曠冷寂，是典型的江南平遠之景。

趙孟頫的山水枯筆十分自然地轉化在他的枯木竹石裏，特別是他的《秀石疏林圖》卷（圖11）。據該圖後的柯九思、危素等幾位元代中後期宮中官宦的題文，此圖很可能是趙氏作於大都任上。後紙有趙孟頫關於“書畫同理、同源論”的題詩，任何研究趙孟頫畫學思想和畫風的畫家、學者都不能輕視它在藝術領域的作用。他的《古木竹石圖》軸（圖14）正是他融書畫為一體的具體實踐。

《趙氏一門三竹圖》卷（圖15）將趙孟頫的家庭藝術成就合為一體，展示了趙孟頫在家族中的藝術影響。特別是其妻管道昇的《墨竹圖》是當今唯一存世的真跡，其尖勁清新、靈秀爽朗的畫風盡得趙孟頫筆意，使其它諸多管道昇的贋品黯然失色。趙雍的《竹枝圖》亦取書法用筆，以飛白寫枝，清逸遒放，與其父一樣，趙雍亦精於工細和疏放兩種畫風。由於他的詩文及藝術造詣不及其父，畫中的文人逸氣較其父少了一些，儘管如此，趙雍仍是其家族傳人中畫藝最高的一位。趙雍最有成就的是他的人馬畫，如以工筆繪成的《挾彈遊騎圖》軸（圖16）、兼工帶寫的《沙苑牧馬圖》卷（圖17），延續其父工、寫並重的繪畫風格。

二、元四家及傳派

元四家即黃公望、倪瓚、王蒙和吳鎮。他們沒有師承趙孟頫工麗精巧的崇唐畫風，而直接或間接受趙孟頫寫意繪畫技法的影響，在元代後期的江南，形成了文人畫的核心。故宮所藏元四家的畫跡共計二十三幅，可謂研究元四家的藝術寶庫。縱覽元四家之作，由於藝術取向和經歷不同，因而其畫風亦各有差異，如黃公望的畫意超脫蒼秀、疏鬆清逸；倪瓚的畫格簡淡冷寂、荒寒清曠；王蒙的畫韻深秀蒼茫、繁茂深厚；吳鎮的畫風沉鬱質樸、清壯濕潤。

故宮所藏黃公望的淺絳山水最具特色，他的《天池石壁圖》軸（圖20）和《丹崖玉樹圖》軸（圖22）奠定了淺絳山水的基本面貌，畫中雜木長松，筆筆鬆秀，置景豐富而行筆簡當，畫中以淡赭花青僅作微微皴染，更顯空靈疏秀，耐人尋味。

黃公望的雪景山水另具一格，他晚年的《九峯雪霽圖》軸（圖21）畫江南松江九座道教名山，時稱“九峯”[1]，以表達這位道教全真派信徒的虔敬之心。圖中以淡墨襯染出雪天，雪峯留白，山石、林木的用筆十分圓熟簡明。該圖是為其友班惟志而作，可以推知這位江南名臣與黃公望不同尋常的個人關係，當是基於共同的宗教信仰。

江南太湖水網地區的煙雲，長期滋養着倪瓚的山水畫藝術，凝煉成荒寒幽寂的疏體山水畫風。倪瓚初以五代董源、巨然，北宋米芾為師，近接黃公望，多寫太湖流域的緩坡平石、疏樹遠岫，始創折帶皴，皴擦的筆道猶如摺疊的布帶，故得名，極適合表現被太湖水沖刷出的石質紋理。倪瓚行筆極簡，在枯淡中尋求空靈靜謐的秀逸之美。他的山水畫格調深為明清文人畫家欣賞，成為高逸中的極品。他的山水畫，幾乎不繪點景人物，意在永絕世情。入明以後，其畫大多不署明朝年號，以示不承認明政權。

倪瓚的山水畫一直固守他獨特的精神境界。其早年之作趨於寫實，存世極少，中年尤其是晚年行筆放逸，精品迭出。如他的《林亭遠岫圖》軸（圖31）和《秋亭嘉樹圖》軸（圖33）均係異曲同工的佳作，為其典型的“一江兩岸”式構圖。近景樹下繪一空亭，以示作者孤寂的心境，佈局疏朗空靈，皆用折帶皴皴出坡石，筆墨枯淡而不失濕潤，取象不惑卻意筆草草，天然巧成，在高曠中顯出沉寂荒寒的意境，韻律高古。

《幽澗寒松圖》軸（圖32）是倪瓚晚年山水畫的精品。畫家一變“一江兩岸”式的構圖程式，以平視的視角把近樹、中水、遠山的層次關係表現得十分清晰，畫中精到細微之處，卻是不經意的乾筆淡墨，寒氣逼人，表達了畫家贈畫時冷寂、傷感的心緒。這件稀世珍寶在1933年文物南遷時，因裝運工作忙亂，錯放在一個普通的瓷器箱裏，才一直留存在北京故宮。

和元代許多文人畫家一樣，倪瓚亦雅好畫墨竹，或獨立成幅，或置於山水林木間，以青竹的自然特性自勉，緊守文人氣節。他早年的墨竹畫得較工緻，晚年則行筆堅實勁健，如他的《竹枝圖》卷（圖35），畫一杆秀竹斜貫，筆筆利落勁爽，用墨濃重，生機盎然，新竹的姿態清新可人、秀嫩滴翠。另一幅《梧竹秀石圖》軸（圖30）則繪梧桐、湖石間的兩竿瘦竹，疏景離斜，意態清俊。其手法與前幅頗為不同，以草草的“介”字和“个”字概括葉叢，與梧桐樹渾然一體。

近年，吳鎮家譜的發現與研究，使我們對他富有的家境和道徒、沙彌之行有了較為客觀的認識。吳鎮對傳統筆墨的取向和用意正如清代惲壽平在《甌香館集》中所云：“梅花庵主與一峯老人同學董、巨，然吳尚沉鬱，黃貴蕭散，兩家神趣不同，而各盡其妙。”最關鍵的是，吳鎮不囿於前人之法，不重複先人的筆墨，而演化為自己獨到的造型語言。吳鎮的山水畫構圖大致有三類，一是畫一江兩岸；二是畫江湖平坡；三是畫突兀山崖，打破了物像平列，立軸的題款、題文大都在上方。他的山水畫題材多選繪江上漁父的蕩舟、垂釣等生活，以此作為山水畫的主題。吳鎮的山水畫很少用色，多以水墨為主，其功在用水，以樸茂濕潤見長，他喜用長披麻皴畫山或皴擦出古木之皮，善用淡墨畫石、濃墨點苔，山頂亦好累繪礬石。恰到好處地表現了江南土質山的地質特點，抒發了他淡泊、坦然的精神境地。

吳鎮的《溪山高隱圖》軸（圖26）含有北宋北方山水畫派李成、范寬全景式構圖的特點，作者以披麻皴畫出層層纍疊的土坡、堆砌出一突兀巨峯，諸坡之間不留絲隙，構圖飽滿而無迫塞之弊，這種取景完整的造型手段和全景式的構圖方法亦較多地出現在黃公望、王蒙的山水立軸中，事實上是背叛南宋馬遠“一角”、夏珪“半邊”式的院體取景法則，這個時期南宋院體繪畫受到貶抑。

如果說吳鎮《溪山高隱圖》軸在構圖和意境上追求奇崛高逸的視覺效果和心理感受的話，那麼他的《蘆花寒雁圖》軸（圖25）則是在追尋另一個極端，即平淡和清遠的精神境界。是圖畫秋景漁父，蘆葦隨秋風搖曳，蘆雁振翅而飛，靜中有動；漁父坐在船頭仰首觀天，興致正濃，畫面空靈，情境寒寂。構圖平中見奇，作者大膽地採用層層疊加蘆葦叢的手法來表現空闊無際的水泊，利用橫斜的微差和遠近層次的濃淡變化使其作不失於僵板，這完全得益於作者長期在太湖蕩舟時的觀察和體驗，故有膽識在平淡中出奇制勝，其難度要大於險中求穩。該圖的表現技法係典型的吳鎮風格，即先用淡墨勾、皴坡石，再以粗重的濃墨點醒畫面，遠山輕描淡寫，一揮而就，長線畫波，一抹而過，一反傳統的魚鱗波紋。

在構圖上介於上兩幅之間的是《漁父圖》軸（圖24），幅上年款為（後）至元二年（1336）秋八月，該圖的幅式和書風、畫風與《蘆花寒雁圖》軸相近，只是尺寸略微有差，很可能是諸幅各自流散後，後人在裝裱時無法統一而切裁所致。這套以漁父為題材的立軸約為四或六、八幅條屏，本幅因有年款，應是末幅。同時，可推知《蘆花寒雁圖》軸的繪製年代與這件《漁父圖》軸相同。圖中所鈐“梅花庵”和“嘉興吳鎮仲圭書畫章”印是吳鎮壯年以後一直使用的印鑒。

吳鎮喜畫野竹和風竹，如聞葉葉有聲，明代《梅道人遺墨》記載，每當他“心中有個不平事，盡寄縱橫竹幾枝。”因此，他的“戲筆”是有感而發。他的墨竹畫風大致有兩種，一種是出枝嚴謹、撇葉工穩的風格；另一種是行筆如草書、落墨濕潤的風致。北京故宮博物院庋藏三件吳鎮的墨竹圖，包容了上述兩種風格，盡抒胸臆。

吳鎮的墨竹立軸和他的松石立軸佈局程式相近，窄條式的畫面大致可分為三個部分，上部題詩落款，中部畫墨竹，下部繪坡石，如《墨竹坡石圖》軸（圖28），係吳鎮的盛年之作，墨竹取風動之姿，枝葉順風而臥，筆法勁利爽快，利落簡潔，似聞其聲，與風竹呈反方向斜立着的湖石使富有動態感的畫面在構圖上得到穩定和平衡。

王蒙是趙孟頫的外孫，承傳了家族內斂、柔美的繪畫意趣。王蒙的山水畫以繁密見長，皴法甚為豐富，融匯了五代董源、巨然，北宋李成、郭熙之法，專以疏鬆柔和、垂懸自如的牛毛皴、解索皴圖寫江南層巒疊嶂的土質山，解索皴的用線粗於牛毛皴，線條猶如解開的繩索，鬆散曲垂，十分自然，多用於勾畫山體和巨石。元四家多將實景繪成虛幻之境，王蒙的虛幻之境則是以實寫虛。構圖嚴整飽滿，繁密而不迫塞，畫面深秀蒼鬱、幽邃沉寂，生動地表現夏日江南氣候濕潤、草木茂盛的勃勃生機。《夏山高隱圖》軸（圖36）和《夏日山居圖》軸（圖38）是王蒙畫夏景的典型之作，兩圖皆繪於元末，係盛年之作，構圖和筆墨同出一轍，前者畫高嶺蒼翠、長松流溪，山石作披麻皴、解索皴和牛毛皴，全圖繁皴密點，一片葱鬱，佈局繁密，不透絲風，只留出天空和溪流，十分嚴整。後者畫盛夏蒼山，滿目蒼翠，山下茅齋裏有文人避暑，實為作者隱居生活的真實寫照。該圖以細筆纍疊而成，畫風繁密沉鬱。

《葛稚川移居圖》軸（圖39）是王蒙極少繪製的有典故的山水畫。是圖畫東晉高士葛洪的故事，他為躲避亂政，攜家眷、書童入居廣東博羅縣羅浮山煉丹求道。圖中所繪是葛洪及其家眷入山時的情形，筆墨則另具一格，獨以乾墨渴筆作牛毛皴、解索皴，略染淡墨青赭，渴中見潤，是圖不作苔點，人物描法頗有拙趣，構圖以實為主，不繪絲雲，畫面密而不塞、實中有虛，富有空間感和厚重感。

在元四家藝術活動的盛期，其傳派的繪畫藝術已初露端倪。元末明初，元四家傳派主要活動在江南一帶，圍繞在書畫藏家顧瑛、倪瓚等人的周圍。傳派畫家對形成早期吳派的山水畫風和意筆花竹起了積極的作用，他們一直生活到明初，有的畫家甚至被視為明人，可以說，元四家對明代的藝術影響是通過其傳派實現的。從總體上看，大凡師法元四家者，在藝術上大多要上追溯到五代的董源和巨然。研究元四家的傳派，可以發現元四家審美觀的影響力和廣度。傳派的畫風較其師從對象的筆墨要粗放一些，繪畫語言略顯單一，其藝術個性較前人張揚一些。

故宮藏元四家傳派的佳作主要有黃公望的門人馬琬、吳鎮之侄吳瓘和受王蒙影響的趙元等人。其中時代較晚的是徐賁，他對董源和黃公望有深刻的理解，以至後人將他的《快雪時晴圖》卷（圖69）與黃公望的同名之作誤合為一卷。在元四家傳派中，繪畫影響莫過於趙元，在元代王逢《梧溪集》中稱："畫師今趙原，東吳諒無雙。"趙元入明後改元為原。

近幾十年，學術界開始注重研究一批受元四家影響的元末畫家。也許是限於圖像資料，沈鉉、劉堪、王彥強等人幾乎是被畫史研究所遺忘的山水畫家，其平和無羈的筆墨世界正是元四家所孜孜以求的；元四家的傳人還有許多江浙的佚名畫家，據其畫風，歸在此類。傳派佳作首次刊載於此，以利於學術界探討。

三、雲山墨戲的傳人

由宋代米芾、米友仁父子開創的雲山墨戲風行於北方金國，入元，此風隨高克恭南行，與他齊名的江西道士方從義，將米氏雲山的畫藝施展得更為狂放瀟灑。

高克恭的繪畫標誌着北方少數民族畫家漢化的最高水平，他的米氏雲山是一種北派化的山水，以描繪江南雨山的米點之法來表現北方的高峯大嶺。他的《春雲曉靄圖》軸（圖51）是國內唯一存世的高氏山水，他的《墨竹坡石圖》軸（圖50）繪於他在江南的任上，因有趙孟頫的讚譽，而稱雄於當地。

方從義則是從道人的角度去理解米氏雲山，他的山水畫充滿野性和豪情，在許多方面已遠遠越出了米家山水的矩度，如他的《武夷放棹圖》軸（圖54），畫武夷九曲，山頭上的皴筆始用"亂柴皴"，另可見諸於《溪橋幽興圖》軸（圖53）等。

趙衷身為郎中，卻身懷寫實花卉的功力，還能以浪漫的眼光觀照吳越山川，他特別注意汲取米氏雲山的點法，融匯在雜取眾家的風格之中，如《隔岸望山圖》卷（圖56）、《雲山清趣圖》卷（圖57）均是趙衷此類佳作的代表。

四、李郭傳派及南宋遺韻

北宋李成、郭熙的山水畫風在南宋後期已漸漸淡化，由於元初崇尚北宋以前的山水畫風，李、郭的山水畫在江南又悄然興起，所不同的是，李、郭山水筆墨已不僅是技法的體現，而且是江南逸士生活情韻的展現。李、郭傳派是江南與"元四家"有藝術聯繫的文人畫家，最具代表性的畫家是朱德潤、曹知白等，他們均為江南富豪和名士，與倪瓚、顧瑛等豪族交往，形成一個較為穩定的畫家羣體，其繪畫主題也往往是在山水畫中表現他們所熱衷的雅集活動。李、郭傳派和元四家傳派共同蘊育了元末明初的早期吳派，向明代吳門地區的文人畫家傳導了元人筆意和功力。

朱德潤的《秀野軒圖》卷（圖58）是他七十一歲時的力作，畫他與友人在山林中的遊賞活動，畫家的精絕之處是以粗放的筆墨形成秀逸的畫風，他的《松溪放艇圖》卷（圖59）和《秋林垂釣圖》頁（圖60）也展示了畫家老壯、放達的筆墨精神。

相比之下，曹知白的山水畫則顯得秀雅明潔得多，他十分注重描繪山體的外輪廓結構，並略去其它枝節，大量留白，這種畫法集中體現在他的《雪山圖》軸（圖61）和《疏松幽岫圖》軸（圖63）裏，兩圖分別鈐曹氏閑章"有以自娛"和"玩世之餘"，表明他的繪畫目的完全出於個人的移情遣興。曹知白雅好畫寒林，是取自李、郭繪畫題材，他的《寒林圖》頁（圖62）抒發出文人寒寂清曠的胸臆。

《山水圖》冊（圖64）舊作曹氏真本，詳鑒其筆墨，當係元末明初江南畫家的仿作，其畫風同出一脈，曹氏的畫風影響可見一斑。

在李、郭傳派中，成名者尚有不少，如姚廷美、張觀、吳致中等皆有曠世珍本存於故宮博物院，還有許多佚名畫家也在不停地追仿李、郭的山水畫風，只是他們的文人逸趣少了許多，畫風愈加放逸雄健。他們的存在，顯示元代李、郭傳派已不是孤細一族。

繪畫發展並不完全與朝代的更迭同步，元代有南宋畫風的冊頁證實了這個樸實的藝術規律。這些冊頁均為佚名之作，其作者極可能是南宋末的藝匠及其傳人，他們進不了元代的文人圈，是元代非主流性繪畫，如《深山亭榭圖》（圖76）、《荷亭對弈圖》（圖77）、《鶺鴒圖》（圖78）等五開冊頁，充分體現了南宋院體山水、花鳥畫風的遺韻。

五、梅竹逸趣

江南文人對人世、自然的深刻感悟融入了墨筆之中，元代盛行用紙繪畫，紙對水墨的濃淡乾濕有很強的敏感性和吸附力，給文人墨戲提供了良好的繪畫材料。

流行於北宋末的文人墨戲——枯木竹石，南宋文人較少承襲，卻風行於北方金國朝野，可以說，是趙孟頫、高克恭、李衎、柯九思等入仕元廷的文人畫家借赴江南任職或返鄉之際，不斷地把源於北方的水墨竹石之風吹拂到江南的文人畫壇，造就出顧安、張遜、倪瓚、吳鎮等畫竹高手。

元代的梅竹逸趣有兩類，一種是雙鉤設色，工整寫實，其代表畫家是李珩父子。另一種是水墨寫意，以柯九思、顧安、王冕等為代表。事實上，當時享有盛譽的趙孟頫、倪瓚、吳鎮等文人畫家皆兼擅此道。

李衎的《竹譜詳錄》詳述了竹子的類別和畫竹子的各種技法，使他的畫竹之藝名噪天下。李衎畫竹有兩種手法，其一是墨筆，如他的《四清圖》卷（圖 80），以水墨意筆畫梧竹蘭石，得金代王庭筠筆意，與北宋蘇軾、文同的墨竹一脈相承，其勁爽、灑脱的墨竹筆法遠過前人，顯出直抒胸臆的文人本色。其二是雙鉤設色，如《雙鉤竹圖》軸（圖 83）等均用雙鉤填汁綠的畫法，盡顯其細微的觀察力和精到的表現力。特別是《沐雨竹圖》軸（圖 84），微倚的竹杆和紛紛下垂的竹葉，似乎可見到下滴的雨珠。其子李士行承其父意筆一路的畫風，今有《枯木竹石圖》軸存世，他的山水畫十分難得，其《墨筆山水圖》軸承傳了五代董源、巨然的水墨渲染之韻，亦為元代一脈。

張遜初與李衎同畫墨竹，自愧不及，將李衎的雙鉤填汁綠法簡化為雙鉤白描，筆法粗壯勁利，與“寫竹”無異，另具一格，其《雙鉤竹石圖》卷（圖 93）可見一斑。

在這批墨竹畫家中，元末的柯九思、顧安各領風騷數十年。柯九思的《清秘閣墨竹圖》軸（圖 87）繪於至元三年（1338）。元文宗死後，柯九思被逐出宮，八年後，成此力作。經過宦海顛簸後，他的心緒歸復平靜，他模仿北宋文同的畫法，淡墨為背，濃墨為面，出筆十分利索。他曾自謂：“寫幹用篆法，枝用草書法，寫竹用八分法，或用魯公撇筆法，木石用金釵股、屋漏痕之遺意。”[2] 顧安是將書法筆法“轉換”成墨竹用筆的成功畫家，他的墨竹用筆較柯九思要自然、靈動，故宮藏有他的四幅墨竹，以畫新篁居多，生機勃勃。

墨竹畫家常將竹石合為一體，表現出文人雅士的節高志堅。如李衎的《四清圖》卷、謝庭芝的《竹石圖》軸（圖86）、陸行直的《碧梧蒼石圖》軸（圖92）以及佚名的《墨筆竹石圖》軸（圖94）等均有此意。墨竹畫家兼作梧桐，亦另有一番寓意。梧與“悟”諧音，意即畫家已“感悟”人生，而“悟”的結果，是要與竹石結為終生師友。

王冕獨擅畫梅花，其畫出自宋華光和尚和揚無咎一格，自成兩種畫法，其一是首創“以胭脂作沒骨體”[3]，其二是墨梅，並始作“密梅”，雖枝繁花密，但畫意空靈蕭散。第一種畫法已不見於他的畫跡，後者可見於他的《墨梅圖》卷（圖79），畫家畫一杆墨梅橫穿畫面，枝挺骨傲，畫梅花不作勾勒，點瓣而成，雖不作繁花密枝，但墨氣寒峭，表達出作者強烈的藝術個性。王冕著有《梅譜》，評論畫梅要法，存於《永樂大典》中。

六、細筆水墨花鳥

元代在江南出現了一種別開生面的寫實語言，畫家取法五代西蜀黃筌父子富貴工緻的藝術風格和“用筆新細，輕色暈染”的表現技法，所不同的是，他們以濃淡層次極為豐富的水墨使觀者聯想到五彩斑斕的花鳥世界，揉進了文人儒雅清澹的審美觀。此畫法可稱為“水墨細筆”。這一流派的傑出代表是王淵、盛昌年、堅白子等花鳥畫家，只是在工寫的程度上略有差異。他們既有文人畫家的藝術修養，又有藝匠畫家工筆寫真的繪畫功底。

王淵的畫風遠離南宋院體風格，其人物畫宗法唐人，花鳥畫師從黃筌，山水畫追蹤郭熙，並得到趙孟頫的親授。王淵的畫藝以水墨細筆花鳥畫為最，專擅以細筆淡墨和兼工帶寫的手法皴染出花竹禽雀，畫風雅致清淡，別具一格。如他的《桃竹錦雞圖》軸（圖95）正屬此格。王淵的構圖程式化較強，常常是一隻主禽立於湖石之上，其後繪一兩花枝，引來飛禽數隻，畫家用工整的雙鉤線條兼水墨皴擦，行筆粗細並用，於穩健中見灑脱，水墨層次變化豐富，不着一色已成典雅端麗之格，畫意蘊藉，幽靜深秀，展現了山澗叢林中禽雀平和安詳的自然世界。

盛昌年的《柳燕圖》軸（圖100）在細筆中略加染色，意趣盎然，清代揚州畫家華喦很可能是從此類繪畫中獲得創新的靈感。有許多不知名的寫實畫家盡展其寫實畫藝，有的僅留有其號。如堅白子，唯有《草蟲圖》卷（圖98）存世，畫家的筆墨功力顯現在墨韻上，淡墨層層渲染草蟲，細膩入微，動植物的光潔度和透明度歷歷在目，質感鮮明，多數昆蟲的姿態處在劇烈運動中，靜態者亦十分警覺，似乎一觸即飛，無論是形態還是神氣，都顯露出小動物活潑的靈性。元代畫家不僅在表現動物的生理結構和動感上不遜於兩宋，在捕捉動物的意趣方面也超過前人。

七、宮廷繪畫、白描及界畫

元代水利官員、水利學家任仁發的繪畫才能可謂出類拔萃。他雖然不是宮廷畫家，但對元代宮廷繪畫有深刻的認識。科學家嚴謹求實的思維方式，有助於他發揮繪畫中的寫實才藝。任仁發繪於27歲之作《出圉圖》卷（圖101）初展了他的寫實功力。其《張果見明皇圖》卷（圖103）、《二馬圖》卷（圖102）的用線較早年要老健沉穩得多，尾紙分別有康里子山、危素等朝中官員的跋文，據此推斷，可能是任氏繪於大都任上。由於長期於宮廷任事，任仁發對元朝官場看得頗為透徹。特別是他筆下的《二馬圖》卷，有感於目睹朝中腐敗貪婪的官吏怎樣中飽私囊，畫家各繪一肥馬和瘦馬，在自題中，諷諫了"肥一己而瘠萬民"的貪官，謳歌了"瘠一身而肥一國"的廉臣。其表現手法精細規整，頗為傳神：肥馬一身膘肉，驕橫縱恣，瘦馬一身瘠骨，俯首勤勉，作者不以簡單的符號來寓示其意，而是以傳神技巧來褒善貶惡，使觀者見馬如見人。

任仁發之子任賢佐傳父藝不逴，他的《人馬圖》軸（圖104）得其父韻而行筆更為自如。另一件無款的《職貢圖》卷（圖105）係出任氏一門的後輩之手，畫域外民族向元廷貢馬的情景，幅上有明內府點收元廷書畫的專用章"典禮紀察司印"(半印)，證實該圖係元代的宮廷繪畫。

白描此一簡潔明朗的造型手法成為元代人物畫、界畫的重要技巧。白描的寫實功用，使之在元代宮廷繪畫中佔據重要地位。宮廷畫家往往是畫白描的勁旅，如王振朋、周朗等。王振朋的真跡首推《伯牙鼓琴圖》卷（圖106），畫春秋琴師伯牙為知音鍾子期彈琴，全幅沉浸在悠揚的琴聲中，伯牙焚香撥弦，鍾子期垂目傾聽，蹺起的腳似乎在打着節拍，深入刻畫了人物內心的音樂世界，王振朋的白描線條以蘭葉描為主，運轉圓活舒暢，人物的鬚髮和衣紋上略染淡墨，層次豐富。

元初，從蒙古包裏出來的貴族建立大都後，需要大量營造宮殿、城垣，對他們來說，最急需的藝術是與建築有關的繪畫，即界畫，以期儘快在物質享受上漢化。因此，擅長界畫的漢人極易受到恩寵並被委以重任。元朝政府為了開拓海疆並從事海上貿

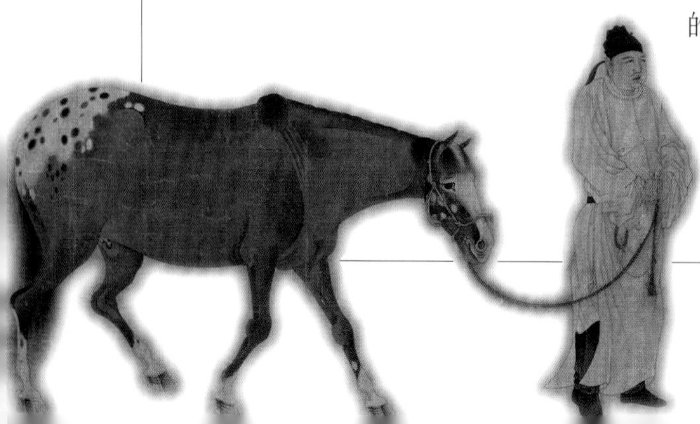

易，造船業應運而生，故界畫舟船在元代亦頗為流行。這些界畫必須結構明確精準，一目了然的白描界畫幾乎能使工匠依圖而造。據元代袁桷《清容居士集》記述：界畫“尺寸層疊皆以準繩為則，殆猶修內司法式，分秒不得逾越。”修內司是元代掌宮城、太廟修繕之事的內府機構。

《龍舟奪標圖》卷（圖107）舊傳王振朋所作，據考訂，應為王振朋之作的元代摹本，圖中再現了北宋崇寧年間（1102—1106）三月三日宋室在金明池舉辦龍舟競渡的盛況，殿宇、拱橋、舟船皆畫得結構明晰，絲絲入扣。

王振朋雖仕奉朝中，但他早年在故里及江南的藝術活動影響了一批畫界畫的高手，夏永、朱玉等曾師承王振朋，夏永的兩幅界畫用精準的造型和富有韻律的勾線，賦予樓閣以藝術魅力。朱玉把工整精微的界畫精神運用到人物畫中，如他的《龍宮水府圖》頁（圖111）蘊含了深厚的界畫功底。

元代宮廷畫家除了王振朋之外，還有商琦和周朗，二人各有一手卷藏於故宮，可以說，這是他們在世間僅存的真本了。

商琦的《春山圖》卷（圖113）描繪了北方太行山餘脈的石質羣峯，留有北宋李成、郭熙一路的韻味。構圖承襲金代山水畫構圖的特點，以長卷的形式横向展開北方的山水全景。有意味的是，畫家將水墨與小青綠融洽地結為一體，透露出一些儒雅的文人氣息。這種手法與他們耳濡目染趙孟頫的繪畫手法有一定的關係。

周朗的《杜秋圖》卷（圖114），畫唐代杜牧《杜秋娘詩》中的杜秋娘，她手持排簫，佇立凝視。作者直取唐代周昉仕女畫的造型和服飾，為唐代“周家樣”的餘脈。畫家受到北宋李公麟線描風格的影響，行筆頓挫有力、圓活潤澤。此外，明人摹周朗的白描《佛郎國獻馬圖》卷（圖115）可作為周朗畫風的參考之作，該圖是至正二年（1342）羅馬教廷與元廷的交往活動的形象證據，彌足珍貴。

不僅在元廷，而且在民間畫師和文人畫家中，白描也成為人物畫的一種表現形式。

在北方，陳及之的《便橋會盟圖》卷（圖116），因畫中人物的衣冠服飾和髮式皆為元代少數民族的樣式，此圖已被確定為元代陳及之的畫跡而不是舊傳的遼代繪畫。畫中的前半段畫各種馬術表演，表演者皆為歸順元朝的党項人，後半段畫唐太宗李世民便橋會盟的故事，其白描勾線生動活潑，流暢婉轉，是元代場面宏大的人物畫卷。

在江南，王繹曾著有《寫像秘訣》，記錄了他的作肖像畫的經驗和技巧。他的唯一作品、也是元代最具代表性的肖像畫是《楊竹西小像圖》卷（圖 117），純以白描繪成。圖中所繪是松江（今屬上海）名士楊謙，其號竹西。人物面部略加細微皴擦和溶墨烘染，眉目雖小，但神情形態逼似，肌膚如生，氣格高古。他手握竹杖，寓"抱節"之意，表明了這位居士不入宦海的晚節心志。這件肖像畫的補景者是倪瓚，更加襯托出主人翁的高潔之態。

另一件引人矚目的白描是《九歌圖》卷（圖 121），舊作宋畫。畫中的白描線條源於北宋李公麟的筆韻，但在舒展圓潤的線條中屢屢出現草草意筆，這已是元末明初畫家的筆墨境界了。畫中李公麟等名款本不可靠，宋高宗的"紹興"銅印亦十分陌生。

八、匠師之作

元代散落在江南的民間藝匠，有的畫史留名，有的還是一般官吏，更多的則是佚名畫家。他們與文人畫家有一定的藝術聯繫，在寫實方面，各顯其能。

胡廷暉是享譽江南的修裱師，他曾為趙孟頫修復過唐畫，還兼有背臨默畫之功。要不是本院楊新先生發現《春山泛艇圖》軸（圖 122）上有胡廷暉的殘印，恐怕世間就無胡氏之作了，該圖舊作宋趙伯駒的《明皇幸蜀圖》軸[4]。胡廷暉《春山泛艇圖》軸可作為鑒別傳為唐代青綠山水畫的標尺，因而唐代大、小李將軍的傳世繪畫需要重新認識。

《鷹檜圖》軸（圖 128）是雪界翁的孤本，有名家文人輔繪補景（張舜咨畫檜）。其寫實技巧超越了宋人之精，工而不膩，細而不俗，代表了元代工筆花鳥畫的寫實能力。

盛懋是在元代享有盛名的畫匠，然而，由於明代文人畫在江南的影響，特別是董其昌大力褒揚吳鎮，盛懋之名遠遠落在吳鎮之後，這種帶有個人感情色彩的藝術批評在四百年後的今天，應該有一個客觀的再認識。根據故宮收藏的六件盛懋之作，就足以證實他生前所享的聲譽並非"聲過其實"。他的《秋江待渡圖》軸（圖 123）、《漁樵問答圖》頁（圖 125）中，山水、人物、樹石，皆透露出自然、樸實和親切之感，只是少了些書卷氣，他長於用色，尤其是青綠，當時的市俗百姓爭相求購，實屬必然。他的繪畫起到範本作用，佚名的《商山四皓圖》軸（圖130）和《東山絲竹圖》軸（圖131），均是他的追從者所繪。盛懋的藝術影響一直波及明初的宮廷繪畫，這與其侄盛著入朝密切相關。

元代朝野，實行多教並重的宗教政策，使各宗教特別是佛教、藏傳佛教和道教的繪畫各有發展空間，並且互相借鑒。故宮博物院藏的元代宗教畫，以佛教繪畫居多，更以佛教壁畫為最。顏輝的《李仙像》軸（圖133）係道教題材，畫"八仙"之一鐵拐李，粗筆之下的鐵拐李射出憤世嫉俗的逼人目光，耐人尋味。許震的《鍾離仙像》軸（圖134）正是這種粗筆畫風的延展。

許多佚名的佛教題材如《魚籃觀音圖》軸（圖132）、《揭鉢圖》卷（圖135）分別代表元代兩種卷軸宗教畫的藝術風格，前者工細過人，影響了寺觀壁畫的繪畫風格，後者簡當怡人，係典型的元代禪畫。

1926年時值國家衰敗之際，山西稷山縣興化寺壁畫被西方文物販子切割後，準備盜運出境。其中《七佛説法圖》（圖136）壁畫片路過北京時，被北京大學的愛國志士截獲，倖存於故宮博物院。1959年，故宮博物院將其拼合復原。在拼合時，將兩身童子飛天拼錯。原始的位置應為：左側者在拘留孫佛與迦葉佛之間；右側者在拘那含牟尼佛與釋迦牟尼佛之間。興化寺在二戰期間遭焚毀。在元代壁畫中，《七佛説法圖》的畫風最精細秀雅，代表了元代佛教壁畫端麗一路的最高藝術成就。畫工秉承唐、宋的壁畫藝術，創造出具有柔美特色的元代壁畫。從河南溫縣慈勝寺裏的《雲中千佛圖》（圖137）殘片中，可以感受到當年整鋪壁畫雅致的藝術魅力，這顯然是受到類似《七佛説法圖》的晉南壁畫的影響，晉南壁畫在北方顯現出極強的向心力，由此可見一斑。

本卷是首次完整地出版故宮藏元代繪畫並介紹相關的學術成果，其中部分作品是第一次面世。所展示的百餘幅元代繪畫，足以改變自明末以來影響學術界的一個偏見，即文人寫意是元代繪畫的主流。本卷陳述一個幾乎長期被忽略的繪畫史實，即細筆寫實和粗筆寫意並存於文人畫中，除此之外，還有許多介於文人和匠師之間的畫家之作，更有一些知名的和不知名的畫匠，活動於宮廷內外。

值得注意的是，元代科學在開放的大環境中有長足發展，對物象世界的宏觀和微觀認識遠遠超過前朝，這必然會影響到寫實繪畫技能的提高。當時湧現了數十種畫法專著和畫譜圖冊，其核心是在探討如何精微、準確地狀物繪形，不妨說，元代畫家寫真求工的寫實技巧超越前人，其工筆重彩、水墨細筆和白描及兼工帶寫等多種繪畫技法，開啟了畫壇新風，改變了以往寫實技巧單一的局面。

註釋：

(1) 楊嘉祐：《三泖九峯和蜂泖畫卷》，《上海博物館集刊》第三期。

(2) 見本卷趙孟頫《秀石疏林圖》卷。

(3) 元·顧瑛：《草堂雅集》卷十四，陶氏涉園影刊元槧本。

(4) 楊新：《胡廷暉作品的發現與〈明皇幸蜀圖〉的時代探討》，《文物》1999年第10期。

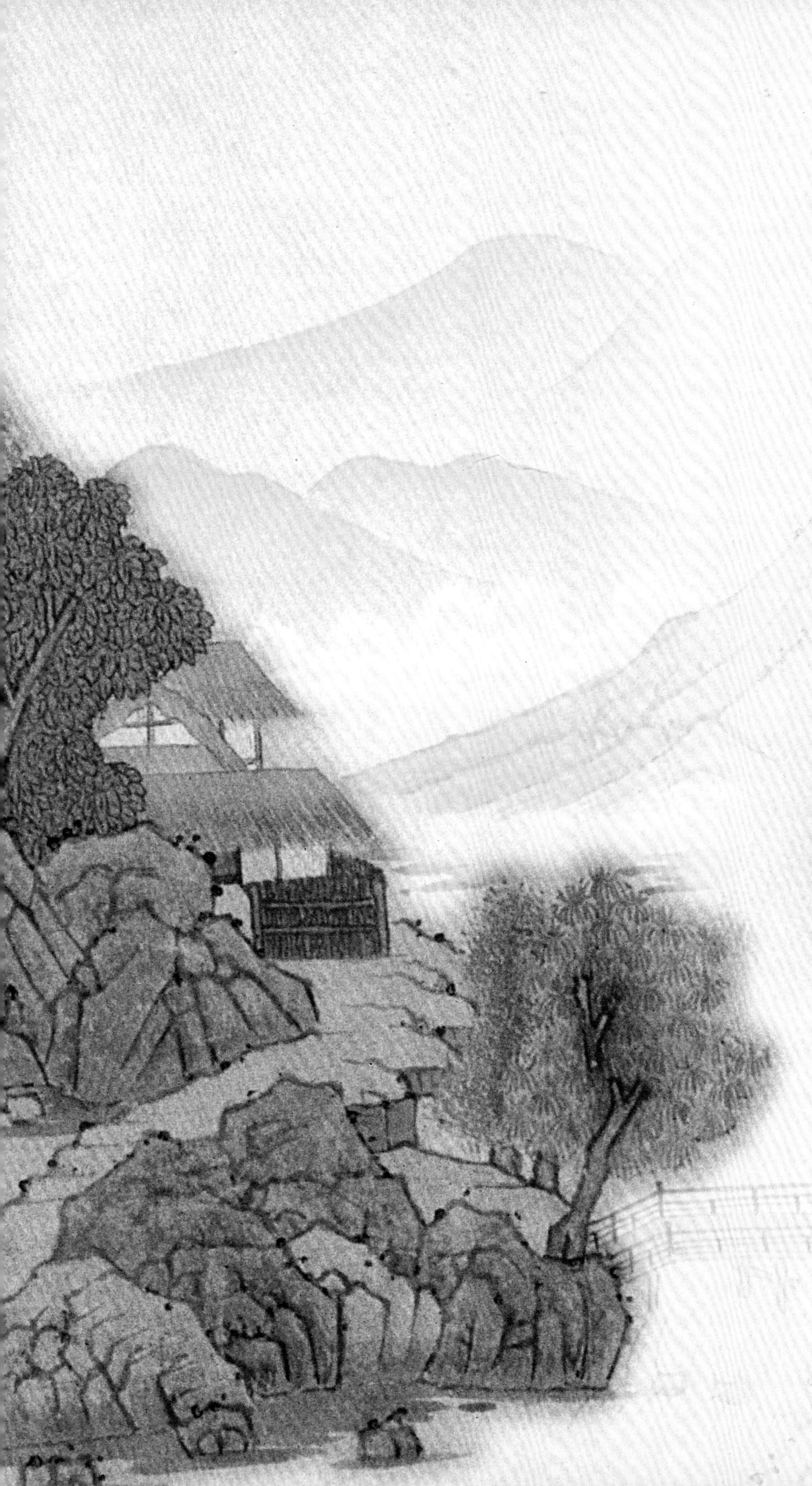

錢選與趙孟頫

Qian Xuan, Zhao Mengfu

1

錢選　山居圖卷

紙本　設色　縱26.5厘米　橫111.6厘米

Living in the Mountain

By Qian Xuan (c. 1239-1299)
Handscroll, Colour on paper
H. 26.5cm　L. 111.6cm

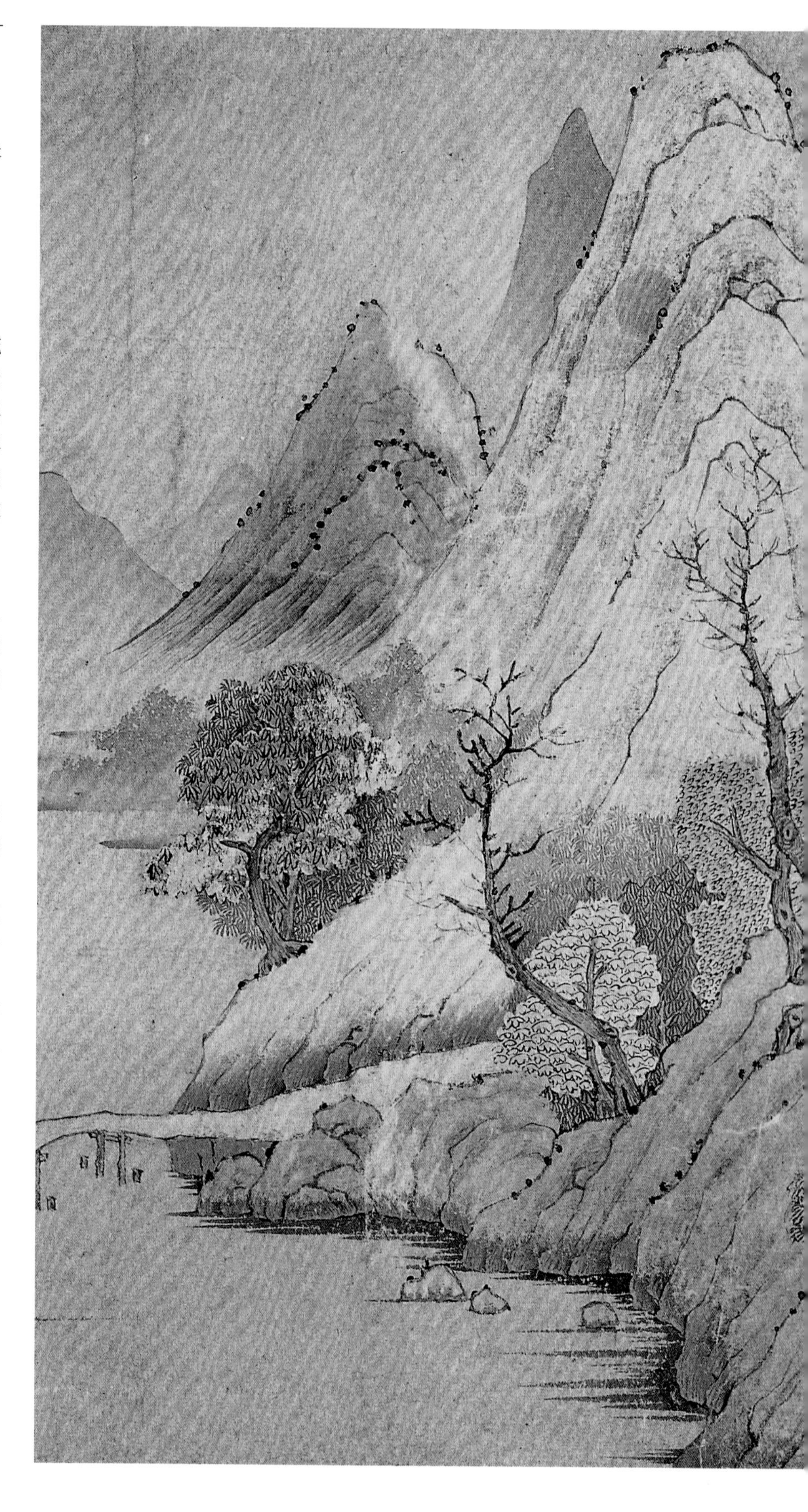

錢選（約1239—1299），字舜舉，號玉潭，又號巽峯，霅川翁、清癯老人。家有習懶齋，因號習懶翁。吳興（今浙江湖州）人，以詩畫終其身，與趙孟頫等被稱為"吳興八俊"。主張體現文人氣質，是一位由工麗向清淡轉變的風尚中有影響的畫家。

《山居圖》是以隱居為題，營造出文人理想中的生活境界，恬淡幽靜，表達了畫家立志幽栖隱居的思想。筆法細勁，設色古雅，意趣簡遠，繼承唐、宋金碧山水畫法又不乏新意。

本幅自題："山居唯愛靜，日午掩柴門。寡合人多忌，無求道自尊。鷃鵬俱有志，蘭艾不同根。安得蒙莊叟，相逢與細論。吳興　錢選舜舉畫並題"。鈐印"舜舉印章"（白文）、"舜舉"（朱文）、"錢選之印"（白文）、"西蠡審定"（白文）、"歸安吳雲平齋審定名賢真跡"（白文）、"希世有"（朱文）。

引首有滕用亨書"山居"。鈐印"隨時取中"（朱白文）、"滕用衡"（白文）。

尾紙題跋有明代俞貞木書《山居記》（釋文見附錄），鈐印"立菴"（朱文）等。另有劉敏、周傅、徐範、止安生、周岐鳳、錢紳、謝縉、張收、朱逢吉、董其昌、顧文彬等二十五家題記，鈐印三十六方。

曾經《庚子銷夏記》著錄。

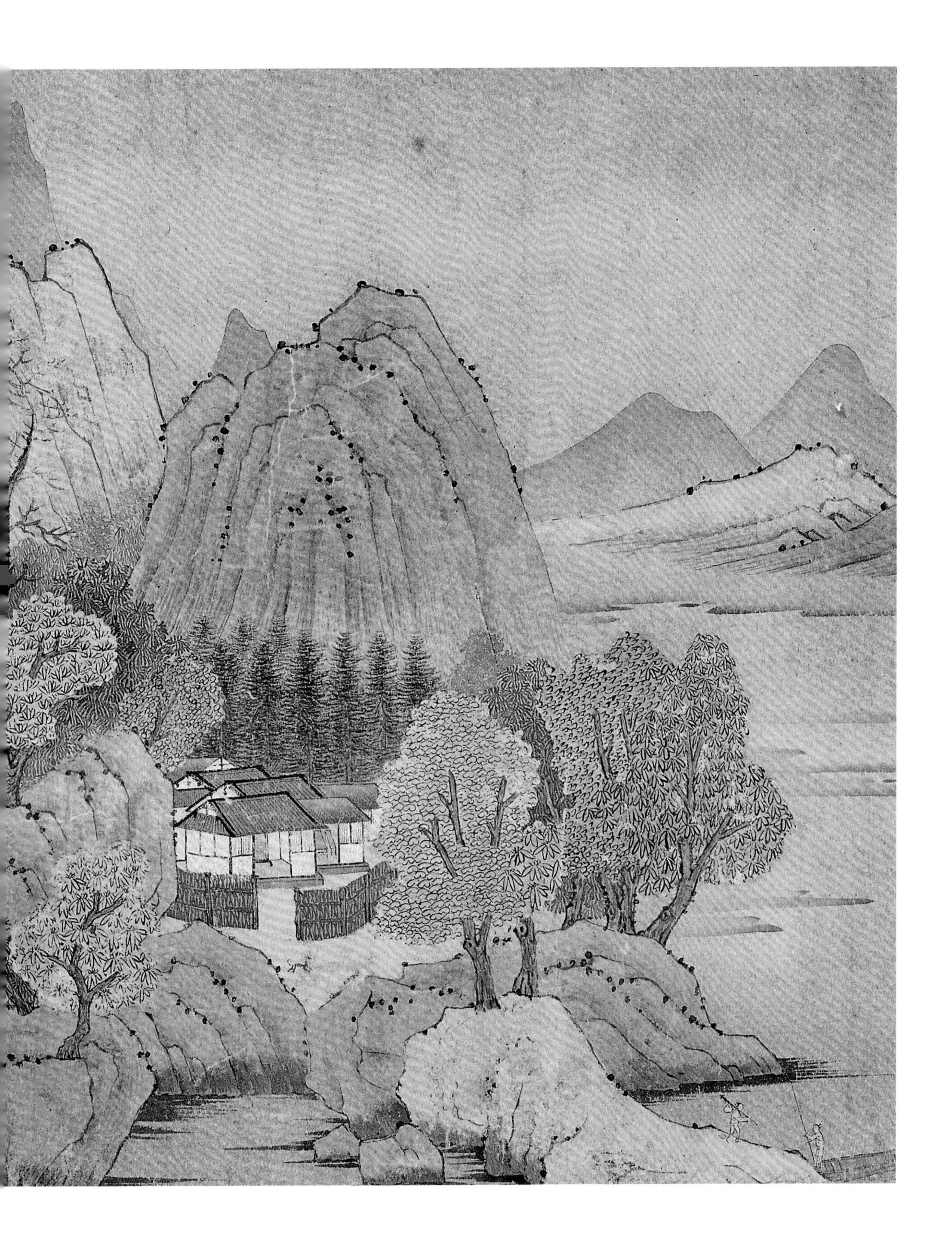

山居記
居水村而慕山林者往々厭塵喧而樂幽
僻豈以山林為深靜而喧囂之所不到

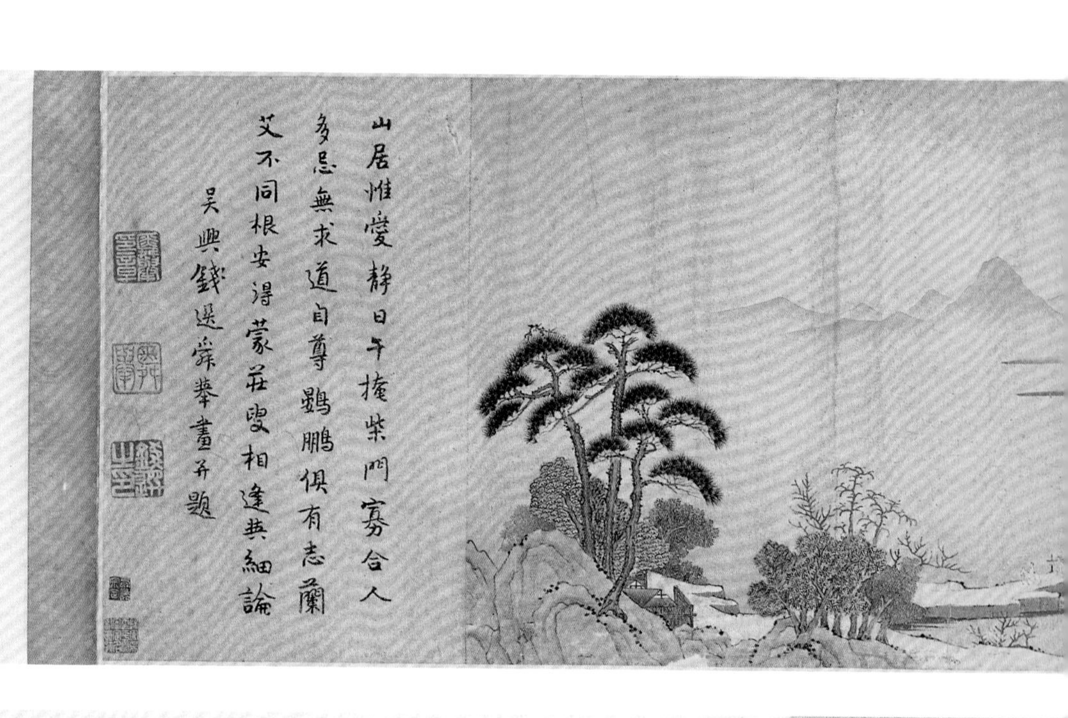

山々怡暮景蓋未晚也尚當拭目以俟
重為作山居記
洪武三十年春上巳立菴獨叟俞貞木
書于端居方丈

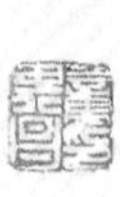

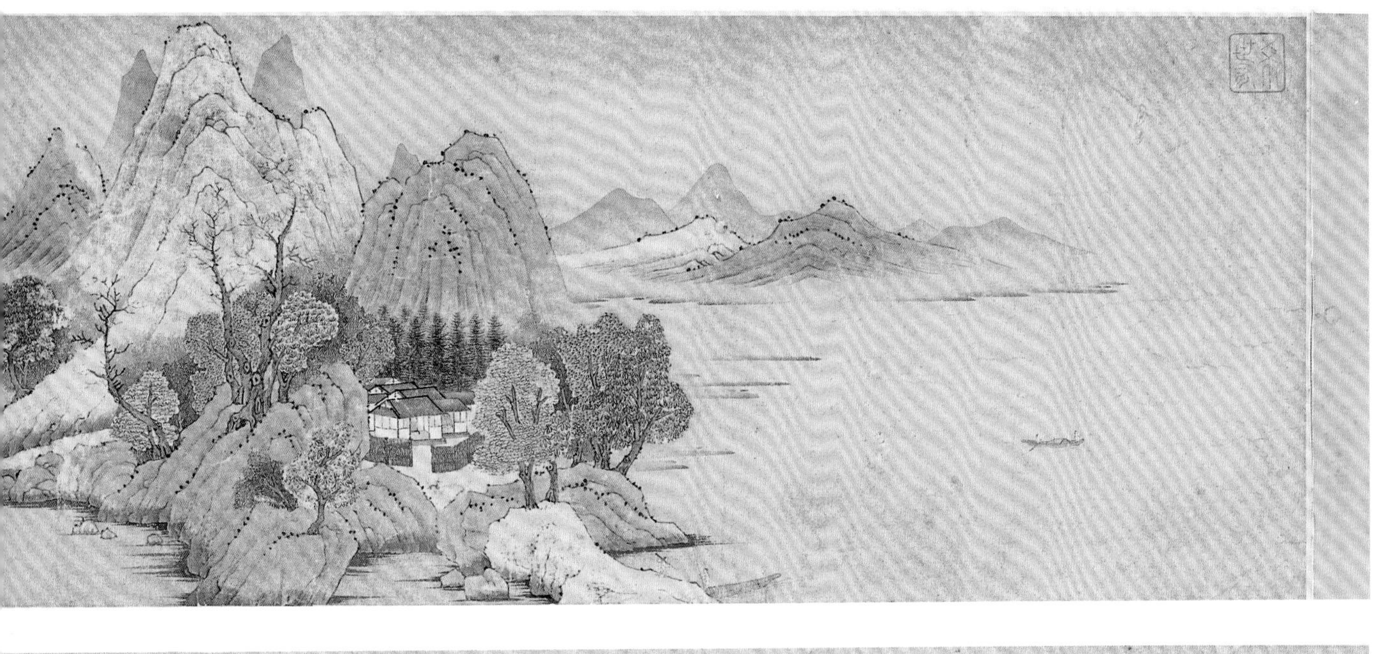

山居記

居水村而慕山林者往〻厭塵喧而樂幽
僻豈以山林為深靜而喧囂之所不到
乎此古之幽人清士每依山以結廬也友
人賈伯起居蘇城之東北清溪環舍
與婁江通農人野客漁舟估舶晨夕之
所見也乃扁其室曰山居且曰吾家先世居
城西之山塘与虎丘相密邇兵後故廬不
存而未嘗不往來于懷也近得錢舜舉
所畫山居圖遂裝褾成卷來需余文以
記吁伯起可謂好事者乎居水村而慕
山林處新居而思故宅念〻不忘乎先
世則其所謂山居者非止於燕遊寄傲
而已也雖然山中之樂非靜者不能知之
非惟不能知之抑且不能得之欲得之
者惟甘澹泊而忘寂寞者為能也夫
長松之下深竹之間聽風泉於永晝瞻
花卉於芳辰酌酒賦詩觀雪待月其
樂可勝言哉非習靜愛閒者其能得
此樂乎余居一廛雖遠鄰屋市聲
之雜有林居幽寂之間猶欲更移家
以入山顧力有不足者常以白頭如斯

2

錢選　幽居圖卷

紙本　設色　縱27厘米　橫115.9厘米

Living in Seclusion

By Qian Xuan

Handscroll, Colour on paper

H. 27cm　L. 115.9cm

圖中繪曲江浩淼，青山聳峙，高樹間露出古剎一角。蒼松下有茅屋柴門，小舟中兩位文士相對而談。山石勾染無皴，樹葉多空勾填色，繼承了唐代的青綠山水畫傳統，表現出反對南宋“近體”的意識。

本幅自題：“幽居圖”。鈐印“怡親王寶”（朱文）、“希世有”（朱文）、“儀周鑒賞”（白文）等十三方。

引首鈐“海虞邵氏珍藏金石書畫之印”（白文）、“吳希元印”（朱文）。前後隔水鈐印十六方。

尾紙有紀儀題詩：“江上嵐光滴翠微，江波浩渺蕩晴暉。石林霜老丹楓樹，茆屋雲深白板扉。鏡裏一天飛鳥盡，槎頭三尺釣絲歸。展圖無限滄州興，愧我黃塵未拂衣。紀儀”。鈐“紀儀之印”（白文）。另有紀堂、高士奇、邵松年題記，鈐印二十一方。

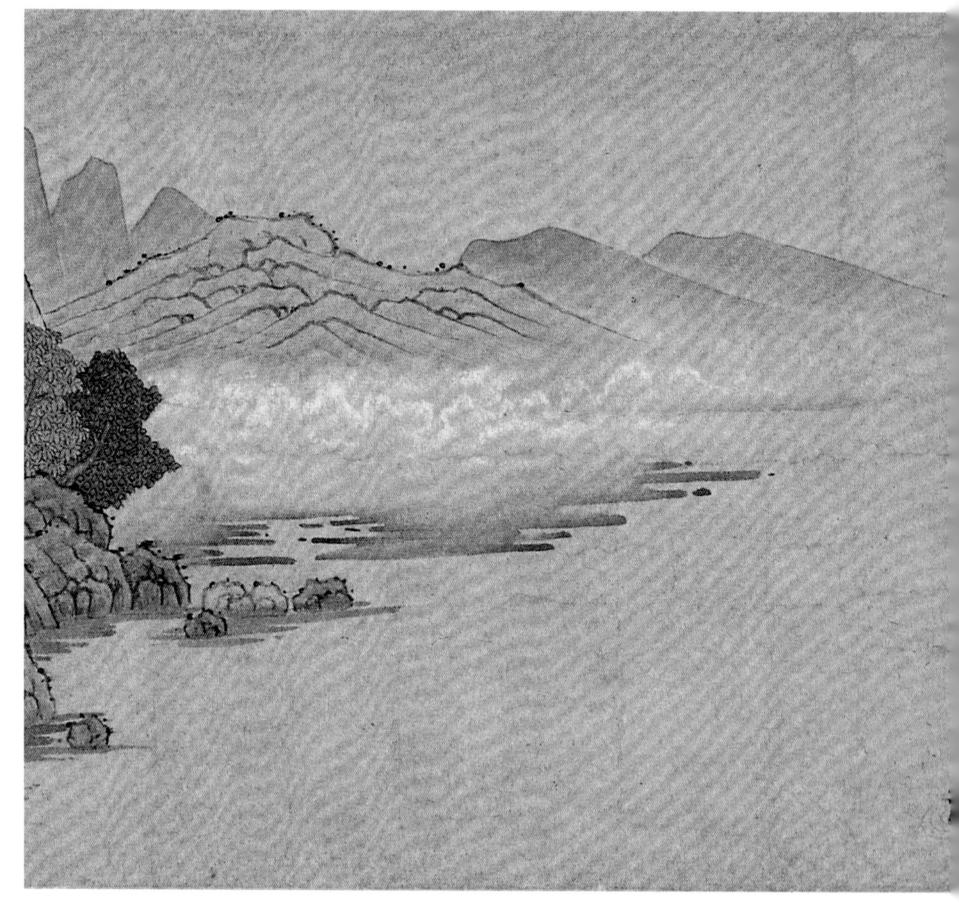

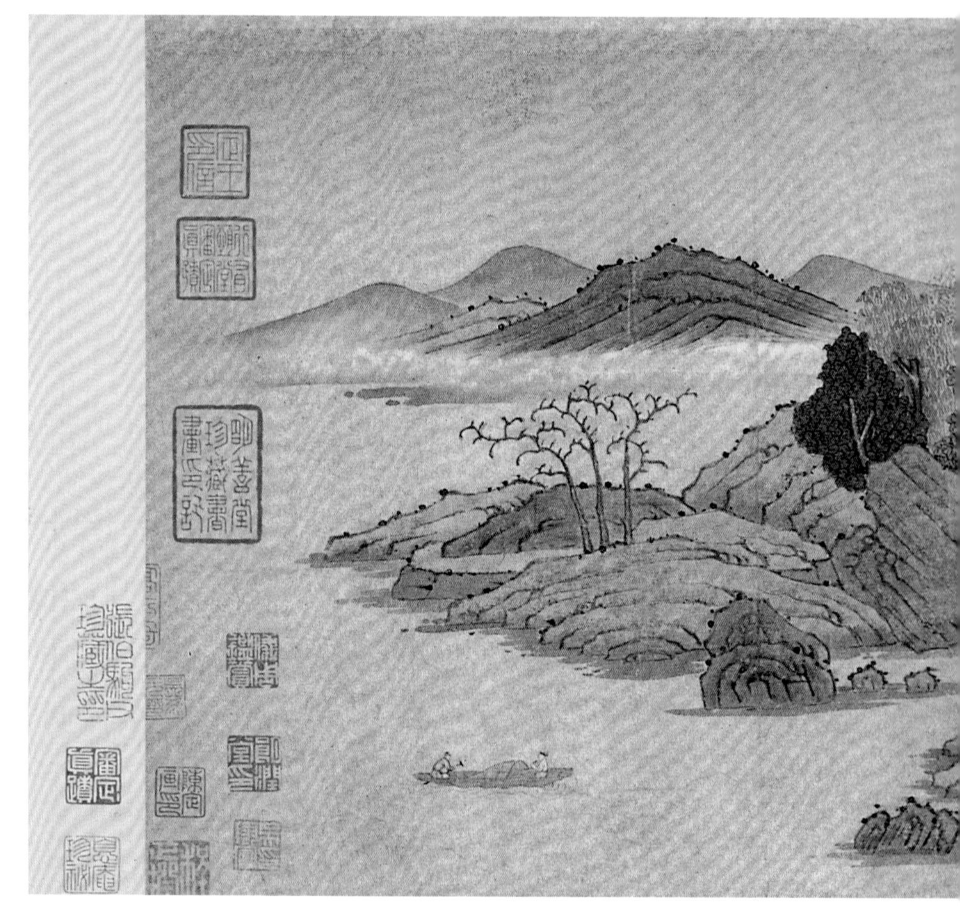

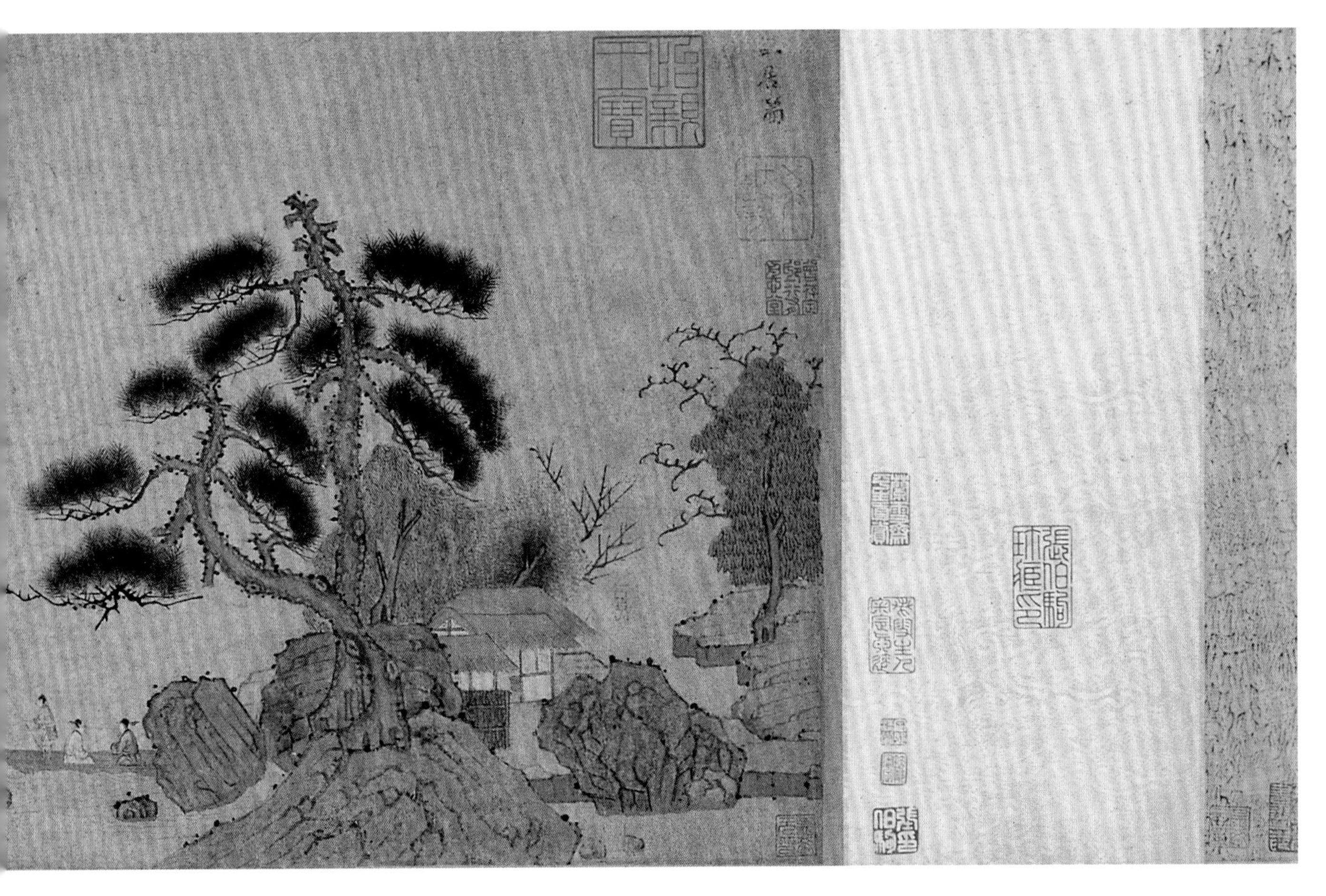

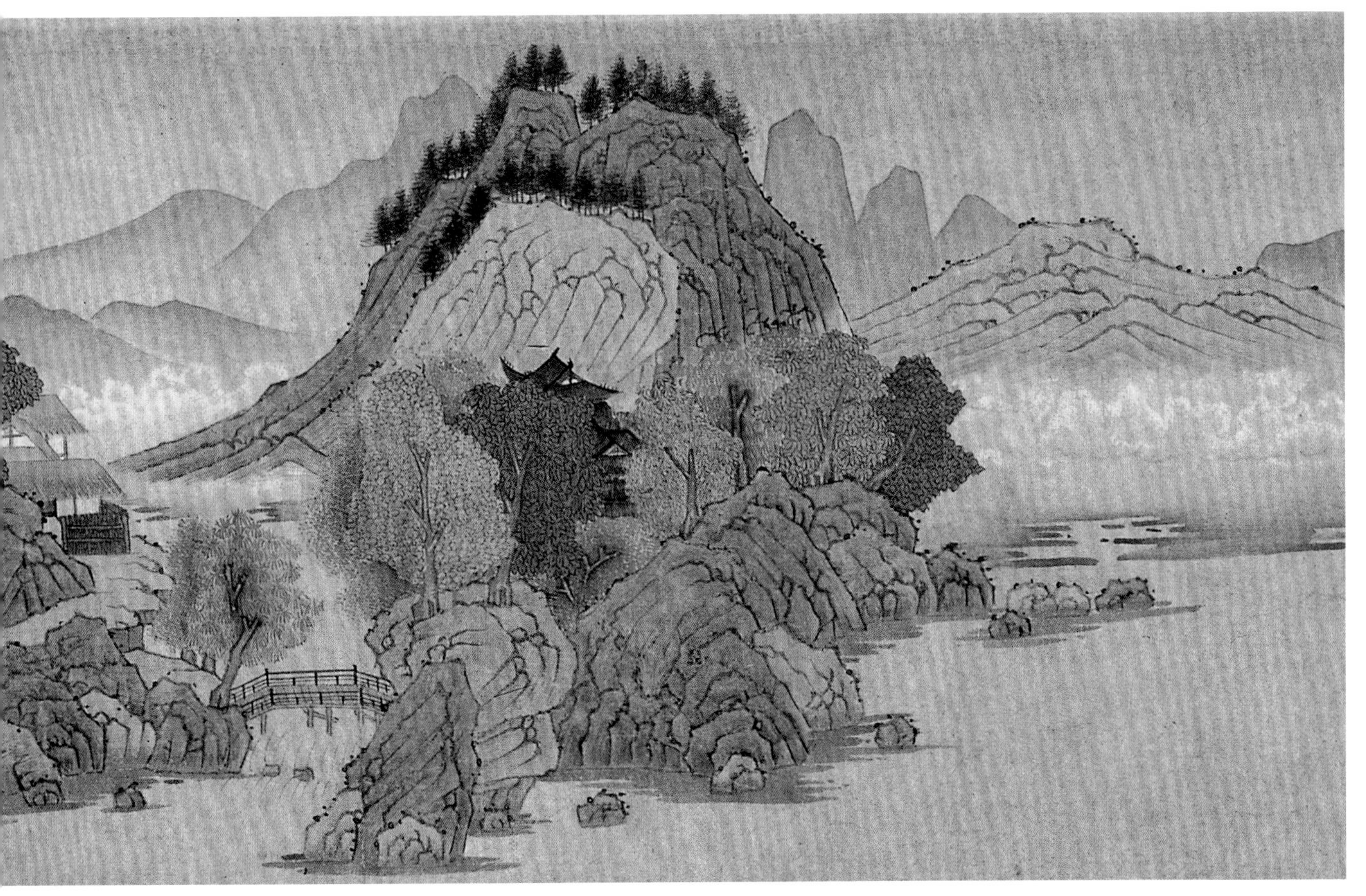

3

錢選　秋江待渡圖卷
紙本　設色　縱26.8厘米
橫108.4厘米
清宮舊藏

Waiting for the Boat at a River Bank in Autumn
By Qian Xuan
Handscroll, Blue-and-green on paper
H. 26.8cm　L. 108.4cm
Qing Court collection

圖中繪寥廓江天，霜染草木，一人佇立江邊，等待渡船。山石勾勒簡約，水面留白，給人空闊之感。雖為金碧重彩，但花青、赭石中加入少許淡墨，使畫面淡雅，書卷氣十足。

本幅自題：“山色空濛翠欲流，長江浸徹一天秋，茅茨落日寒煙外，久立行人待渡舟。吳興錢選舜舉畫並題”。鈐印“舜舉之章”（白文）、“舜舉”（朱文）、“錢選之印”（白文）。另有清乾隆御題詩一首，鈐陳定、高士奇、安岐及清乾隆、嘉慶、宣統內府藏印二十方。

引首有清乾隆御書“秋江待渡”。鈐印“御書”（朱文）。

後隔水鈐印“陳定平生真賞”（朱文）、“陳氏世寶”（朱文）。

尾紙有陳恭題詩：“暝色生津樹，船開莫防遲，白頭何處客，泛上立多時。慈谿陳恭”。鈐印“竹亭精逸”（朱文）。另有胡惟仁、朱庸、胡敦、烏斯道、陳琳、察伋、雲林叟人、高士奇等十六家詩題，鈐藏印五十二方。

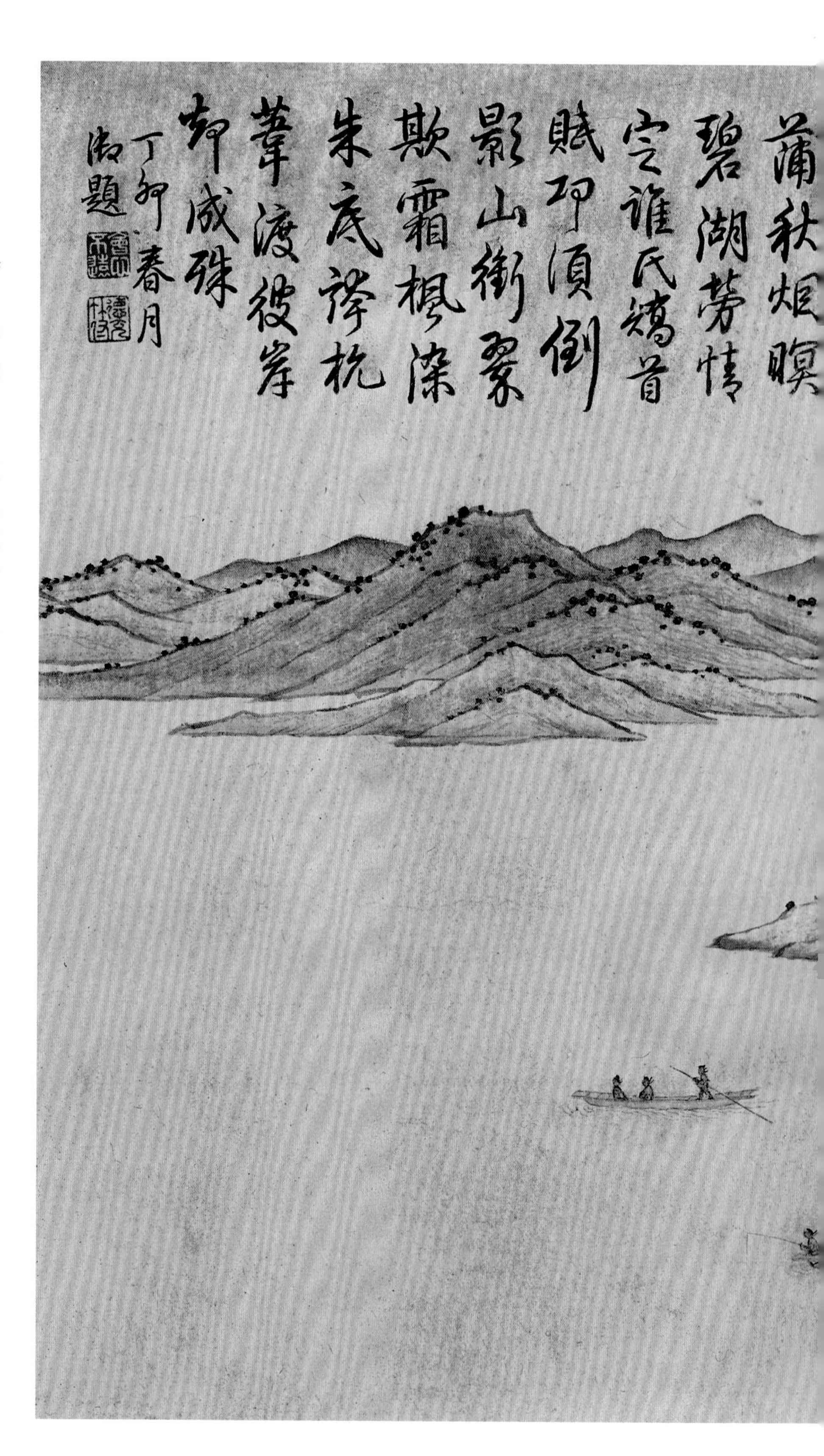

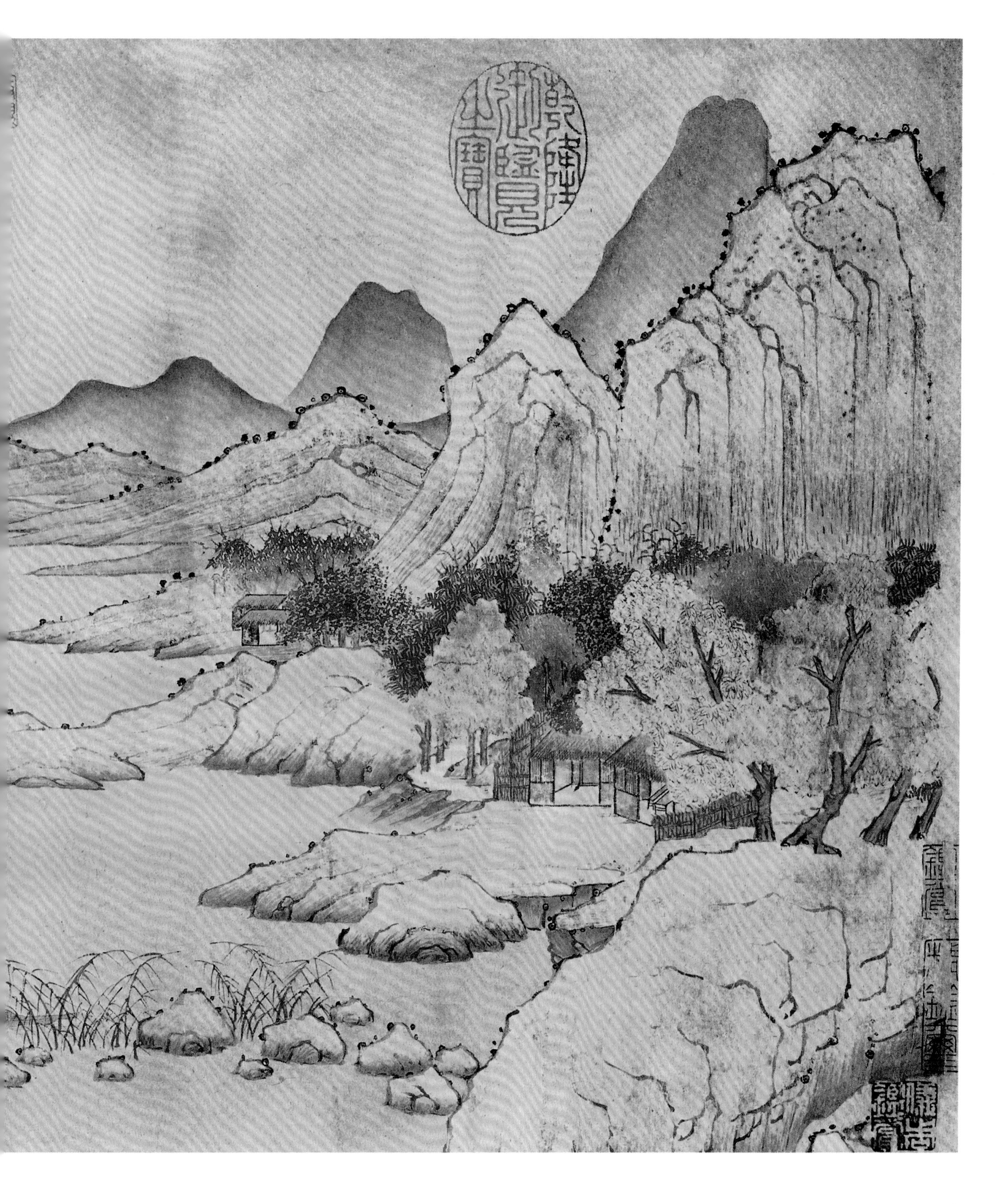

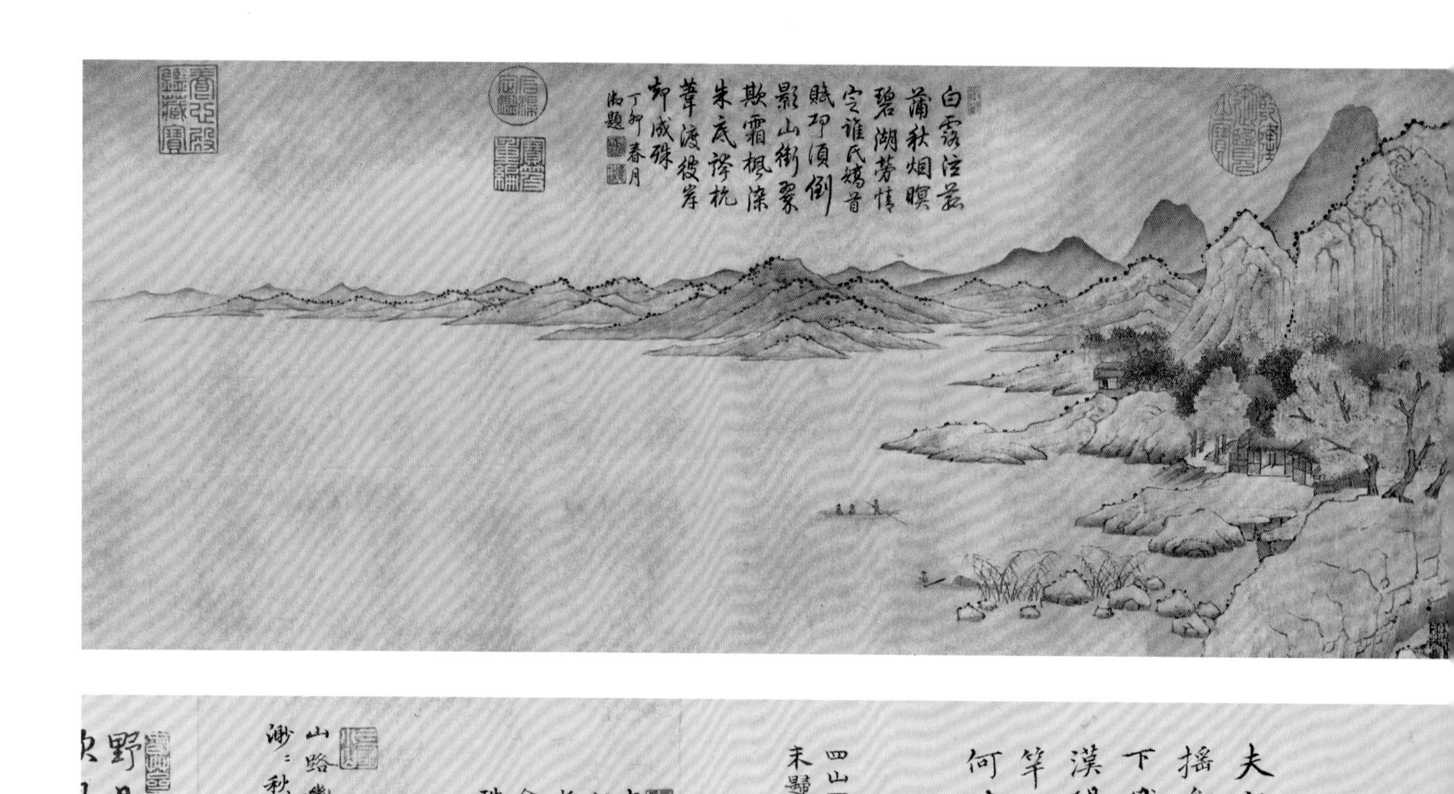

夫容插天金陵離白波倒影
搖參差江南西風渡舩小山
下日落日行人遲楓林遙起
漢陽思茆屋久負滄洲期漁
竿老我底須老鬢待白髮歸
何時　會稽胡惟仁

四山田合暝雲多嫋嫋秋風吹白波猶有江頭
未歸客荒涼落日奈愁何　鮫川朱庸

青山植圭璧崇崖耀金紫澄江靜
無波明霞爛如綺歸人望茅茨獨立江
之涘秋笋來何遲暮色已如此豈不
念安居無乃天所俾薄田入幾何科罷
殊未已懷哉鹿門翁已不復城市
胡敦

山路幽深日又易西有人持蓋欲何之眼前
渺渺秋江闊隔岸扁舟故棹遲
見可與

野日欲低江樹寒烘濤捲風

已報春消息空翠霑衣舊山色渡
頭吟容待多時還坐林間蒼蘚石
余自
京師南還航海至鄞
倪君有助以秋江待渡圖見示
因有所感就次
繼善烏先生韻以見意云時至
正丁未春正月臨沂王魯

秋江已平秋樹黃有客待
渡秋水長亭橈切莫歌白
苧苧歌成秋露涼鴻飛
冥冥白日晚客心茫茫愁欲
斷微波只尺不可通何
況精靈隔霄漢
臨川逸民韋宇

將軍有名畫愛之比璆琳越羅重襲象為首
一展滿目秋蕭森群峯如鸞舞霄漢無李金
碧凝寒林長江漾波渺千頃湛澈獨喜同吾
心移舟數叟不足惜偶爾遇濟江之潯沖闊
把釣者誰子永謝塵俗忘纓簪幾間茅棟隔
深塢欲與此輩來幽尋

戴將軍奇瑛所藏錢舜舉冊青宋余題余見卷中前輩
諸作皆道麗新奇如金聲玉應非後進竊窮欄寸晷之
功而可以哉雖間有一二不快人意蓋無鍾離春之醜則不
足以成西施之美實也洪武癸酉夏四月梅日西河池貞書

秋江待渡

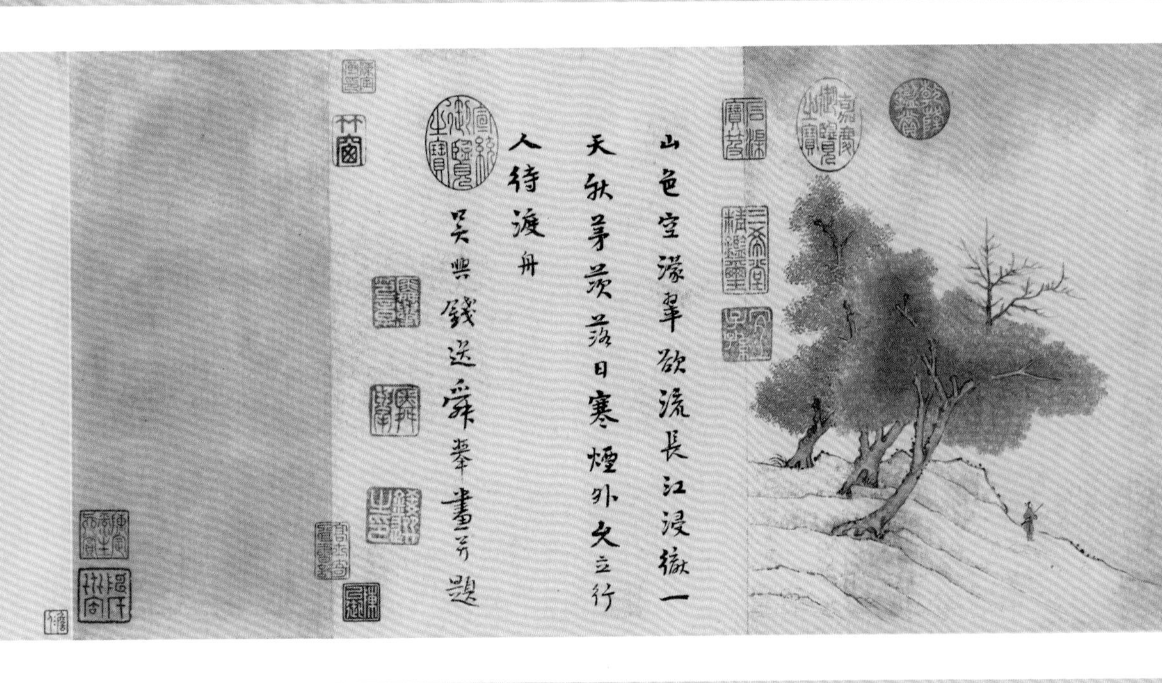

江上青山如一髮宛轉林巒翠光滑幾家
茅屋未開門渡口扁舟遲明發蕭蕭木
葉動秋颸隔江有人歌竹枝江天空闊
波浪惡也應待渡未多時正如獨客螺
江上身作孤雲心浩蕩擬從双闕觀
清光路梗蓬萊不能往兒君置我白玉
臺篝燈促迫題畫圖眼中見此三太息
却憶榕窗聞鷓鴣
予自閩浮海將遊
京師為阻風還抵四明兒君有助出示此
圖索予陪春草先生同賦因得以寫其
意焉臨安劉中

神仙洞府何清寒芝蘭長處無茅
菅燦爛烟霞隔風雨四明遙映天
台山滄波隱現潛龍窟六鰲戴空
山作骨方壺員嶠自相通一見心

4

錢選　八花圖卷

紙本　設色　縱29.4厘米　橫333.9厘米

Eight Kinds of Flowers
By Qian Xuan
Handscroll, Colour on paper
H. 29.4cm　L. 333.9cm

圖中繪折枝海棠、梨花、桃花、桂花、梔子、月季、水仙等八種花卉，畫法繼承宋代院體，勾勒工細，設色淡雅，給人幽靜超脱的感覺。現存錢選花卉僅此一本。

本幅鈐印“舜舉”（朱文）。

卷末有趙孟頫題記：“右吳興錢選舜舉所畫八花真跡，雖風格似近體，而敷色姿媚，殊不可得。而來此公日酣於酒，手指顫掉，難復作此。而鄰里後生多仿效之，有東家捧心之弊，則此卷誠可珍也。至元廿六年（1289）九月四日　同郡趙孟頫”。鈐印“趙氏子昂”（朱文）。

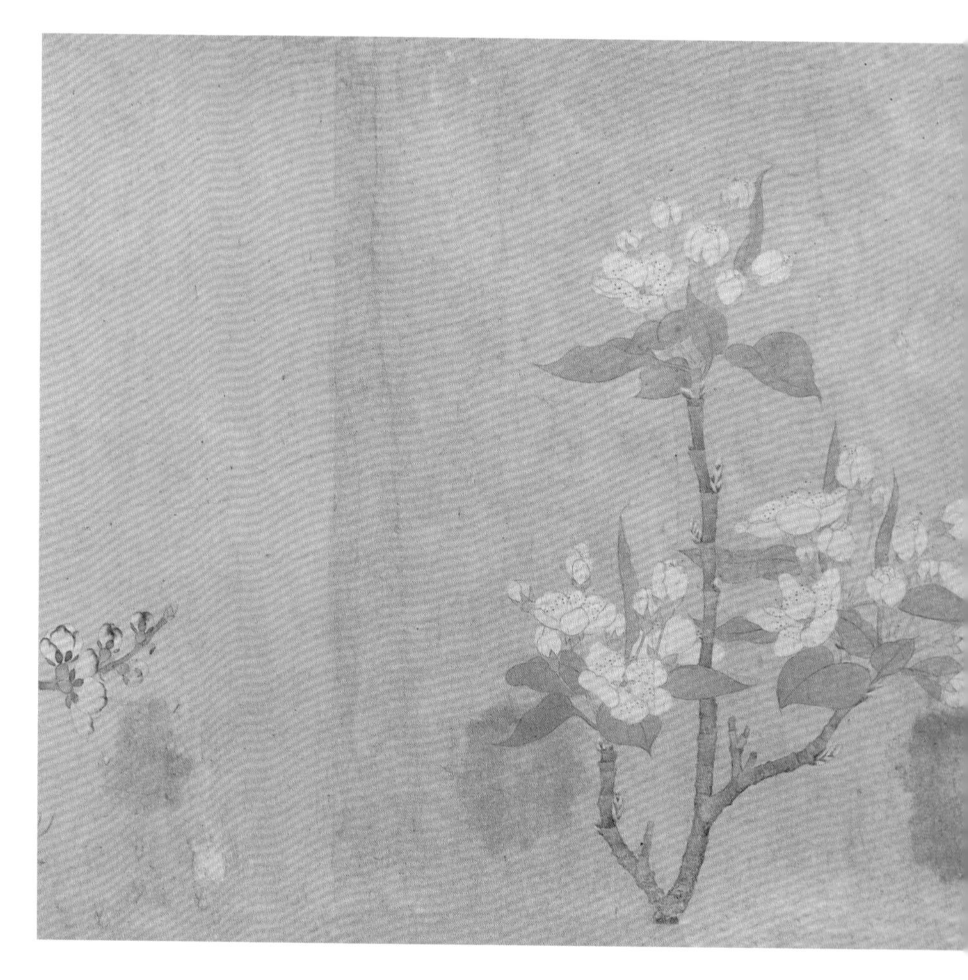

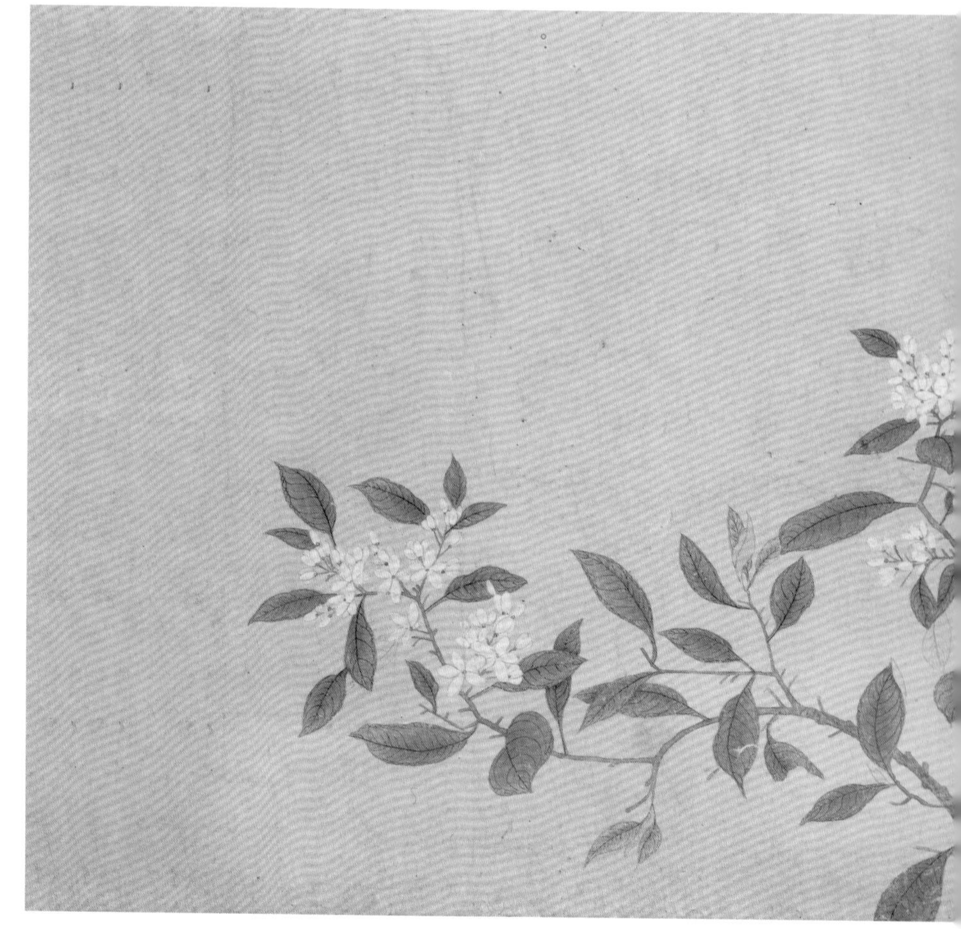

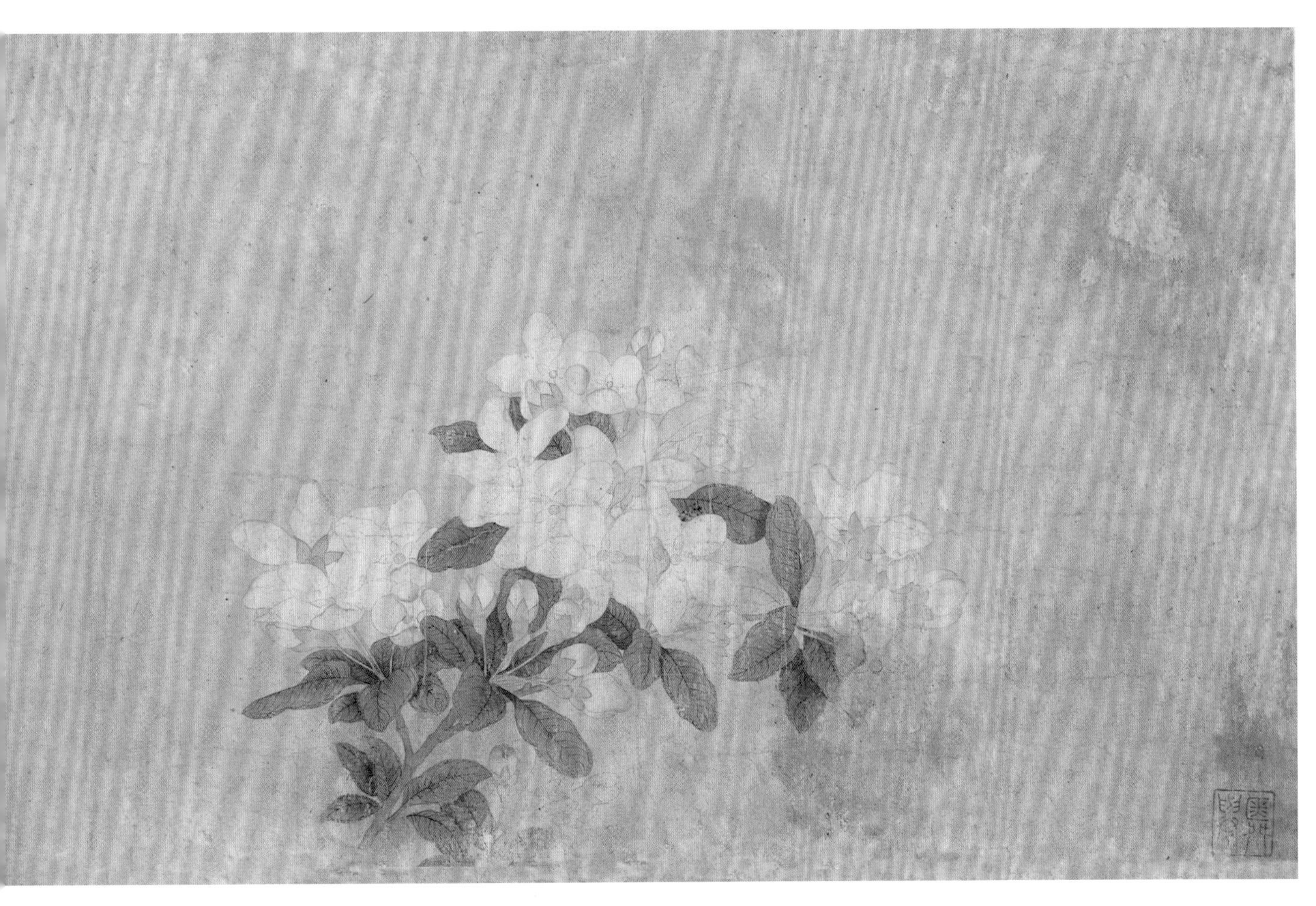

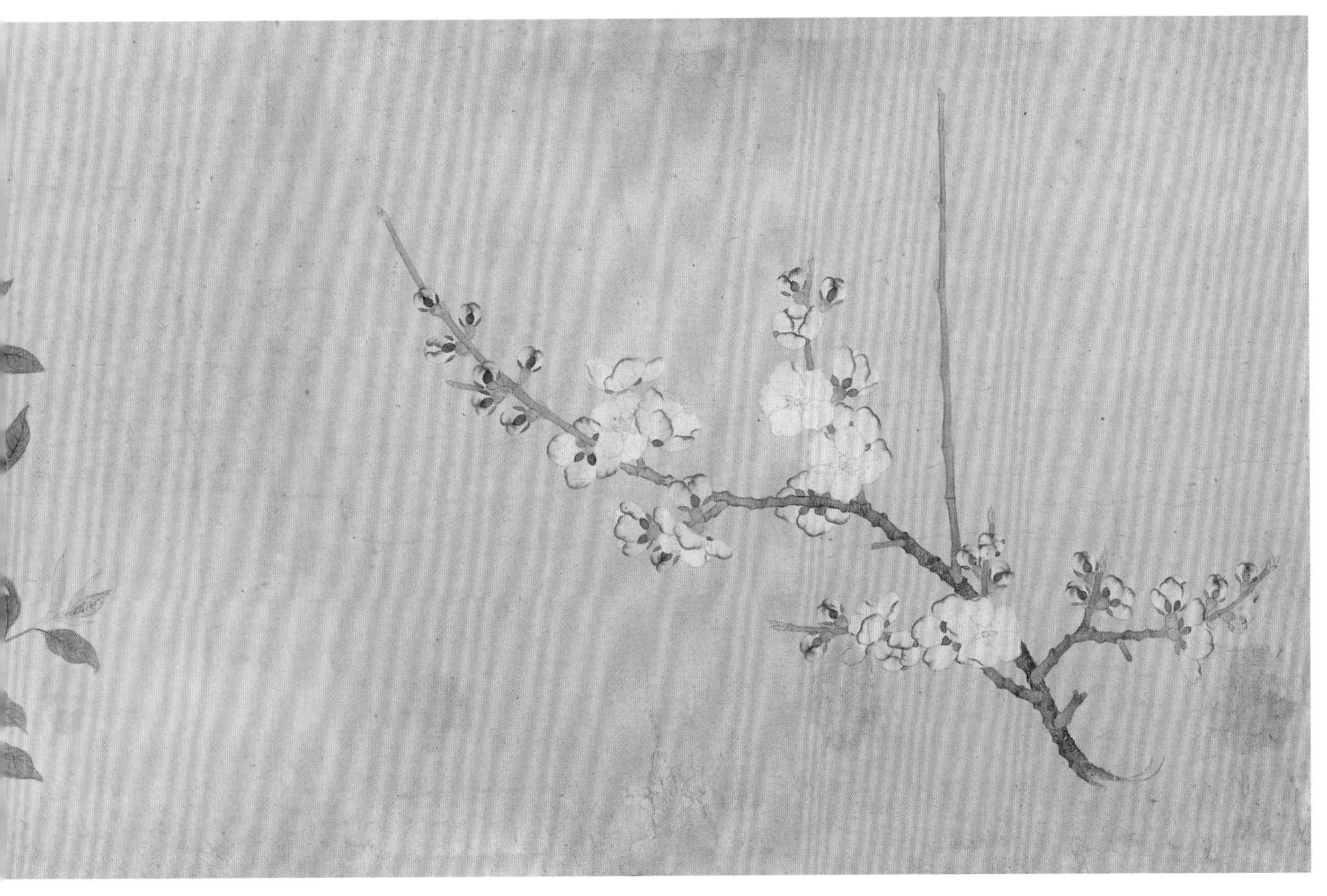

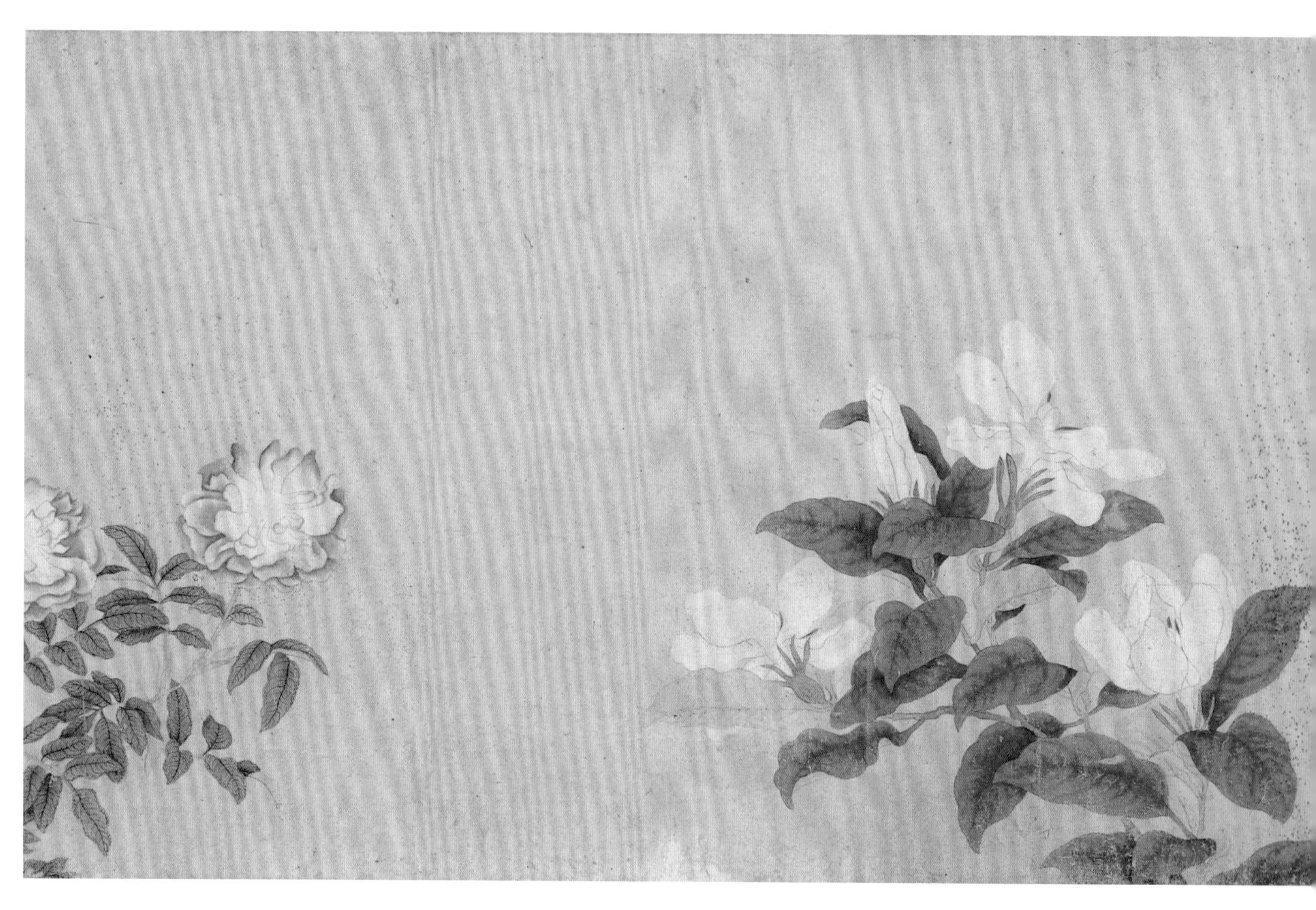

右吴興錢選舜舉所畫八花真跡雖風格似近體而傅色姿媚殊不可得尔來此公日酣于酒手指顫掉難復作此而鄉里後生多倣効之有東家捧心之弊則此卷誠可珎也至元廿六年九月四日同郡趙孟頫

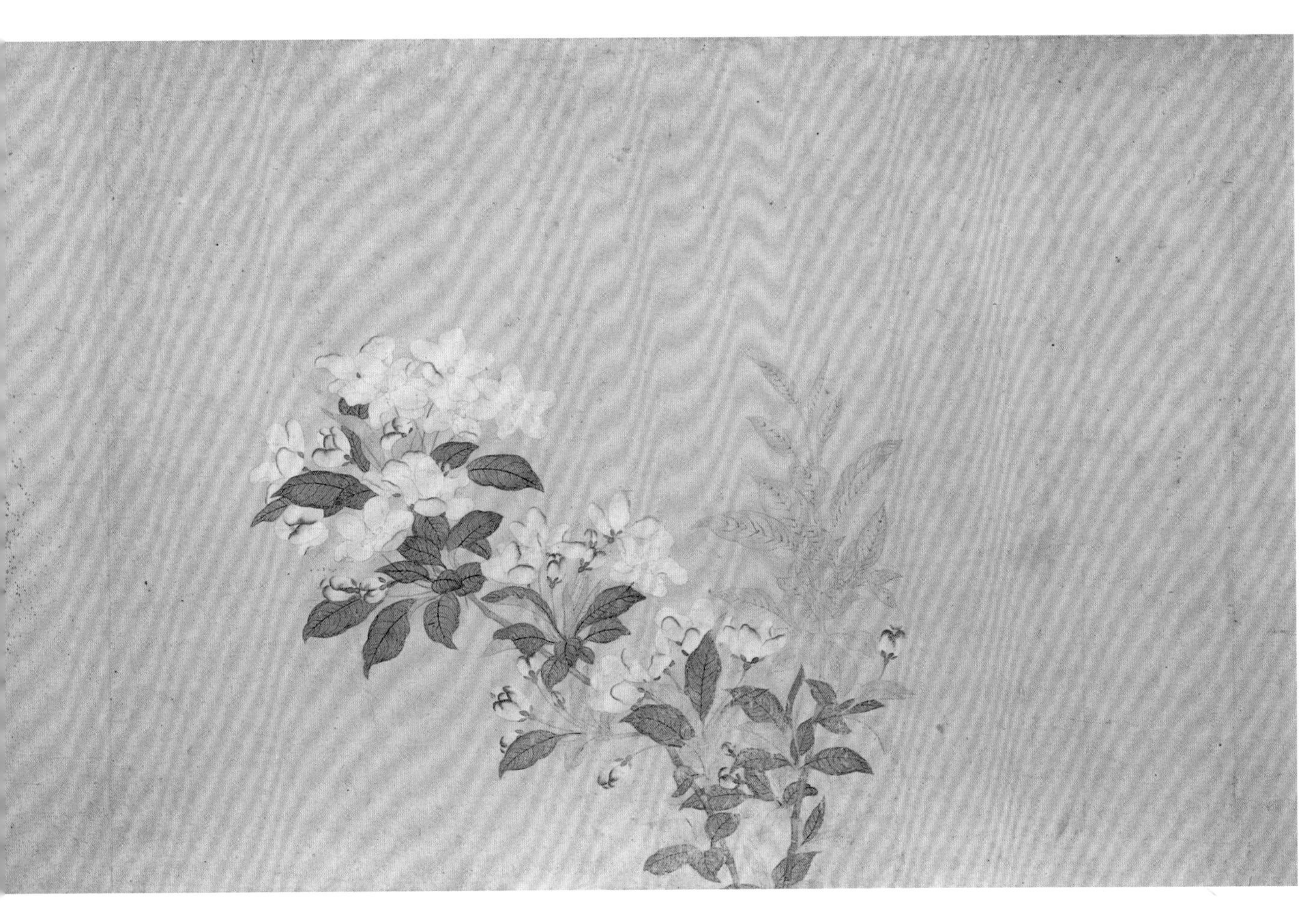

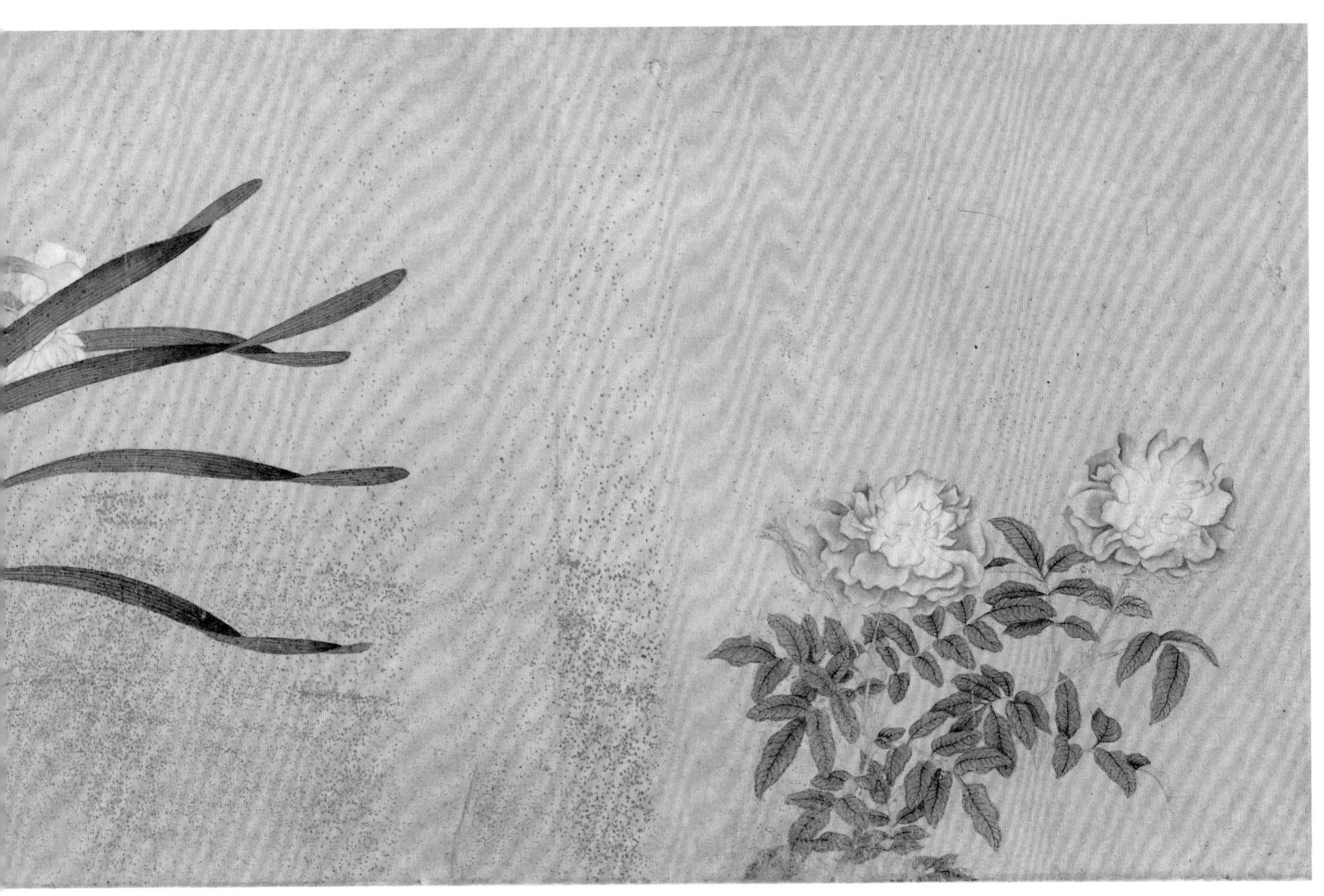

5

錢選　西湖吟趣圖卷

紙本　設色　縱25厘米　橫72.5厘米
清宮舊藏

Composing Poetry by the West Lake
By Qian Xuan
Handscroll, Colour on paper
H. 25cm　L. 72.5cm
Qing Court collection

圖中描繪北宋詩人林和靖隱居於杭州西湖孤山，以“梅妻鶴子”終其一生的故事。圖中繪梅花初綻的寒春時節，林和靖伏於石案凝神為梅花賦詩，童子火盆旁烤腳，白鶴臥於身後。構圖簡潔古樸，無背景。線描精細，賦色文靜，具有文人畫的意趣。錢選的人物畫極少見，此件為難得之精品。

本幅自題：“粲粲梅花冰玉姿，一童一鶴夜相隨，月香水影驚人句，正是沉吟入思時。舜舉”。鈐印“舜舉印章”(白文)、“舜舉”(朱文)、“錢選之印”(白文)。鈐清內府藏印“嘉慶御覽之寶”(朱文)、“嘉慶鑒賞”(白文圓)、“石渠寶笈”(朱文)、“寶笈三編”(朱文)、“三希堂精鑒璽”(朱文)、“壽”(白文)、“至寶”(朱文圓)、“崑山徐氏鑒藏”(朱文)。

引首有鄭雍言書“西湖吟趣”。鈐印“鳳凰池上客”(白文)、“乙未榜賜進士出身印”(朱文)。

尾紙有西齋、釋弘道、行素生題詩(釋文見附錄)，另有劉球、黃約仲、雲岫、周歧鳳、夢闇、尹鳳岐九家題記。

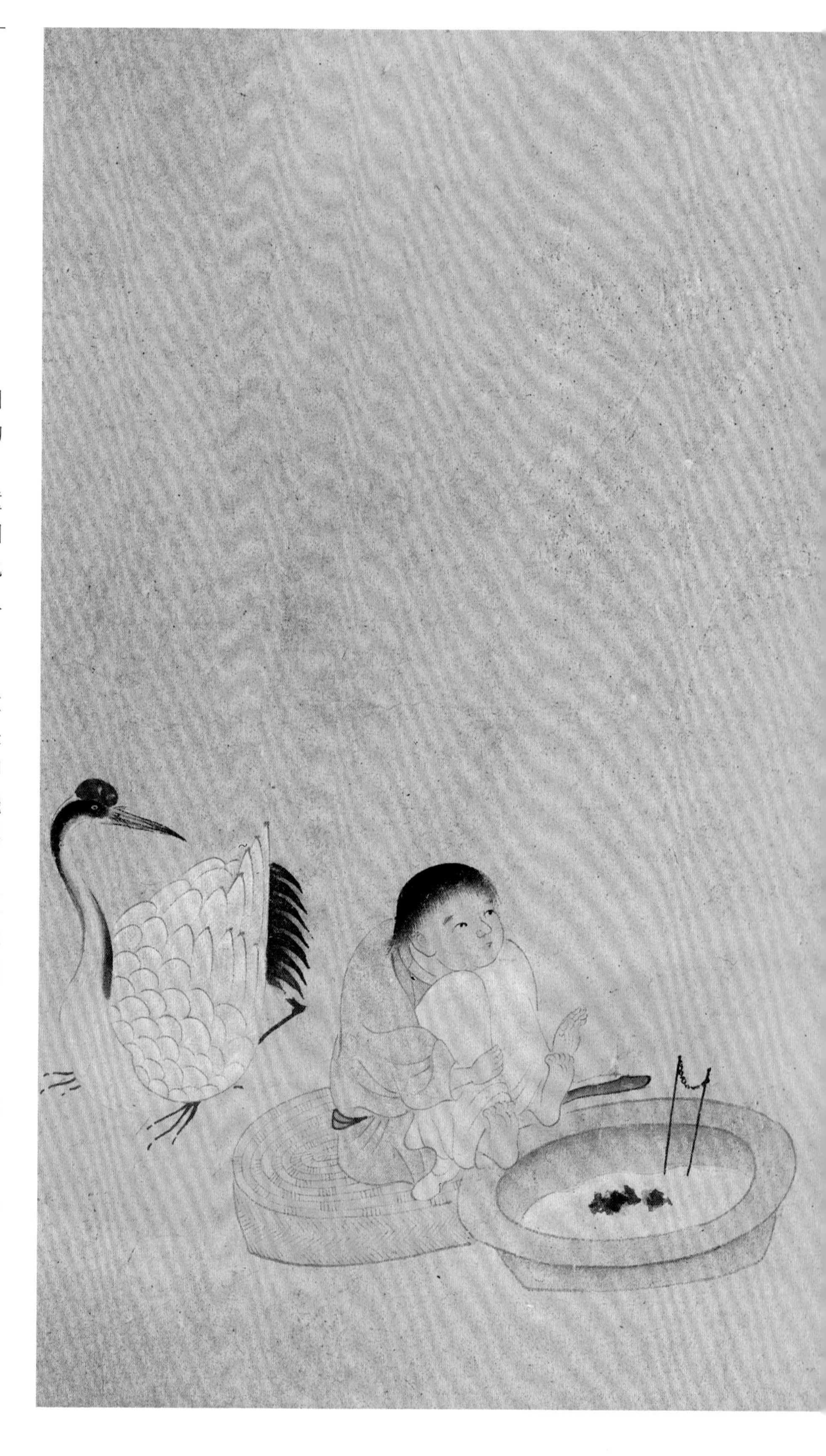

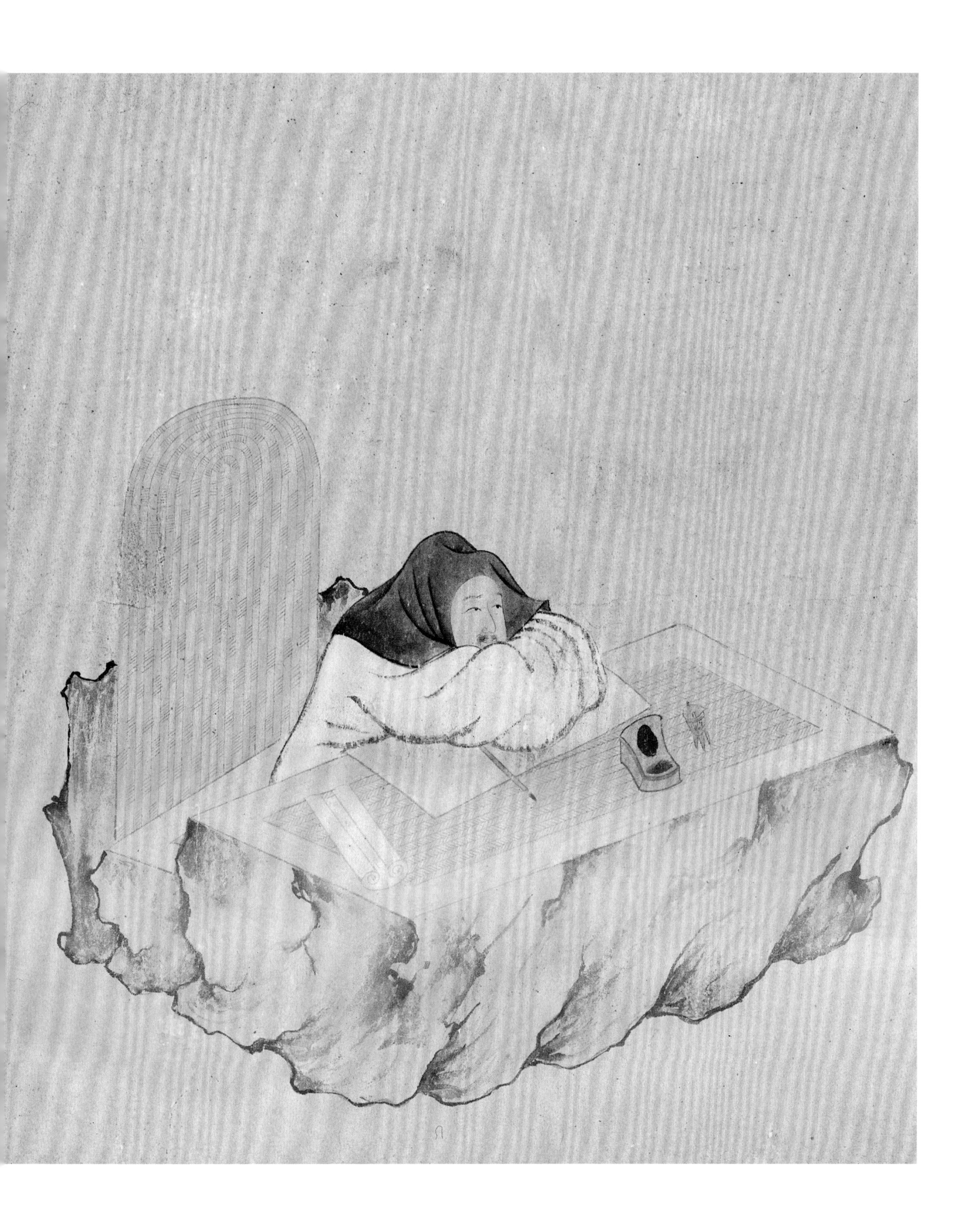

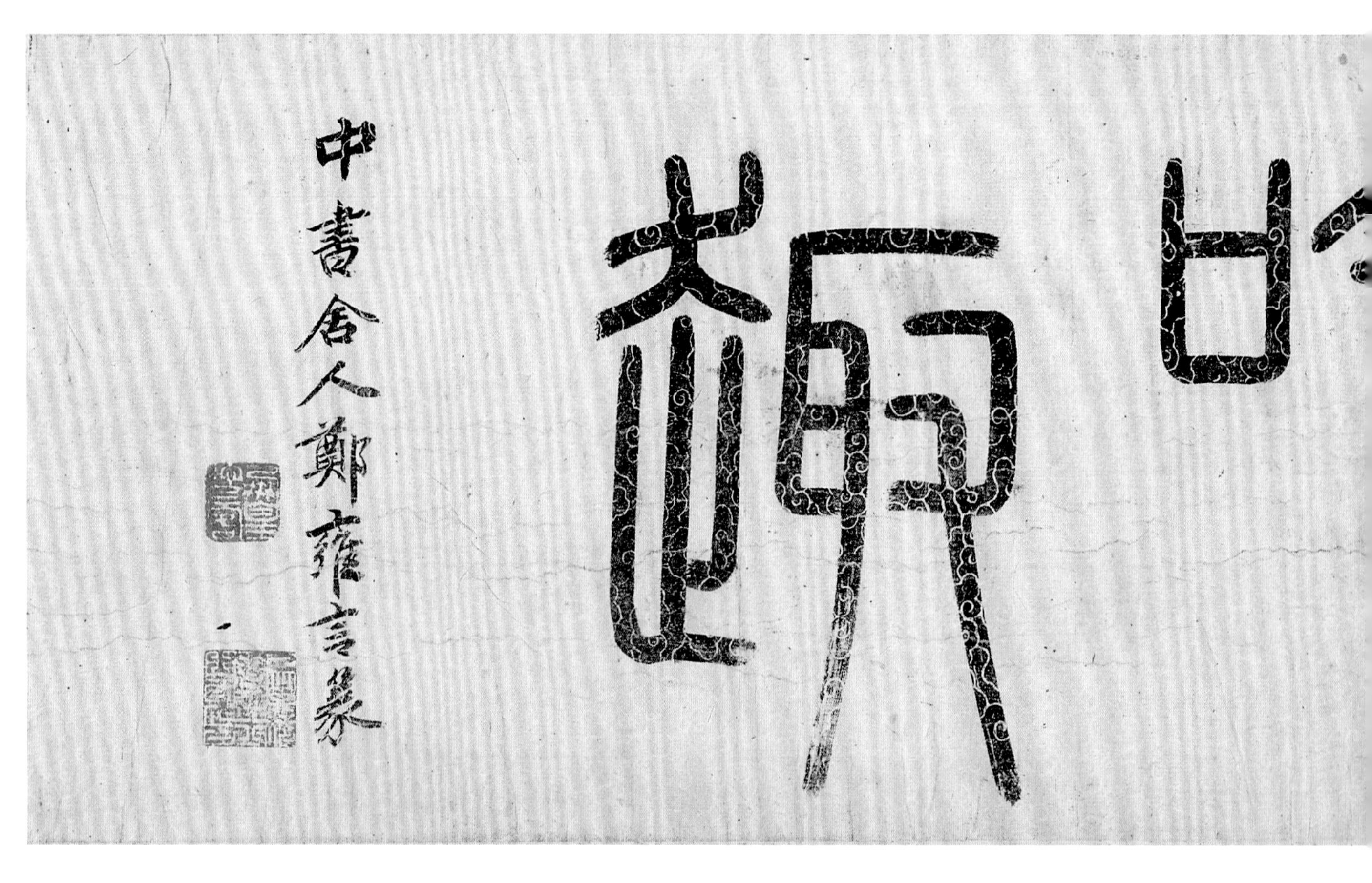
中書舍人鄭雍言篆

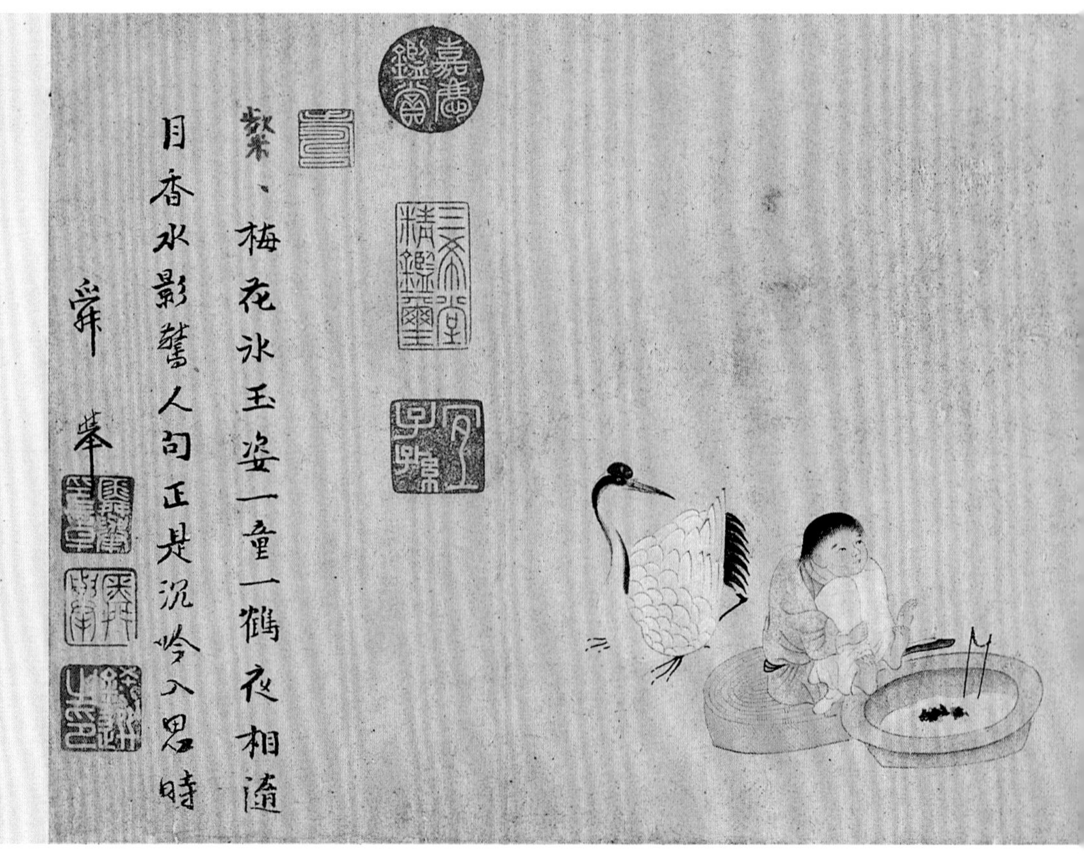
嘉慶鑑賞
梅花冰玉姿一童一鶴夜相隨
月香水影驚人句正是沉吟入思時

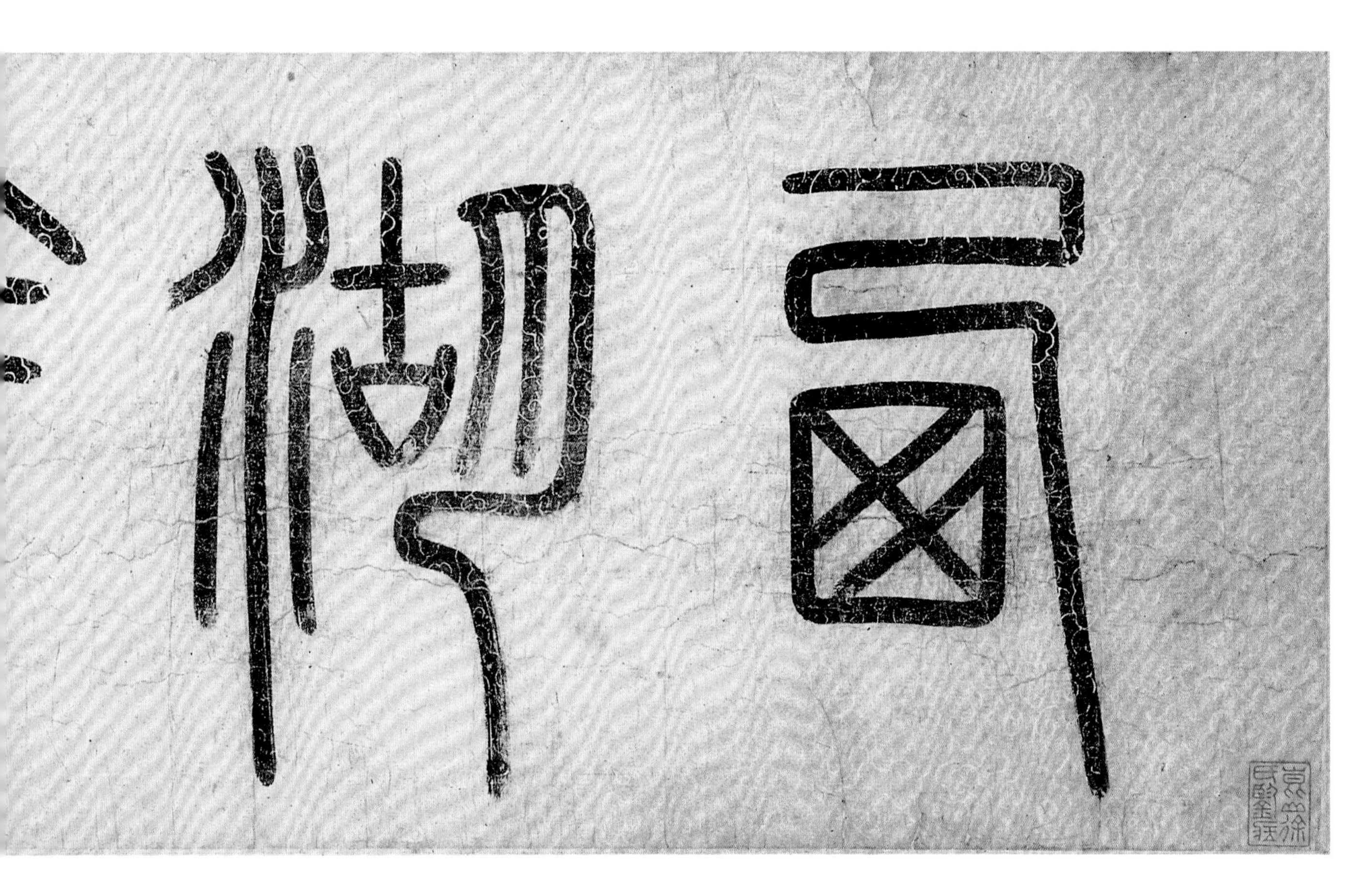

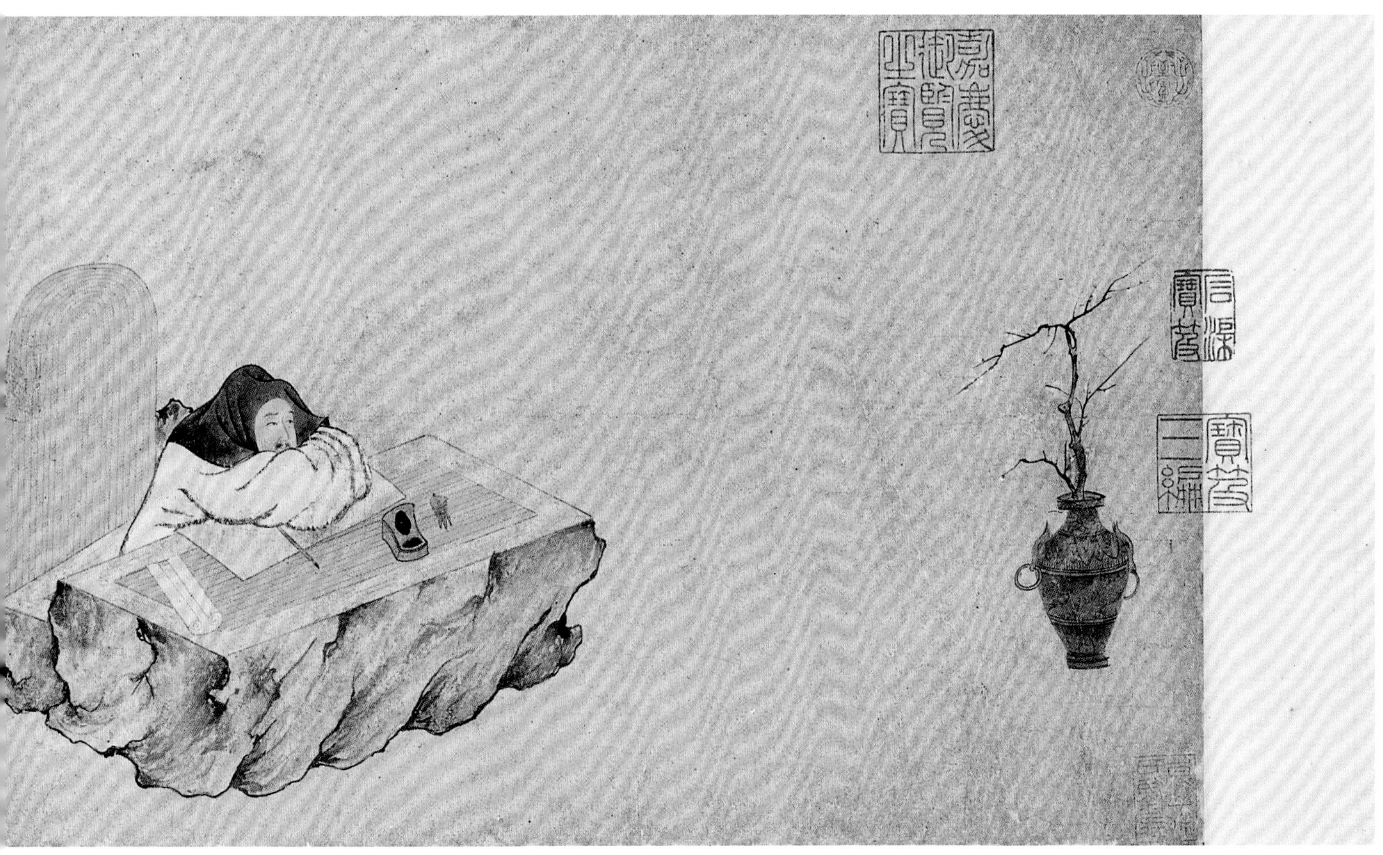

路忽見湖邊梅半吐南枝折取
晚歸來擁几相看忘寐寤
疎花冷蘂回陽春瞳傍溪
月傳花神不覺更深困童
鶴對花如對冰玉人老我鏡
梅心亦醒愧之詩才詠香影邂
逅將軍屬此圖如在武平
兄和請

夏溪小亭生

歲寒梅已花夜靜月將午几
坐林逋仙沈吟案頭苦曲肱聊
自枕興繞西湖渚附火童未眠
知更鶴還舞句逐暗香覓景
與精神聚斯人去已久清節重
今古圖者畫何人吳興錢舜舉

安成劉球

西湖之上子其粟宗賜謚曰和靖先生蓋
處士力學好古恬淡無為家素羸簞瓢屢
如居西湖上廿餘年未嘗足一至城郭甘
自守如此繞屋唯梅數株花皆對坐其下
愛其芳香冷襲質而無華淡而不厭於群
卉凋殘之候有君子之態故嘗有冷蕊疎
花之詠後世之士有好之者嘗模其狀與
其所好以為清玩舜舉此画乃增一童孺
擁爐呵手而坐一鶴蹁躚回翔于側一氈
磁竚梅花于桉先生據蒲席[?]褥大布幅
巾凝神置筆孰視恩與梅為一者予意斯
皆世皓天雪霽月落參橫卯顧深寥此景
此意惟舜舉為能寫之他人所未鮮也惜
舜舉徒能寫其一皆清苦高潔之趣而又
未必能諧處士之志也知疎影橫斜暗香
浮動之妙而又未必知有茂陵他日求遺
藁之他盖處士之深意有在也此意画者
宜非世所可知今給事中姜君以儒業世
家學識超羣才行不群夫自綽綽然有餘
褎哉其忠
君戀闕之言惓惓然不釁於口況當
聖世隆平之日文益并用之皆有才者宜自
見世一日以此圖命予以識之予謂君當
於宋廣平之[?]求為一觀此圖雖巧妙庸
知非世之所重寶也歟
宣德五年庚戌仲夏朔翰林脩撰承直郎
廬陵周岐鳳書

孤山踏雪歸來小窗試問梅開未一枝折取
暖瓶添水喚回春意瘦影疎〻暗香楚〻月
昏黃處向冷齋清夜憐渠寂寞伴孤坐時
相對　想像細尋詩句有誰解此時佳趣

畫得煖爐木壺〻〻先生坐
火墨將乾紙因香影翻吟盡
可是西今不筆難
西雲

咸平處士詩中僊愛梅結屋
孤山顛庭栽九樹意自足
插一枝春更妍踏火驀頭思
爛熳淩風白鶴舞蹁躚苦吟
成癖晚佳句留得清名後世
傳

彝峯寫此圖觀其運筆
著色頗極神妙西湖風
景如在目前令人展玩忘
歎本心持以請題其後云
洪武壬申春天竺釋 和道

古來嗜物多英豪愛蓮坐翁

西湖香雪撲衣巾夢鶴山童
未得眞新句每從寒苦得
東風飛去屬何人
莆田黃治仲

凍鶴吞聲睡正濃小童添火炭
初紅先生坐到無言處思在暗香
疎影中
雲岫

予觀吳興錢舜舉所寫西湖處士林逋觀
梅圖一幅精神巧妙筆力俱到蓋所謂能
已意而會意也處士當大宋大中祥符間
天子無事天下太平王旦王欽若陳堯叟
諸公作宰輔自謂君臣同得曠世所無之

孤山踏雪歸來小窗試問梅開未一枝折取
暖瓶添水喚回春意瘦影疎疎暗香楚楚月
昏黃處向冷齋清夜憐渠寂寞伴孤坐時
相對 想像細尋詩句有誰解此時佳趣
紅銷爐焰寒欺鶴夢蒼頭欲睡綠萼無
言氷凝硯沼風生吟几到西湖莫負當年
舊約餐英喚惢 水龍吟譜夢闇

西湖處士欽氷玉瀟洒清癯絕塵俗膽瓶插得一枝
春悲几微吟有不足暗香浮動入詩腸吐出驪珠三萬斛
雪霜骨格瘦難支水月精神清可掬小童抱膝擁紅爐
野鶴歸來伴幽獨貞節高風何處尋夢魂飛繞湖山曲
尹鳳岐

丙辰年正月獲觀此卷
於扈上寓廬初春寒甚
夜屆三下鑪火半爇古銅
觚中黃梅一枝正開虛
堂歌罣清寂之境與卷
正復相似也 褚德彝記

6

趙孟頫　自畫像頁

絹本　設色　縱24厘米　橫23厘米

Self-Portrait
By Zhao Mengfu (1254-1322)
Leaf, Colour on silk
H. 24cm　L. 23cm

趙孟頫（1254—1322），字子昂，號松雪、鷗波、水精宮道人，湖州（今屬浙江）人，南宋宗室。入元後累官至翰林學士承旨、榮祿大夫。他博學多才，擅畫山水、人物、鞍馬、花木竹石。提倡“書畫同源”。

圖中繪主人公置身清溪竹林之間，表情平和，着宋裝，橫拖竹笻，氣質清高灑脱。衣紋簡練概括，平塗白色，使人物在一片綠色之間顯得突出。竹枝竹幹用筆細勁挺拔，竹葉描繪細緻縝密，層次分明。

本幅款識“大德已亥（1299）子昂自寫小像”。鈐印“趙氏子昂”（朱文）、“子京”（朱文）、“墨林山人”（白文）、“真跡審定”（白文）、“墨”“林”（朱文聯珠）。

對幅有宋濂題小像贊。鈐印“金華宋氏景濂”（朱文）、“龍門生”（白文）、“退密”（朱文）、“淨因庵主”（朱文）、“子京父印”（朱文）、“平生真賞”（朱文）、“檇李”（朱文）、“項元汴印”（朱文）、“子京所藏”（白文）、“墨林秘玩”（朱文）。

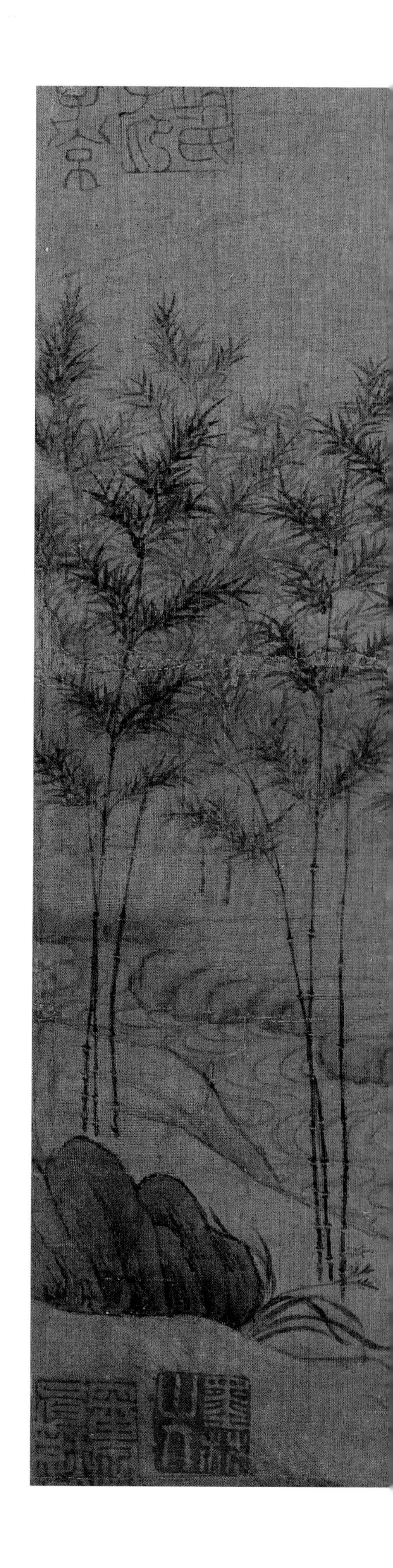

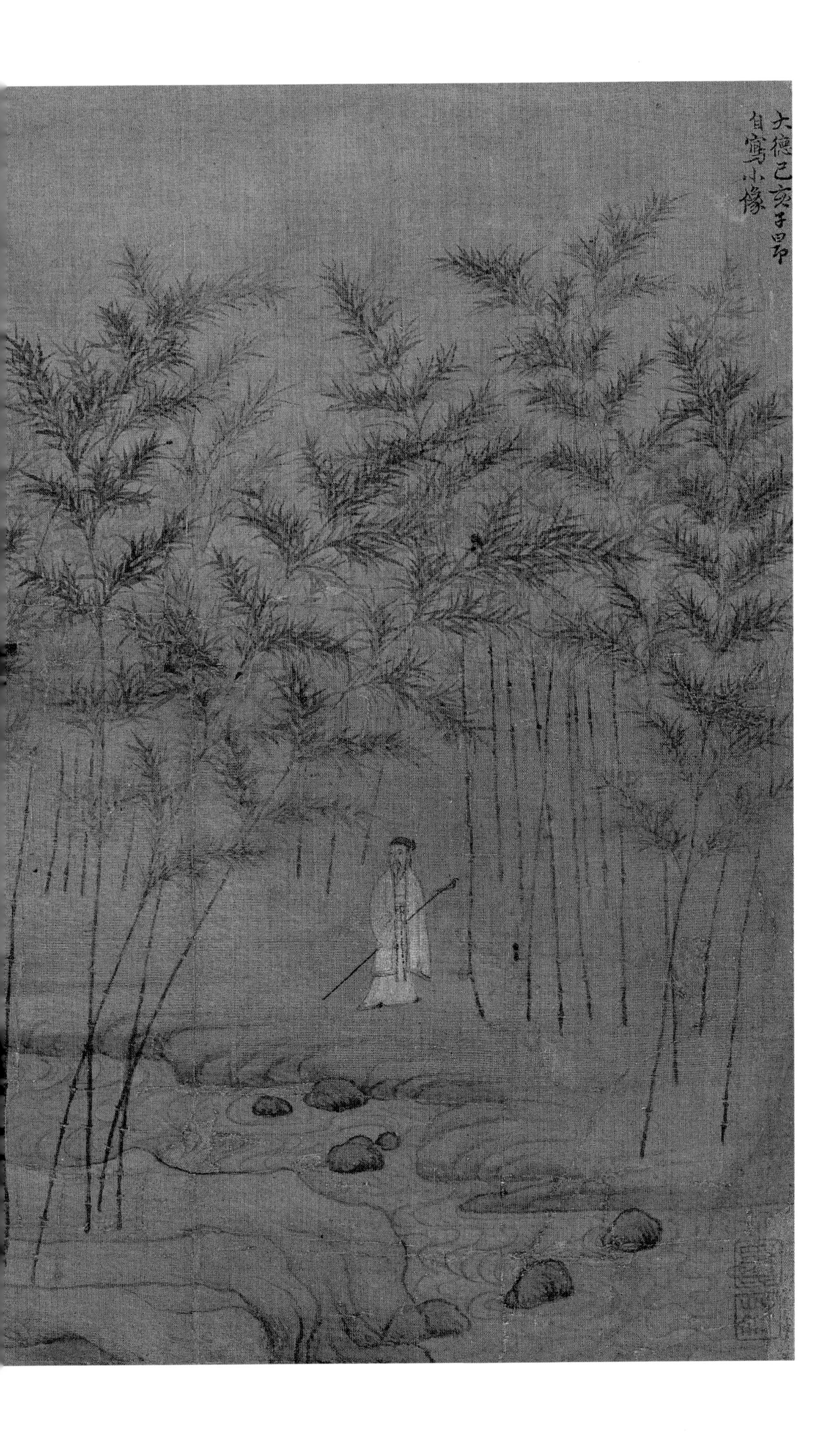
大德己亥子昂
自寫小像

7

趙孟頫　人騎圖卷
紙本　設色　縱30厘米　橫52厘米
清宮舊藏

An Official Riding on the Horse
By Zhao Mengfu
Handscroll, Colour on paper
H. 30cm　L. 52cm
Qing Court collection

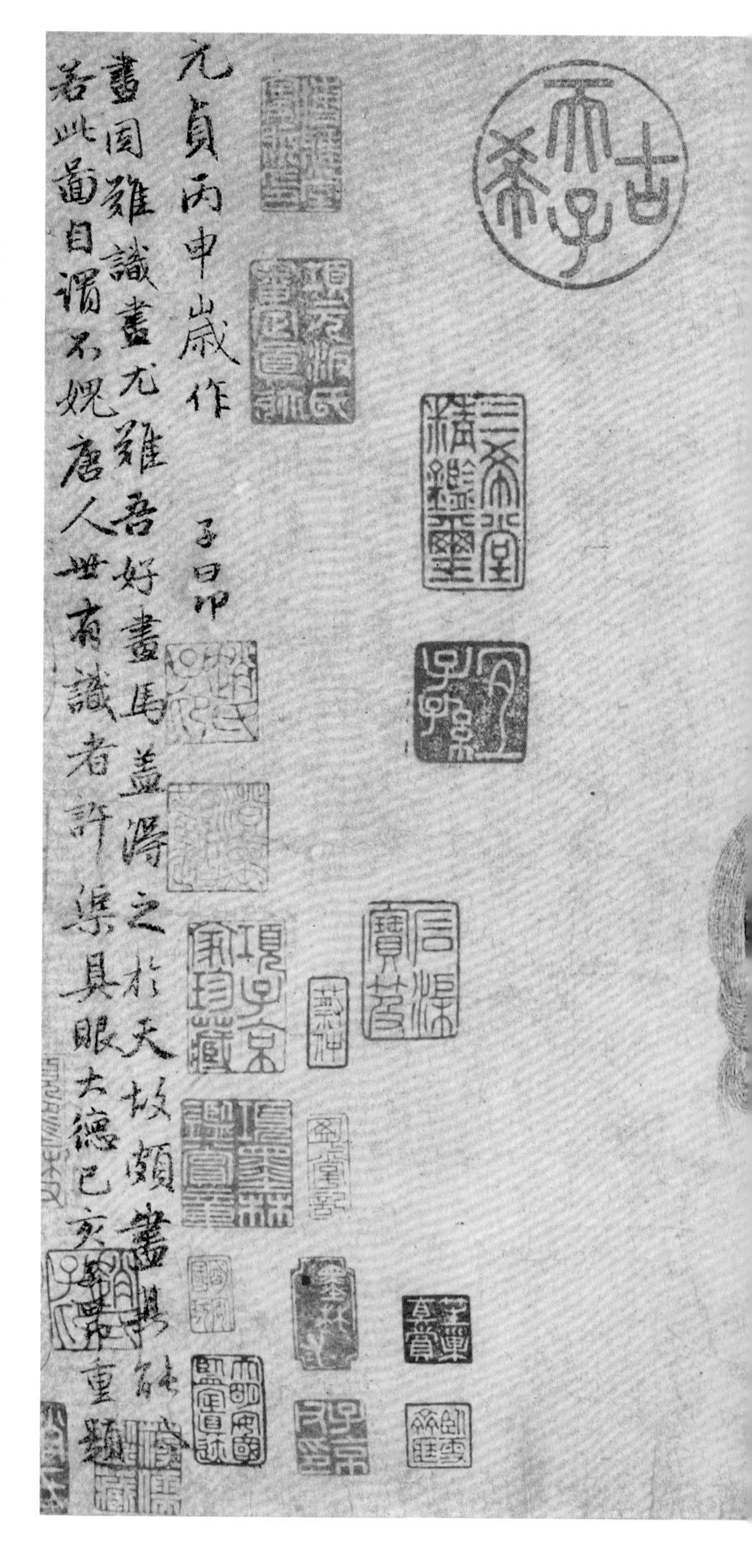

圖中繪一仕人騎在駿馬之上緩緩而行，着長袍，表現出儒雅之氣。勾勒見筆，細韌遒勁，設色濃麗，大膽使用紅色，並與赭石相搭配，鮮艷耀眼。全卷沒有背景，如自題中所說，是取自唐代韓幹畫法。

本幅自題：“人騎圖　元貞丙申歲（1296）作　子昂”。另有題記：“畫固難，識畫尤難。吾好畫馬，蓋得之於天，故頗能盡其能事，若此圖，自謂不愧唐人。世有識者，許渠具眼。大德己亥　子昂重題”。清乾隆御題詩一首。鈐印“趙氏子昂”（朱文）、“趙氏”（白文）、“松雪齋”（朱文）、“項墨林鑒賞章”（白文）及乾隆內府諸印五十餘方。

引首有清乾隆御書“得深穩意”。鈐印“乾隆御筆”（白文）、“項子京家藏”（朱文）。

後隔水自題：“吾自小年便愛畫馬，爾來得見韓幹真跡三卷，乃始得其意云。子昂題”。

尾紙題記：“當今子昂畫馬，真得馬之性，雖伯時復生，不能過也。孟顲題”。

另有子俊宇、由辰、文公諒、張世昌、倪淵、陳潤祖、趙雍、趙奕、趙麟、何頤貞、吳巽、僧珂月、僧文信、也先浦化、程郇、朱景淵等諸家題跋。鈐“煙客”（朱文）、“墨林山人”（白文）等印一百餘方。

曾經《石渠寶笈續編》著錄。

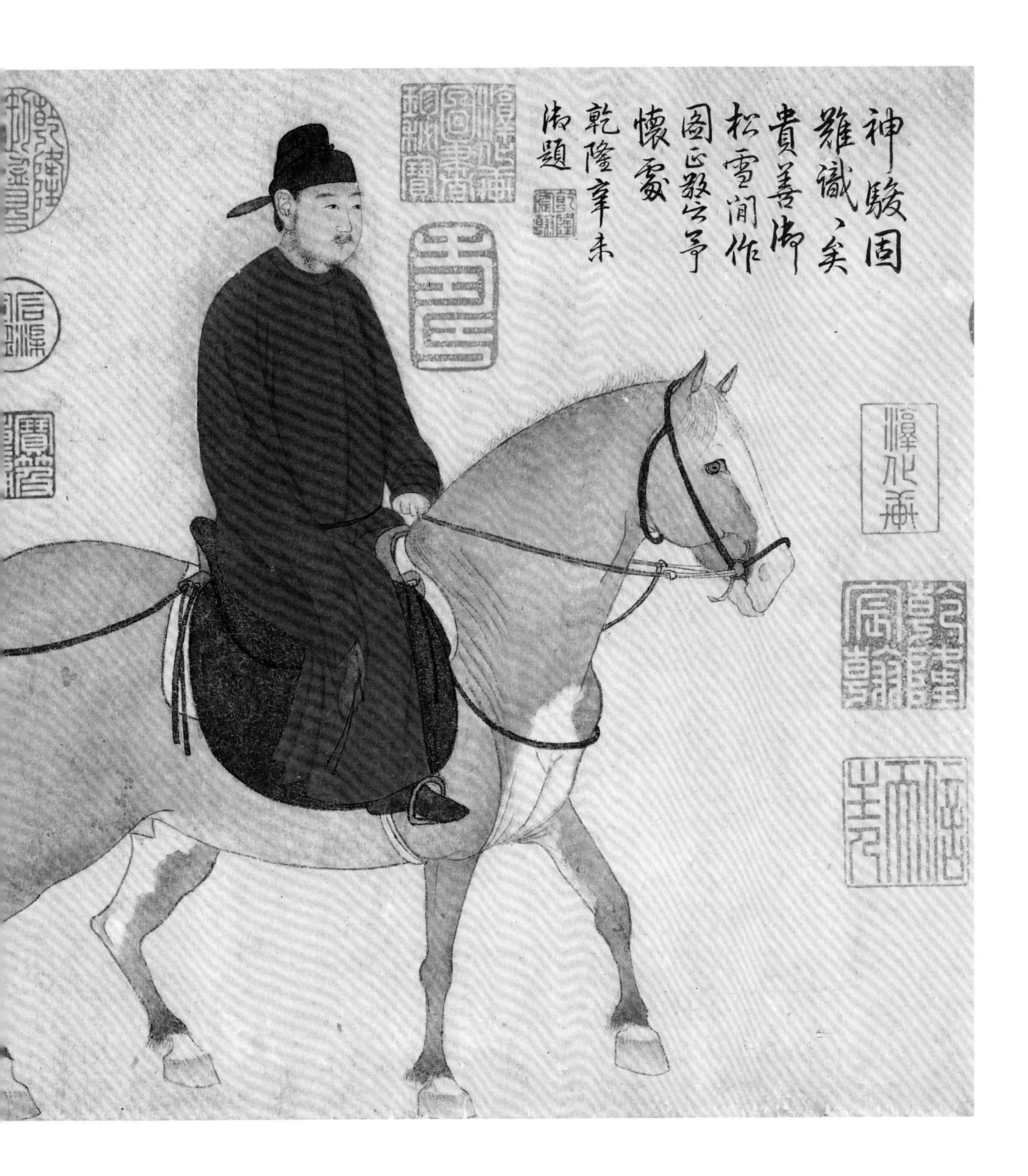
神駿固
貴善御
松雪閒作
乾隆辛未
御題

人騎圖

神駿固
難識，識矣
貴善御
松雪閒作
圖正欲公爭
懷義
乾隆辛未
御題

立錐摩挲五花連熟視颯颯疑有長風吹奚官穩結束紫西亂
鬃髭青絲絡首頭手自控李唐文物猶在茲此畫寧復得好
事宜寶之世間德驥有如是顧展材力當明時
蜀宇文公諒

五花神駿出天閑黑幘髯
奚穩跨鞍試使揚鞭輕一
蹴日馳千里諒非難
張世昌

松雪齋中老僊伯翰墨特
為天下奇瑣窗日暖起雲霧
產此渥洼神俊姿
倪淵

曹韓不可作畫馬徒紛紛龍眠
諦獨步魏公繼清芬昂昂八
尺龍應是遠景孫闊步躡九
區駿氣凌青雲未奉瑤池駕
已空冀北羣奚官久調伏
鑾不動塵人馬兩相得爛煬見

垂鞭不動轡絲輕想見晴
原漠漠平追憶當時走松
雪坐看神駿眼增明
順貞

長松落雪畫眠餘意到寫
成人騎圖風鬣霜蹄看
欲動長安借得看花無
延陵吳巽

韓幹已休曹霸遠誰云松雪
似龍眠世間伯樂不常有展
卷令人一惘然
約任
何月

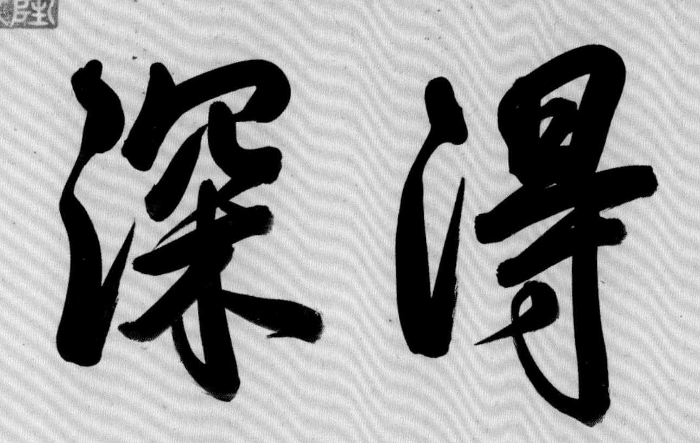
趙孟頫人騎圖 神品 天府珍藏
宸題趙文敏人騎圖神品
得深穩

元貞丙申歲作 子昂
畫固難識畫尤難吾好畫馬蓋得之於天故頗盡其能事
吾此圖自謂不愧唐人世有識者許渠具眼 大德己亥子昂重題

吾自小年便愛畫馬尔來得見韓
幹真跡三卷乃始得其意云
子昂題

當今 子昂畫馬真得馬之性
雖伯時復生不能過也 孟頫題

此人騎圖家為佳製乃 子昂
得意筆也每一展卷不能去手
故重題以識之
大德三年三月八日 子俊書

烏帽朱衣玉束腰鳴鞭飛鞚
五陵豪 仙翁妙得三花趣
神品何人可並高
由辰拜手謹題

已空冀北群奚官久調伏後
變不動塵人馬兩相得爛惕見
天真駑駘能爭立騏驥甘隱
淪豈惟馬難逢餘畫數何人
果知畫中趣伯樂定前身
陳[illegible]祖

辰之三品芻豆餅以千金
戀棧誰能解亦徽纏
縱渠汗滴中閑

右人馬圖先人真蹟兼重題其後今已不
可多得宜寶藏之
雍謹書

先人所作人騎圖真蹟已不可得
矣 奕百拜敬觀之餘惟增愴
怯藏者宜寶之
奕拜書

迄令人一惆然

勾任　河月

題趙文敏公人騎圖

趙公文采真天人平生愛馬寫馬
真詩觀此馬是真馬意態驕騰
如有神渥洼龍種合變化扶陽
一見論高價雄姿颯爽世所無
奚官騎出林陰今昔閒馳駿
馳以莒亳能輅水轎軺
大明天子乃和之犀至是當時閒
樸至天閣日能賡河傷

永嘉僧文信

寶鐙青絲碧玉環奚
官烏帽赭羅襴渥洼
驂褭產汗血大宛騏
驥生羽翰千里風程飛
赤電五花雲彩散雕鞍

赤電五花雲彩散雕鞍
當時曾獻唐
天子今日人間作畫看

老仙畫馬真絕特頃刻筆下飛
龍出畫成自謂得於天世無具
眼誰能識似嫌文繡掩天真畫
去錦韉瑚玉勒朱衣奚官自馱
坐緩轡徐行意閒適展畫使我
吁且驚朽骨千金古猶惜曹韓
伯時未擬道況是仙翁得意筆
臨風振鬣一長鳴瑤池路斷無
行跡

眉山程郇

書錦弛蓑今誰如老杜
王才執去宗紙上空餘
而韡在一高晴雪蹤

書錦弛蓑今誰如老杜
王才執去宗紙上空餘
而韡在一高晴雪蹤
實極

瓢泉朱景淵

趙榮祿人騎圖

8

趙孟頫　秋郊飲馬圖卷
絹本　設色　縱23.6厘米　橫59厘米
清宮舊藏

Horses Drinking in the Suburbs in Autumn
By Zhao Mengfu
Handscroll, Blue-and-green on silk
H. 23.6cm　L. 59cm
Qing Court collection

圖中畫清秋時節，林木蕭疏，一紅衣奚官在溪邊牧馬，駿馬形態各異，有的低頭暢飲，有的奔突跳躍，有的回首四顧，有的嘶鳴嬉戲，描寫生動而富有情趣。馬的線描圓潤秀勁，富有書法筆意，色不掩筆，色彩濃麗，可看出其取法唐人遺韻。

本幅自題："秋郊飲馬圖　皇慶元年（1312）十一月　子昂"。鈐印"趙氏子昂"（朱文）。另鈐鑒藏印"緵""真"（朱文）、"柯九思印"（白文）及清乾隆、宣統內府藏印。

引首有清乾隆御書"清泉垌牧"。鈐印"乾隆宸翰"（朱文）等四方。

前後隔水鈐"秋碧"（朱文葫蘆）、"蒼巖子梁清標玉立氏印章"（朱文）等及清乾隆、宣統內府藏印。

尾紙有柯九思跋："右趙文敏公《秋郊飲馬圖》真跡，予嘗見韋偃《暮江五馬圖》、裴寬《小馬圖》與此氣韻相望，豈公心慕手追有不期而得者邪？至其林木活動筆意飛舞，設色無一點俗氣，高風雅韻，沾被後人多矣！奎章閣學士院鑒書博士　柯九思跋"。鈐印"丹丘柯九思章"（朱文）、"柯氏敬仲"（朱文）、"縕真齋"（朱文）。又有清乾隆題跋及汪由敦書《玉甕歌》。鈐印"蒼巖子"（朱文圓）、"蕉林鑒定"（白文）、"乾隆宸翰"（朱文）、"乾隆御賞之寶"（朱文）、"乾隆御覽之寶"（朱文圓）等。

曾經《汪氏珊瑚網》、《佩文齋書畫譜》、《式古堂書畫彙考》、《大觀錄》著錄。

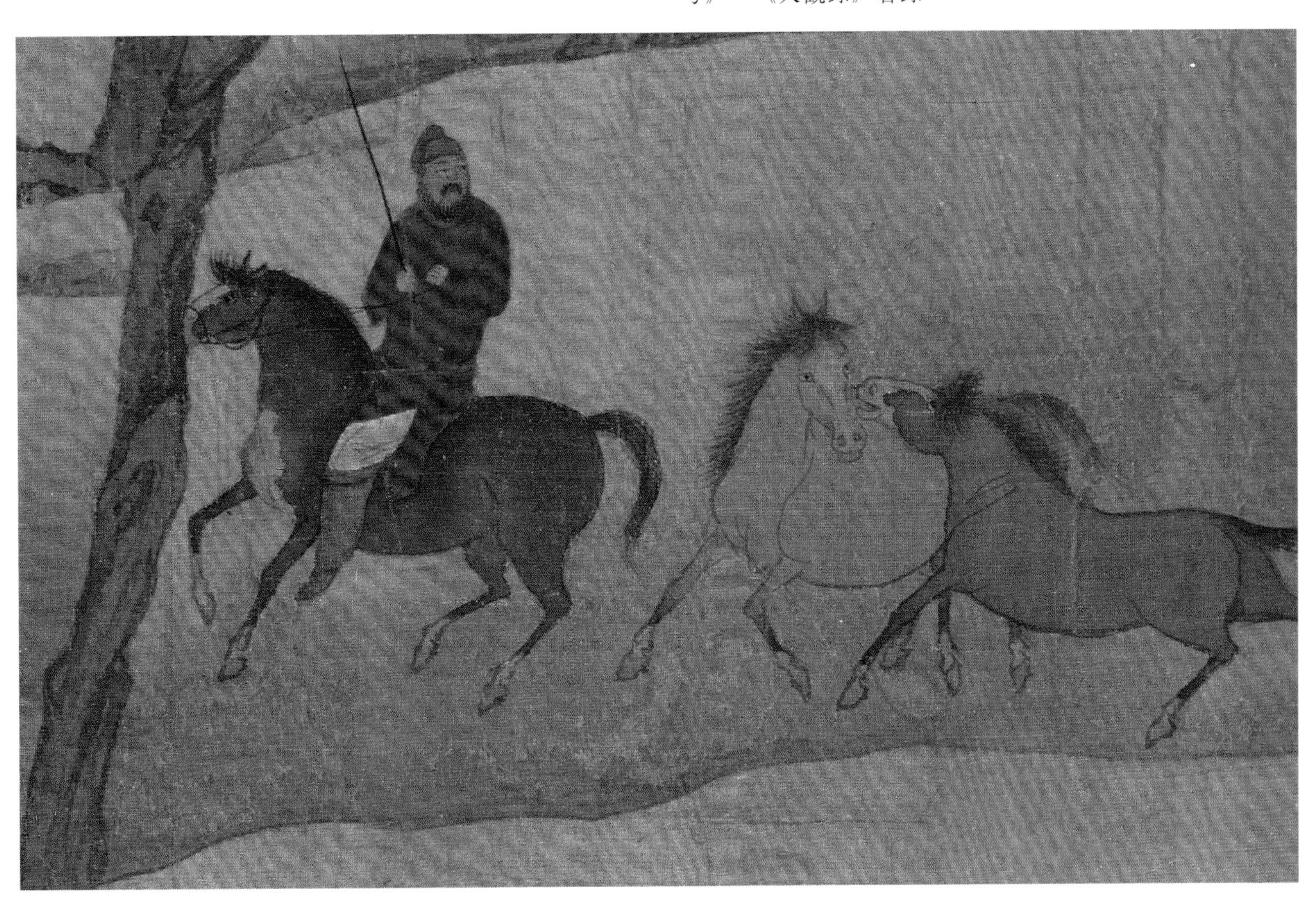

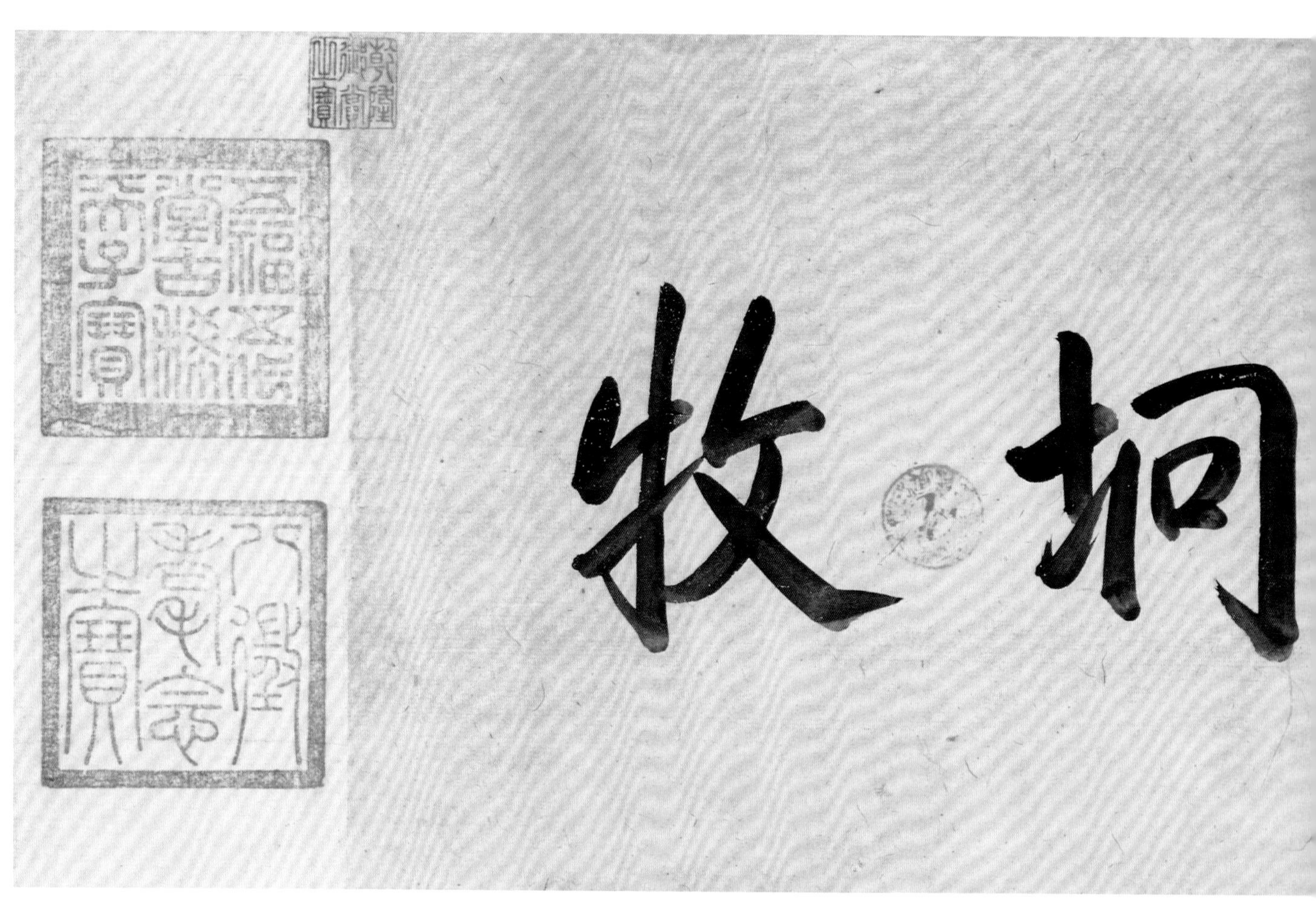

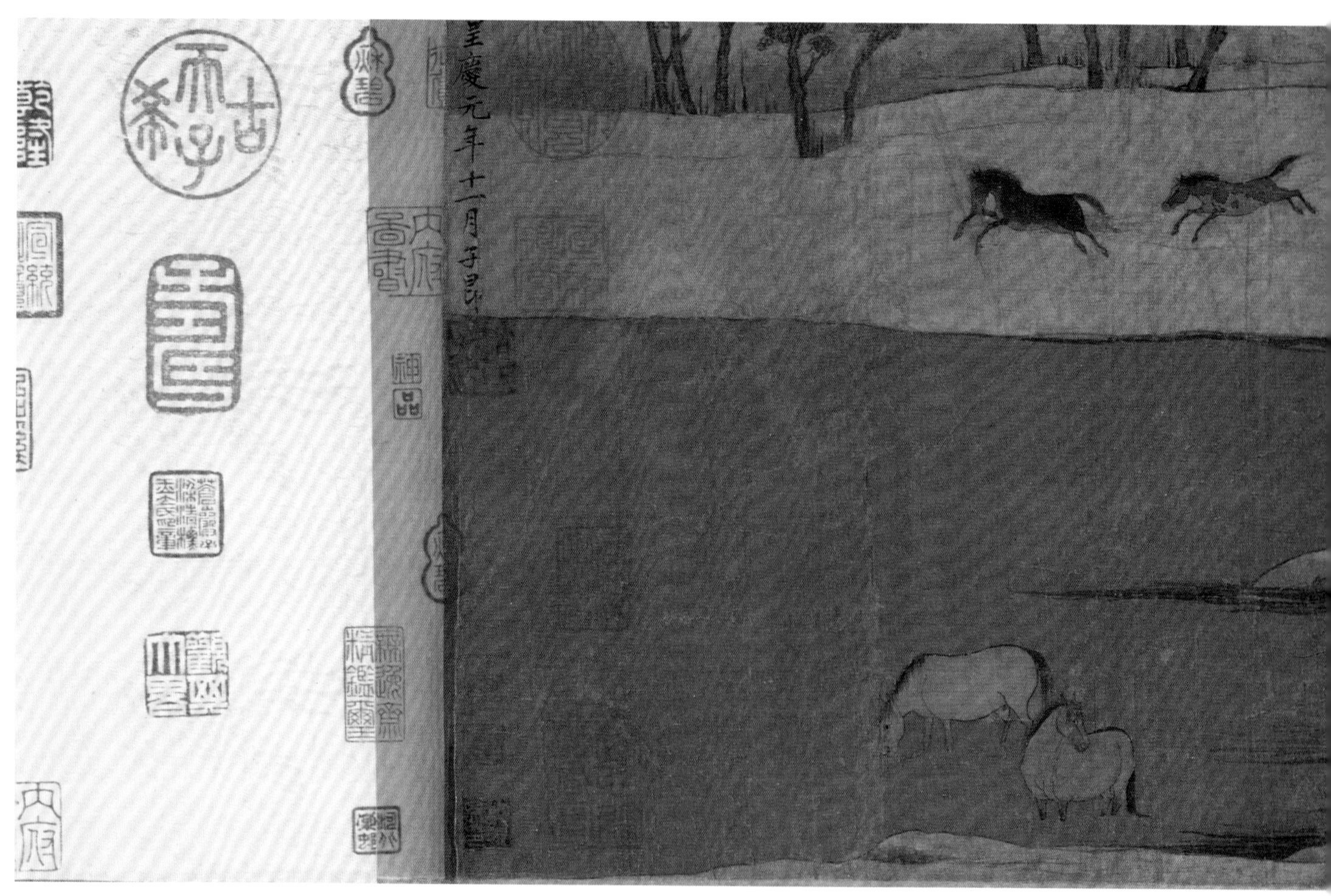

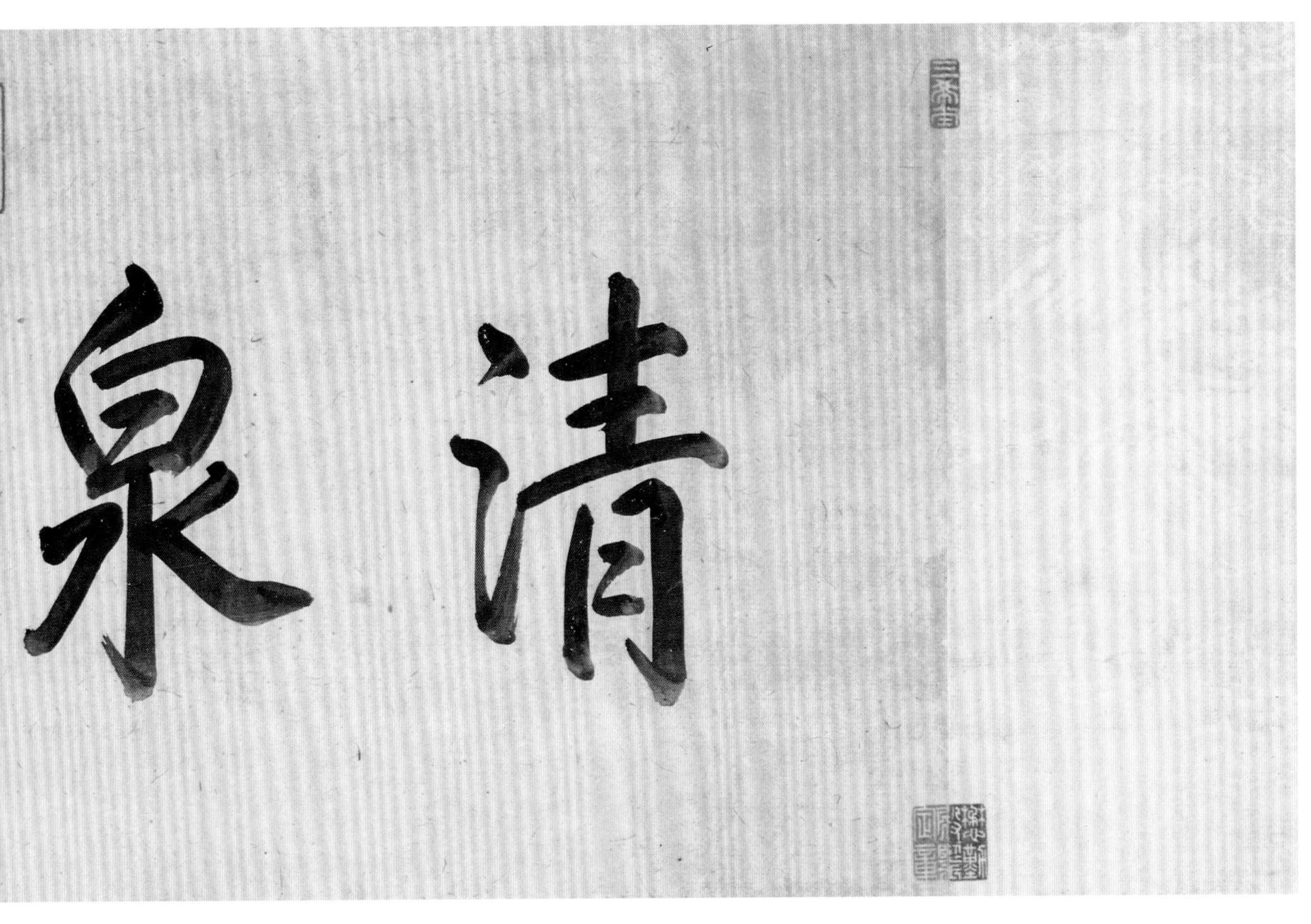
清泉

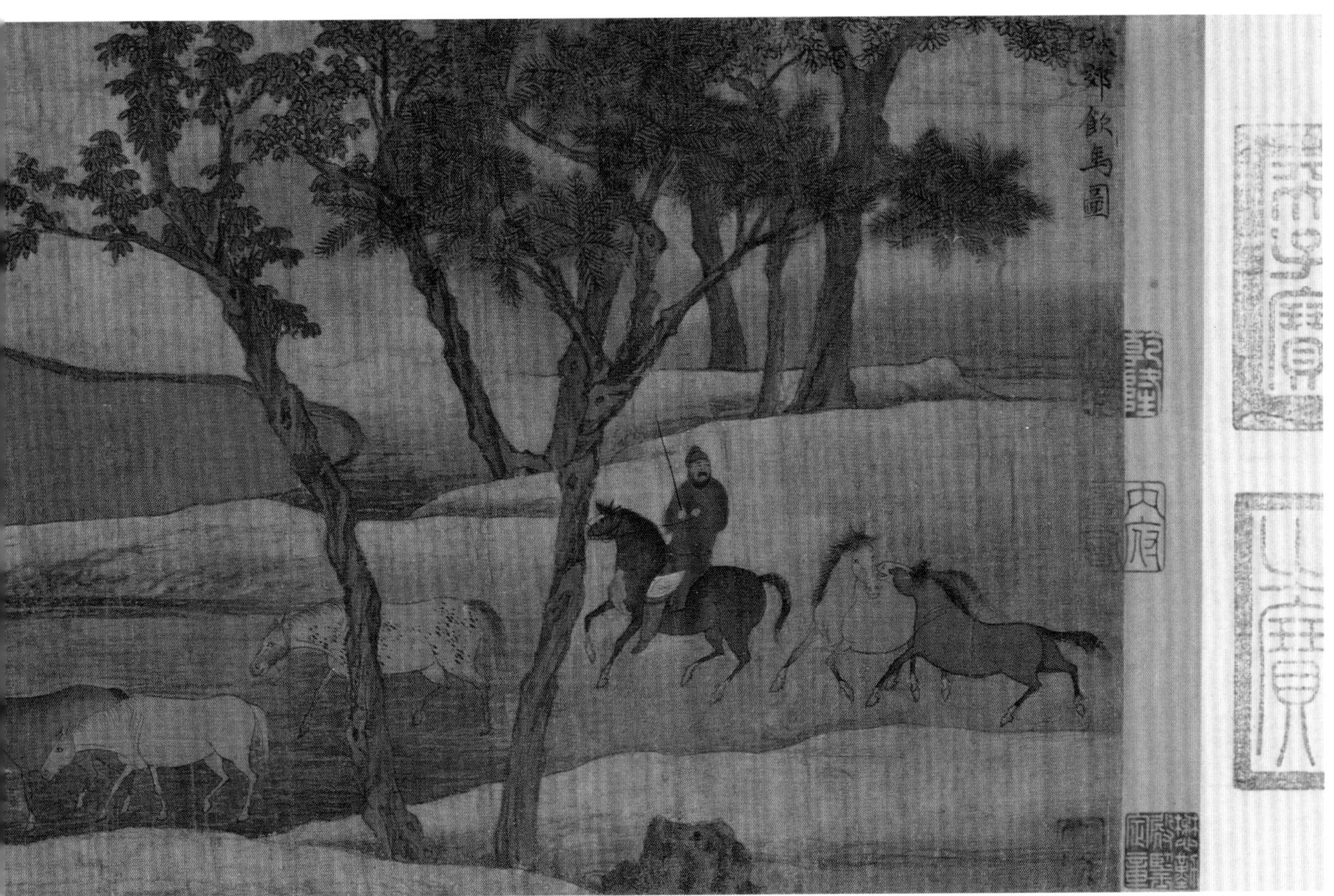
飲馬圖

岌嶪似染雲羽影波飛隼去低昂有騶佶徐鳥中
凰海子盛鬣騰下犀厄魯所進如意驄驎身汗
血氣閑張錦雲騅穩坐玉休雪山滌途健步康寶
吉騮來家後行洪毅爾達天一方凡茲八者真駿
英姿懸琢彼璞瑤於紫檀為屏美牧場飲齕適
性樂無央龍為友固可羊忘遐想造父事穆王以
車轍行窮八荒何足數哉肆遊狂朝家詰戎馬
射疊風所資力應表章壽之貞珉允所當峻坂馳
下為幷復作歌識興御悅懷
掄前後十駿圖各四命玉工肖其形鐫檀為屏位置
成八駿作歌紀之山莊多暇偶憶子昂此圖郵致之
書於卷後丙申秋月御筆

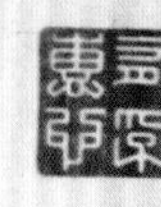

乾隆丙寅上巳日臣汪由敦敬書

右趙文敏公秋郊飲馬圖真蹟
予嘗見韋偃暮江五馬圖裴寬
小馬圖與此氣韻相望豈公心慕
手追有不期而得者邪至其林
木活動筆意飛舞設色無一
點俗氣高風雅韻沾被後人多
矣　奎章閣學士院鑒書
博士柯九思跋

細草清泉坰牧宜偶秀騋牝動
遐思大凌河畔丹楓樹報我去
年秋杪時　御題

檀興十駿圖騎皇癸亥歲命世寧郎至今歷卅餘
年長從廄後老頤多良十匹亦武備數常原非
凡之共寄還知閑貢你班天閑肯親事罕至人襄

9

趙孟頫　浴馬圖卷
絹本　設色　縱28.5厘米　橫154厘米
清宮舊藏

Bathing Horses
By Zhao Mengfu
Handscroll, Colour on silk
H. 28.5cm　L. 154cm
Qing Court collection

圖中繪夏日疏林間，奚官在水塘為駿馬洗浴納涼。人物或洗或刷，馬匹或側或臥，生動自然，各具姿態，相互呼應，營造了一個輕鬆的氛圍。人物衣紋流暢，樹木坡石勾勒簡練，色不掩墨，青綠與淺绛結合，色彩清麗雅致。

本幅款識“子昂為和之作”。另有清乾隆御題詩一首，鈐印“幾暇怡情”（白文）、“乾隆宸翰”（朱文）。

引首有清乾隆御書“青溪龍躍”。鈐印“乾隆御筆”（朱文）。

尾紙有王穉登、宋獻題跋（釋文見附錄）。鈐“王氏百穀”（白文）等印。

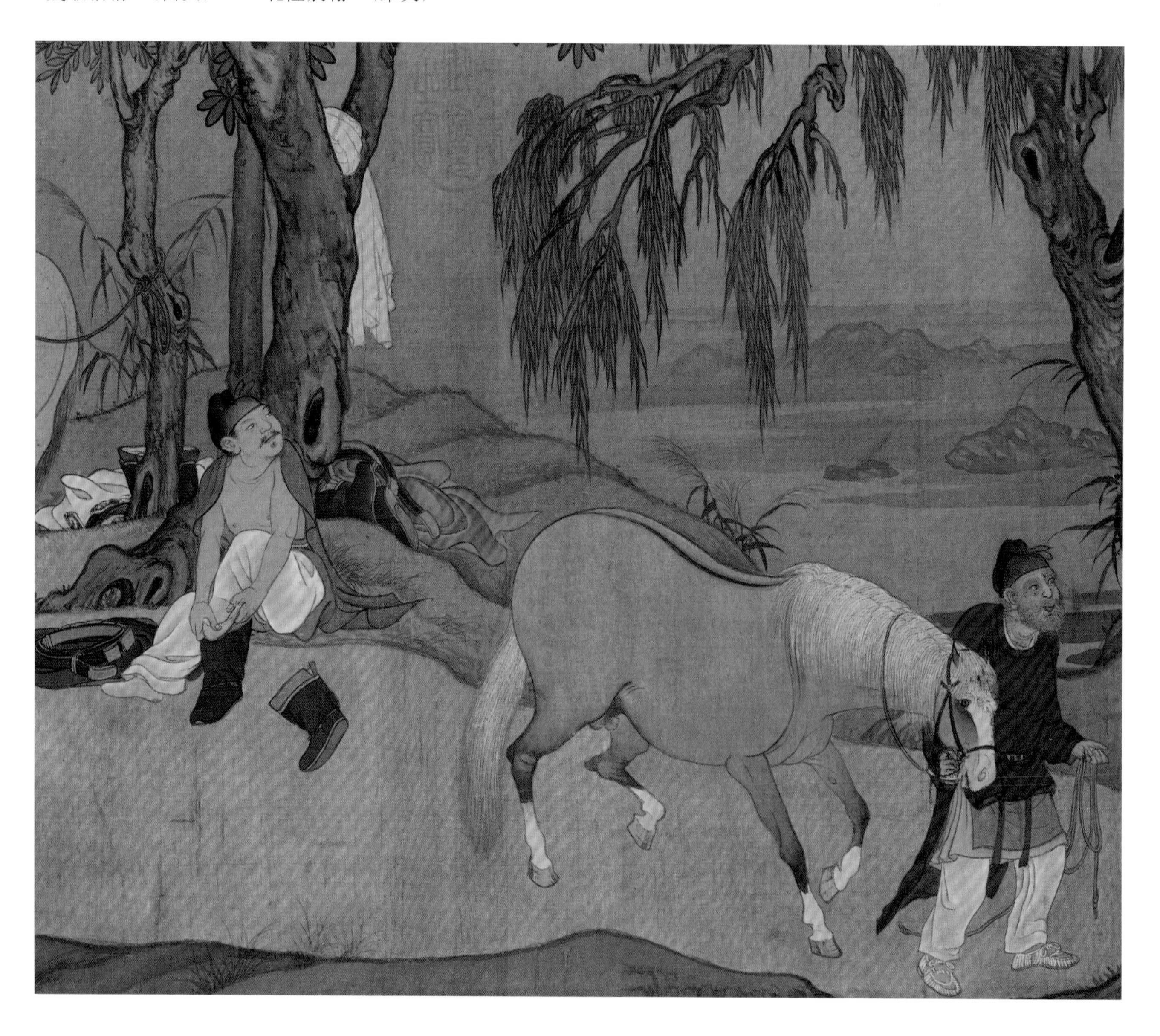

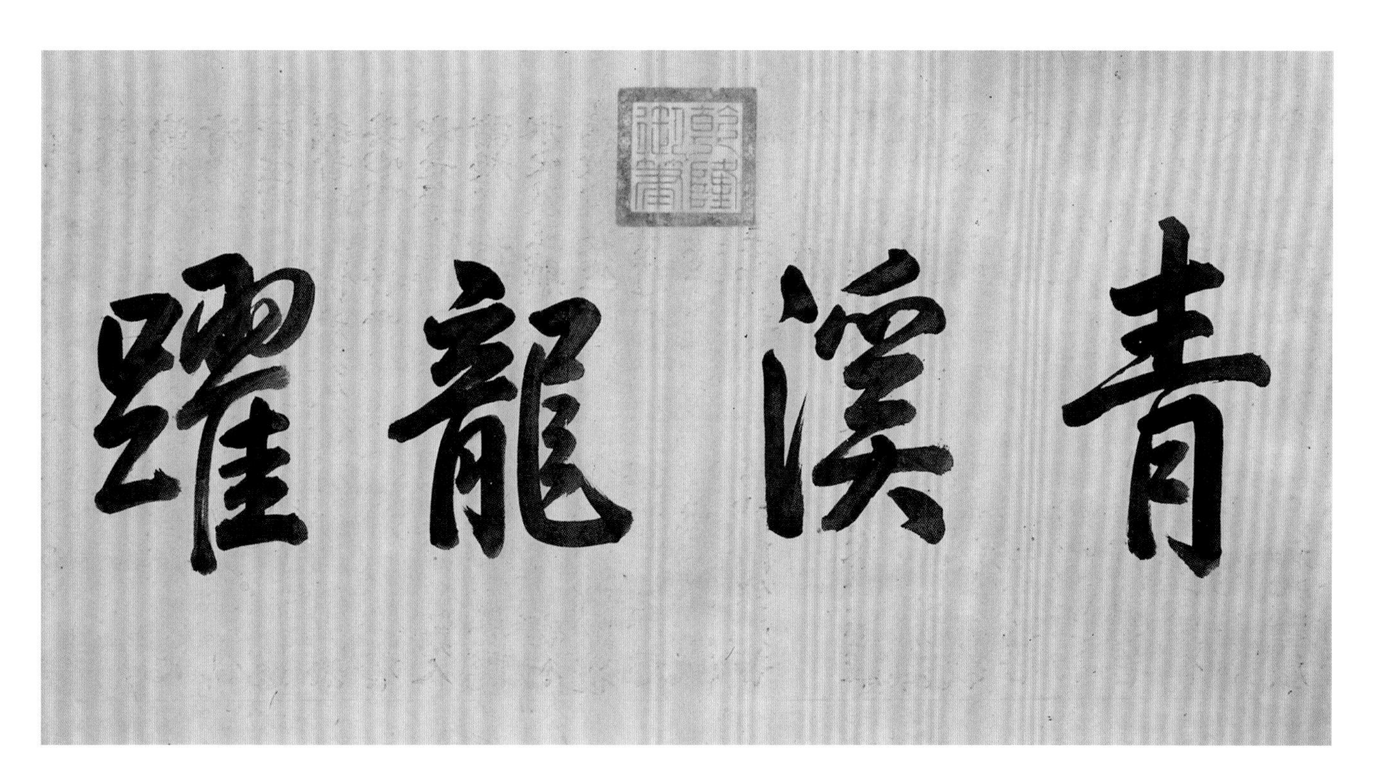
青溪龍躍

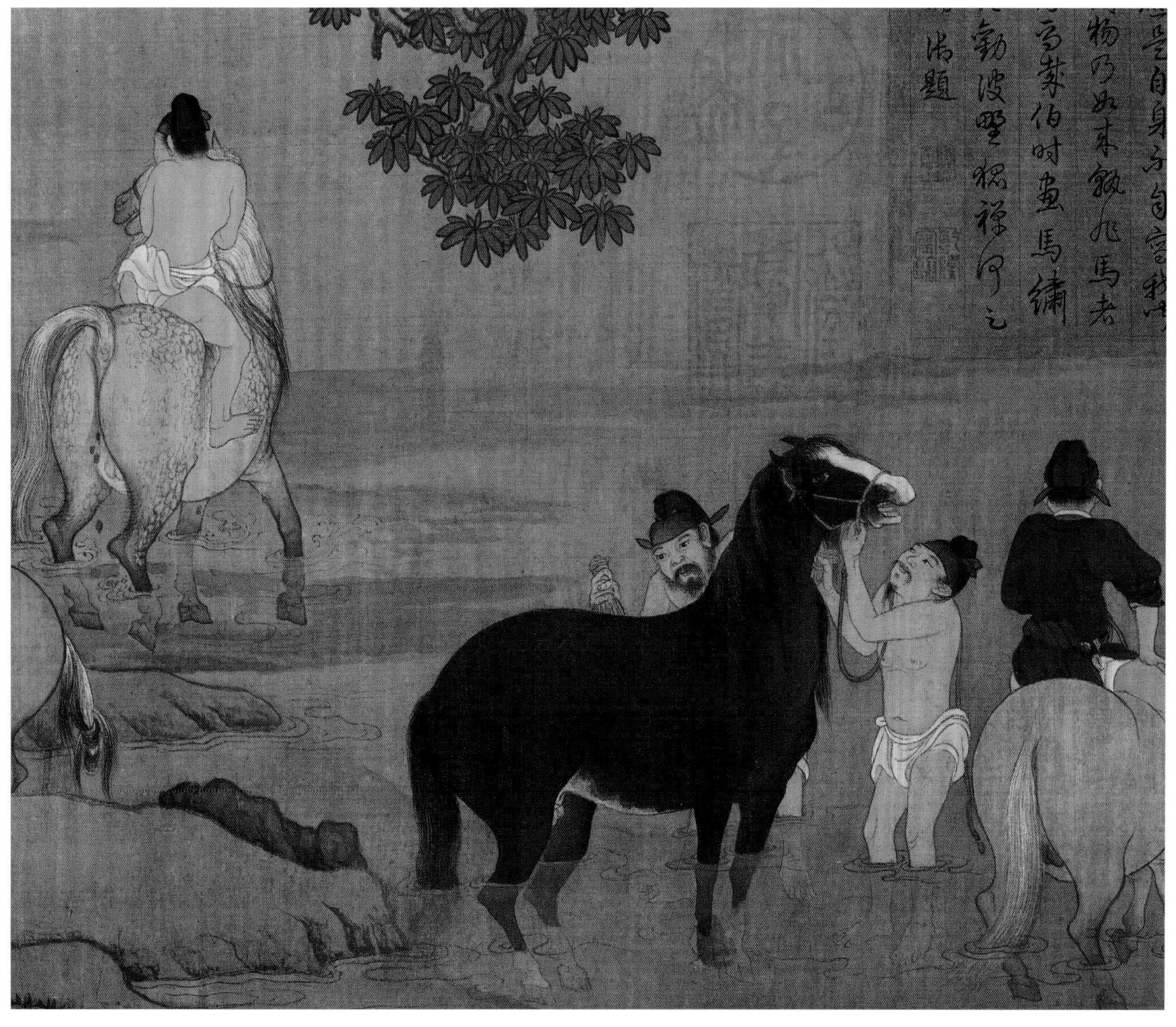

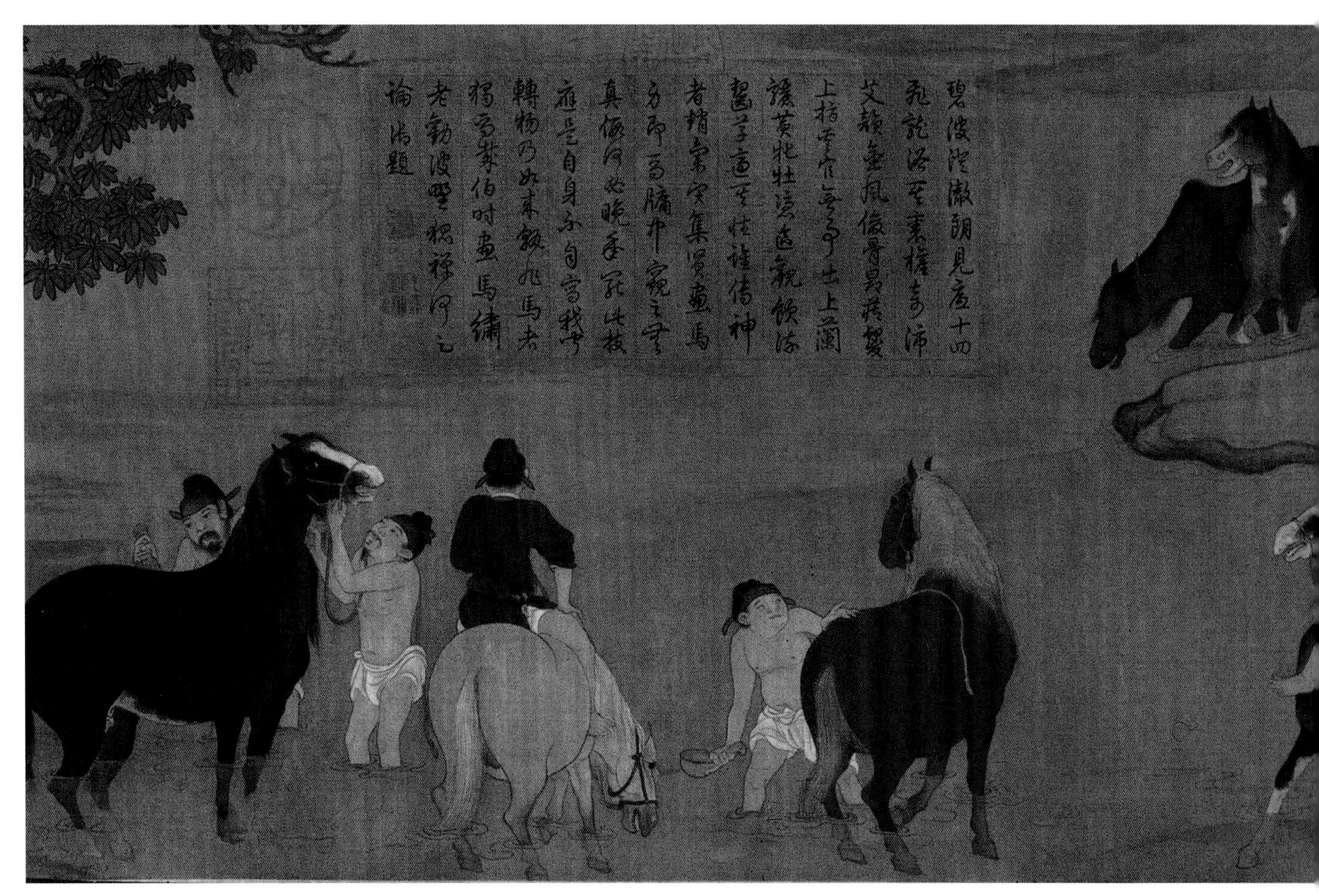

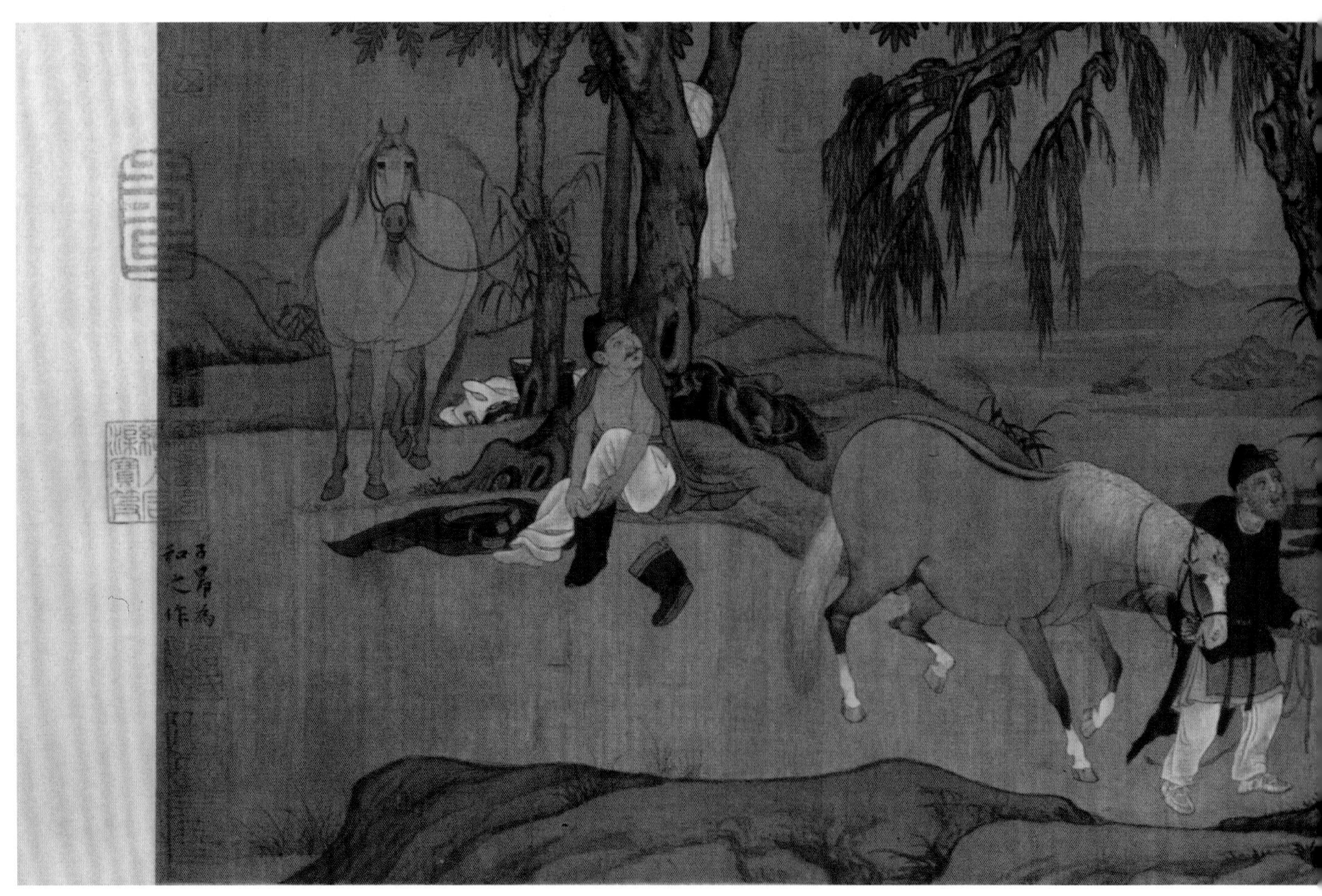

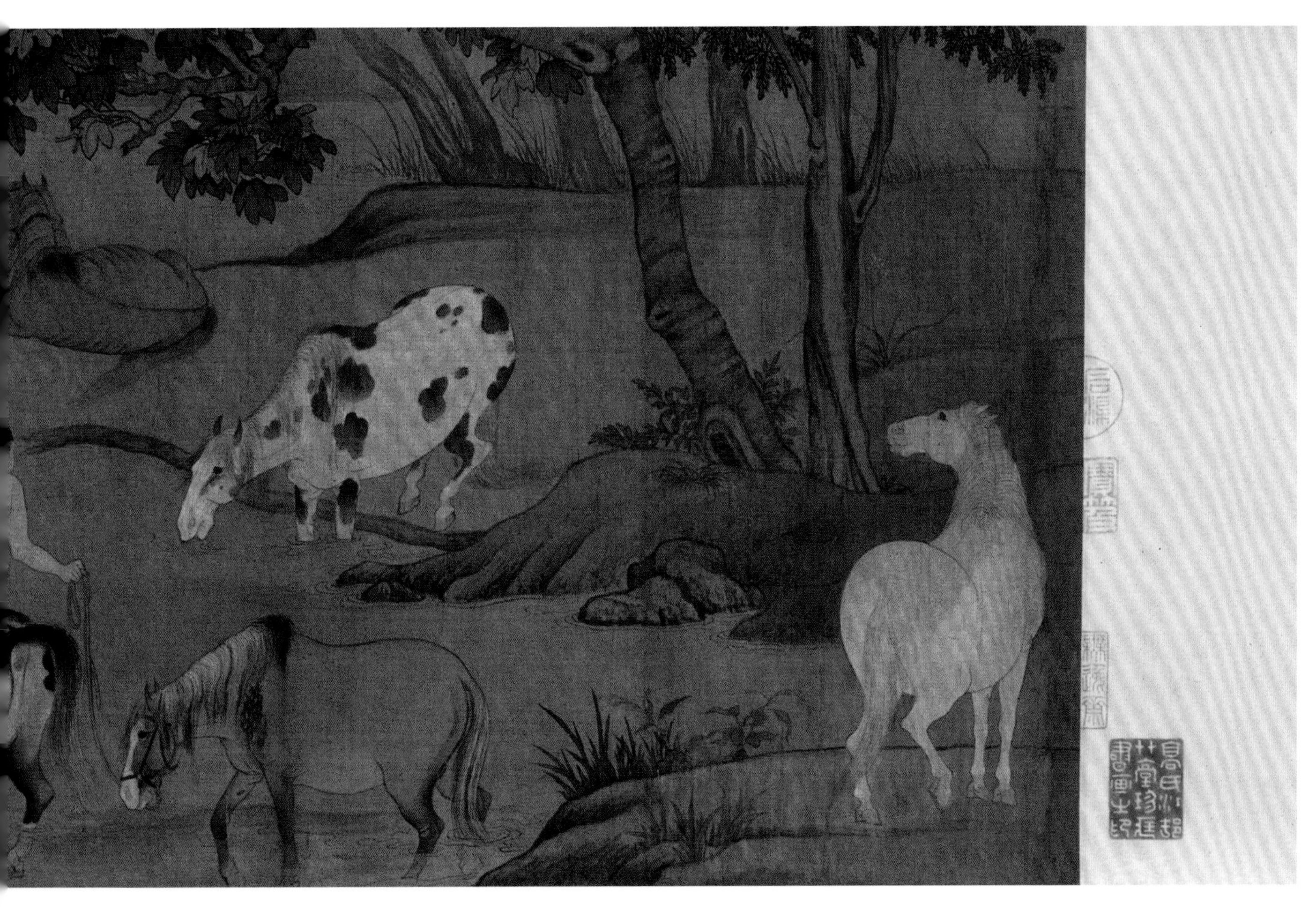

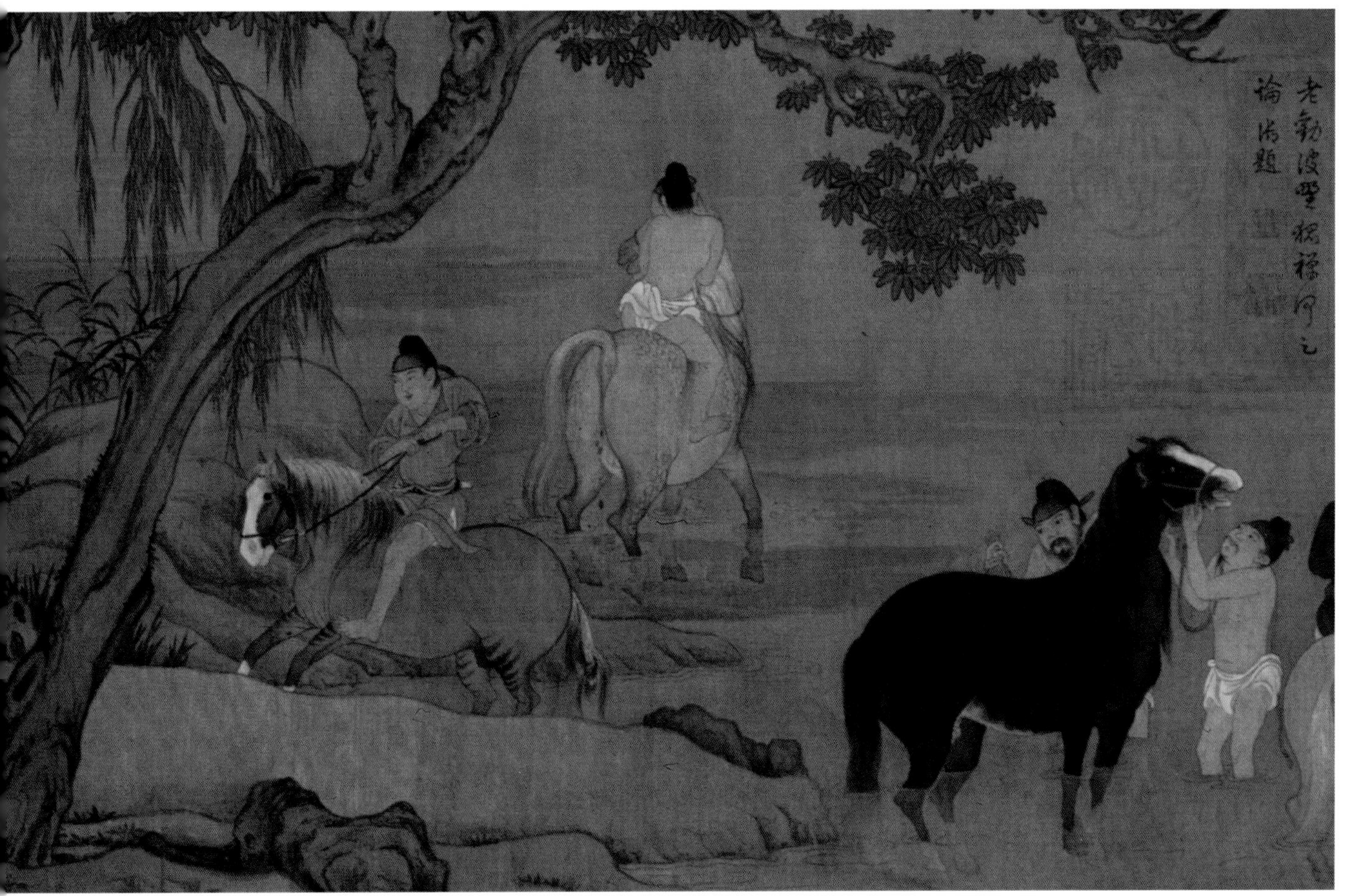

李伯時好畫馬繡長老勸其無作不爾當墮
馬身後更不作止作大士象耳趙集賢少便
有李習其法亦不在李下嘗據床學馬滾塵
狀管夫人自牖中窺視之政見一匹滾塵馬晚年
遂罷此技要是專精致然此卷凡十四騎奚
官九人飲流齧草解鞍倚樹昂首踠地
長嘶小損厥狀不一而騄驥千里之氣溢
出毫素之外王生老矣猶能把如意擊唾
壺歌烈士暮年身契焉之也庚辰六月
雲栖館中湯題王穉登

余往在京師見天廄馬出浴德勝池真
是一川雲錦今觀此圖洵稱神駿具見蘭
筋血汗分別有躡空騰影之氣在也若十四駿
情態則百谷言之詳矣
崇禎癸酉夏長卿中翰同觀 瀨之宗獻

10

趙孟頫　水村圖卷

紙本　水墨　縱24.9厘米　橫120.5厘米

清宮舊藏

Waterside Village

By Zhao Mengfu

Handscroll, Ink on paper

H. 24.9cm　L. 120.5cm

Qing Court collection

圖中以水墨寫江南水鄉的景色。從用筆到構圖都受到董源的影響，景物以平遠的形式展開，表現了畫家靜穆的心態和對“平淡天真”性情的追求。用筆鬆秀含蓄，以披麻皴畫山，渴筆較多，體現了書法的審美趣味。此圖對元代枯筆山水的形成產生了較大影響。

本幅款識“大德六年（1302）十一月望日　為錢德鈞作　子昂”。鈐印“趙氏子昂”（朱文）。另有清乾隆御題詩兩首，鈐乾隆、嘉慶內府藏印及“楞伽真賞”（白文）等二十六方，半印八方。

引首有清乾隆御書“清華”。鈐乾隆印璽四方。

前後隔水鈐有“宣統御覽之寶”（朱文圓）、“古稀天子”（朱文圓）等藏印九方。

尾紙題記：“後一月，德鈞持此圖見示，則已裝成軸矣。一時信手塗抹，乃過辱珍重如此，極令人慚愧。子昂題”。鈐“趙氏子昂”（朱文）、“松雪齋”（朱文）印。

另有顧天祥等題記共五十六則。

曾經《鐵網珊瑚》、《清河書畫舫》、《式古堂書畫彙考》、《石渠寶笈初編》著錄。

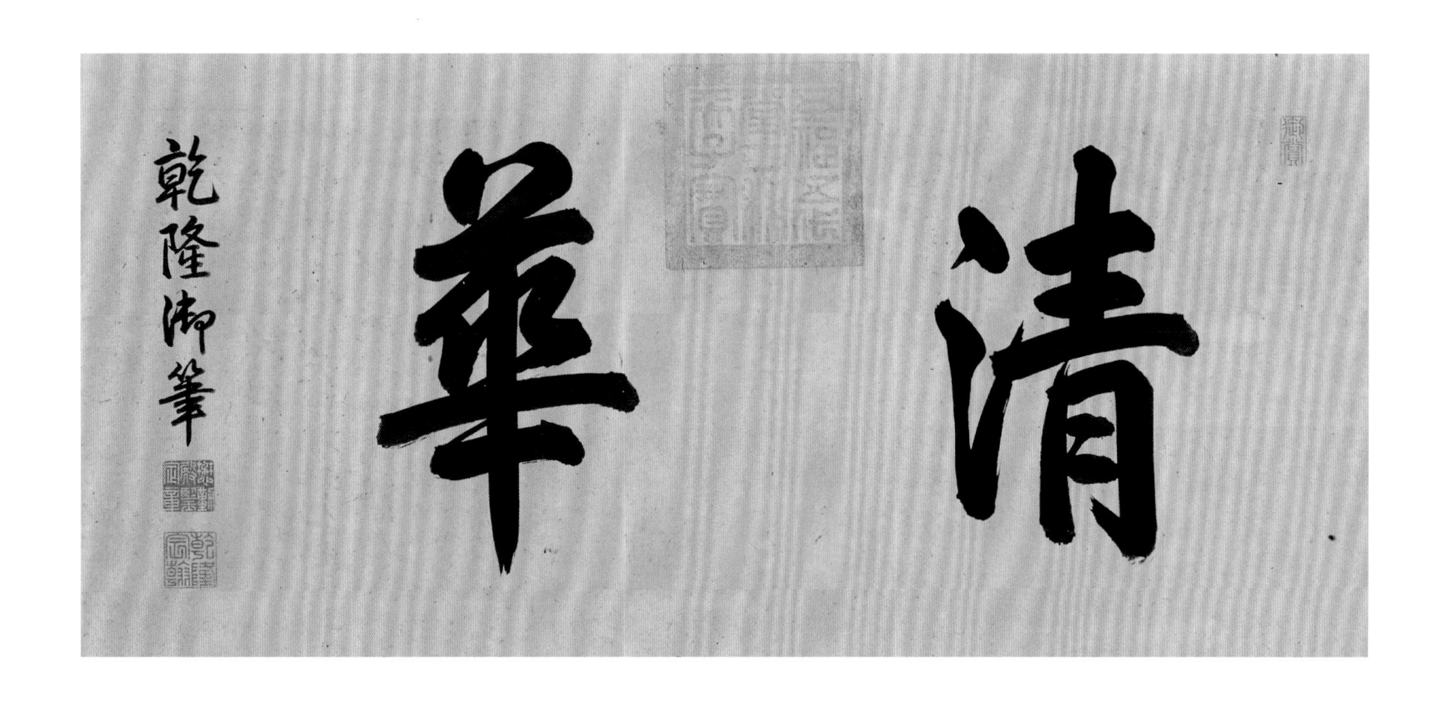

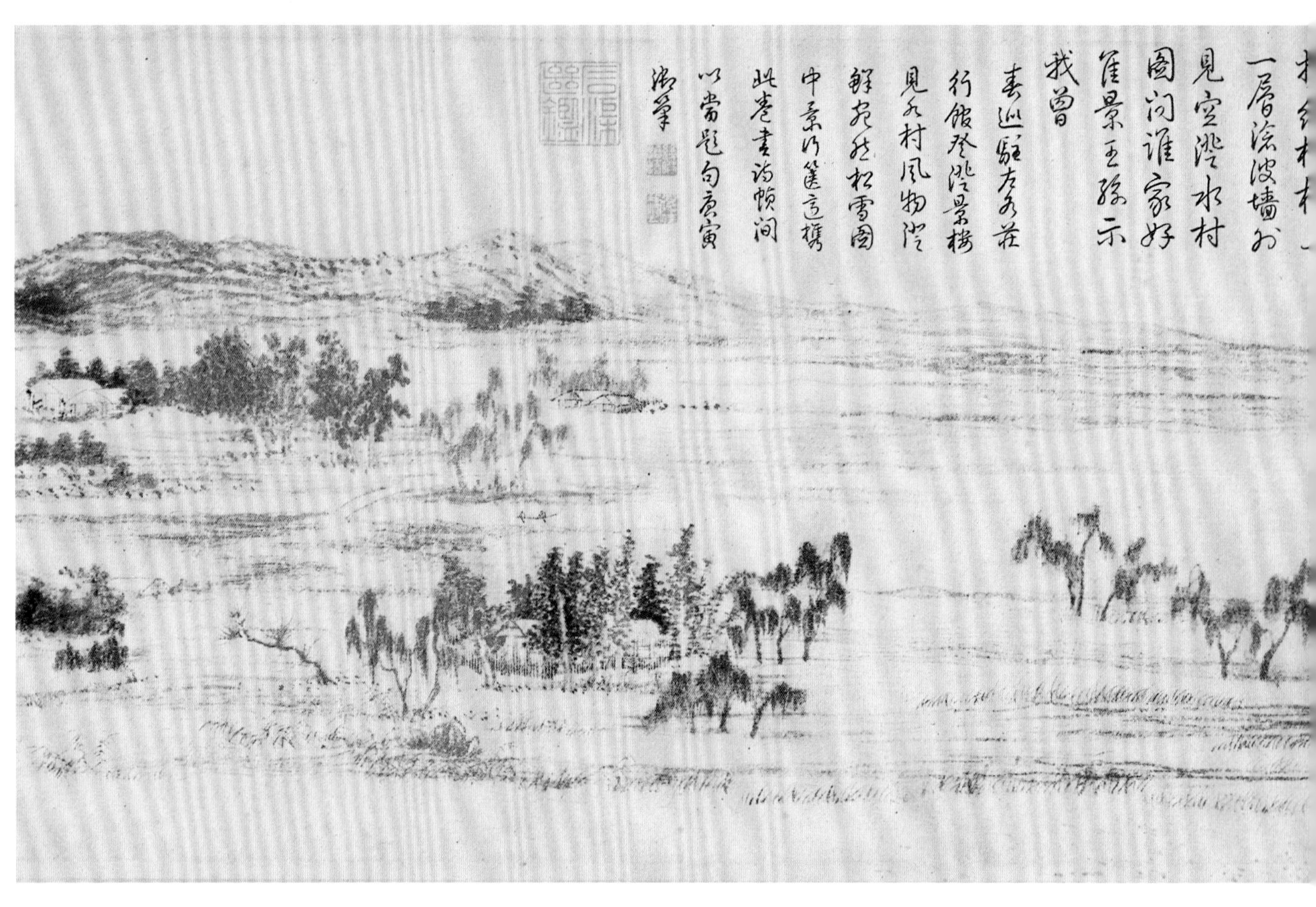

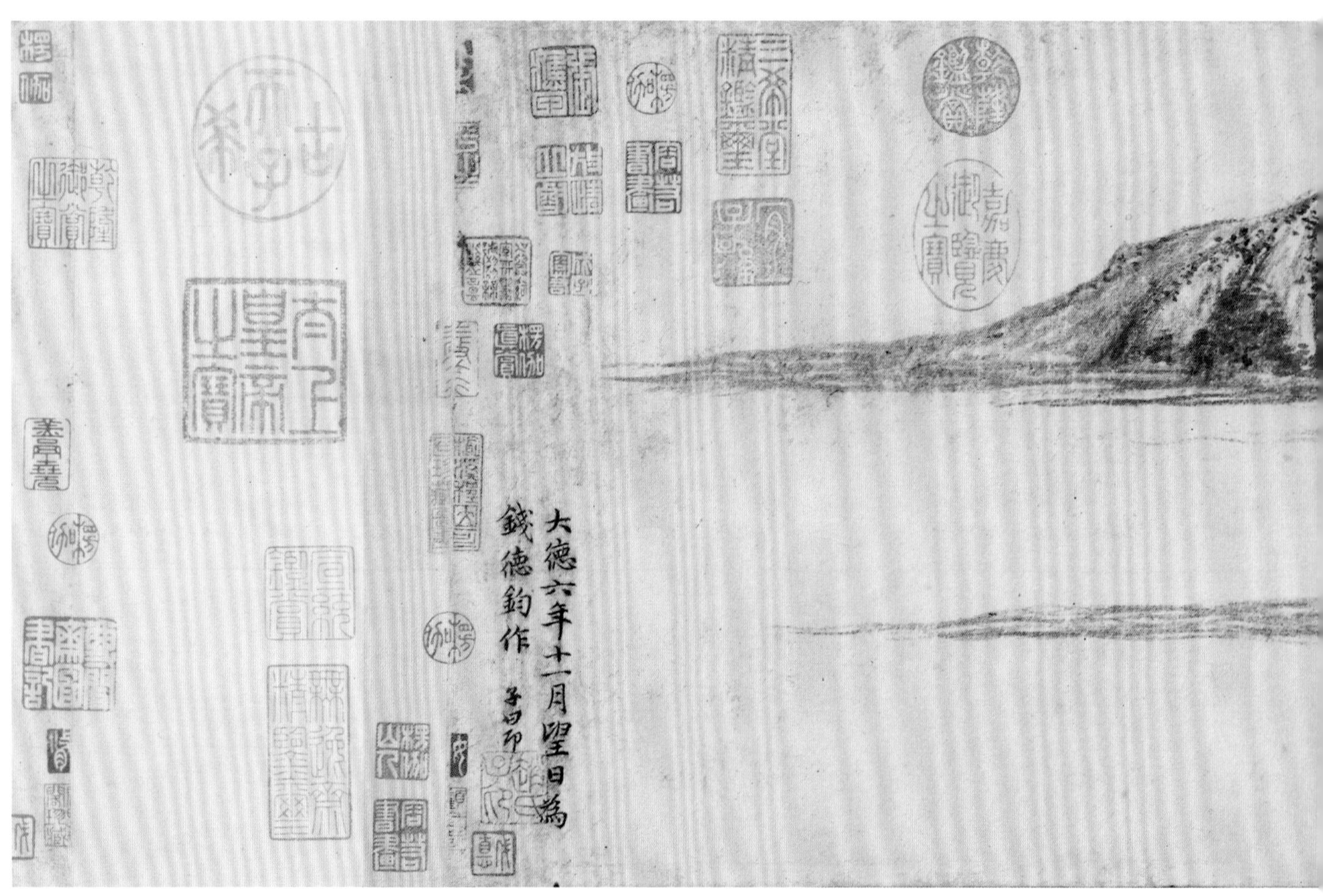
大德六年十一月望日為
錢德鈞作

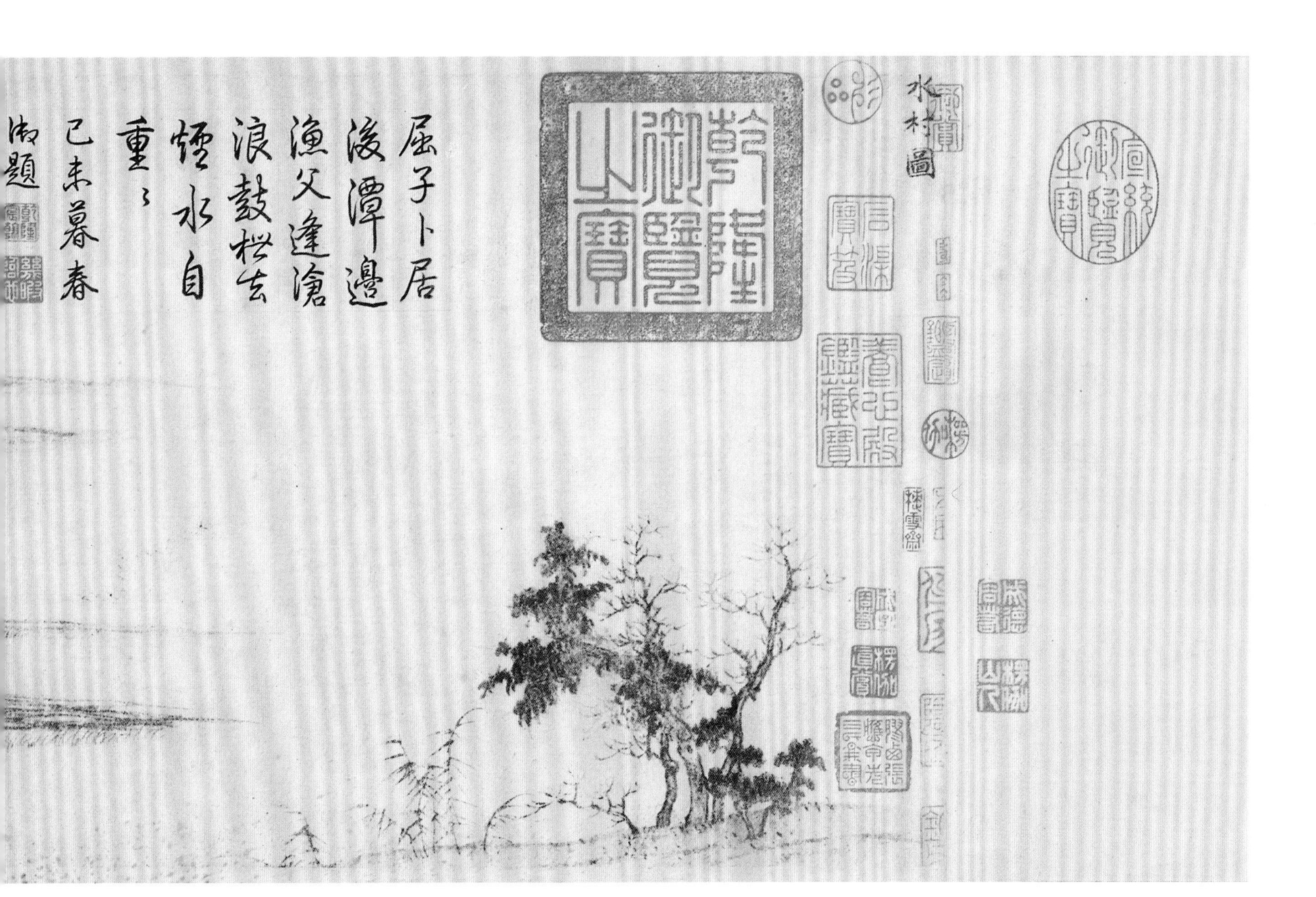
水村圖
屋子卜居
後潭邊
漁父逢滄
浪鼓枻去
煙水自
重ゝ
己未暮春
御題
乾隆御覽之寶

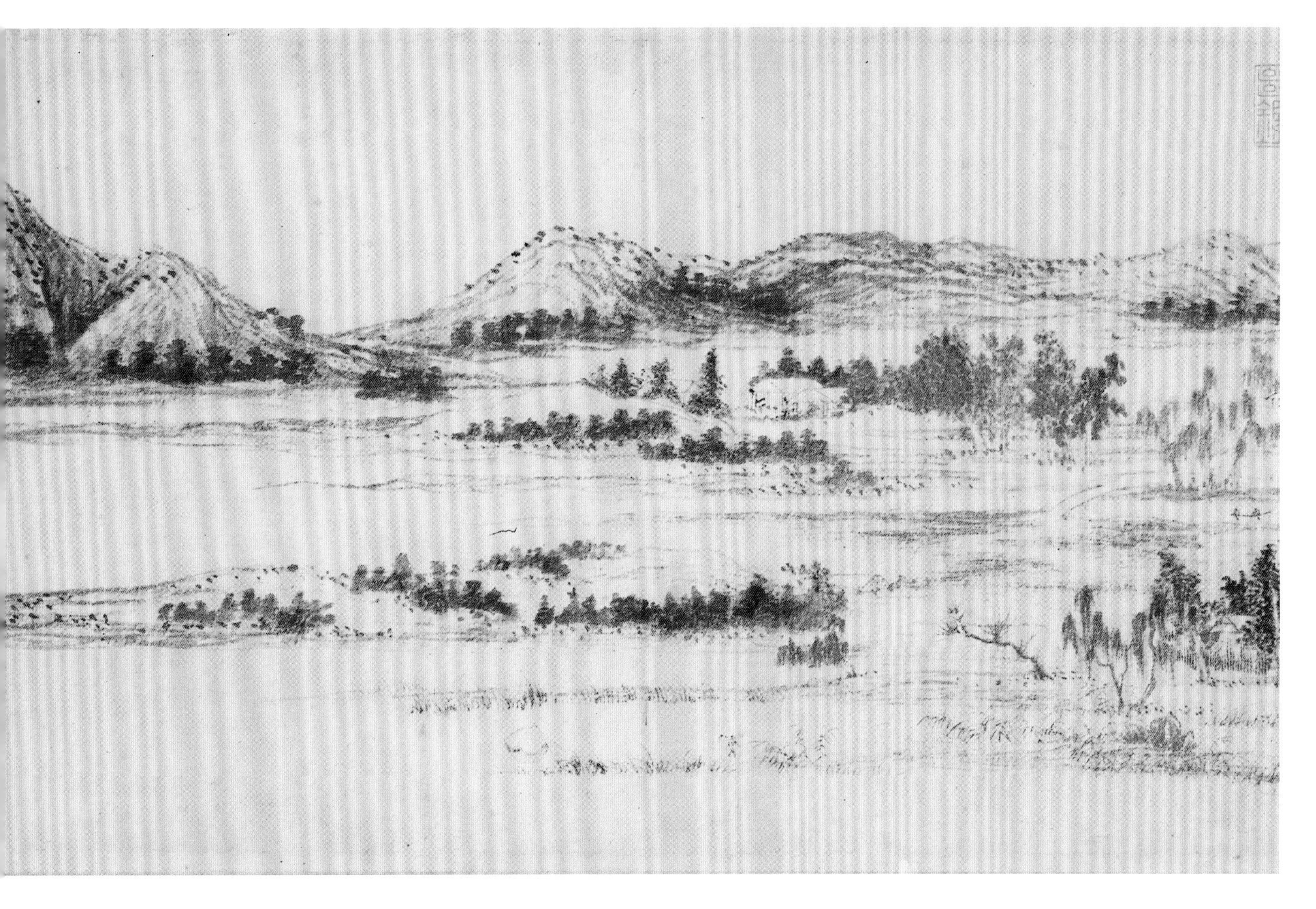

叢彎碕寂寥懸網罟夕陽隱約歸
漁艇遠山近山雲漠漠前村後村水
重重邊從何來蕩兩槳懸知浦溆還
相通深林蔽虧八九家竹籬蓬戶
無不同青天白日機事息樂此耕釣
渴古風誰言見畫猶幻影我欲振衣
即往從因思輞川著摩詰後想匡山
栖盧鴻秖今好事空見畫山川緬邈
悽遺蹤
從大題

暖暖水邊村蕭條絕塵滓
錢君智者徒而後能樂
此平生丘壑情不尚反在
是問誰為此畫吾兄固能
爾趙孟頫題

幽人心地本翛然此境相諧七十年茅屋數椽依約外
雲山一抹有無邊眼前生意今林壑筆底秋風古輞川
勝景有餘描不盡歸鴻幾點落寒煙 聚山黃肖翁

空林有影連山遠流水
無聲帶鴈寒自是漁
樵真樂處不知圖畫與
誰看 東南仲題

圖此意繪與此詩皆倘者故書于其後大德七年[illegible]陸繼善書

水村圖賦
孫村何所厥土若浮究然虛舟渺乎中流秋雲兮漠漠添
水兮悠悠老雁兮蕭蕭折葦兮颼颼爾其眾草懸乎夕陽
茅屋枕乎灣碕路彴通乎往來林薄鬱乎蔽虧睇絕境兮
寂閒限九塵兮豈畀我之懷矣一葦杭之忘鉤意鉤與物
委蛇鄰魯父兮施芒鐵晒任公兮垂巨緇固匪釣溫兮疑
蝦蛭蓋將辟水兮看蛟螭滄浪兮舒嘯漣漪兮賦詩蒼茫
兮獨立逆豫兮無期亦有岡巒峙兮嵯峨薜荔深兮婆娑
縹緲兮雲霞聯帶兮烟波玄真兮漁蓑幼輿兮山阿思夫
人兮柰何悲予生兮蹉跎孰若求吾性兮自得騁外境兮
寶多信動靜兮有徵希仁智兮靡他庶幾適此性之天乎
惘然忘其為畫箇也
大德七年六月一日錢重鼎書

青山橫陳水縈浦飢鴻高起漁謳
君中有幽人坐環堵晚風吹斷
蘆花舞 林寬

桑梓未能忘楚甸
琴書久已寄吳門
悠悠江海風烟隔
知是夕陽何處村
干文傳敬題

生寬不遨岬處行兀兀耶志聯生內眼明見此
水邊村說向胷中塵百斛萬山雲底若煙斜蟄
風颯颯鳴蒹葭平沙暮空屋角把桑柳掩映
幽人家風流王孫摩詰手妙變端如神所授不宋

女妻農家辛苦亦復樂高低兩
角自愛茅檐暖莫笑社酒
賽神卜東作飯牛何必歌
治可著十年種樹樹滿村明年
蠶簇簇百箔
延祐丙辰偶賦此十月七日訪
湖天學士過到
水村先生寓居烟水蒼茫間遂
與此詩相似俾書龔璛書

寒烟漠漠鎖荒村日莫帆歸浦
溆昏飈秋風鳴老樹涓涓流水
遶柴門平沙雁起辨如宗斷岸
曾懸影若翻要問先生真得趣
玩圖默會復何言 真定門生王鈞謹題

翰林妙寫溪村趣荷屋知何處溪翁
想像住溪灣一哄如今家在畫圖間
西風門掩蘆花淑聊與漁家伍人間
不信有張翰剪取吳淞空向卷中看
延祐丁巳中秋日德鈞携此卷
俾賦小詞為題虞美人一闋
湯彌昌

依綠軒記
季道為甫里曾子孫余久客其門京書相隨於木湖亭居其
第宅東偏池上架屋充高扁依綠俾三子於焉澄懷滌慮誦詩
讀書暇日倚闌俯瞰亦行鏡中無遯形天寒水落石髓然雖列
其涯可坐而釣且流清淑潑潑非渐冷絕潢居然有濠濮之想
余嘗獨立蒼茫欲窮水脈之所自來第見短蓬拂蘆葦叢
往來烟波上若見鷺鷥悠悠乎不知其所之中秋雨欲夕陽依依
季道請余曰此距不湖數里予欲共載以吾遂呼艇舟泛中流
雲破月出木月上下輝燭照徹所聽悱細者久之東望攜季游此
有無間予湖水之半舒舒焉西南而楚第宅之旁不為湖所吞而
資其所潤故其積倚者得以為沼為沚瀕延於闌檻之下而不
去政而東西以遊者其為澤抑為川乎出觀水有術必觀其瀾
若非耶二三子時流動而滑其固有之智詠淪漪而識其自
然之文因盈科而進悟成章而達未必不為藏脩游息之一助
其水莫丘墨子釣遊云乎哉余老學荒不工於文姑紀其勝
為季道言之曰子之言不虛其書為記延祐二年正月望日
通川錢重鼎記

後一月德翁持此圖見示
只也裝成軸矣一时信手
塗抹乃過辱珍重如此極
令人慚愧子昂題

向來家亭三里卜居住處短々
成畫圖肖中來自渺江海上
人相挽過了湖邊倚欹
漚鳥雜浴魚釣湖山不改清秋
人自共波上下來去年豪懷游
欹云詩竟泛濟大方一首并書
[illegible]

村南村北樹濛濛
秋水清涵野色空
道外俗塵飛不到
似移家住畫圖中

疏柳平蕪落鴈飛斷橋斜
日向船歸江天第須秋如
畫一片人間醉墨非
顧天祥敬書

當年圖畫知何處 如今身向滄
洲住 吾亦愛吾廬 去窓幾卷書
青山天際小 目送飛鴻杳 試問
釣魚船 蘆花淺水邊 菩薩蠻
學子陸祖允敬題

屋後青山門外溪疏、蘆
葦護漁磯地緣清絶人
堪愛長是三春鴈不歸
男資深原父

我子守道朱自遷某水某丘藏袖中

誰看東南仲題

長愛秦郎絶妙詞荒寒暗合輞川詩
斜陽萬點寒鴉處流水孤村又一奇
丙午清明羅志仁題

水村隱居記
予由淮水來吳會客于季道陸翰林之宇下近十年知其
別墅在淞江之南分湖之東欸注進未能海思寬閒宗實
之濱得與鱸鄉合簇接麻城市妥叅厲灰之懷有所託
以紓爲季道卷予志爲卜築於其別墅之偏至則聚書其
中以自怡悅居前深水清澈鑒毛髮居人類汲以飲時有
漚鳥飛而下若相忘於江湖可取以玩也異時子昂趙集
賢爲作水村圖林巒花竹茅屋略約橫舟葉汀秋風鴻雁
夕陽網罟短櫂延緣葦間不聞笋音迹其意匠高寫於大
德壬寅延祐甲寅十又四年景物爰所究然不異於今
所居事固有不相期而相待若是然者季道汎舟往來吾
寤手叢書一編筆床茶竈之風流故在明月之夜共載以
遊撫清絶之區浮詠歌之趣或旅退皮陸清事可乎噫予
老矣方將捐書學釣容與於烟波之上而爲之歌曰舟搖
搖兮風翲翲兮波鱗鱗兮鷗翩翩兮扣舷漁歌兮孰知其
他兮歌已遂書爲水村隱居記延祐乙卯季夏望日通川
錢重鼎記

四野濛濛水接天孤村林木似凝烟
莫言此地無車馬自是高人遠市塵
學生招理野堂謹題

草、三間屋愛竹旋添栽碧紗
窗戶眼前都是翠雲堆一夕山
翁不出達雪水村清冷木落
遠山開嘆寄平安信何處寒
梅
嘆家童開門看誰來
寫其一片清話煮茗更傳杯
有客只愁無酒有酒又愁無
客酒恁且排徊明日人間事
天自有安排

分湖新卜築高興與之同
如今不是畫真在水村中
延祐丙辰十一月十七日郭麟孫題

風颯颯吹蓑笠沙暮宿岸蘆花兼柳掩映
幽人家風流王孫摩詰手妙畫端如神品援求宋
駿極以精妍怪底秋光生戶牖我家亦住松江
濱悦然一見魂心神化身卜築遂其志當在青
山容散人
松陵葉齊賢

息齋居士書堂為陸翁作
水村圖余題云何君何許
邊村公有扁舟系魯人甚
洞好山芋屋外飛手備許
我為鄰況是吳興沒來見
子昂此圖意象融會使人
玄接不暇又何暇詩此
陳鈞詎能領會耶
姚式書于姑蘇寓館

牛馬百川獨渚鳥鳶羣
木西村天地四方黃鵠先
生秋雨柴門
見有滄浪鳴蘆蟹鳴黃
葉雲涼相望美人秋水卷
蘆隱几何心
吳郡陸桂

水村歌
吳中[illegible]

11

趙孟頫　秀石疏林圖卷

紙本　水墨　27.5厘米　橫62.8厘米

Beautiful Rocks and Sparse Woods
By Zhao Mengfu
Handscroll, Ink on paper
H. 27.5cm　L. 62.8cm

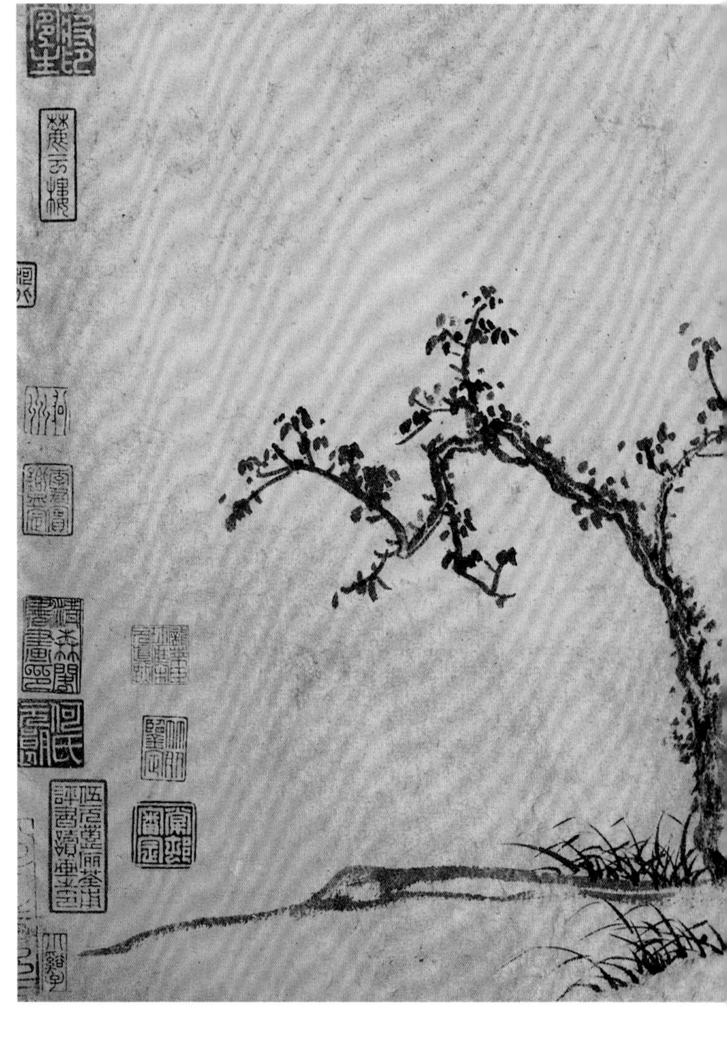

此圖因有“書畫同源”一詩而著稱於世，強調以書法入畫，畫與書筆墨相通。圖中繪平坡秀石之間的古木、幼篁。以書法的飛白畫石，勾皴石面，以篆籀的書法用筆勾畫樹幹樹枝，具體表達了“書畫同源”的理論，從而完全摒棄南宋畫院的畫風。是趙孟頫的代表作。

本幅款識“子昂”。鈐印“趙氏子昂”（朱文）。另鈐藏印“柯敬仲氏”（朱文）、“檇李李氏鶴夢軒珍藏記”（朱文）、“蕉林梁氏書畫之印”（朱文）等三十四方，半印三方。

尾紙題詩：“石如飛白木如籀，寫竹還於八法通，若也有人能會此，方知書畫本來同。子昂重題”。鈐印“趙氏子昂”（朱文）。另有柯九思、羅天池、六畝道人（釋文見附錄）、危素、王行、盧充耘等諸家題跋，鈐有“趙氏子昂”（朱文）、“柯敬仲氏”（朱文）等印三十五方，半印三方。

曾經《虛齋名畫續錄》、《石渠寶笈初編》著錄。

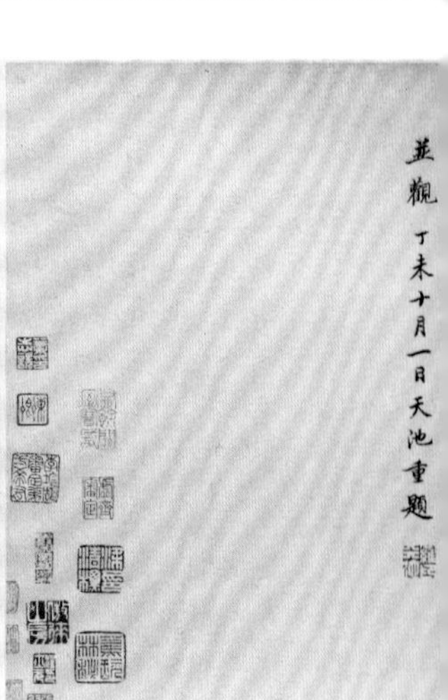

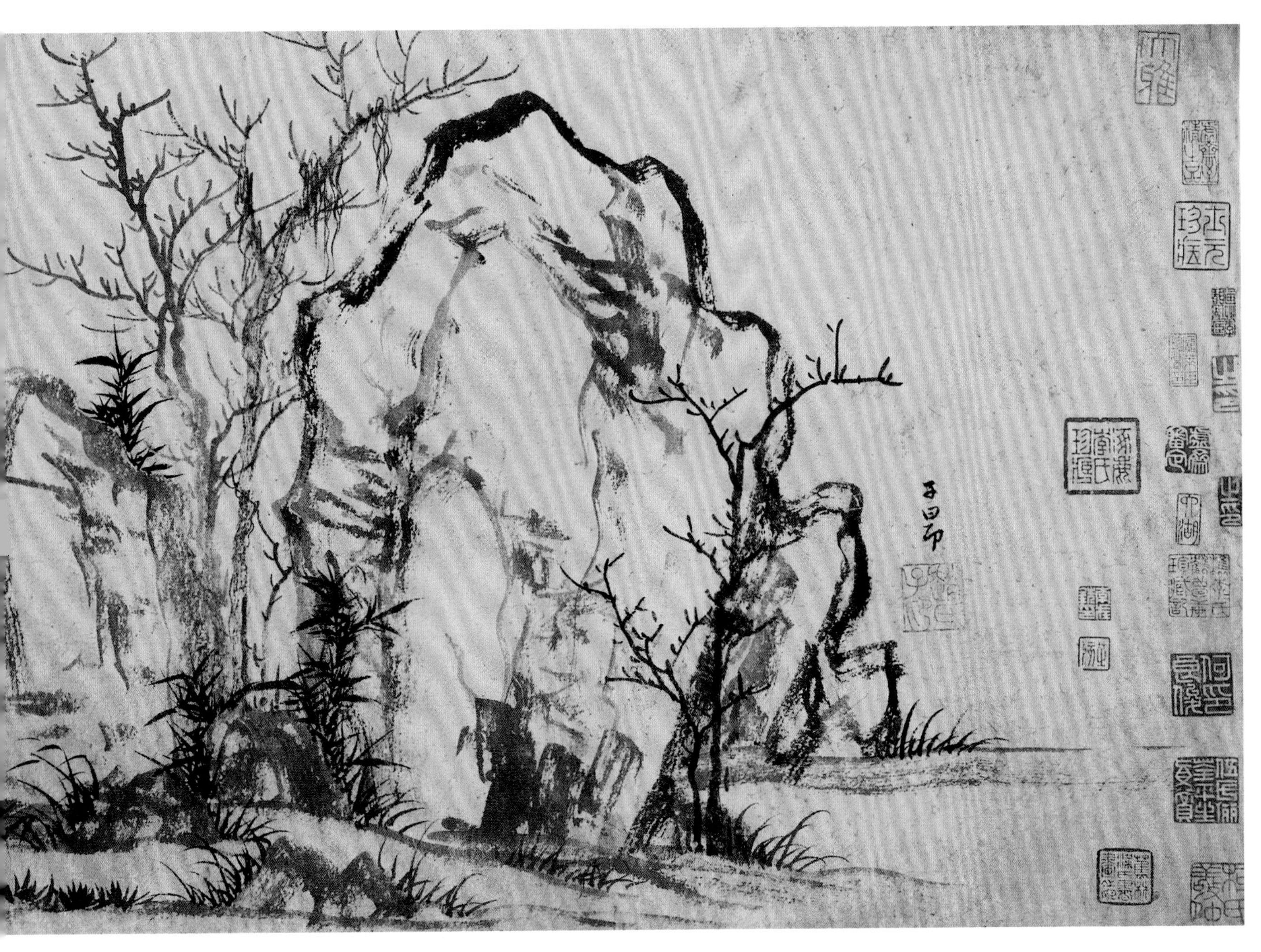

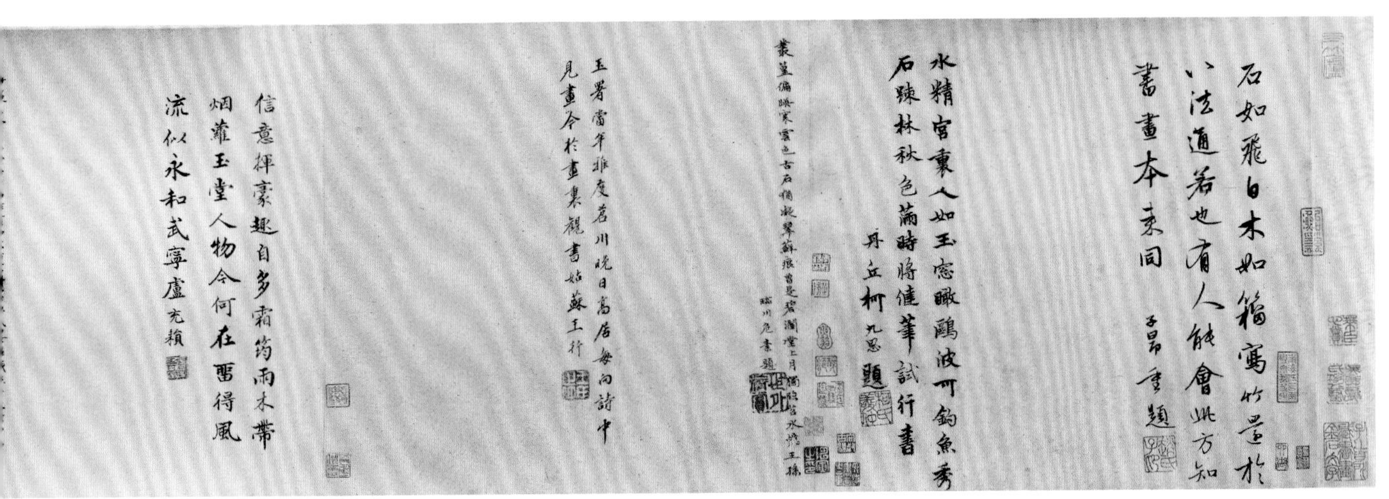
石如飛白木如籀寫竹還於八法通若也有人能會此方知書畫本來同
子昂重題
水精宮裏人如玉窗瞰鷗波可釣魚秀石疎林秋色滿時將健筆試行書
丹丘柯九思題

12

趙孟頫　幽篁戴勝圖卷
絹本　淡設色　縱25.4厘米　橫26.1厘米
清宮舊藏

A Hoopoe Perching on the Branch of Secluded Bamboo
By Zhao Mengfu
Handscroll, Colour on silk
H. 25.4cm　L. 26.1cm
Qing Court collection

圖中畫戴勝棲竹枝之上，形象逼真。竹用雙鈎法，鳥用沒骨法，筆法謹細。淡設赭黃色，敷色明淨。畫風工緻，受北宋畫院畫法影響。在趙孟頫的流傳作品中，花鳥畫最為少見，此幅應為其早年之作。

本幅款識“子昂”，鈐印“趙氏子昂”（朱文）。另有清乾隆御題詩一首，鈐印“比德”（朱文）、“朗潤”（白文）。另鈐有清內府鑒藏印九方。

引首有清乾隆御書“足真態”。鈐印“乾”“隆”（聯珠）、“畫禪室”（朱文橢圓）。

前後隔水鈐藏印“古希天子”（朱文圓）、“壽”（白文）、“八徵耄念之寶”（朱文）、“蕉林梁氏書畫之印”（朱文）、“家在北澶”（朱文）、“蒼巖”（朱文）、“棠村審定”（白文）。

尾紙有倪瓚、胡儼題詩及胡氏題跋（釋文見附錄）。

曾經《石渠寶笈續編》著錄。

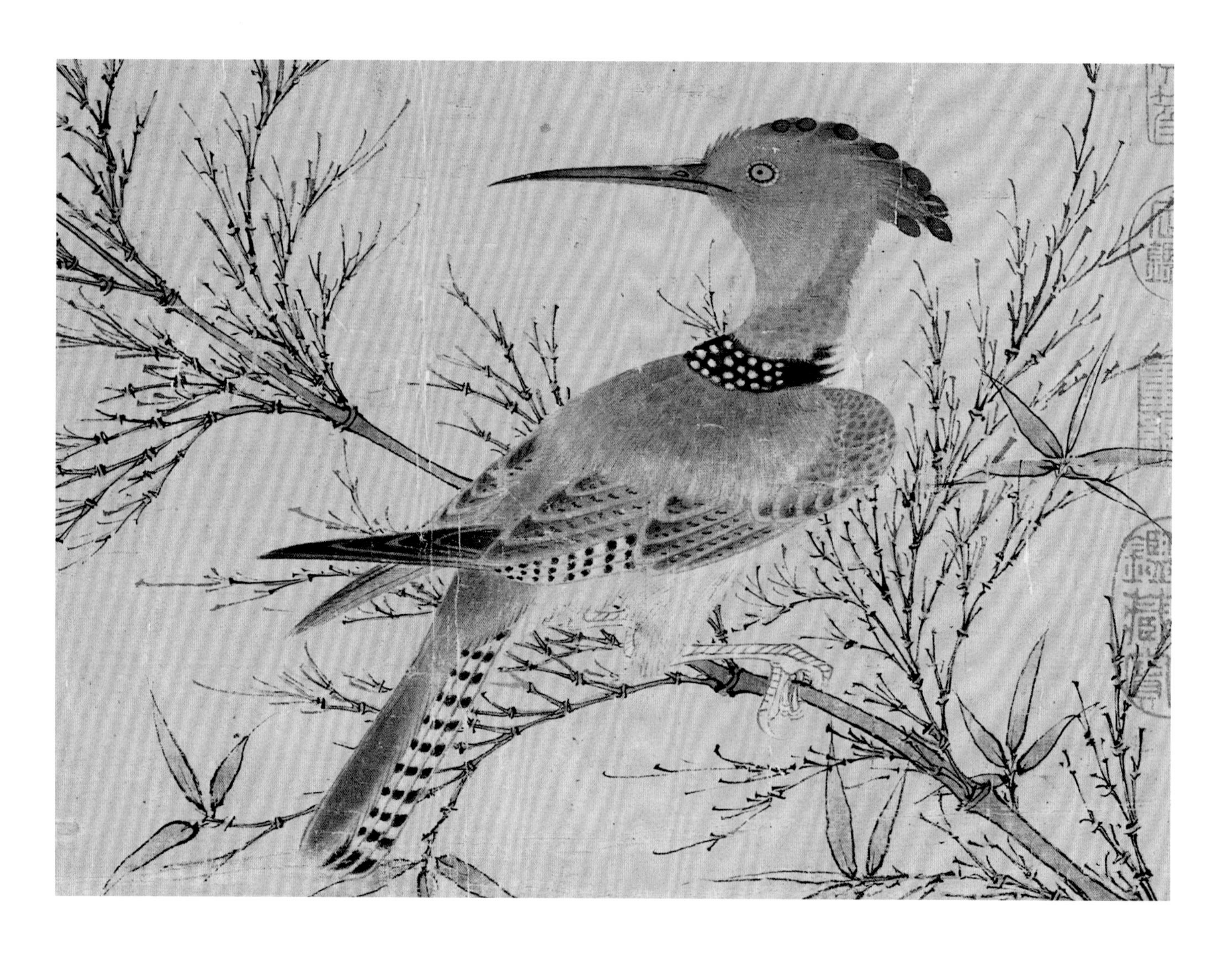

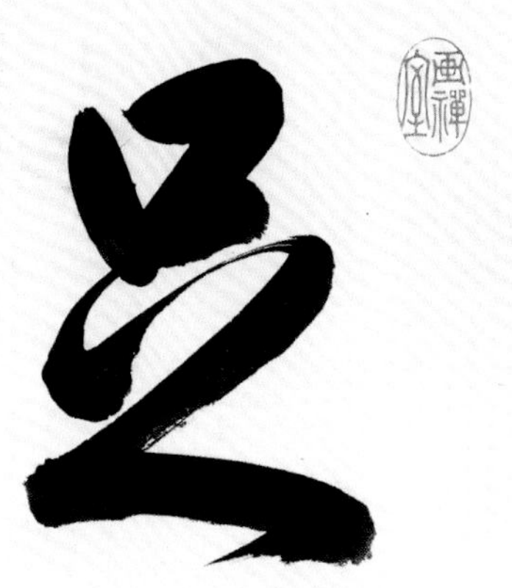

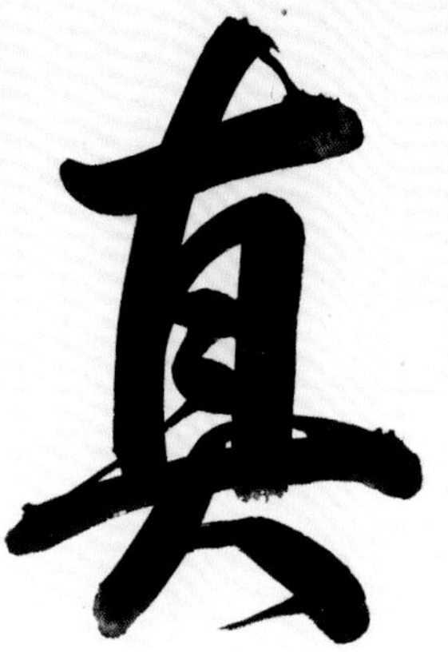

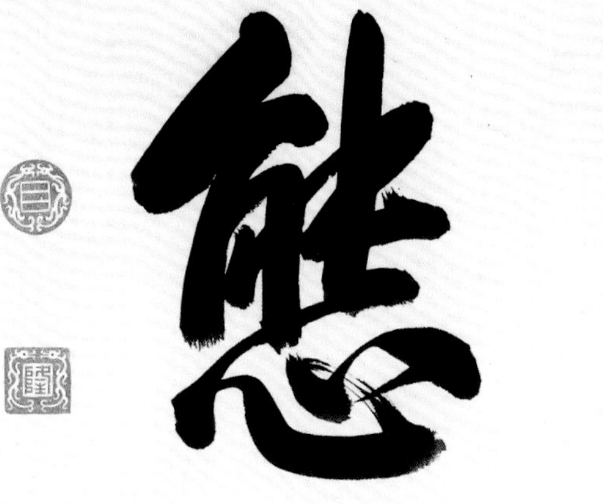

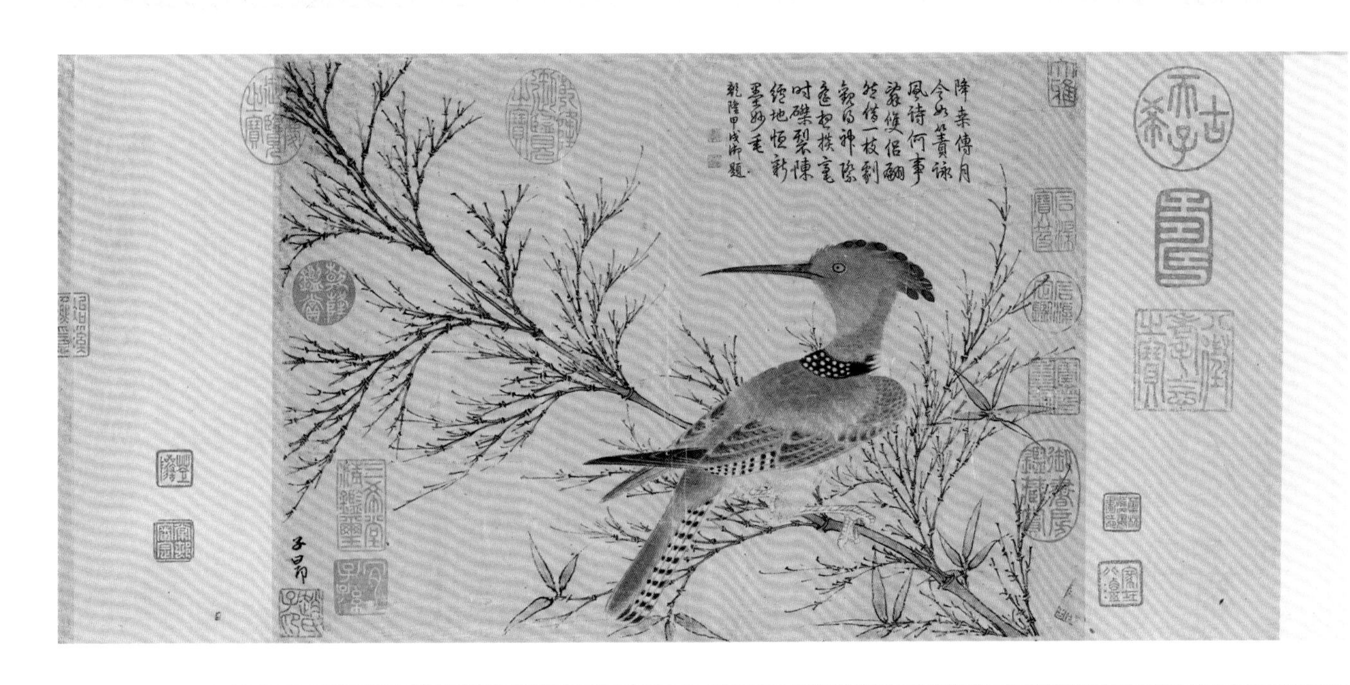

13

趙孟頫　葵花圖頁

紙本　設色　縱31.2厘米　橫23.6厘米

Sunflower

By Zhao Mengfu

Leaf, Colour on paper

H. 31.2cm　L. 23.6cm

圖中繪秋葵一枝，為寫生之作。採用北宋畫院雙鉤填彩的畫法，勾線細勁，敷色明淨。畫面簡潔，風韻高雅，是其早年花鳥畫的代表作。

本幅款識“子昂寫生”。鈐印“趙氏子昂”（朱文）、“玉堤”（朱文）、“蘭陵□策書畫藏印”（朱文）。

14

趙孟頫　古木竹石圖軸
絹本　墨筆　縱108.2厘米　橫48.8厘米
清宮舊藏

Withered Tree, Bamboo and Rocks
By Zhao Mengfu
Hanging scroll, Ink on silk
H. 108.2cm　L. 48.8cm
Qing Court collection

圖中繪湖石兀立，古木枯敗，新竹依依。用飛白法寫石廓、老幹，蒼勁有力，竹草如撇如寫，筆墨潤澤，畫法幹練瀟灑，體現了趙孟頫“以書入畫”的主張，是趙氏晚年代表作。

本幅款識“松雪翁”。鈐印“趙氏子昂”（朱文）、“松雪齋”（朱文），以及清內府藏印七方。

曾經《石渠寶笈三編》著錄。

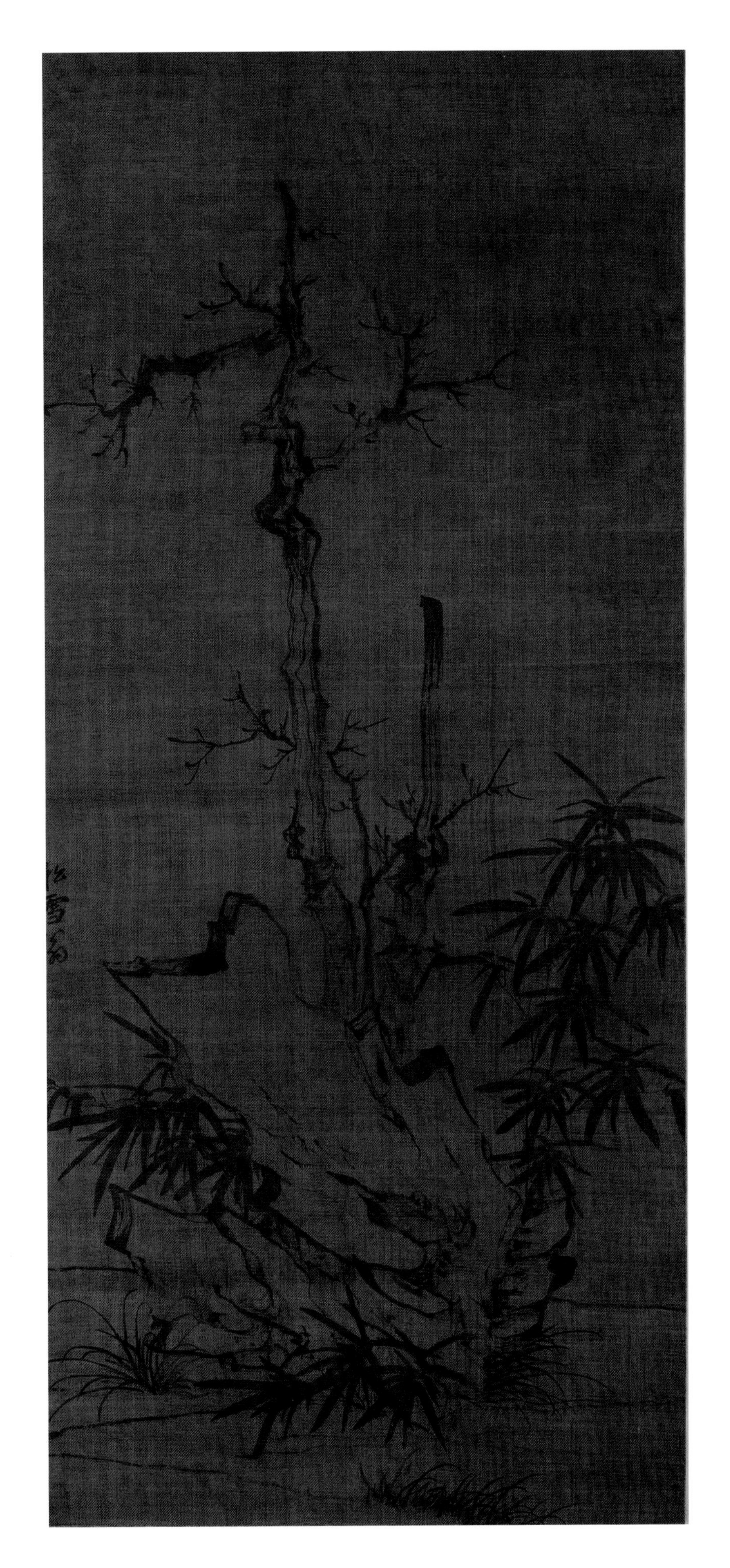

15

趙氏一門三竹圖卷
紙本　墨筆　縱34厘米　橫108厘米

Bamboos (three in one)
By the Zhao's family
Handscroll, Ink on paper
H. 34cm　L. 108cm
The first section:
Bamboo Grove
By Zhao Mengfu (1254-1322)
The second section:
Ink Bamboo
By Guan Daosheng (1262-1319)
The third section:
Bamboo Branches
By Zhao Yong (1291-1361)

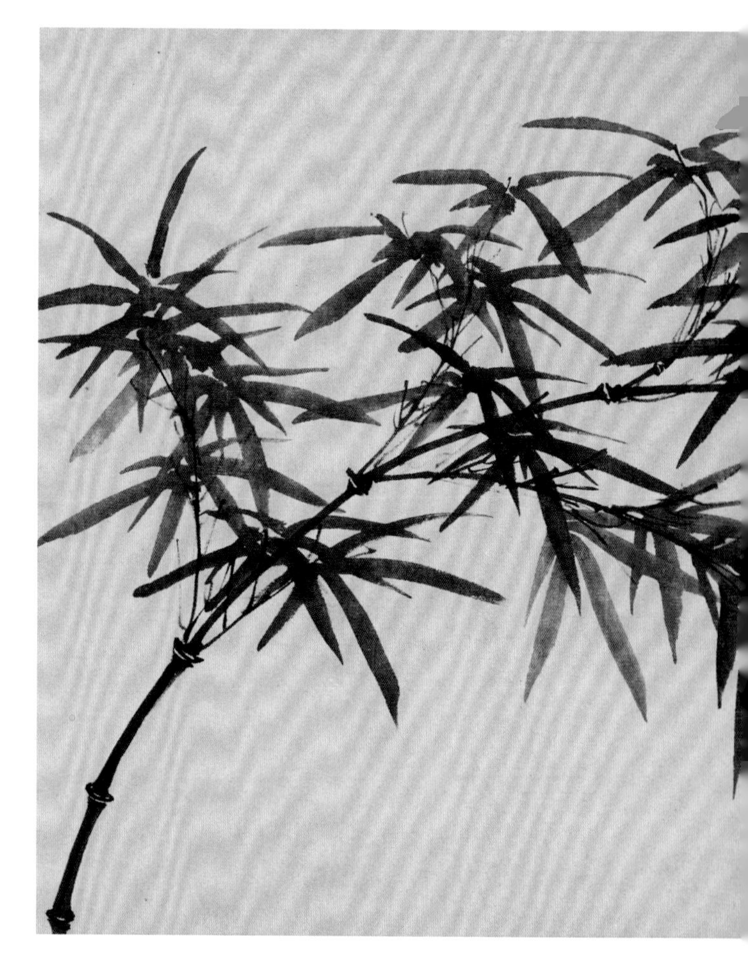

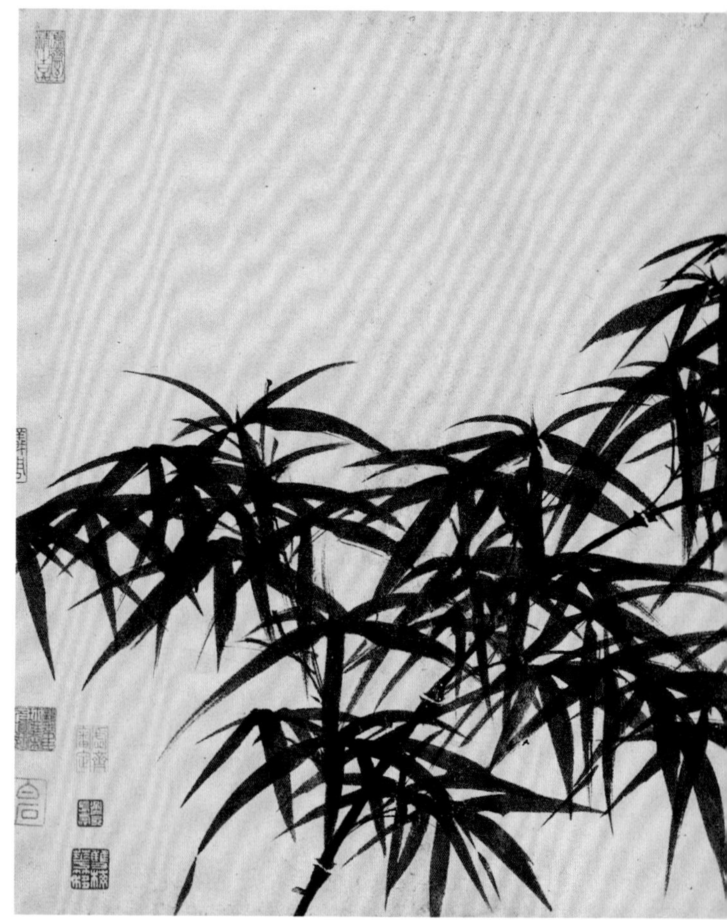

此卷為趙孟頫、管道昇、趙雍三人畫作合裱一卷。

管道昇（1262—1319），字仲姬，浙江湖州人。趙孟頫之妻，封魏國夫人。能書，擅畫墨竹、梅蘭，畫"晴竹新篁"是其始創。

第一段，趙孟頫作墨竹之用筆是以書法入畫，筆筆着力，圓潤厚重。自題："秀出叢林　至治元年八月十二日　松雪翁為中上人作"。鈐印"趙氏子昂"（朱文）、"天水郡圖書印"（朱文）。

第二段，管道昇所作墨竹用筆堅勁有力，密葉勁節，不似閨秀纖弱之筆。自題："仲姬畫與淑瓊"。鈐印"管氏仲姬"（白文）。

第三段，趙雍之作，行筆平穩，具有書趣，用筆深得家法。款識"仲穆"。鈐印"仲穆"（朱文）。

趙孟頫的畫上落款為至治元年（公元1321年），此時管道昇已去世三年。可知此《趙氏一門三竹圖》卷為後人彙集而成，並非同時所作。趙氏一家所作三段墨竹合為一卷，能傳至今日，十分難得。

尾紙題跋都穆、周天球、王穉登（釋文見附錄）、招子庸、徐宗浩題跋。鈐藏印"安歧之印"（白文）、"安氏儀周書畫之章"（朱方）、"虛齋鑒定"（朱文）、"萊臣心賞"（朱方）。

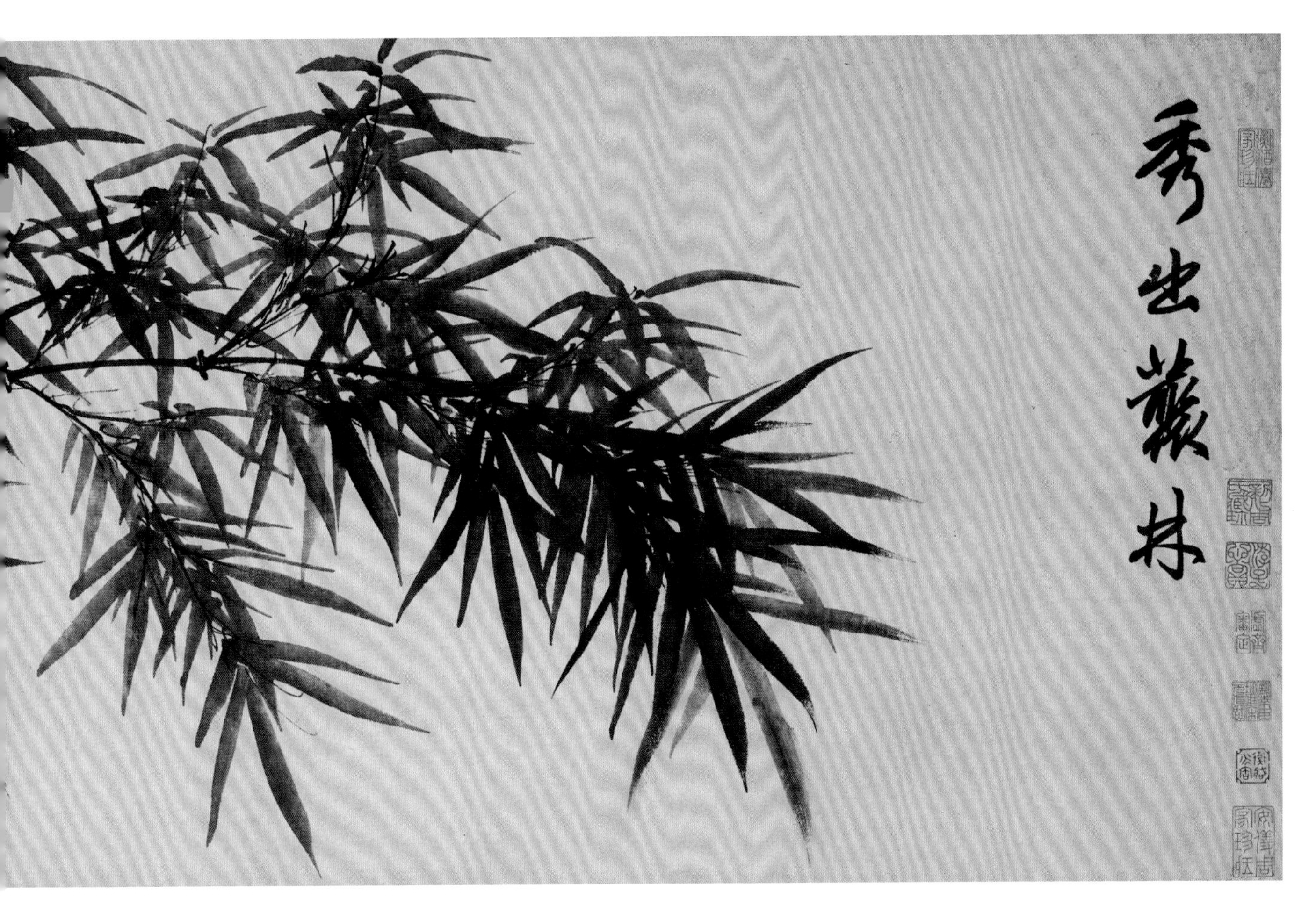
秀出叢林

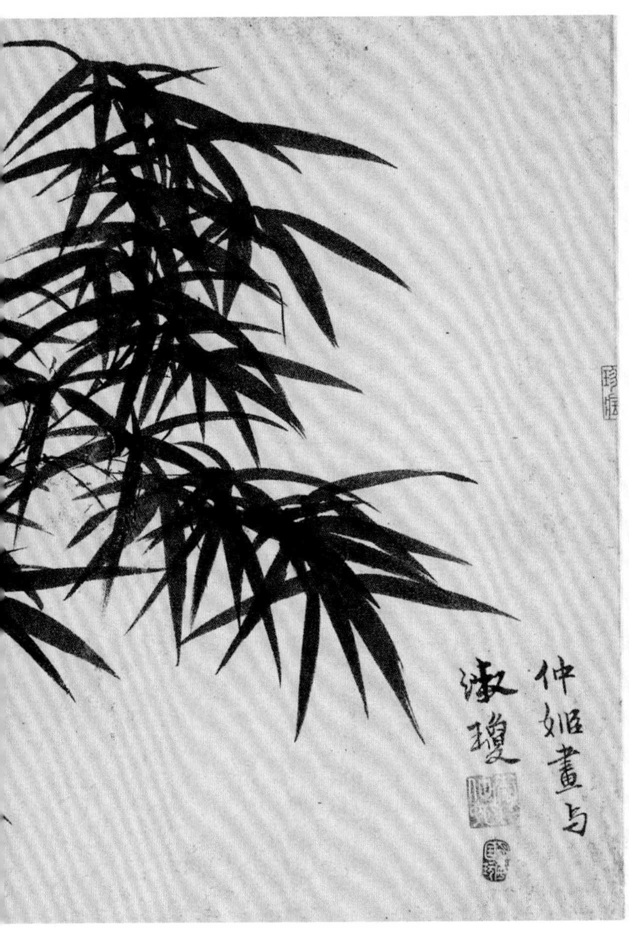
仲姬畫与

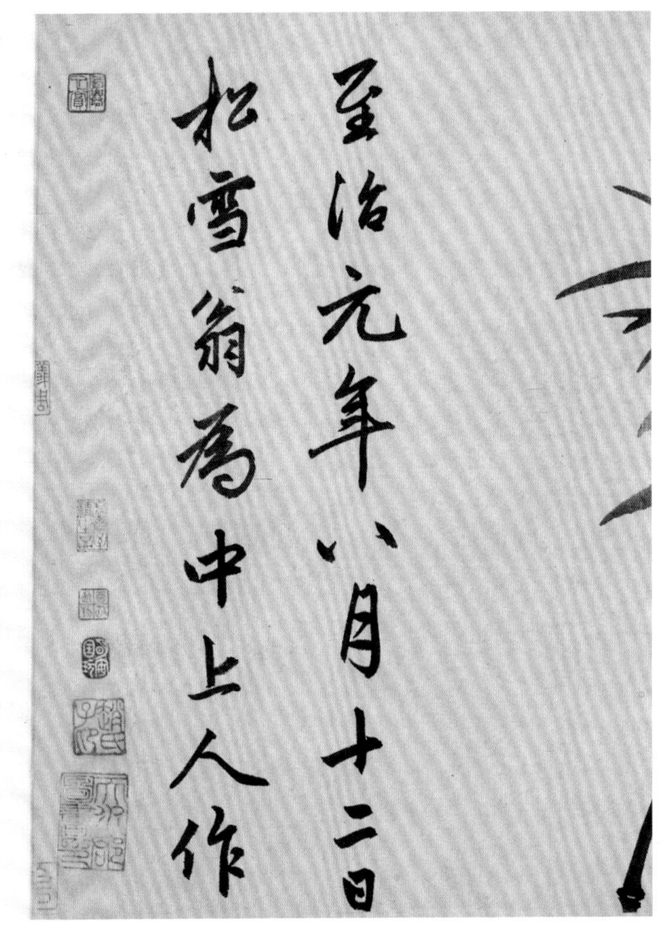
至治元年八月十二日
松雪翁為中上人作

元仁宗嘗取趙魏公書合管夫人及其子待制書裝為卷軸命藏之秘書曰使後世知我朝有一家夫婦父子皆善書也今觀靜伯所藏竹卷又有以見趙氏夫婦父子之妙於畫而不止於善書此固後世之所求見者宜靜伯之寶之也正德乙亥二月十日京口都穆

萬曆癸巳七月既望重閱此卷于城南草堂亦平生於文敏公有緣乃得竟日展玩也時清風滌暑荷香襲人甚適哉遂記卷末八十野老周天球

王叔明是魏公外甥俞子中是孫於書畫皆得外家法文氏外孫從曾亦善書畫來吳欣賞因與談及 廣長菴主

石如飛白木如籀寫竹還於八法通若也有人能解此須知書畫本來同此承旨公自題其作古木竹石詩 登

嫋嫋青竹竿一錢可得數十箇余寶此三竿如石家十尺紅珊瑚侍兒在傍皆匿笑七夕後十日又禽齋段羅書

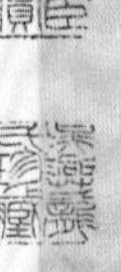
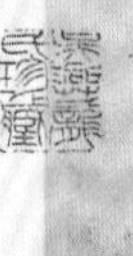
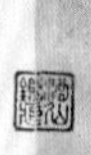
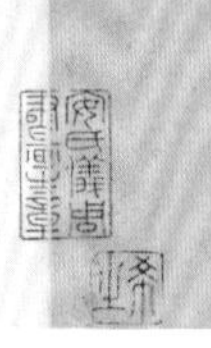

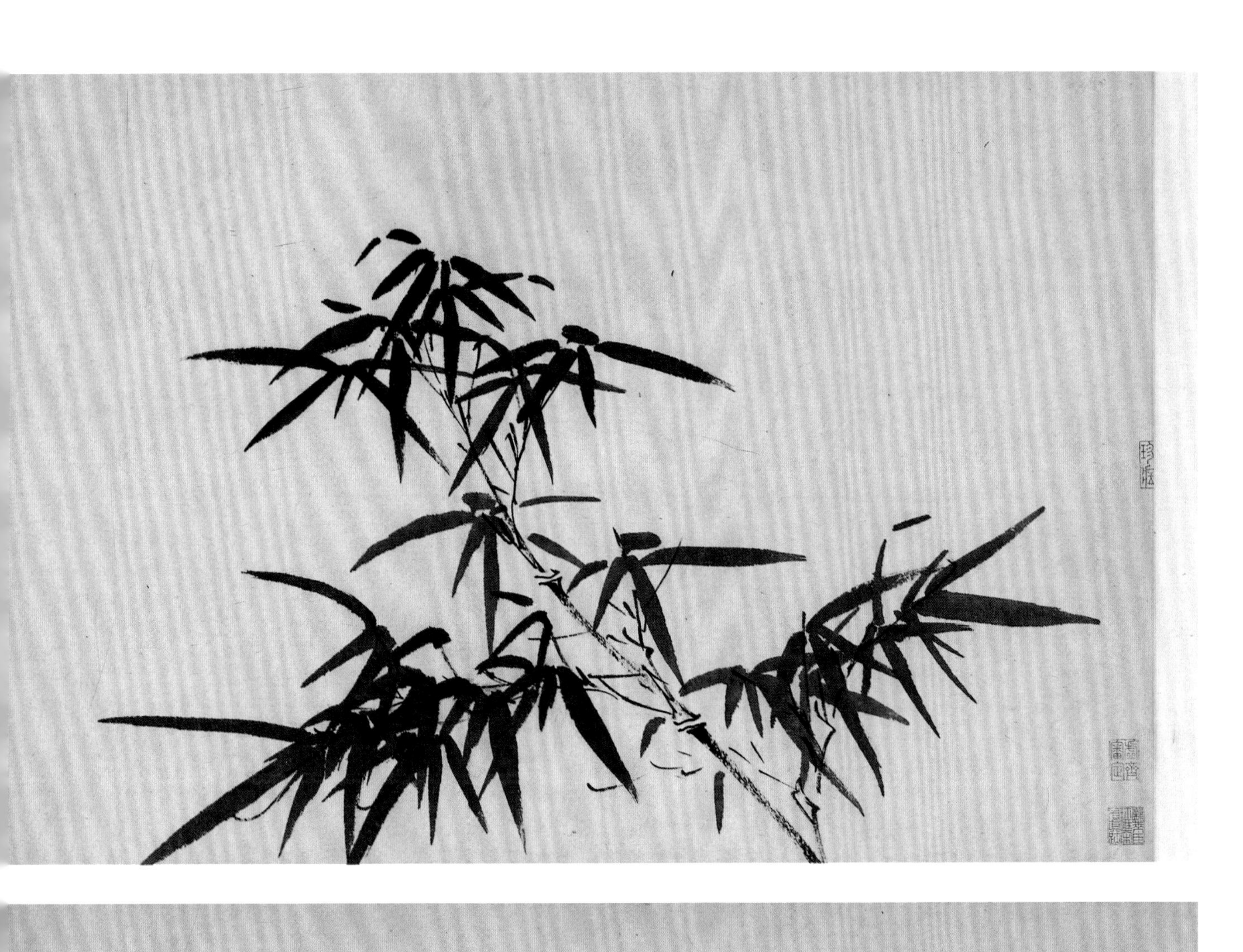

文敏公畫竹如僊壇一帚閒掃落花管
夫人如翠袖天寒亭亭獨倚待制如
珊瑚寶玦落龜王孫　萬曆戊戌
六月廿又五日瞻得此卷坐青箱庫
展閱題　王穉登

往歲在湖州鐵佛寺西壁見管畫晴
竹兩竿孤挺森峭有首陽二子風槩不謂
此幅筆乃有扛鼎力　是日再題

此是瑯琊次公故物流轉數姓後入吾家
殆人琴興感終不失為王氏青氊口在栟
櫚樹杪又題

文敏每畫神來輒以名其子此一
枝蕉墨似非仲穆手作當是阿

16

趙雍　挾彈遊騎圖軸

紙本　設色　縱109厘米　橫46.3厘米
清宮舊藏

The Horse-Rider Holding the Catapult in a Hunting

By Zhao Yong
Hanging scroll, Colour on paper
H. 109cm　L. 46.3cm
Qing Court collection

趙雍（1291—1361），字仲穆，浙江湖州人。趙孟頫次子。早年以父蔭入仕，曾任集賢待制，同知湖州路總管府事。書畫繼承家學，尤以山水、鞍馬最為出色。

圖中繪一騎手身着紅色盤領衫，下跨肥馬，手按彈弓，回首凝望樹間。人、馬依照唐人畫法，體肥足細，勾線細勁流暢，描繪精緻。

本幅款識“至正七年（1347）四月望仲穆畫”。另有迺賢題詩：“挾彈遊騎圖　長安少年豪俠者，茜紅衫色桃花馬。擊球縱獵五陵歸，緩控絲韁芳樹下。牙弰竹弓新月彎，囊中更有黃金丸。綠陰深沉鳥聲絕，落花飛絮生愁端。君不見墮卵覆巢非厚德，蓬肉區區味何益！鵷雛多在碧梧枝，少年慎勿輕彈射。紫雲山人迺賢題”。鈐印“南陽迺賢”（白文）、“合魯易之”（白文）。另鈐有清內府藏印九方。

曾經《石渠寶笈三編》著錄。

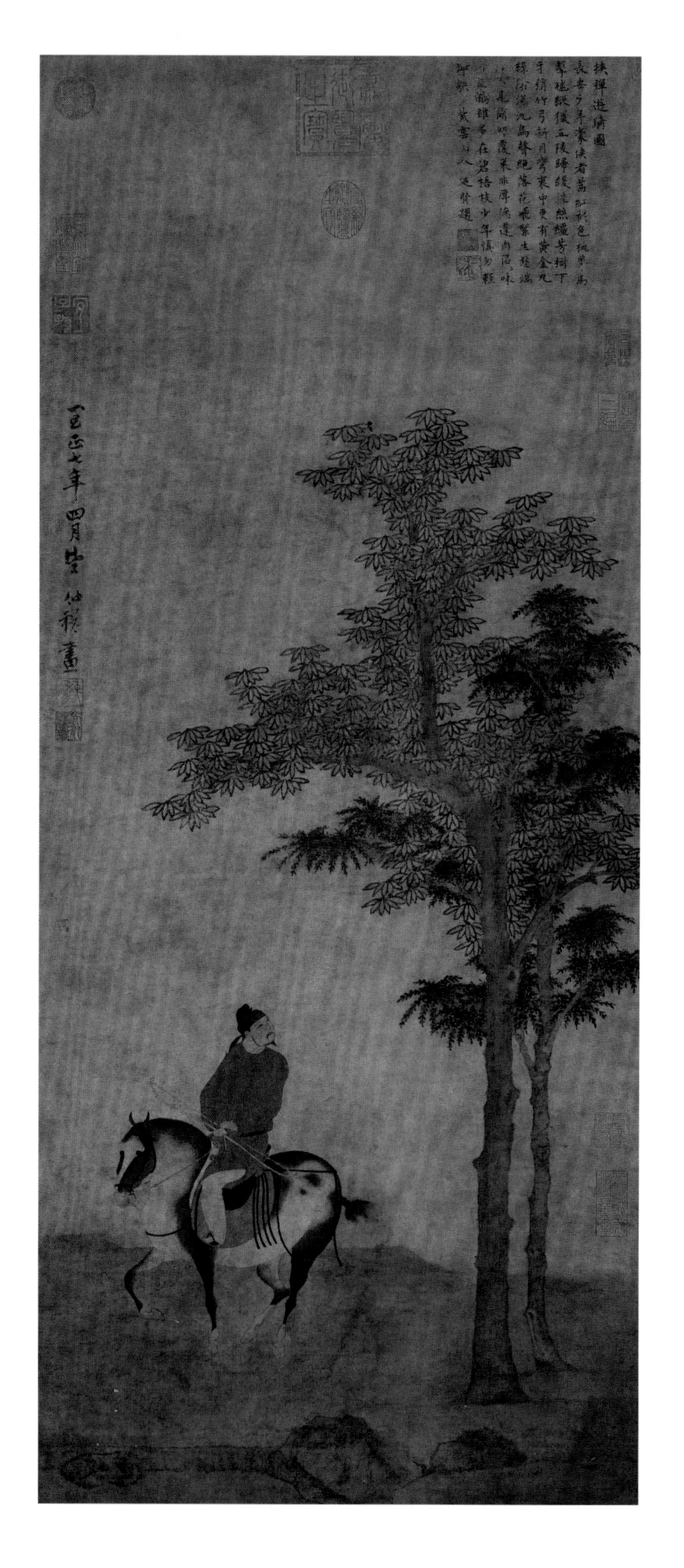

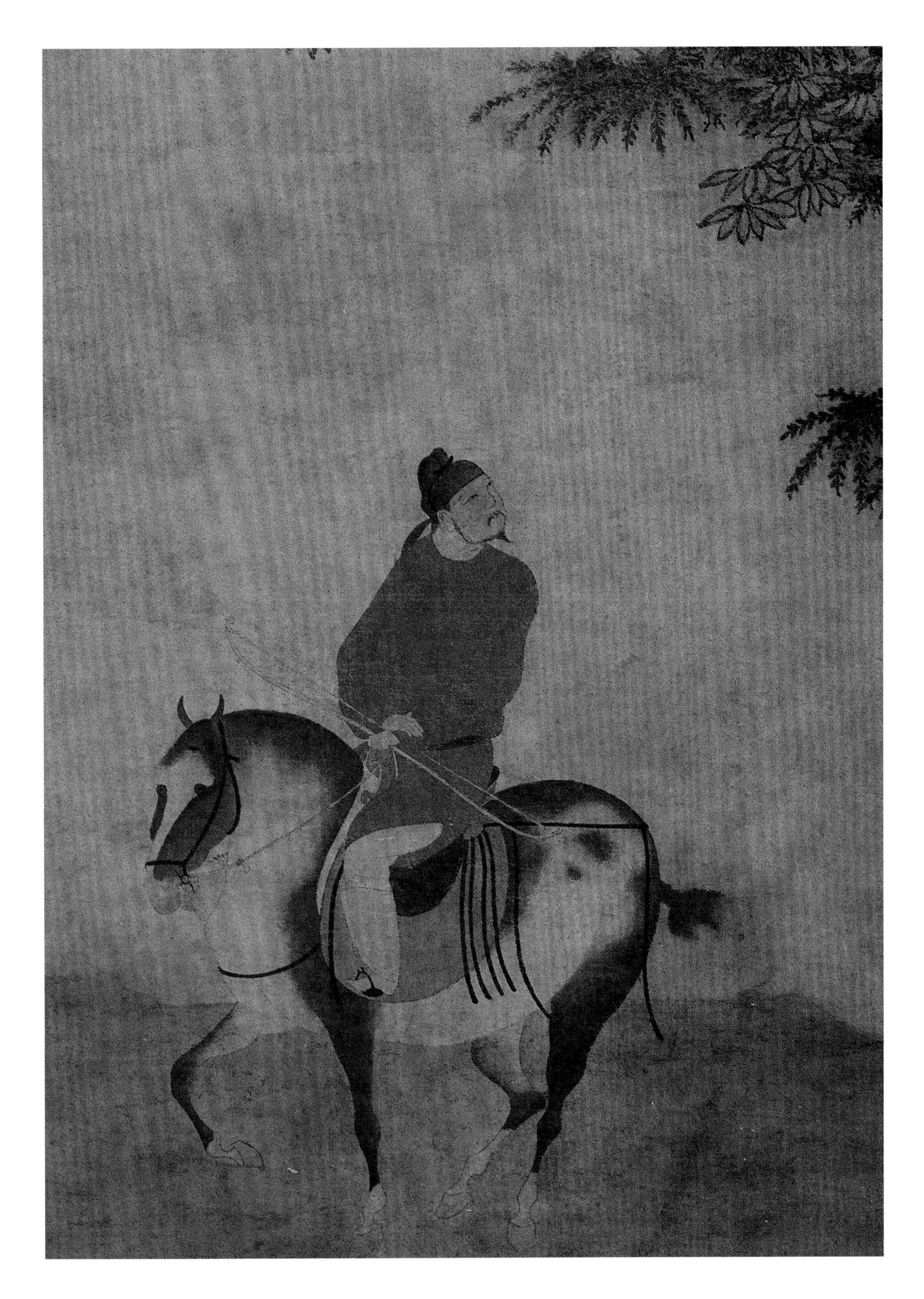

17

趙雍　沙苑牧馬圖卷
絹本　設色　縱23厘米　橫105.2厘米

Herding Horses in Champaign
By Zhao Yong
Handscroll, Colour on silk
H. 23cm　L. 105.2cm

《沙苑牧馬圖》以廣闊的原野為背景，畫馬五十匹，樸實地再現了馬在大自然中行走滾臥，馳驟奔跳，浴水嚙草等場面，馬雖畫得小，神態卻很生動，遠近、聚散佈置得當。

本幅款識“趙雍”。鈐印“趙仲穆氏”（朱文）、“子京父印”（朱文），另鈐藏印二十四方，半印二方。本幅及第一段紙上均有明代藏家項氏“增”字編號。

尾紙題跋有明代沈周、吳瑄、吳自恆等詩題，項元汴藏款，近人向迪琮等題四段。鈐有藏印四十五方。

曾經《郁氏書畫題跋記》、《汪氏珊瑚網卷》、《佩文齋書畫譜》、《式古堂書畫彙考》著錄。

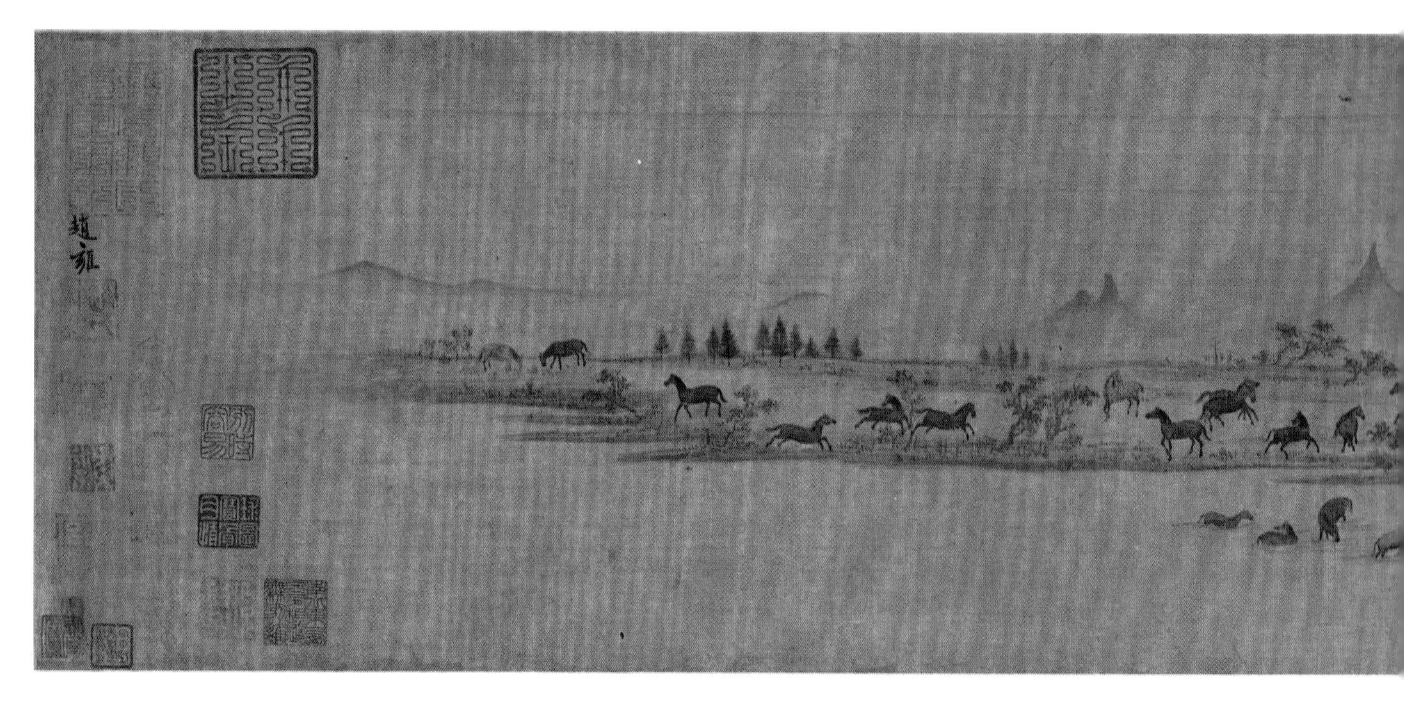

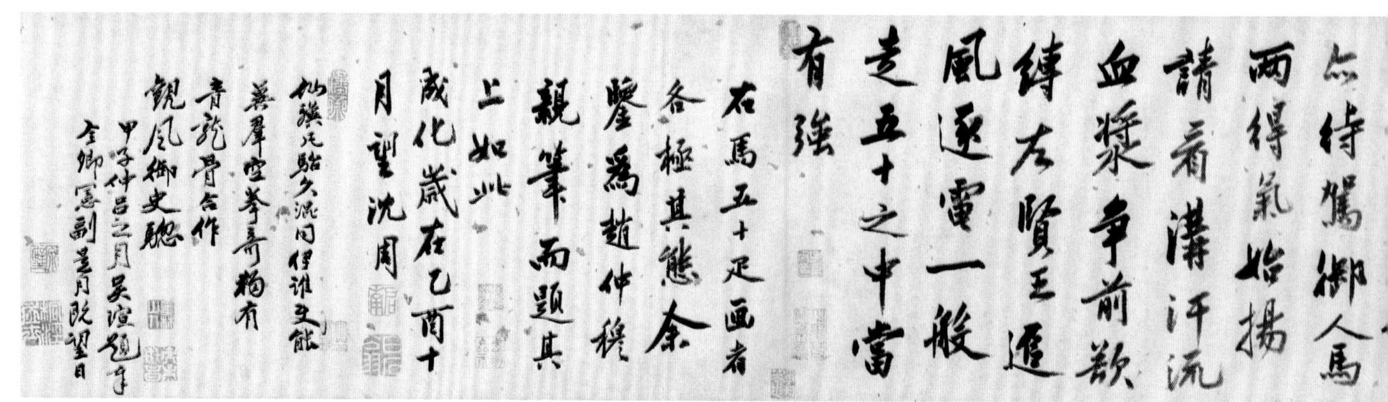

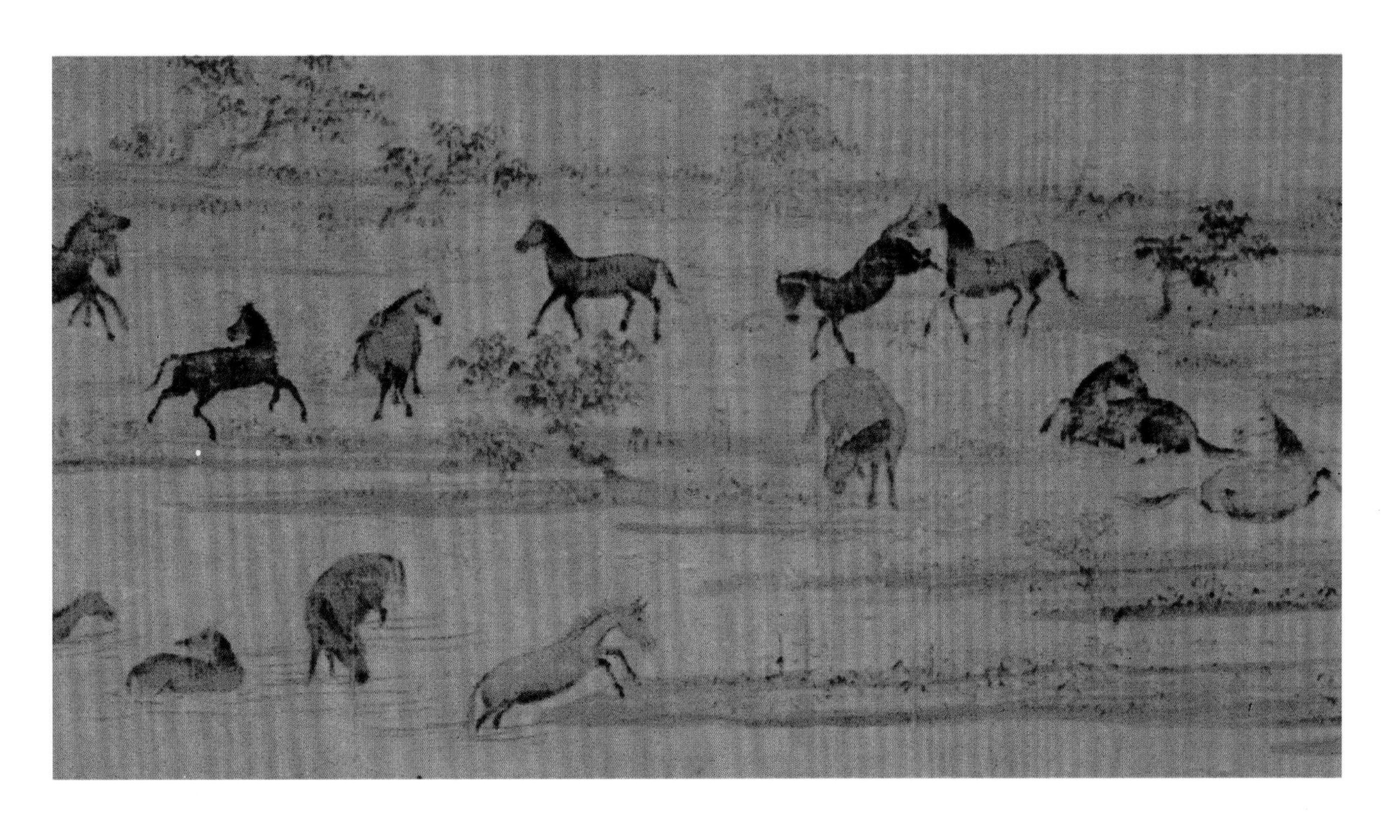

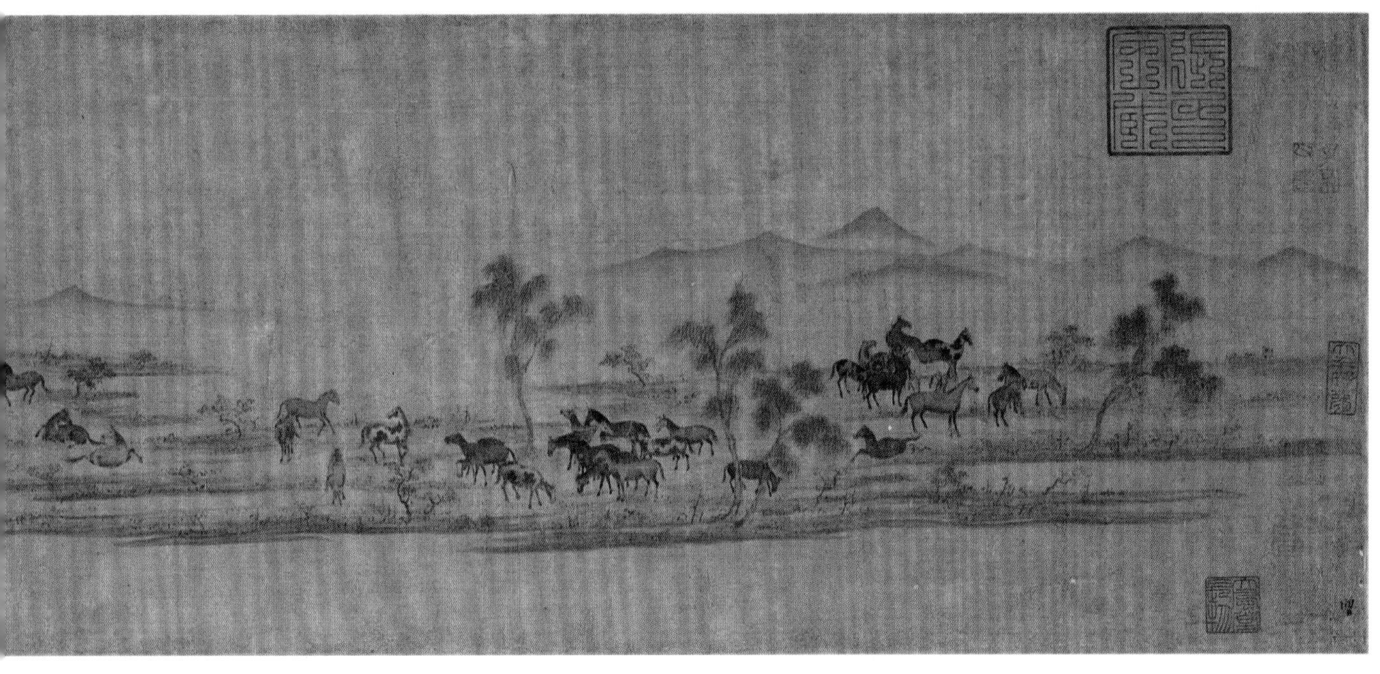

沙樹歷、沙草荒
江上誰開芻牧
場牽馬而聚
何勞攘飲秣
而俯嘶而昂詭
踶浴滾逐且驤
或乳或臥或軋
癢三縱五橫不
成行五花綠瘠
駁而黃烏騅赤
兔照夜白連錢
桃花鬬之章牝
牡芋未可辨無莫
可識駑與良相
骨相肉俱已矣
老夫兩眼徒茫、
但愛各、無羈
鞿自縱自得肥
更光肥哉、空

18

趙雍　松溪釣艇圖卷

紙本　墨筆　縱30厘米　橫52.8厘米

清宮舊藏

A Fishing Boat in the Brook with Pine Trees along the Sides

By Zhao Yong

Handscroll, Ink on paper

H. 30cm　L. 52.8cm

Qing Court collection

《元五家合繪卷》之一。

元畫家趙雍、王冕、朱德潤、張觀、方方壺五人之作合為一卷。圖中墨筆畫雙松遠岫，溪中小舟上有一老者垂釣，構圖疏朗，意境曠遠，用筆較放，用墨略重。

本幅款識“至正廿年（1360）二月既望　仲穆畫”。鈐印“仲

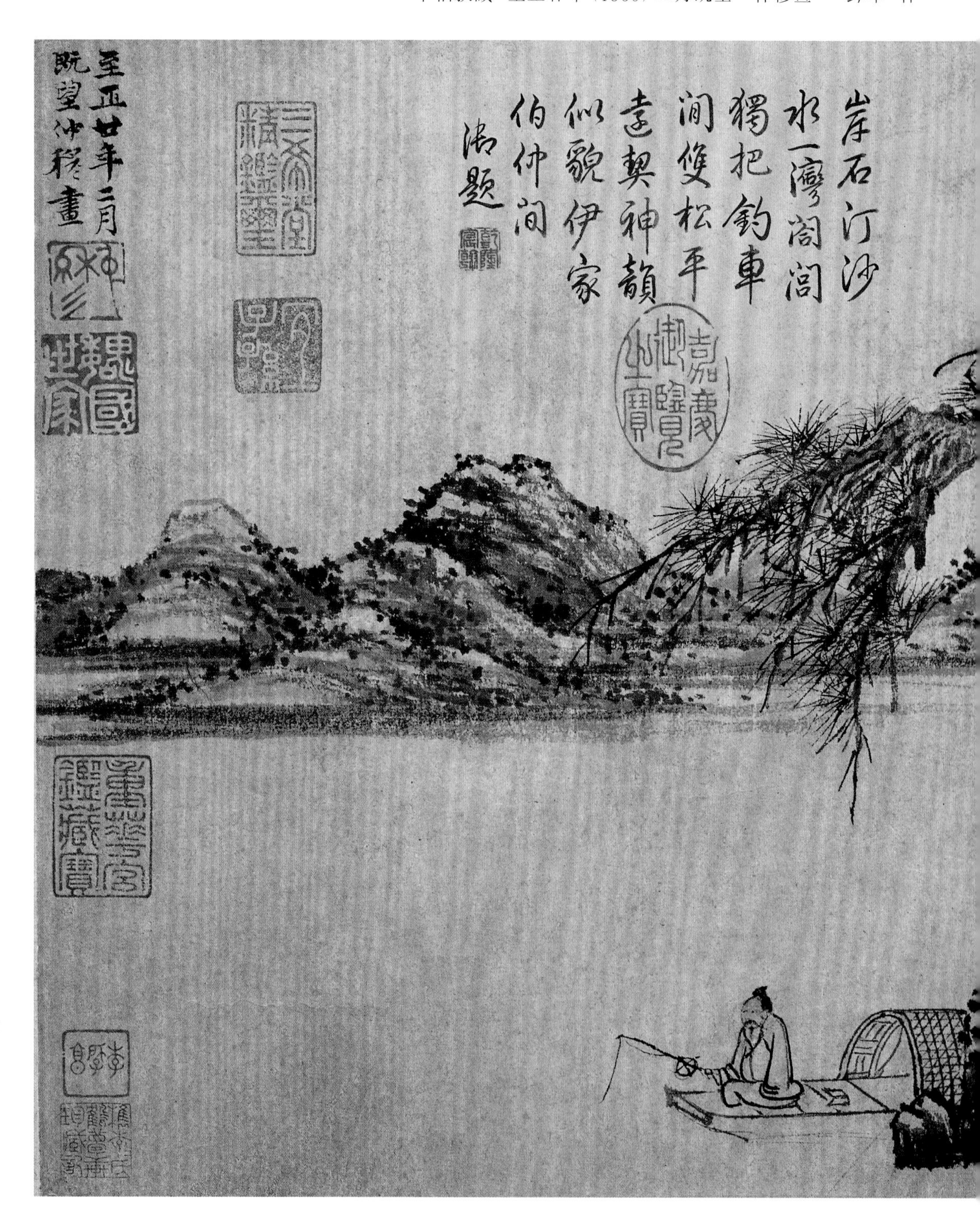

穆”（朱文）、“魏國世家”（白文）。另有清乾隆御題詩一首。鈐清乾隆內府諸印及“嘉慶御鑒之寶”（朱文橢圓），以及“李肇亨”（朱文）、“儀周鑒賞”（白文）、“李氏鶴夢軒珍藏記”（朱文）印共十六方。

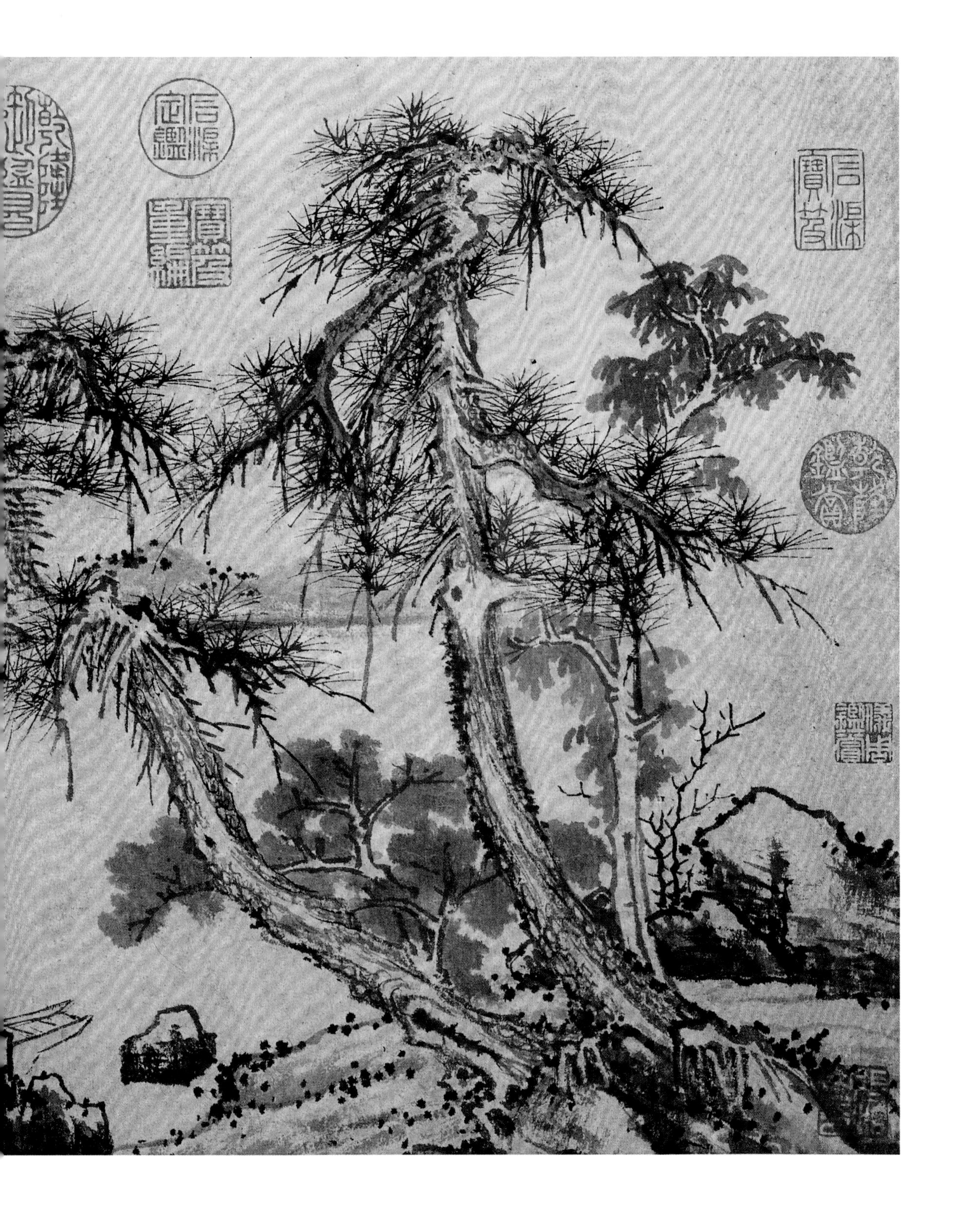

19

趙雍　秋林遠岫圖頁

絹本　設色　縱26.7厘米　橫28厘米

Trees and Distant Mountains in Autumn

By Zhao Yong

Leaf, Colour on silk

H. 26.7cm　L. 28cm

圖中畫江山秋樹，江面空闊，鴻雁驚飛，遠山如帶。山石上所畫樹木枝幹挺勁如虬，枝頭如蟹爪，遠山用披麻皴。用筆勾、點、染結合，畫法多樣，設色淡雅，給人以秋天清冷的氣息。此圖反映了趙雍典型的山水畫風貌。

本幅鈐“仲穆”（朱文）印。

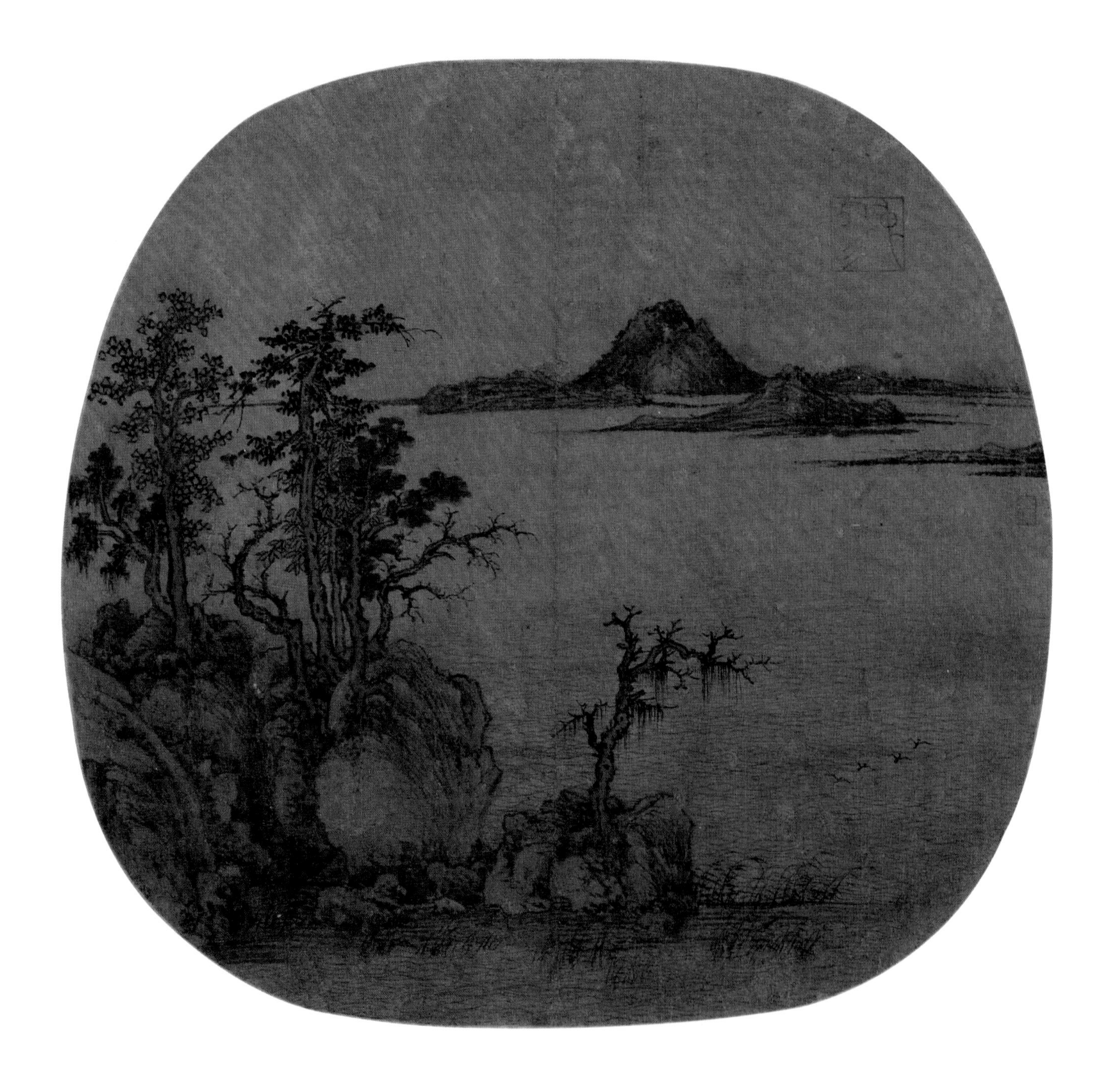

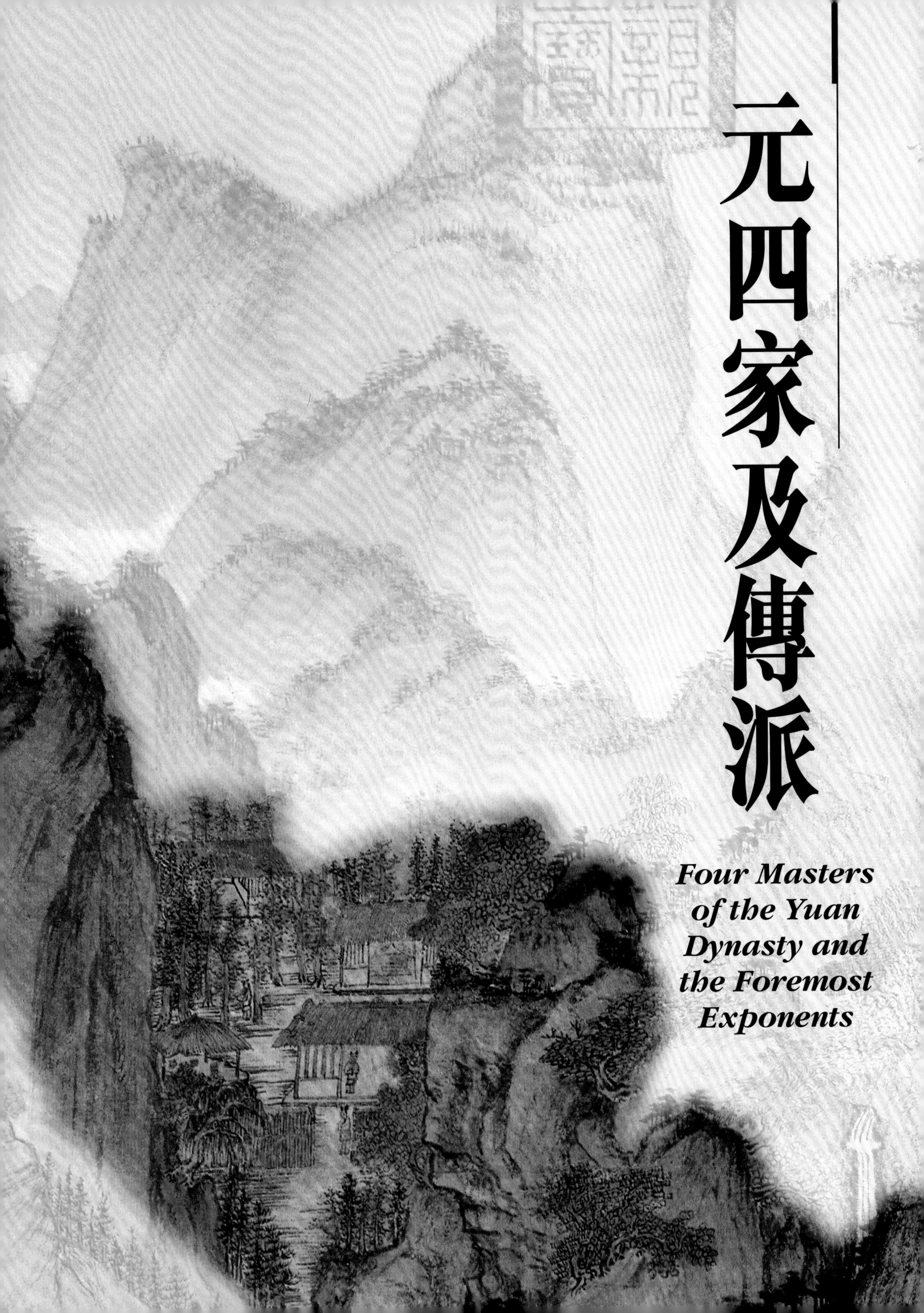

元四家及傳派

Four Masters of the Yuan Dynasty and the Foremost Exponents

20

黃公望　天池石壁圖軸

絹本　設色　縱139.4厘米　橫57.3厘米

The Cliffs of Tianchi

By Huang Gongwang (1269-1354)
Hanging scroll, Colour on silk
H. 139.4cm　L. 57.3cm

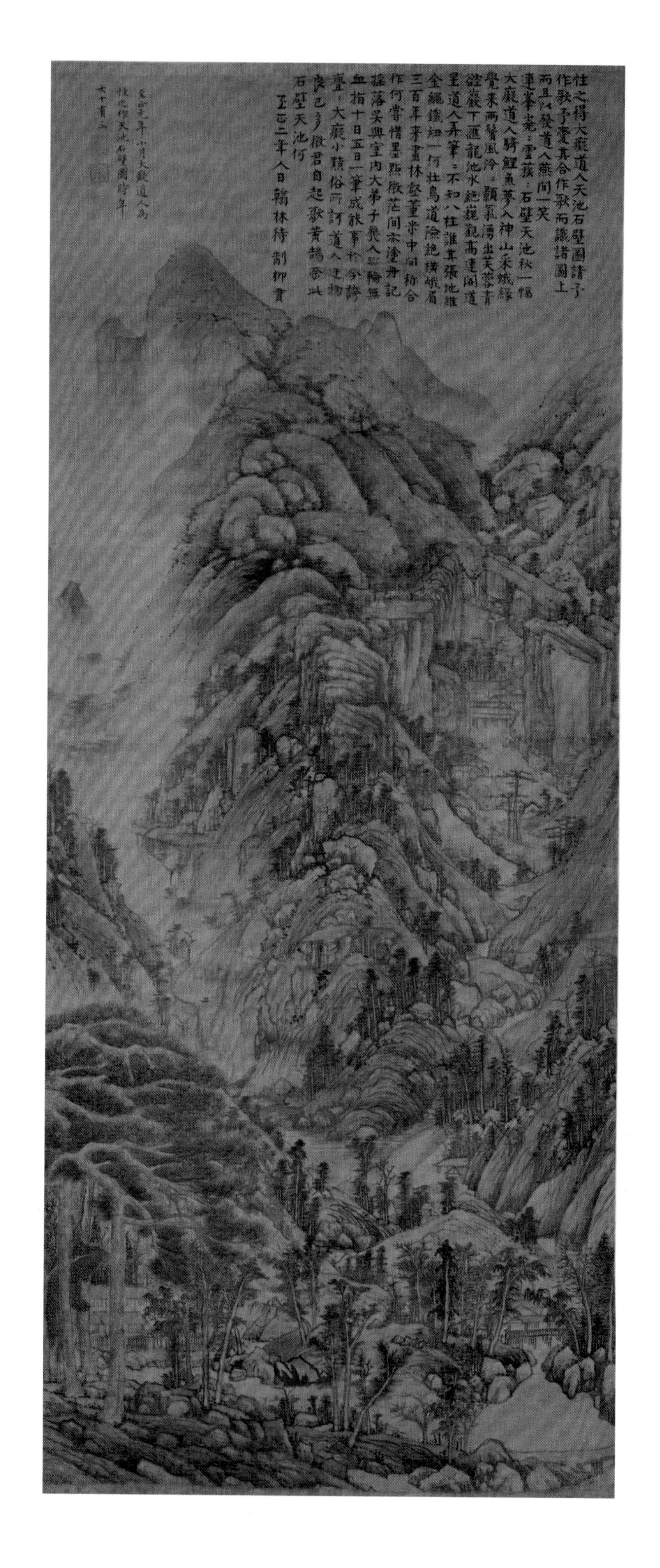

黃公望（1269—1354），本姓陸，江蘇常熟人，後過繼浙江永嘉黃姓，字子久，號一峯、大痴道人等。曾為小吏，因案入獄。出獄後隱居不仕，皈依道教。工書善曲。五十歲上始畫山水，晚年自成一家，與吳鎮、倪瓚、王蒙並稱元四家，被推為“元季四大家之冠”。

《天池石壁圖》描繪的是蘇州城西吳縣境內天池山的景色。天池山峯巔矗立巨石，半山坳中，長年積有一泓碧水，名曰“天池”。

圖中山峯雄秀多姿，煙雲流潤，層巒疊嶂之間，天池兩側石壁對峙，池中水閣數楹。山下丘陵溪澗，長松茂樹，山徑曲折。構圖兼用高遠、深遠之法，山石作披麻皴，用筆多有變化。以淡赭與墨青墨綠合染，表現出山色的青葱與陽光的和煦。淺絳山水為黃公望首創。

本幅自題：“至正元年（1341）十月大痴道人為性之作天池石壁圖　時年七十有三”。鈐印“黃公望印”（朱文）、“黃氏子久”（白文）、“一峯道人”（朱文）。另有柳貫長題（詳見附錄），稱黃公望為“吳興室內大弟子”，説明黃公望曾就學於趙孟頫，是畫史研究中的重要資料。鈐鄒迪光、李蔚等鑒藏印五方，又半印一方。

曾經《大觀錄》、《寓意編》著錄。

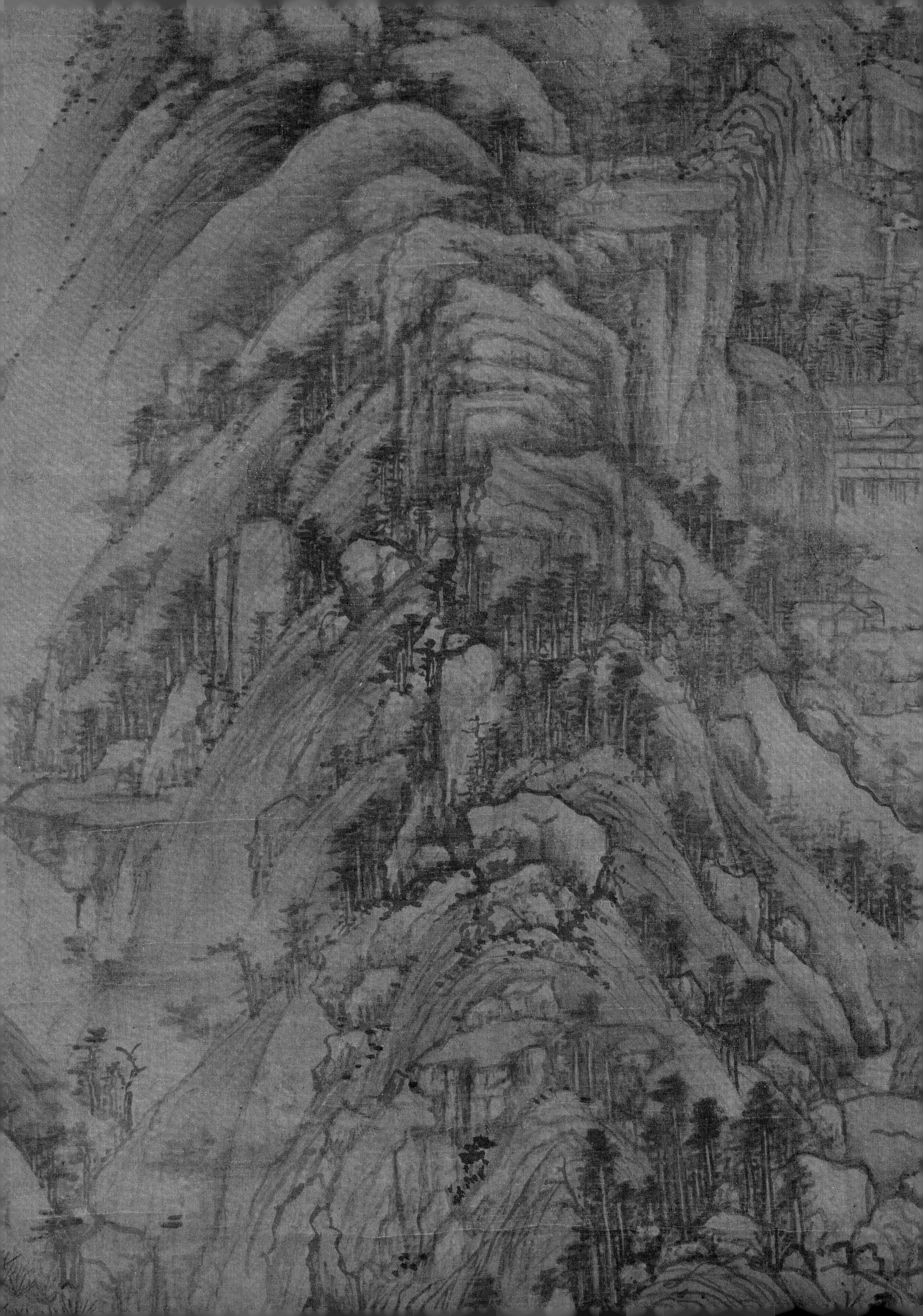

21

黃公望　九峯雪霽圖軸

絹本　墨筆　縱117厘米　橫55.5厘米

The Nine Peaks Covered with Snow

By Huang Gongwang

Hanging scroll, Ink on silk

H. 117cm　L. 55.5cm

《九峯雪霽圖》表現了大雪覆蓋下羣峯清寒肅寂的景象，據考，“松郡九峯”位於今上海松江。圖中主峯兀然聳立，四周諸峯環抱拱立，既主次分明又脈絡相連。主峯之下繪雪樹荒村，繞山而過的河水以淡墨暈染，與陰沉的天空相呼應。畫樹用竹根花鬚法，似連若斷，積雪之感油然而生；山石則以篆書筆法，空勾留白，“借地以為雪”，以墨色暈染，加強山石的層次和立體感。

本幅自題：“至正九年（1349）春正月，為彥功作雪山次，春雪大作，凡兩三次，直至畢工方止，亦奇事也。大痴道人時年八十有一。書此以記歲月云。”鈐印“大痴”（朱文）、“黃氏子久”（白文）、“一峯道人”（朱文）。另鈐有“怡親王寶”（朱文）及安岐等鑒藏印共十二方。

曾經《清河書畫舫》、《式古堂書畫彙考》、《大觀錄》、《墨緣彙觀》著錄。

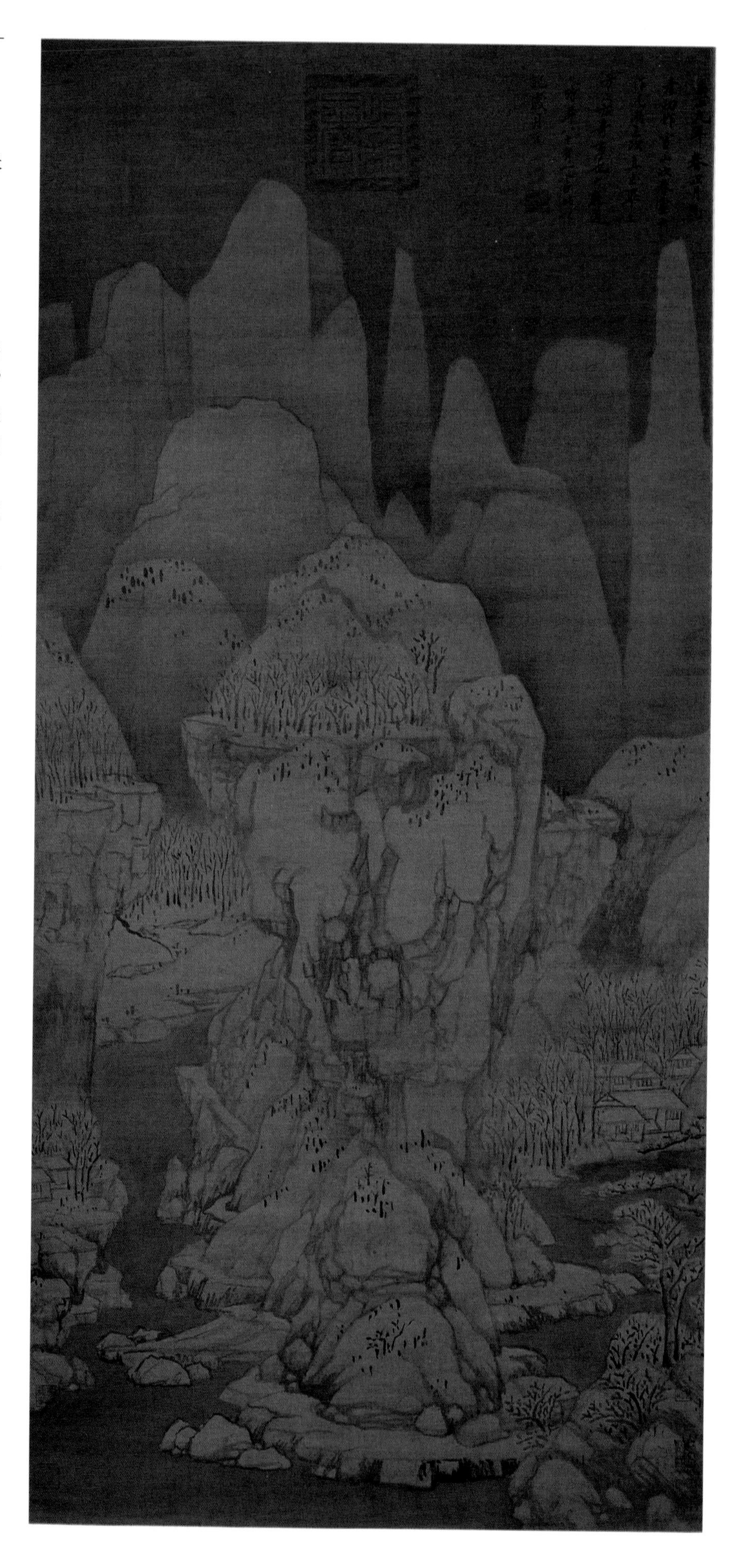

22

黃公望　丹崖玉樹圖軸

紙本　設色　縱101.3厘米　橫43.8厘米

Undulating Hills and Dense Forest

By Huang Gongwang

Hanging scroll, Colour on paper

H. 101.3cm　L. 43.8cm

圖中繪山巒相疊，仙觀掩映於山石林木之中，高松雜樹遍佈窠石坡岸之上，溪流迴繞，山居隱現，小橋橫架，一派深遠優美的意境。老者拖杖山行，氣宇軒昂。山石以披麻皴寫成，並施以淺絳設色。用筆鬆秀，揮灑自如，在不着筆處襯出迷濛浮動的雲煙霧氣，更增添了山水的靈秀，雖重山滿紙而無迫塞之感。

本幅有無名氏、張翥、徐霖、陸行直、王國器等五家題跋（釋文見附錄），鈐聞龍、張見陽等鑒藏印七方，另半印一方。

裱邊有董其昌、潘亦雋跋。據時人張翥題詩可知為黃公望所作。

曾經《過雲樓書畫記》著錄。

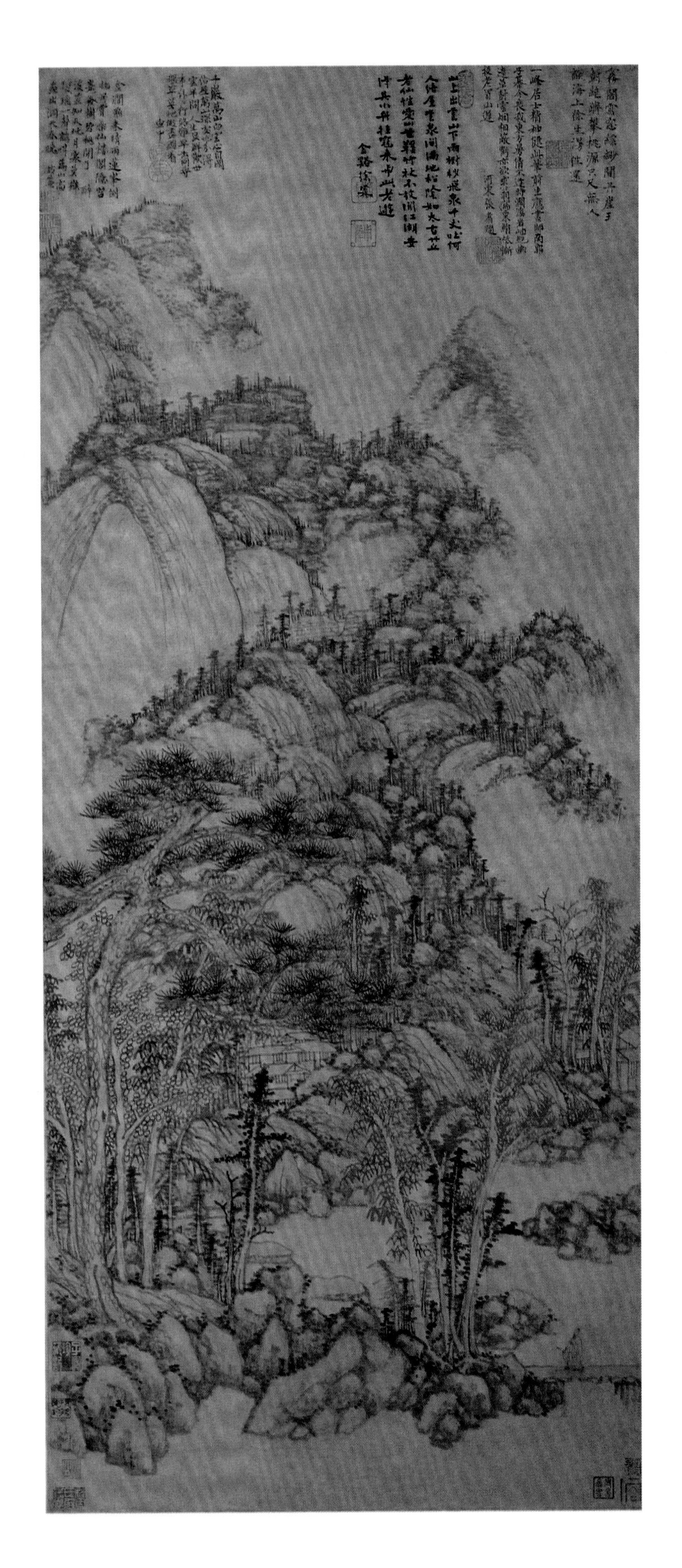

23

黃公望　快雪時晴圖卷

紙本　墨筆　縱29.7厘米　橫104.6厘米

Snow-capped Mountains in Sunny Day
By Huang Gongwang
Handscroll, Ink on paper
H. 29.7cm　L. 104.6cm

圖中繪山巒平列，寒林映帶，石台上軒窗遙對遠峯，天空以硃砂點出一輪紅日，表現出雪山初晴景象。山、樹以乾筆飛白畫出，縱逸老健，更見蒼勁率真。

本幅鈐清代安岐、張若靄等鑒藏印十六方，另鈐有明代項元汴鑒藏印（偽）十七方。

卷首有趙孟頫題："快雪時晴　子昂為子久書"。鈐"趙氏子昂"（朱文）。另鈐有明代項元汴、清代張若靄、查瑩、英和等人鑒藏印共十八方。趙書後幅綾上有黃溍、張翥、黃公望、張雨、段天祐、倪中、莫昌等七家題記，鈐項元汴、張若靄、查瑩、于騰等鑒藏印四十六方。

此卷為合璧卷，前圖後另有一《快雪時晴圖》（見圖69）。

後尾紙有項元汴、于騰二家題記，並鈐項元汴、龐萊臣等鑒藏印十三方。前後隔水共鈐于騰、龐萊臣等鑒藏印二十二方。

曾經《汪氏珊瑚網》、《式古堂書畫彙考》、《墨緣彙觀》、《佩文齋書畫譜》、《虛齋名畫續錄》著錄。

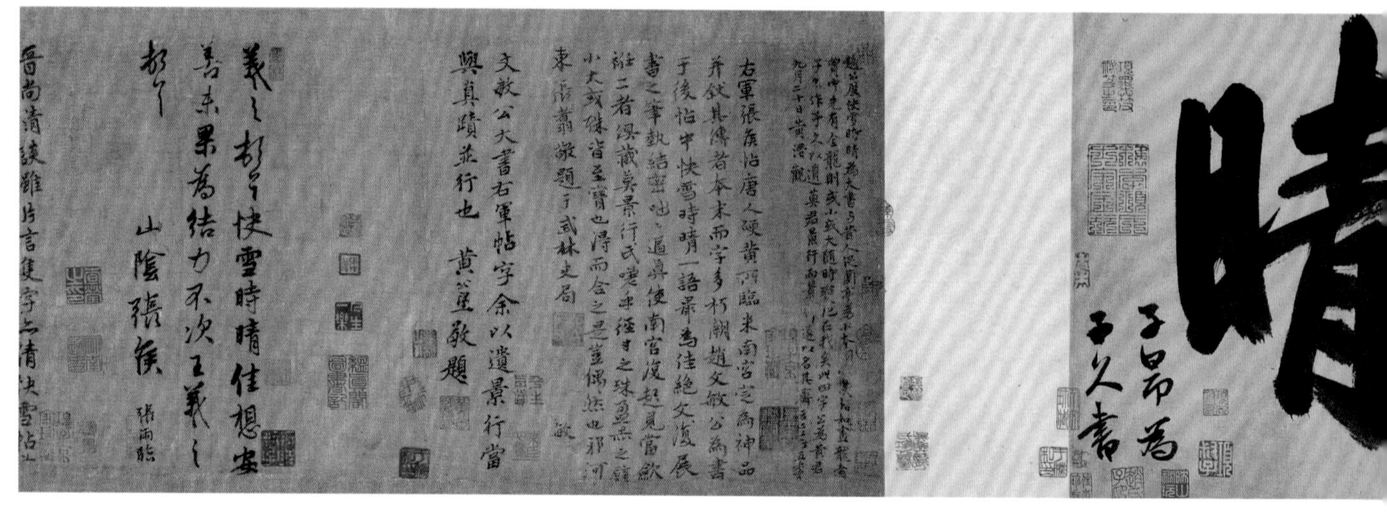

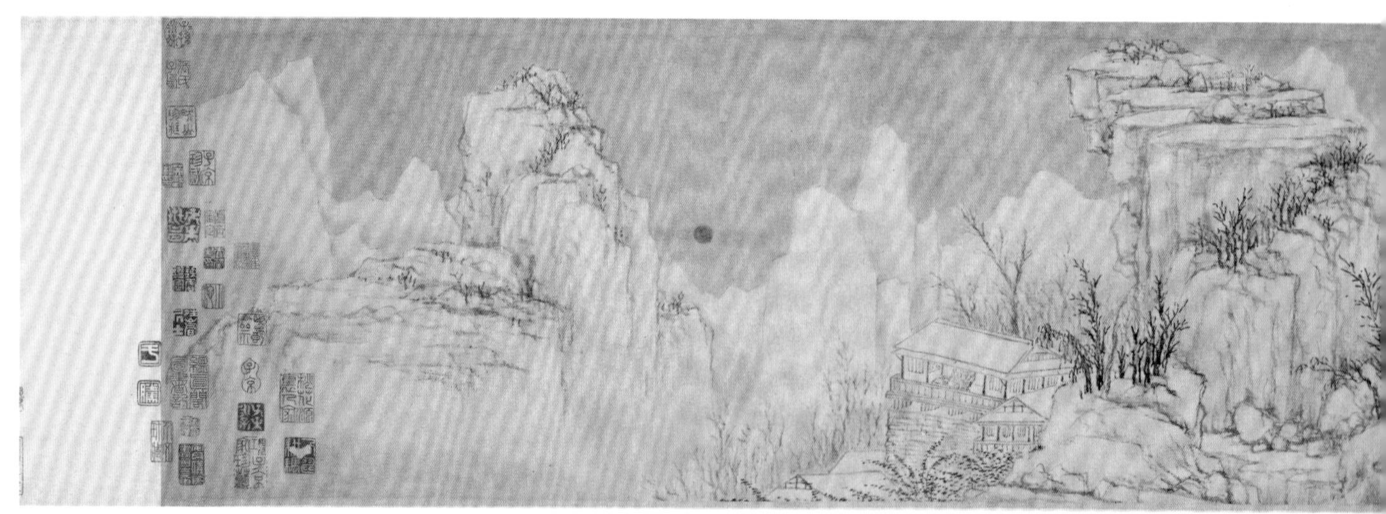

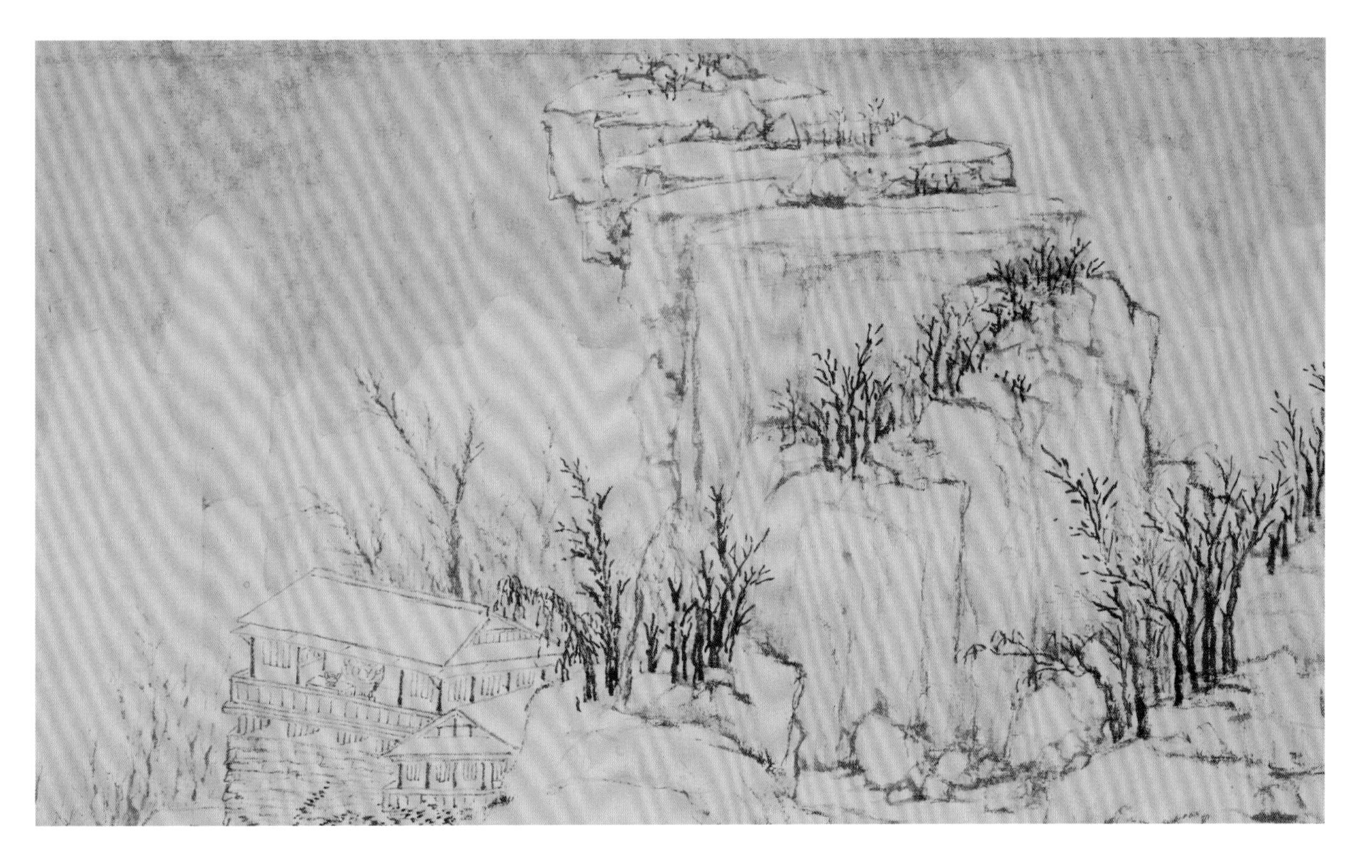

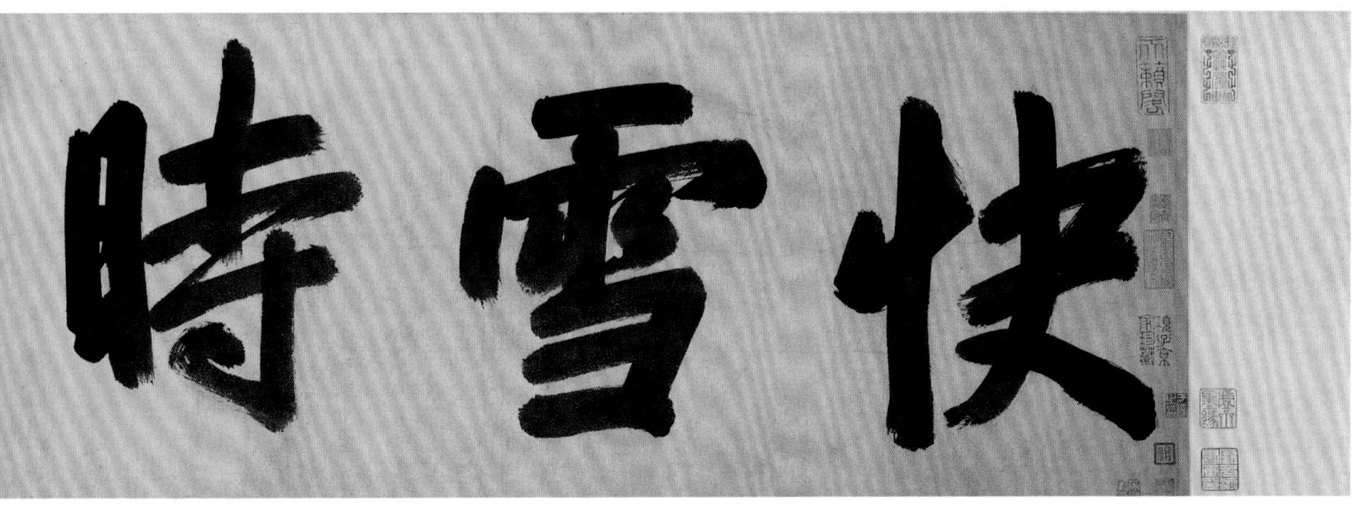
快雪時

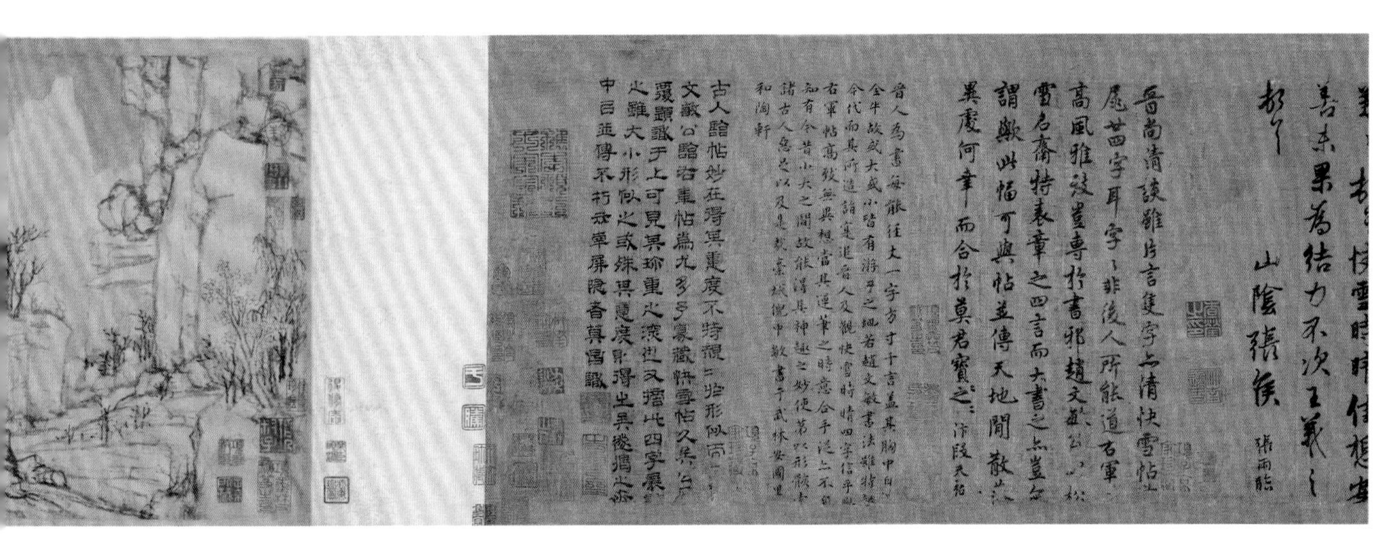

24

吳鎮　漁父圖軸

絹本　墨筆　縱84.7厘米　橫29.7厘米

Old Fisherman

By Wu Zhen (1280-1354)
Hanging scroll, Ink on silk
H. 84.7cm　L. 29.7cm

吳鎮（1280—1354），字仲圭，號梅花道人，浙江嘉興人。為人“抗簡孤潔”，隱居不仕。工詩文書法，善畫山水、古木竹石。其山水畫多以漁父為題，寄託情懷。

圖中繪淺灘水草，一垂釣者舟頭弄竿，神情專注。洲上綠樹成蔭，有染無皴，對岸山丘連綿，淡淡霧靄籠罩下，流水潺潺，曲繞入江。極遠處以淡墨沒骨染出羣峯聳峙，愈遠愈淡，空間分明，呈現出一種悠遠閑放的意味。

本幅自題：“目斷煙波青有無，霜凋楓葉錦模糊。千尺浪，四腮鱸，詩筒相對酒葫蘆。至元二年（1336）秋八月　梅華道人戲作漁父四幅並題”。鈐印“梅花盦”（朱文）、“嘉興吳鎮仲圭書畫記”（白文）。鈐鑒藏印“仲和珍藏”（白文）、“季彤審定”（朱文）、“吳氏筠清館所藏書畫”（朱文）等八方，又半印二方。

上詩塘有王鐸題跋並鈐印。又鈐有“十二樓藏印”（朱文）等鑒藏印四方，另半印二方。

曾經《辛丑銷夏記》著錄。

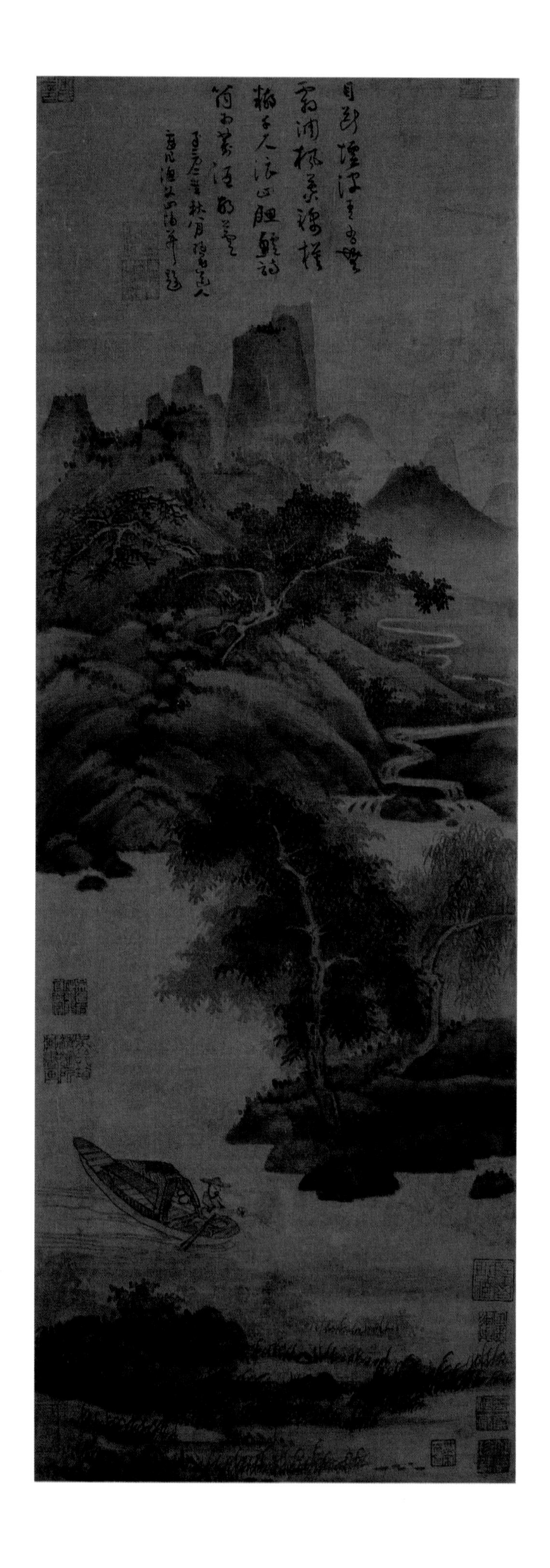

25

吳鎮　蘆花寒雁圖軸
絹本　墨筆　縱83.3厘米　橫27.8厘米

Reeds and Wild Geese in Autumn
By Wu Zhen
Hanging scroll, Ink on silk
H. 83.3cm　L. 27.8cm

圖中以平遠法繪秋日水濱景色，水面微波蕩漾，蒹葭蒼蒼，一雙蘆雁振翅飛起，漁父舟頭仰首凝視。畫面空靈寒寂，形成了一種平淡清遠的境界。圖中以平行置景的手法表現空闊無際的水泊，以濃淡變化表現遠近層次，平中見奇。

本幅自題："點點青山照水光，飛飛寒雁背人忙。衝小浦，轉橫塘，蘆花兩岸一朝霜。"鈐印"梅花盦"（朱文）、"嘉興吳鎮仲圭書畫記"（白文）。鈐鑒藏印"怡親王寶"（朱文）、"黃氏仲明"（朱文）、"虛齋審定"（白文）等十一方。

曾經《墨緣彙觀續錄》、《虛齋名畫錄》著錄。

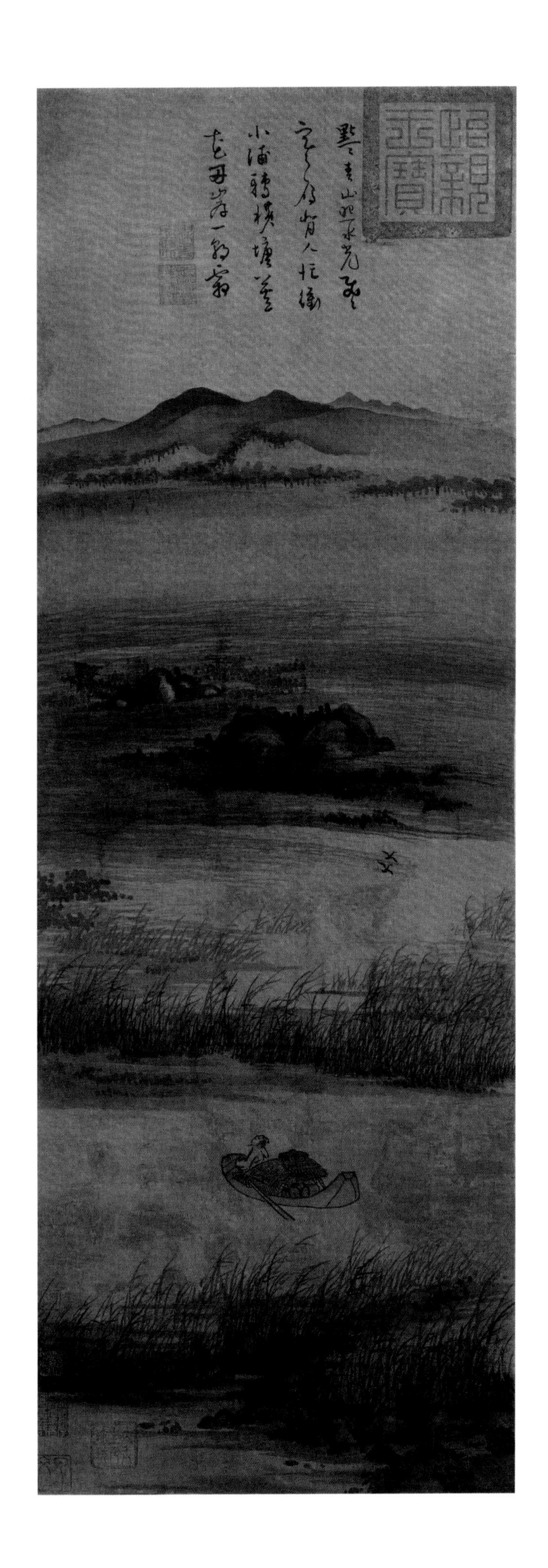

26

吳鎮　溪山高隱圖軸
絹本　墨筆　縱160厘米　橫73.5厘米

Hermitage in the Mountains by a Stream
By Wu Zhen
Hanging scroll, Ink on silk
H. 160cm　L. 73.5cm

圖中繪山中草木繁茂，棧道盤曲，山下溪水一灣，水榭隱現，極盡夏日深山蒼鬱幽深的氣氛。畫法大體從巨然之法化出，披麻皴較為疏朗，墨色也較為溫婉濕潤，從而使飽滿的構圖不至過於迫塞。

本幅款識"梅花道人作"。鈐印"梅花盦"(朱文)、"嘉興吳鎮仲圭書畫記"(白文)。鈐鑒藏印"蒼巖"(朱文)、"蕉林居士"(白文)，另有殘印三方。

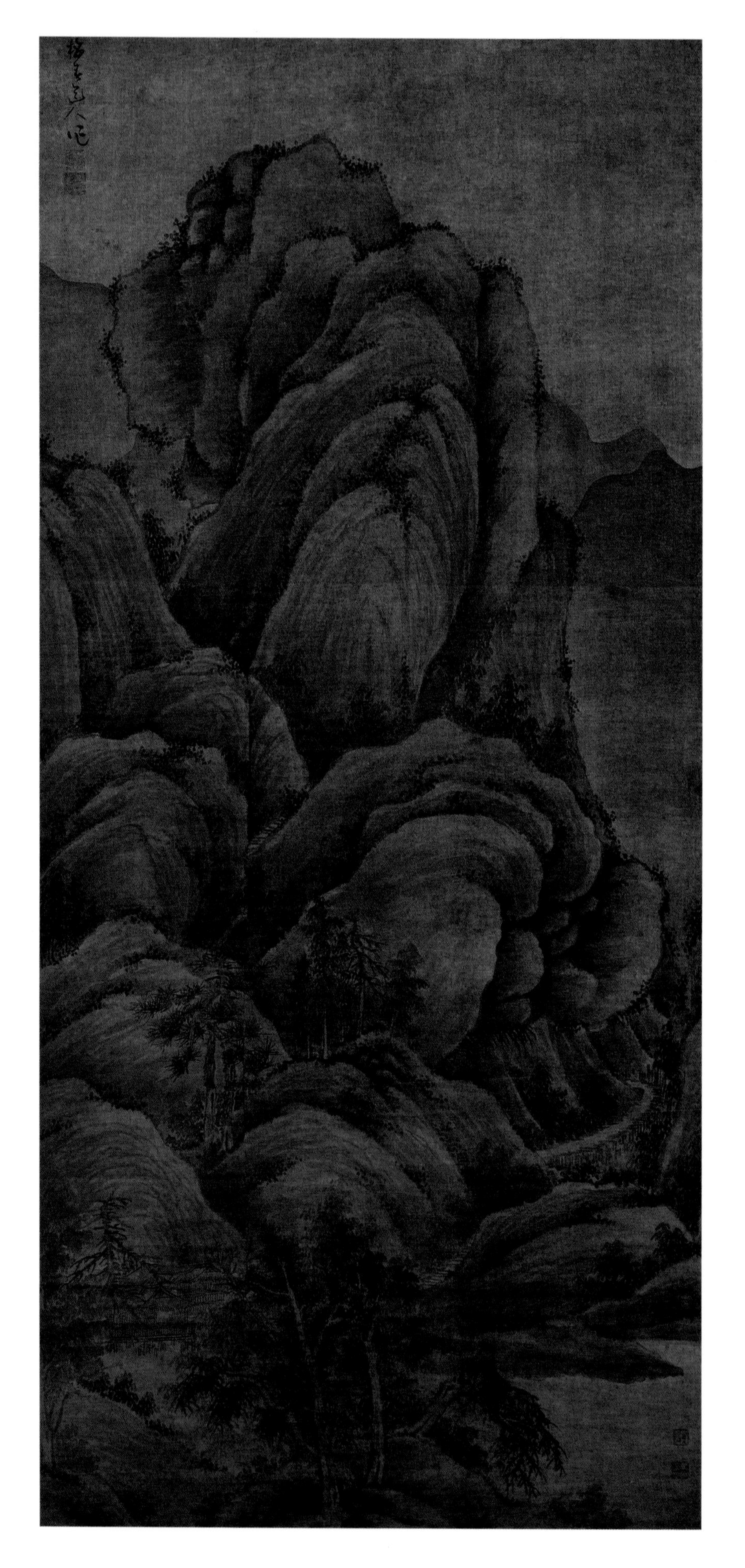

27

吳鎮　墨竹圖軸
紙本　墨筆　縱90.3厘米　橫23.6厘米

Ink Bamboos
By Wu Zhen
Hanging scroll, Ink on paper
H. 90.3cm　L. 23.6cm

圖中截取兩枝新篁，長梢向上翻捲，仿佛在風中搖曳。筆墨瀟灑、嚴謹，疏密、濃淡皆富於變化，竹枝出以淡墨，竹葉則以濃墨寫之。雖只是信手揮灑墨戲，卻亦不失大家風範。正如吳鎮曾說的墨竹之法：“疏不至冷，繁不至亂，翻向正背，轉側低昂，雨打風翻，各有法度。”

本幅自題：“空洞元青心，歲寒知有節。天寒日暮時，不改霜雪葉。梅花道人戲墨”。鈐印“梅花盦”（朱文）、“嘉興吳鎮仲圭書畫記”（白文）。另有題詩：“瀟灑琅玕墨色鮮，半含風雨半含煙。怪來筆底清如許，老子胸中想渭川。湖南散人”。鈐印“處素”（白文）。鈐鑒藏印“衡酒仙家珍藏”（朱文）、“陸樹聲鑒賞章”（白文）、“夫之珍賞”（朱白文）、“高氏世美家藏”（朱文）、“希之”（朱文）。

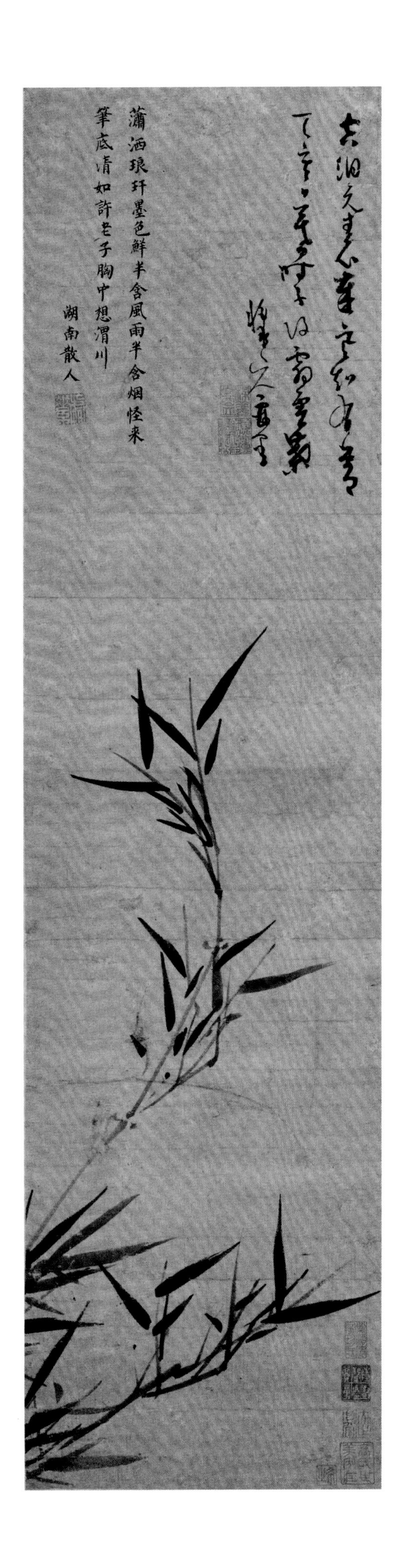

28

吳鎮　墨竹坡石圖軸

紙本　墨筆　縱103.4厘米　橫33厘米

Ink Bamboo and Rocks

By Wu Zhen

Hanging scroll, Ink on paper

H. 103.4cm　L. 33cm

圖中繪坡陀拳石，竹枝斜垂，意境清幽。平坡以淡墨暈染，拳石則重墨勾廓，復以濃淡相間的墨色加以皴染，筆墨渾厚蒼潤。幾莖竹枝斜垂入畫，有“意在畫外”之趣。

本幅自題：“與可畫竹不見竹，東坡作詩忘此詩。冰蠶繞繭秋雲薄，戲作渭川淇澳風煙姿。紛紛蒼雪落碧籜，謖謖好風來舊枝。信看雷雨虛□夜，拔地起作蒼虬飛。梅花道人戲作於春波客舍”。鈐印“梅花盦”（朱文）、“嘉興吳鎮仲圭書畫記”（白文）。另鈐鑒藏印“懷古閣藏”（朱文）、“安儀周家珍藏”（朱文）共十三方。

曾經《墨緣彙觀》著錄。

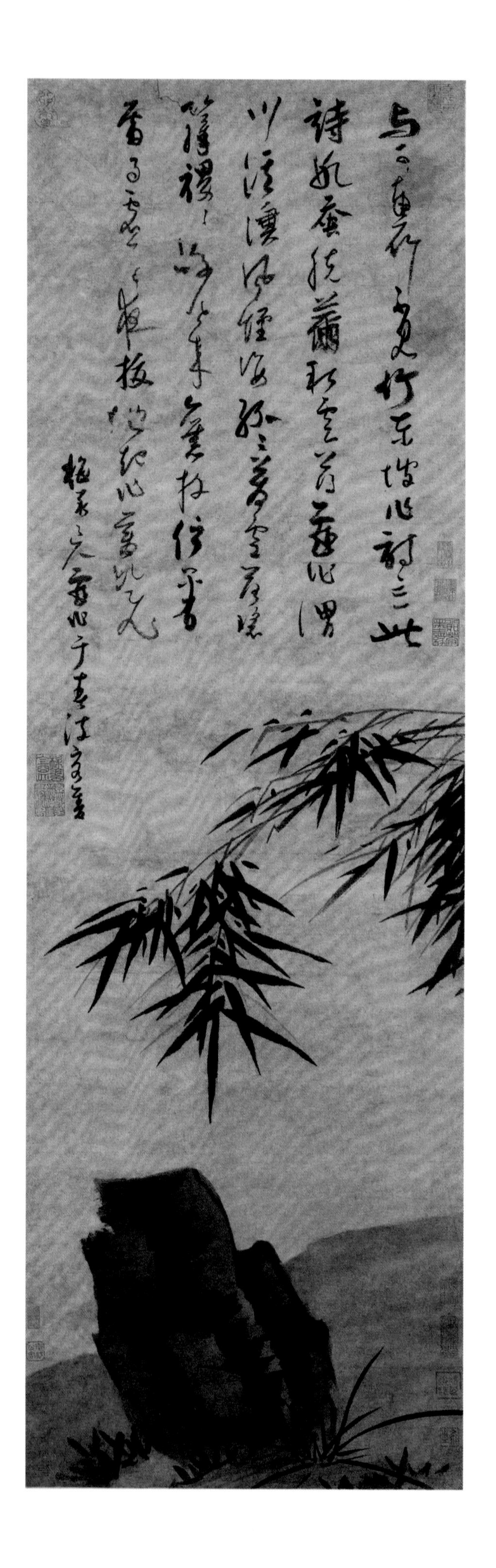

29

吳鎮　枯木竹石圖軸
絹本　墨筆　縱53厘米　橫69.8厘米

Withered Tree, Bamboo and Rocks
By Wu Zhen
Hanging scroll, Ink on silk
H. 53cm　L. 69.8cm

圖中繪坡石蘭草、枯木墨竹。墨色潤澤濃重，行筆率意豪縱，坡石勾廓後以近似斧劈皴的筆法皴出石紋，枯木亦於廓線內直筆勾畫紋路，行筆迅疾，就連石畔的一叢蘭草，亦於纖巧之中平添了幾分豪氣。應是作者晚期的作品。

本幅自題："晴霏光埢埢，曉日影曈曈。為何東莊塵，何如北窗風。梅花道人戲墨"。鈐印均殘不辨。

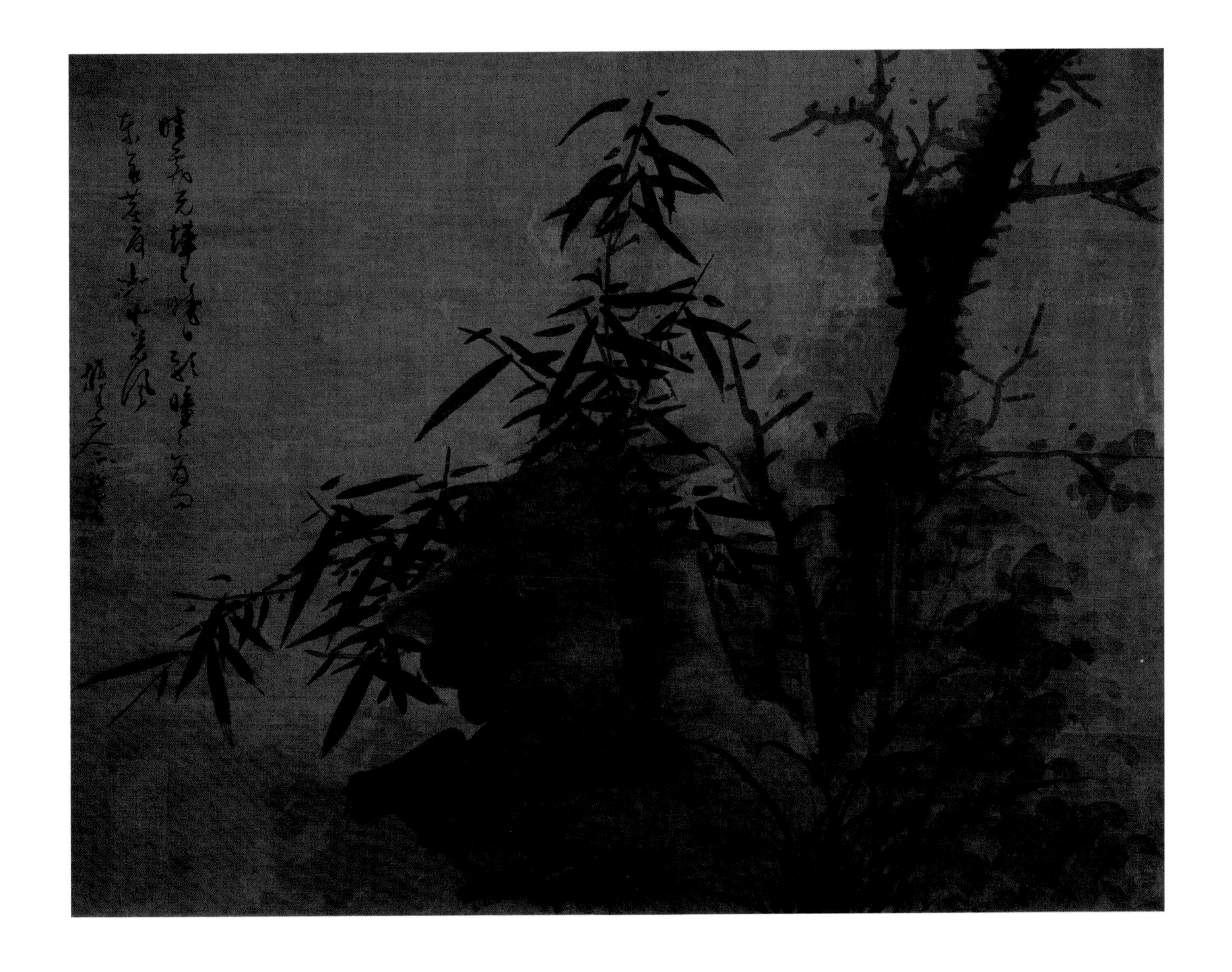

30

倪瓚　梧竹秀石圖軸

紙本　墨筆　縱96厘米　橫36.5厘米
清宮舊藏

Chinese Parasol Tree, Sparse Bamboos and Fine Rock
By Ni Zan (1301-1374)
Hanging scroll, Ink on paper
H. 96cm　L. 36.5cm
Qing Court collection

倪瓚（1301—1374），原名珽，字元鎮，號雲林、幼霞等。江蘇無錫人。其家為當地富豪，元末散盡家資，浪跡於五湖三泖間，故有"倪迂"之稱。擅長山水，創折帶皴法，多繪太湖一帶景色。

圖中繪湖石瘦立，高梧疏竹，映帶左右。樹幹和秀石行筆匆匆急就，以闊筆濕墨描繪梧葉，雖是"逸筆草草，不求形似"之作，卻頗得蒼潤淋漓的墨趣，別開生面。

本幅自題："貞居道師將往常熟山中訪王君章高士，余因寫梧竹秀石，奉寄仲素孝廉，並賦詩云：高梧疏竹溪南宅，五月溪聲入坐寒。想得此時窗戶暖，果園撲栗紫團團。倪瓚"。另有張雨題詩一首。鈐印"句曲外史"(朱文)、"幻仙"(朱文橢圓)、"貞居"(白文)、"句曲外史張天雨印"(朱文)。另有清乾隆御題詩一首。鈐梁清標、安岐及乾隆內府、龐萊臣等鑒藏印記共十八方。

據考証，畫家時年43至45歲。

曾經《墨緣彙觀》、《大觀錄》、《式古堂書畫彙考》著錄。

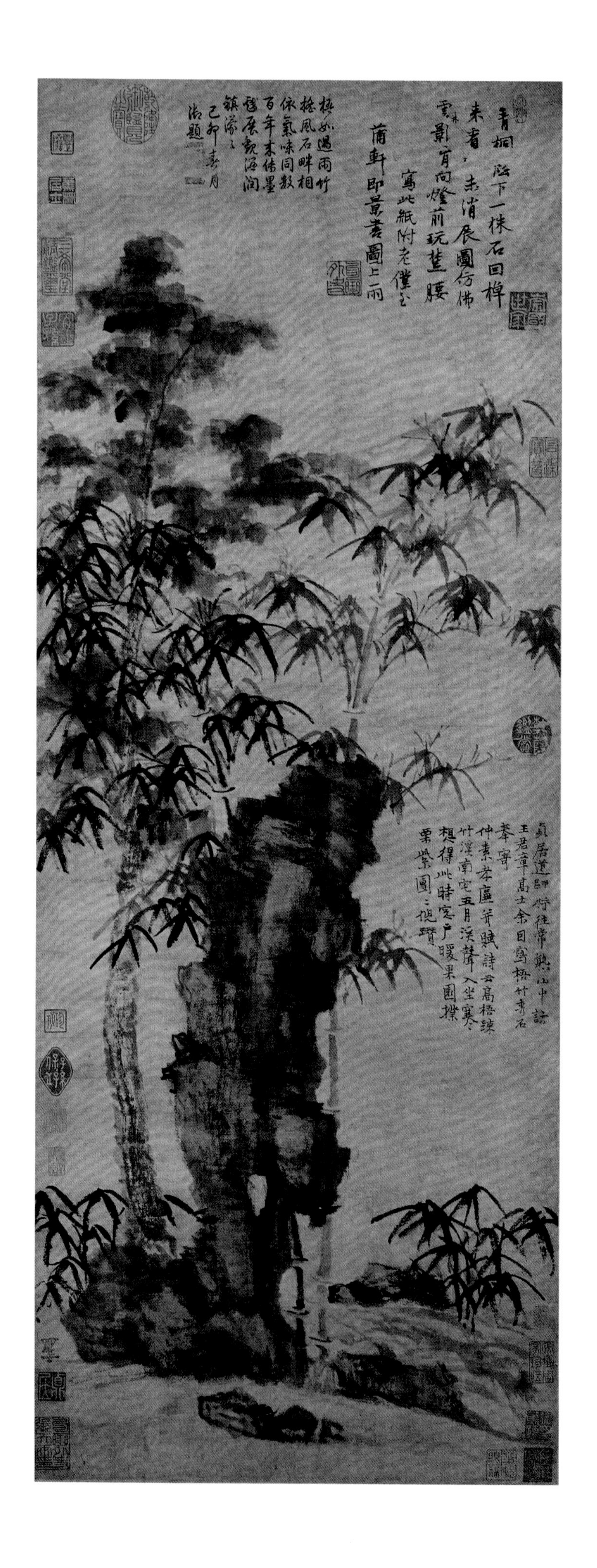

31

倪瓚　林亭遠岫圖軸

紙本　墨筆　縱87.3厘米　橫31.4厘米

Pavilion, Trees and Distant Peaks

By Ni Zan

Hanging scroll, Ink on paper

H. 87.3cm　L. 31.4cm

圖中繪坡地上有高樹修竹，臨江建草亭，遠山起伏，隔江相望。此圖為倪瓚典型的三段式構圖，行筆施墨較簡逸。

本幅款識“雲林生畫林亭遠岫　癸卯歲（1363）夏五月初十日”。另有高啟、顧敬、呂敏、王行、張羽、顧弘、卞同、陳則、金震、徐賁、俞允、王璲等十二家詩題（釋文見附錄），鈐鑒藏印一方。

裱邊鈐鑒藏印“蒼巖”（朱文）、“棠村審定”（白文）。

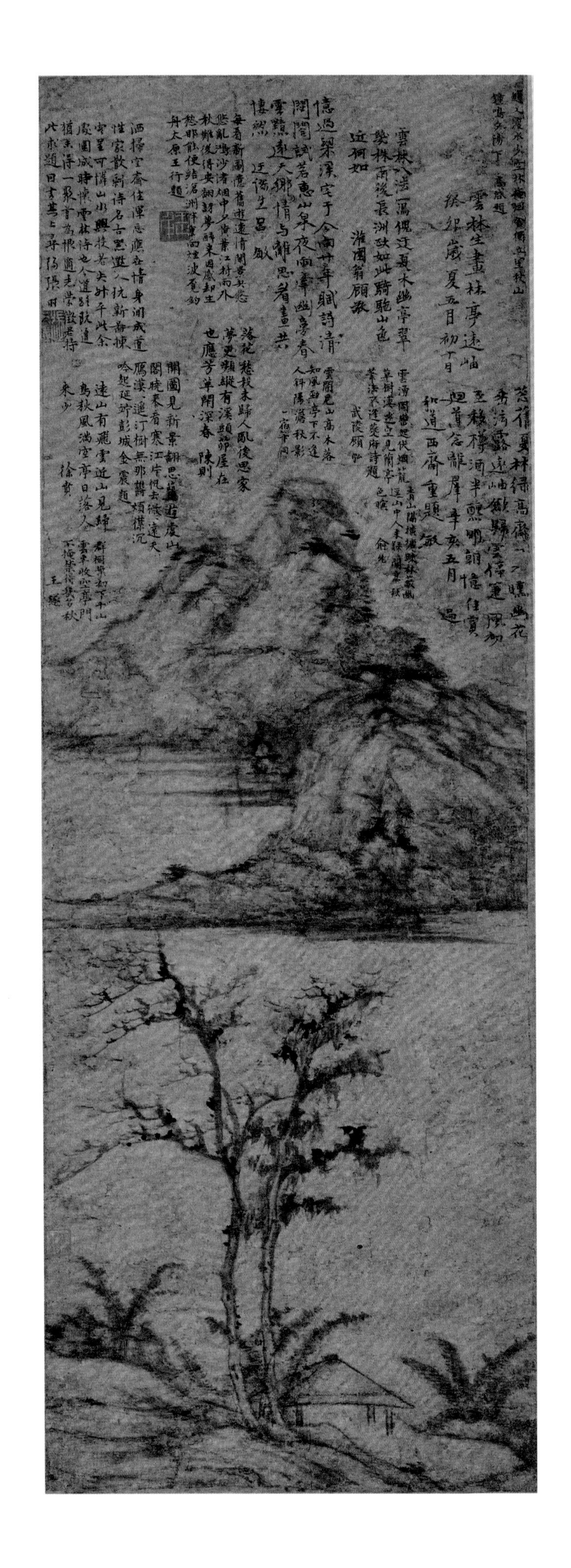

32

倪瓚　幽澗寒松圖軸

紙本　墨筆　縱 59.7 厘米
橫 50.4 厘米

Wintry Pines by a Stream
By Ni Zan
Hanging scroll, Ink on paper
H. 59.7cm　L. 50.4cm

圖中繪平坡低丘，溪澗寒松。遠山無樹，坡石無草，惟有寒松挺立於溪畔，形成了空寂寥落的景象。筆墨簡淡，山石以乾淡之筆勾廓，稍事皴擦，松幹以兩筆界勾，不皴不染，僅圈點數個疤痕，松針疏疏落落。此圖是畫贈周遜學的，為其出仕送行的同時勸其早日歸隱。以寒松寓士夫之氣節，含有箴規之意。

本幅自題："秋暑多病暍，征夫怨行路。瑟瑟幽磵松，清陰滿庭戶。寒泉溜崖石，白雲集朝幕。懷哉如金玉，周子美無度。息景以消搖，笑言思與悟。遜學親友秋暑辭親，將事於役。因寫幽磵寒松並題五言以贈，亦若招隱之意云耳。七月十八日　倪瓚"。另鈐鑒藏印"商丘宋犖審定真跡"(朱文)、"何氏元朗"(白文)等四方，又半印一方。

曾經《清河書畫舫》、《真跡日錄三編》、《書畫見聞表》、《式古堂書畫彙考》、《西清札記》著錄。

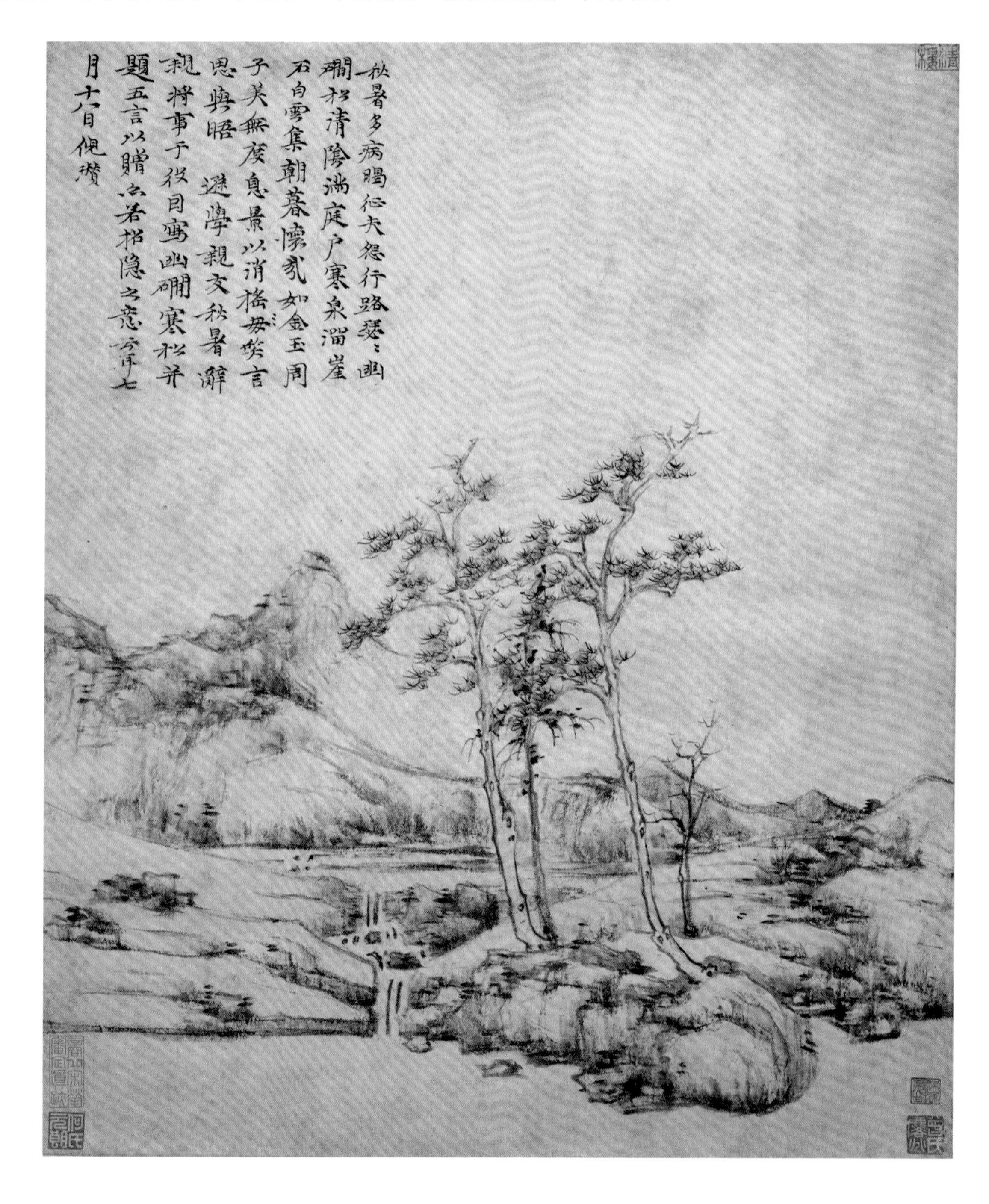

33

倪瓚　秋亭嘉樹圖軸

紙本　墨筆　縱114厘米　橫34.3厘米
清宮舊藏

Pavilion and Trees in Autumn
By Ni Zan
Hanging scroll, Ink on paper
H. 114cm　L. 34.3cm
Qing Court collection

圖中繪平坡遠岫，草亭嘉樹，廣闊的江面上露出汀渚一角，幽靜雅洁，仿佛籠罩在一片月色之中。取三段式構圖，用筆尖峭秀逸，樹幹皆雙鈎，稍事皴染，樹葉點法，富於變化。墨色較為乾淡，僅以濃墨點苔，提出精神，為沉寂的畫面融入了些許生氣。

本幅自題："七月六日雨，宿雲岫翁幽居，文伯賢良以此紙索畫，因寫秋亭嘉樹圖並詩以贈。風雨蕭條晚作涼，兩株嘉樹近當窗。結廬人境無來轍，寓跡醉鄉真樂邦。南渚殘雲宿虛牖，西山青影落秋江。臨流染翰摹幽意，忽有銜煙白鶴雙。瓚"。另鈐鑒藏印"商丘宋犖審定真跡"（朱文）、"第一稀有"（朱文）、"朱之赤鑒賞"（朱文）以及清乾隆內府藏印共九方。

上詩塘有吳寬、朱果二家題記。鈐清內府鑒藏印三方。裱邊鈐"教育部點驗之章"（朱文）印。

曾經《石渠寶笈初編》著錄。

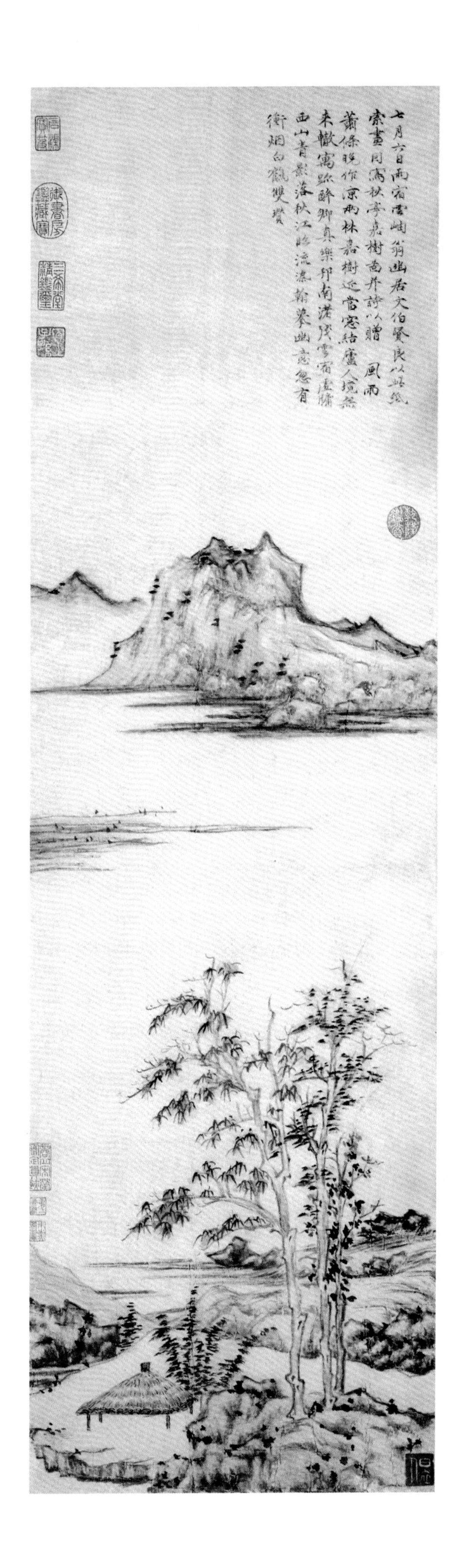

34

倪瓚　古木幽篁圖軸

紙本　墨筆　縱88.6厘米　橫30厘米

Old Trees and Bamboos

By Ni Zan

Hanging scroll, Ink on paper

H. 88.6cm　L. 30cm

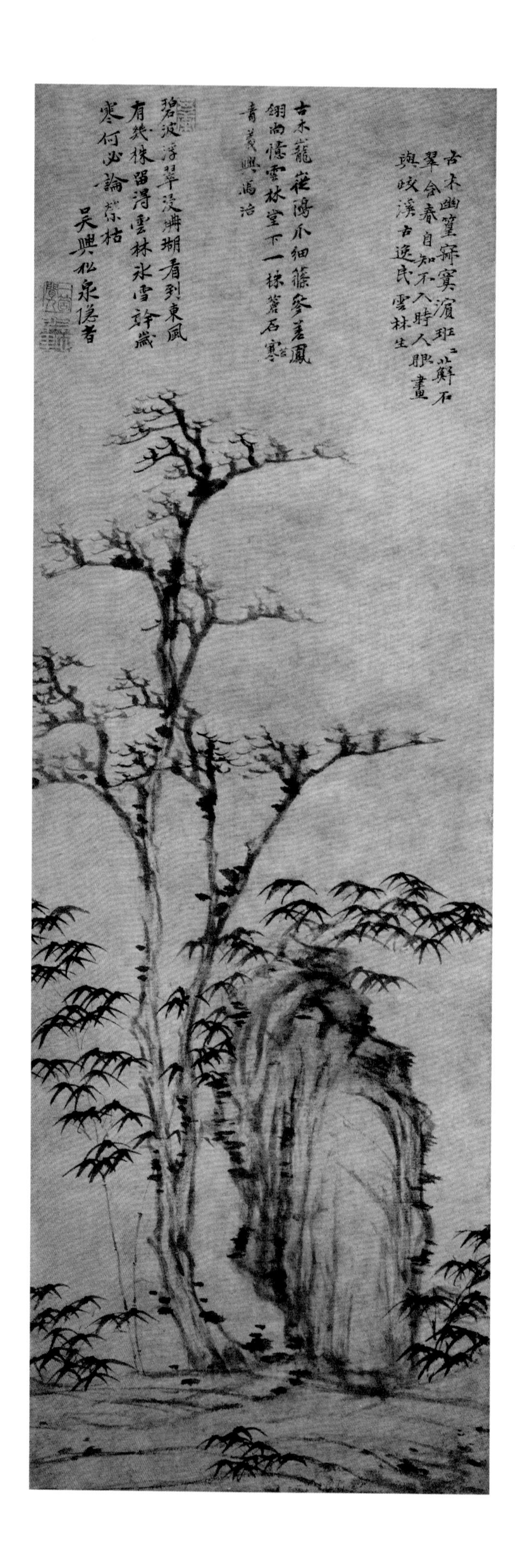

圖中繪平坡拳石，古木篠竹。筆墨於枯澀中見豐潤，於疏宕中寓遒勁，將簡澹荒率的畫風發揮得淋漓盡致。竹樹畫法如書寫，令書畫之法，融會貫通，深受趙孟頫“石如飛白木如籀，寫竹還於八法通”畫論的影響。

本幅自題：“古木幽篁寂寞濱，斑斑蘚石翠含春。自知不入時人眼，畫與蛟溪古逸民。雲林生”。

另有題詩：“古木籠蓯鴻爪，細篠參差鳳翎。尚憶雲林堂下，一株蒼石苔青。義興馬治”。“碧波浮翠浸珊瑚，看到東風有幾株。留得雲林冰雪幹，歲寒何必論榮枯。吳興松泉隱者”。鈐印“一個閑人”（朱文）、“寸心千里”（白文）及引首章“玄軒”（白文）。

曾經《大觀錄》著錄。

35

倪瓚　竹枝圖卷

紙本　墨筆　縱34厘米　橫76.4厘米
清宮舊藏

A Bamboo

By Ni Zan
Handscroll, Ink on paper
H. 34cm　L. 76.4cm
Qing Court collection

圖中繪修竹一枝，竹枝挺拔柔韌，竹葉偃仰疏密，佈置得當，生意十足。筆墨強調精神，追求逸趣，用筆峭勁靈動，已得墨竹蕭散清逸的旨趣。正如倪瓚自己所說："下筆能形蕭散趣，要須胸次有篔簹！"

本幅自題："老懶無悰，筆老手倦，畫止乎此，倘不合意，千萬勿罪。懶瓚"。另有清乾隆御題詩一首。鈐項子京、梁清標、安岐、王南屏以及清內府鑒藏印共三十方，又半印十五方。

曾經《石渠寶笈續編》、《墨緣彙觀》著錄。

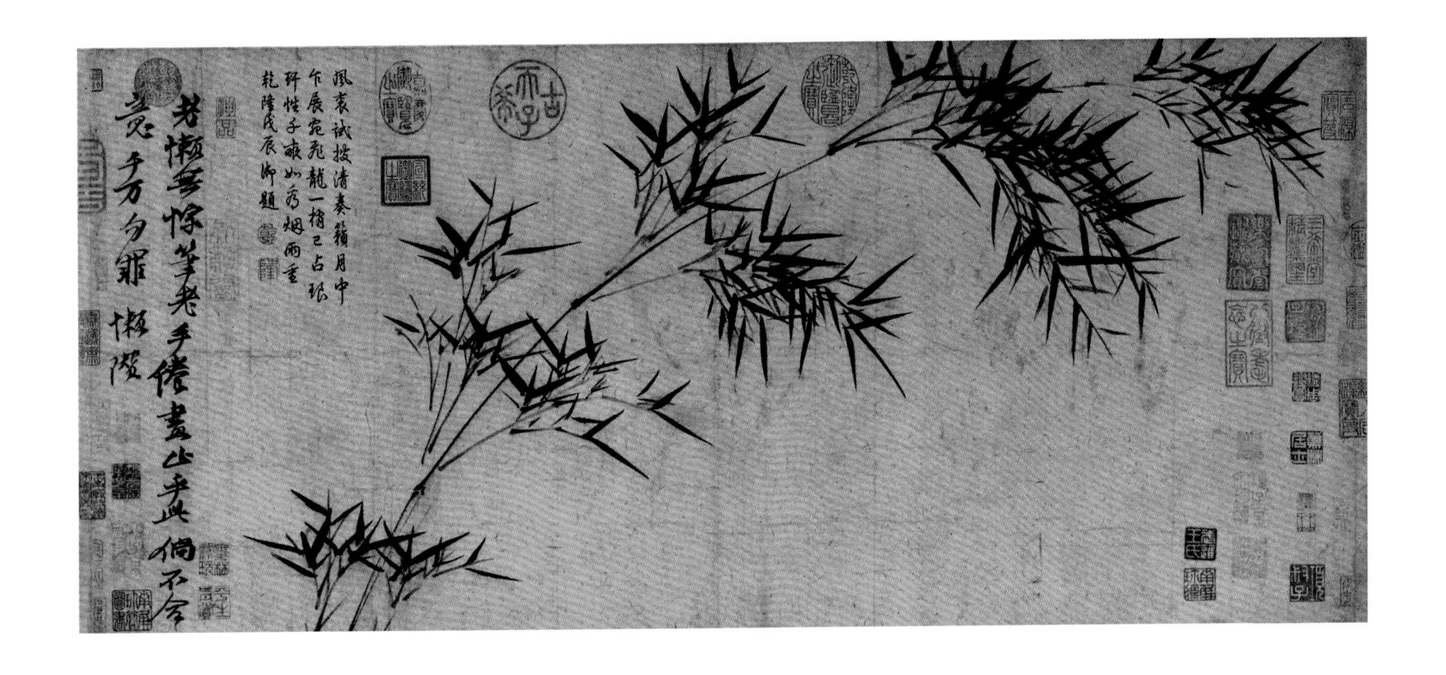

36

王蒙　夏山高隱圖軸
絹本　設色　縱149厘米　橫63.5厘米

Mountains and Hermitage in Summer
By Wang Meng (1308-1385)
Hanging scroll, Colour on silk
H. 149cm　L. 63.5cm

王蒙（1308－1385），字叔明，號黃鶴山樵。湖州（今屬浙江）人，趙孟頫外孫。曾為閑散小官，元末棄官歸隱。入明，任泰安知州，後坐案死於獄中。工詩文書法，善畫山水。

圖中繪重巒疊嶂間瀑布孤懸，山谷中溪流曲折，村舍人家與寺觀隱現於林木之間。意境靜謐清幽，筆墨濕潤淳厚，表現出南方夏季山水所特有的蒼鬱秀潤的韻致。構圖雖擁塞滿紙，但仍給人以山壑間空曠幽深之感。

本幅自題：“夏山高隱　至正二十五年（1365）四月十七日　黃鶴山人王蒙為彥明徵士畫於吳門之寓舍”。鈐印“叔明”（朱文），另一印不清。另鈐鑒藏印“慎郎收藏”（朱文）等共五方。

曾經《式古堂書畫彙考》、《大觀錄》、《江村銷夏錄》、《書畫鑒影》著錄。

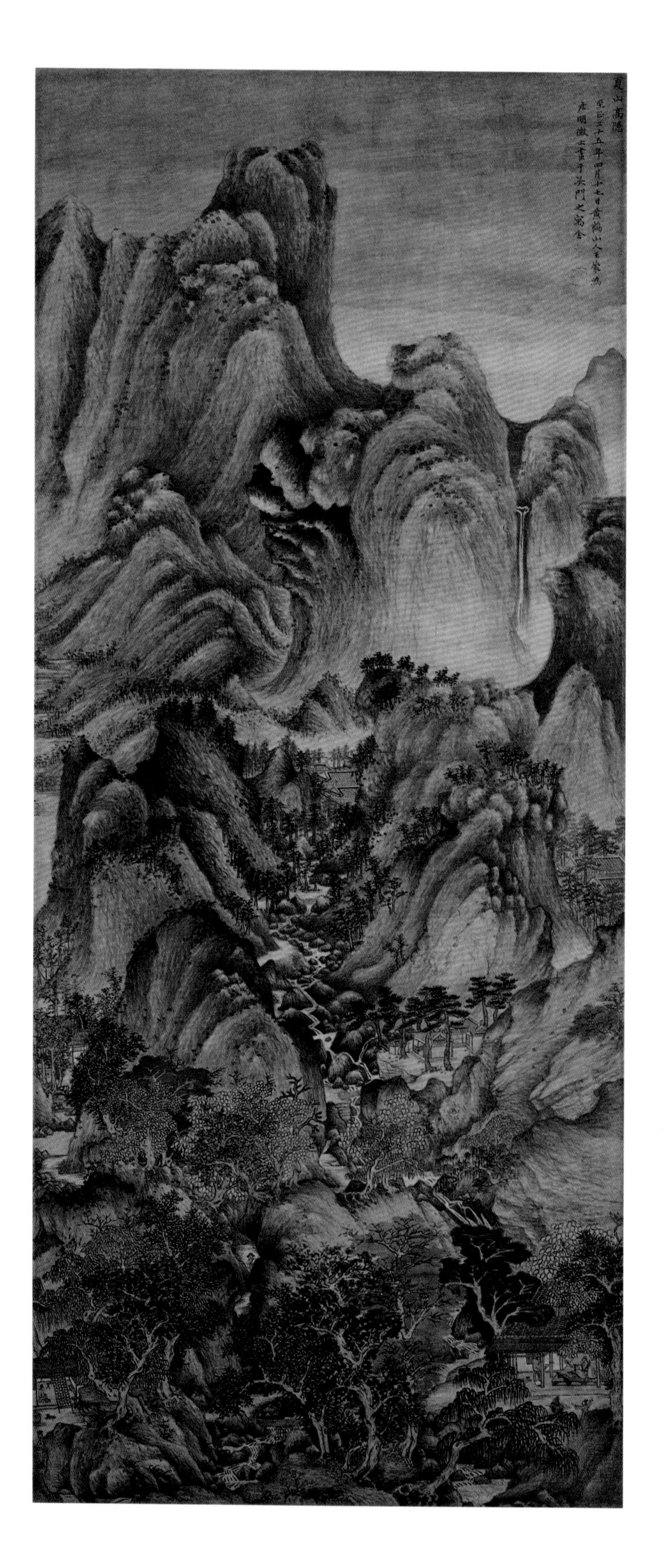

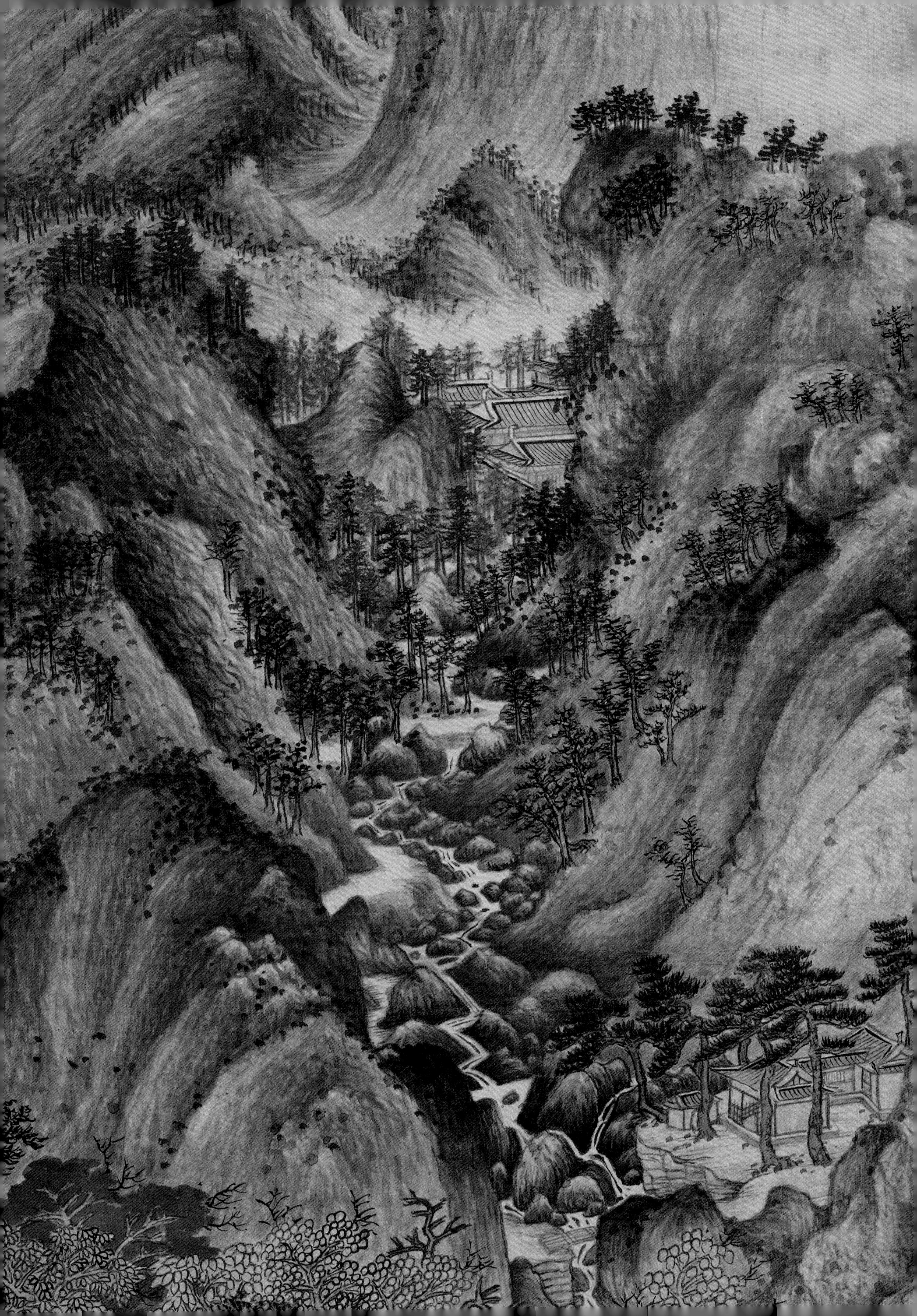

37

王蒙　溪山風雨圖冊

紙本　墨筆　各縱28.3厘米　橫40.5厘米

Mountains and Streams in Wind and Rain
By Wang Meng
Album of ten leaves, Ink on paper
Each leaf: H. 28.3cm　L. 40.5cm

圖冊共十開，是王蒙早年擬古之作。其中，有師法李成、郭熙、董源、巨然的，也有仿米氏雲山，可謂風格多樣。同時凝聚密實的自家畫風已略顯端倪。董其昌在《畫禪室隨筆》中說："王叔明……其畫皆摹唐宋高品，若董巨、李范、王維，各能似之。若於刻畫之工，元季當為第一。"

第十開本幅自題："吳興王蒙作溪山風雨圖"。十開本幅鈐鑒藏印有明代項元汴"子京"（朱文葫蘆）、"寄傲"（朱文橢圓）、"墨林子"（白文）、"蕉窗"（朱文橢圓）、"墨林秘玩"（朱文）、"退密"（朱文葫蘆）等。

各開裱邊均有清末方濬頤詩題並鈐印，另鈐有鑒藏印"義州李大翀石孫嗣藏"（白文）、"曾在方夢園家"（朱文）。

附頁有董其昌題跋："元四大家黃子久、吳仲圭、倪元鎮皆以董巨為師，有本家筆，未嘗旁出。惟王叔明取材甚多，其於前人各體無不肖似，此冊十幅是已。然本家面目自在，望而可知為真跡也。董其昌觀"。鈐印"知制誥日講官"（白文）、"董其昌印"（白文）。以及程建題跋並鈐印，齊學裘題跋並鈐印。

曾經《夢園書畫錄》著錄。

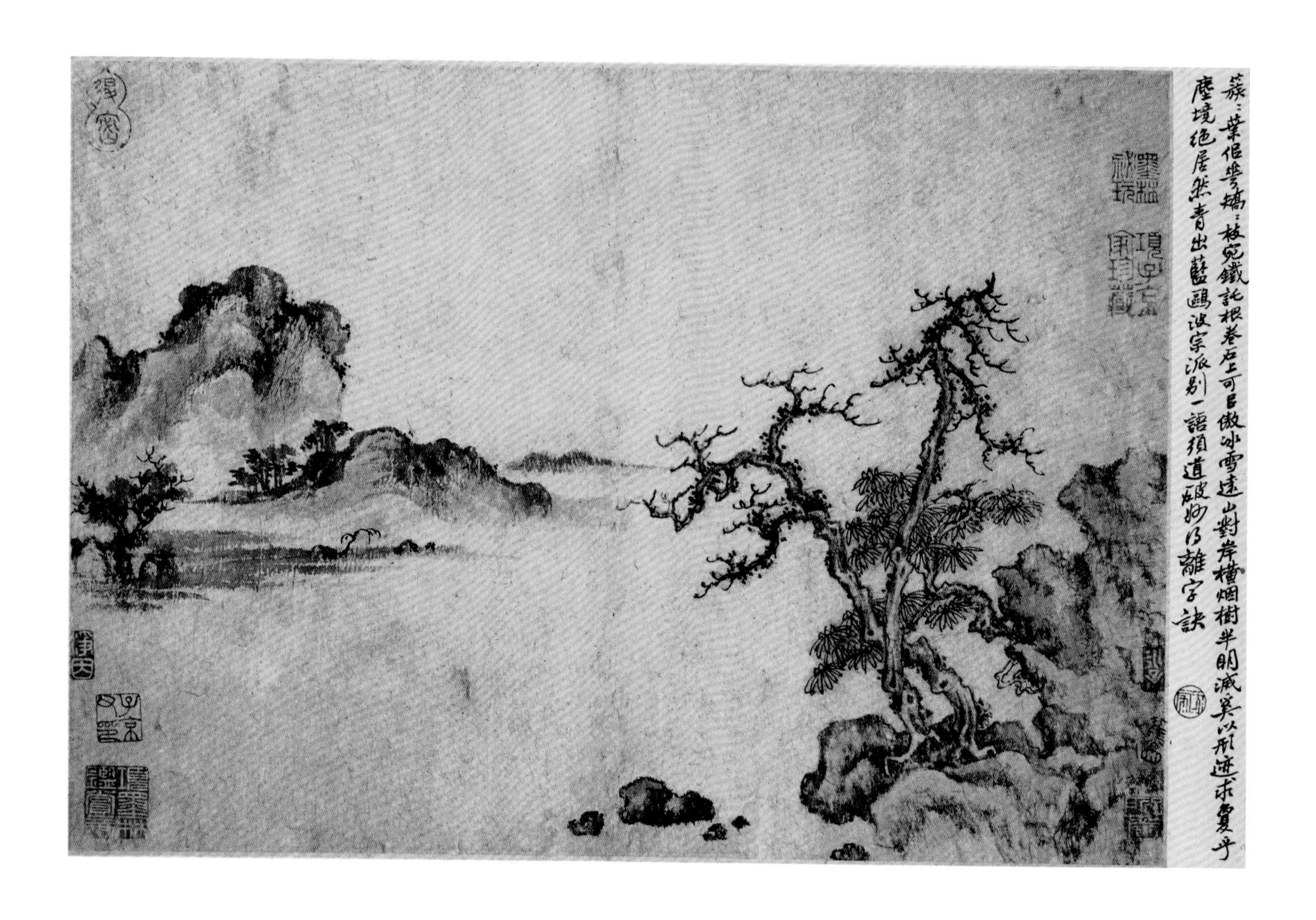

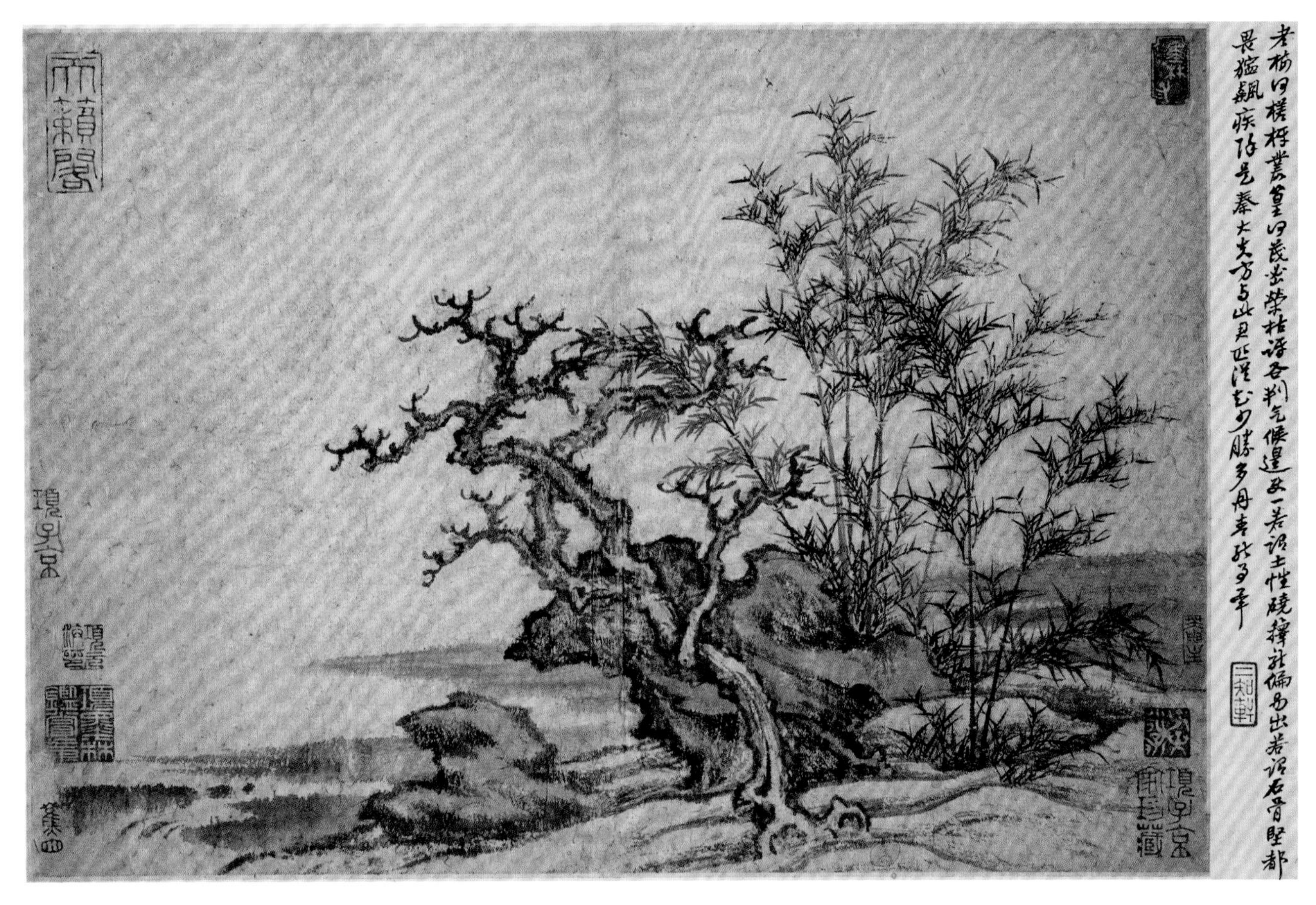

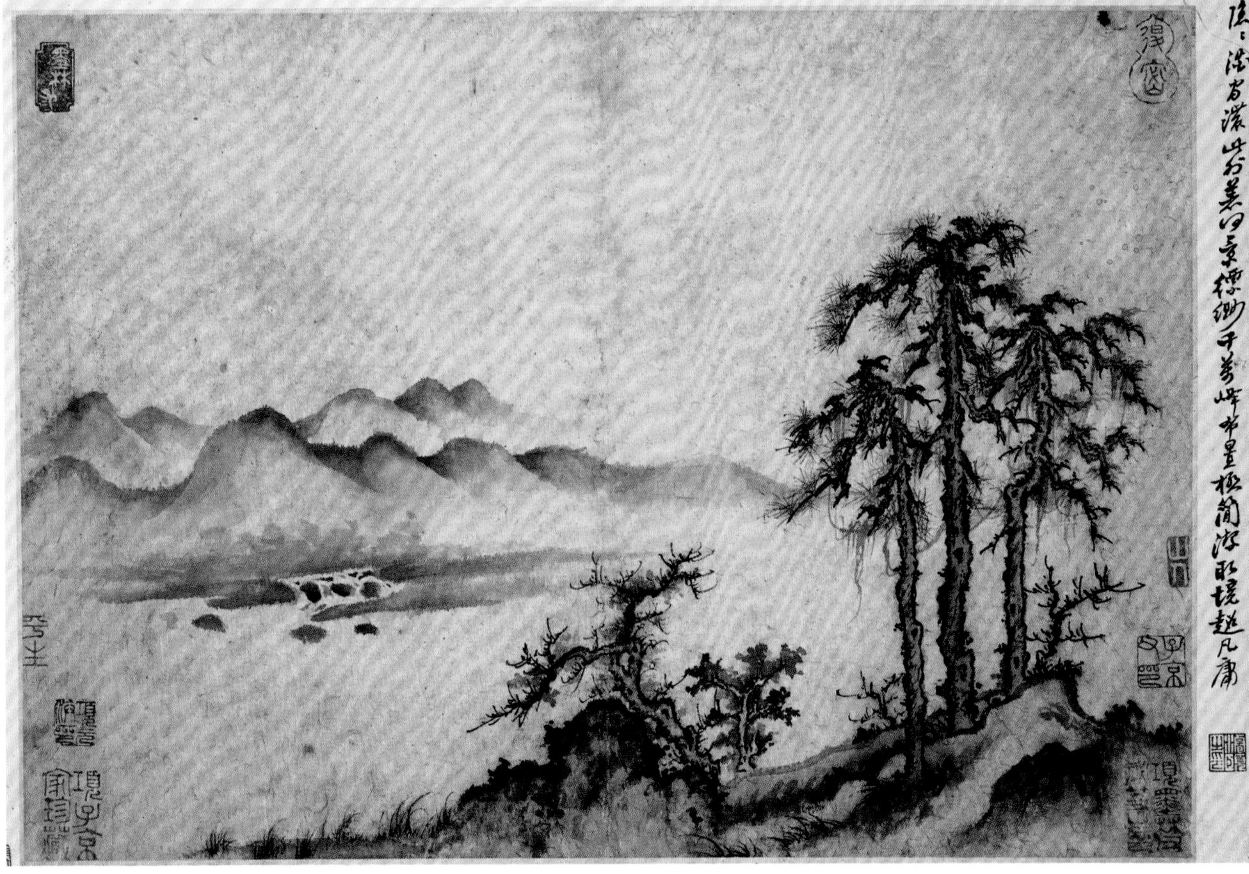

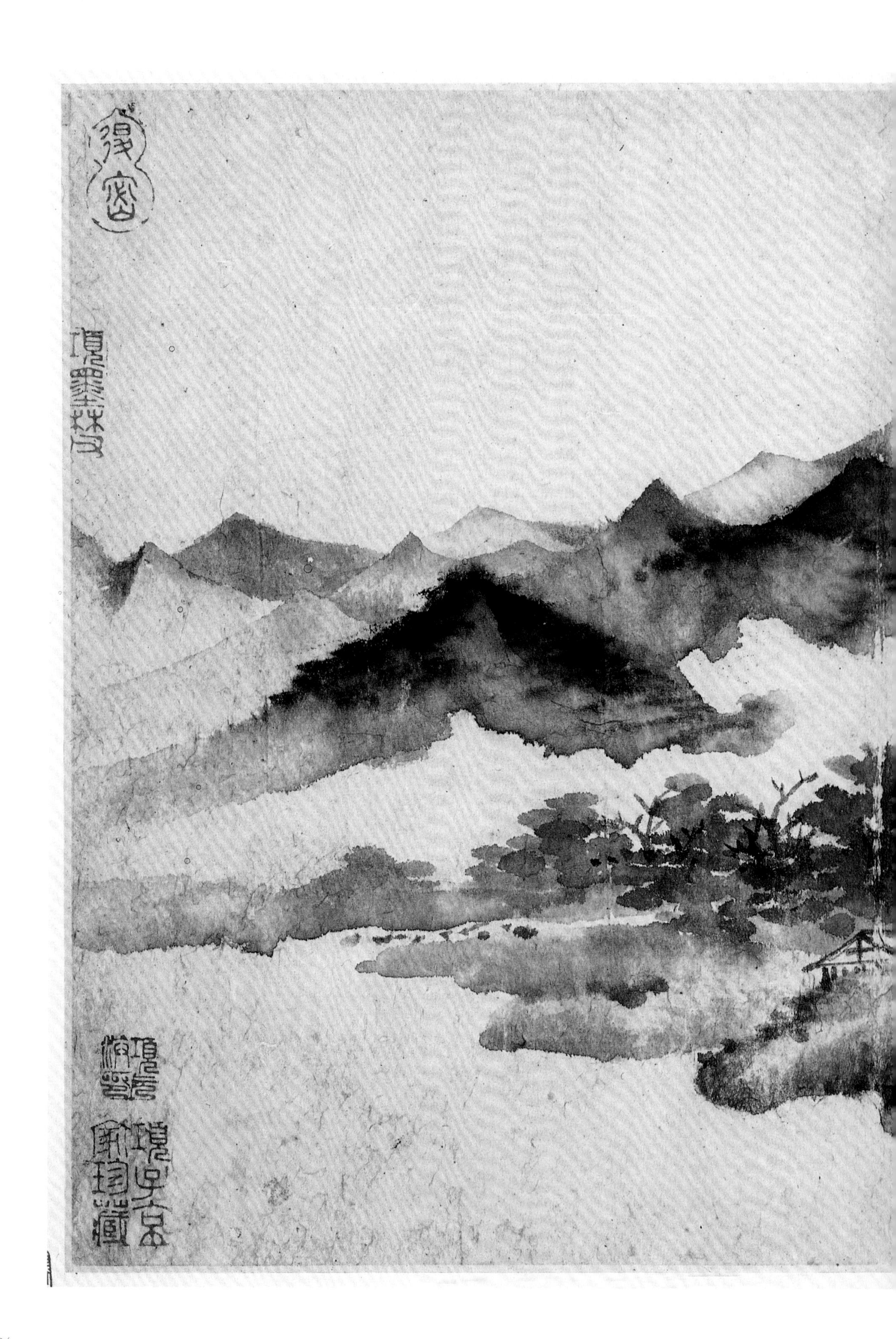

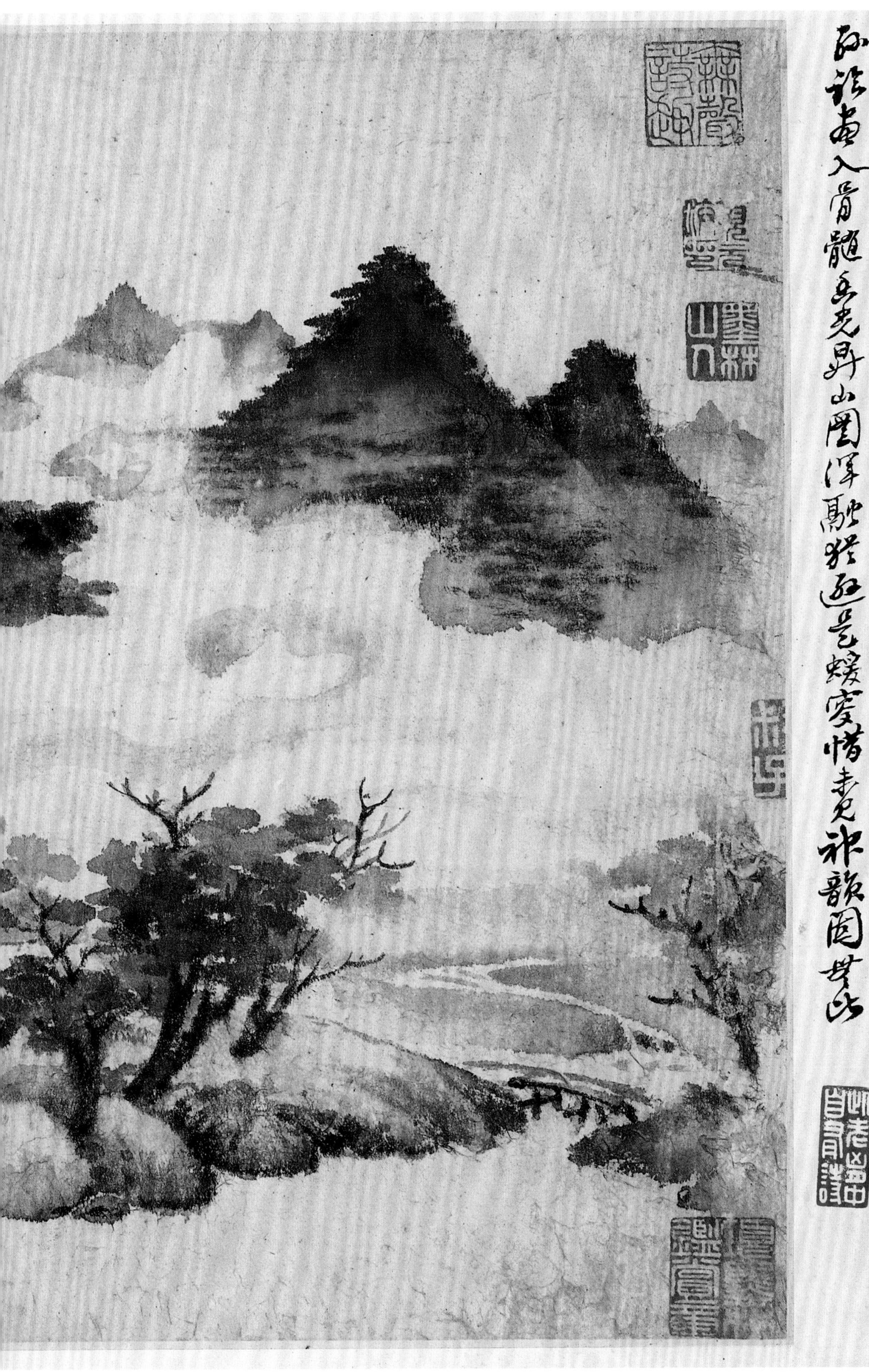

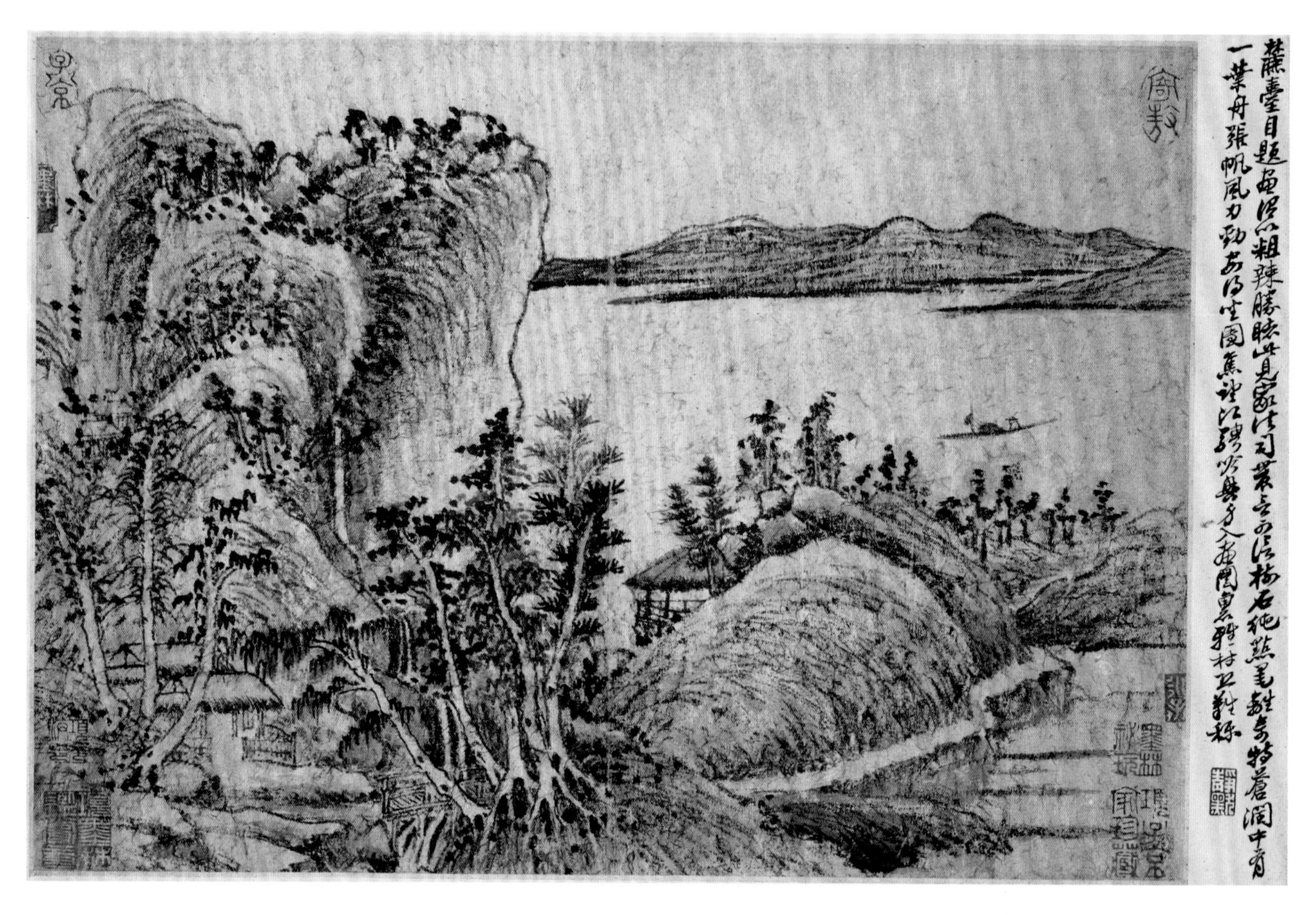

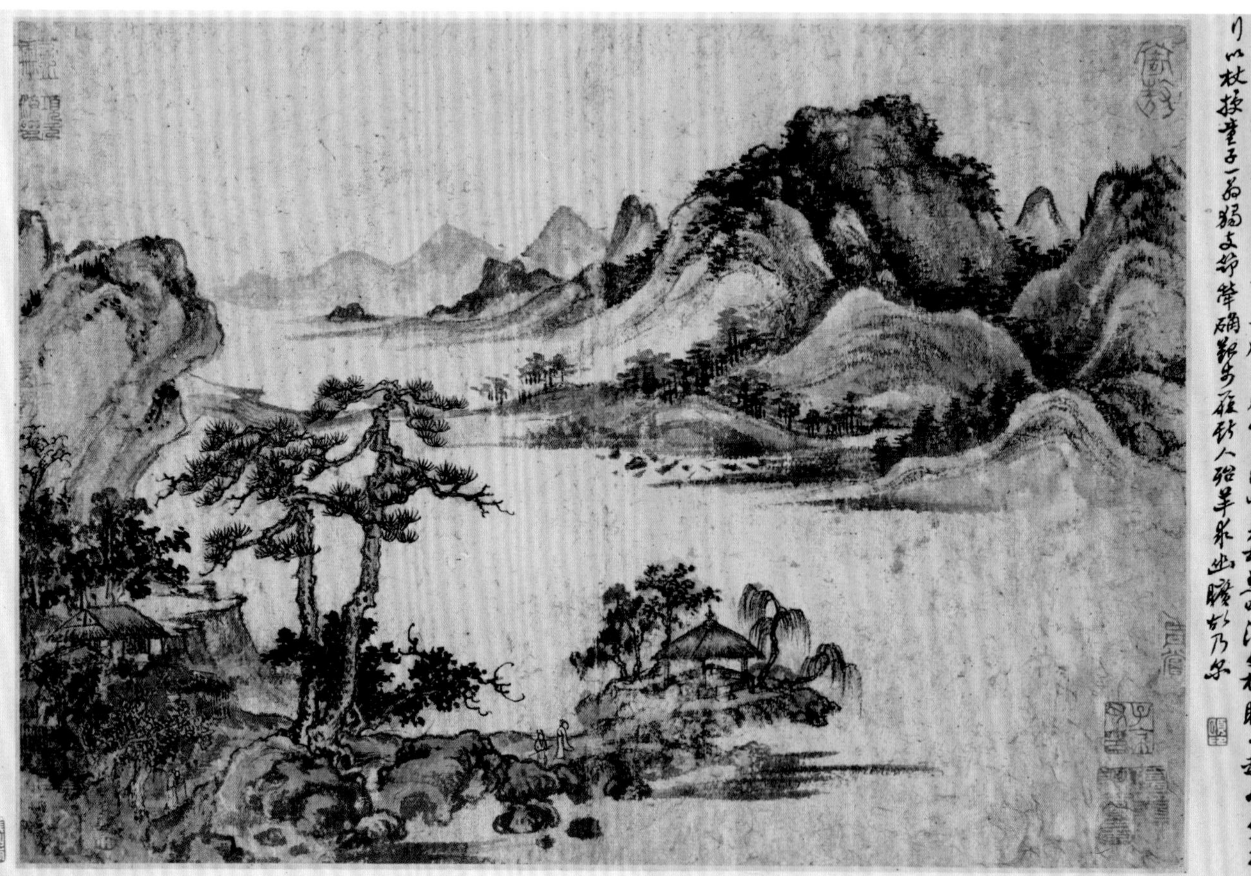

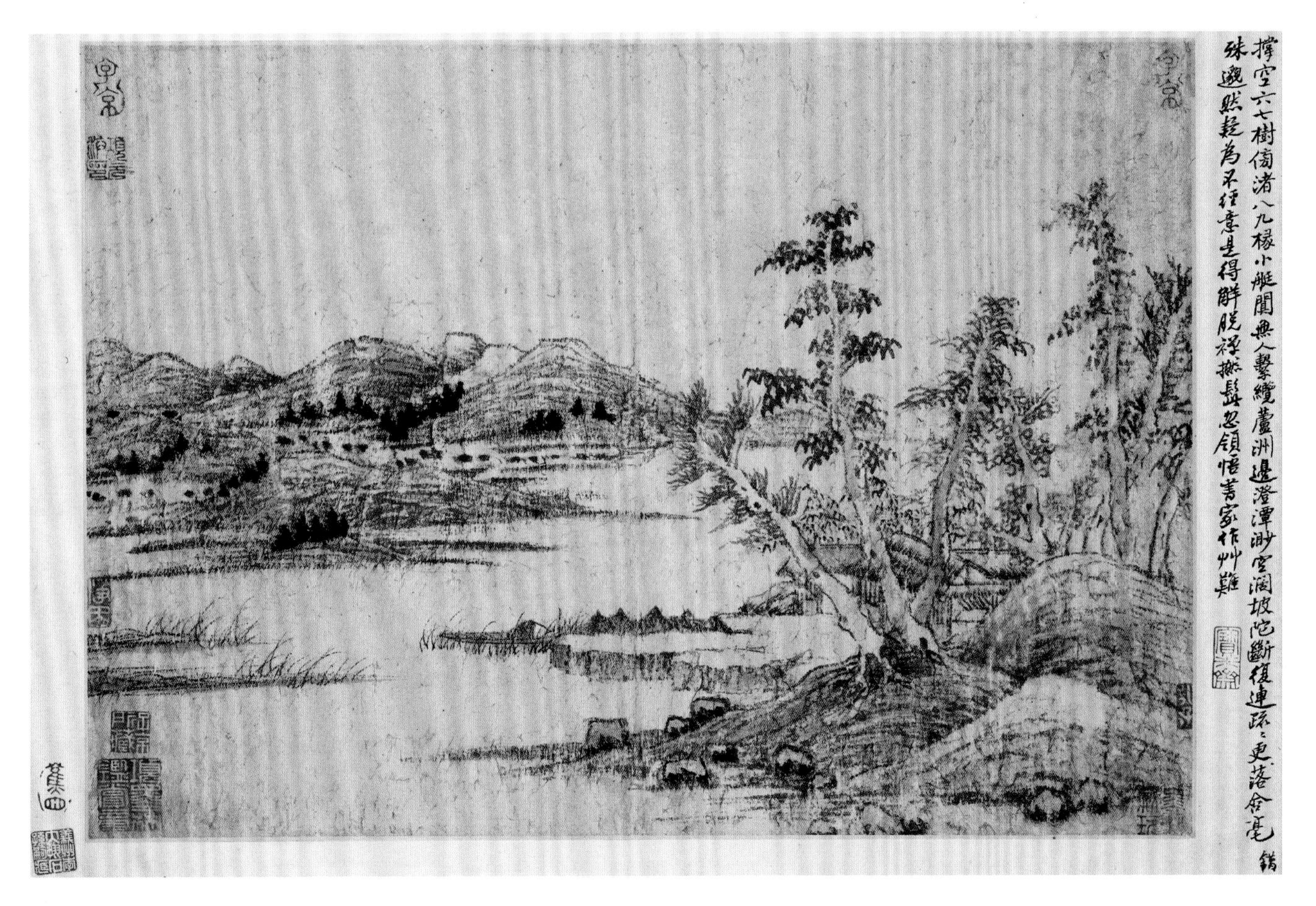
撐空六七樹倚渚八九椽小艇閒無人繫纜蘆洲邊澄潭渺空濶坡陀斷復連蹊蹊更落余毫錯
殊邈貽疑為不經意是得

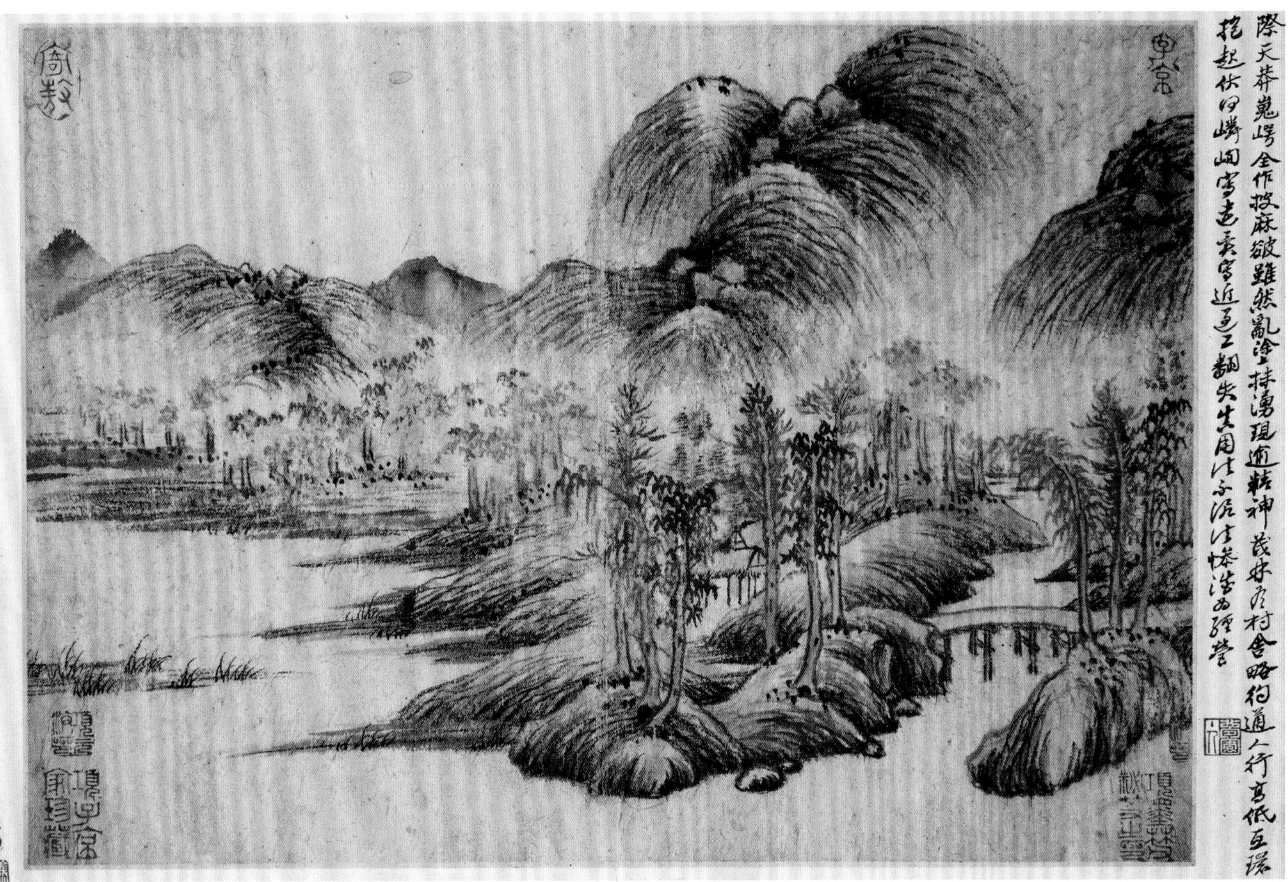
際天莽嵬崿全作披麻皴雖然亂塗抹蕩現逼精神茂林有村舍略彴通人行高低互環
抱起伏何嶙峋

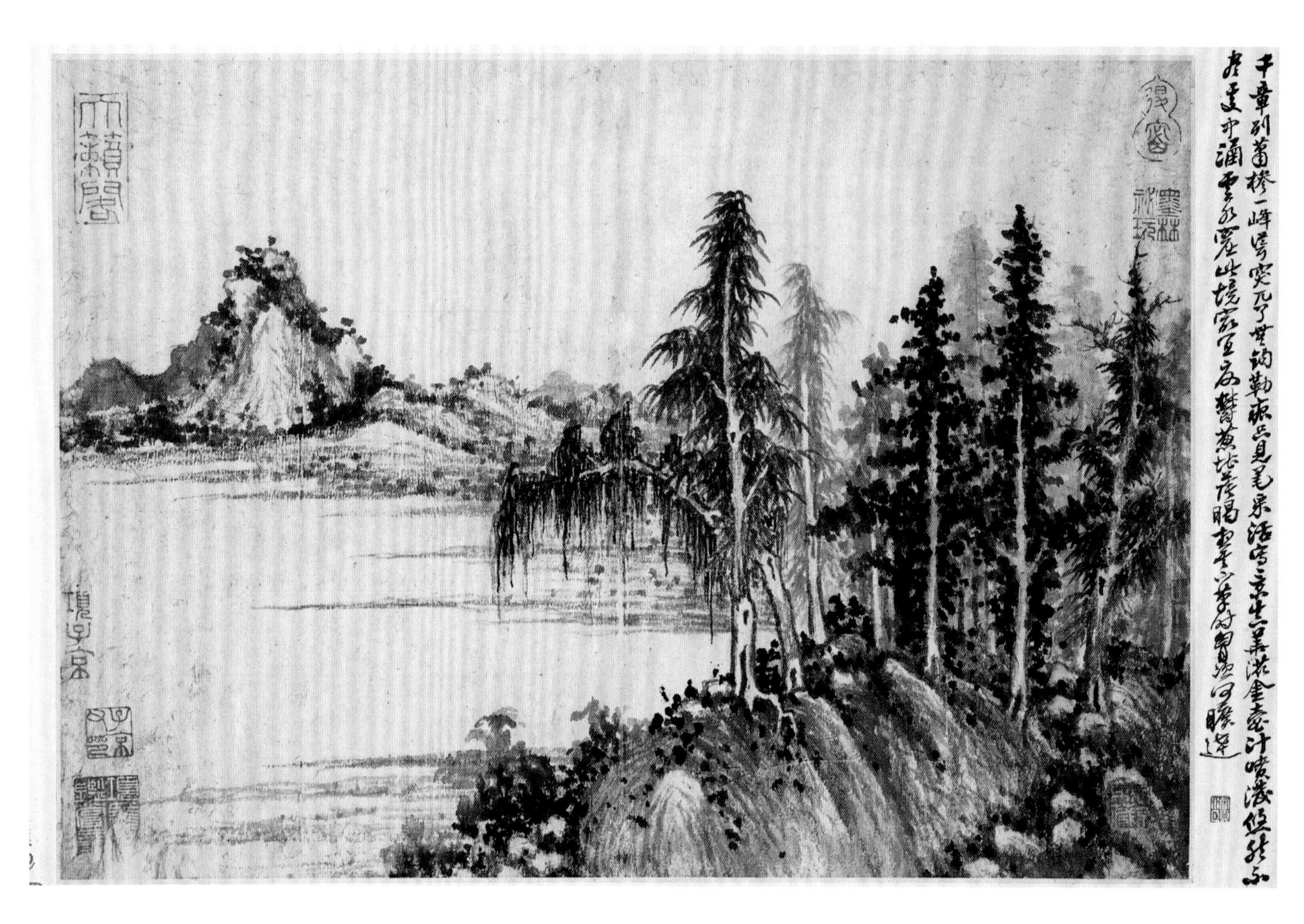

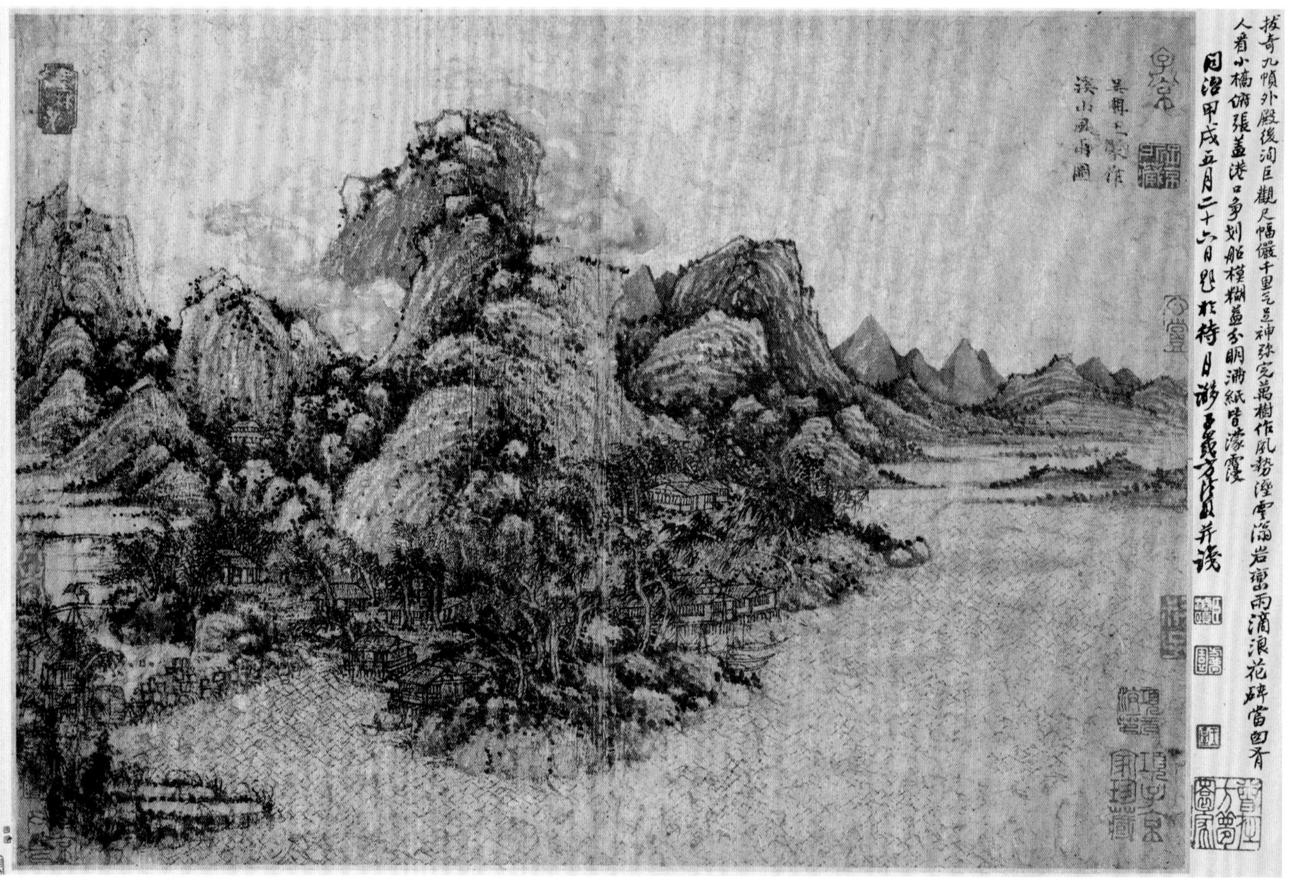

38

王蒙　夏日山居圖軸

紙本　墨筆　縱118.4厘米　橫36.5厘米
清宮舊藏

Living in the Mountains in Summer
By Wang Meng
Hanging scroll, Ink on paper
H. 118.4cm　L. 36.5cm
Qing Court collection

圖中繪夏日青山，長松高嶺，山塢人家。半露的房舍中一位懷抱嬰兒的婦女似正在來回踱步，哄兒入睡。在描寫高士隱居生活中，又蘊含着俗世的生活情趣，這可以説是畫家入世情結的一種流露。以細密而短促的牛毛皴畫山。松樹以淡墨勾形，偶施重墨，山間叢樹用焦墨側鋒點染而成，與山的皴染融為一體。

本幅自題："夏日山居　戊申（1368）二月　黃鶴山人王叔明為同玄高士畫於青村陶氏之嘉樹軒"。另有清乾隆御題詩並鈐印及清代安岐、乾隆內府等鑒藏印共十七方。

上詩塘有明代林瀚題詩並鈐印。另鈐龐萊臣鑒藏印一方。

裱邊鈐鑒藏印"虛齋審定"（白文）、"臣龐元濟恭藏"（朱文）。

曾經《石渠寶笈續編》、《大觀錄》、《圖畫精意識》、《墨緣彙觀》、《式古堂書畫彙考》著錄。

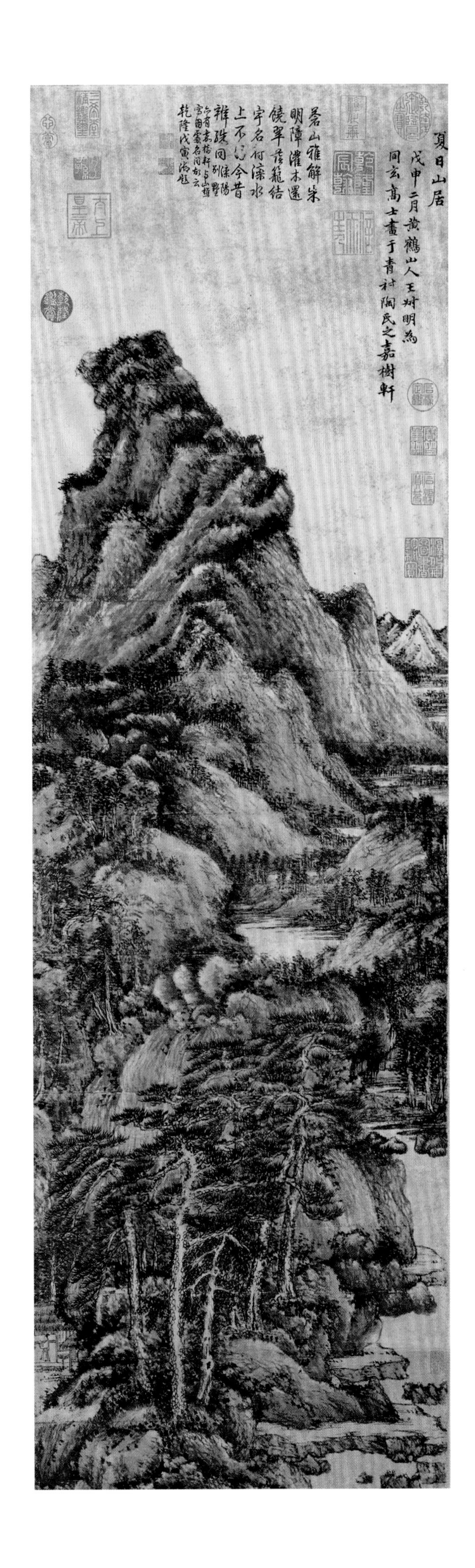

39

王蒙　葛稚川移居圖軸

紙本　設色　縱139厘米　橫58厘米

The Migration of Ge Zhichuan
By Wang Meng
Hanging scroll, Colour on paper
H. 139cm　L. 58cm

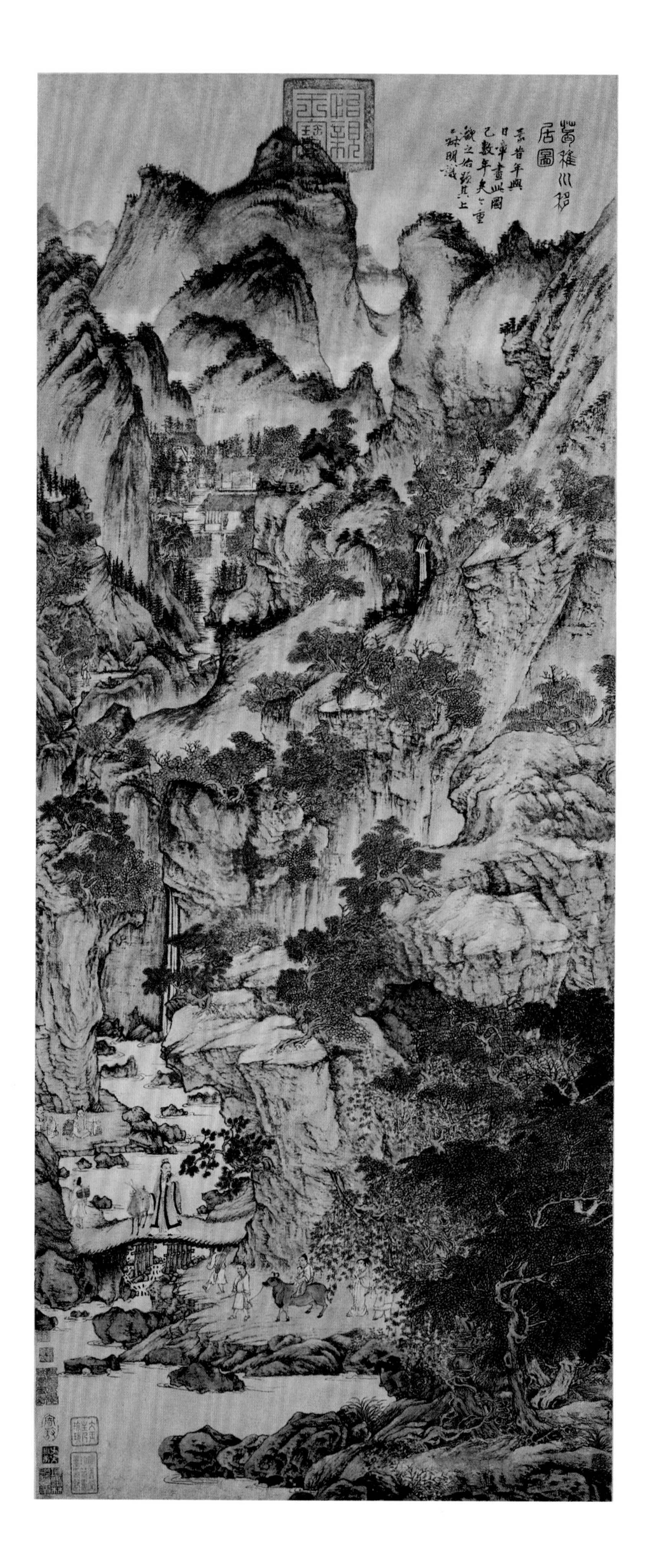

圖中描繪晉代道士葛洪攜家移居羅浮山的情景。重山複嶺，飛瀑流泉，丹柯碧樹，溪橋草舍，一派秋山景色。人物神態安詳，前後呼應。筆墨精麗蒼秀，樹葉用雙鈎填色，設色古雅。山石用水墨略加藤黃，不施苔點，墨色清淡，富有層次。此圖反映了元末亂世之秋棄官避世的現象。

本幅自題：“葛稚川移居圖　蒙昔年與日章畫此圖，已數年矣。今重觀之，始題其上。王叔明識”。另鈐有項元汴、清怡親王等鑒藏印共十四方、項元汴“聖”字編號、簽花押一。

裱邊鈐清孫煜峯、龐萊臣等鑒藏印四方。

曾經《汪氏珊瑚網》、《郁氏書畫題跋記》、《佩文齋書畫譜》、《式古堂書畫彙考》、《墨緣彙觀》、《虛齋名畫續錄》著錄。

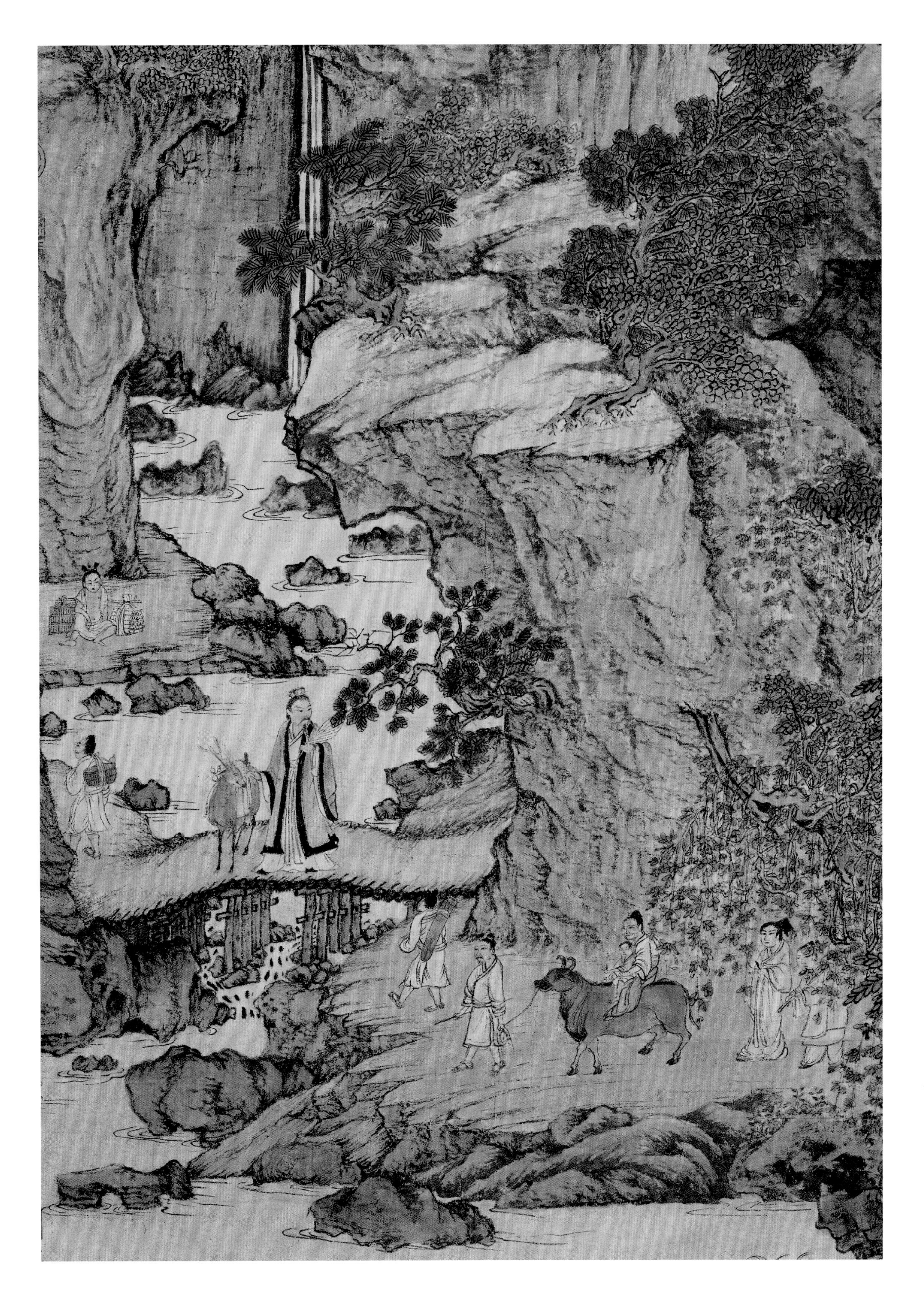

40

王蒙　西郊草堂圖軸

紙本　設色　縱97厘米　橫27.2厘米

Thatched Cottage in the Western Suburbs
By Wang Meng
Hanging scroll, Colour on paper
H. 97cm　L. 27.2cm

圖中繪秋天平遠景色。近岸草堂、竹籬掩映於樹叢之中，岸邊繫舟，主人與妻子在屋中各行其事。院後湖面空闊，水波不興，僅露一段岸角叢樹，遠山一帶，漸遠漸淡，沒入天際。構圖、用筆均較簡潔，表現出了江南水鄉秋季明淨寥落的景色特徵。

本幅款識“黃鶴山人王蒙叔明為□初寫西郊草堂圖”。鈐“黃鶴山人”（白文）。另有梁清標、近人陳仁濤、張大千等鑒藏印四方。

裱邊鈐梁清標、張大千等鑒藏印共十方。

曾經《吳氏書畫記》著錄。

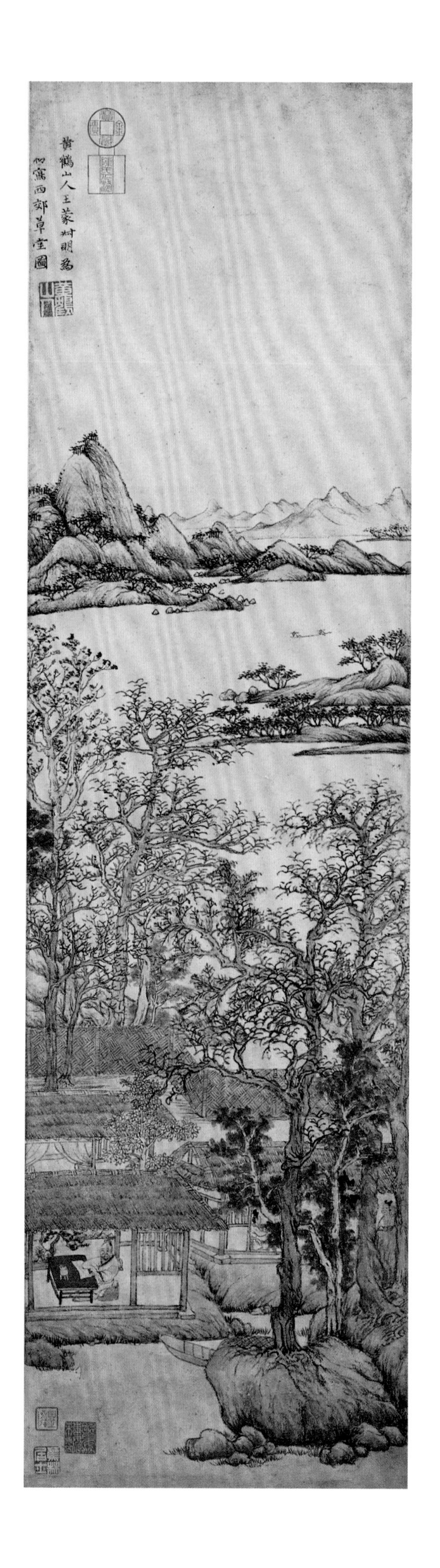

41

馬琬　雪岡度關圖軸
絹本　墨筆　縱125.4厘米　橫52.7厘米

Going through the Path in Snowy Mountains
By Ma Wan (dates unknown)
Hanging scroll, Ink on silk
H.125.4cm　L. 52.7cm

馬琬，字文璧，號魯純生，秦淮（今江蘇南京）人。居松江（今上海）。明初官至撫州知府。工詩文書法，善畫山水，時稱“三絕”。

圖中繪雪峯聳峙，山泉飛瀑，在盤盤曲曲的山道上，行旅正向關城走去。此圖是臨仿“元四家”之首黃公望的山水畫風，其中樹畫法，意境蕭索，一派元人氣象。

本幅自題：“雪岡度關　文璧為彥明作。”鈐印“馬琬章”（朱文）、“文璧”（白文）。

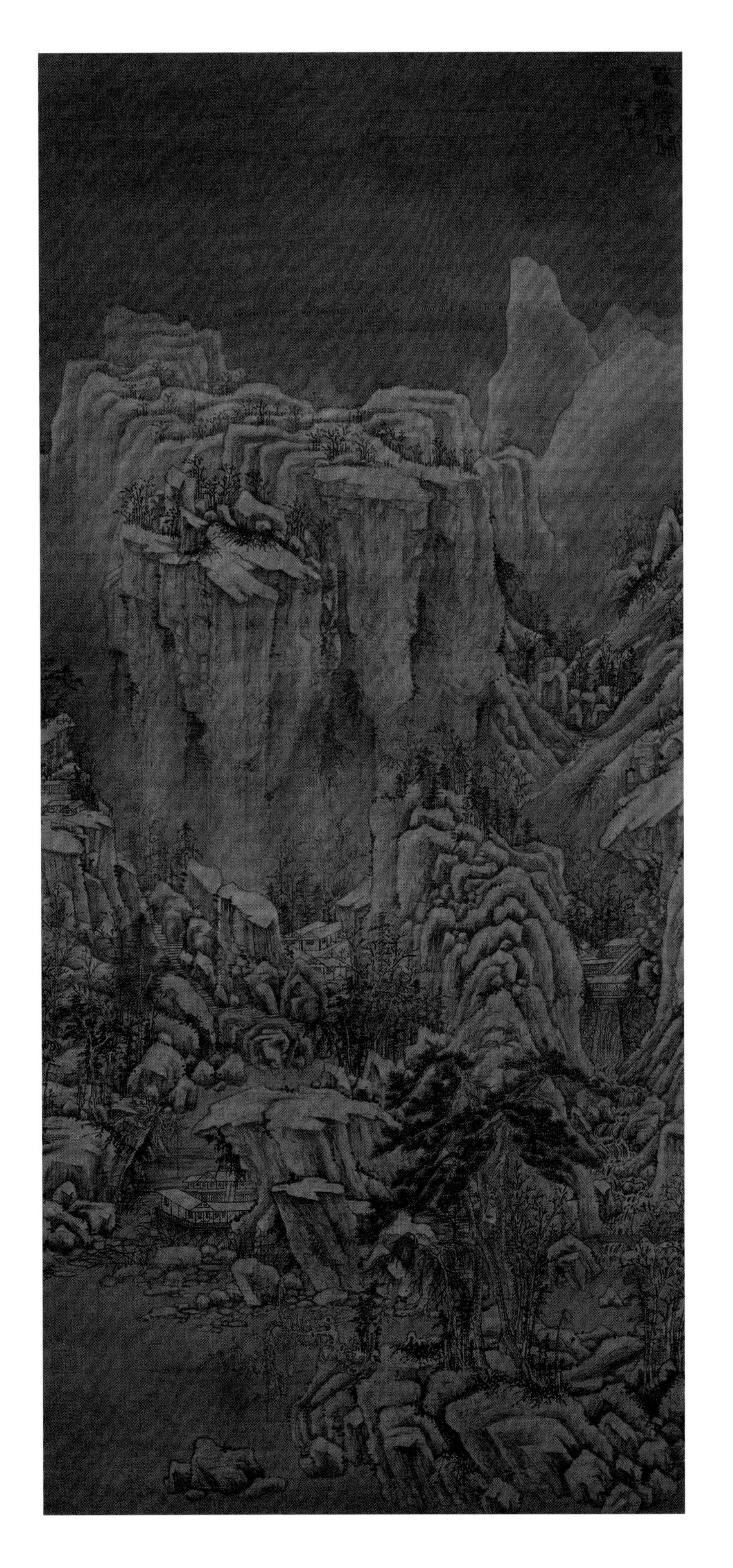

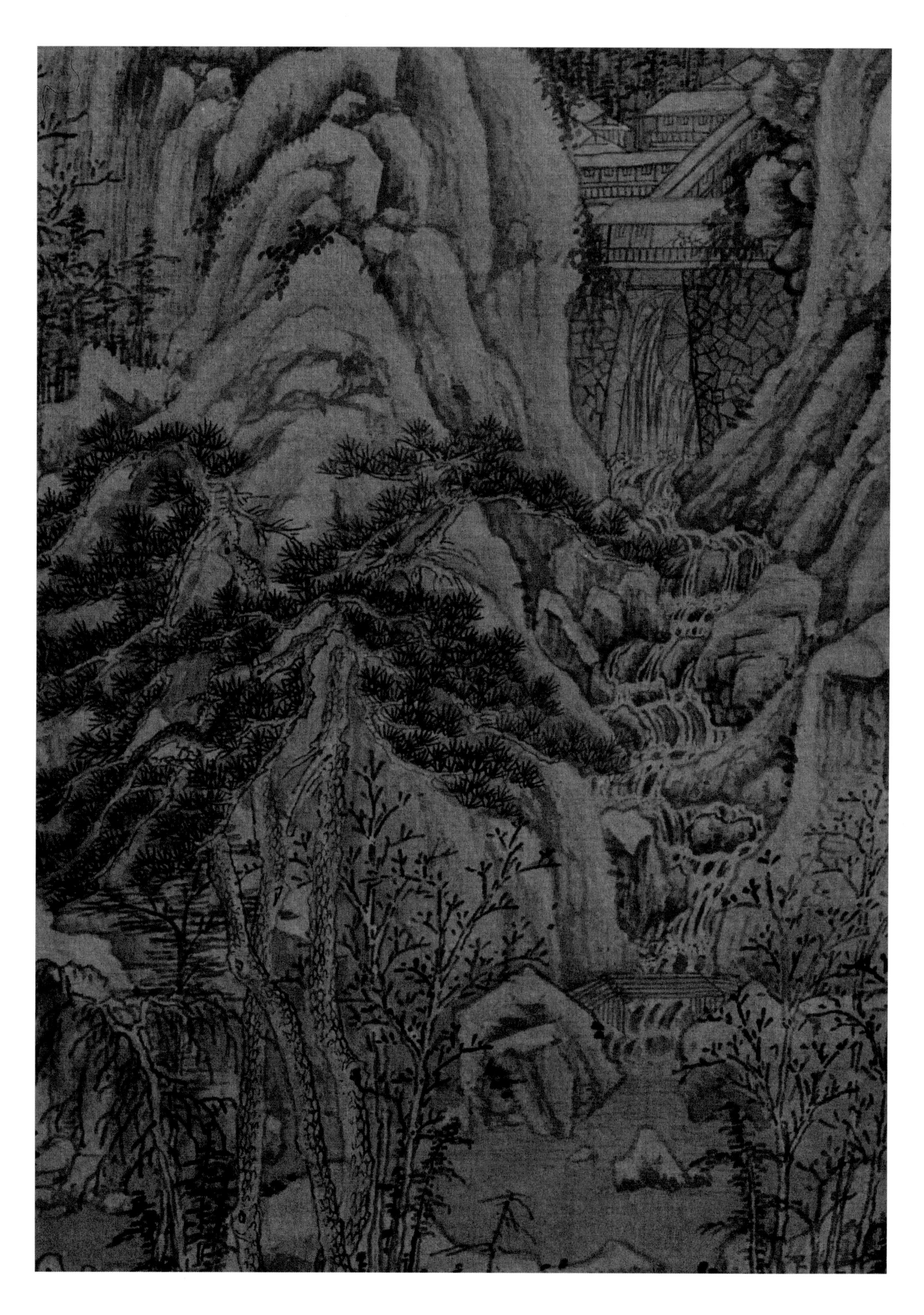

42

趙元　樹石圖頁
絹本　設色　縱25厘米　橫19.7厘米

Trees and Rocks
By Zhao Yuan (dates unknown)
Leaf, Colour on silk
H. 25cm　L. 19.7cm

趙元，字善長，號丹林，山東莒城人。寓居蘇州。與顧瑛、倪瓚、王蒙友善，常以詩畫相唱酬。擅畫山水，尤工墨竹，為時人所重。入明後，被徵召至朝廷作畫，受命繪《歷代功臣圖像》，因應對不稱旨而遭殺害。

紈扇裝裱。圖中繪江邊坡石，生有松、柳、楊、槐四樹，遠山起伏。山石用偏鋒勾出輪廓，再以淡墨加彩皴染，樹幹則用雙勾填色法，疤節處多以淡墨點之，樹葉則勾勒、點染兼用，劃落有致。筆墨流暢疏秀，風格雅逸。

本幅鈐印“趙元私印”（朱文）、“善長”（白文）。

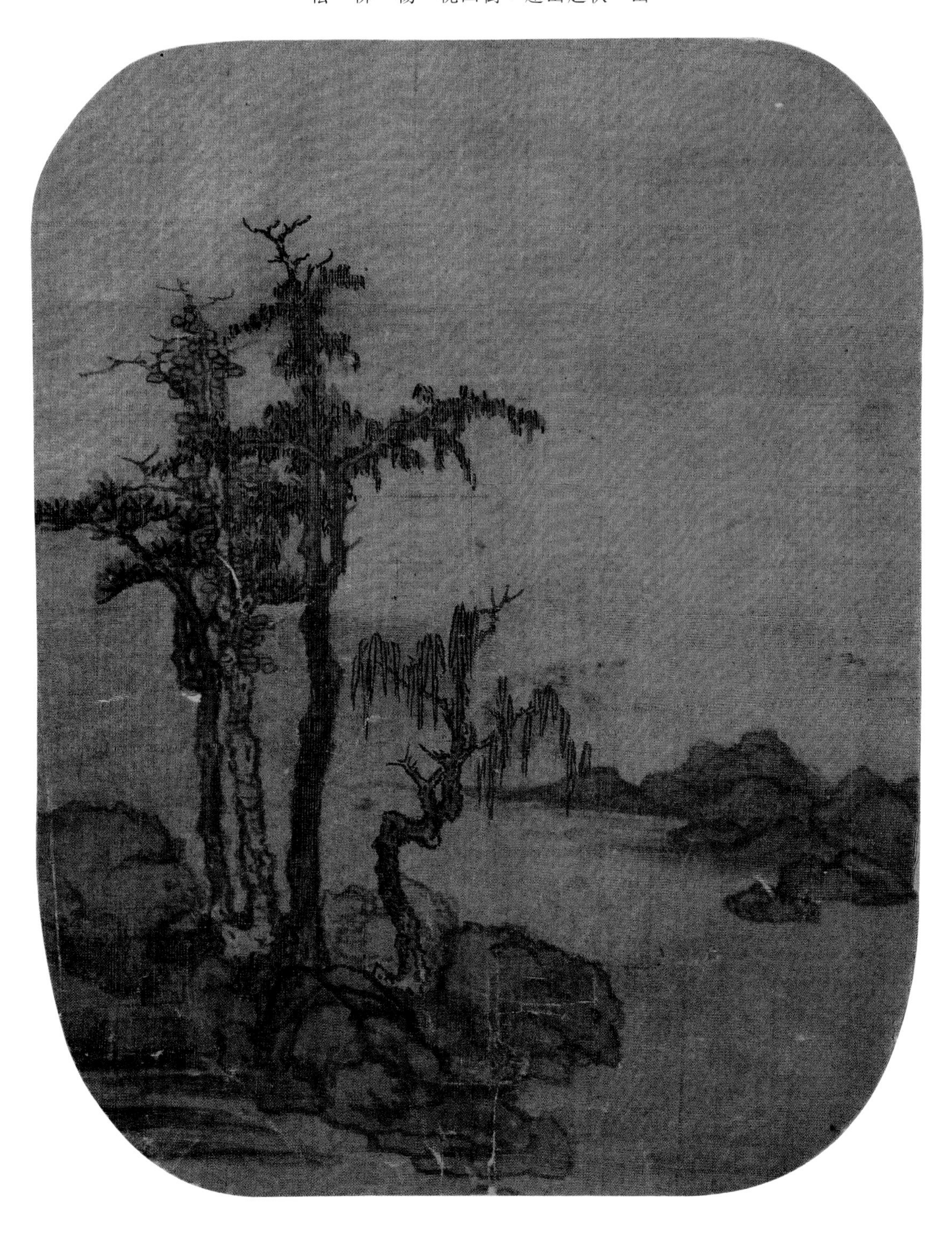

43

沈鉉　平林遠山圖卷

紙本　墨筆　縱30厘米　橫40.9厘米
清宮舊藏

Trees and Distant Mountains

By Shen Xuan (dates unknown)
Handscroll, Ink on paper
H. 30cm　L. 40.9cm
Qing Court collection

沈鉉，畫史無載。

《元人集繪卷》之二。

圖中繪雜樹坡岸，山溪板橋。用筆簡遠疏淡，山巒以粗線勾出輪廓，用淡墨稍染，樹幹則用雙勾填色法，樹葉以濃墨點寫而成，濃淡相間。

本幅鈐“沈鉉私印”（白文）。另有趙衷題詩：“沈鉉平生學大痴，詭毫怪墨寫幽奇。何以紙上求形似，到處雲山是我師。原初”。鈐印“趙衷”（白文）。

曾經《石渠寶笈續編》、《式古堂書畫彙考》著錄。

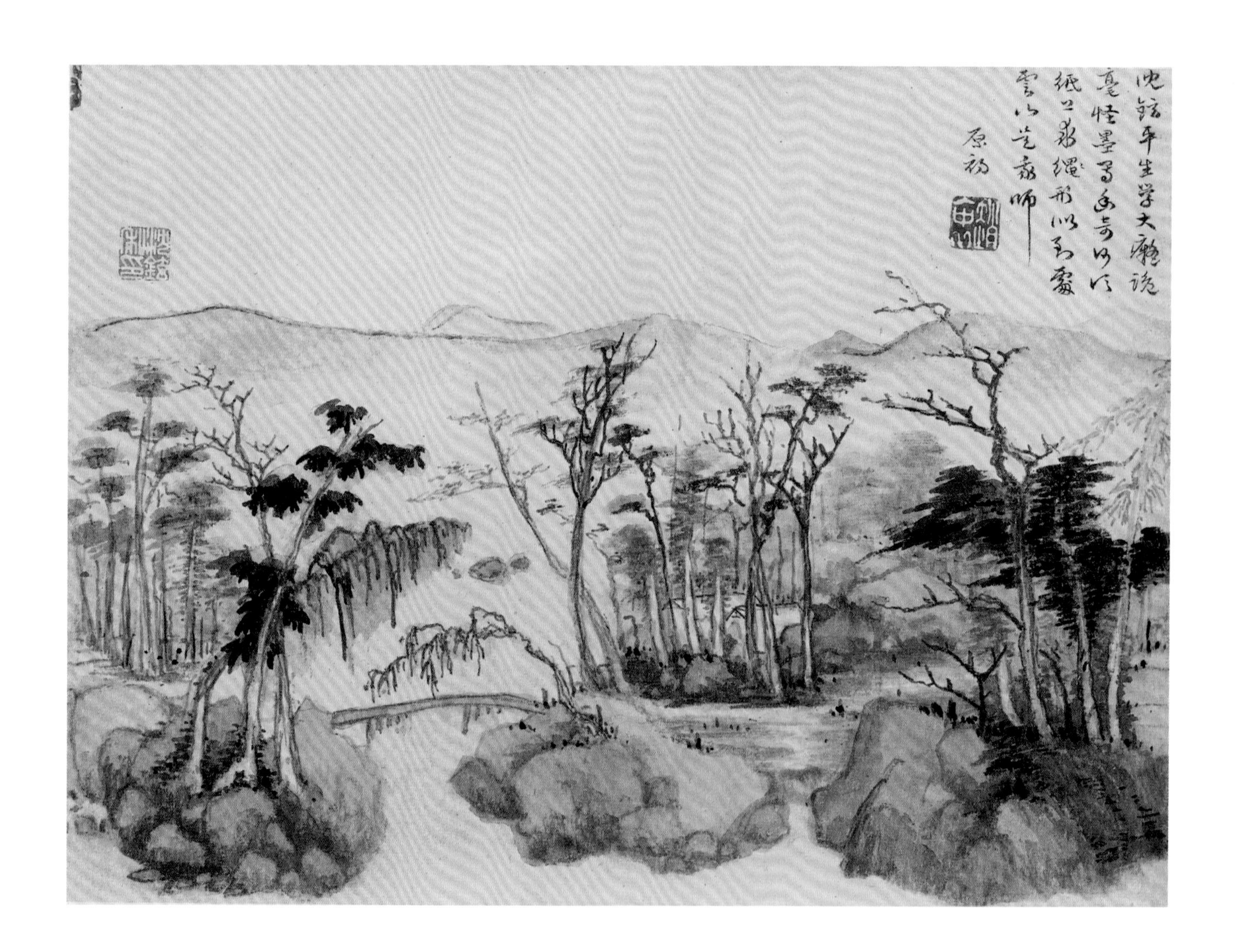

44

劉堪　疏林遠山圖卷

紙本　墨筆　縱28.9厘米　橫38厘米
清宮舊藏

Sparse Trees and Distant Mountains
By Liu Kan (dates unknown)
Handscroll, Ink on paper
H. 28.9cm　L. 38cm
Qing Court collection

劉堪，字子興，浙江嘉善人。隱居讀書，工文辭，尤擅古隸。

《元人集繪卷》之三。

圖中繪江南小景，疏林茅舍，湖光遠岫，意境蕭散簡逸。隱逸在當時是一種風尚，作者通過對文人高雅清幽的隱居環境的描寫，來反映他們追求高逸的理想及情操。劉堪流傳至今的作品極少。

本幅自題："山橫大野嵐光遠，樹入寒雲雨意酣。憶在朱方步江郭，朗吟招隱望淮南。子興為原初寫。"鈐印"劉子興"(白文)。原初是畫家趙衷的字。

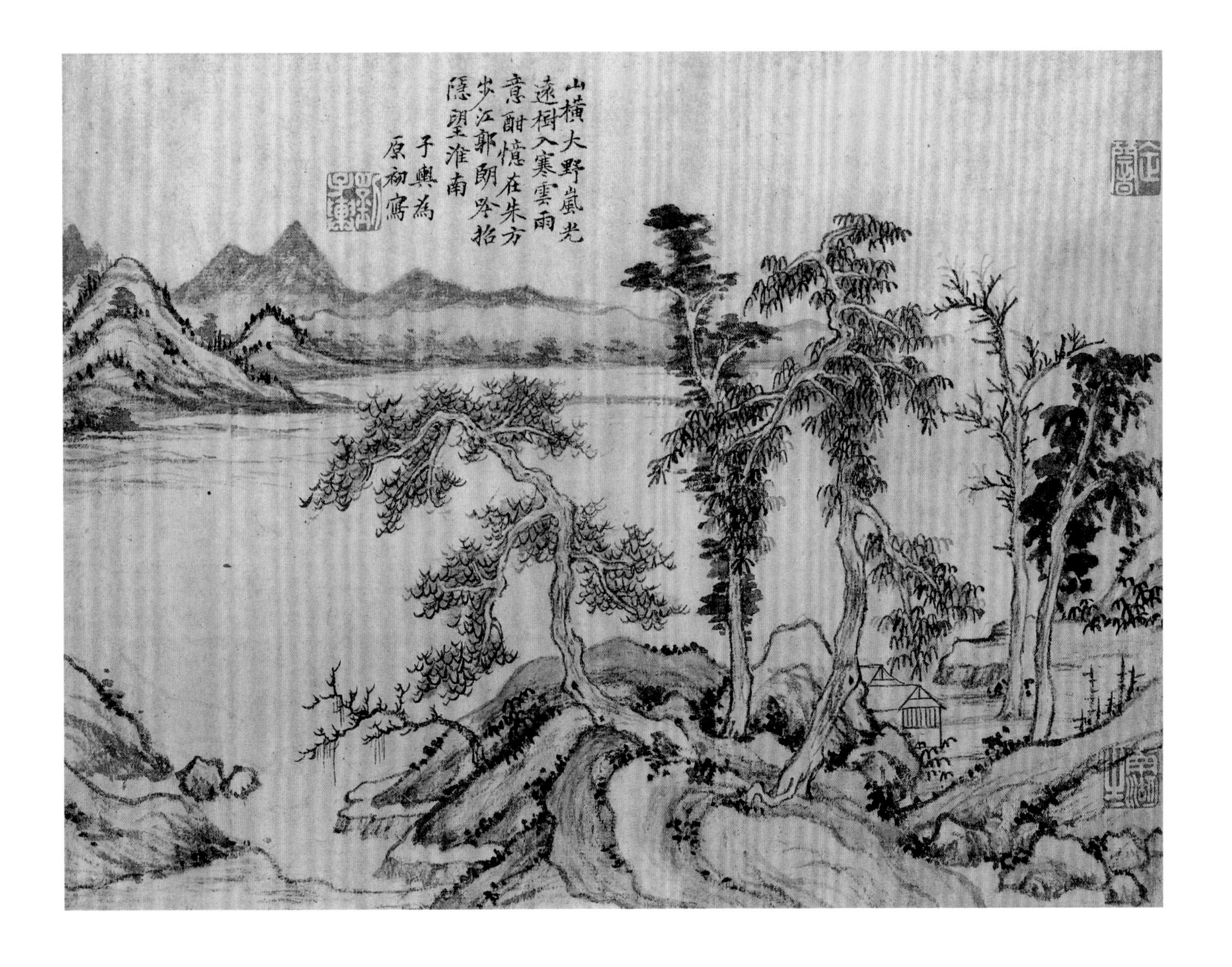

45

吳瓘　古木竹石圖卷
紙本　墨筆　縱30厘米　橫58.3厘米
清宮舊藏

Withered Trees, Bamboos and Rocks
By Wu Guan (dates unknown)
Handscroll, Ink on paper
H. 30cm　L. 58.3cm
Qing Court collection

吳瓘，字瑩之，號竹莊老人，浙江嘉興人。“元四家”之一吳鎮之侄。曾承父蔭為晉陵縣尉，不久隱退而不復任。他多藏書畫，亦擅畫。

《元人集繪卷》之六。

圖中繪湖石和數竿秀竹，清新可愛。構圖勻稱，筆墨清潤，以濃淡水墨畫枯木、秀竹，用灑脱之筆勾染湖石，兩相映襯，清秀雅致。竹石法度嚴謹，功力精湛。元代文人藉竹之勁節清逸，來寓意孤傲堅貞的人格。

本幅鈐鑒藏印“海翁”（白文）。

曾經《石渠寶笈續編》、《式古堂書畫彙考》著錄。

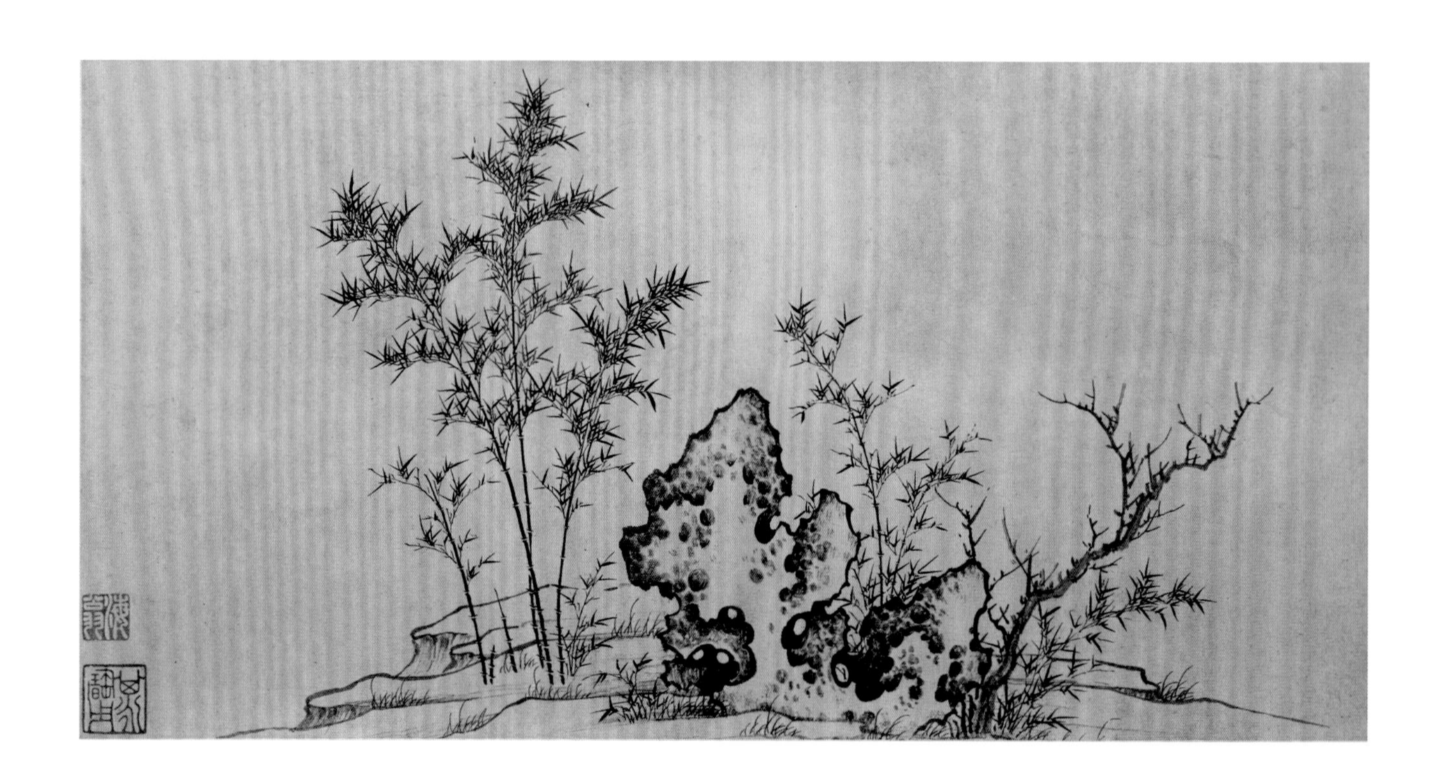

46

吳瓘　江山雪霽圖卷
紙本　墨筆　縱30厘米　橫52.9厘米
清宮舊藏

River and Mountain on a Clear Day after Snow
By Wu Guan
Handscroll, Ink on paper
H. 30cm　L. 52.9cm
Qing Court collection

《元人集繪卷》之七。

圖中繪寒冬時節，白雪皚皚，江山披上銀裝，雙松挺秀，江上漁者搖動歸棹。宗法宋、元諸家筆意而有創新，筆墨清秀灑脱。

本幅自題："江山雪霽"。據卷後紙趙衷題跋，知畫者為吳瓘。

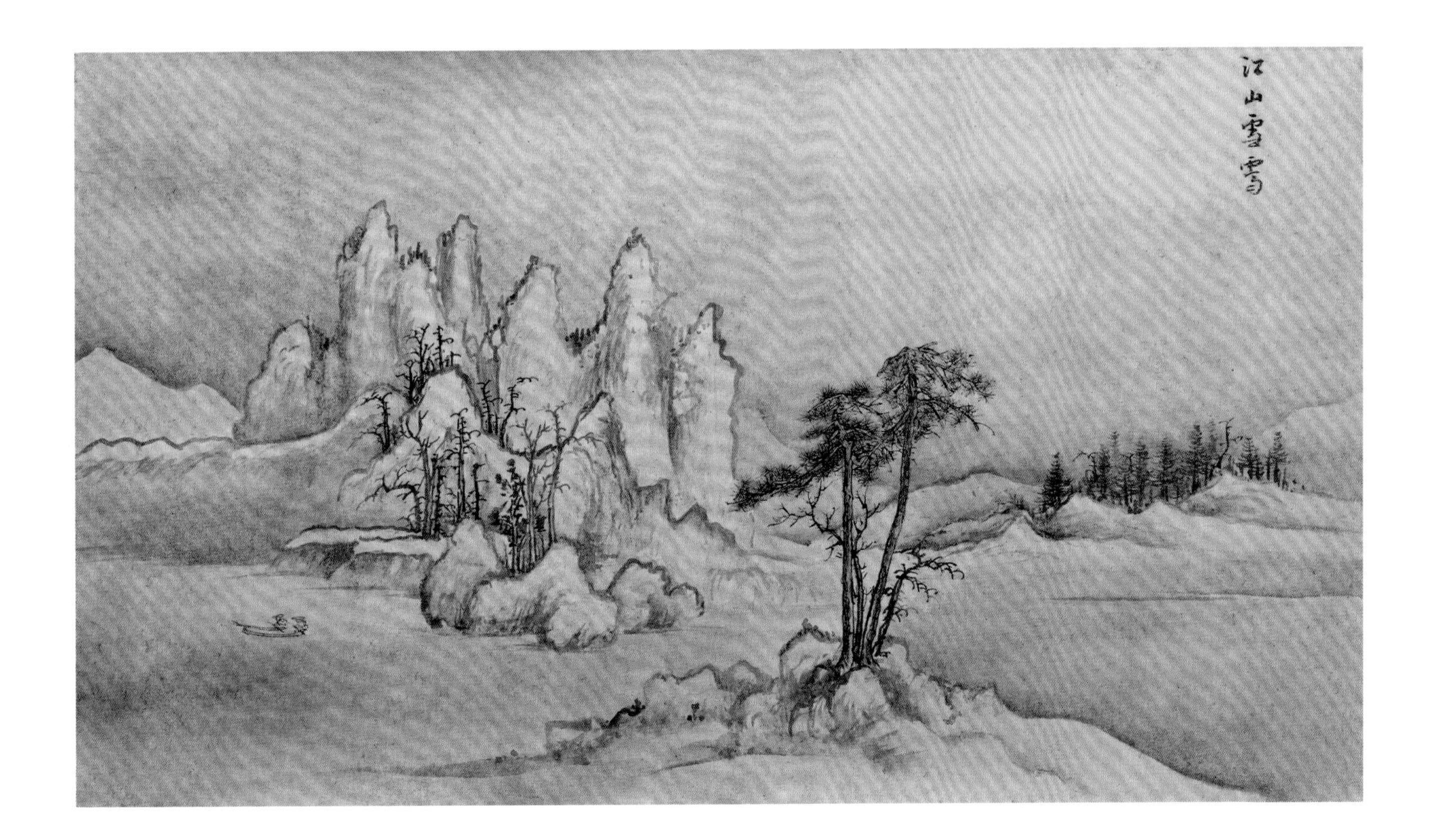

47

吳瓘　林塘曉色圖卷

紙本　墨筆　縱30厘米　橫58.3厘米
清宮舊藏

Trees and Ponds at Dawn
By Wu Guan
Handscroll, Ink on paper
H. 30cm　L. 58.3cm
Qing Court collection

《元人集繪卷》之八。

此圖構圖簡潔，意境清幽，筆墨秀逸，一派元人氣象。

本幅題：“林塘曉色”。另有趙衷題記：“右竹石圖並山水二幅，不知何人所作也。竹石佈置有法，筆力嚴整，山水亦雅澹不俗，此蓋前輩名士所作者，姑存於此，以備覽觀焉。東吳野人趙衷跋”。鈐“野人居”（白文）、“趙原初”（白文）、“雲林清趣”（白文）。鈐鑒藏印“乾隆鑒賞”、“嘉慶御覽之寶”、“宣統御覽之寶”、“宣統鑒賞”等五方。

趙衷初得此圖時不知作者為誰，迄後知為吳瓘所繪，遂跋於後幅。

曾經《石渠寶笈續編》、《式古堂書畫彙考》著錄。

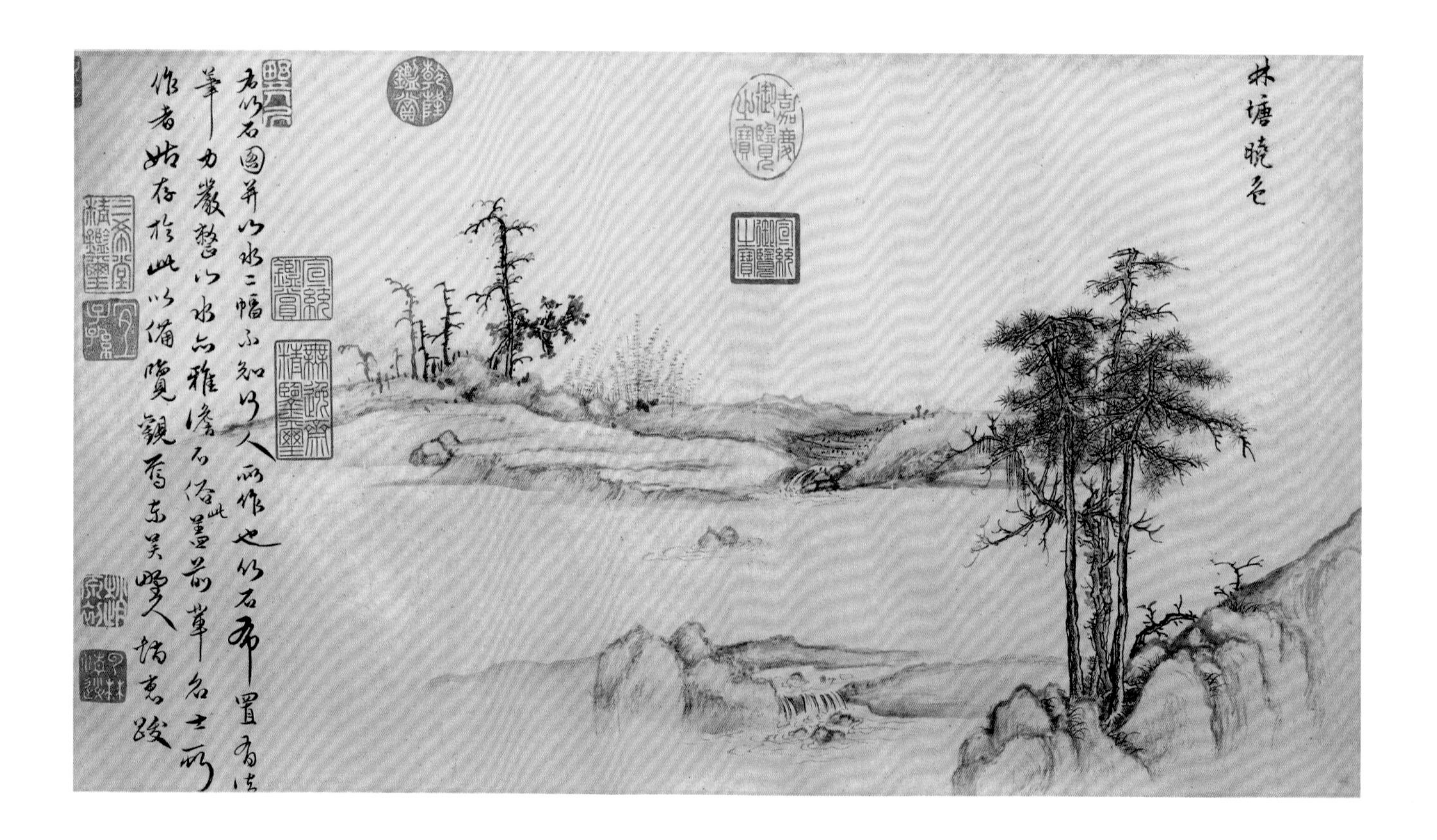

48

王立中　山水圖卷
絹本　墨筆　縱25.2厘米　橫53.3厘米

Landscape
By Wang Lizhong (dates unknown)
Handscroll, Ink on silk
H. 25.2cm L. 53.3cm

王立中，字彥強，江蘇蘇州人。以蔭授開化尉，官至松江太守。他長於詞，亦善畫。

圖中繪江邊峯巒起伏，林木繁茂，隱約可見村舍依山而建，景色清新，境界清寂淡泊，具有春日山鄉寫生的特點。山石用披麻皴，筆法秀勁細密，林木則簡筆勾幹，以濃淡水墨點葉。此圖係王立中為好友周遜學所繪，王氏傳世作品甚為罕見。

本幅款識"彥強為遜學寫"。鈐鑒藏印有"錢氏思復"(白文)、"虎祝山房"(朱文)、"雪蕉審定"(白文)等九方，又半印一方。

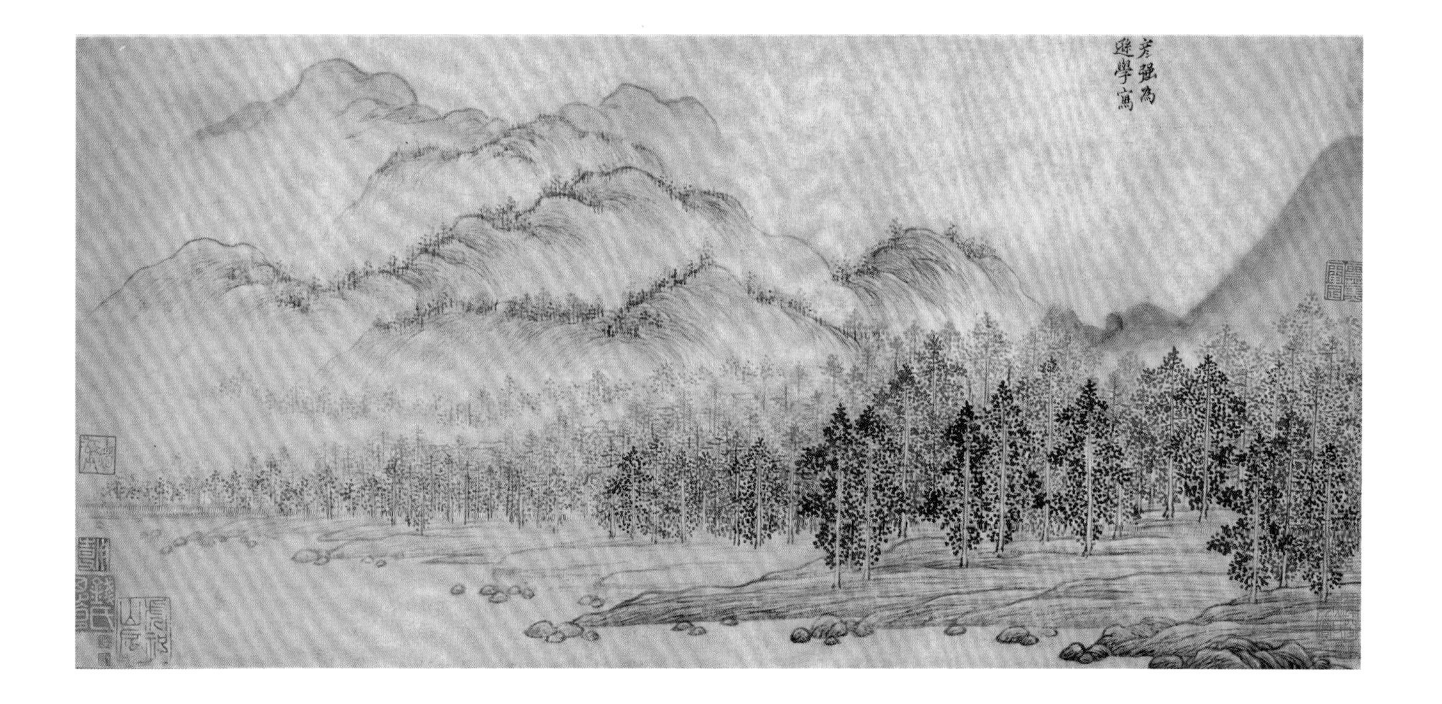

49

佚名　仿巨然山水軸

絹本　墨筆　縱175厘米　橫97.5厘米

Landscape in the Style of Ju Ran
Anonymous
Hanging scroll, Ink on silk
H. 175cm　L. 97.5cm

圖中繪山峯突起，層層疊疊。山巔多礬頭，山中林木，淡墨輕嵐。山澗小溪蜿蜒流淌，美不勝收。一棟水磨山房置於坡谷林蔭之中，使畫面增添了幾分生活氣息。近樹夾葉，點葉兼用，山石用披麻皴，柔和細密，濃墨苔點小樹和叢草。筆墨清潤蒼鬱，佈景繁茂，構圖高遠。

本幅鈐鑒藏印“奎章之寶”（白文、偽）、“宣和”（白文、偽）、“徽仲”（白文、偽）等四方。

上裱邊有近人張大千題記：“巨然晴峯圖　此圖宣和御府舊物，迭經海岳、松雪、丹丘、衡山鑒藏，海內流傳有目，無上至寶。懷民道兄出觀囑題。乙酉大臘　蜀人張爰”。鈐“張爰之印”（白文）、“大千”（朱文）。

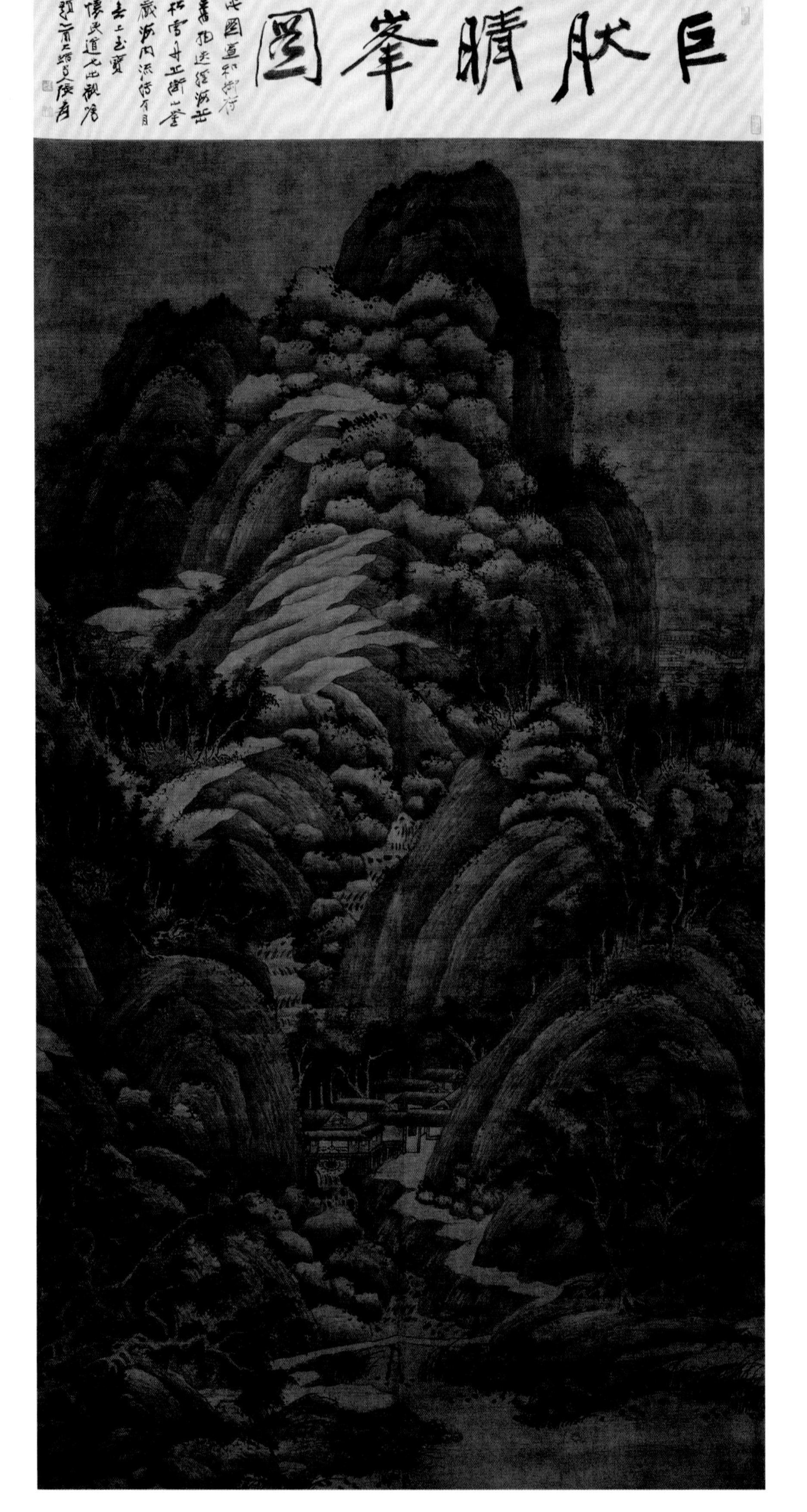

米氏雲山傳人

The Foremost Exponents of the Mi's Cloud-and-Mountain Paintings

50

高克恭　墨竹坡石圖軸

紙本　墨筆　縱121.6厘米
橫42.1厘米

Bamboo and Rock
By Gao Kegong (1248-1310)
Hanging scroll, Ink on paper
H. 121.6cm　L. 42.1cm

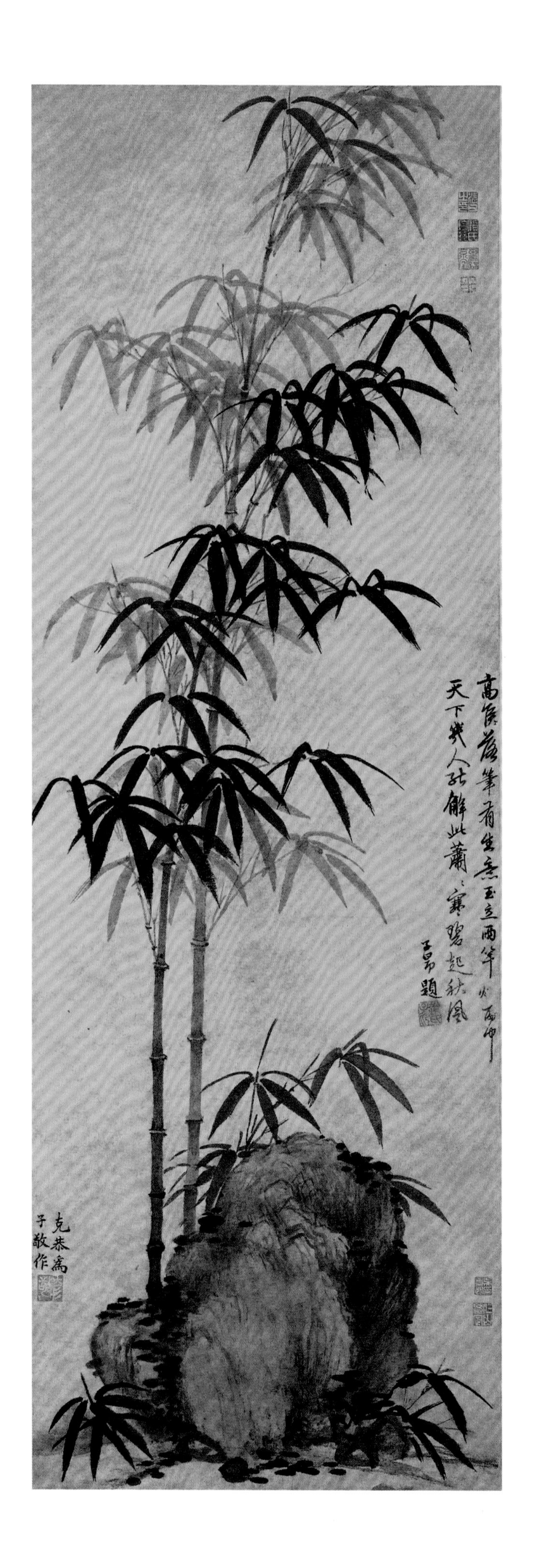

高克恭（1248—1310）字彥敬，號房山，大都（今北京）房山人。祖上為西域人。官至太中大夫。擅畫山水、墨竹。在元初畫壇上與趙孟頫齊名，時有“南趙北高”之譽。

圖中繪秀石翠竹。竹生於石後，長幹挺秀，點節精細，葉分前後，一濃一淡，或“介”字，或“个”字，筆法沉厚，墨氣清潤，結構謹嚴，生動地寫出竹子在煙雨中的瀟灑姿態。此圖為元初著名學者、書法家龔璛而作。

本幅款識“克恭為子敬作”。鈐印“彥敬”（白文）。另有趙孟頫題詩一則：“高侯落筆有生意，玉立兩竿煙雨中。天下幾人能解此，蕭蕭寒碧起秋風。子昂題”。鈐印“趙子昂氏”（朱文）。另鈐有鑒藏印“清父之印”（白文）、“顧氏珍玩”（白文）、“吳景旭印”（白文）、“仁山鑒定”（白文）等六方。

曾經《大觀錄》、《江村銷夏錄》、《式古堂書畫彙考》著錄。

51

高克恭　春雲曉靄圖軸

紙本　設色　縱138.1厘米　橫58.5厘米

Mist and Clouds in Spring Morning

By Gao Kegong
Hanging scroll, Colour on paper
H. 138.1cm　L. 58.5cm

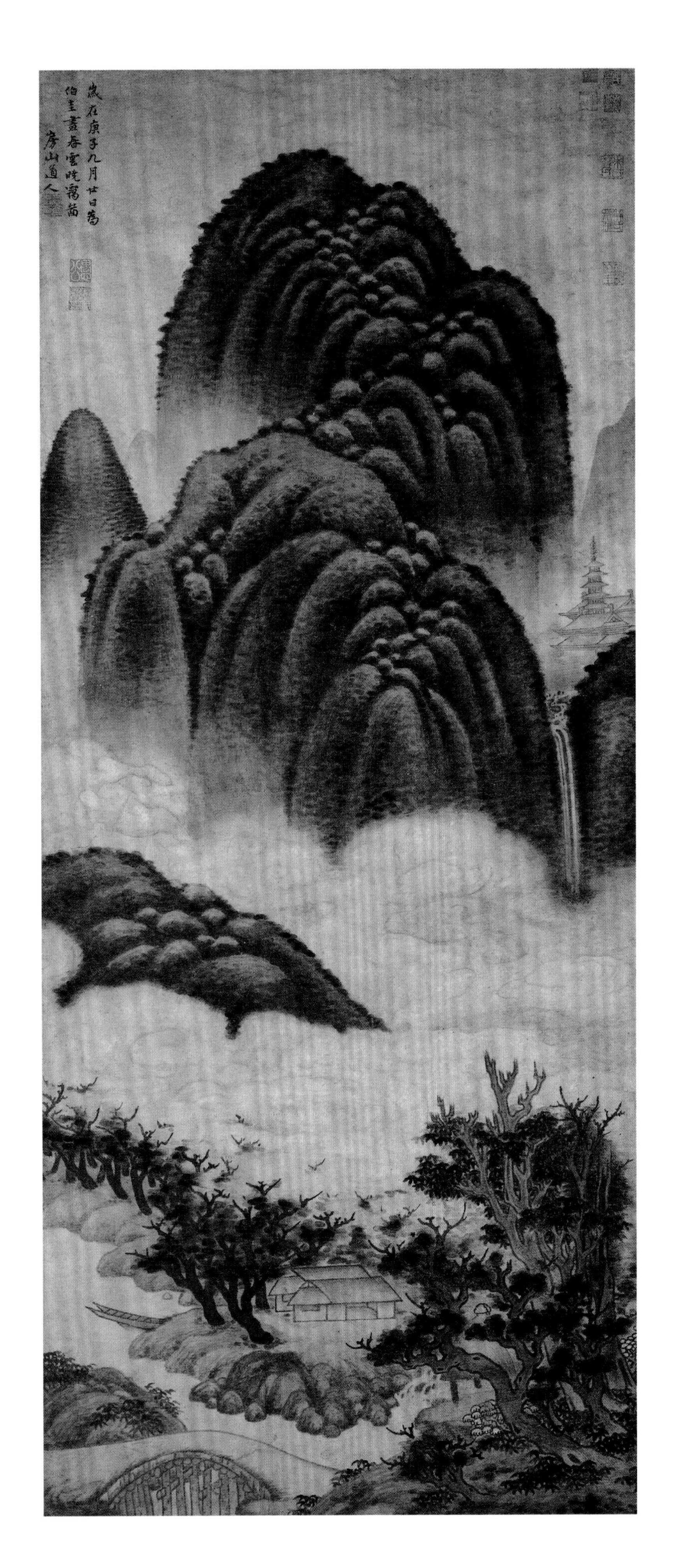

圖中繪山嶺高聳，流雲晨煙籠罩溝澗。山中殿宇巍峨，飛瀑直下，山腳溪水流淌，村舍掩映於林木之間，小橋橫臥，曲徑通幽。山巒用披麻皴法，山下又顯米氏雲山韻味，筆墨濕潤，墨氣濃重。廟宇畫法工細，而村舍則較簡略。此圖畫法雜揉，且塗改多處，難於確認作者。

本幅款識"歲在庚子（1300）九月二十日　為伯圭畫春雲曉靄圖　房山道人"。鈐印"高彥敬印"（白方）。另鈐有藏印多方。

曾經《大觀錄》、《江村銷夏錄》著錄。

52

高克恭　秋山暮靄圖卷
絹本　設色　縱49.5厘米　橫84厘米
清宮舊藏

Mist and Clouds around Mountains in Autumn
By Gao Kegong
Handscroll, Colour on silk
H. 49.5cm　L. 84cm
Qing Court collection

圖中繪雲山煙樹。重山疊嶺，雲煙繚繞，村舍依山傍水，氣韻流潤。用墨線勾廓，加青綠淡墨橫點、留白等技法，概括表現遠山、煙雲變幻之態。村舍用筆工整，樹木如信筆寫之。於簡淡中見法度，於嚴謹中見韻致，畫風學米芾而又有新意。

本幅題詩："傍溪草舍隔林中，望際雲山翠幾重。長憶雨餘閑信馬，輕鞭遙指

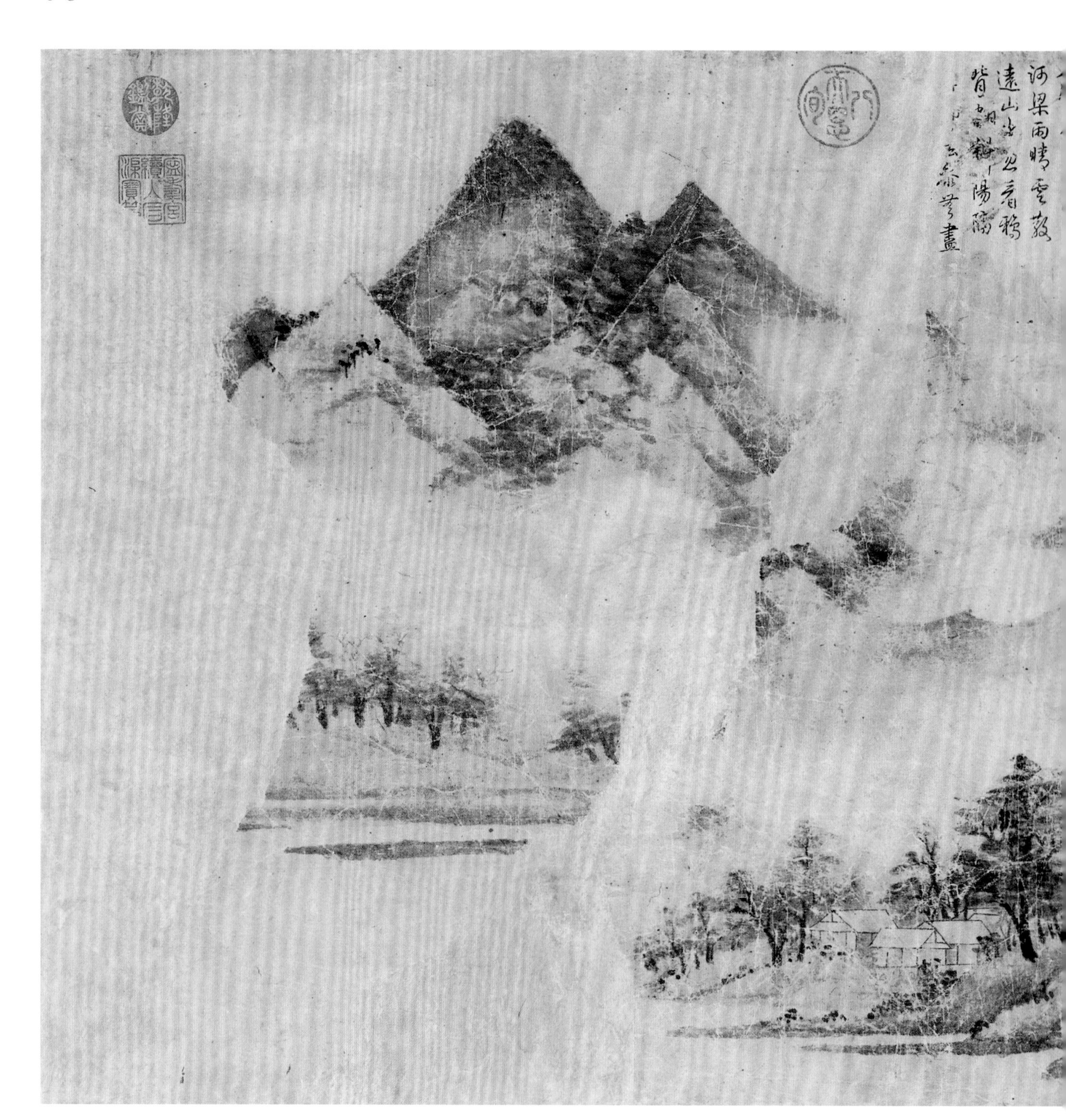

兩三峯。鄧文原"。鈐"鄧文原印"（朱文）。另有清乾隆題記一則。鈐鑒藏印有項元汴以及清內府藏印十五方。

此圖於1925年前後，被退位清帝溥儀攜出宮外。1944年8月在長春偽滿皇宮被人撕毀，現存三分之二。題跋僅存李國藩、文誌文二家（未裱入卷內）。

曾經《石渠寶笈續編》著錄。

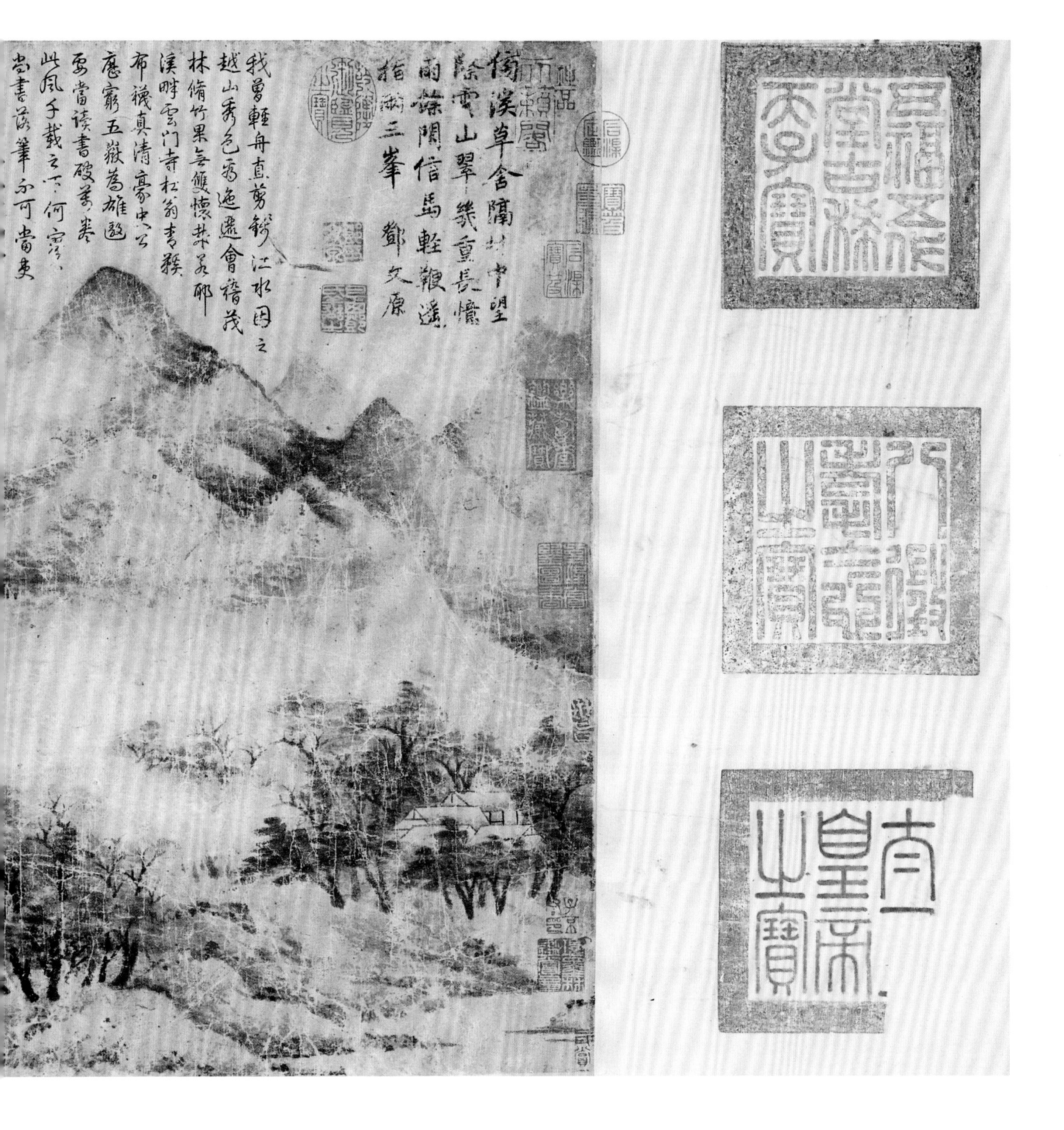

53

方從義　溪橋幽興圖軸

紙本　墨筆　縱63.3厘米　橫35厘米

A Bridge over the Stream in a Quiet and Peaceful Place

By Fang Congyi (dates unknown)
Hanging scroll, Ink on paper
H. 63.3cm　L. 35cm

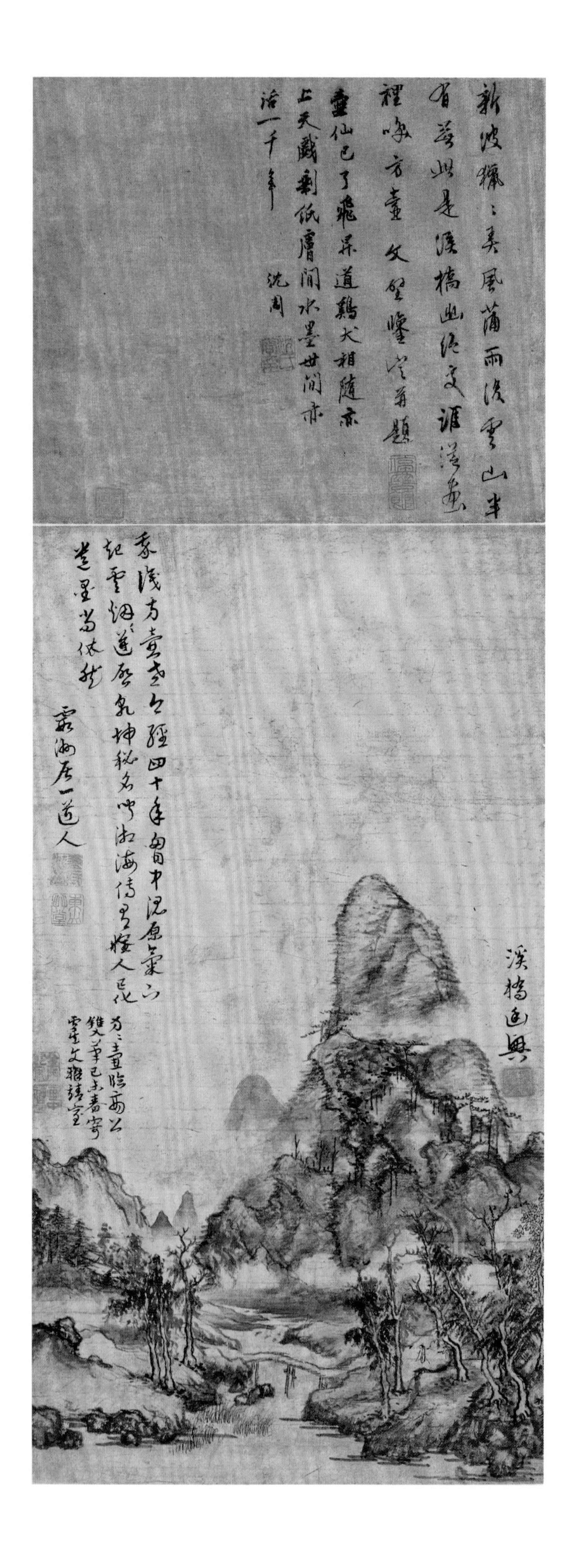

方從義，字無隅，號方壺，貴溪（今屬江西）人。為龍虎山上清宮道士。工詩文書畫，長於山水。一生喜遊歷，至正初遍遊大江南北，嘗遊大都，名聲鵲起。

圖中繪高山雲鎖，溪水自山間流淌，草橋橫架，一人策杖前行，遠山隱現，茅舍隱於林中，構成一幅清謐靜逸的畫圖。筆墨酣暢，多用染法，以墨之濃淡分遠近。用筆多橫向，樹木點染疏率。構圖上部空曠，下部景物展開，顯出深邃幽遠的意境。

本幅款識“方方壺臨高公雙筆　已未(1319)春寄雲生文雅靖室”。鈐印“金門羽客”（朱文）、“畫中神品”（朱文）。另有題字“溪橋幽興”，鈐印漫漶不辨。題詩：“我識方壺老，今經四十年。胸中混原氣，下起雲煙迸。迸啟乾坤秘，名聞湘海傳。有懷人已化，遺墨尚依然。霞洲居一道人”。鈐印“筆底江山”（朱文）、“東山草堂”（朱文）。

上詩堂有沈周、文徵明題詩，分別鈐印。

54

方從義　武夷放棹圖軸

紙本　墨筆　縱74.4厘米　橫27.8厘米
清宮舊藏

A Boat Going down the Stream along the Mount Wu Yi
By Fang Congyi
Hanging scroll, Ink on paper
H. 74.4cm　L. 27.8cm
Qing Court collection

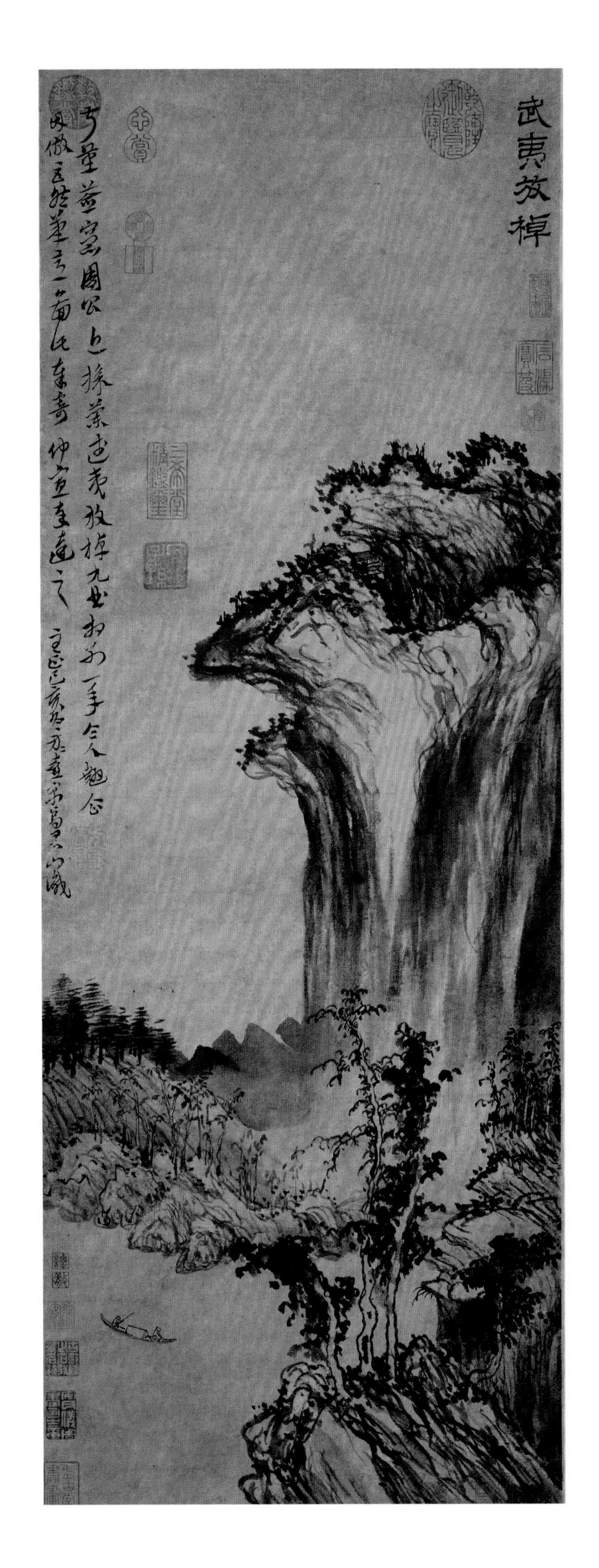

武夷山在今福建崇安西南，綿亘百餘里，有三十六峯，三十七巖，水彎九曲，蜿蜒其間，道家稱之為第十六洞天。圖中繪武夷山，巨巖兀立如玉女峯，峯下水中小舟徐徐行至彎處。夾岸是嶙峋怪石，林木叢生。山峯用長線皴染，筆法多變，筆墨濃潤酣暢。此圖是方從義為同道周敬堇而作。

本幅自題："武夷放棹　敬堇簽憲周公，近採蘭武夷，放棹九曲，相別一年，令人翹企。因仿巨然筆意圖此，奉寄仲宣，幸達之。至正已亥（1359）冬　方方壺寓烏石山識"。鈐印"方壺清隱"（白文）。烏石山即閩山，在福建閩侯境內。

本幅鈐清內府藏印及鑒藏印"卞令之鑒定"（朱文）、"陳仁濤"（朱文）、"宜子孫"（白文）、"心賞"（朱文葫蘆）、"金匱寶藏陳氏仁濤"（朱文連珠）、"譚"、"敬"（朱文連珠）、"徐安"（朱文）、"古黔陳少石考藏名跡"（白文）、"安氏儀周書畫之章"（白文）、"式古堂書畫"（白文）等十五方。

曾經《大觀錄》、《式古堂書畫彙考》、《寶迂閣書畫錄》著錄。

55

方從義　林屋幽居圖卷

紙本　墨筆　縱27厘米　橫46厘米
清宮舊藏

Thatched Cottage by a Stream in the Woods
By Fang Congyi
Handscroll, Ink on paper
H. 27cm　L. 46cm
Qing Court collection

《元五家集繪卷》之五。

圖中繪林木葱鬱，溪水繞屋，小橋橫架，茅舍中士人憑窗而坐，小童於堂中灑掃。景致幽美，生活清逸，表現出文人隱逸幽居的情趣。筆致率意，多用染法，用墨濃淡相間，焦墨橫筆點輟，樹木枝幹用筆枯澀。題款筆力較弱，可能係後添款。

本幅款識“方方壺作”。另有清乾隆御題詩一首。鈐鑒藏印“項元汴印”（朱文）、“平生真賞”（朱文）、“項元汴家珍藏”（朱文）、“檇李李氏鶴夢軒珍藏記”（朱文）、“張洽之印”（白文）、“子孫保之”（白文）、“春樹暮雲”（白文）等十餘方，又半印多方。

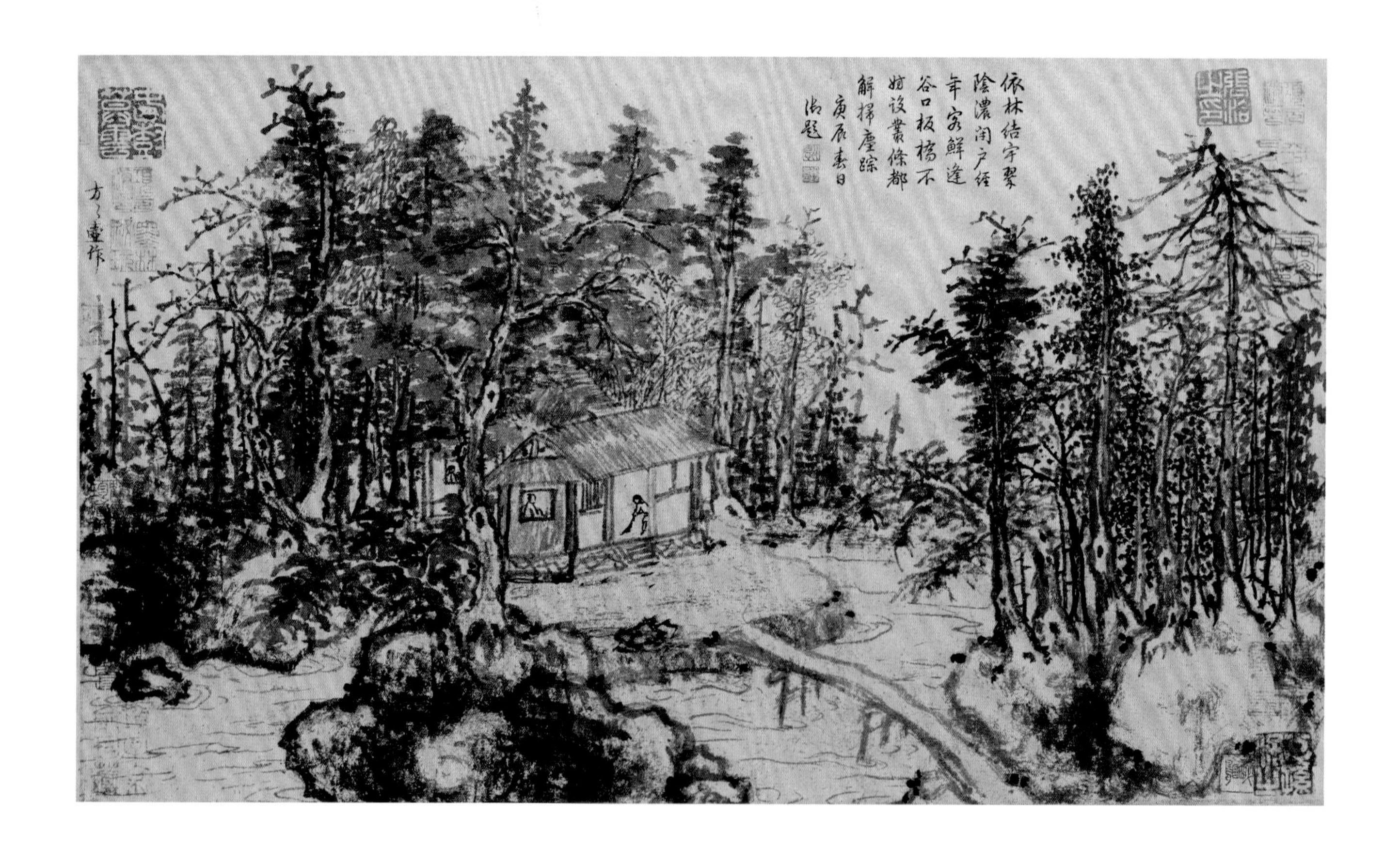

56

趙衷　隔岸望山圖卷
紙本　墨筆　縱30厘米　橫50.1厘米
清宮舊藏

Gazing at Mountains from the Opposite Side of a River Bank
By Zhao Zhong (dates unknown)
Handscroll, Ink on paper
H. 30cm　L. 50.1cm
Qing Court collection

趙衷，字原初，號東吳野人，浙江嘉興人。一作吳江（江蘇）人。世業醫，工書善畫，尤擅山水、花卉、白描人物。

《元人集繪卷》之四。

圖中繪坡石間雜樹平列，江水無波，一老者閑坐岸邊遠眺對岸遠岫。樹石以淡墨勾廓加皴，重墨點葉，人物用筆流暢精細。

本幅款識“原初”。鈐印“雲林清趣”（白文）、“野人居”（白文）。

曾經《石渠寶笈續編》、《式古堂書畫彙考》著錄。

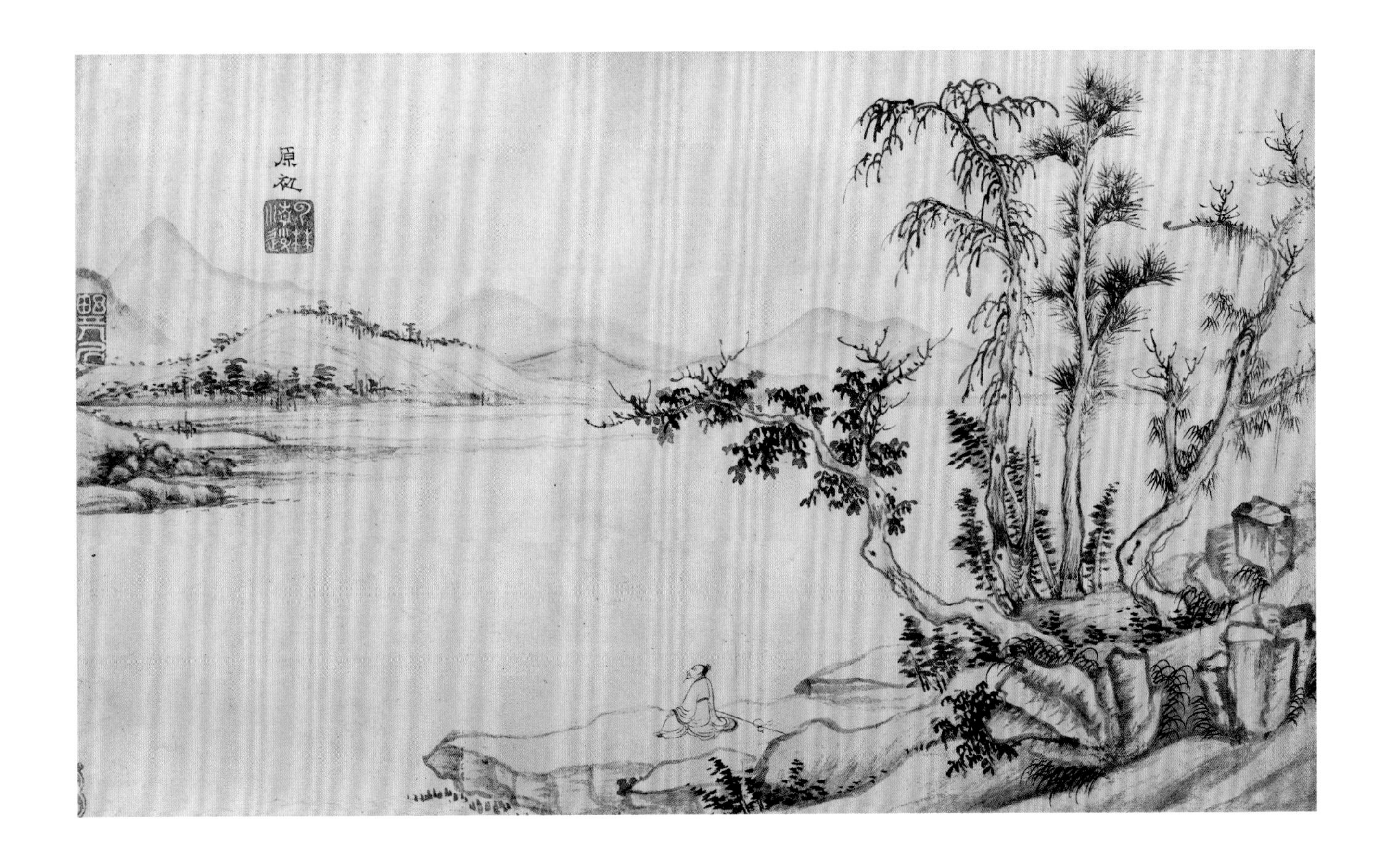

57

趙衷　雲山清趣圖卷
紙本　墨筆　縱29.8厘米　橫36厘米
清宮舊藏

Mountains around with Clouds and Haze
By Zhao Zhong
Handscroll, Ink on paper
H. 29.8cm　L. 36cm
Qing Court collection

《元人集繪卷》之五。

圖中繪山嶺起伏重疊，煙雲流潤。山石輕鈎無皴，水墨暈染後加橫點。山下叢樹筆墨較重，橫點豎劃交替使用。師法宋米氏雲山。

本幅自題："雲山清趣　原初"。鈐印"雲林清趣"（白文）。

曾經《石渠寶笈續編》、《式古堂書畫彙考》著錄。

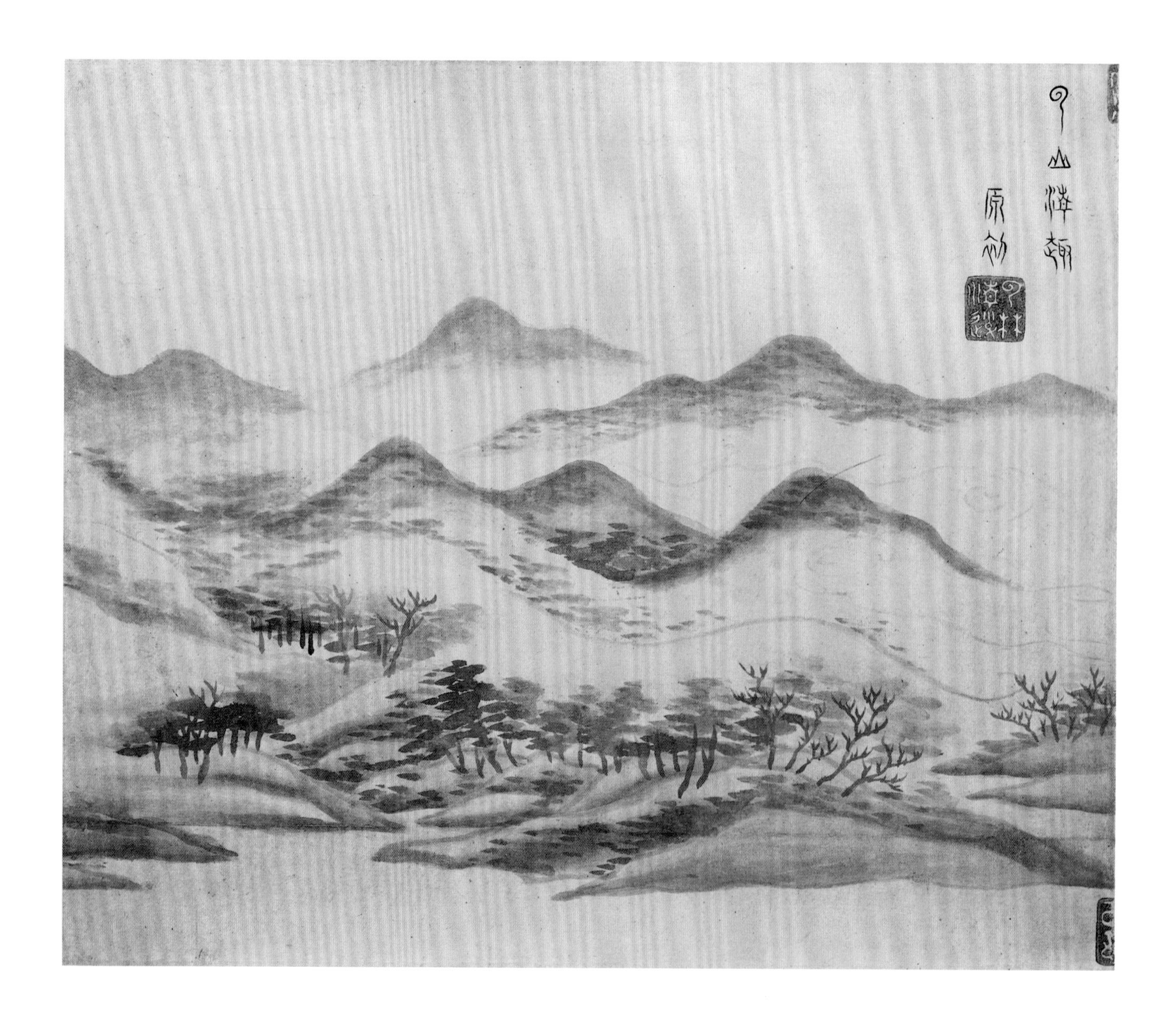

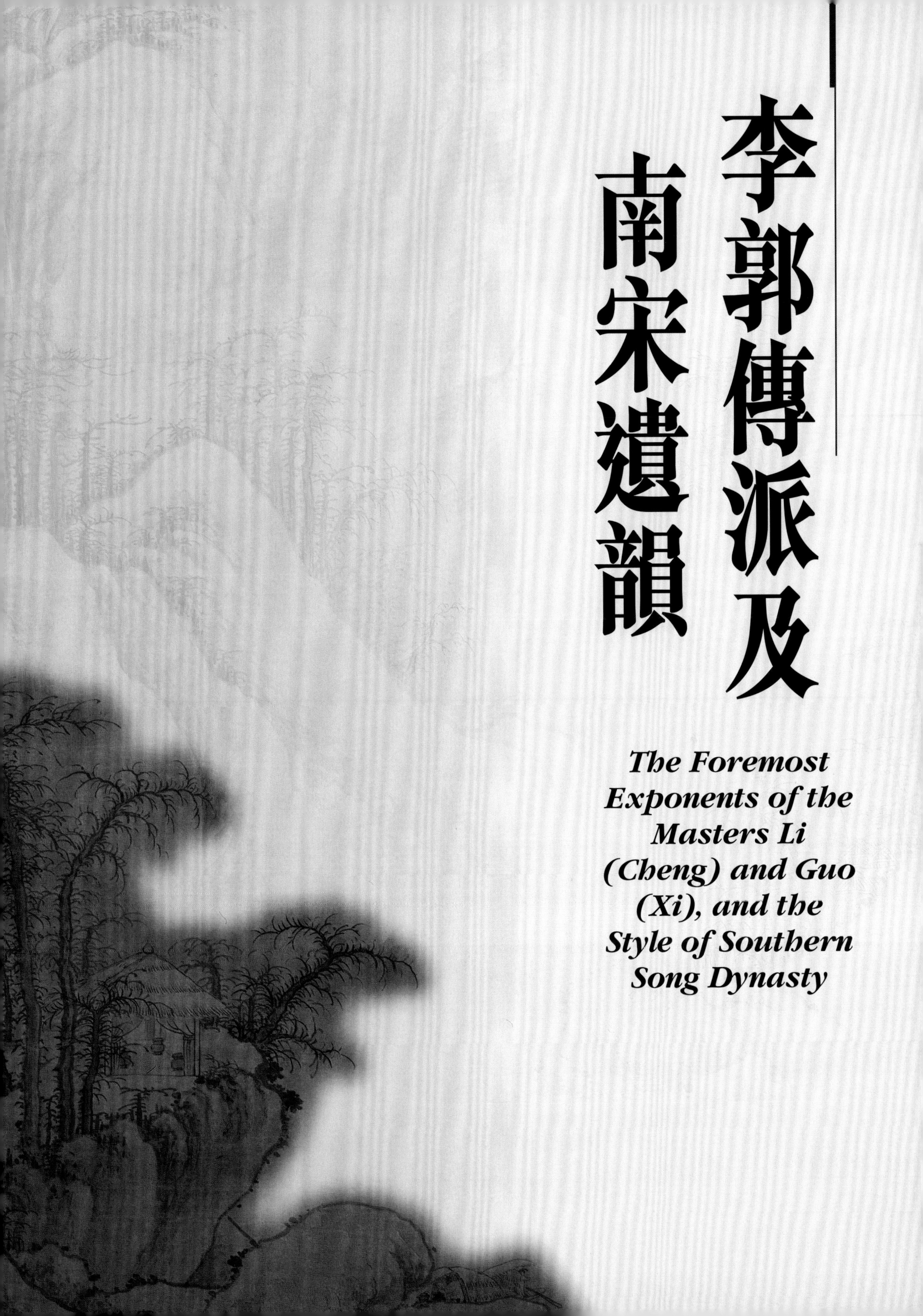

李郭傳派及南宋遺韻

The Foremost Exponents of the Masters Li (Cheng) and Guo (Xi), and the Style of Southern Song Dynasty

58

朱德潤　秀野軒圖卷

紙本　設色　縱28.3厘米　橫210厘米
清宮舊藏

View of Xiu Ye Xuan
By Zhu Derun (1294-1365)
Handscroll, Light Colour on paper
H. 28.3cm　L. 210cm
Qing Court collection

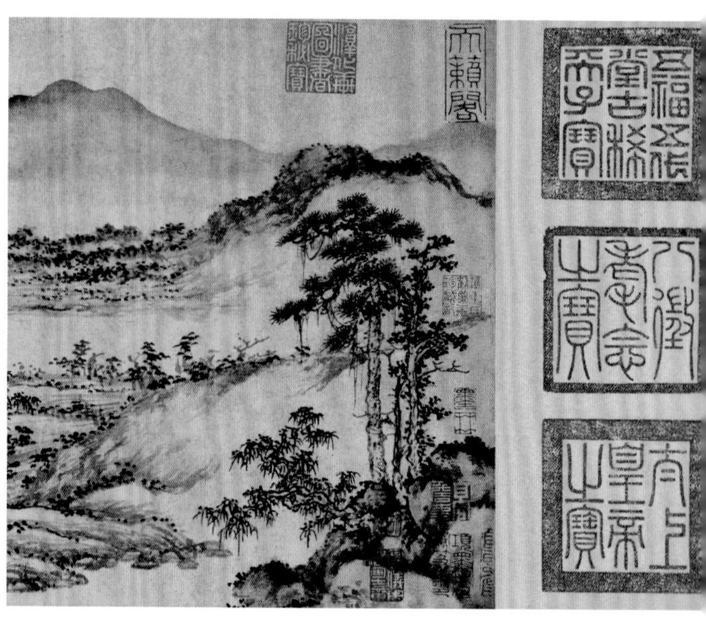

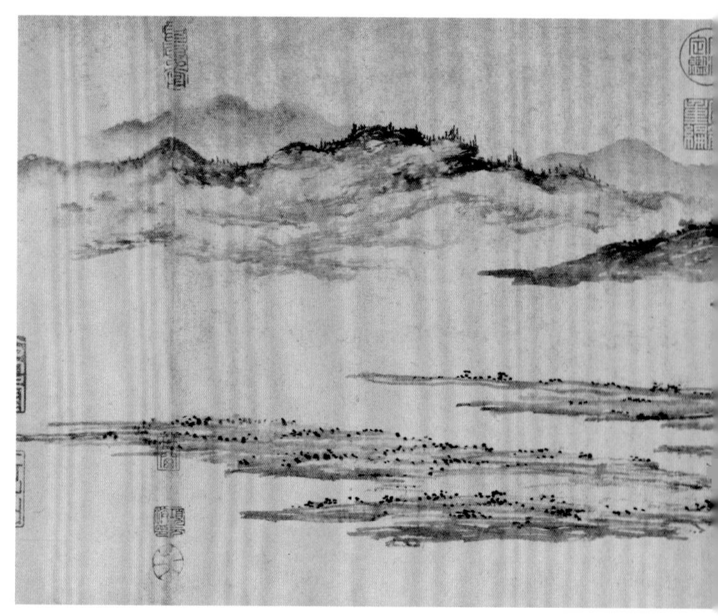

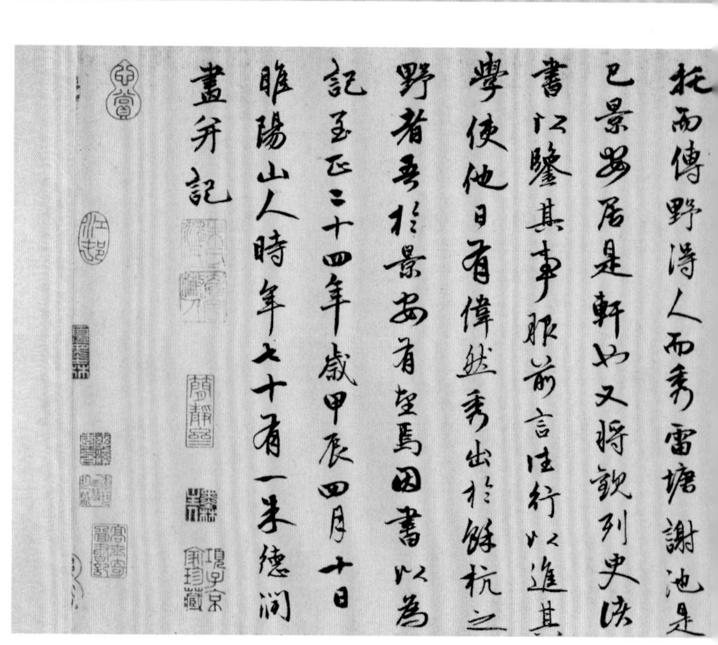

朱德潤（1294－1365），字澤民，號睢陽散人。原籍睢陽（今河南商丘），居昆山（今屬江蘇）。得趙孟頫推薦，官至鎮東行中書省儒學提舉。擅畫山水，師法郭熙。《海叟詩集》中記載："朱公圖畫愛者眾，聲價端如古人重。王公巨卿數見尋，往往閉門稱腕痛。"

圖中寫好友周馳所居秀野軒實景。秀野軒座落在浙江餘杭山西南，四面有錦峯、貞山、玉遮、天池諸山環抱，雙溪界其南北；四山之間，平疇沃野，草木蔥籠。此圖山石樹木以花青運墨，以濕筆為主，濃淡乾濕交替，或空勾暈染，或披麻皴點，筆墨蒼潤清逸，設色淡雅明淨。

周馳，歷官南台監察御史，著有《如是翁集》。

本幅自題"秀野軒記"（釋文見附錄）。鈐印"朱澤民氏"（朱文）、"眉宇散人"（朱文）。

本幅另有清乾隆御題詩，鈐項元汴、安岐、高士奇及乾隆、宣統內府藏印四十五方，另半印三方。

引首有元代周伯琦題"秀野軒　玉雪坡翁書"。鈐一印。另鈐有項元汴、高士奇收藏印五方。

前隔水鈐清乾隆鑒藏印"五福五代堂古稀天子寶"（朱文）、"八徵耄念之寶"（朱文）、"太上皇帝之寶"（朱文）。

尾紙有張監、朱吉（釋文見附錄）、朱穆、張吉、瞿莊、薛穆、高啟、徐賁、張羽、余堯臣、王行、王彝、徐珪、虞堪、周世衡、金覺、董遠、寄翁、惠禎、張均以及高士奇等二十一家題跋，鈐明清收藏印六十方，又半印三方。

曾經《鐵網珊瑚》、《六研齋三筆》、《佩文齋書畫譜》、《式古堂書畫彙考》、《大觀錄》、《江都銷夏錄》、《墨緣彙觀》、《石渠寶笈續編》、《江村書畫目》著錄。

秀野軒

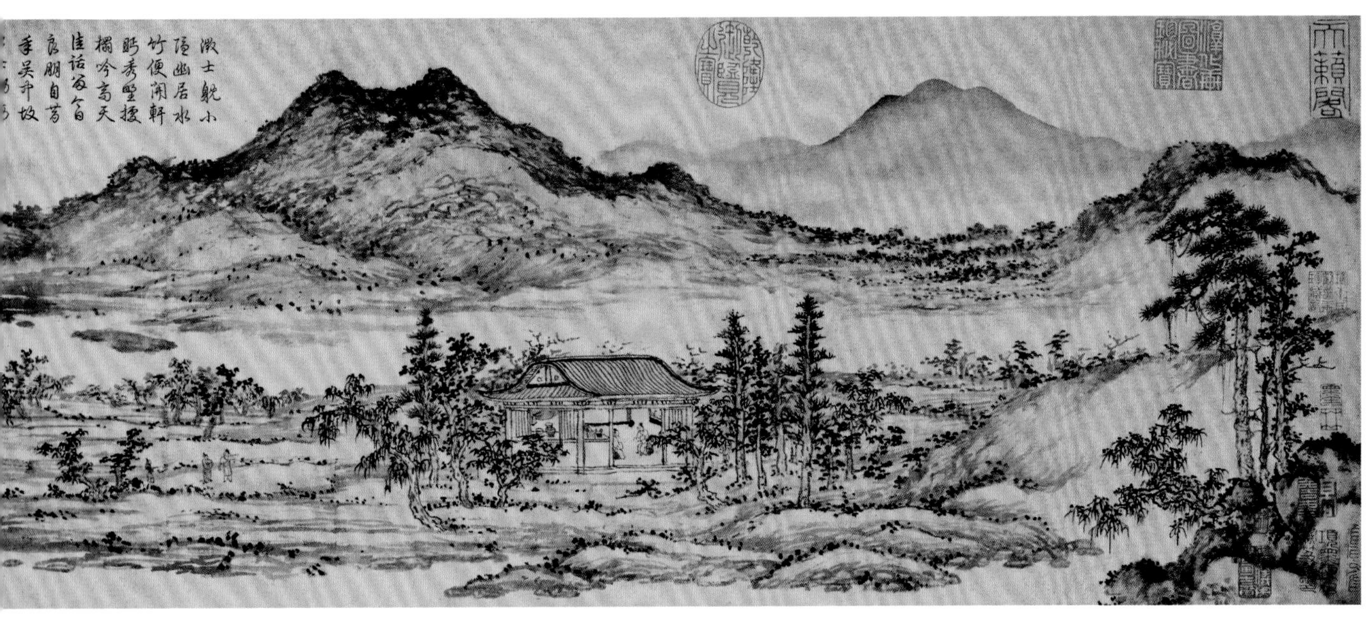

秀野軒記

一元之氣生物而得其盦縕扶輿以成其精英淋粹者為秀焉故卿雲景星天之秀也崇崖繚溪山之秀也麒麟鳳凰羽毛之秀也賢材碩德人之秀也人介乎兩間又能攬其物之秀而歸之好樂寓之遊息如昔人棲霞之樓醒心之亭見諸傳記者不一也吳人周君景安居餘杭山之西南前背以倚餘峯之文石面以挹貞山之震澤右以肘玉涎之障左以聯天池之阪旋溪界其南北四山之間平疇沃野草木蔥蒨東並而軒者景安之所遊息也軒之傍幽蹊曲檻佳木秀卉翠軒玉映於闌楯之間乃

59

朱德潤　松溪放艇圖卷

紙本　墨筆　縱31.5厘米　橫52.6厘米
清宮舊藏

Boating in the Stream with Pines along
By Zhu Derun
Handscroll, Ink on paper
H. 31.5cm　L. 52.6cm
Qing Court collection

《元五家合繪卷》之三。

圖中繪溪上二文士於舟中對語，情態動人，舟中載有書卷。岸邊坡石勢如虎踞，古松形如盤龍，遠山相映，境界幽美靜謐，洋溢着詩情畫意。人物用白描，松樹刻畫精細，坡石皴染溫潤，濃淡相間，而遠山僅用粗墨線一勾而成，最遠山則以極淡墨沒骨寫出，似有似無。此卷詩畫並稱一絕，當是朱氏晚年得意之筆。

本幅自題："醜石半蹲山下虎，長松倒臥水中龍。試君眼力知多少，數到雲峯第幾重。朱澤民"。鈐印"朱澤民氏"（朱文）。另有清乾隆御題詩一首，鈐印"叢雲"（朱文），另有收藏印"沈周寶玩"（白文）、"安氏儀周書畫之章"（朱文）。

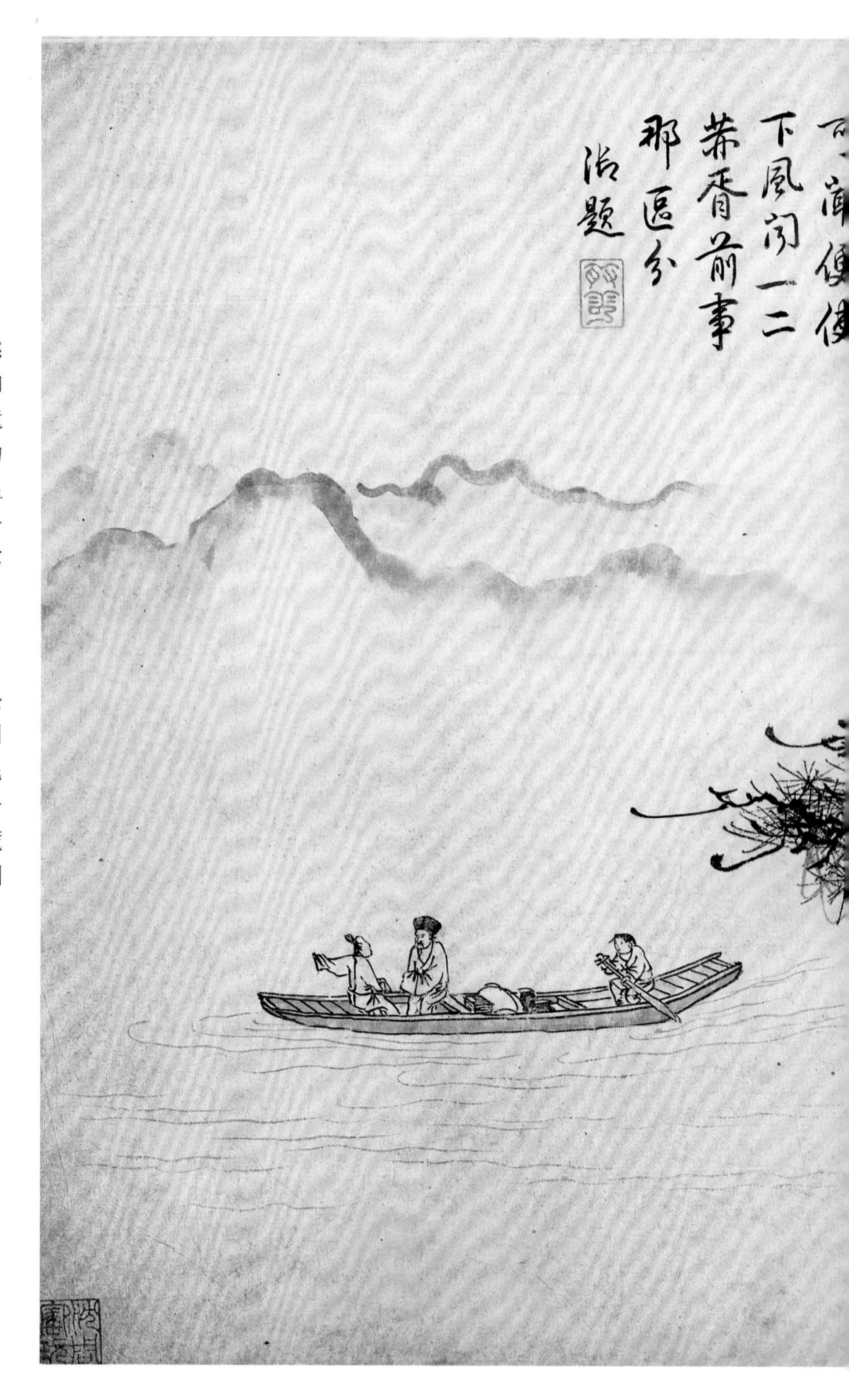

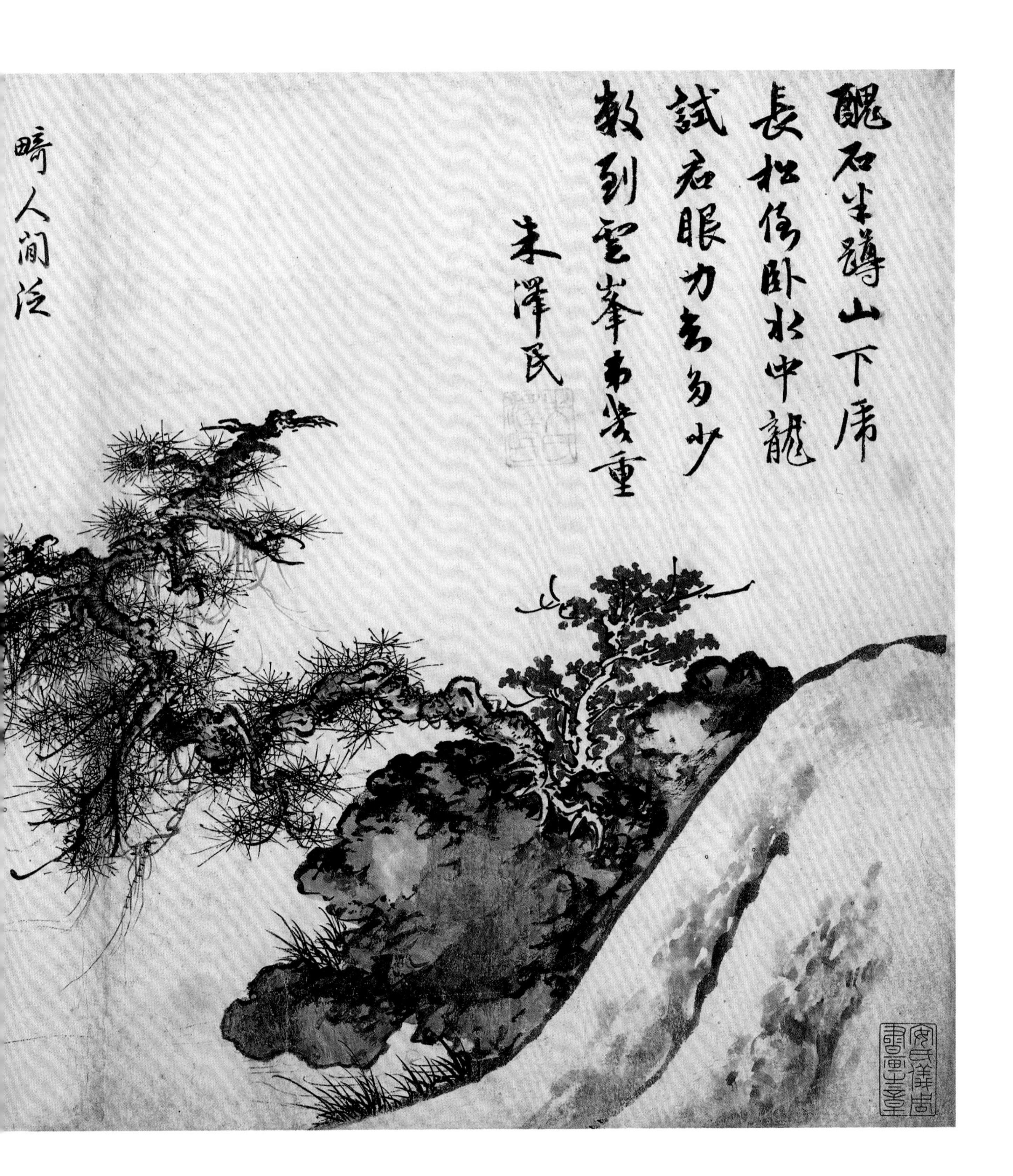
醜石半蹲山下虎
長松倒臥水中龍
試君眼力看多少
數到雲峰第幾重
朱澤民

60

朱德潤　秋林垂釣圖頁
絹本　墨筆　縱28.1厘米　橫26.6厘米

Fishing by the Woods in Autumn
By Zhu Derun
Leaf, Ink on silk
H. 28.1cm　L. 26.6cm

紈扇裝裱。圖中繪一隱者江上垂釣。石法圓潤，樹枝虬曲，形似蟹爪。筆墨形式上頗有北宋郭熙遺意，樹石的畫法更顯粗放。

本幅自題："江者得魚，鮮鱠酒壺。□□與愚，□腹吾書。朱澤民為□□"。

61

曹知白　雪山圖軸
絹本　墨筆　縱97.1厘米　橫55.3厘米

Snow Covered Mountains
By Cao Zhibai (1272–1355)
Hanging scroll, Ink on silk
H. 97.1cm　L. 55.3cm

曹知白（1272—1355），字又元、貞素，號雲西，華亭（今上海松江）人。廣有資財，曾為崑山教諭，因不適意而辭去。從此隱居讀書，放筆圖畫。

圖中繪白雪皚皚，江山銀裝素裹，長松挺立，掩映屋舍，橋上挑擔者冒雪而行，孤舟停泊江邊，真有寒氣逼人之勢。山石以淡墨勾廓略皴，林木則用雙勾法，以淡墨皴染其中，全以北宋郭熙筆法出之。

本幅款識“雲西為古泉作。”鈐印“雲西”（白文）、“玩世之餘”（朱文）。

古泉即林夢正，黃巖（今屬浙江）人。性聰敏，凡六經百家，無不記覽成誦，以薦補溧陽教授，蘄黃寇起，遇害。

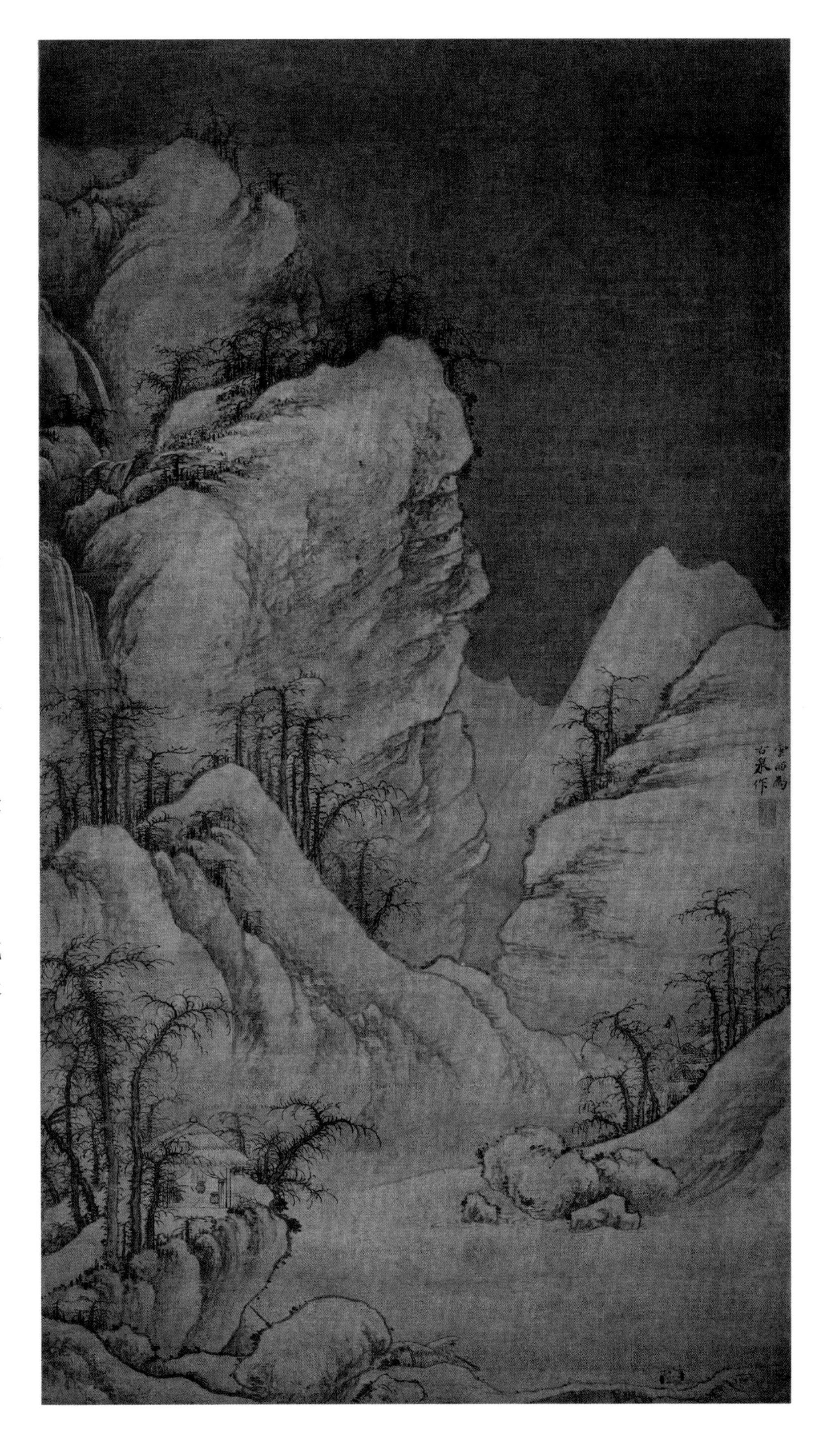

62

曹知白　寒林圖頁

絹本　墨筆　縱27.3厘米　橫26.2厘米

Withered Woods

By Cao Zhibai

Leaf, Ink on silk

H. 27.3cm　L. 26.2cm

圖中繪江臬坡陀，枯木成林，意境蕭索。坡石及林木用筆，有北宋畫家郭熙的痕跡，強調着個人面貌，構圖平穩，筆墨豐潤。

本幅自題："僧弟自聞以不得予畫為恨，幾閑有此不了者，即了與之，然未為佳。他時有得意者為易之。泰定乙丑(1325)九日　雲西兄作"。鈐印"雲叟"(朱文)、"聽松齋"(朱文)、"聊復爾耳"(朱文)。

曾經《嶽雪樓書畫錄》著錄。

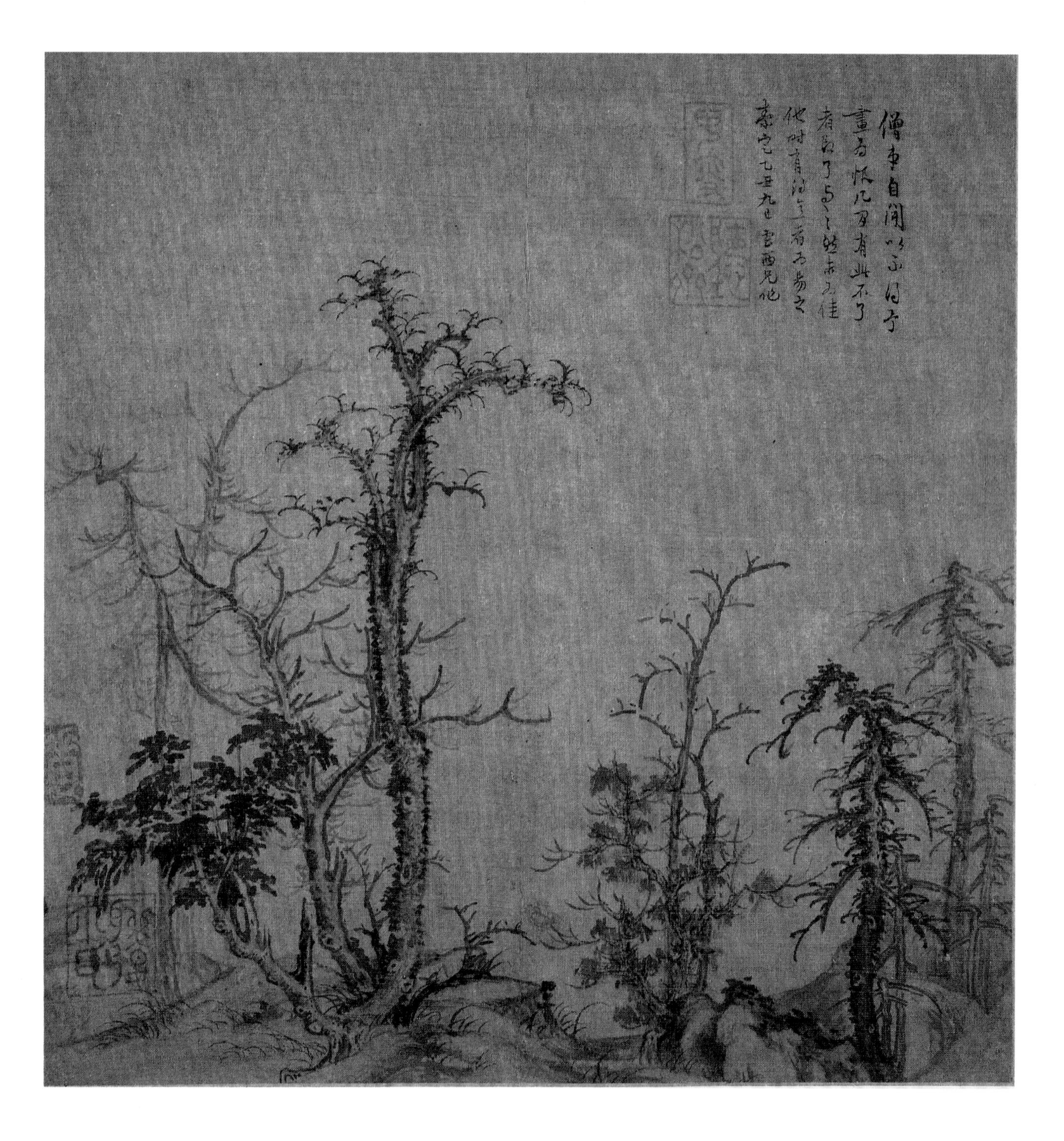

63

曹知白　疏松幽岫圖軸

紙本　墨筆　縱74.5厘米　橫27.8厘米

Spares Pines and Secluded Mountains
By Cao Zhibai
Hanging scroll, Ink on paper
H. 74.5cm　L. 27.8cm

圖中繪坡地長松雜木，山下曲渚流泉，意境幽深。遠山三重，愈遠愈高，得高遠、深遠之意。景物佈局嚴謹，用筆纖細，筆墨極省，僅於深凹處，山頭及表現山石的結構處施筆，餘皆空而不寫。其樹石皴擦的枯筆淡墨，顯示了畫家晚年所形成的疏簡蒼秀的風格。

本幅自題：“壬申生人，時年八十歲。至正辛卯（1351）仲春雲西誌”。鈐印“雲西”（白文）、“聊以自娛”（白文）、“素軒”（朱文）。另有一款“□□□叔寬□”，鈐印“貞素”（朱文）。

另有題詩：“溪上仙翁年八十，萬水千山盡盈尺。西風吹向雲天上，翠壁銀濤墮寒石。一雙老眼驚未識，掛起窗前照空碧。捲舒入手才三年。嗟嗟仙去成陳跡，此人此畫不可得。此人此畫不可得。至正乙未秋七月二十日潘□書於碧梧堂”。另有元本題詩一首，鈐“本立中意”白文。另鈐龐萊臣等人收藏印記五方，裱邊鈐龐萊臣收藏印二方。

曾經《虛齋名畫續錄》著錄。

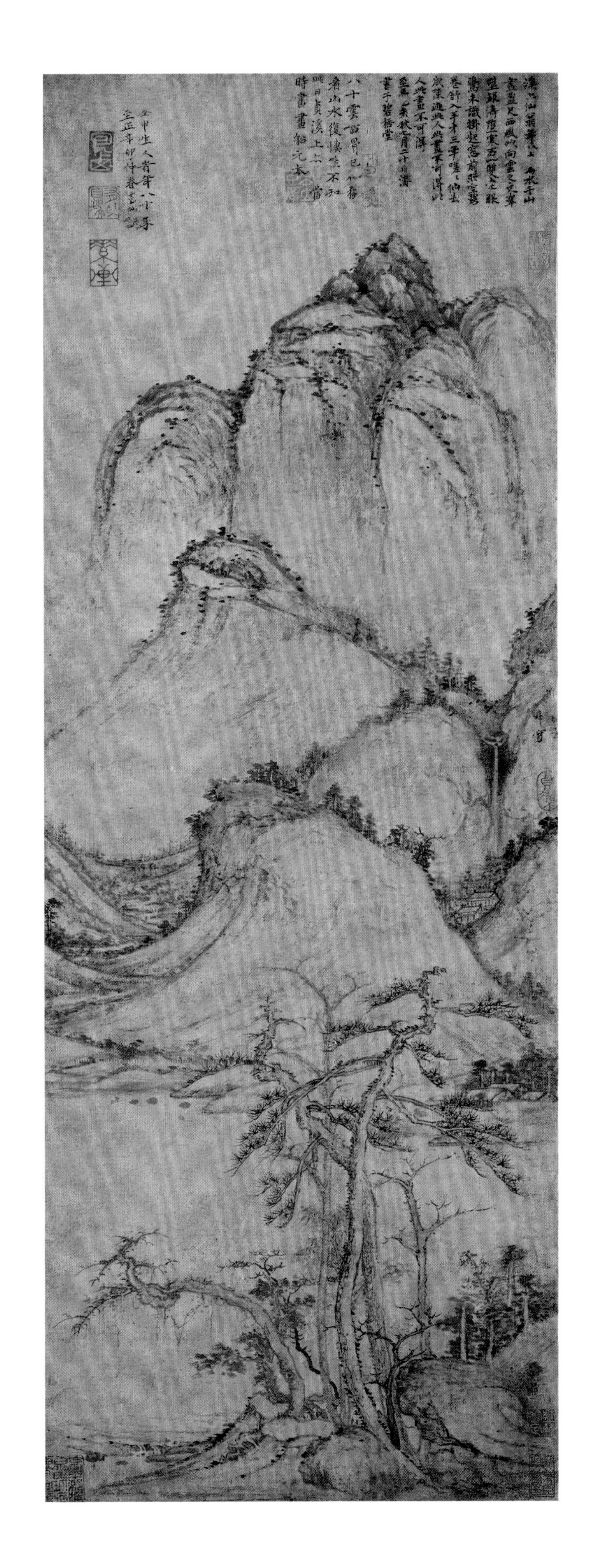

64

曹知白（傳） 山水圖冊
紙本 墨筆或設色
縱27.4厘米 橫33.1厘米

Landscapes
By Cao Zhibai
Album of 8 leaves
Ink or Colour on paper
Each leaf: H. 27.4cm L. 33.1cm

圖冊共八開，墨筆畫雲嶺茅亭，溪橋征騎、壽石古松，溪山訪友、古木臨溪、遠岫流泉，雲峯古寺；設色畫雲山煙樹。每開對幅均有明代董其昌題詩，鈐印“董其昌”（白文）、“玄宰”（白文）。本幅及對幅鈐有“天籟閣”、“項子京家珍藏”等鑒藏印共有三十餘方。

此圖冊未署名款，由董其昌定為曹知白作。在筆墨上雖表現出了曹知白的繪畫特點，但功力略弱，故非曹氏手跡。

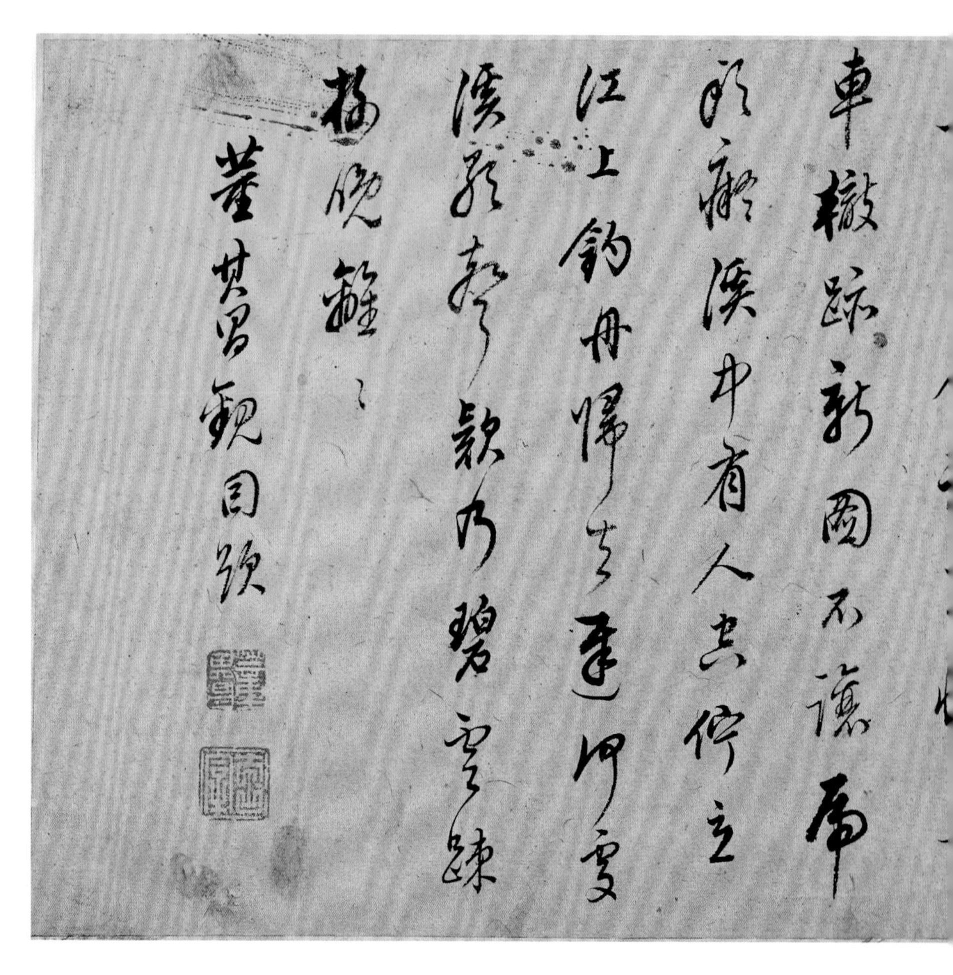

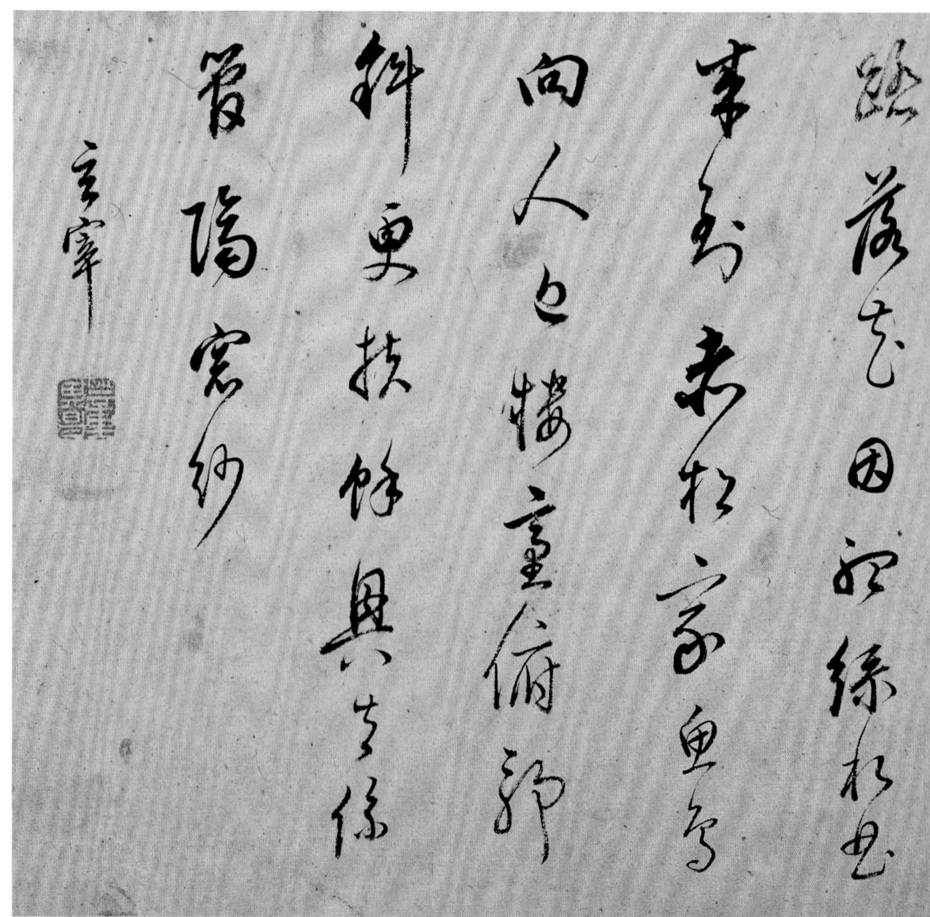

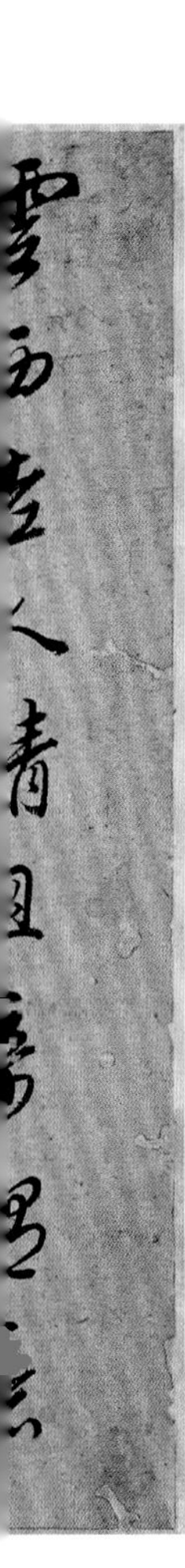

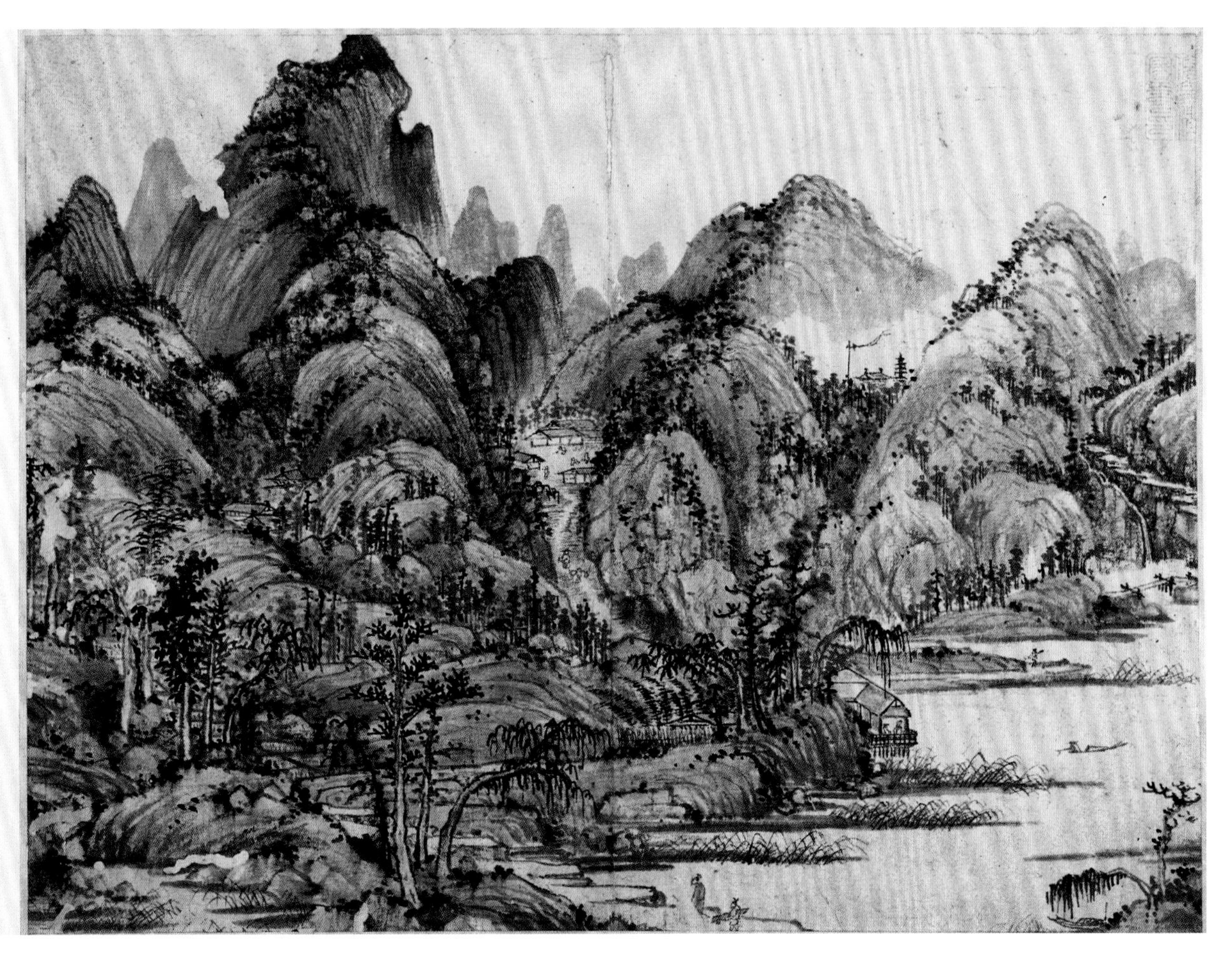

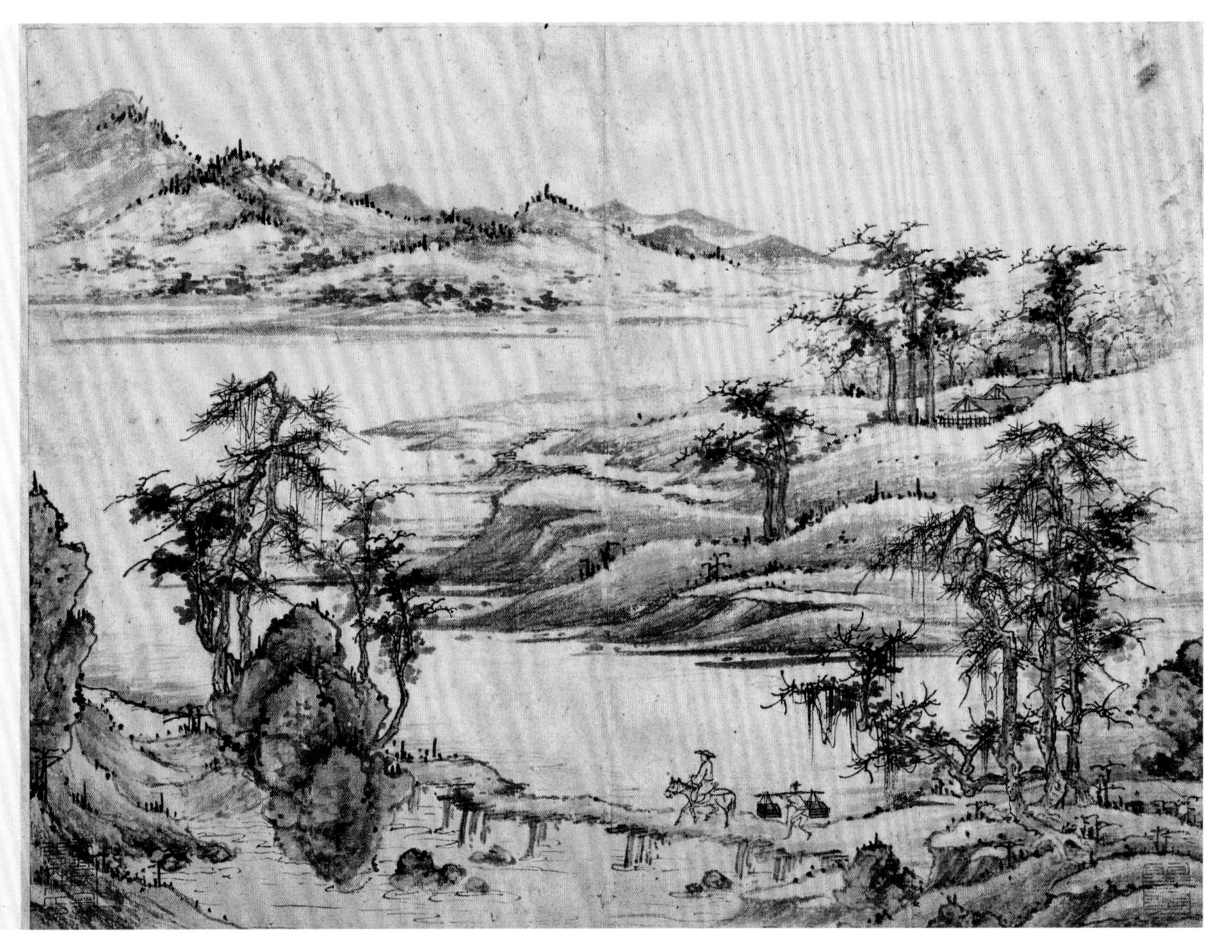

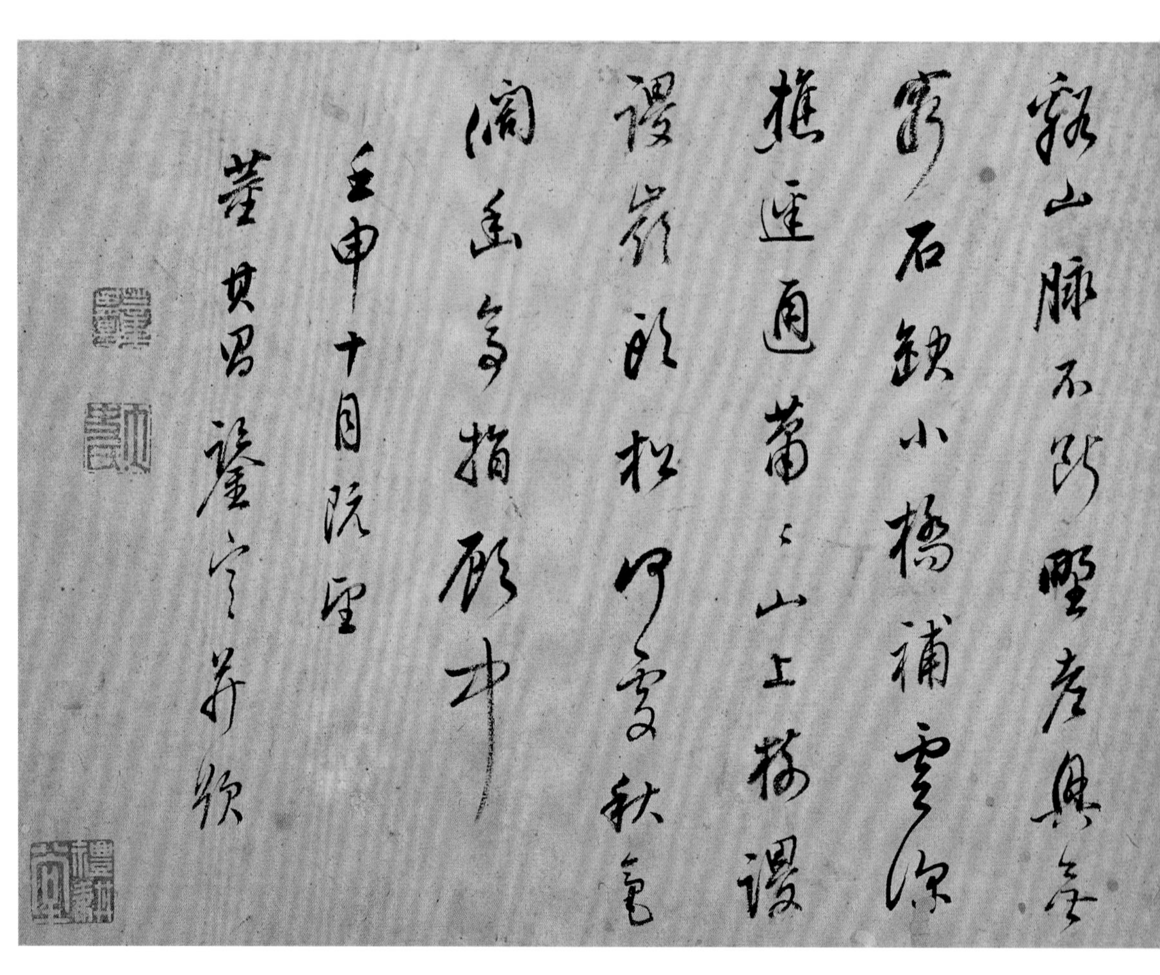

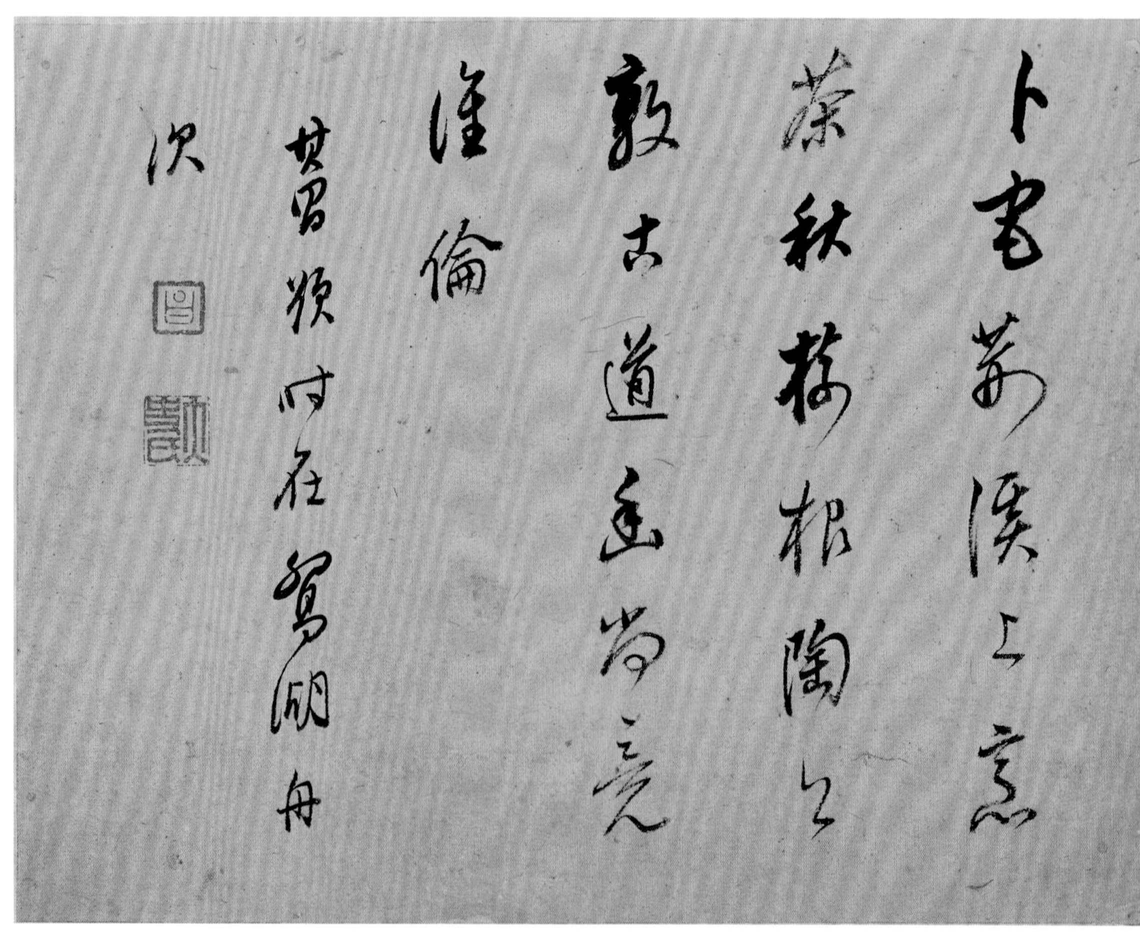

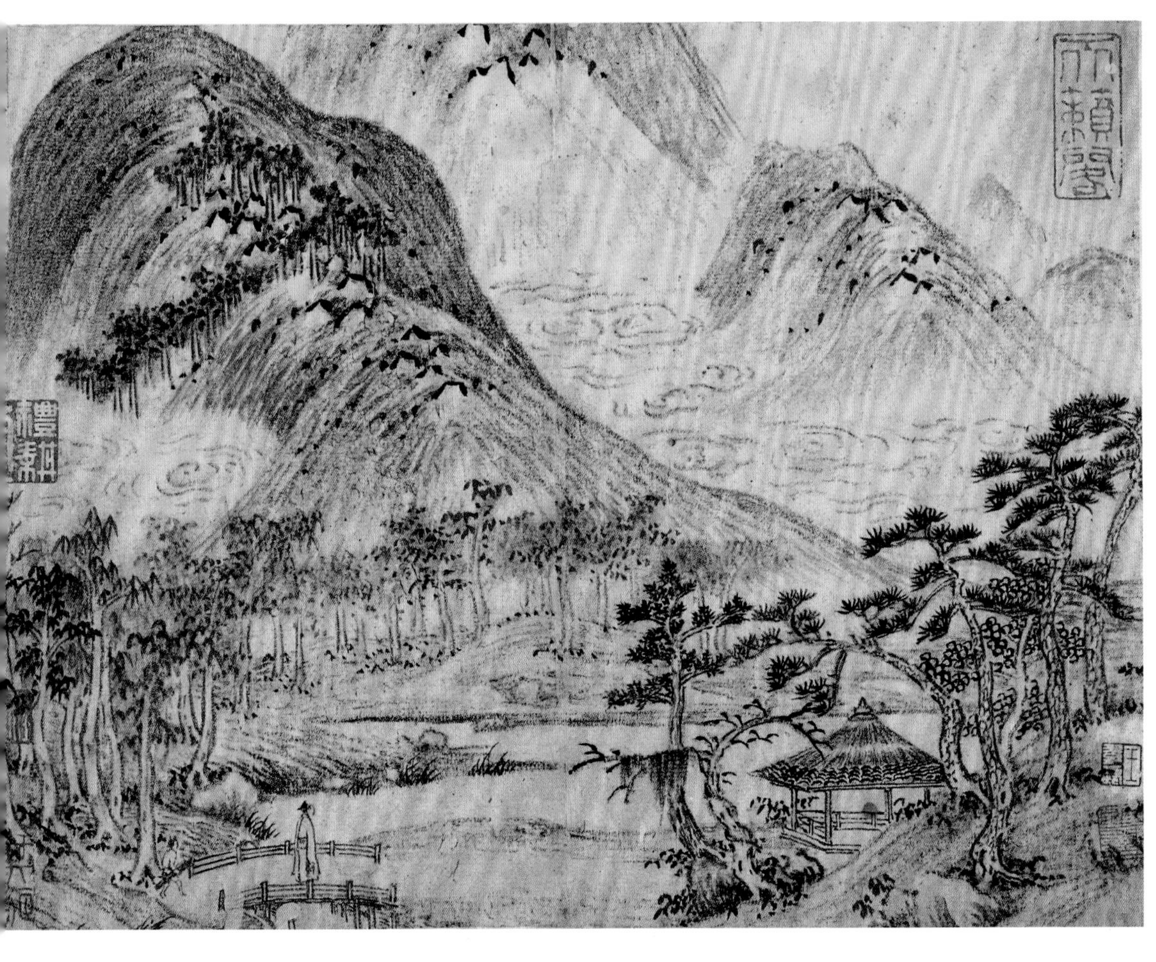

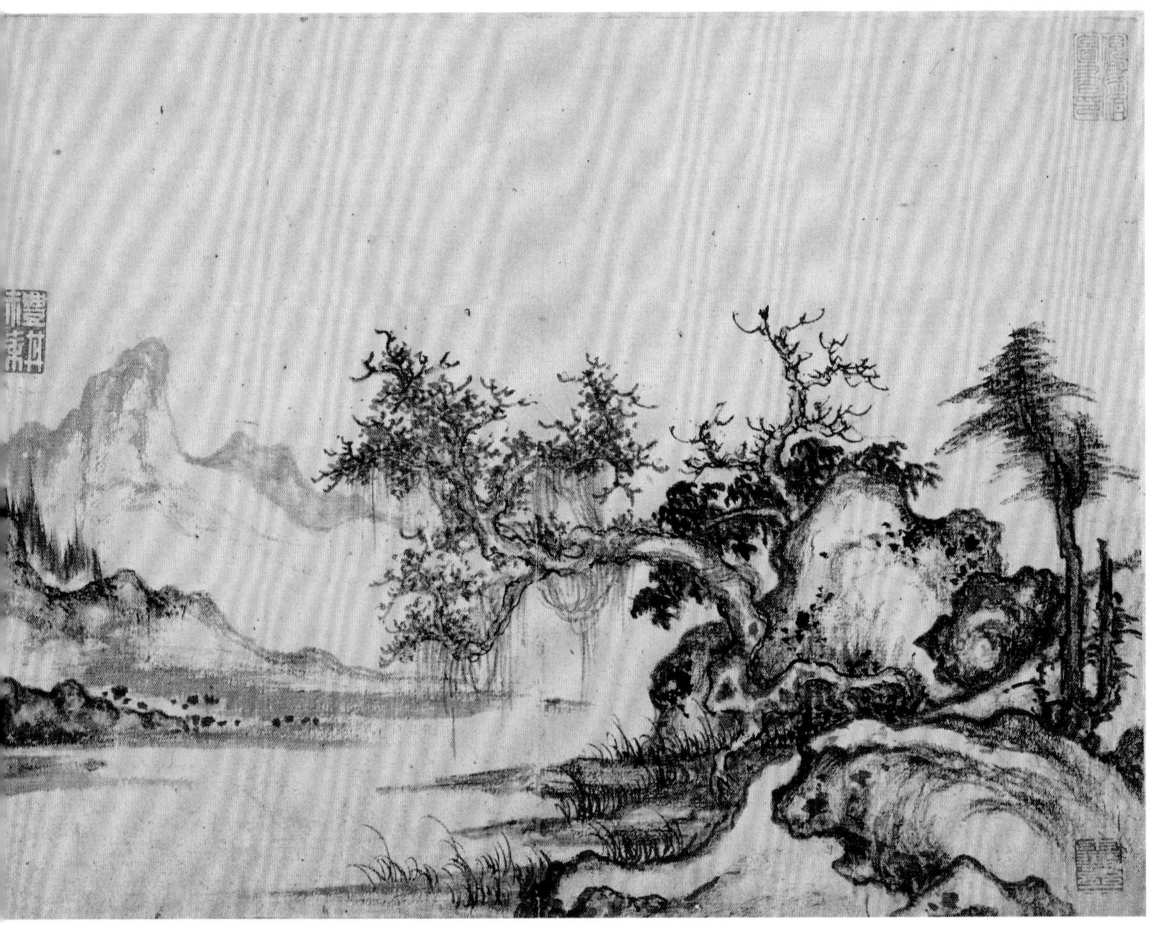

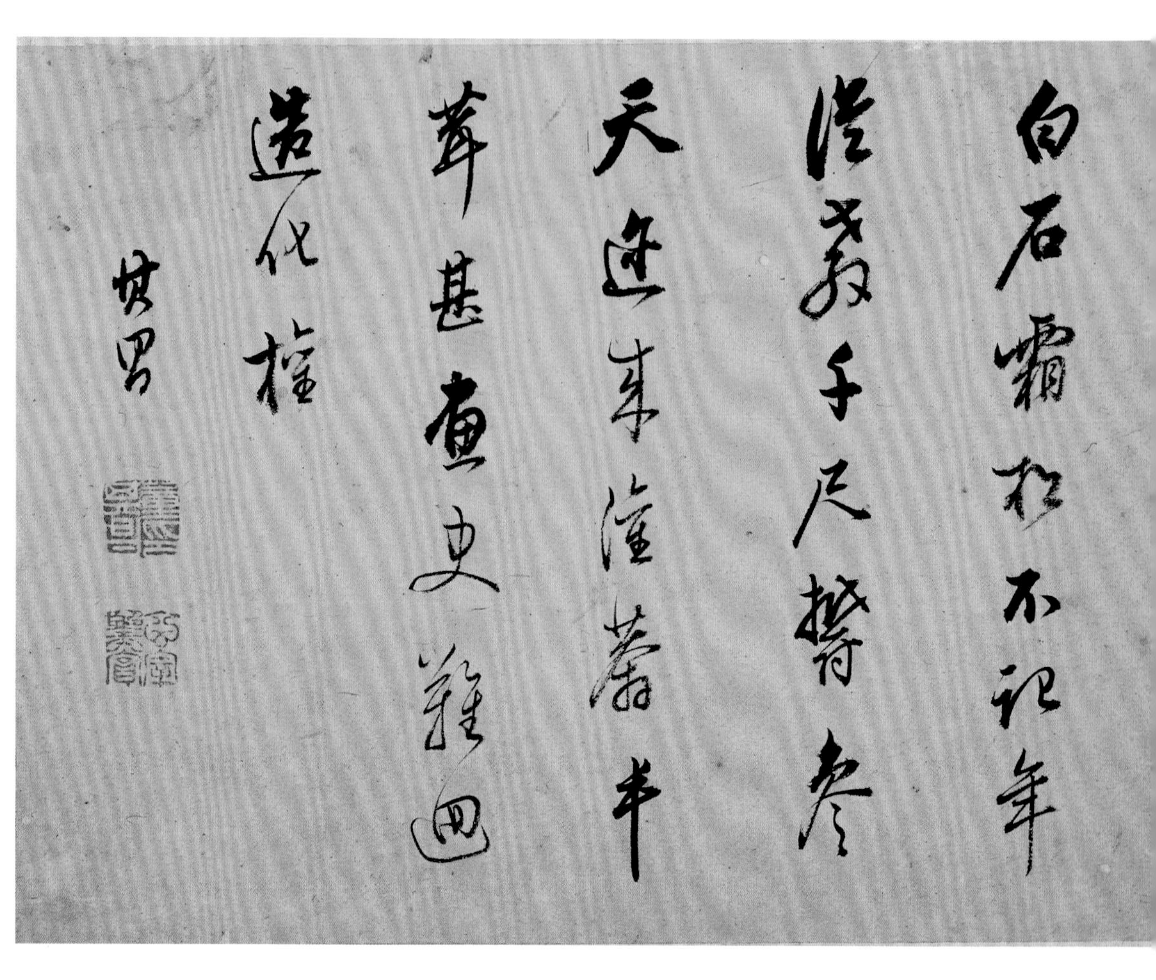

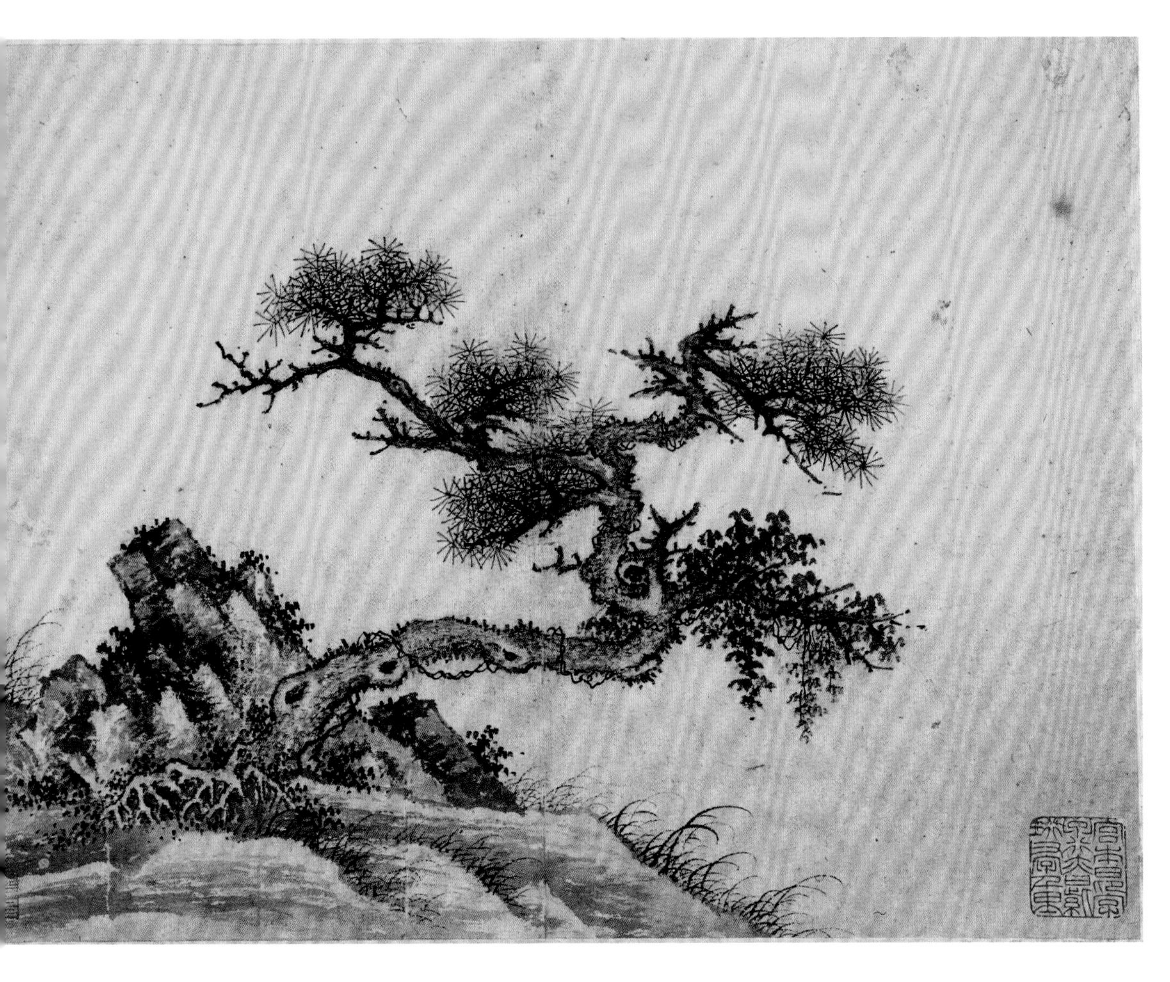

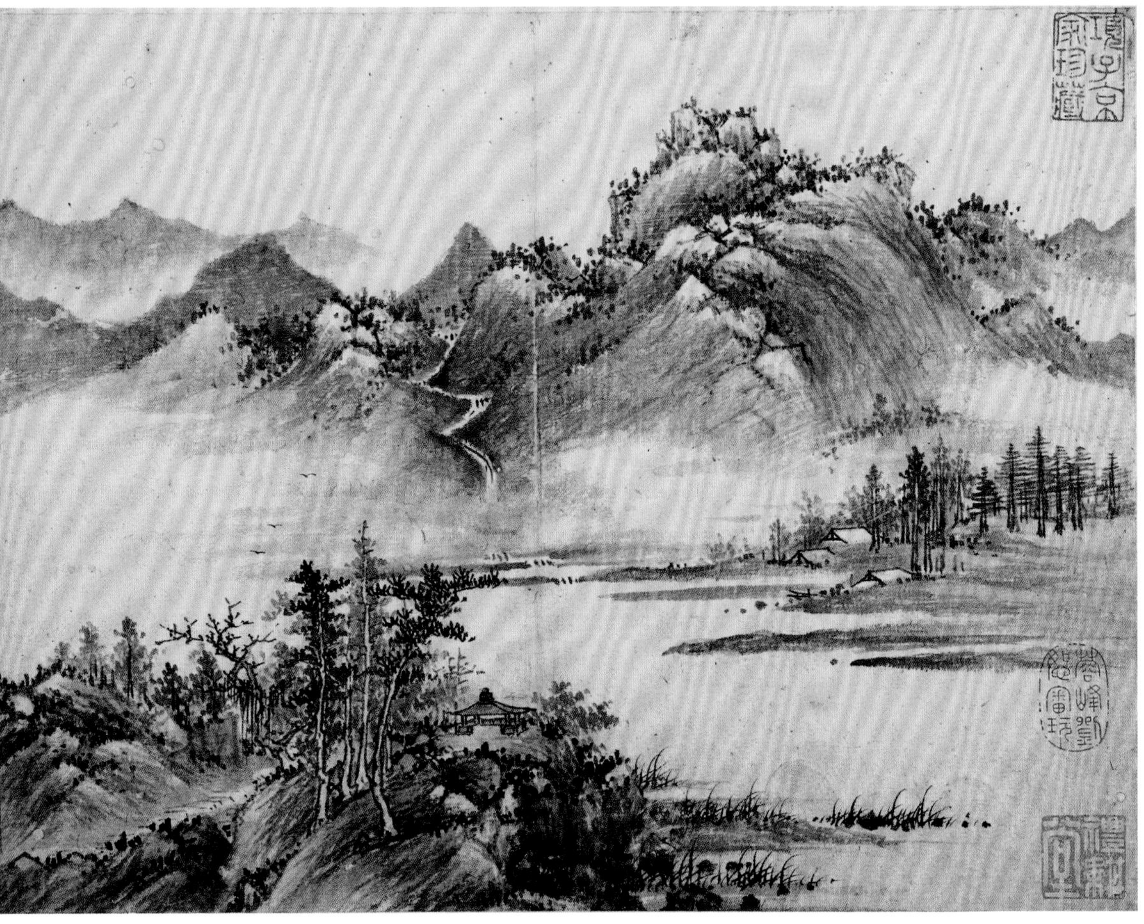

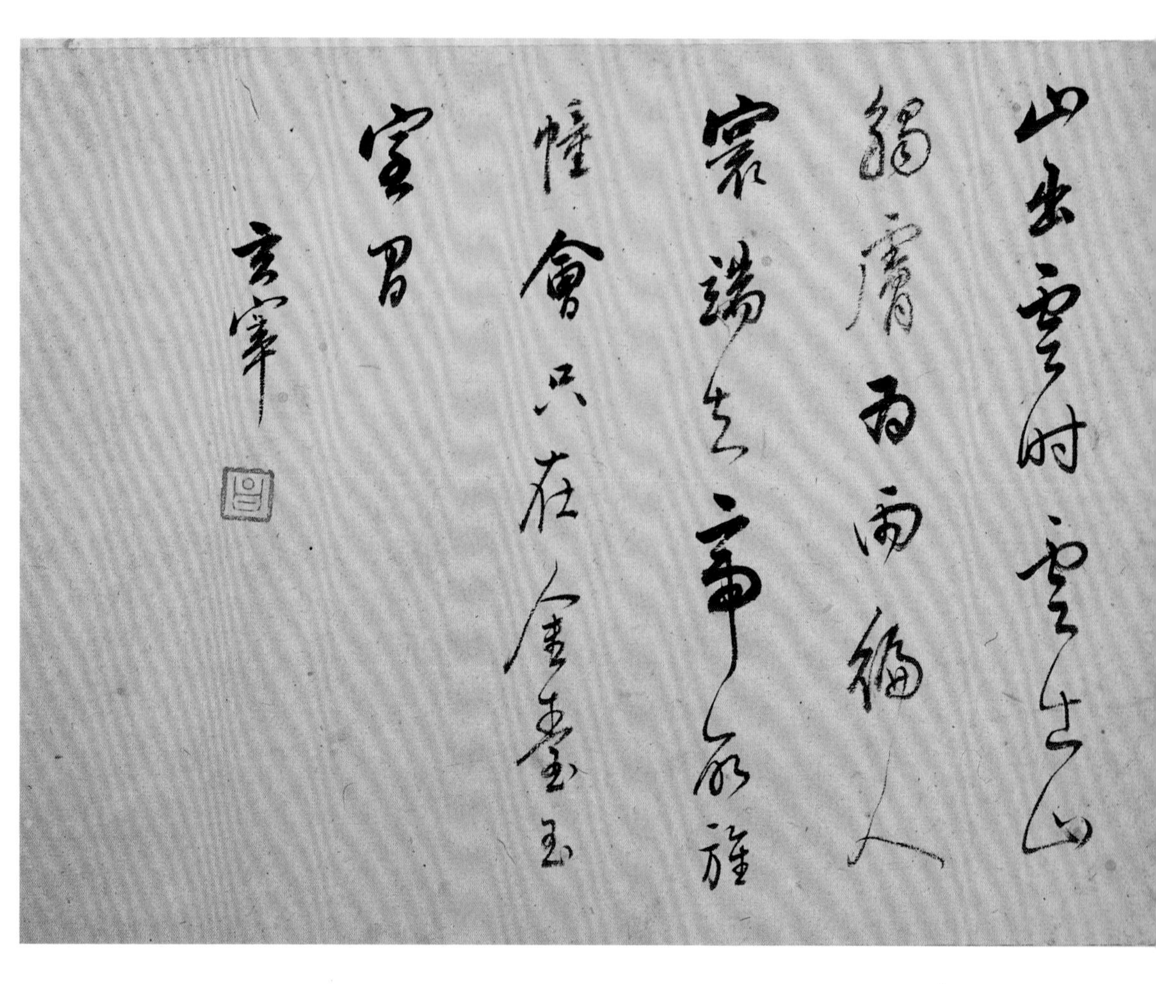

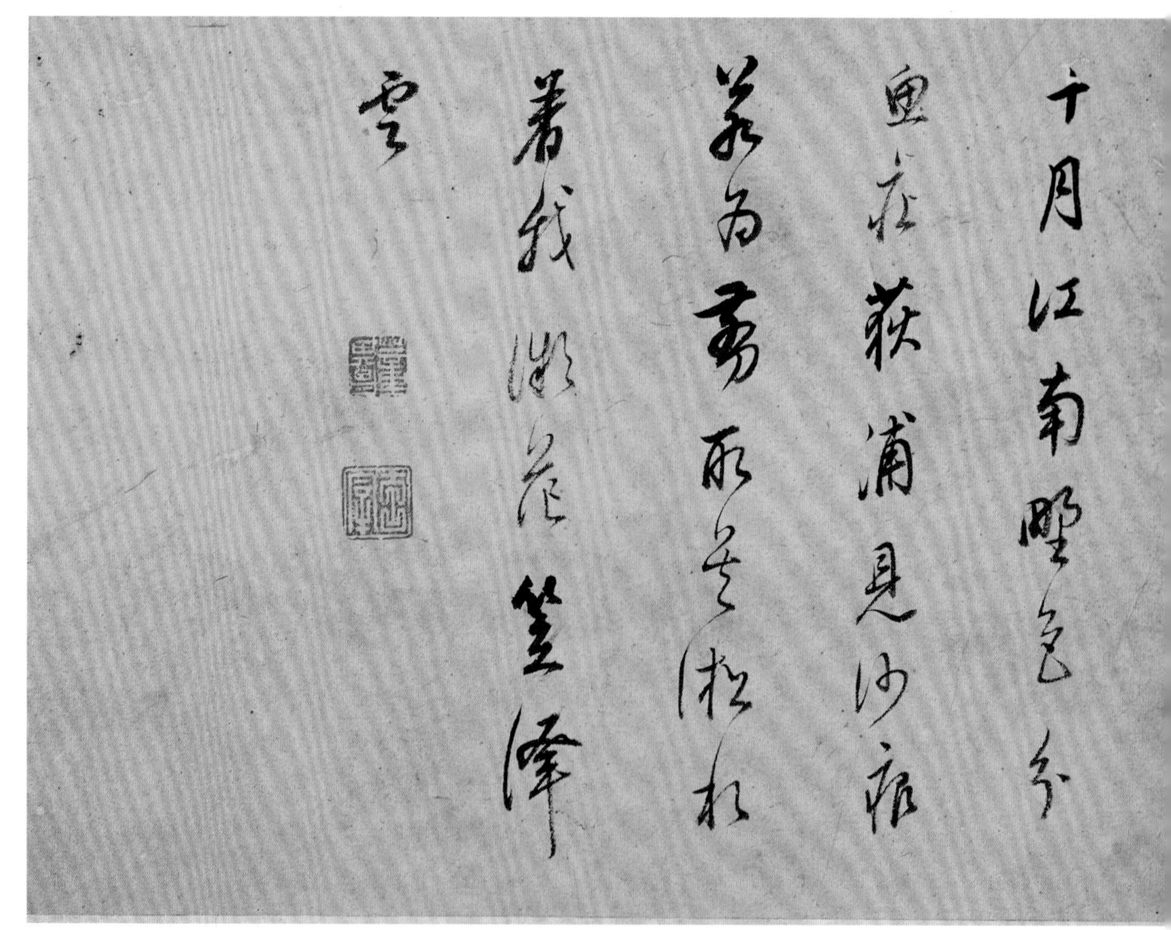

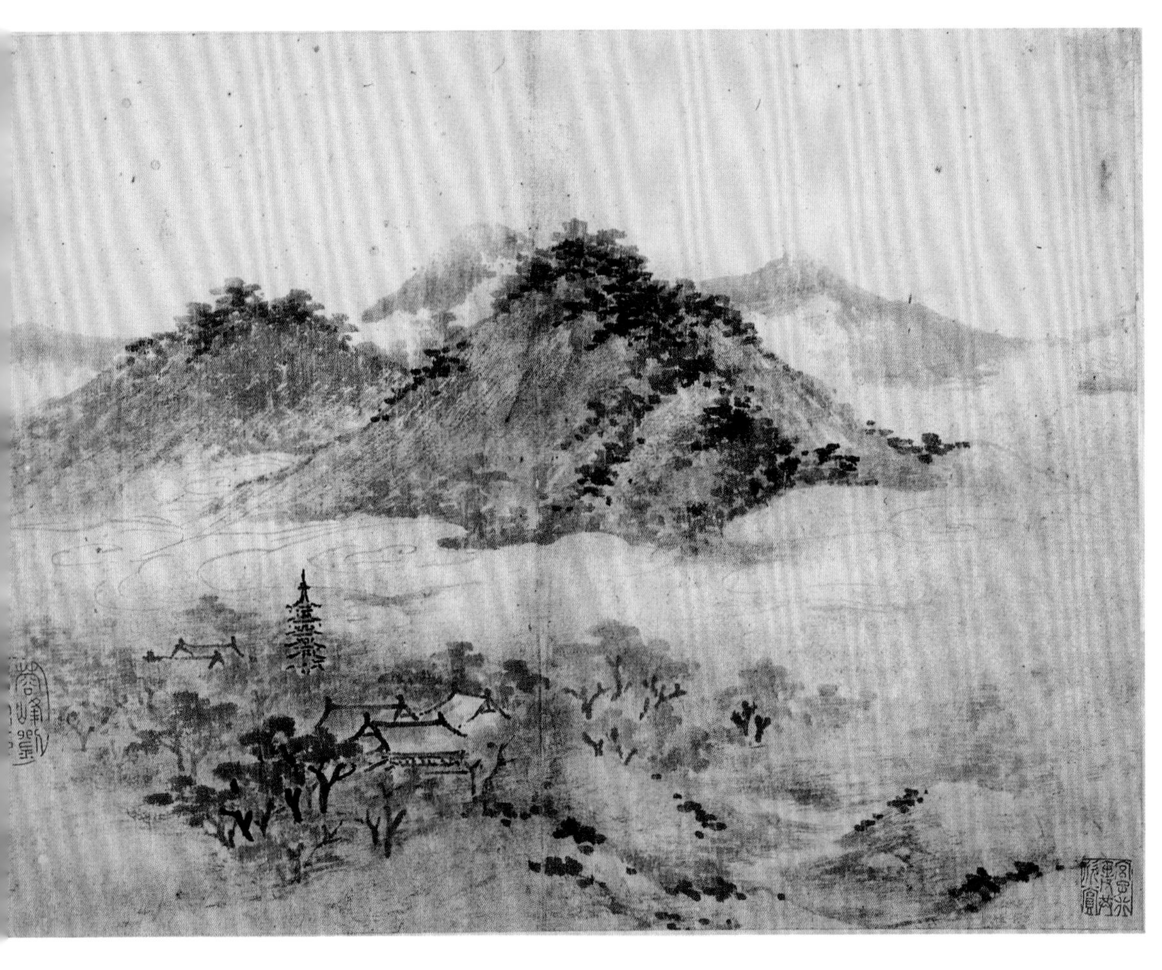

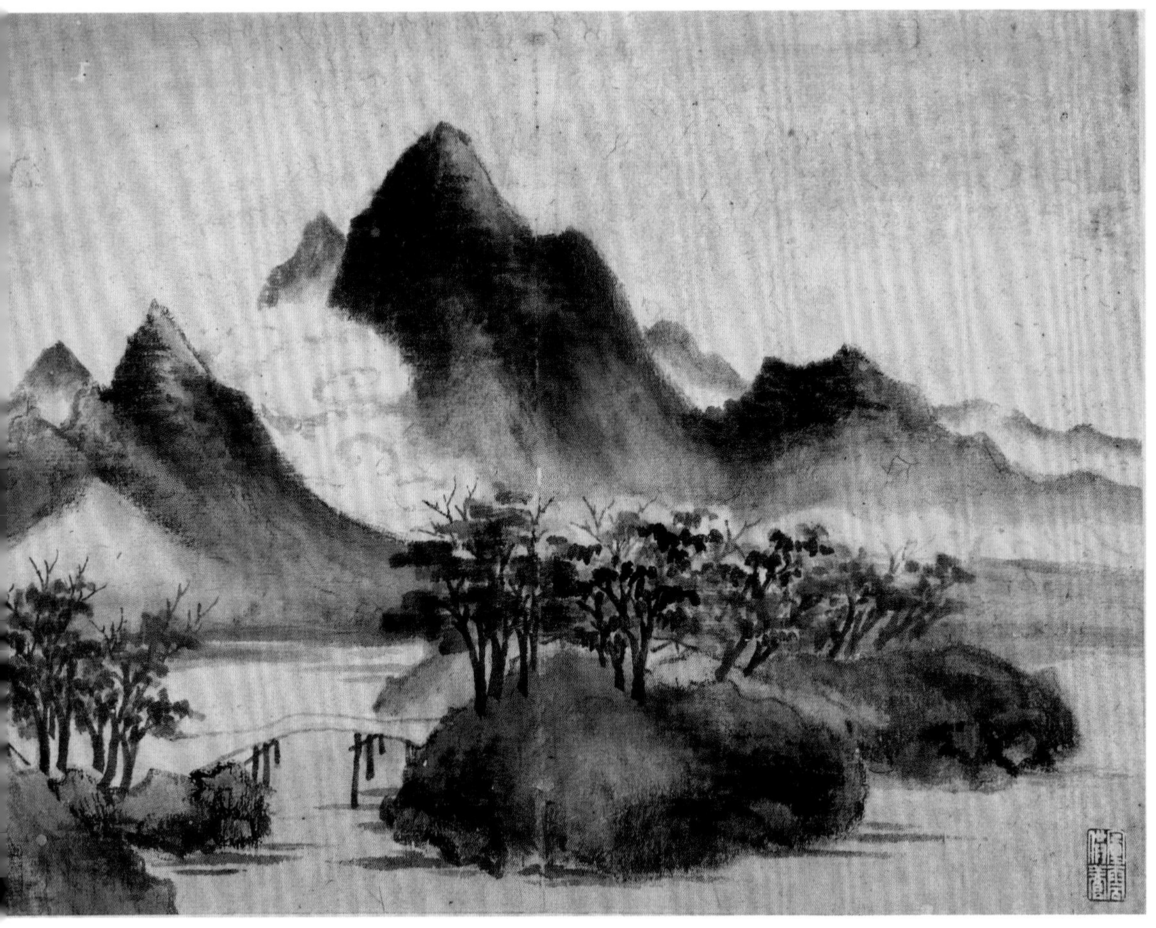

65

姚廷美　雪江漁艇圖卷
紙本　水墨　縱24.3厘米　橫81.9厘米
清宮舊藏

Fishing Boat on the Snowy River
By Yao Tingmei (dates unknown)
Handscroll, Ink on paper
H. 24.3cm　L. 81.9cm
Qing Court collection

姚廷美，字彥卿，湖州（今屬浙江）人。擅畫山水，據畫史記載，姚氏的《有餘圖》作於元至正二十年（1360）。他在元代名聲不大，到了明末，頗受董其昌的推舉。

圖中繪雪後漁人在江上放艇捕魚的景象。山石用破墨、捲雲皴，樹木多作蟹爪法，用筆流暢，畫法上追蹤北宋畫家郭熙。遠處山水相接處用筆寫的長線，以及近處的水草，又參用了五代畫家董源筆意。

本幅鈐“姚氏彥卿”（白文）、“胸中丘壑”（白文）二印。另有清乾隆御題詩一首。鈐清乾隆、嘉慶、宣統諸內府收藏印十二方。

曾經《東圖玄覽》、《石渠寶笈初編》著錄。

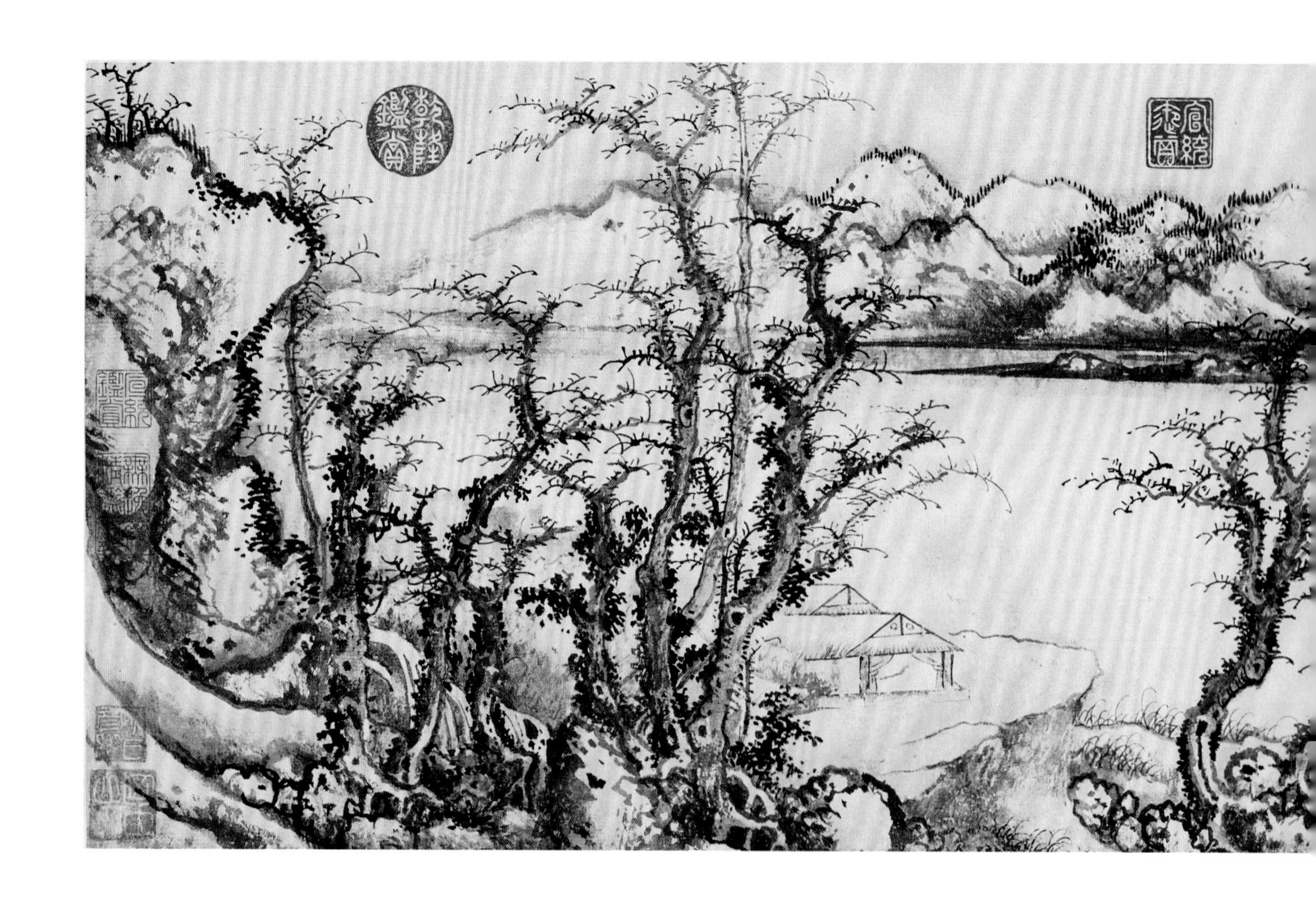

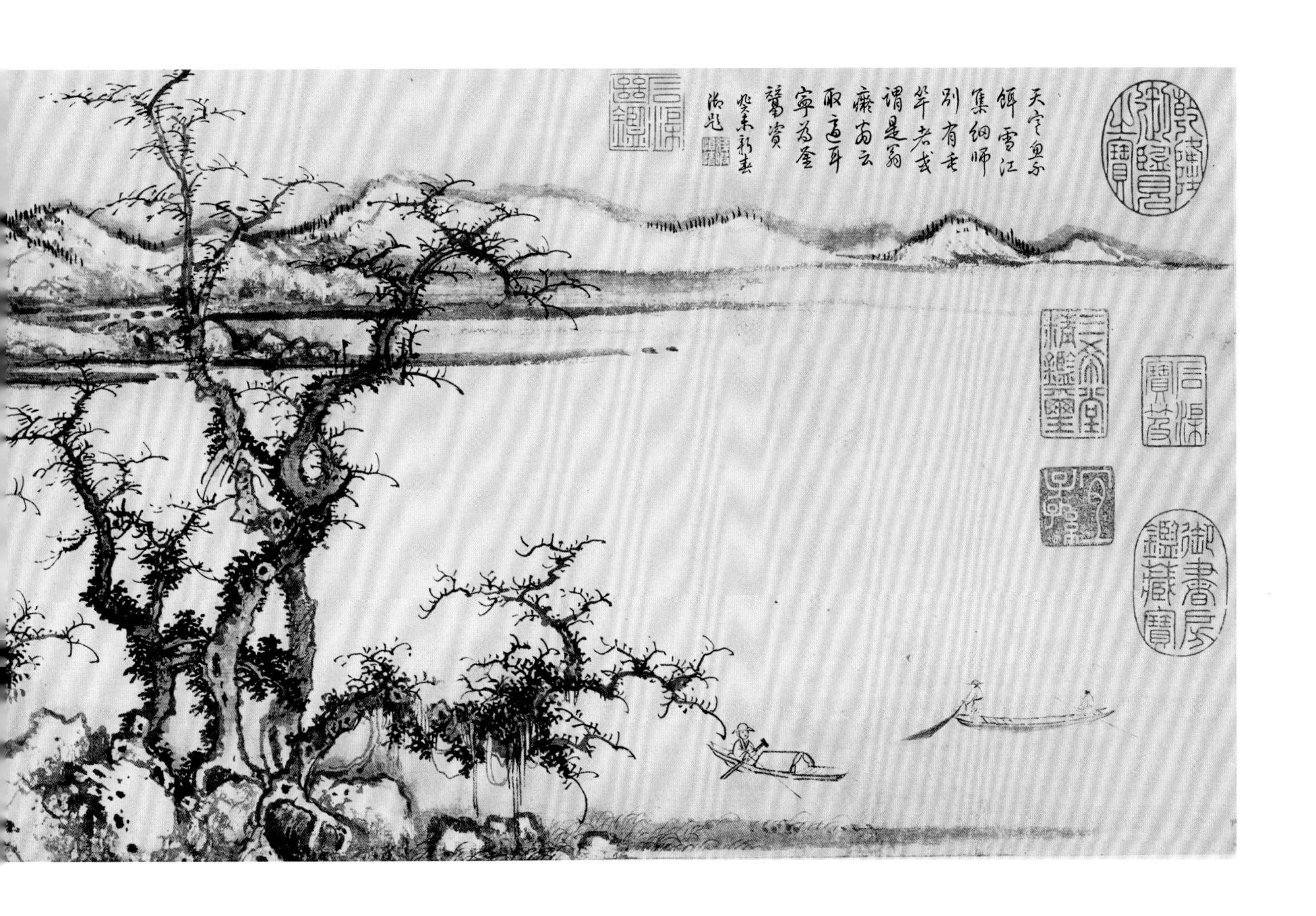

66

張觀　疏林茅屋圖卷

紙本　水墨　縱25.8厘米　橫59.6厘米
清宮舊藏

Thatched Cottage in Sparse Woods

By Zhang Guan (dates unknown)
Handscroll, Ink on paper
H. 25.8cm　L. 59.6cm

張觀，字可觀，楓涇（今屬上海）人。明代初年寓長洲（今江蘇蘇州）。擅畫山水。

《元五家合繪卷》之四。

圖中繪江邊坡岸上林木挺拔疏秀，掩映着柴扉茅舍，一高士靜坐堂中，小童抱琴而來。隔岸遠山起伏，江舟張帆緩行，一派清幽秀麗之色。此圖用筆勁健，山石先用濕筆勾出輪廓，再以濃墨皴染，清淡秀潤。林木草草點畫而成，但遠近、疏密錯落有致。

本幅款識"至正戊戌（1358）八月　張觀制"。另有清乾隆御題詩，鈐收藏印"安氏儀周書畫之章"（白文）。

曾經《石渠寶笈》著錄。

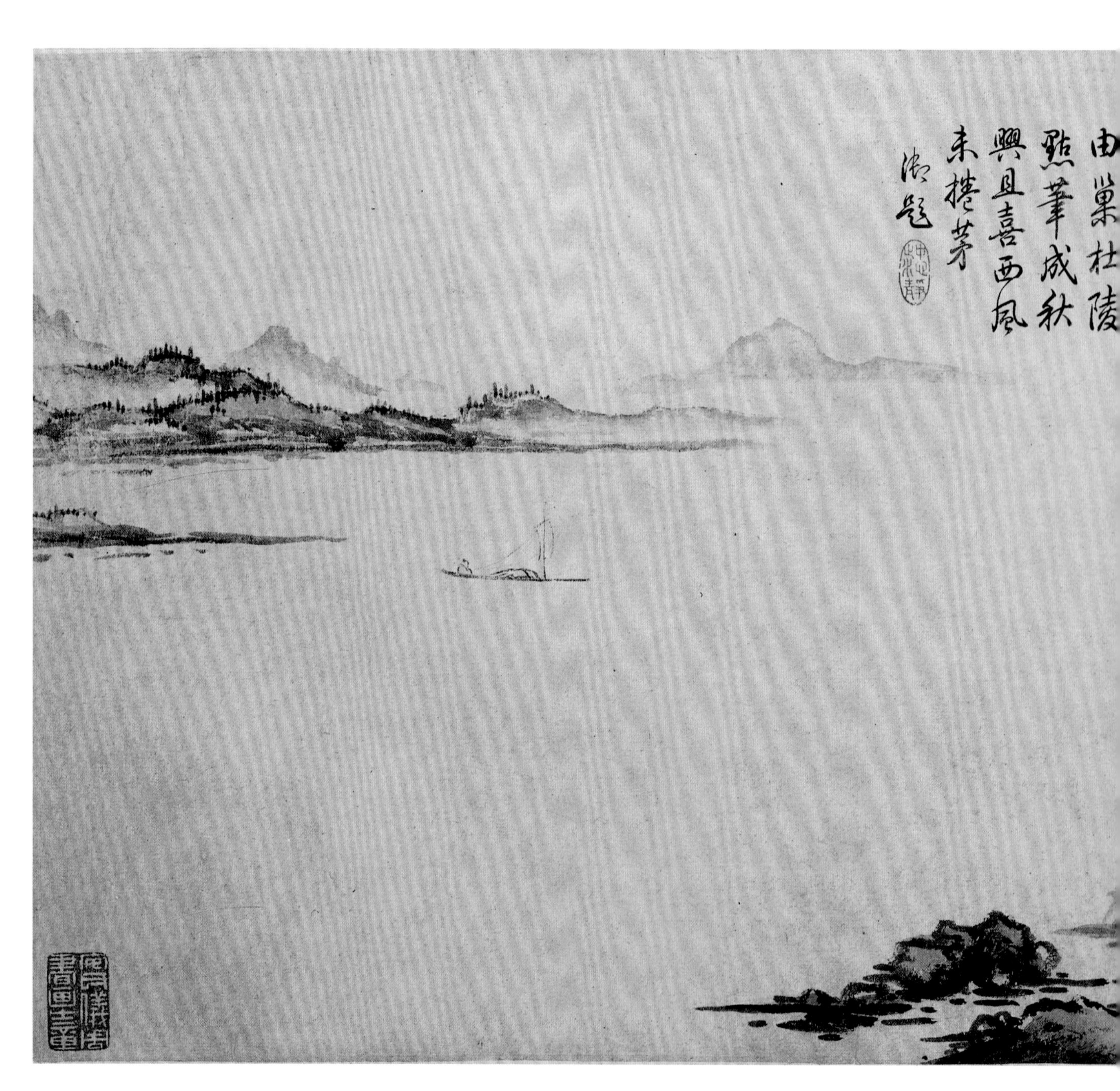

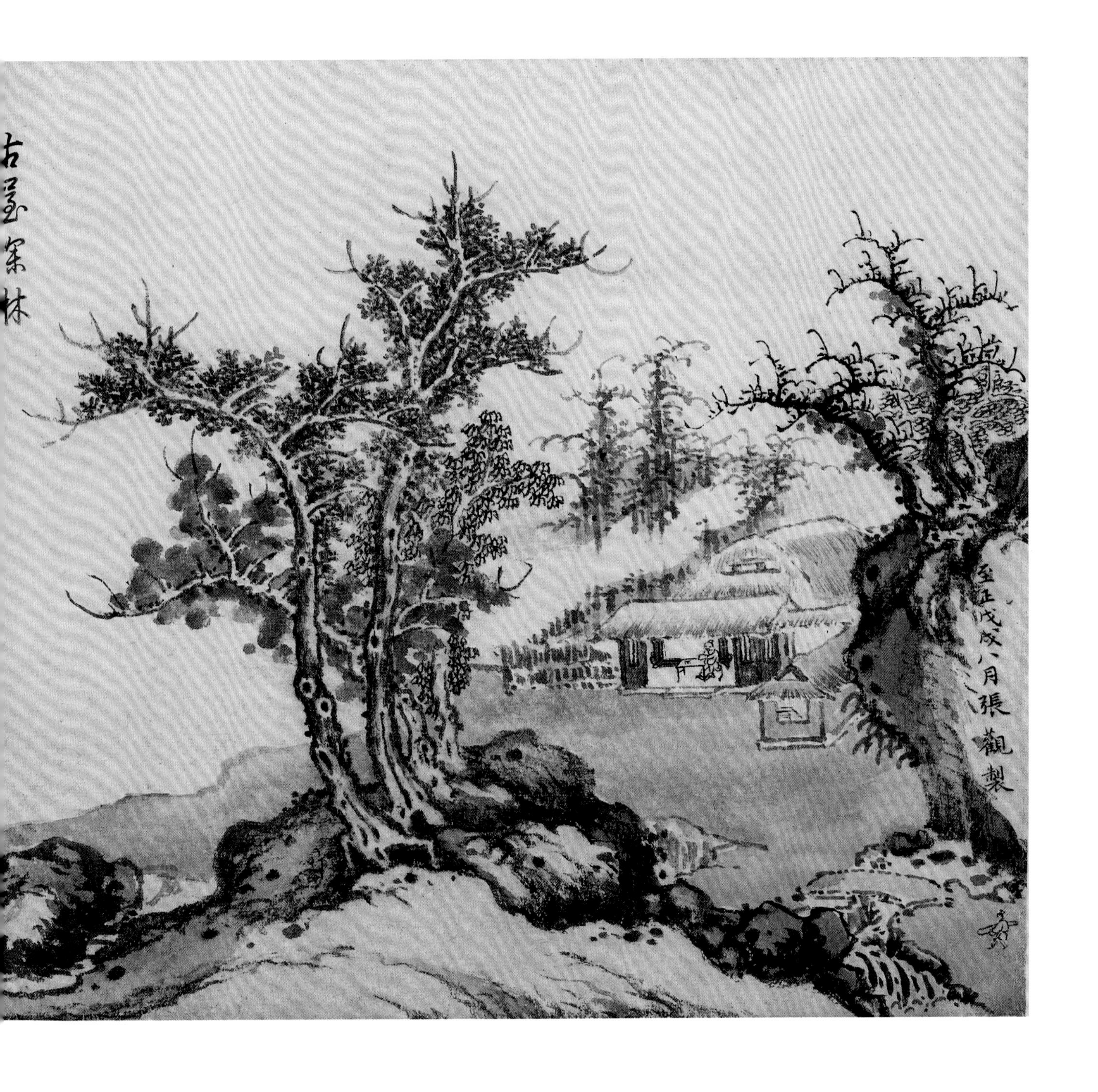
至正戊戌八月張觀製

67

張觀　山林清趣圖卷

紙本　設色　縱30厘米　橫54.7厘米
清宮舊藏

Walking with Stick in the Quiet Mountain Forest

By Zhang Guan
Handscroll, Colour on paper
H. 30cm　L. 54.7cm
Qing Court collection

《元人集繪卷》之一。

圖中繪山谷幽徑，林木掩映，一老者曳杖緩行。富雅靜幽閑之情趣。山石皴染用淡墨，以濃墨點出樹林。此圖佈局空靈簡妙，筆墨勁爽，略帶寫意筆法，是仿南宋"院體"馬遠、夏圭的代表作。

本幅有趙衷題詩："張觀學馬太逼

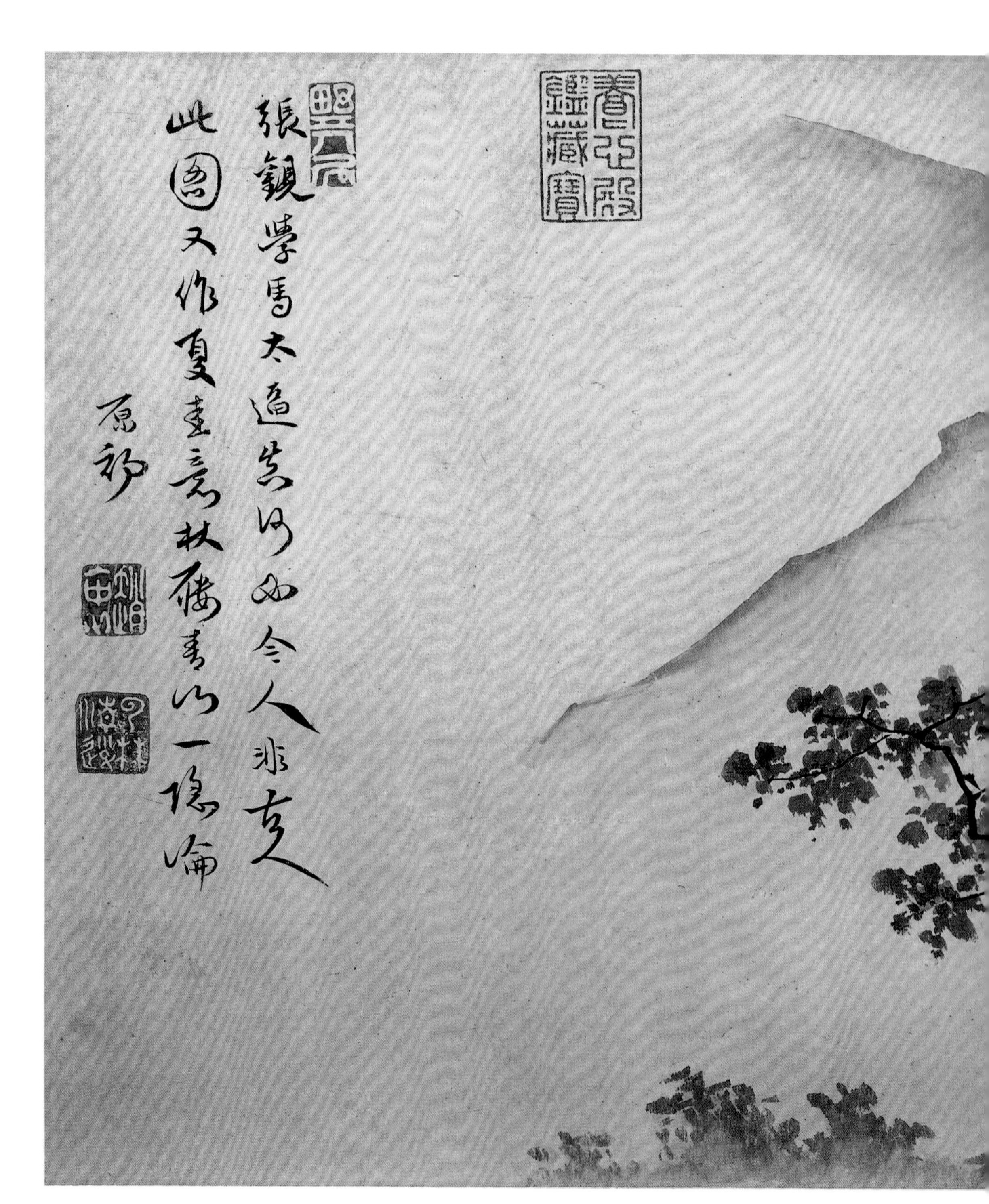

真，何必今人非古人。此圖又作夏圭意，杖履青山一隱崙。原初”。鈐印“趙衷”(白文)、“雲林清趣”(白文)。另鈐有清乾隆內府鑒藏印“乾隆御覽之寶”(朱文)、“石渠寶笈”(朱文)、“石渠定鑒”(朱文圓)、“寶笈重編”(白文)、“養心殿鑒藏寶”(朱文)等五方。

前隔水有今人吳湖帆題記。

曾經《石渠寶笈續編》著錄。

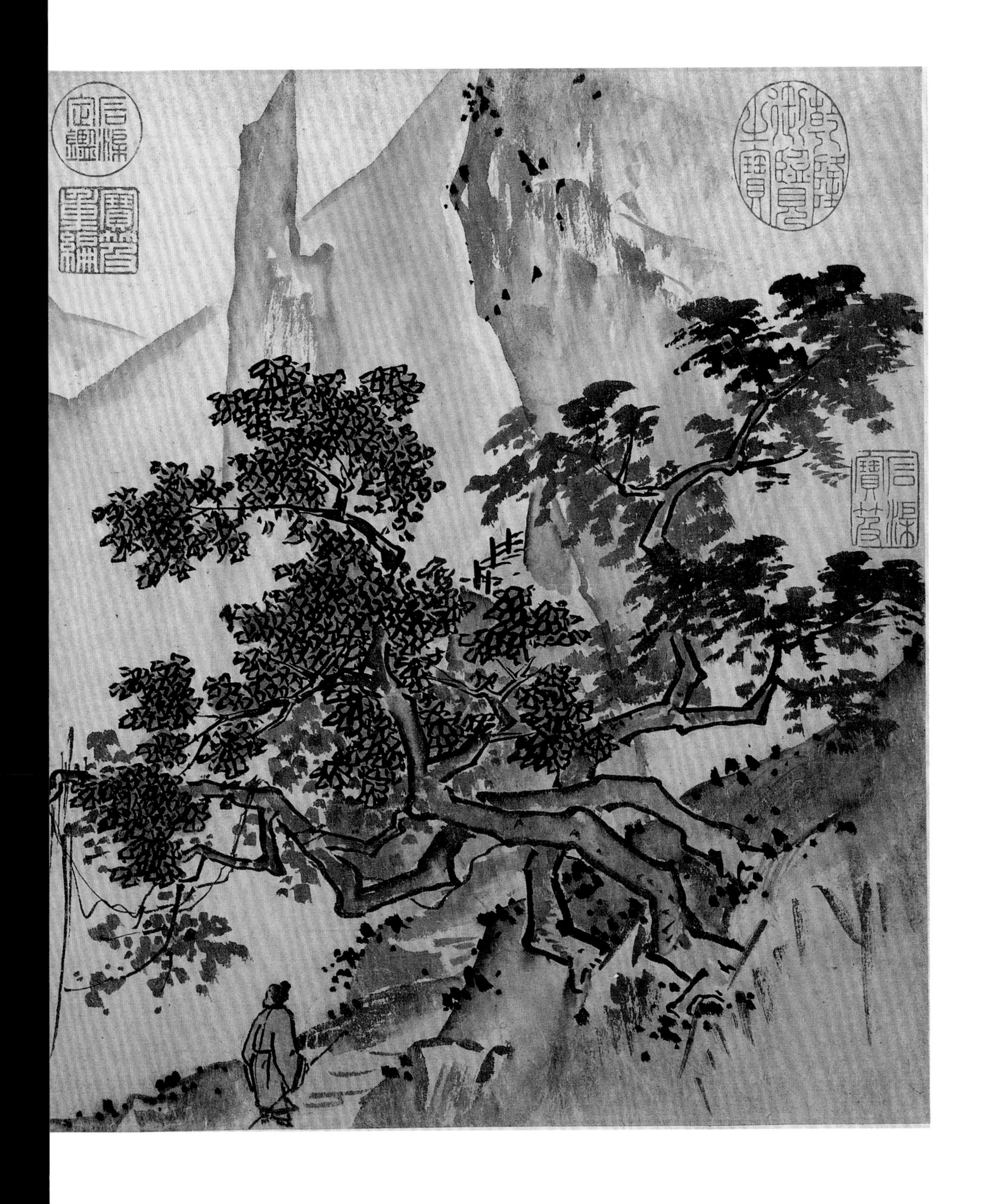

68

吳致中　閑止齋圖卷

紙本　墨筆　縱21.8厘米　橫31.9厘米

Xian Zhi Study

By Wu Zhizhong (dates unknown)
Handscroll, Ink on paper
H. 21.8cm　L. 31.9cm

吳致中，號東園，延陵（今江蘇常州）人。約活動於元末明初，擅畫山水。

圖中繪高樹聳立湖畔，屋主的“閑止齋”掩映於林木間，對岸平沙曲岸，遠岫遙岑。生動地描繪了元代文人理想中的山林野趣。筆墨簡潔而內斂，在勾皴點染之間，旨在營造一種清幽雅靜的氣氛，山石的畫法用捲雲皴，特別明顯地表現出了北宋郭熙繪畫技法特點。

此圖為同族吳彥能所繪。吳彥能，元末延陵（今江蘇常州）人。出身於官宦世家，鑽研《春秋》，頗有造詣，後隱居於歙南溪（今安徽東南）。因敬慕東晉名士陶淵明棄官歸隱，故將其居所取名為“閑止齋”。

本幅自題：“野外罕人事，即事多所欣。坐止高蔭下，遙遙望白雲。東園吳致中為宗人彥能寫閑止齋並集陶句。”鈐印“延陵世家”（白文）、“吳致中印”（白文）。

引首題：“閑止齋　孫傑為彥能寫”。鈐印“困而學之”（白文）。

尾紙題跋有元末明初人唐仲、鄭晦、呂旭、曹興、施宗敏、孫傑、鄭桓、王賓、陳新、范準、唐文奎以及清代顧文彬等十四家。鈐“顧子山秘篋印”（朱文）。

曾經《過雲樓書畫記》著錄。

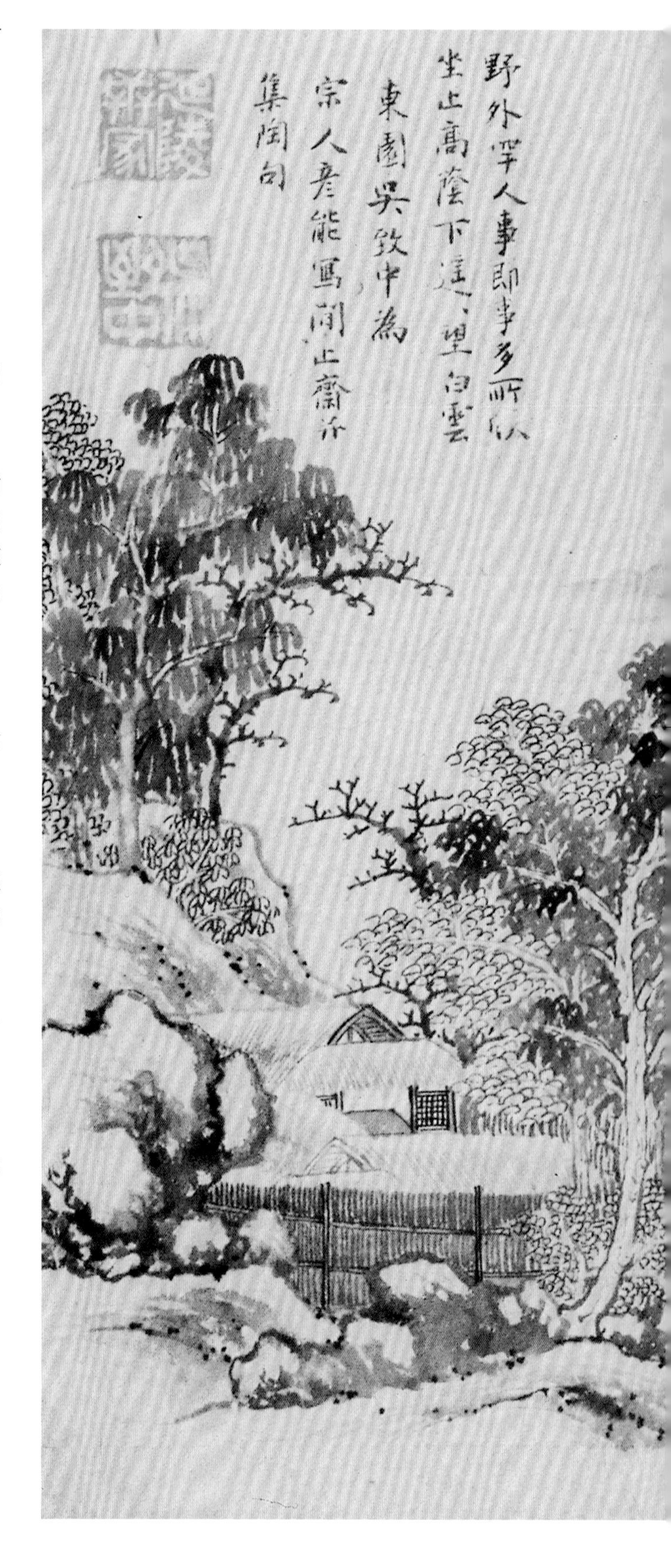

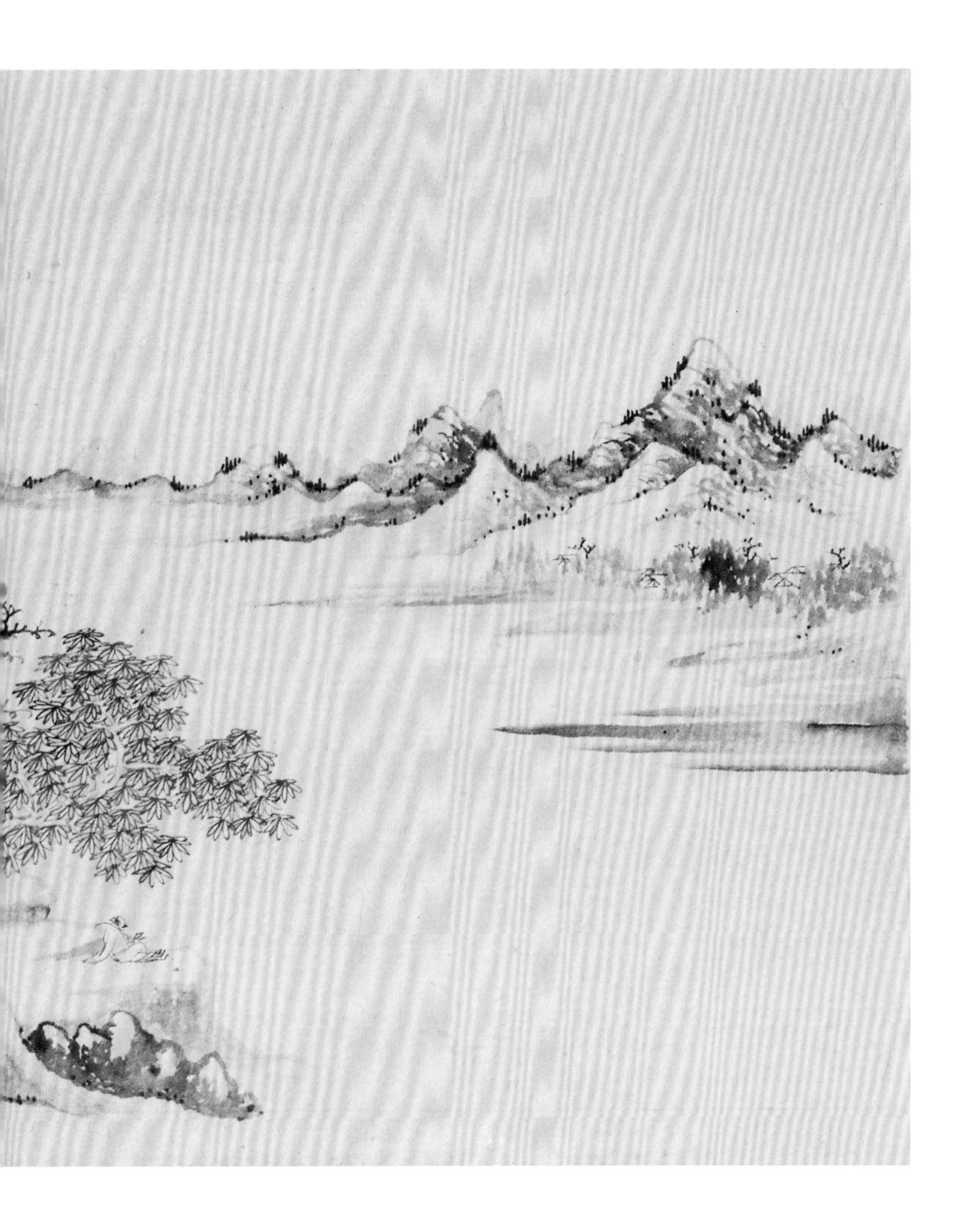

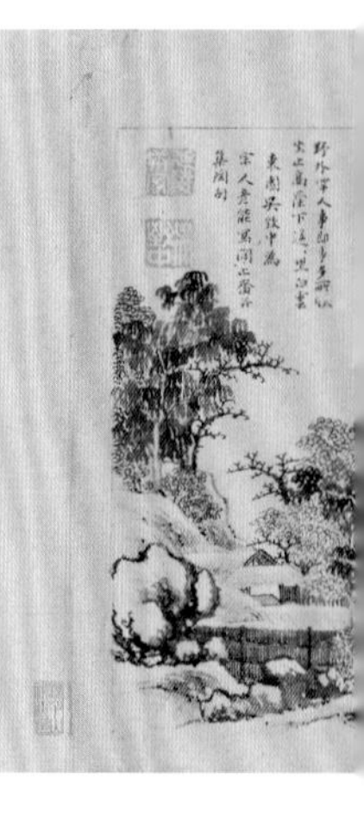

閒止齋記

始萬物者莫盛乎震終萬物者莫盛乎艮始終萬物皆震艮之所為也震動為生物之始艮靜為成物之終靜而得所止則天下之能事畢矣三代以降正學不明東晉陶淵明人品高峻恥事異姓通鑑綱目晉處士書之褒崇令節不特一詩人而已柳子厚韋應物莫不倣效之蘇子瞻子由莫不追和之或得其體格遺其意趣多矣獨湯東澗讀止酒篇以淵明平生出處大緊倫述湯擬斥權偉祔祀在弋陽邑庠非慕味淵明之為人安能親切如是哉吾里衣冠之望推吳氏大丞相吉國程公其妣其配嘗國周國兩夫人皆吳氏則貴俗可想靜觀公嘗陞嘉定教其子適安雅稱家規二季競爽克紹嘗事胡公仲變經學淵源其來有自一日來予曰幼也先君命軏為名蓋賦乎車驅馳局於有為者愛止酒篇以閒止二字額諸齋室敢以記請予曰宇宙之大得其止不得其止靜動循環如受役然一歲而止於冬一晝而止於夜凡物之過冬離擊斂歸根非新然斷絕人之過夜離偃仰寧體非修然放恣息之為貞下起元之機養之為平旦清明之氣柴桑翁人品固高亦必達道杜子美蓋有是說東帶休官刈秋思隱不過遇事感發獎屣功名田視令彭澤時何異扁舟輕飄風波有定而曰道

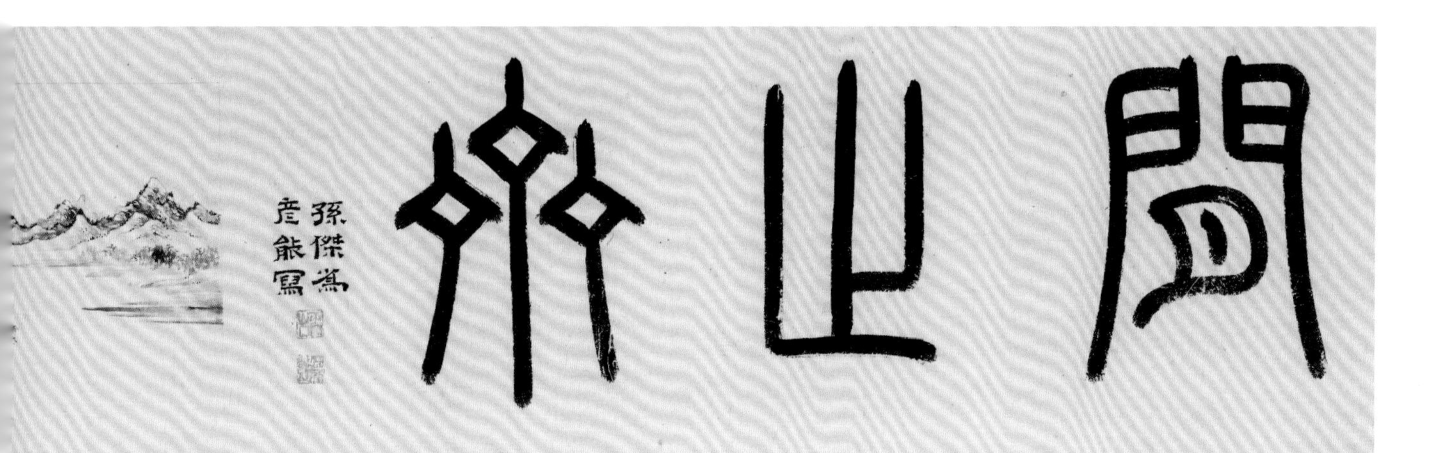

樊屣功名回視令彭澤時何異扁舟輕飈風波甫定而曰道遠自閒止而幾悟所止矣彥能春秋鼎盛恬退溪南之上廬以閒止名其齋其善慕陶者知止得所止聖賢之道秩然不紊茍如是庶幾乎近道矣奚翅閒止者哉姑論集以為記洪武三年庚戌四月朔白雲居士唐仲書于紫陽精舍

千古柴桑翁知幾造深道遂有餘閒富貴非所好羨彼延陵孫閒止慕高操

同郡孫傑

日月有恒運人胡不遑居志士慕功業營營竟奔趨自非曠世懷鮮克寧厥軀卓哉延陵子栖心在黃虞結廬南溪濱下種荷與蒲良田足稌秫繞舍多桑榆上堂奉旨甘兄弟亦怡愉朋來輒命觴取適良足娛軒窗足清爽奚必樂桑居游魚泳深淵飛鳥必丘隅消搖任化遷不樂復可

矣哉夫天地之間事物莫不各有至中不易之則為所當止之地如居仁臣敬父慈子孝與人交之信人之求所止者必至於是而不遷聖人發此五者之目以為例而使夫學者由是而推之則應事接物之間知所止而得所止矣奈何斯世之人厭貧賤而不能去貪富貴而患失之好惡欣戚戰乎中焦心慼容形乎外以顛躓殞滅而莫悟者是皆不知夫心者也今彥能名齋之義若是其可謂知所止者乎其亦有慕於淵明者乎夫淵明以晉室大臣之孫恥事二姓休官彭澤翩然賦歸酌酒詠詩固窮自樂所以歛英氣於冲陶寄深心於淡泊蓋有得於老氏知白守黑之為者使夫當世之人有可托以行其志則子房報韓之心孔明復漢之志其從容匡大不為三代以下人物者吾知其優為矣非真有得於道能如是乎此後之君子所以向慕比擬而不可企及者也少陵老翁乃謂陶潛避世人未必能達道今以陵居唐天寶間較之晉元熈之際其遭順固萬不侔矣雖其忠君愛國出自肺肝然戚於貧賤汲於富貴方之淵明之固窮守節秉化樂天則道之達否孰得孰失夫何後來者之不察而徒昔人之成言以藉口於紙筆間則非唯不足以知淵明而亦不足以知少陵矣柳何謬哉居貞彥能以為然否因并書于卷末而質之休寧范準識

至舉

晉陶淵明有志於世者也時人莫之識慕諸葛武侯而字元亮令彭澤僅八十餘日恥見督郵託辭去官實與張季鷹思蓴同意公田種秫考其仲秋到官又非播種之日過酒即飲乃遭時不辰志弗克展假醉以散其湮鬱而非酷好也晉鼎既遷年書甲子尤賢於莽大夫揚雄遠矣杜拾遺詩曰陶潛避俗翁未必能達道觀其著詩集頗亦恨枯槁余每讀之氣為哽塞今觀唐白雲閒止軒記亦宗尚此語吁畢公箴與亦不惡何今人之景慕一至於斯也讀歸去來辭見其胸次脫灑景與情會朱夫子載諸楚辭豈可上追屈宋其曰聊乘化以歸盡樂夫天命復奚疑非達道者孰能喻此何嘗見其恨枯槁耶書戒其子曰汝亦人子也可善遇之[illegible]恕及物可傳誦朝扣富兒門暮隨肥馬塵殘杯與冷炙到處潛悲辛焉肯自比稷與契之徒而汲汲於富貴若是乎多見其不知量也未達道恨枯槁拾遺其自道歟觀南溪吳彥能氏與鄭居貞為懿戚鄭子屢與余言其篤

69

徐賁　快雪時晴圖卷
絹本　墨筆　縱29.7厘米　橫90.5厘米

A Clear Day after Snowfall
By Xu Ben (1335-1393)
Handscroll, Ink on silk
H. 29.7cm　L. 90.5cm

徐賁（1335—1393），字幼文，號北郭生。原籍蜀（今四川）人，後徙居吳（今蘇州）。元末隱居蜀山（今浙江湖州境內）。明初應徵出山，官至河南布政使。後因勞軍失時而下獄，不久即過世。他工詩善畫，為"吳中四傑"之一。

此圖收在黃公望《快雪時晴圖》中。圖中繪雪後晴空，長松挺立，遠處山峯若隱若現，一輪紅日映照兩山之間。山中樓閣上，遊人或在賞雪、或在讀書、環境十分優美。其山石皴法及林木畫法均學北宋郭熙，以水墨烘染，筆力遒勁，氣象寒疏而且清麗冷峻之感。

本幅款識"東海徐賁為之圖"。另有項元汴、安岐、龐萊臣等鑒藏印二十一方。

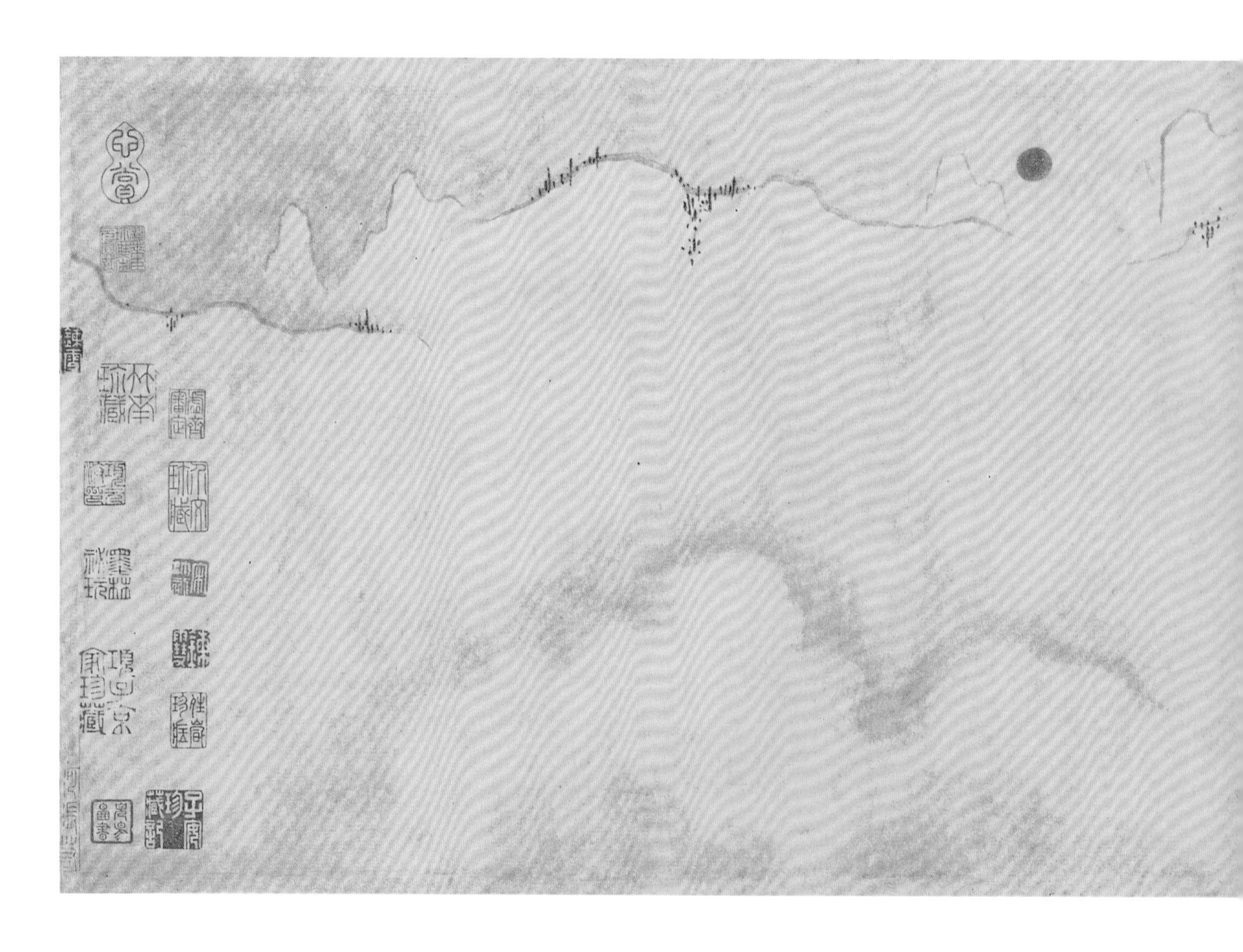

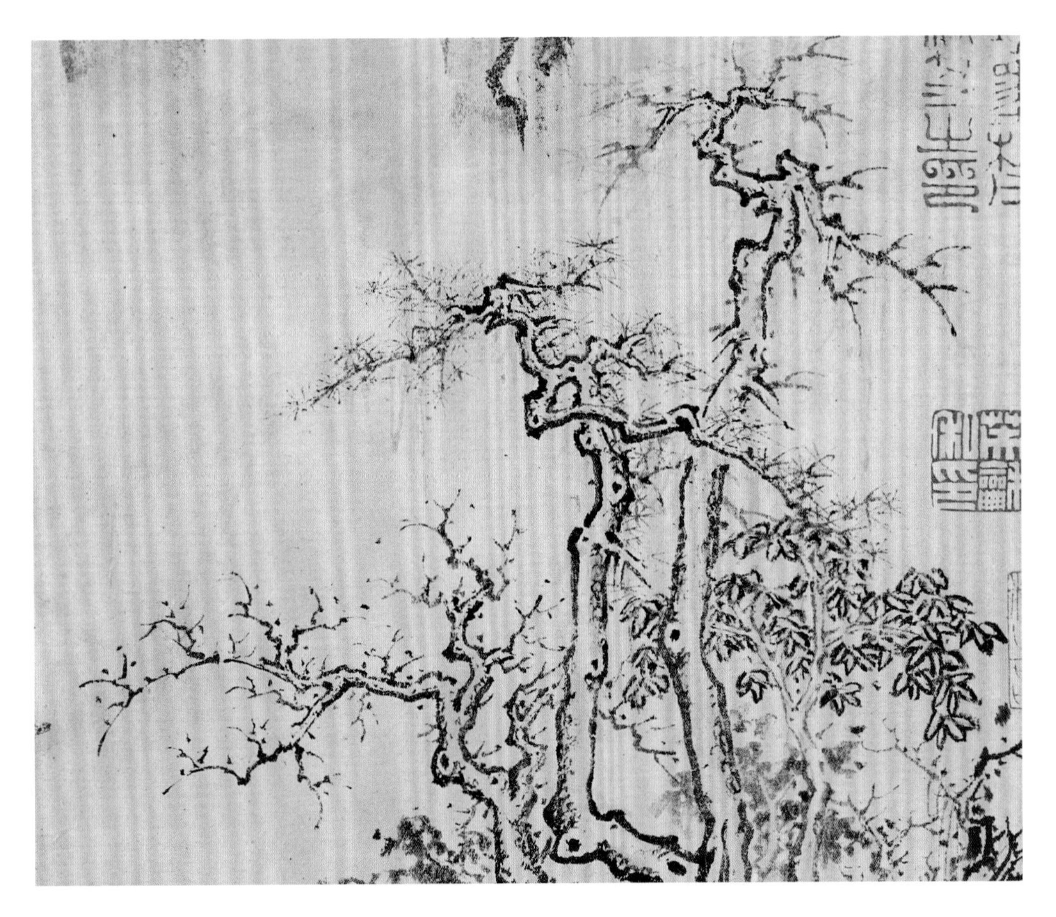

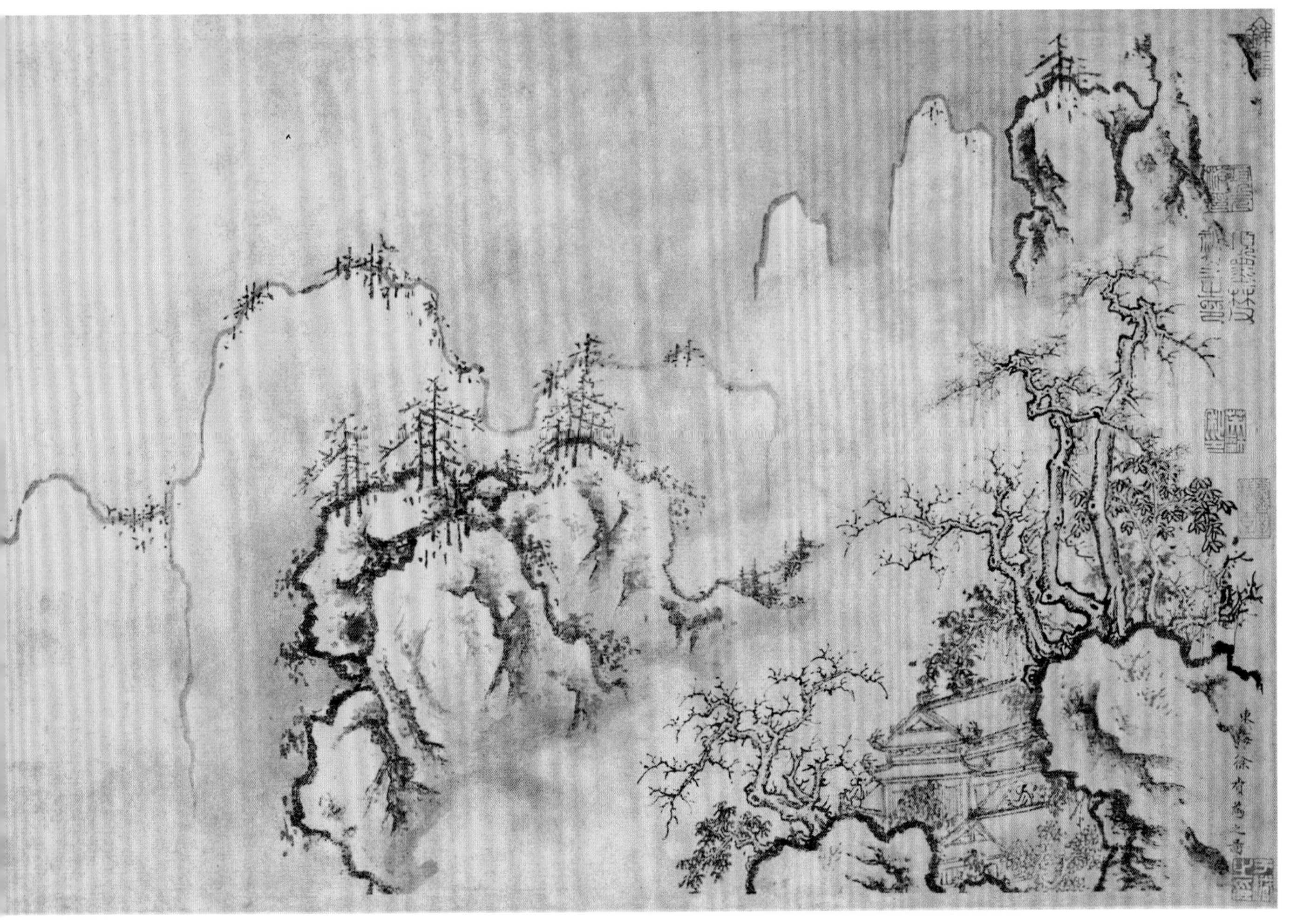

70

佚名　平遠圖頁

絹本　設色　縱25.5厘米　橫29.5厘米

Stream and Distant Mountains

Anonymous

Leaf, Colour on silk

H. 25.5cm　L. 29.5cm

圖中繪高松遠岫，平溪疏林，畫面開闊曠遠。古松用縝密的雙鈎，雜樹枝似蟹爪，遠山輕勾淡遠，意筆寫之。此圖收在《宋元明集繪冊》中，與美國翁方戈藏趙孟頫《雙松平遠圖》相近似。

本幅題："□秋平遠"。另有款識"子昂"，鈐印"趙氏子昂"（朱文）。鑒藏印印文模糊不識。

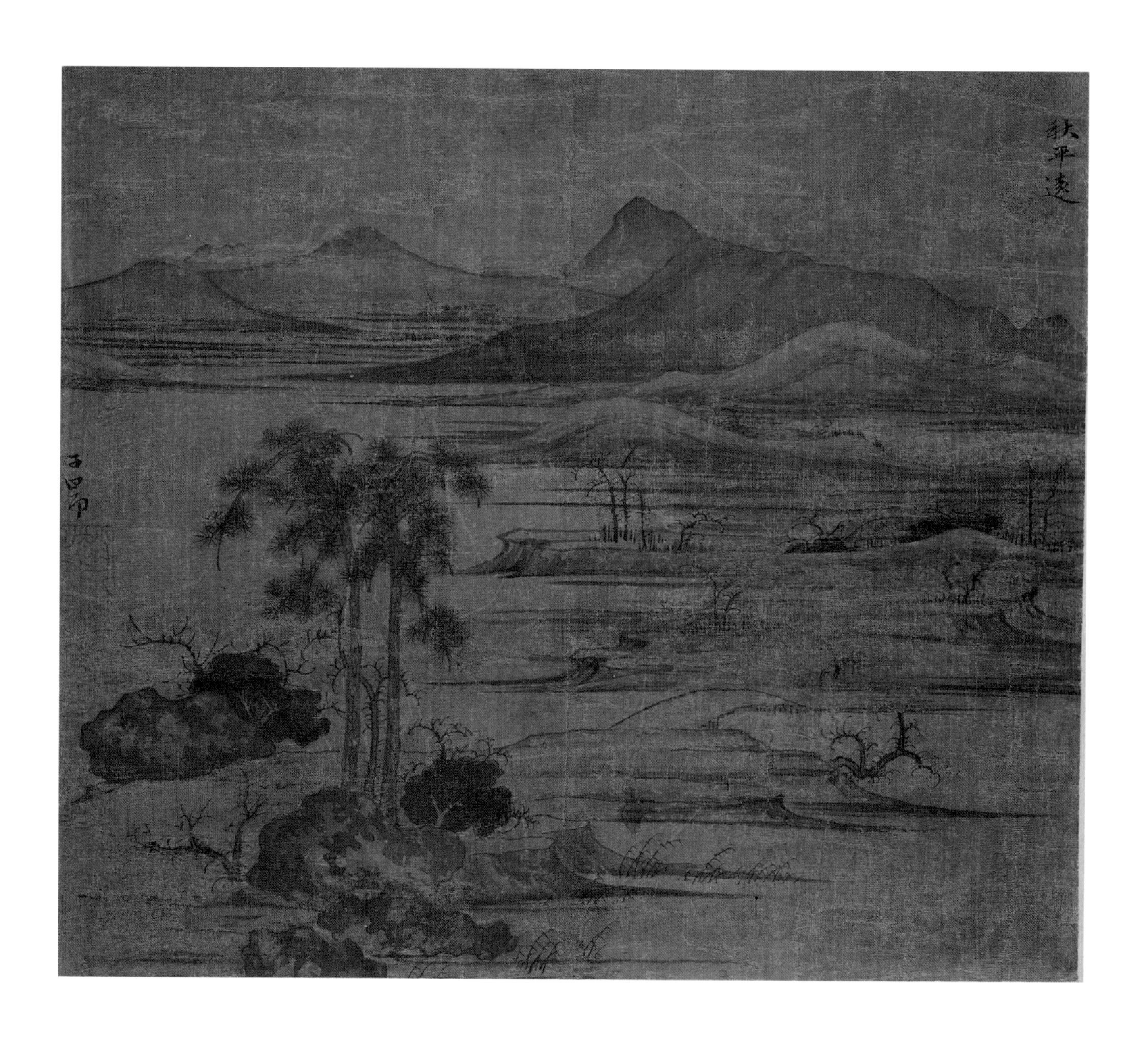

71

佚名　秋山行旅圖軸

絹本　設色　縱176.5厘米　橫110.5厘米

Travelers amidst Mountains in Autumn

Anonymous

Hanging scroll, Colour on silk

H. 176.5cm　L. 110.5cm

此圖又名《秋景山水》。繪江湖窠石，峻嶺寒林。近處坡樹縈帶，水閣臨溪。一隊旅人驅驢負荷沿着崎嶇小路前進，以點明行旅之意。遠處奇峯突兀，山勢巍峨，山腰白雲滃起，寺觀隱現，一股山泉從山後流經山前蜿蜒注入江河，使平靜的畫面倍增動感。山石用捲雲皴，樹枝似蟹爪，筆法工細嚴謹，構圖遼闊曠遠，氣勢恢弘。

本幅鈐鑒藏印"宣和中秘"（朱文，偽）、"秋壑珍玩"（白文，偽）、"子京父印"（朱文）、"項墨林父秘笈之寶"（朱文）。

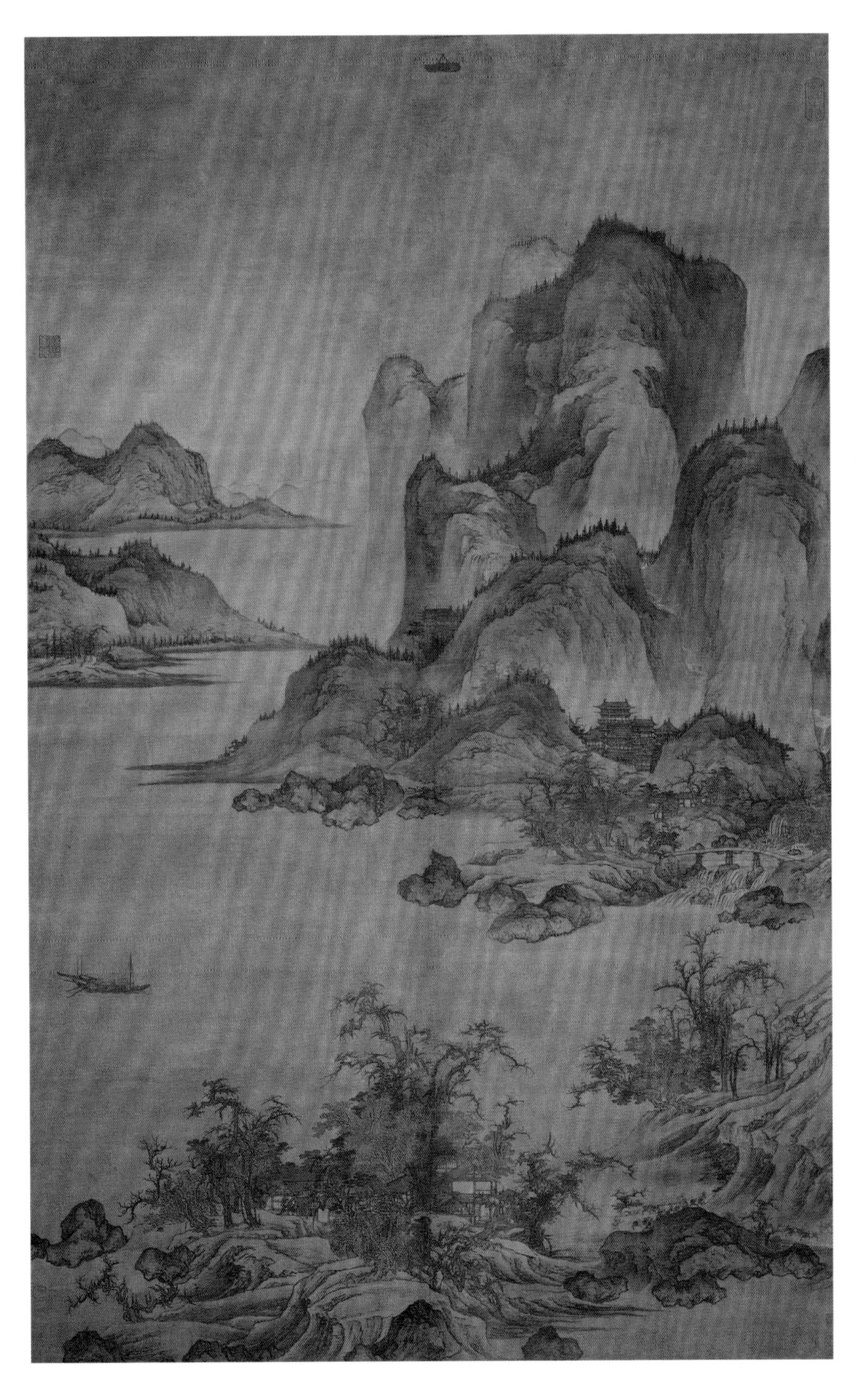

72

佚名　瑤嶺玉樹圖軸

紙本　設色　縱97.4厘米　橫41.2厘米

Snowy Mountains and Wintry Trees
Anonymous
Hanging scroll, Colour on paper
H. 97.4cm　L. 41.2cm

圖中繪崇山峻嶺，寒林雪景。山中瀑布飛瀉，山似捲雲。水閣掩映於山腳叢林、奔泉之濱。閣外數人，不畏嚴寒，或策蹇負囊，或騎驢行旅，畫面富有生活氣息。構圖雄偉，筆法尖細縝密，山石樹林的畫法有李成、郭熙筆意，為元人大幅山水之佳構，惜欠完整。

本幅有愚齋、□一述、姚玭、凌翰題詩（釋文見附錄）。鈐鑒藏印“嘉善查有鈂梟師父珍藏印”（朱文）、“倩盦”（朱文）等。

裱邊有近人吳湖帆題記。

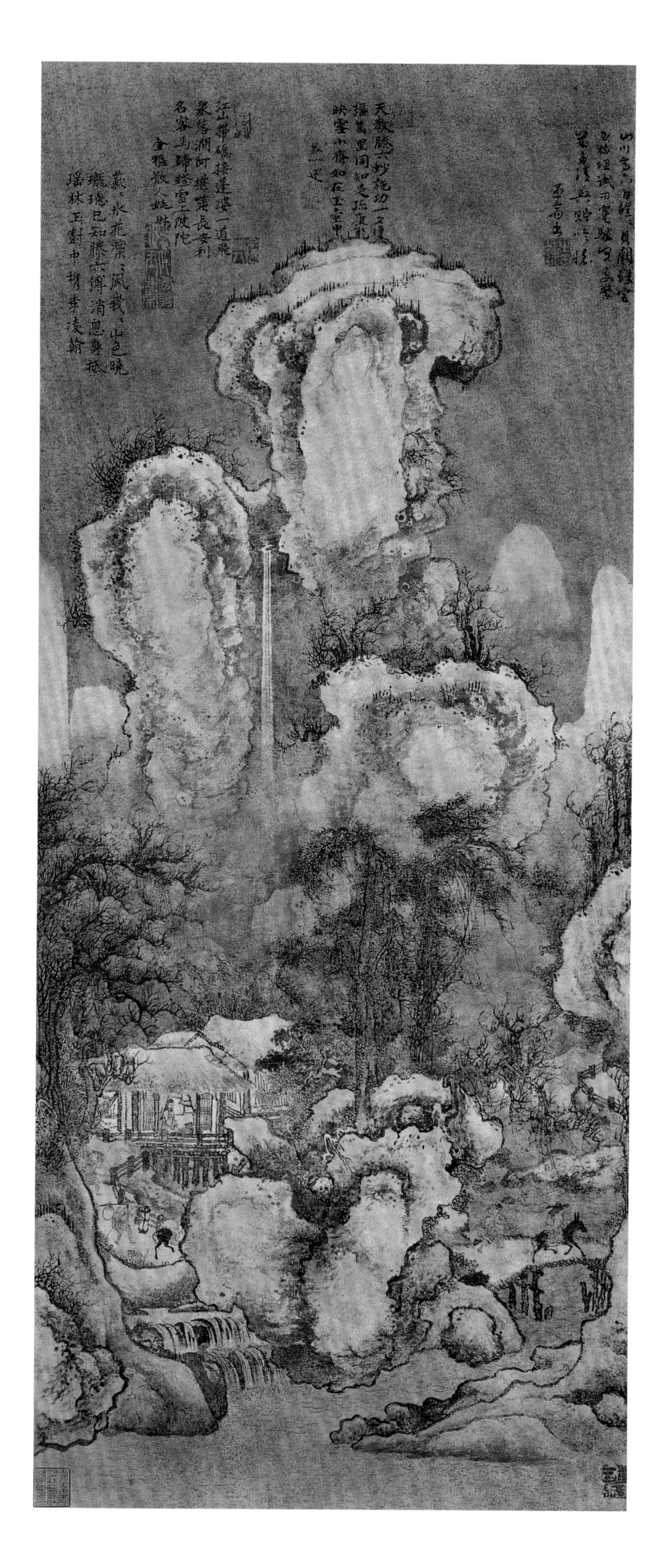

73

佚名　仿郭熙山水軸

絹本　墨筆　縱164厘米　橫105.3厘米

Landscape after Guo Xi

Anonymous

Hanging scroll, Ink on silk

H. 164cm　L. 105.3cm

圖中繪層巖疊嶂，長松老樹，古寺平溪，小橋行旅，可遊可居。此圖為大幅山水，構圖高遠、深遠兼用，山如捲雲，樹似鷹爪，畫風學郭熙一派而又有元人的逸趣。

本幅似有款識，已不可辨。鈐鑒藏印"孔廣陶印"(白文)、"葉公鑒賞"(朱文)、"宣和中秘"(朱文，偽)等印。

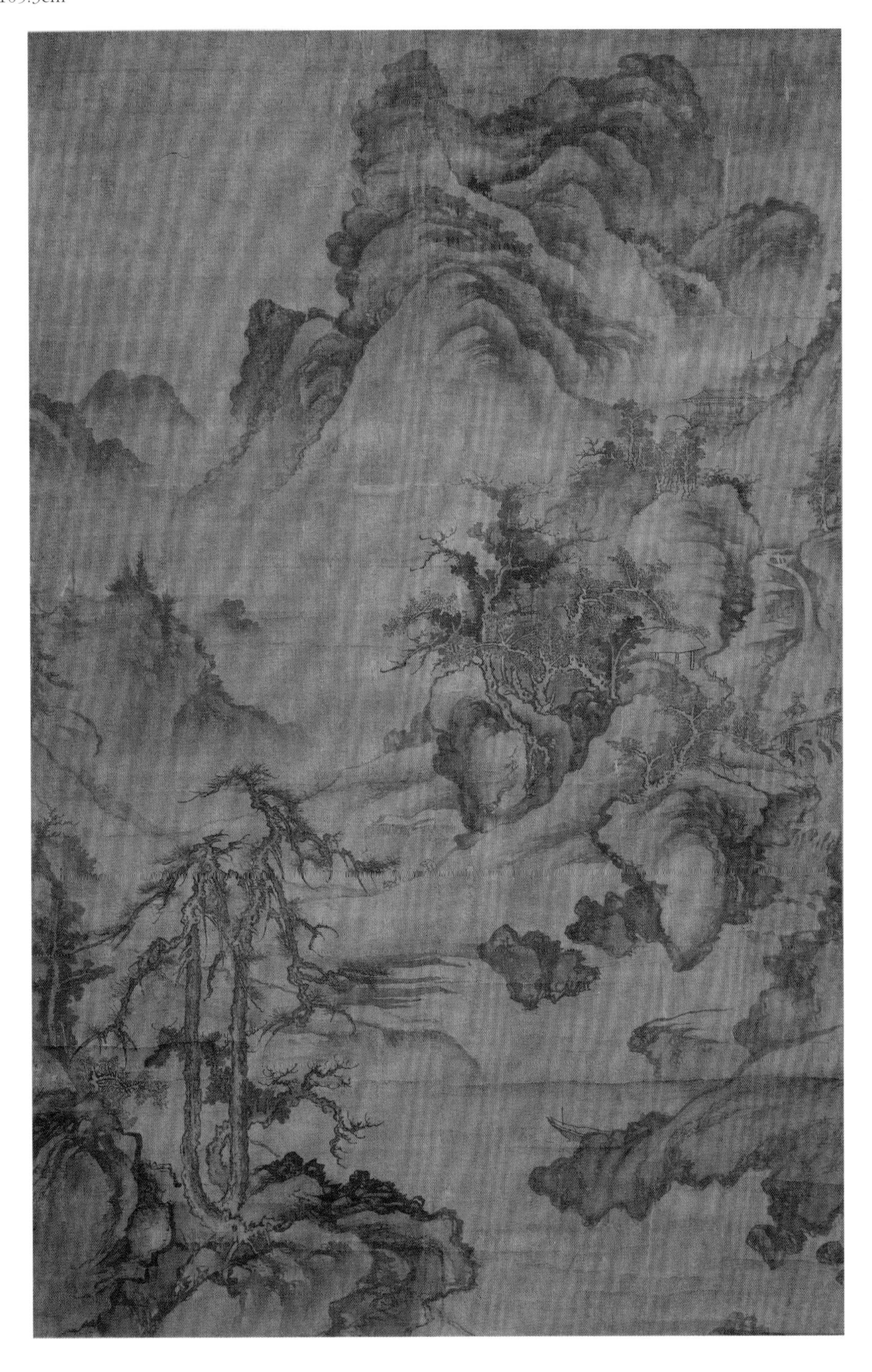

74

佚名　雪山行旅圖軸

絹本　淡設色　縱104.8厘米　橫51.1厘米

Travelers amidst Snowy Mountains

Anonymous

Hanging scroll, Light Colour on silk

H. 104.8cm　L. 51.1cm

圖中繪雪峯聳秀，林木蕭疏，飛瀑淺溪，山徑盤垣，行人馱馬行進其間。二士人踏雪登亭雅聚，店家挑擔送酒。此圖取高遠之法，山石和松樹的筆法源自北宋李成、郭熙一派，設色淡雅。

本幅款識"郭熙"，係後添。

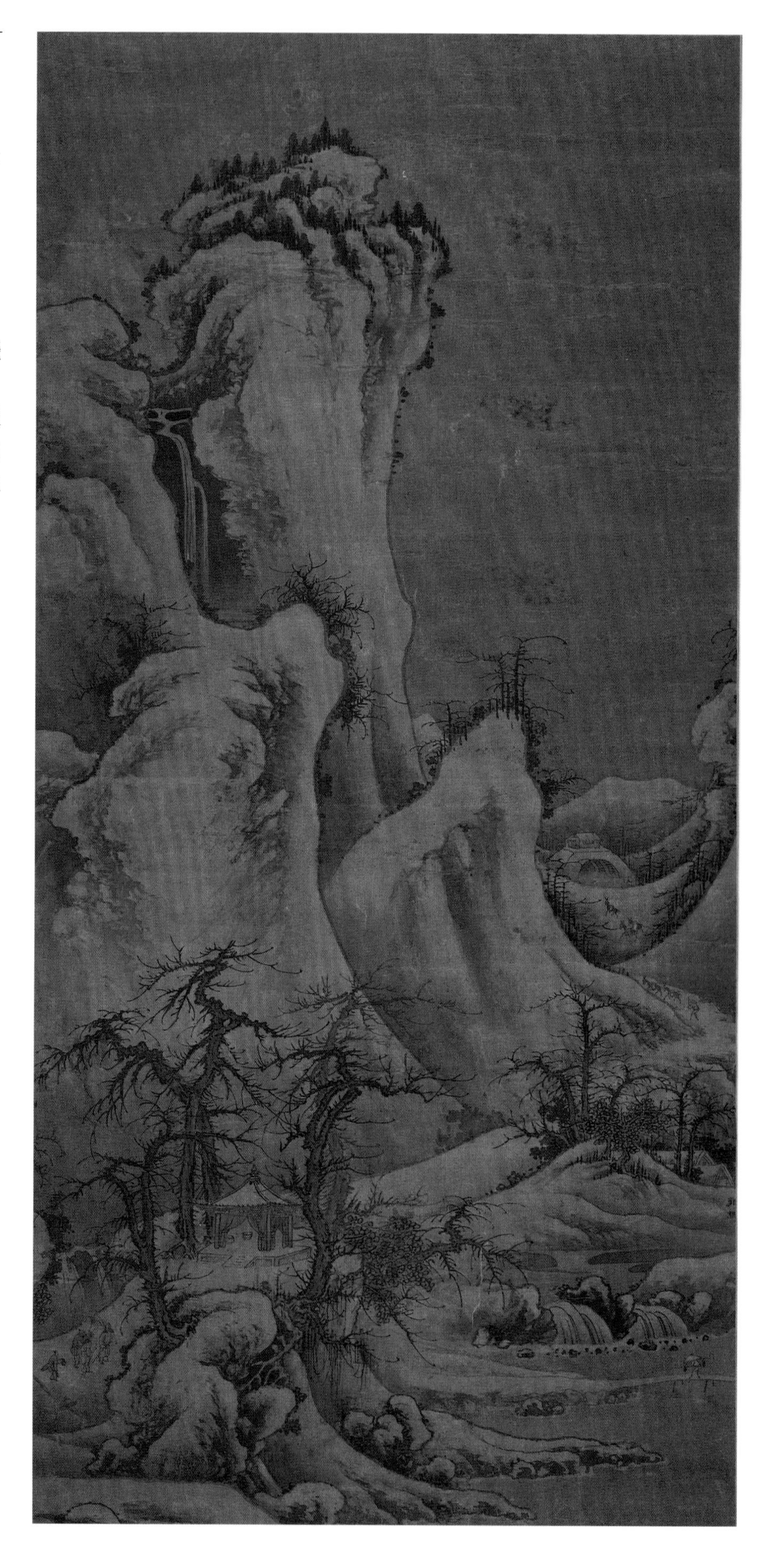

75

佚名　深山塔院圖頁
絹本　水墨　縱29.4厘米　橫22.1厘米

Temples in Remote Mountains
Anonymous
Leaf, Ink on silk
H. 29.4cm　L. 22.1cm

紈扇裝裱。圖中繪高山巍峨，林木掩映。山路深處，寺院殿宇相連，雙塔聳立。山間有香客尋幽朝拜。構圖平穩，筆法精到，山石用披麻皴畫成，以濃墨點苔，畫法師宗宋元諸家而有新意。

本幅鈐鑒藏印"卞令之鑒定"(朱文)、"龐萊臣珍藏宋元真跡"(朱文)。

曾經《虛齋名畫錄》著錄。

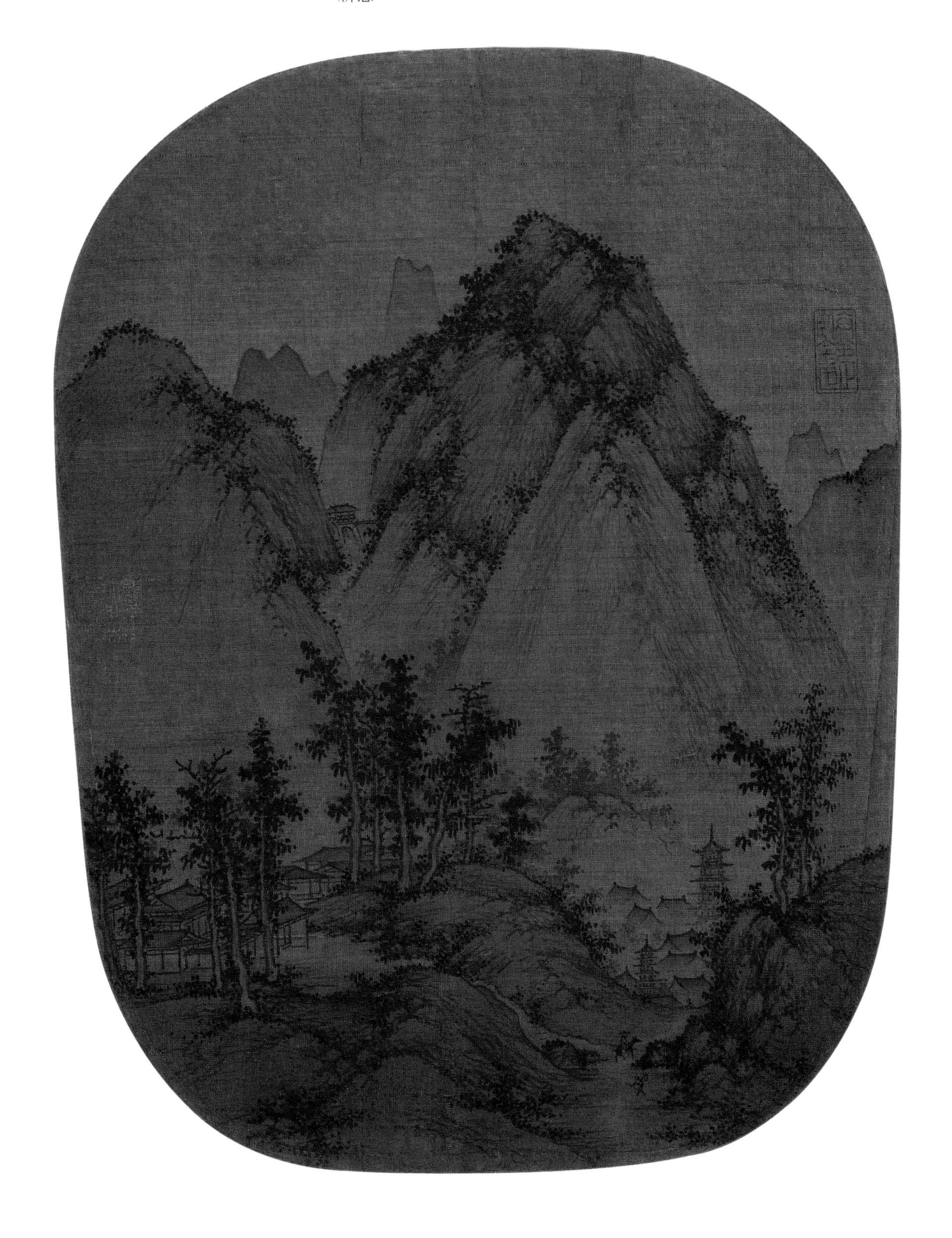

76

佚名　深山亭樹圖頁
絹本　設色　縱27.5厘米　橫26.2厘米

A Waterside Pavilion in Mountains
Anonymous
Leaf, Colour on silk
H. 27.5cm　L. 26.2cm

紈扇裝裱。圖中繪羣山叢林，平溪水榭，小橋流水，山裏人家。界畫用筆縝密嚴謹，山石用雨點皴，樹法已不刻意求工，轉變為疏秀的文人畫風格。此圖收在《宋人名筆集勝冊》中。

本幅鈐鑒藏印二方，均模糊不可辨。

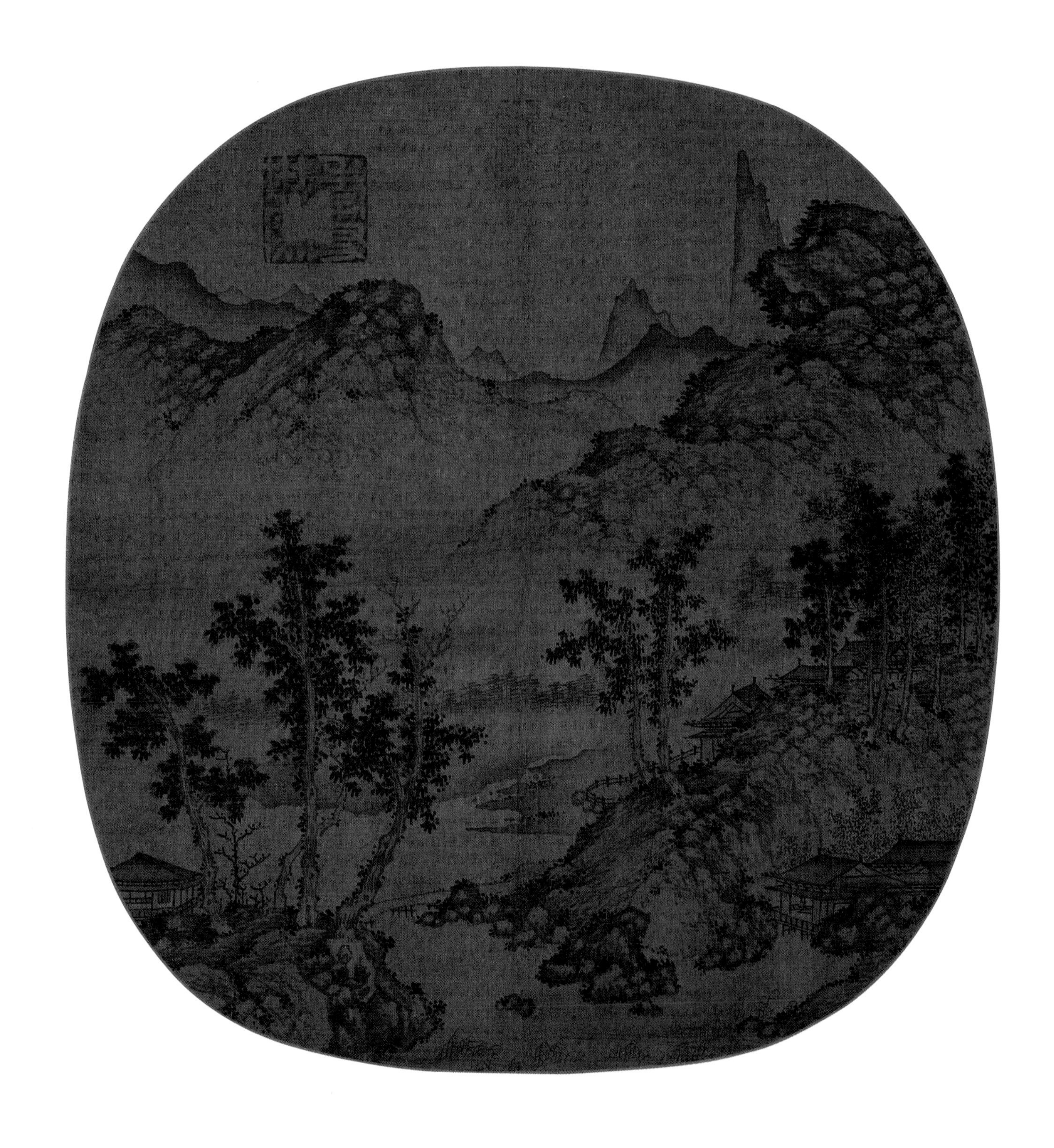

77

佚名　荷亭對弈圖頁
絹本　青綠設色　縱22.5厘米　橫23.8厘米

Playing Chess in a Pavilion in the Lotus Pond
Anonymous
Leaf, Blue-and-green on silk
H. 22.5cm　L. 23.8cm

圖中繪柳樹成蔭，水榭內有二士正在專心對弈，另一士則斜臥榻上觀陣。內室女眷在案前撫玩淨瓶香爐，小女在池邊洗手，富有生活氣息。堂榭樹石佈置有序，人物刻畫精細，但筆力柔弱，建築結構較為含糊。

本幅鈐鑒藏印“項墨林父秘笈之印”（朱文）、“龐萊臣珍藏宋元真跡”（白文）。

曾經《虛齋名畫錄》著錄。

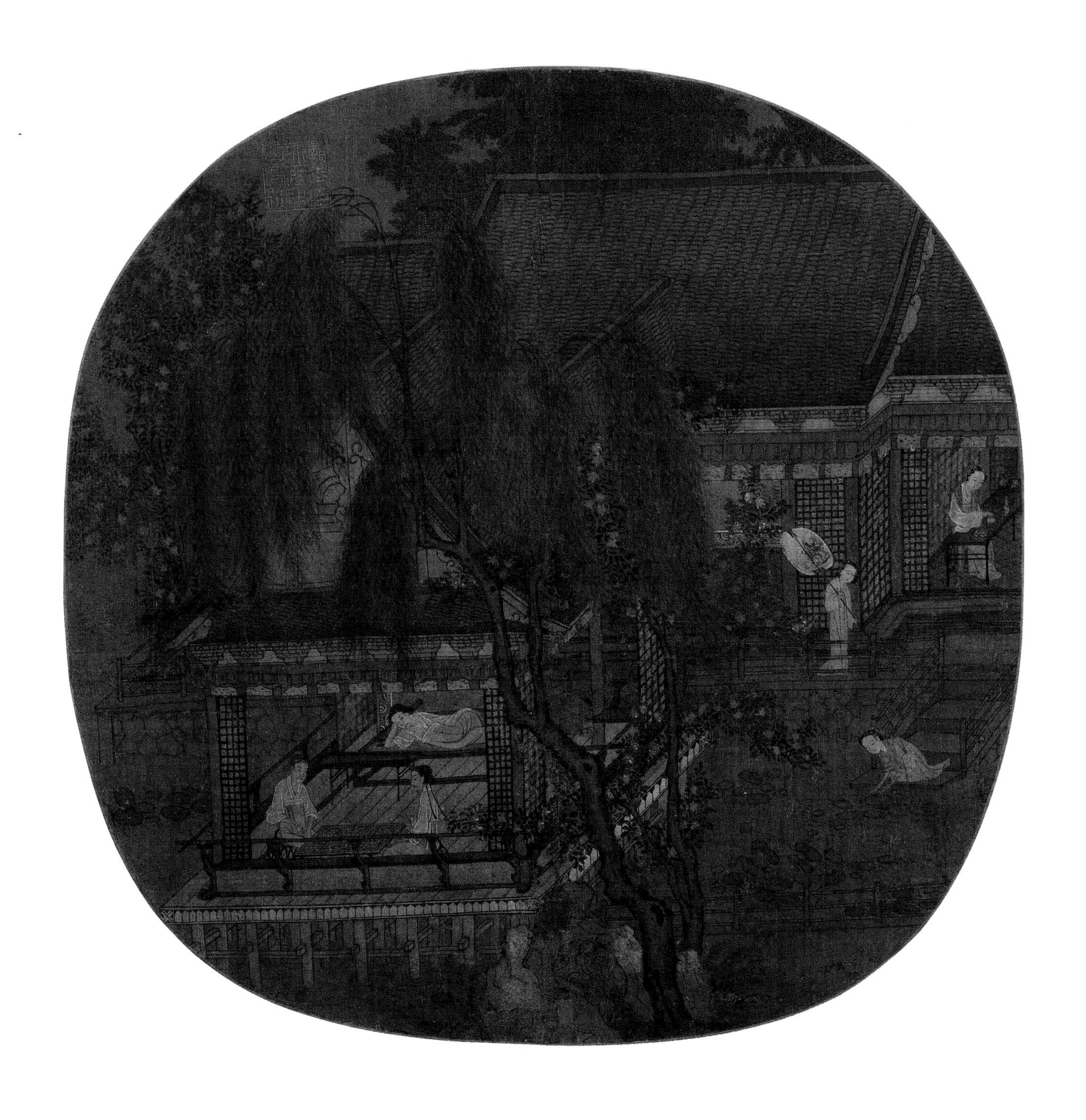

78

佚名　鶺鴒圖頁
紙本　設色　縱22.3厘米　橫23.2厘米

Wagtail
Anonymous
Leaf, Colour on paper
H. 22.3cm　L. 23.2cm

紈扇裝裱。圖中繪野草閑花，一隻鶺鴒棲於坡石上，昂首鳴叫，似在尋找伴侶，從而把意境引向畫外。形象生動逼真，以細筆撕出羽毛和形體，簡筆勾出緩坡。

裱邊舊籤題“元王淵花鳥”，不確。

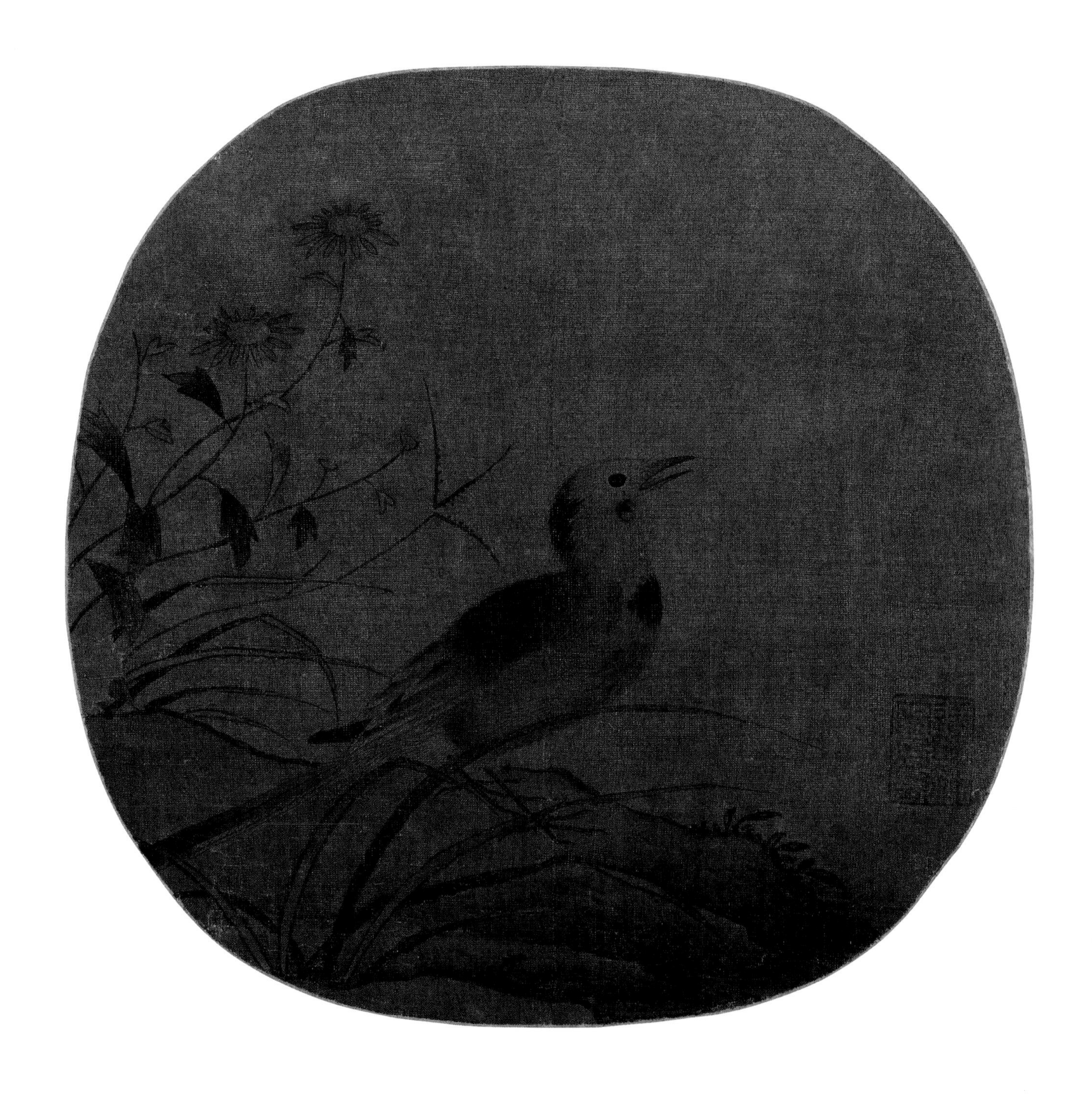

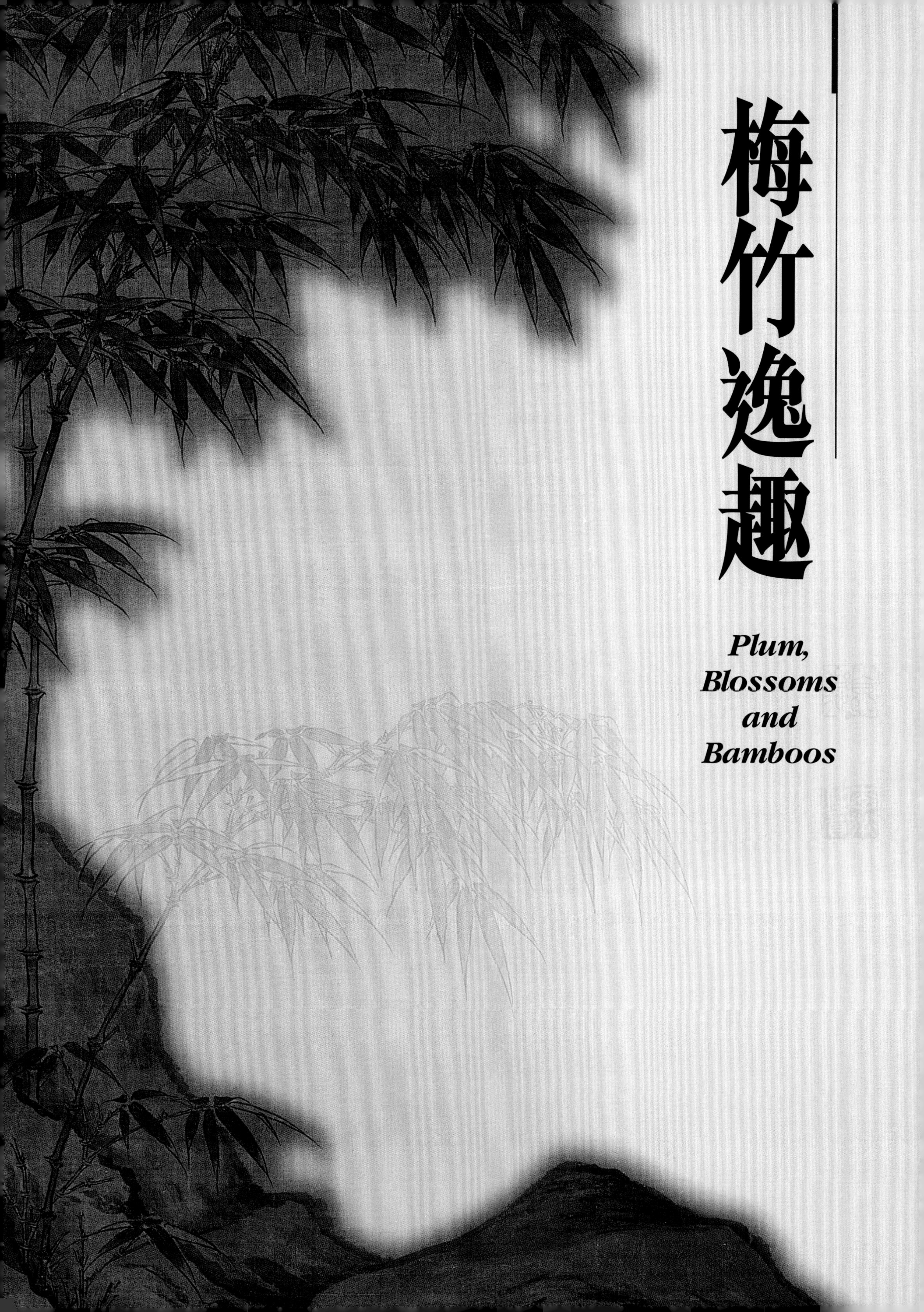

梅竹逸趣

Plum, Blossoms and Bamboos

79

王冕　墨梅圖卷

紙本　墨筆　縱31.9厘米　橫50.9厘米

清宮舊藏

Ink Plum Blossom

By Wang Mian (1287-1359)

Handscroll, Ink on paper

H. 31.9cm　L. 50.9cm

Qing Court collection

王冕（1287—1359），字元章，號老村，又號竹堂、煮石山農、山農、飯牛翁、會稽外史、梅花屋主，浙江諸暨人。屢舉進士不第，歸隱於會稽九里山。工詩善書，精於畫梅。墨梅繼承南宋揚無咎一派，自成一家，有疏密二體，首創畫梅"胭脂作沒骨體"。

《元五家合繪卷》之二。

圖中以疏體畫梅，枝幹用墨由濃至淡，舒展挺秀，梅花用沒骨法畫出，僅加少許重墨點，細筆畫花蕊，濃淡墨色和諧自然。構圖簡潔而雅致，技法、意境都具有文人特質，是元代墨梅的經典之作。

本幅自題："吾家洗硯池頭樹，個個花開淡墨痕，不要人誇好顏色，只流清氣滿乾坤。王冕元章為良佐作"。鈐印"元章"(白文)、"文王子孫"(白文)。另有乾隆御題詩。鈐印"幾暇怡情"(白文)、"得佳趣"(白文)、"會稽佳山水"(白文)、"方外司馬"(白文)。另鈐藏印"儀周鑒賞"(白文)、"蕉林"(朱文)、"棠村審定"(白文)、"宣統御覽之寶"(朱文)。

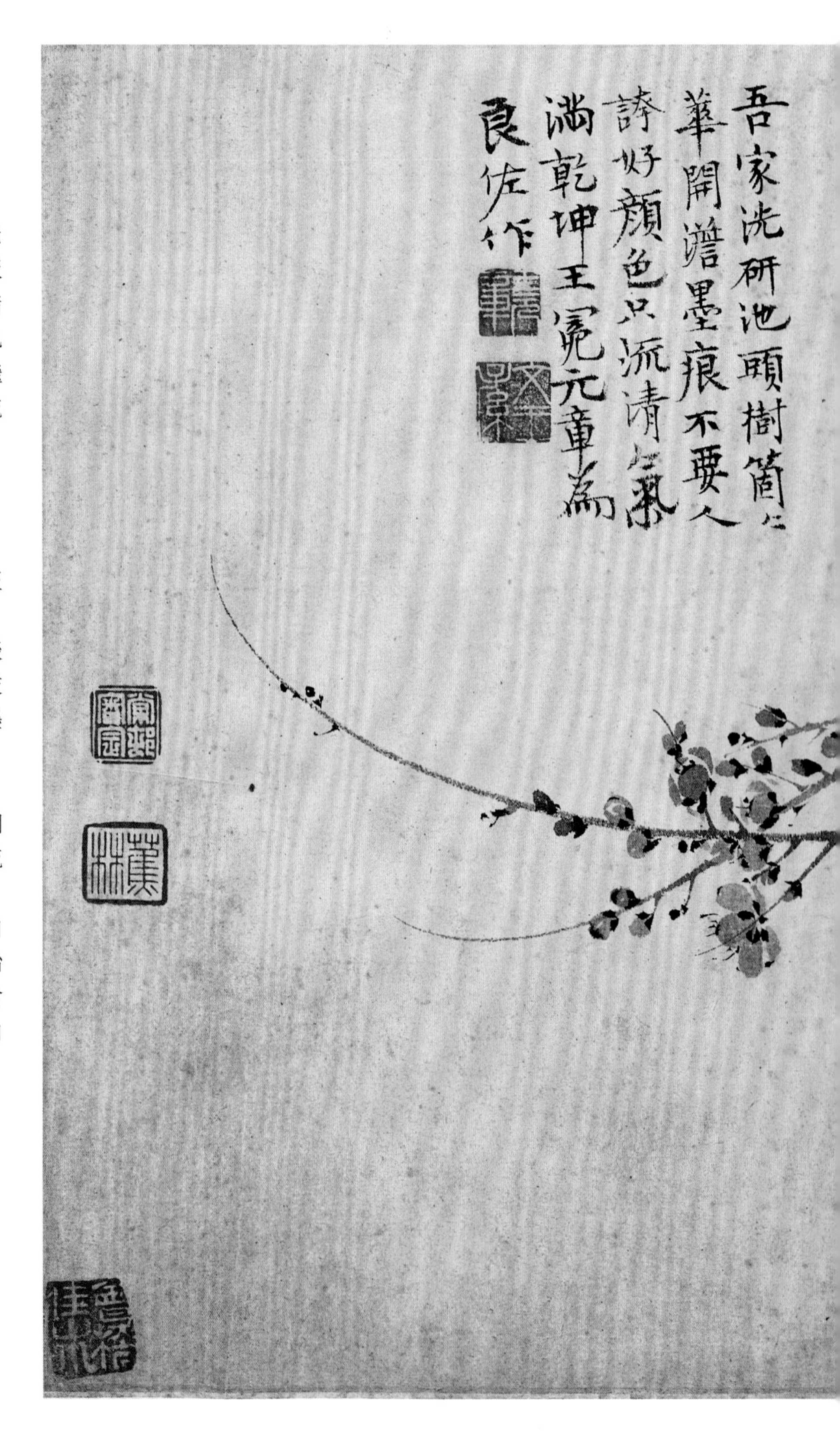

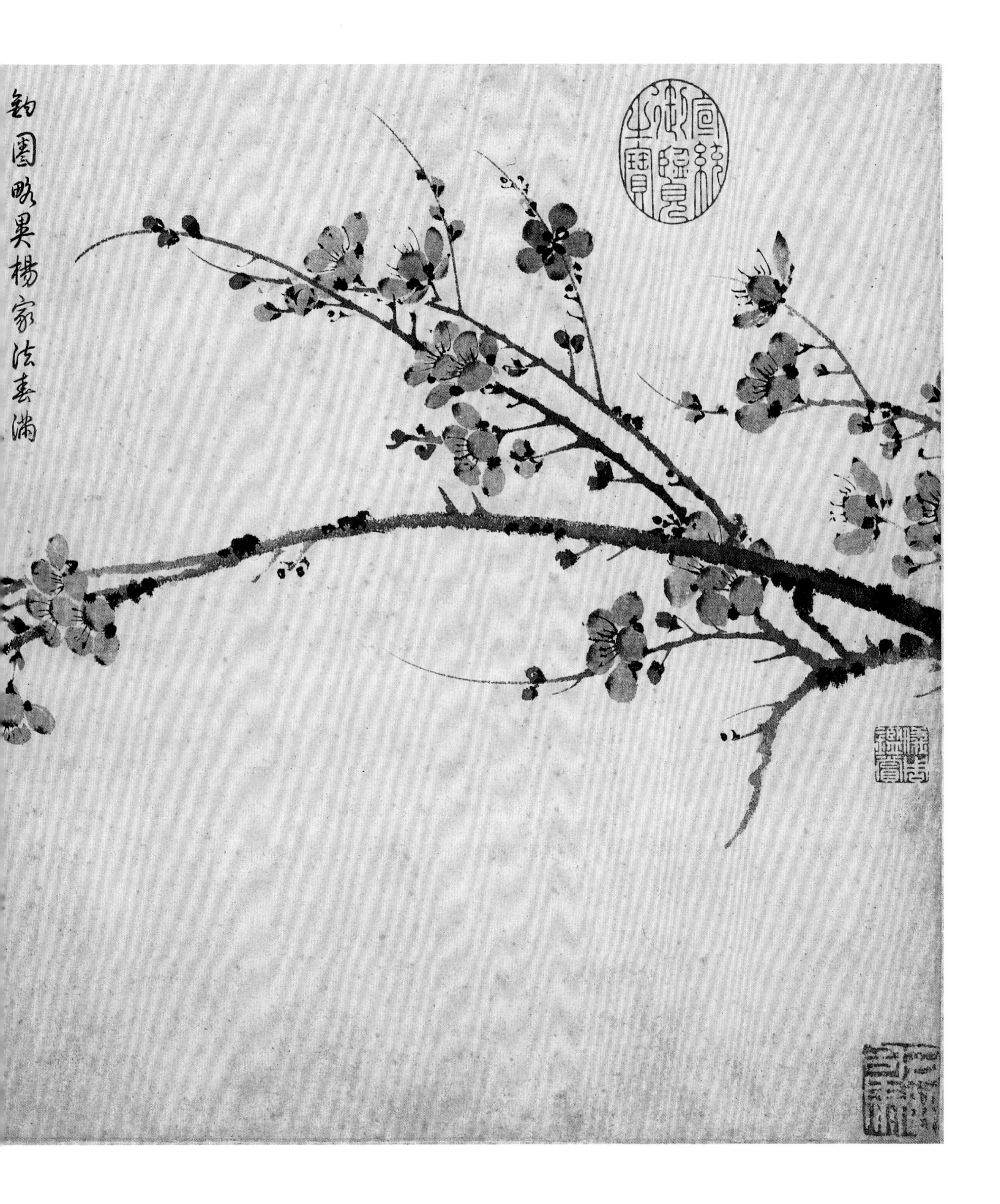
鈎圈點異楊家法春滿

80

李衎　四清圖卷

紙本　墨筆　縱35.6厘米　橫359.8厘米
清宮舊藏

Chinese Parasol Tree, Bamboo, Orchid, and Rock
By Li Gan (1245-1320)
Handscroll, Ink on paper
H. 35.6cm　L. 359.8cm

李衎（1245—1320），字仲賓，號息齋道人，薊丘（今北京）人。官至吏部尚書。擅畫竹，曾赴南方竹鄉觀察寫生。嘗奉詔為宮殿、寺院畫壁畫。

此圖為《四清圖》後段，繪雨竹春蘭、風竹梧桐，表現的是春雨潤物與夏日桐蔭，筆墨沉着渾厚。此卷與美國堪薩斯納爾遜、艾特金斯美術館所藏《墨竹圖》卷原為一卷，約明代中後期，被人分割成兩段，並添上“李衎”偽款。

本幅自題：“大德丁未（1307）秋九月，王玄卿道錄，送至此紙，求予拙筆，事多未暇。明年春正月一日，始得了辦，燈暗目昏，白日視之，不知何如也。息齋道人薊丘李衎仲賓題”。鈐印“李衎仲賓”（白文）、“息齋”（朱文）。另鈐項元汴、李肇亨、清內府等鑒藏印共四十九方，又半印兩方。

尾紙有周天球題跋。鈐印“周天球印”（白文）、“周氏公瑕”（白文）。

曾經《墨緣彙觀》著錄。

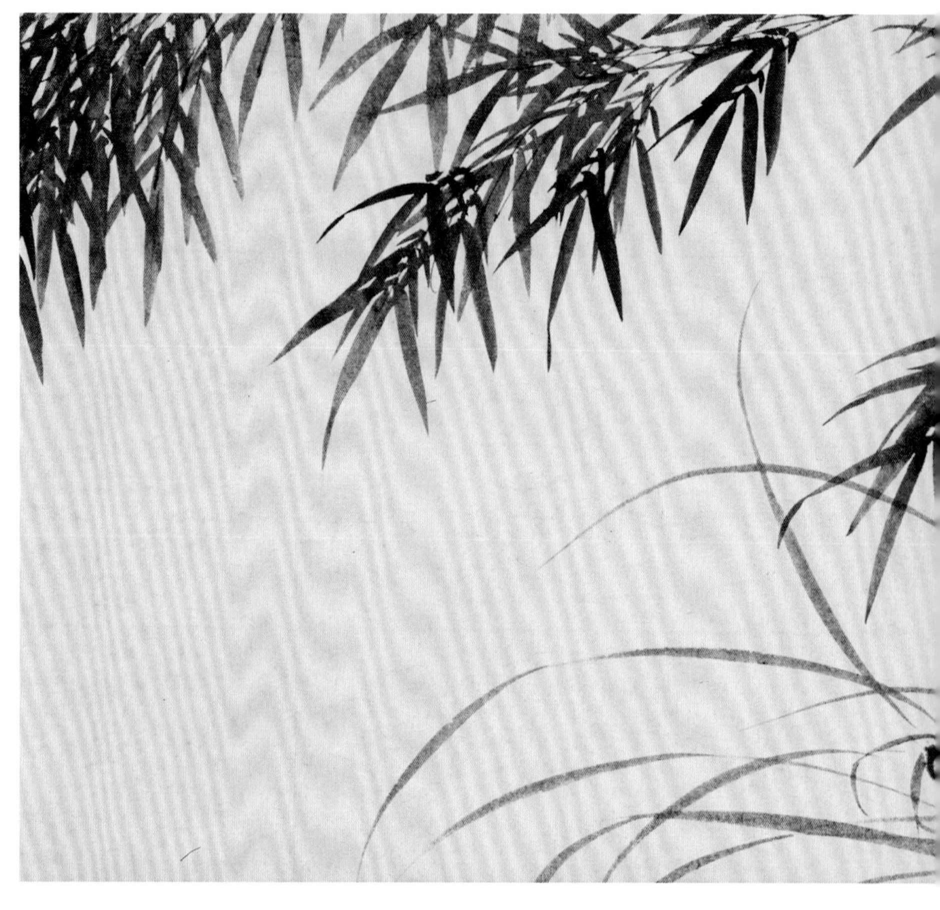

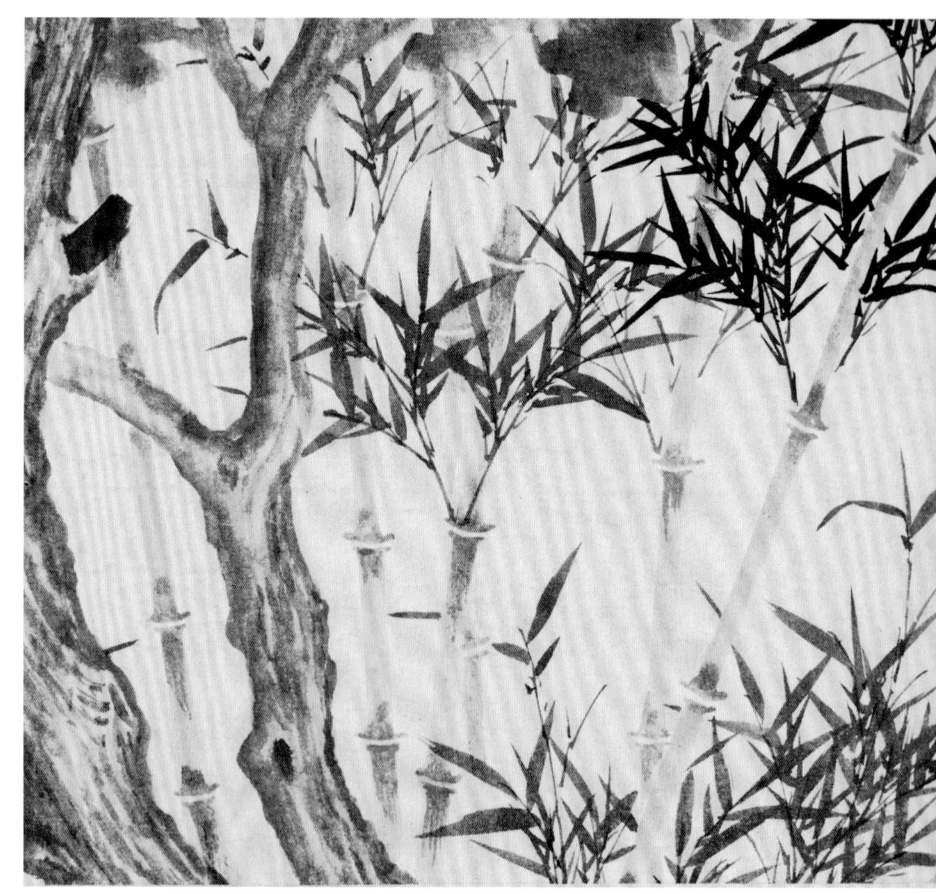

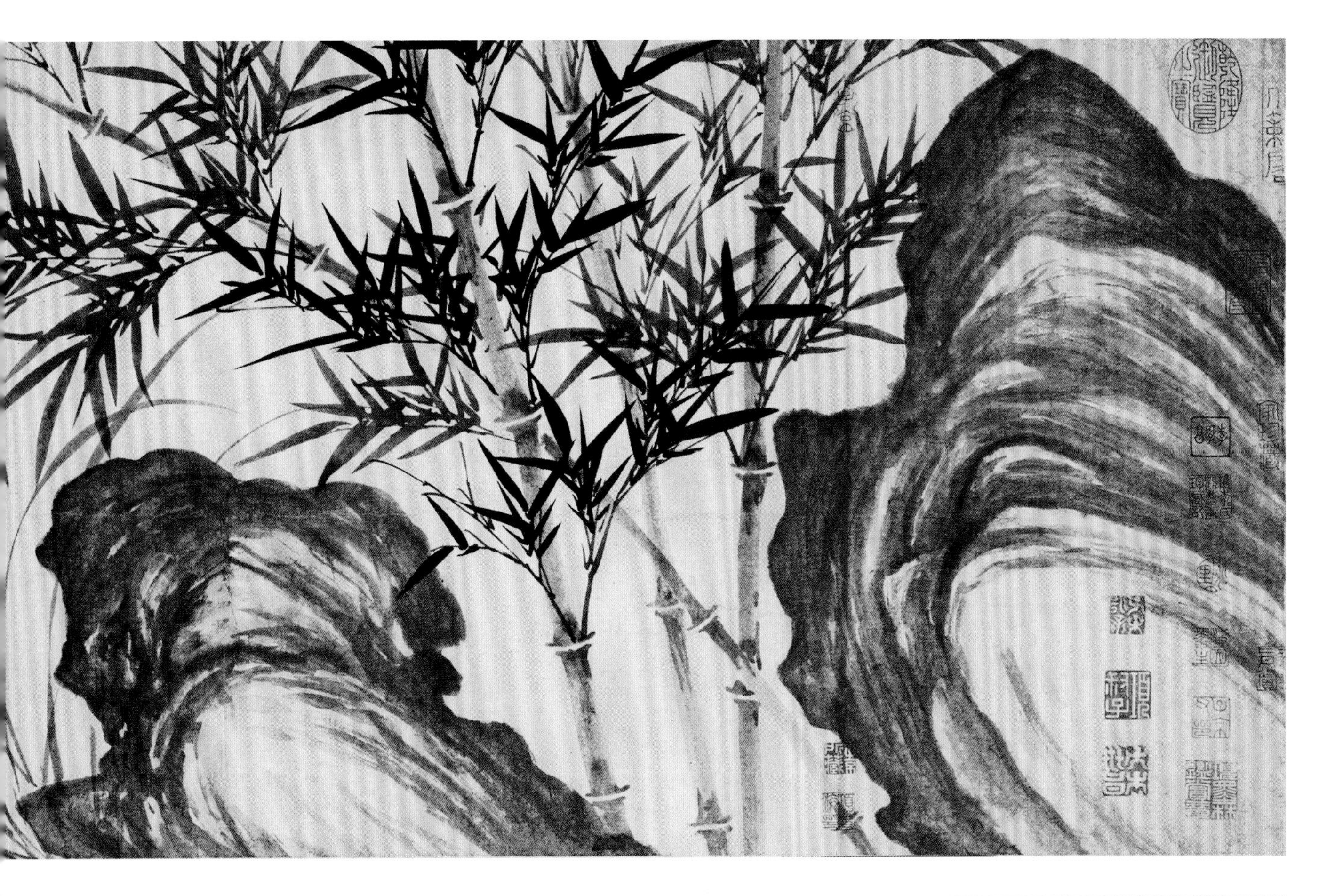

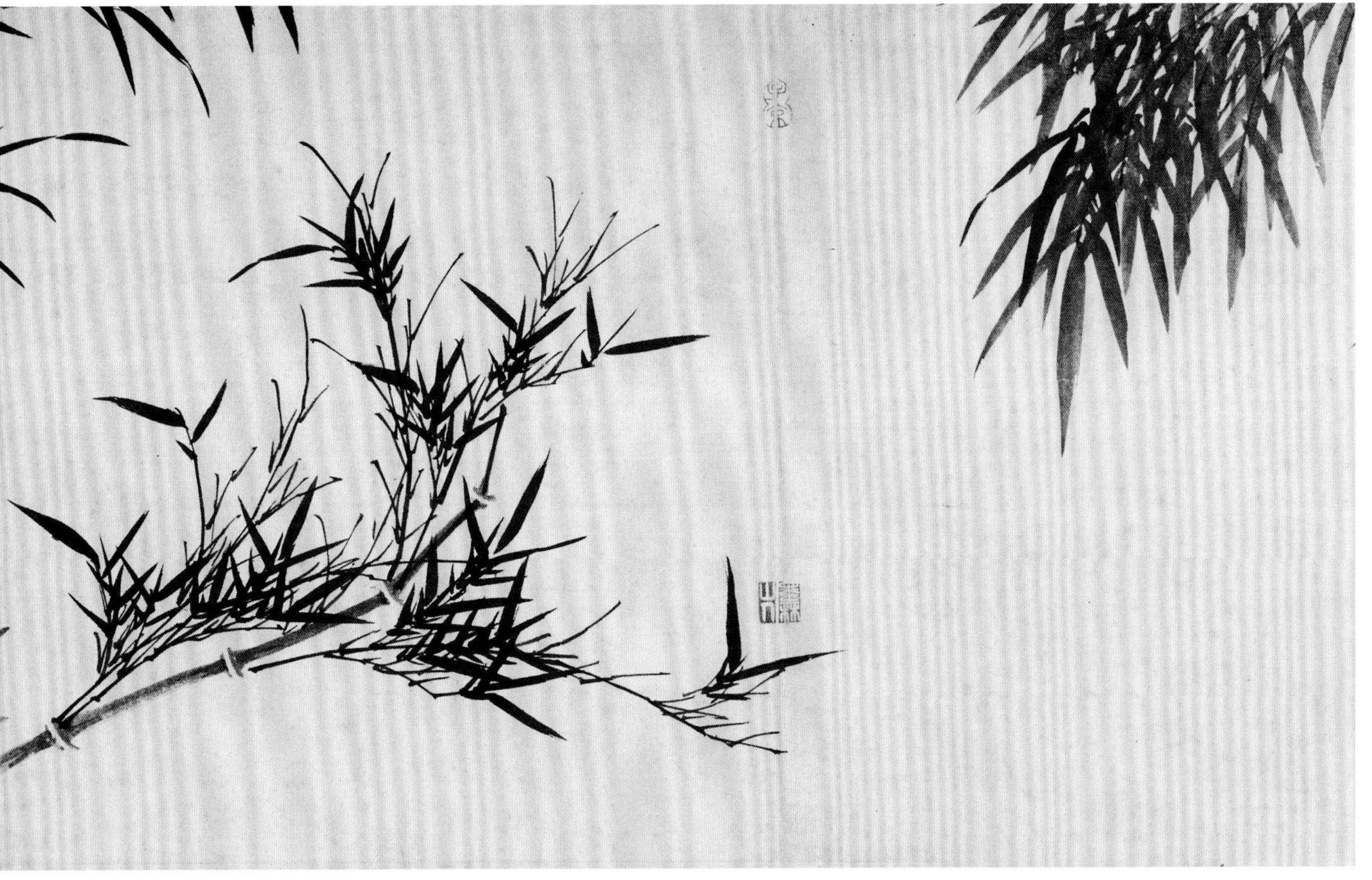

大德丁未秋九月
王玄卿道録送
至此卷求予拙
筆事多未暇

獲觀息齋尚書此卷真是風韻
洽然盡去胎次塵垢東華馬上
郎亦不能得此清思也覺爾識
之　六止生周天球

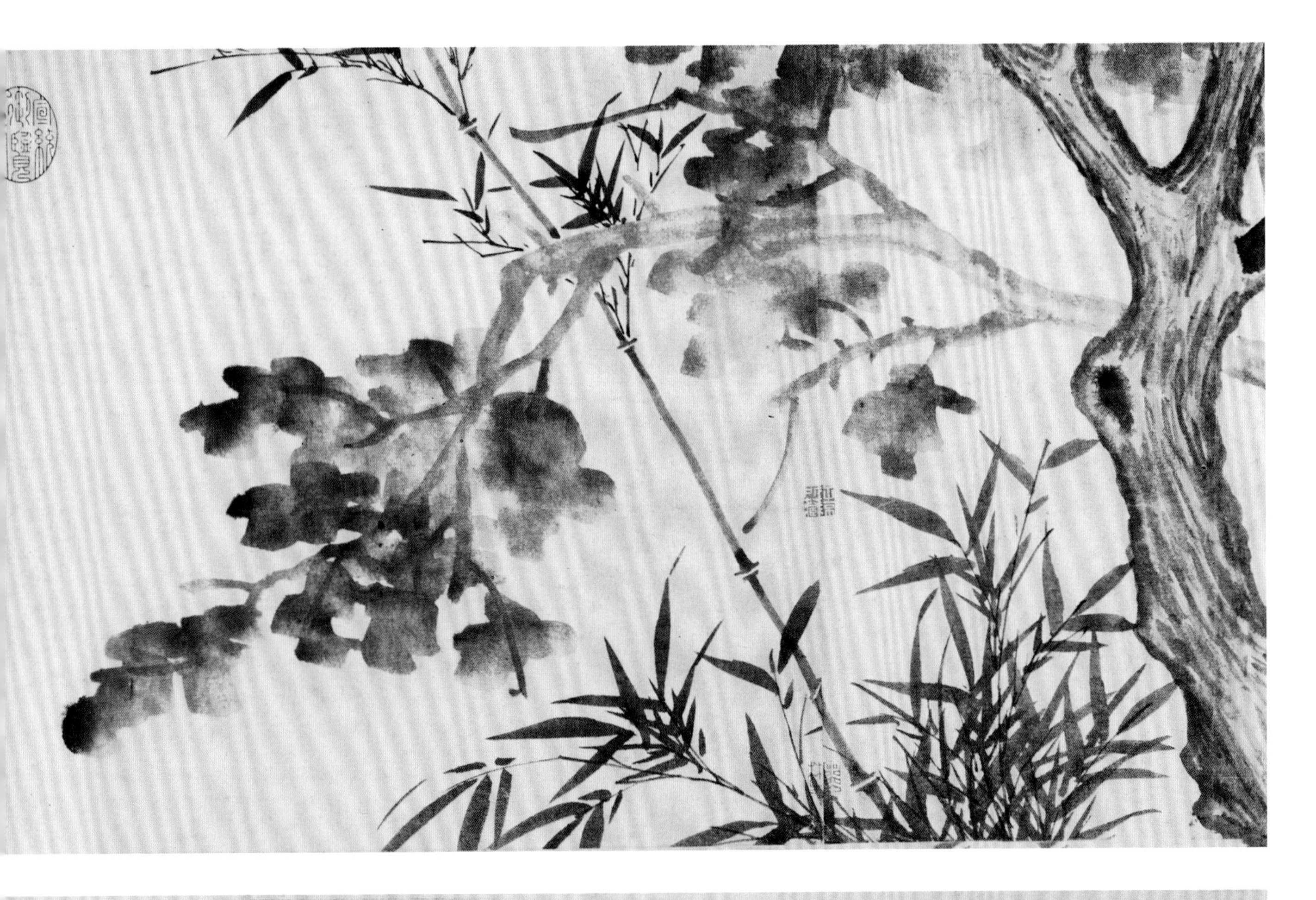

明年春正月一
日始得了篝燈
暗目昏白日視之
不知何如也息
齋道人薊丘
李衎仲賓題

81

李衎　墨竹新篁圖軸

絹本　墨筆　縱131.5厘米　橫89.7厘米

Ink Bamboos with Tender Twigs

By Li Gan

Hanging scroll, Ink on silk

H. 131.5cm　L. 89.7cm

圖中繪墨竹淩空雋秀，有隨風搖曳之姿。竹竿用淡墨分節，濃墨勾出小枝，撇出竹葉，用筆精工秀逸，構圖簡潔，富有自然之態。體現了李衎在《竹譜詳錄》所說畫竹“要辨老嫩榮枯、風雨晦明，一一樣態。”

本幅自題：“延祐己未（1319）正月既望　息齋道人為陳行簡作於餘航之寓舍”。鈐印“李衎仲賓”（白文）、“息齋”（朱文）。

上詩塘有清代李兆洛題記，另有近人俞明跋一則。

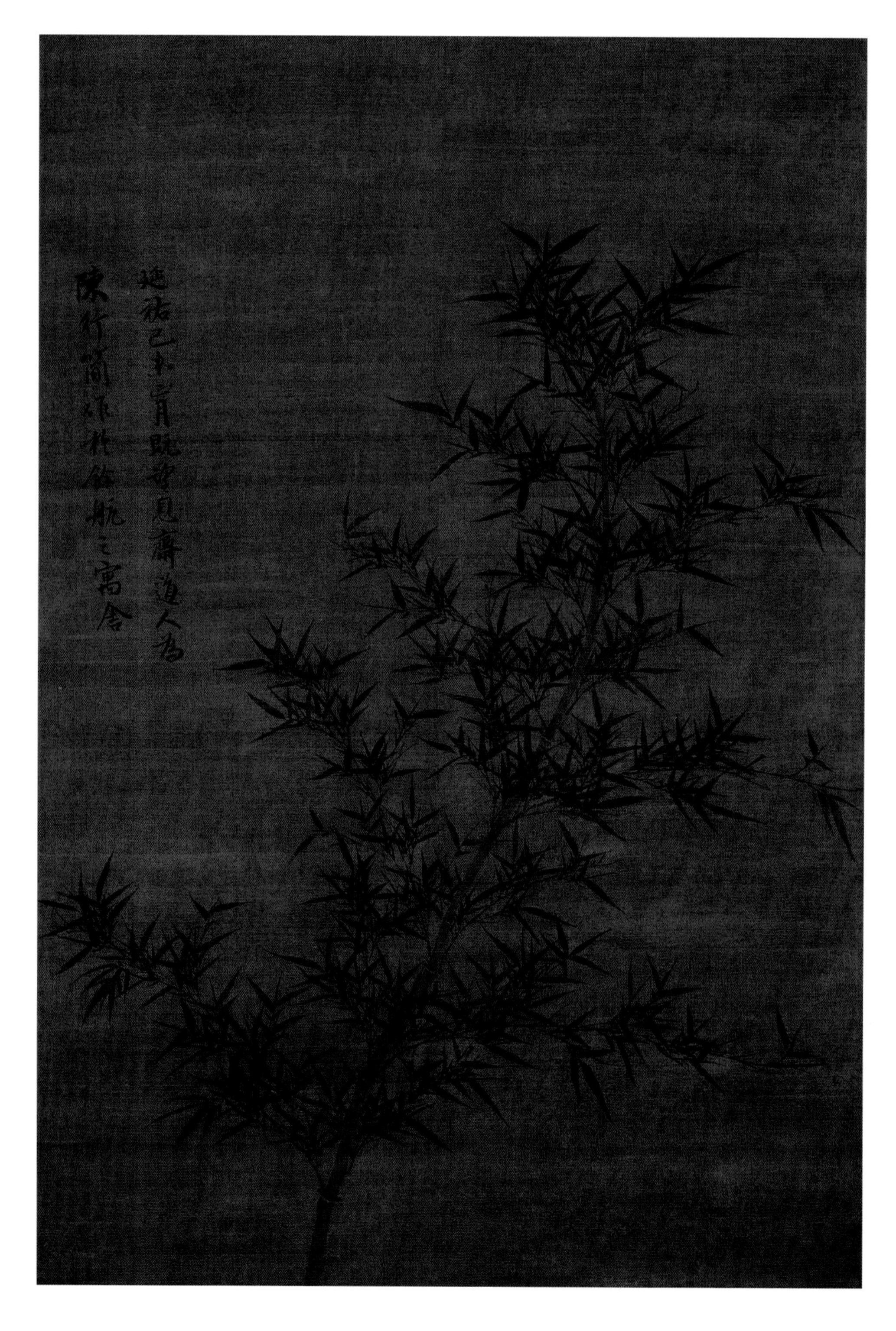

82

李衎　勾勒竹石圖軸
絹本　設色　縱185.5厘米　橫153.7厘米

Bamboos and Rocks Drawn in Delineation
By Li Gan
Hanging scroll, Colour on silk
H. 185.5cm　L. 153.7cm

圖中繪翠竹挺拔，枝繁葉茂，幾株新筍穿插其間，春意盎然。雜樹、小草、坡石更增添了自然天趣。竹竿及枝葉均以雙勾畫出，並用汁綠烘染。竹葉偃仰，分陰陽向背，充分表現了作者扎實的寫生功底。構圖豐滿，繁而不亂，設色妍美。

本幅鈐印二方，已殘，僅餘“李”、“息”二字，應為“李衎仲賓”、“息齋”二印。

上詩塘有李東陽題詩。

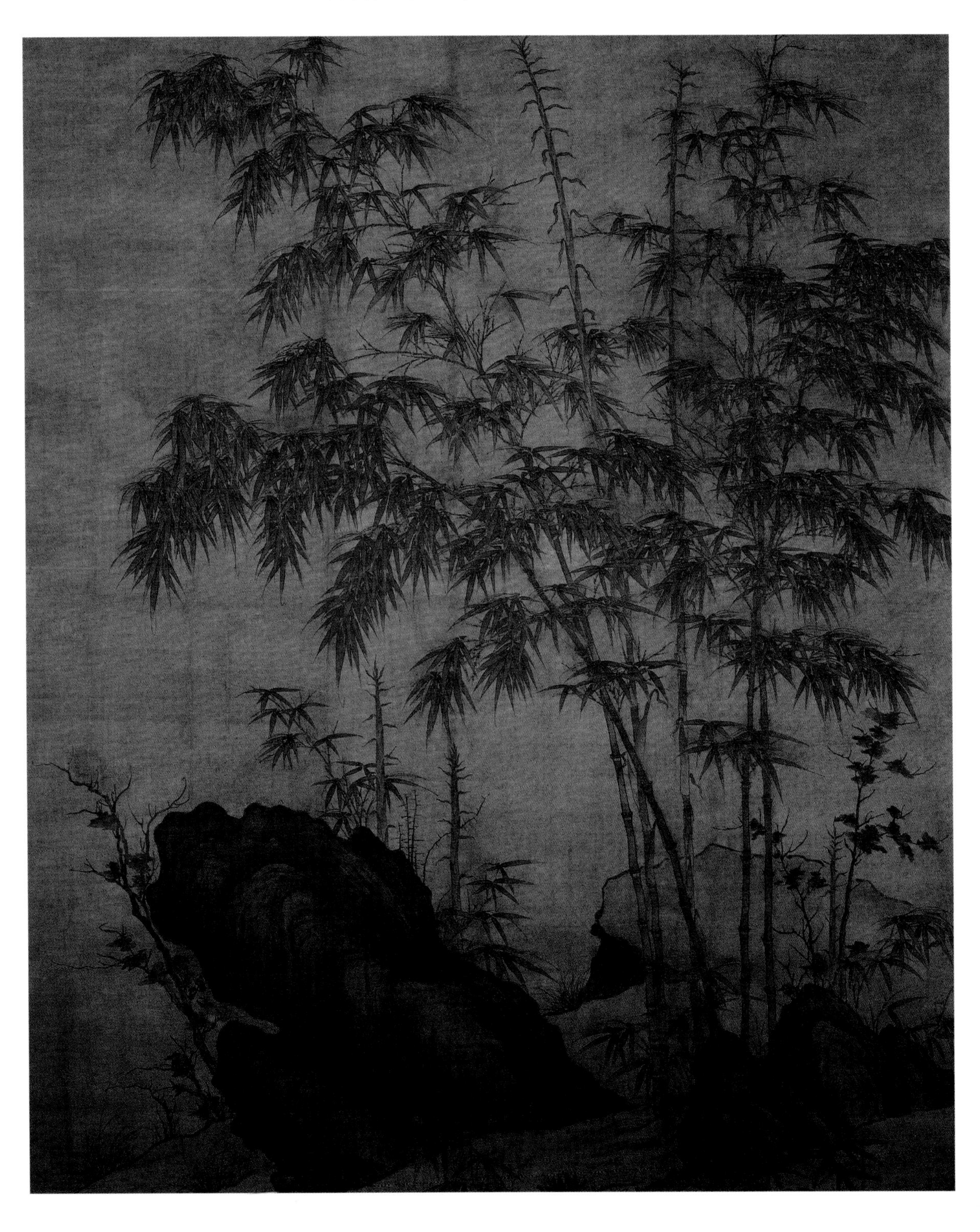

83

李衎　雙鈎竹圖軸
絹本　設色　縱163.5厘米　橫102.5厘米

Bamboos in Delineation
By Li Gan
Hanging scroll, Colour on silk
H. 163.5cm　L. 102.5cm

圖中繪竹四株，枝繁葉茂，錯落有致。下方小竹數株，湖石玲瓏多姿。雙鈎繪製，用筆圓勁，設色淡雅，通過渲染表現竹子的向背。湖石用濃墨暈出。

本幅鈐印“李衎仲賓”（白文）、“息齋”（朱文）。另鈐鑒藏印“安儀周家珍藏”（朱文）、“怡府藏書畫記”（朱文）。

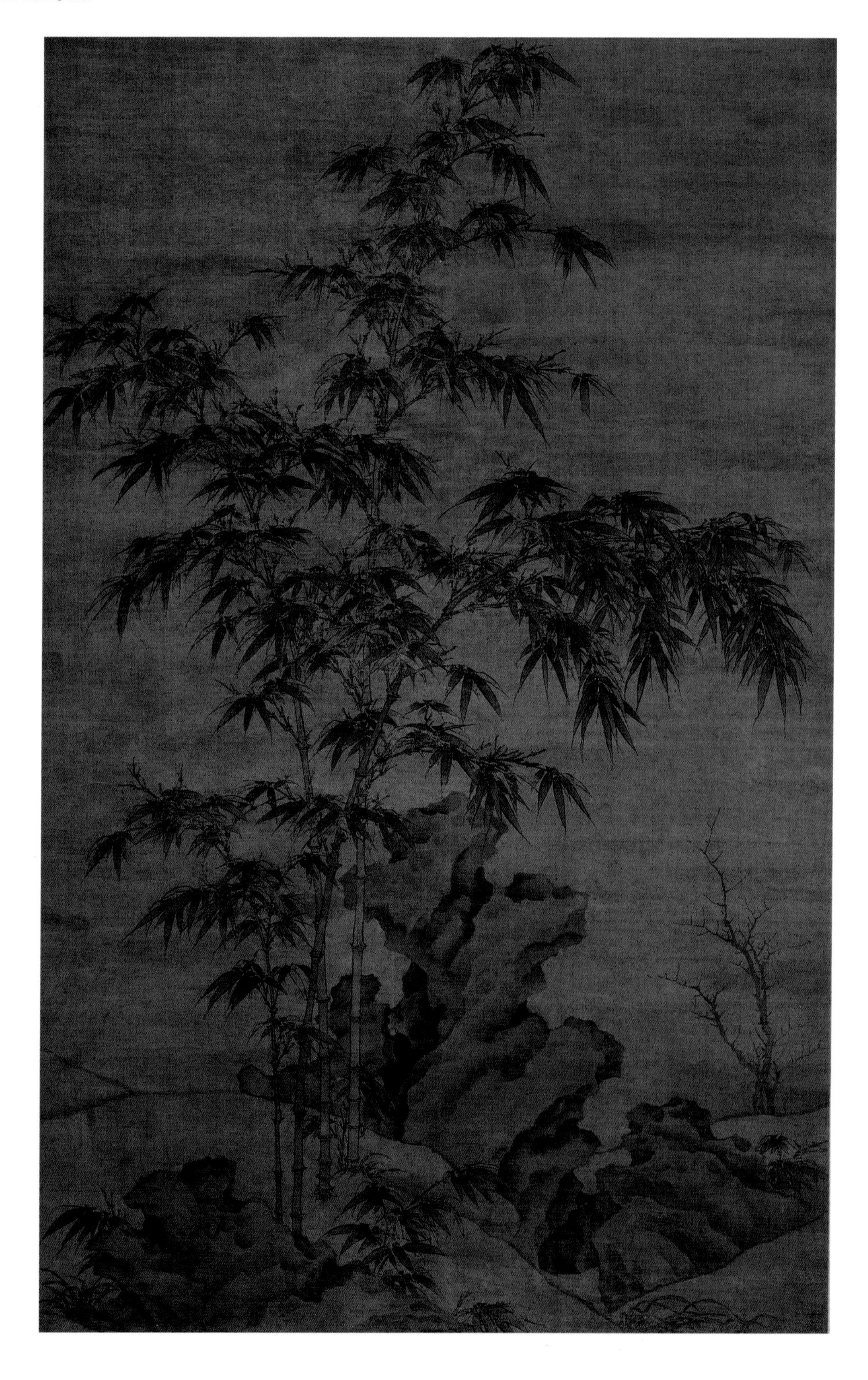

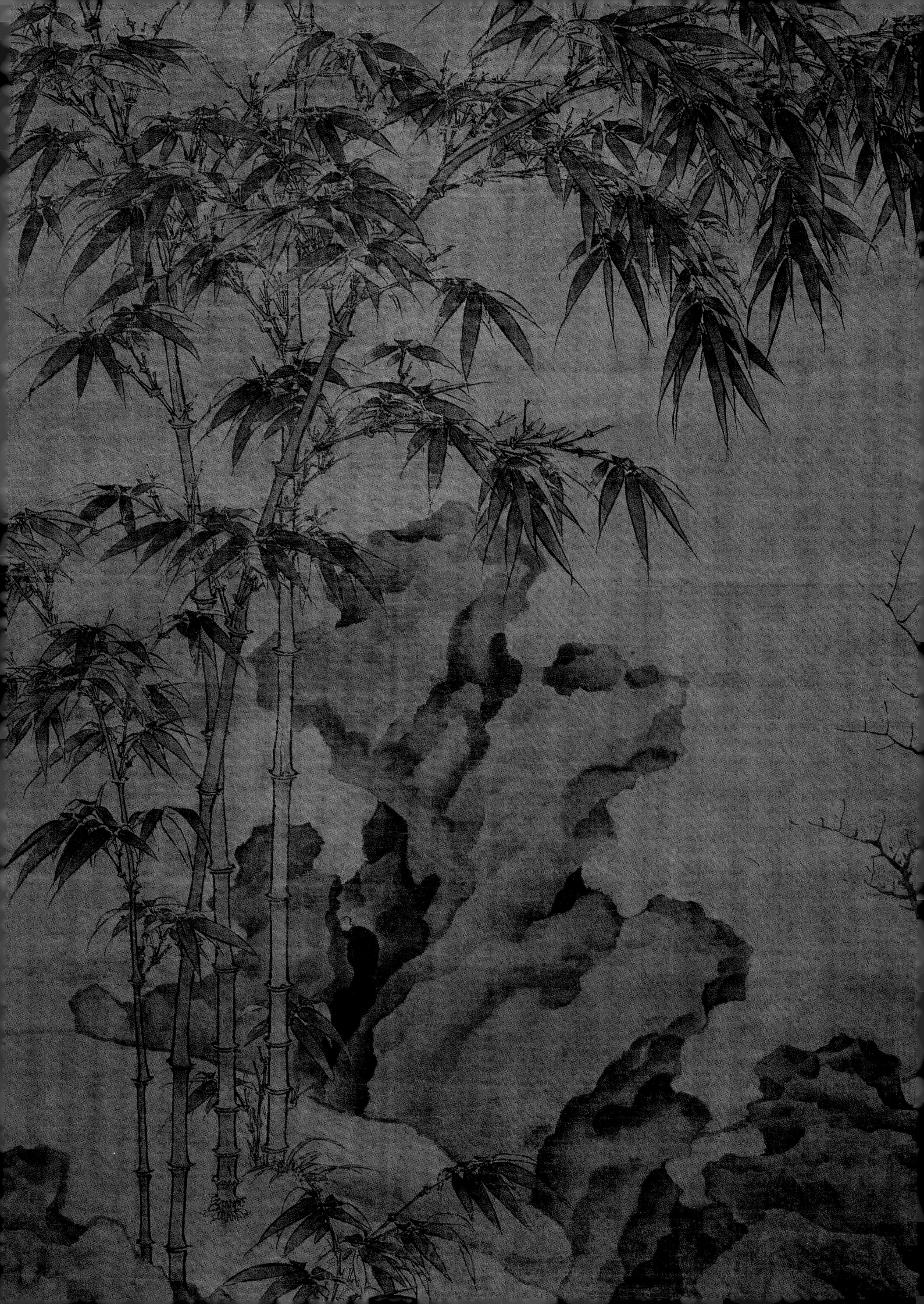

84

李衎　沐雨竹圖軸

絹本　設色　縱111.5厘米　橫55厘米

Bamboos in Rain

By Li Gan

Hanging scroll, Colour on silk

H. 111.5cm　L. 55cm

圖中畫坡石上雨竹四竿，下生蘭草數叢。竹葉繁茂下垂，將細雨淋沐下的雨竹風姿表現得十分自然。竹的枝葉用雙鈎法，筆法勁健工細，以汁綠敷染，葉尖略施赭色，青翠欲滴。利用留白表現雨後竹葉上的水珠。

本幅自題："沐雨"。鈐印"息齋"(朱文)、"李衎仲賓"(白文)。另鈐鑒藏印"清䇿簃鑒賞"(白文)、"安儀周家珍藏"(白文)。

曾經《式古堂書畫彙考》著錄。

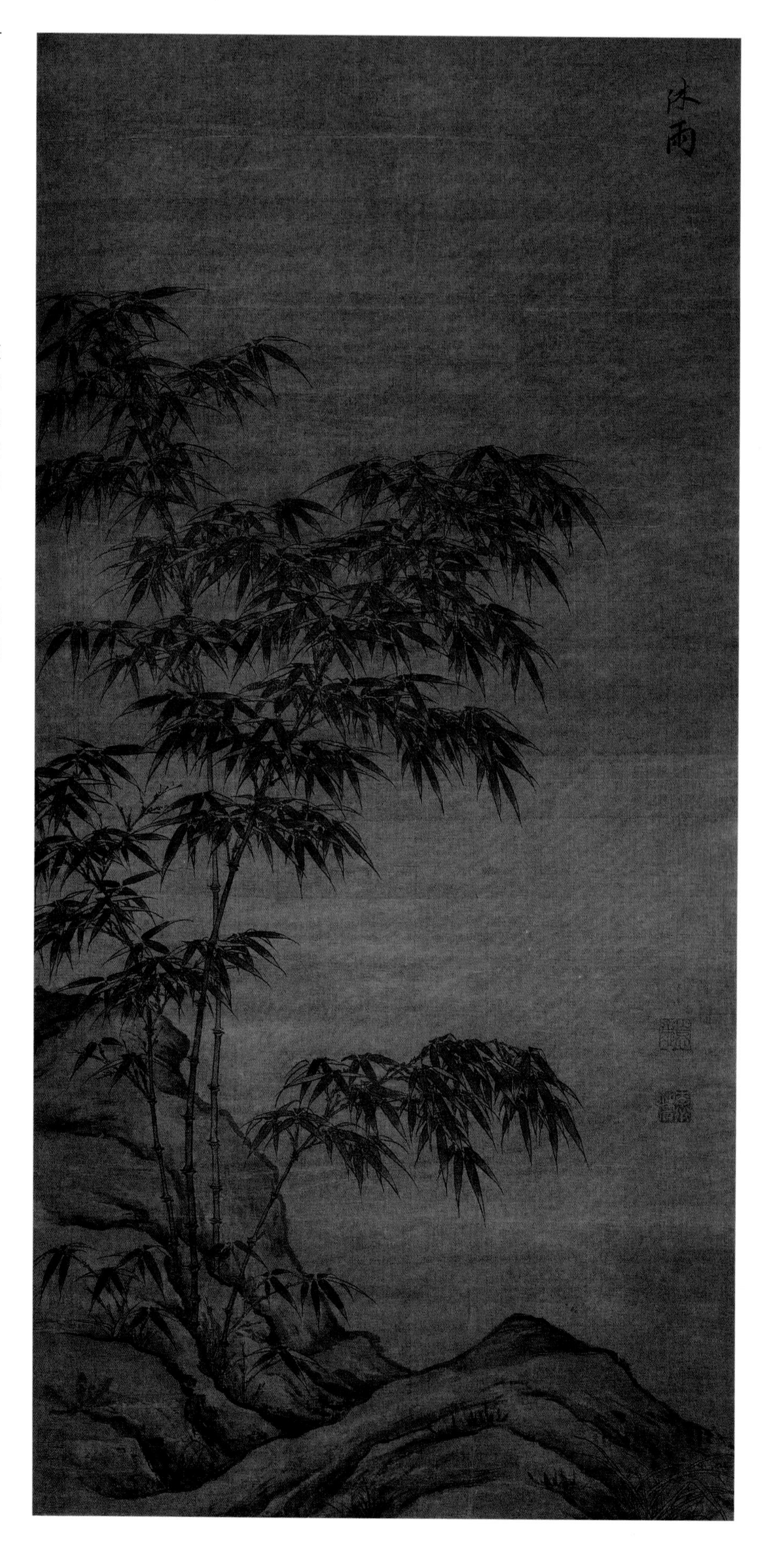

85

李衎　墨竹圖卷

紙本　墨筆　縱32厘米　橫92厘米
清宮舊藏

Ink Bamboos

By Li Gan
Handscroll, Ink on paper
H. 32cm　L. 92cm
Qing Court collection

此圖原名《元人君子林卷》，共收七家之作，除李衎、王紱二家墨竹為真跡外，其餘五家均為偽作。重裱時，將王紱墨竹取出另裱成卷。李衎所繪墨竹，一竿仰天直立，如掃天雲。竹葉向左右披紛，繁而不亂。用筆挺勁，墨色濃厚，清氣滿紙。

本幅鈐印“李衎仲賓”（白文）、“息齋”（朱文）。另有趙孟頫題詩：“李侯寫竹有清氣，滿紙墨光浮翠筠，蕭郎已遠丹淵死，欲寫此君唯此人。孟頫”。鈐印“趙氏子昂”（朱文）。清乾隆御題：“獨幹梢雲”。鈐印“乾隆御筆”（朱文）。另鈐有項元汴、耿昭忠以及清乾隆等藏印二十三方，又半印六方。

引首書“君子林　文彭”。

前隔水清乾隆長題一則，鈐印“五福五代堂古稀天子寶”（朱文）、“八徵耄念之寶”（朱文）、“太上皇帝之寶”（朱文）等八方。

後隔水有梁詩正和詩，鈐印“臣”（朱文）、“詩正”（朱文）。

曾經《石渠寶笈初編》、《六研齋筆記》著錄。

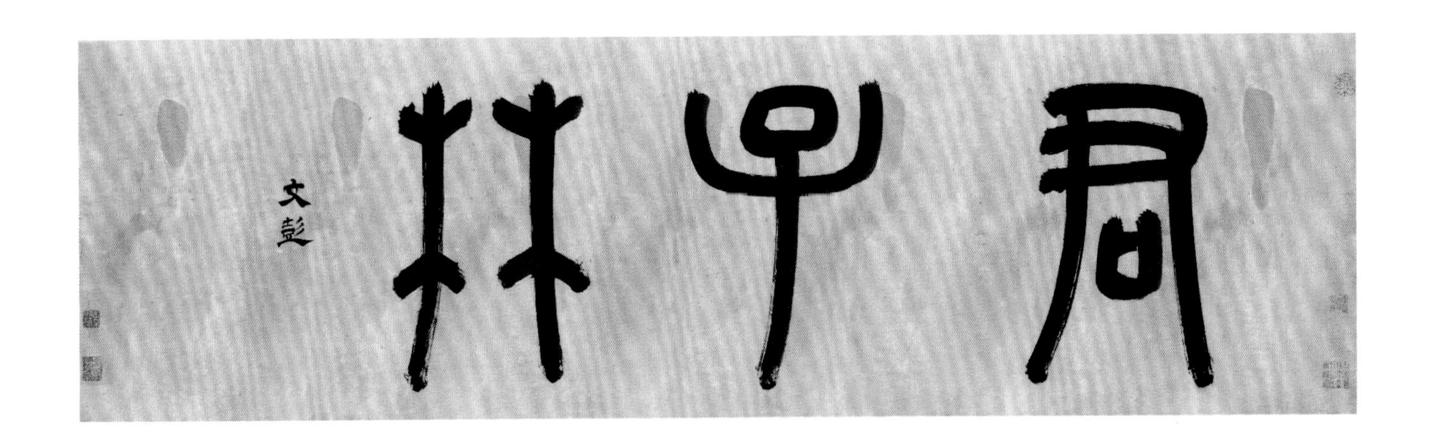

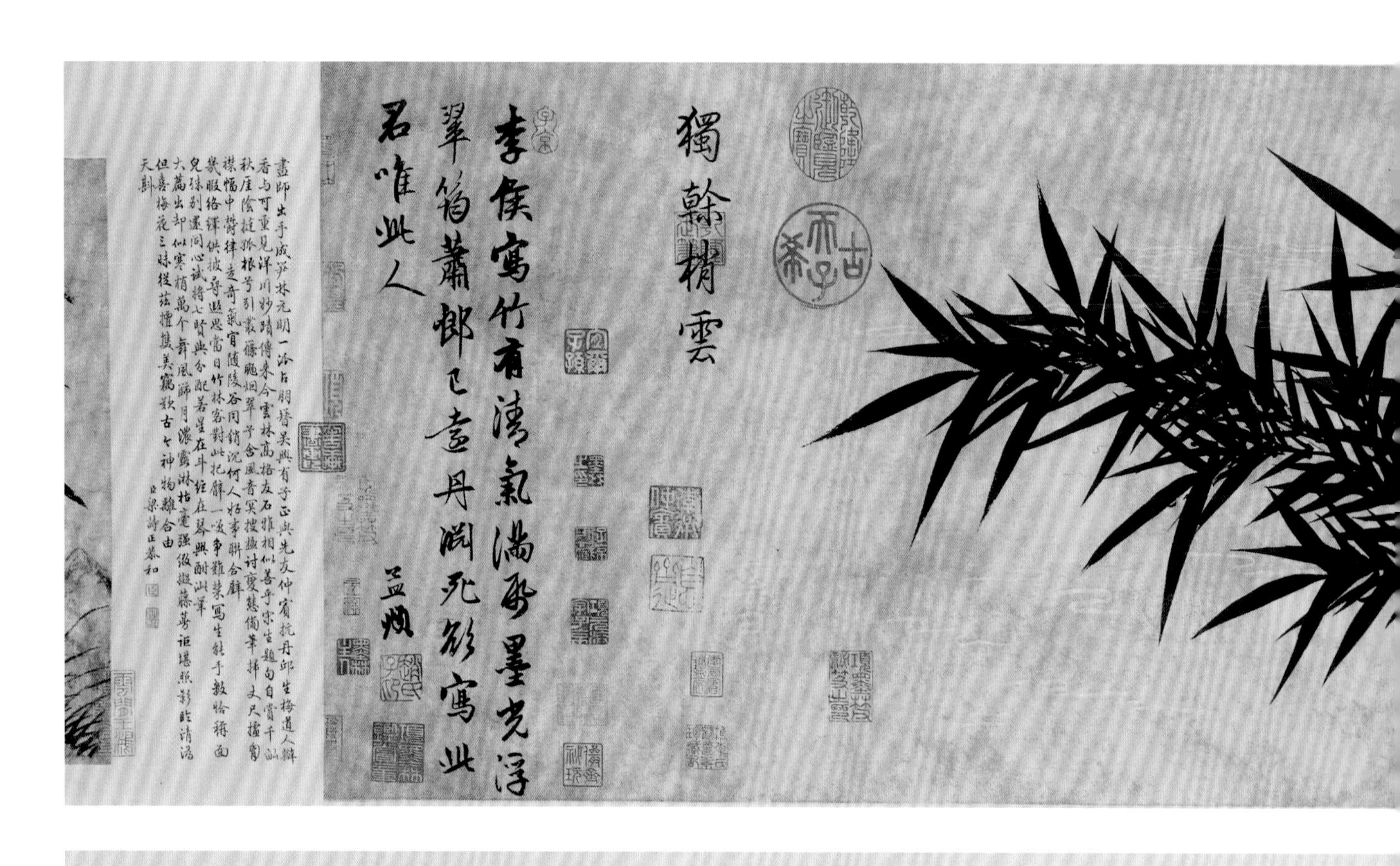

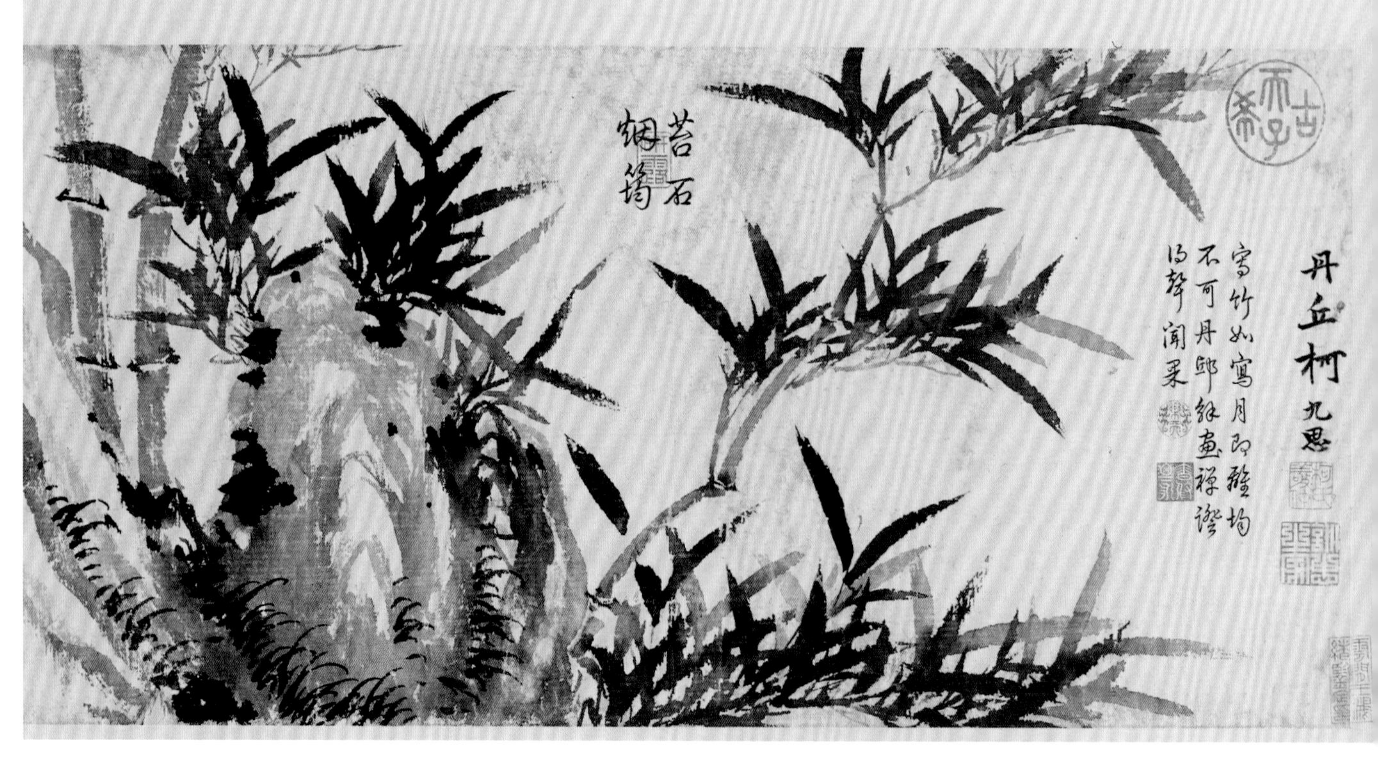

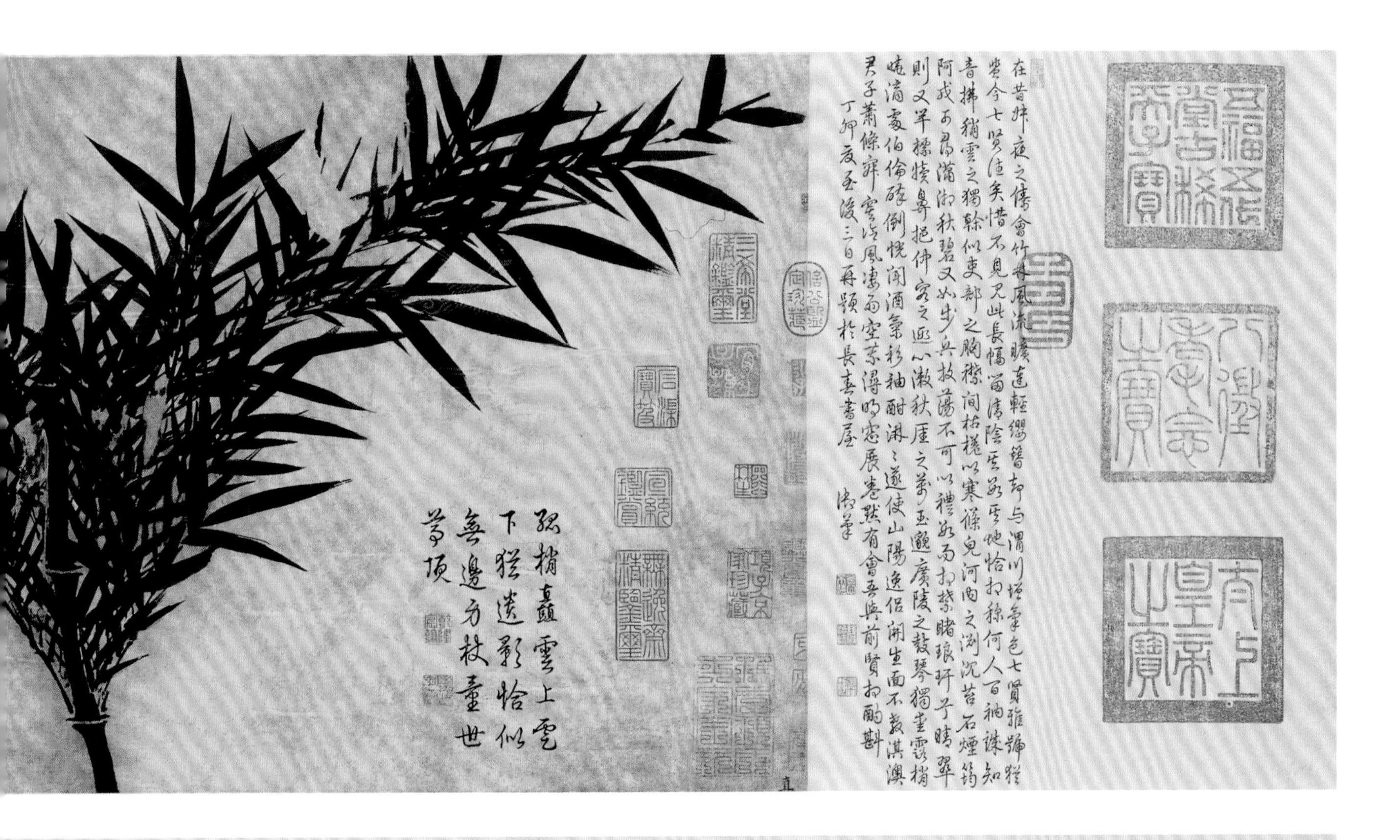

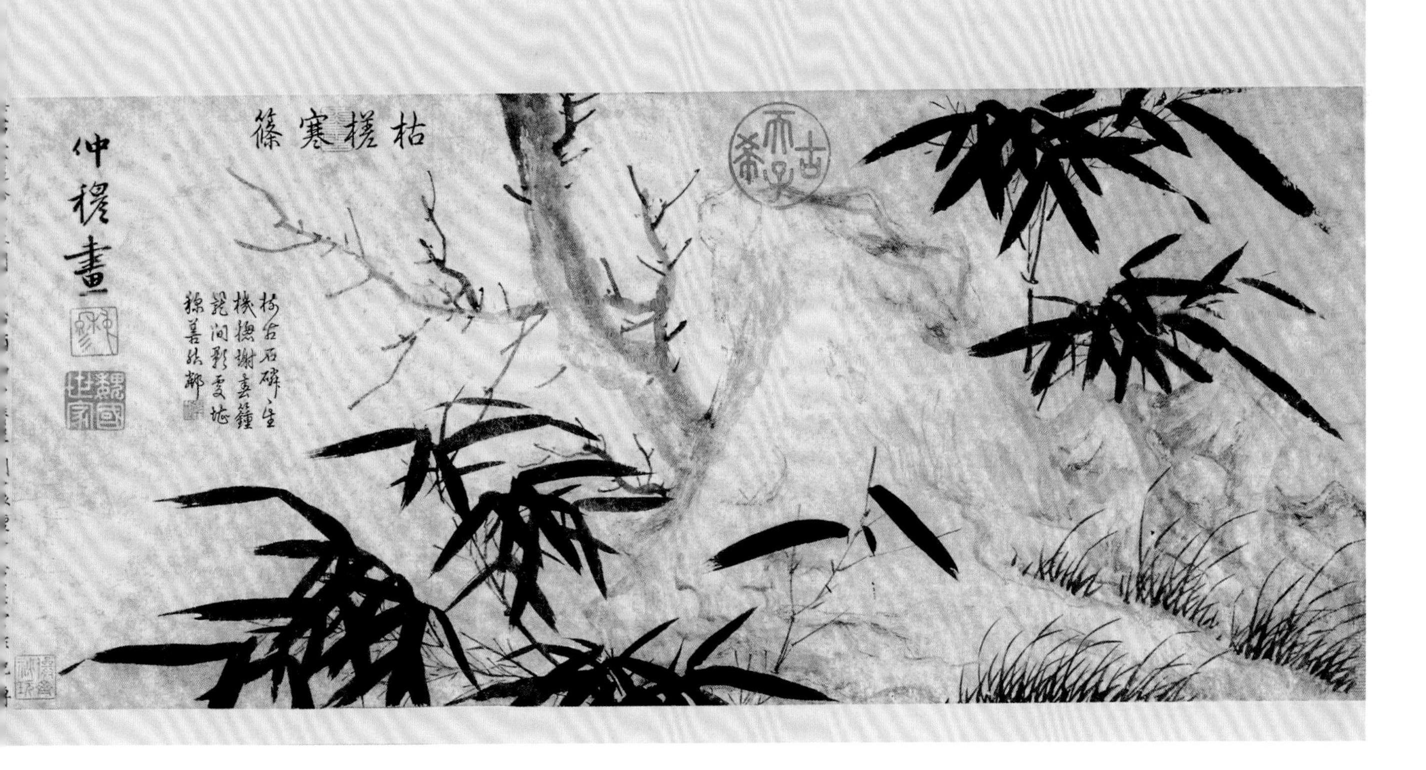
枯槎寒篠
仲穆畫

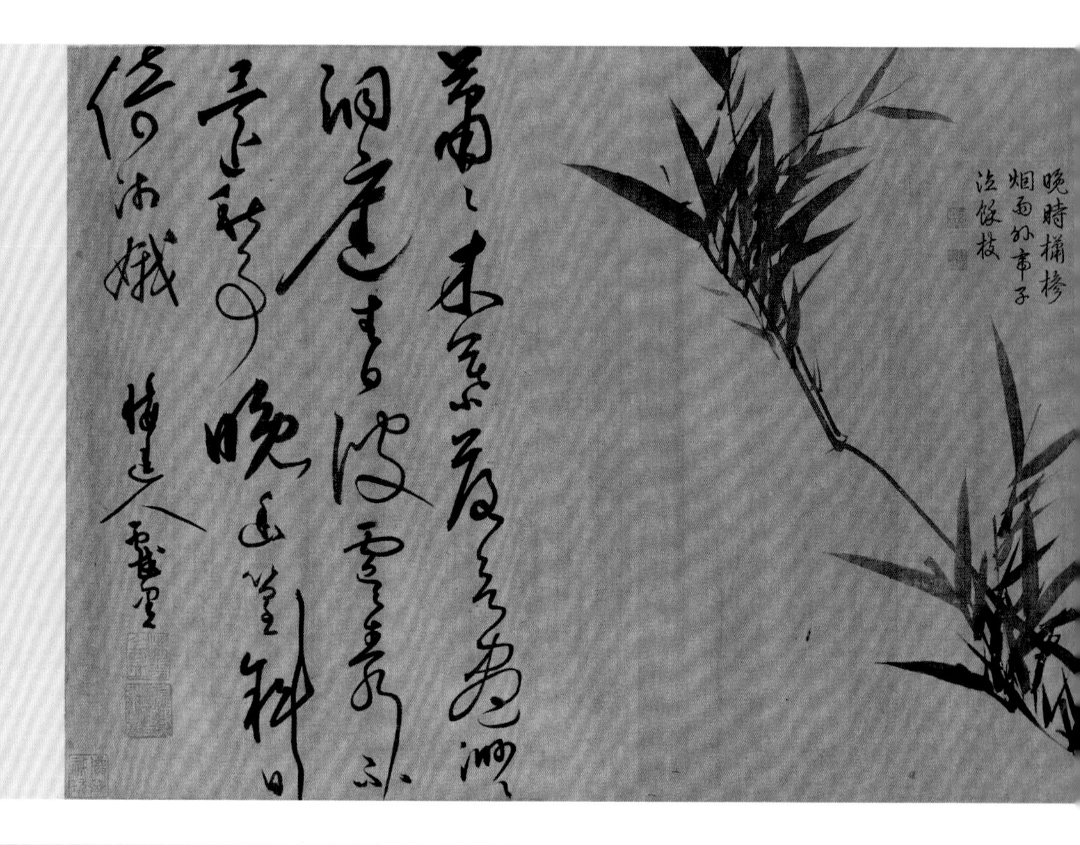

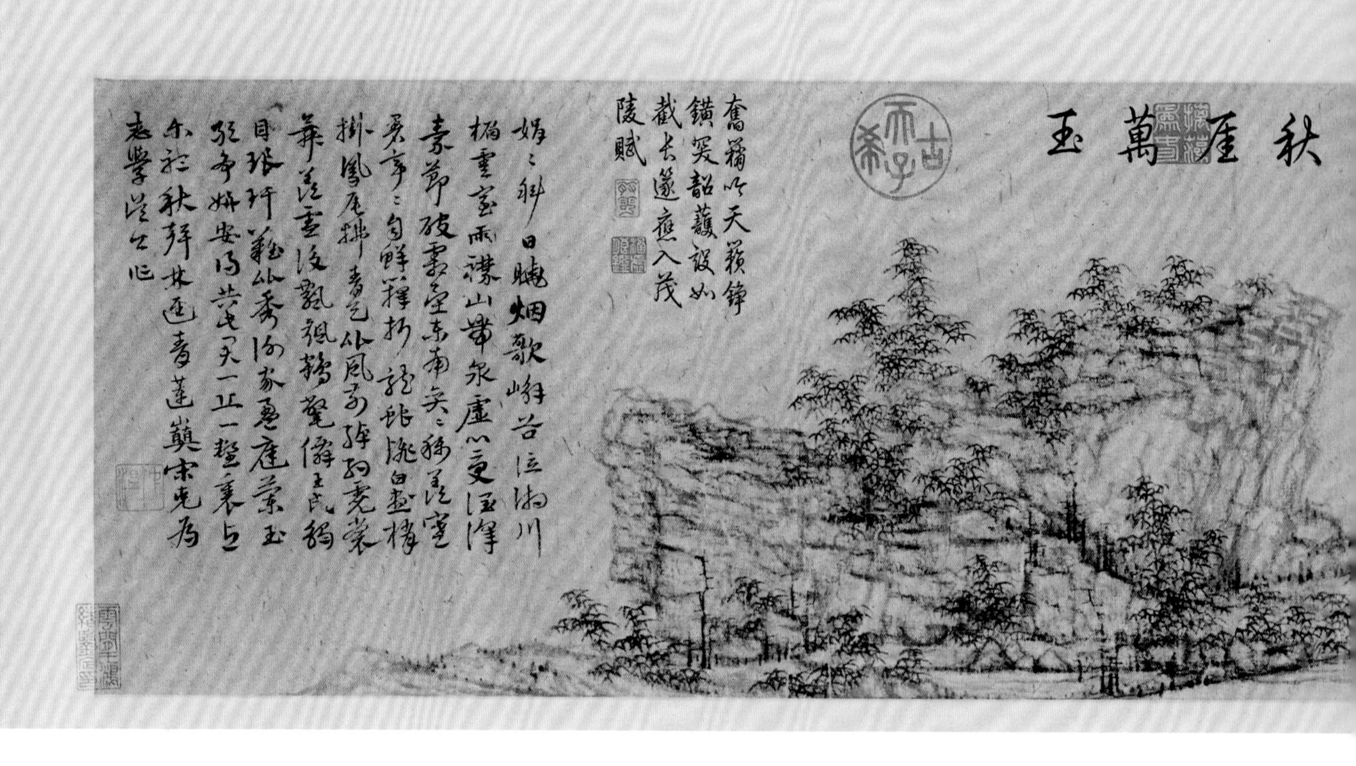
秋崖萬玉

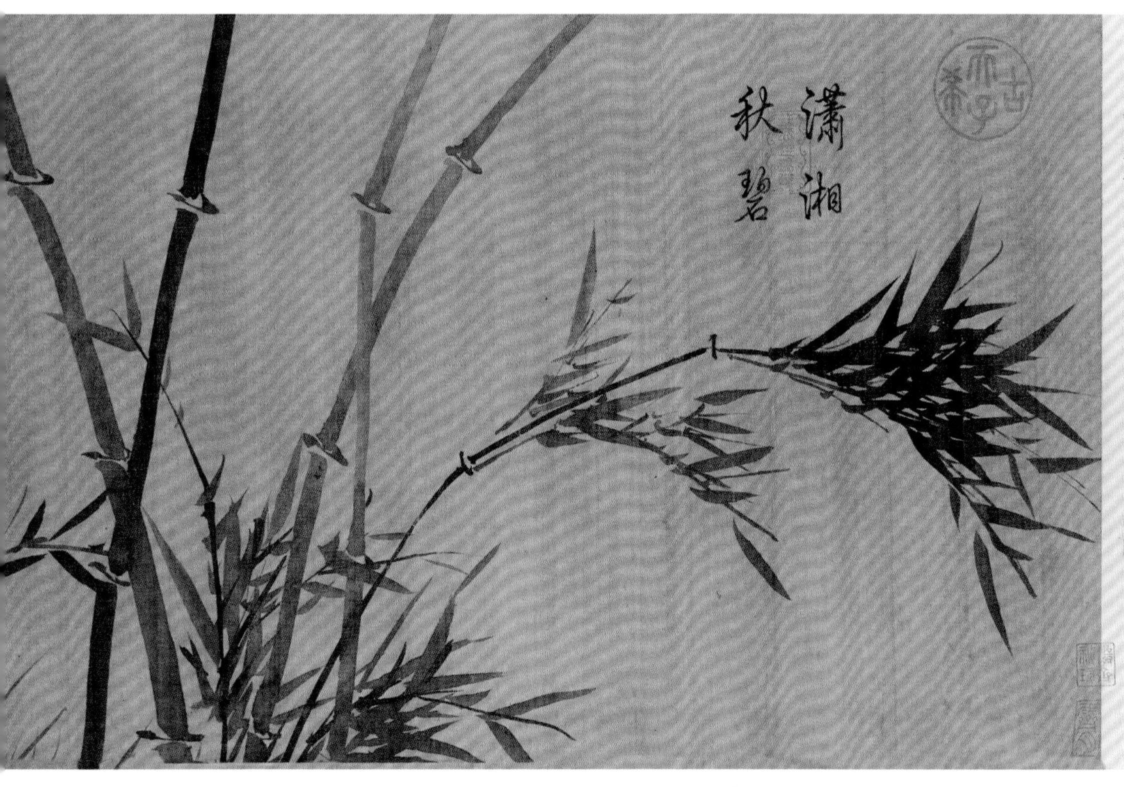
瀟湘
秋碧

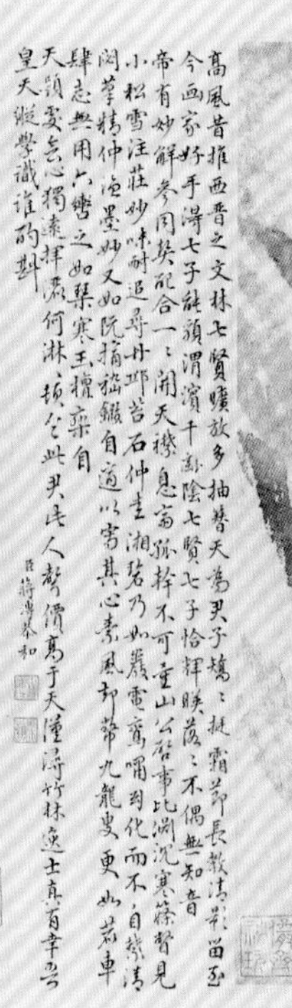

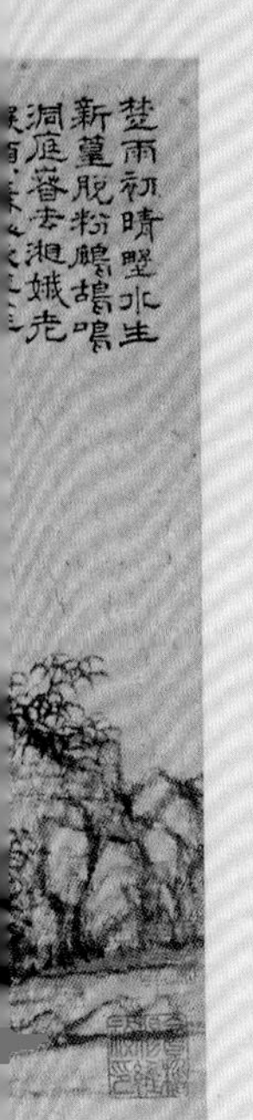

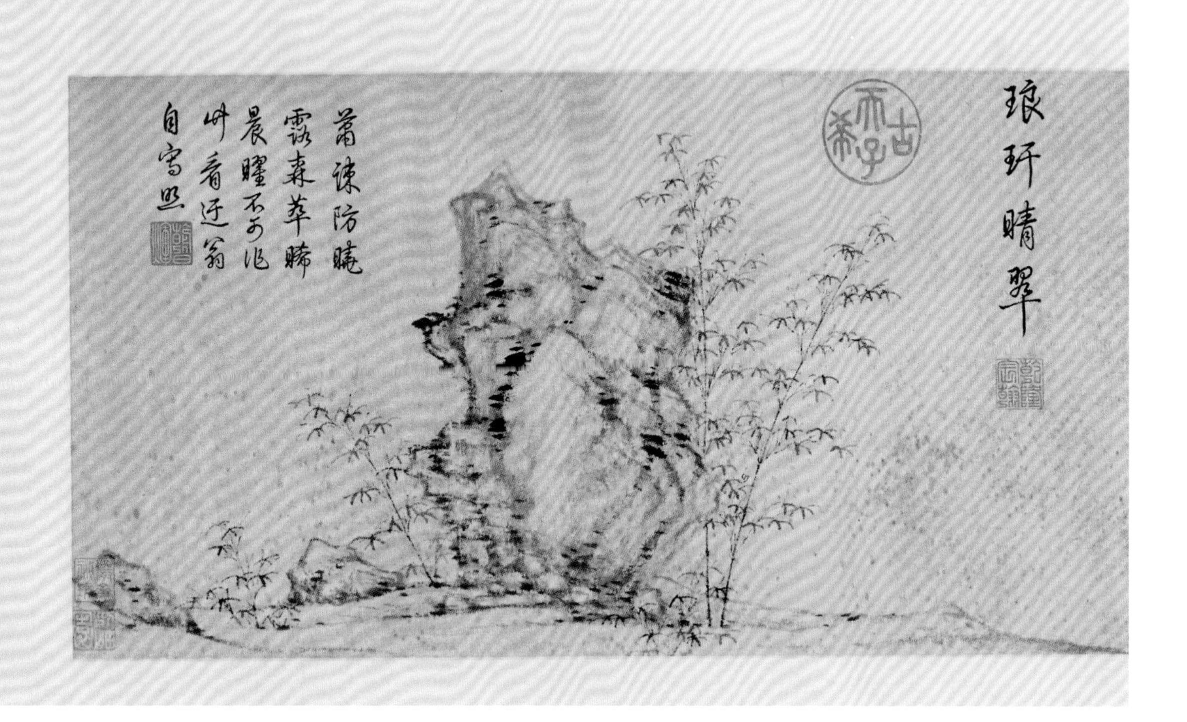
琅玕晴翠

86

謝庭芝　竹石圖軸

絹本　墨筆　縱173.2厘米　橫105.1厘米

Bamboos and Rock

By Xie Tingzhi (dates unknown)
Hanging scroll, Ink on silk
H. 173.2cm　L. 105.1cm

謝庭芝，字仲和，號雪村，崑山（今屬江蘇）人。工詩善書畫，尤擅墨竹。

圖中繪坡草湖石，石後挺立疏竹數竿，枝葉下垂，似沐雨露。坡上小竹蘭草叢生，三株新筍，兩株高竄，一株破土而出，春意盎然。湖石連勾帶皴，並以淡墨渲染，玲瓏剔透，形態奇異。竹葉以率筆揮灑，濃淡相參，水墨淋漓，清新秀雅。此圖為謝庭芝墨竹傳世孤本。

本幅款識“至元五年（1339）冬十月仲和”。鈐印“任陽民”（朱文）、“謝仲和氏”（朱文）。另鈐鑒藏印“孫承澤印”（朱文）。

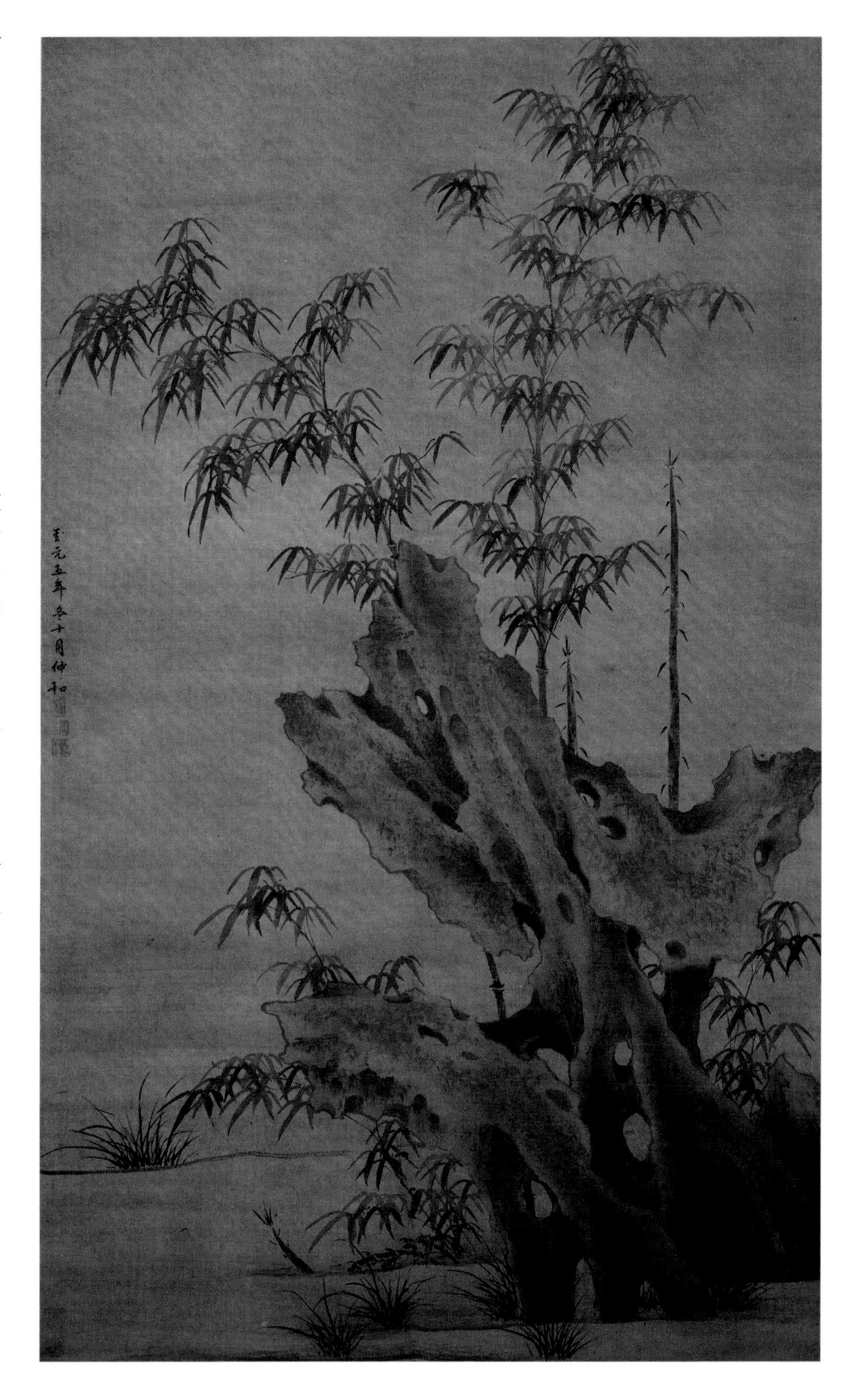

87

柯九思　清秘閣墨竹圖軸

紙本　墨筆　縱132.8厘米　橫58.5厘米
清宮舊藏

Ink Bamboos Painted in Qing Mi Pavilion
By Ke Jiusi (1290-1343)
Hanging scroll, Ink on paper
H. 132.8cm　L. 58.5cm
Qing Court collection

柯九思（1290—1343），字敬仲，號丹丘生、五雲閣吏。台州仙居（今屬浙江）人。博學能文，曾官奎章閣鑒書博士。擅畫墨竹、山水。

圖中繪墨竹兩竿，依湖山挺拔而立，石旁綴以稚竹小草。竹葉以書法之撇筆寫之，墨色清潤，濃淡相間，沉着挺勁。湖石用披麻皴，圓勁渾厚，具有體積感。

本幅自題："至元後戊寅（1338）十二月十三日留清秘閣，因作此卷。丹丘生題"。鈐印"柯敬仲氏"（朱文）、"奎章閣鑒書博士"（白文）、"訓忠之家"（白文）、"敬仲畫印"（朱文）、"錫訓堂章"（白文）。另有清乾隆御題詩一首並鈐印。鈐鑒藏印"倪瓚之印"（白文）、"經鉏齋"（朱文）以及項元汴、卞永譽、安岐、李玉棻、清乾隆內府藏印三十一方。

曾經《墨緣彙觀》、《石渠寶笈初編》、《虛齋名畫錄》、《式古堂書畫彙考》著錄。

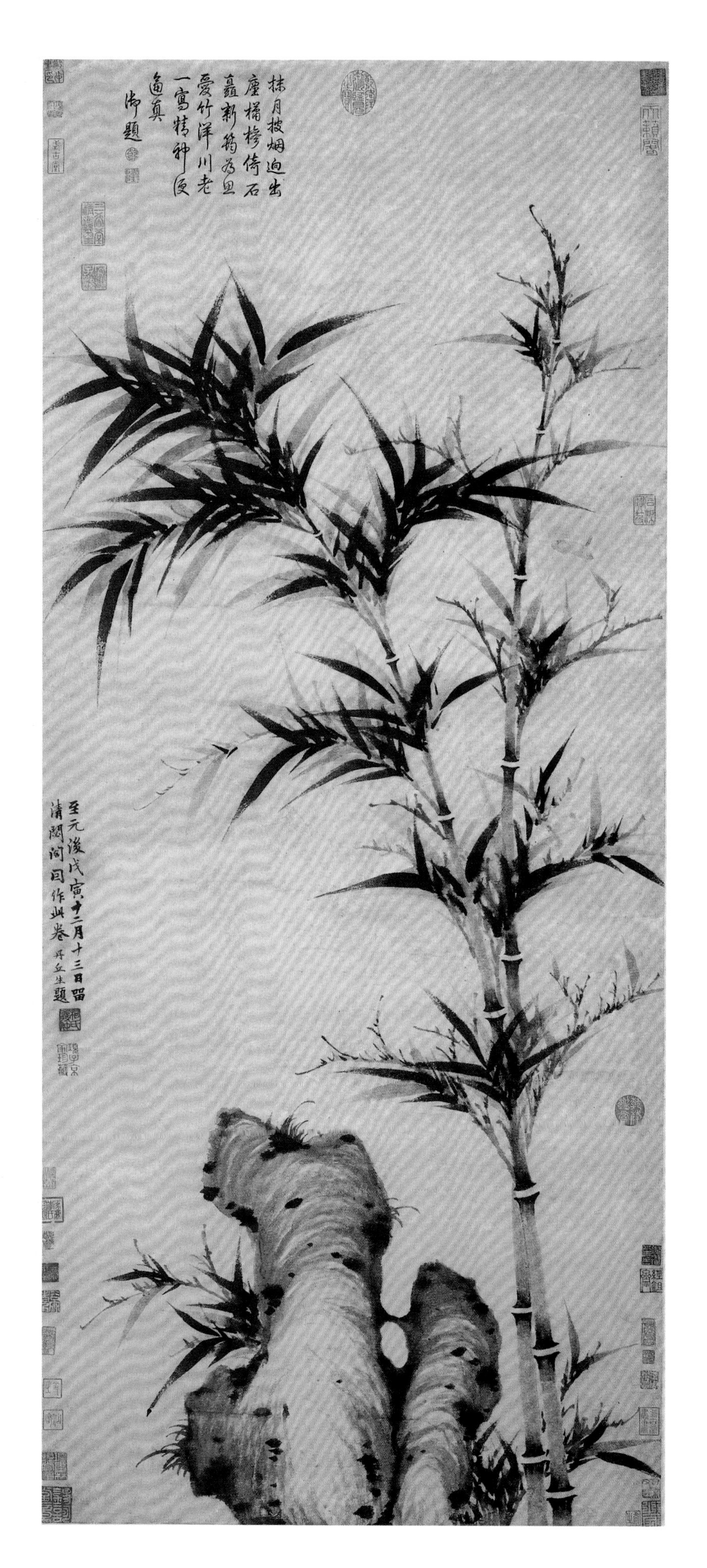

88

顧安　墨筆竹石圖軸

紙本　墨筆　縱126.7厘米　橫41.6厘米

Ink Bamboos and Rocks

By Gu An (1289-C.1365)
Hanging scroll, Ink on paper
H. 126.7cm　L. 41.6cm

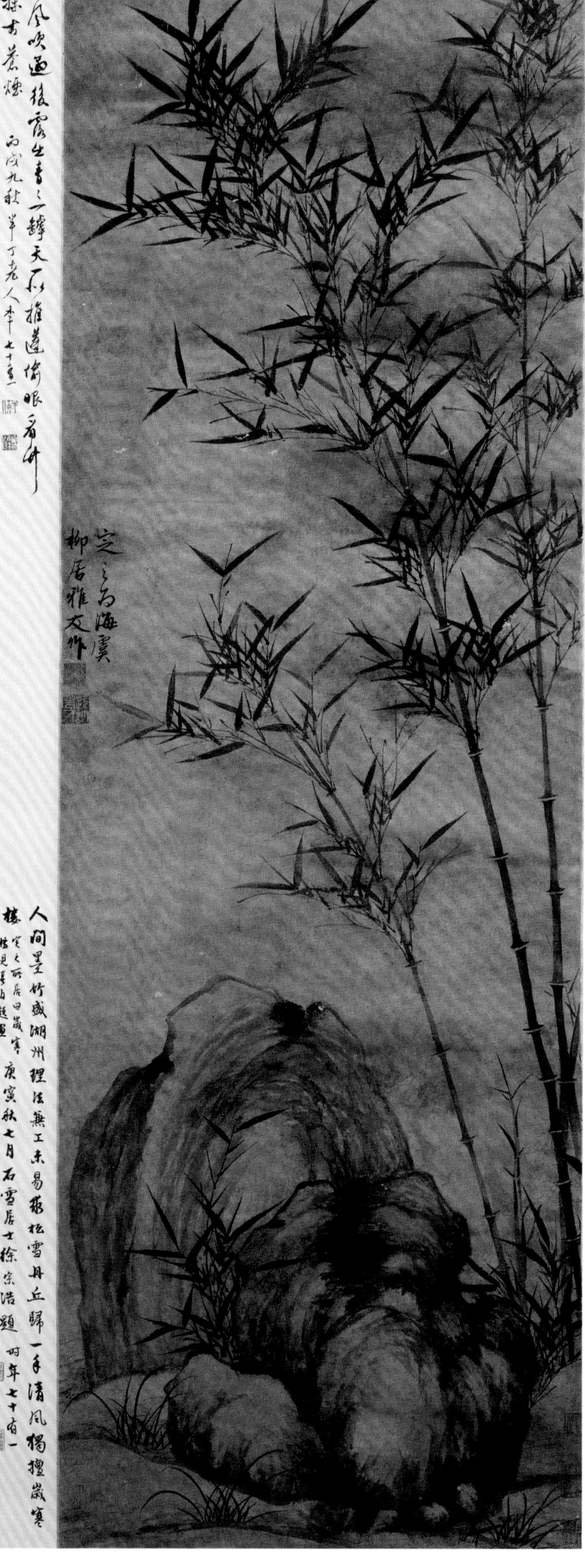

顧安（1289—約1365），字定之，號迂訥老人。平江（今江蘇蘇州）人。祖籍淮東（今江蘇），故自稱淮東人。曾任泉州同安縣尉。擅畫竹，常寫風竹新篁。

圖中繪墨竹三竿，瘦勁挺拔，風梢雲幹，蕭疏清逸。枝下窠石圓潤互疊，綴以新篁，更添野趣。以乾筆淡墨畫竹竿，以書法捺筆寫出竹葉，行筆遒勁自如。用濃、淡墨烘染，似煙雲浮動，烘托出竹子的清幽秀骨。

本幅款識“定之為海虞柳居雅友作”。鈐印“顧定之印”（白文）、“迂訥老人”（白文）。

裱邊徐宗浩、陳半丁題詩（釋文見附錄）。

89

顧安　風雨竹石圖卷
紙本　墨筆　縱25.1厘米　橫183.3厘米
清宮舊藏

Bamboos and Rocks in Wind and Rain
By Gu An
Handscroll, Ink on paper
H. 25.1cm　L. 183.3cm
Qing Court collection

圖中繪竹竿枝斜覆，竹葉下垂，表現風雨中竹子的枝葉掛滿雨水，縱橫披離，搖曳多姿的形態。用筆瀟灑蒼潤，墨氣濃渾，清氣滿紙。

本幅自題："至正甲辰（1364）四月三日，連日口雨初霽，天朗氣清，從兄攜杖登山望遠，遇見了一儒者油然而來，問之，則曰劉性初也。自雪川持此卷遠仿俾餘寫竹，以作風雨枝以贈。迫暑，余方醉眠，忽童子扣門復求余作，適興寫之，頗有石室遺意，識者當發一笑也。定之"。鈐印"顧定之"（白文）。另有鄭明德、王謙、高士奇、孫祥題詩、題記（釋文見附錄）。鈐鑒藏印"清河羣記"（朱文）、"奩十六號"（朱文）、"乾隆御覽之寶"（朱文）、"嘉慶御覽之寶"（朱文）、"宣統御覽之寶"（朱文）。

引首有張照書"元顧定之風雨竹"。

曾經《江村書畫目》、《石渠寶笈初編》著錄。

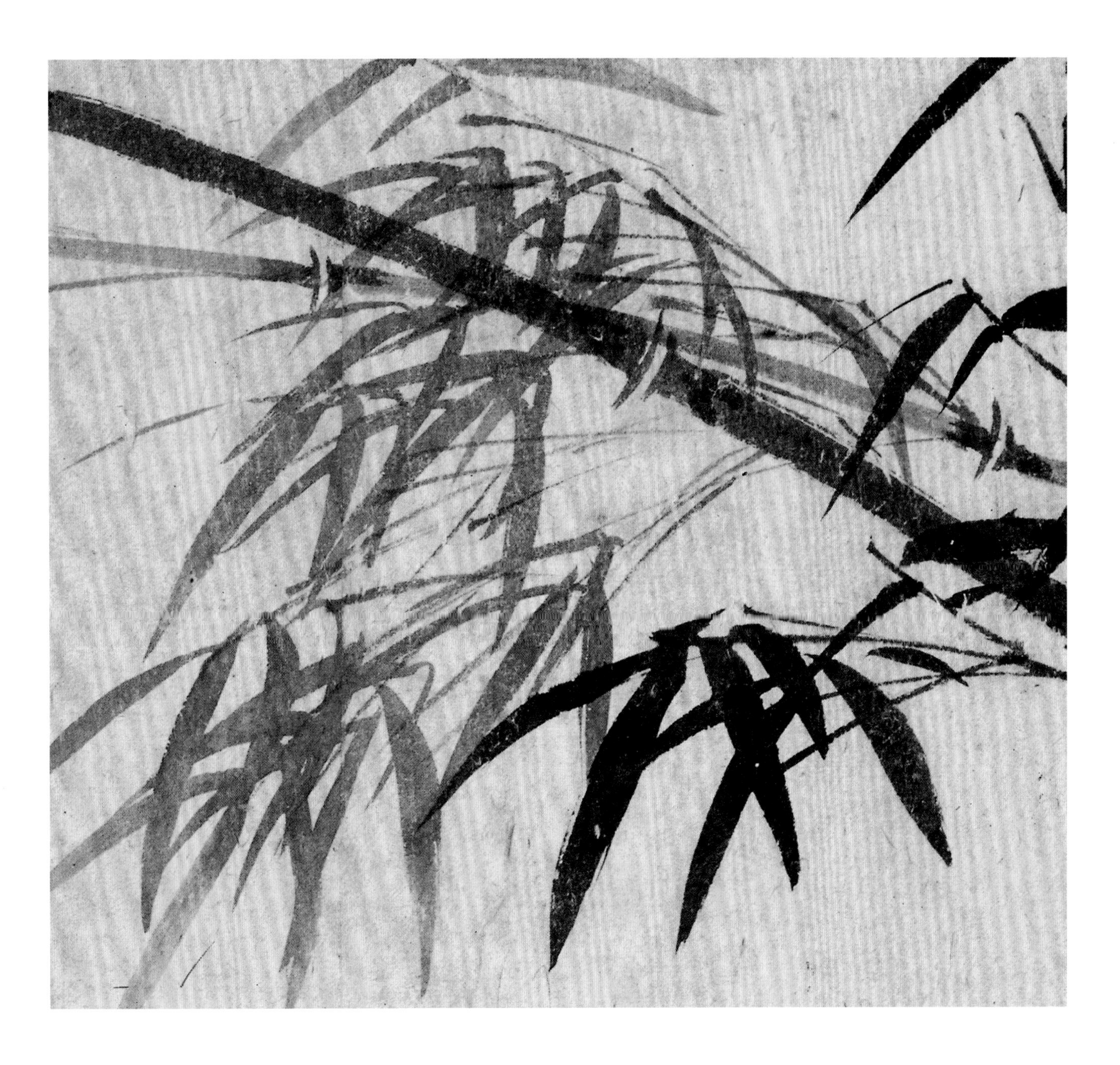

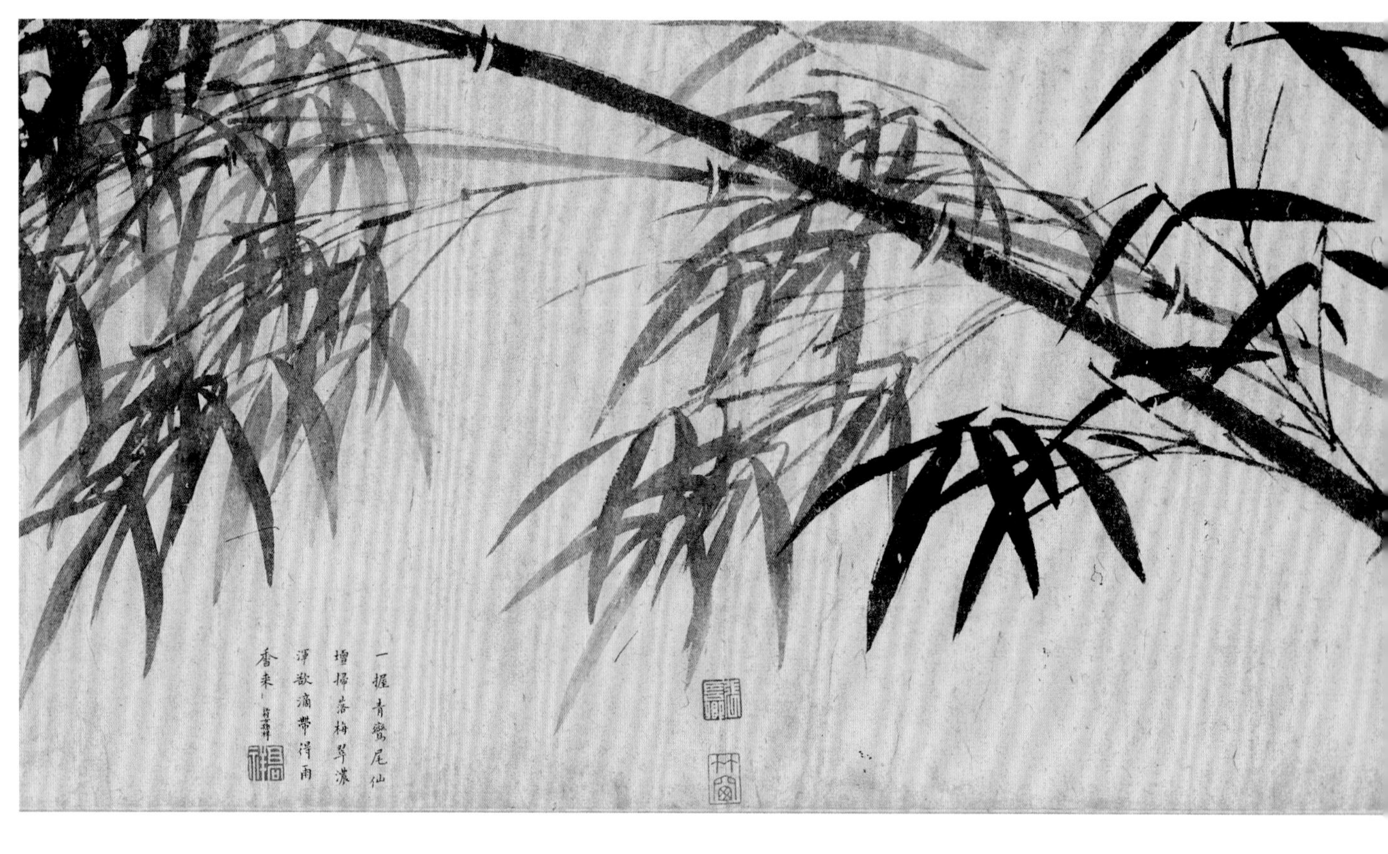
一握青鸞尾仙
壇掃落梅翠濛
渾欲滴帶得雨
香來

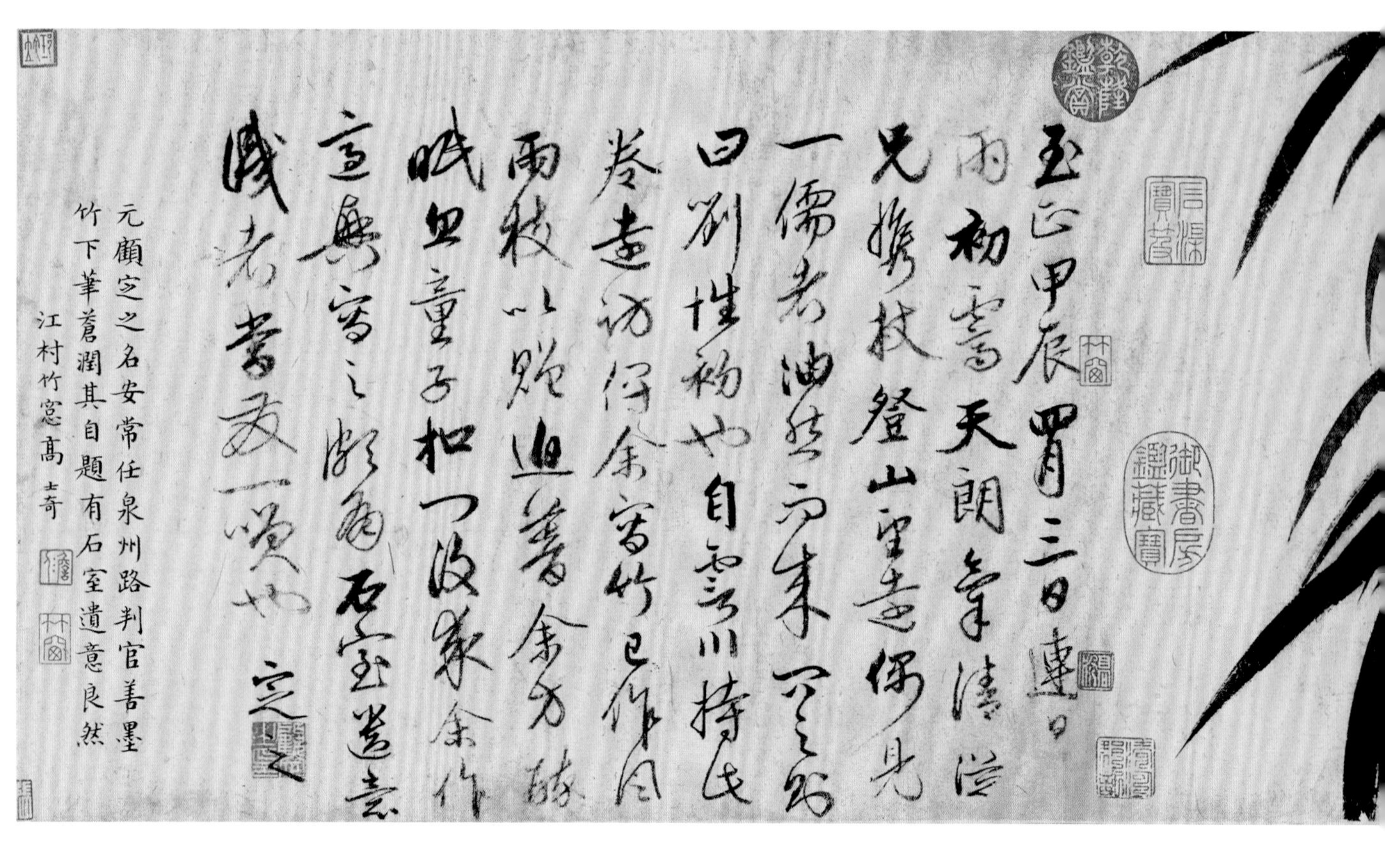
元顧定之名安常任泉州路判官善墨
竹下筆蒼潤其自題有石室遺意良然
江村竹窗高士奇

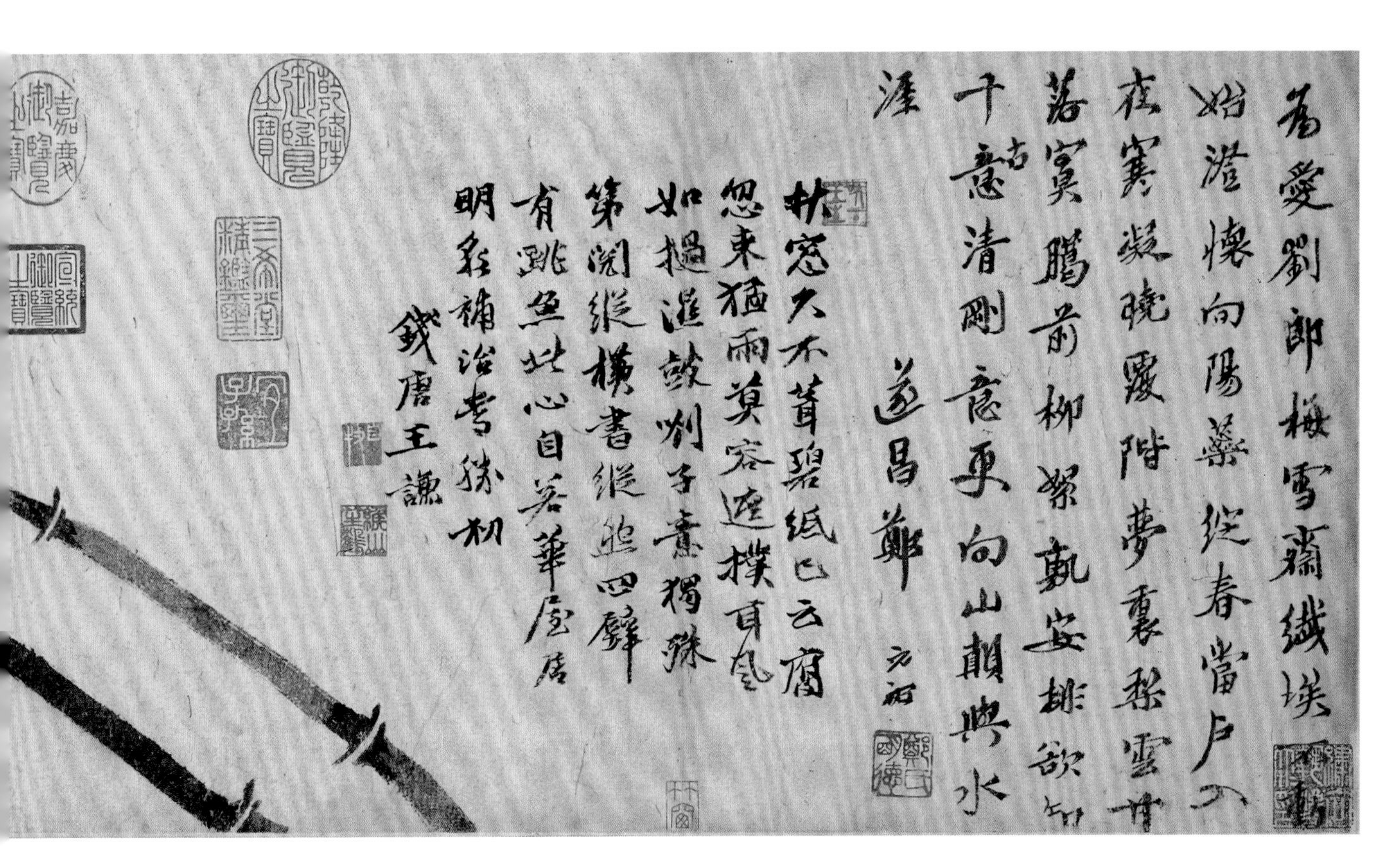

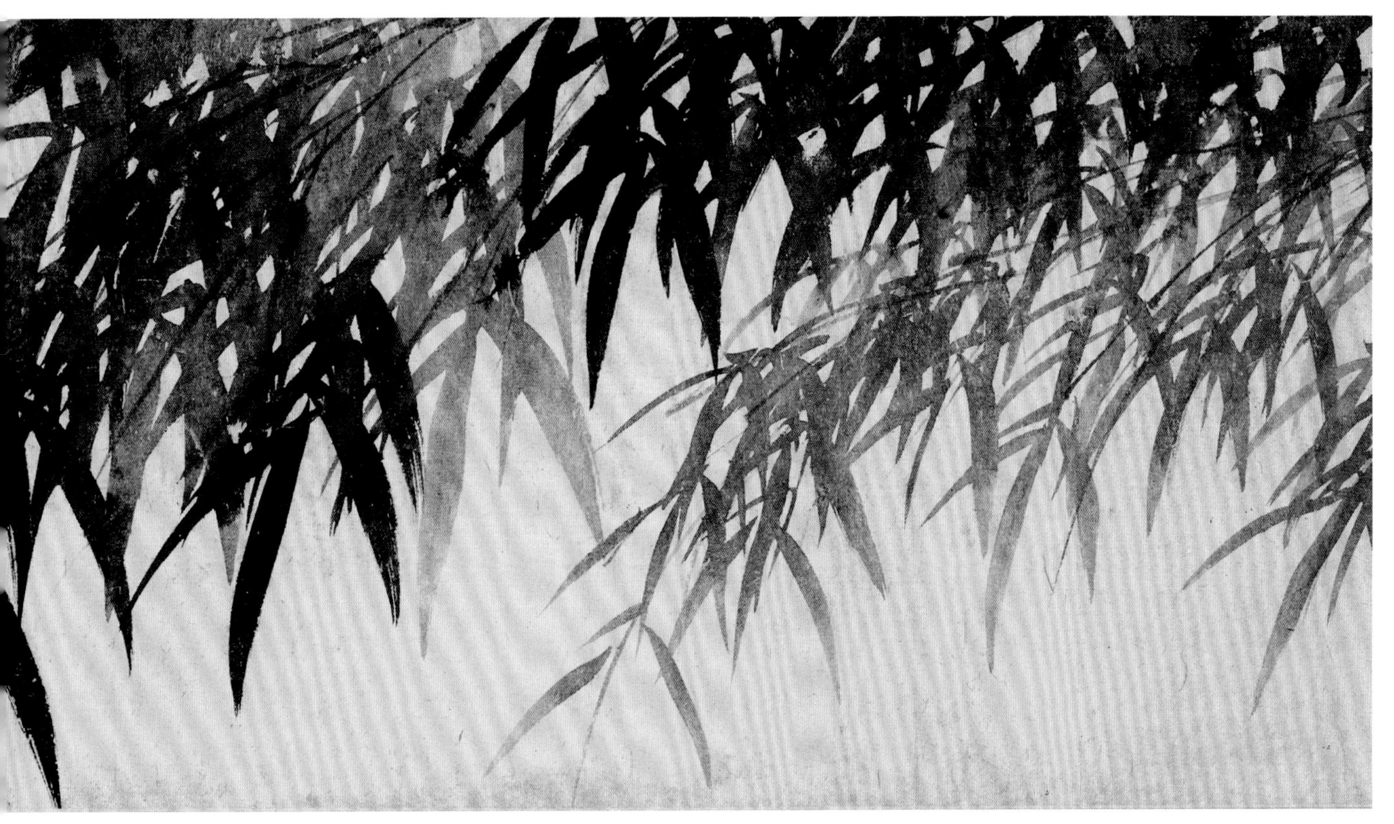

90

顧安　幽篁秀石圖軸

絹本　墨色　縱184厘米　橫102厘米

Secluded Bamboo Grove and Elegant Rocks

By Gu An
Hanging scroll, Ink on silk
H. 184cm　L. 102cm

圖中繪湖石危立，玲瓏剔透；石後叢篁林立，竹竿瘦勁，竹葉上仰，綽約多姿；更有稚筍數枝，穿插於叢竹之中，生氣蓬勃。用筆縝密嚴謹，湖石皴染，刻意求工。構圖平中求奇，氣氛寧靜。

本幅款識“東淮顧安定之”。鈐“顧安之印”（朱文）、“存誠齋”（朱文）。另有題詩：“三十六竿吹紫煙，雲中播蓋滿諸天，白鸞翠鳳馱經至，個個飛來寶座前。翡翠林間拾鳳□，□書繙編□龍韜，□□生滿盤陀□，總是江南金錯刀。雲門居士張紳奉為悦堂大禪師題。顧定之畫作……”

上詩塘有徐宗浩題跋（釋文見附錄）。

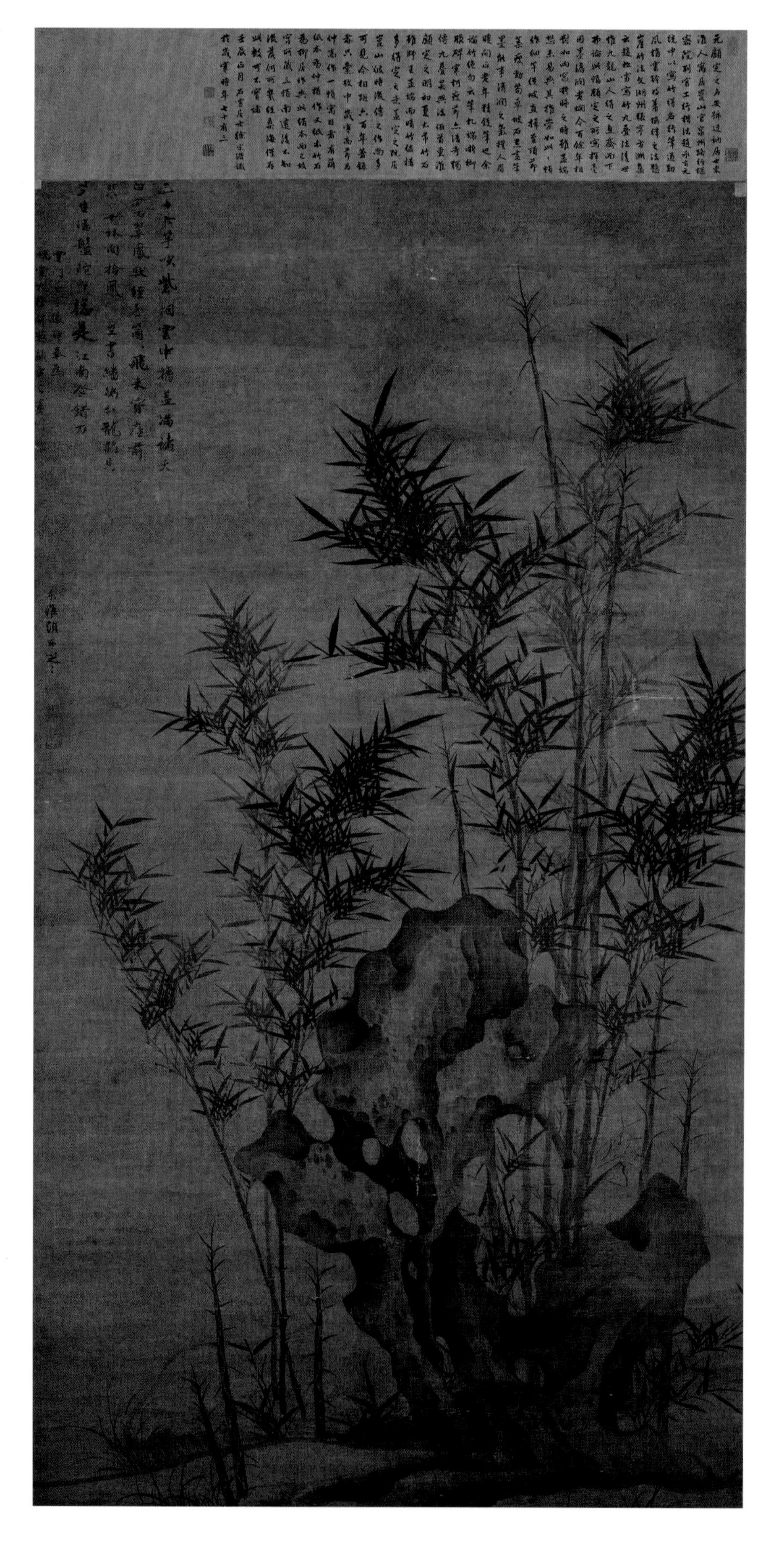

91

顧安　新篁圖軸
紙本　墨筆　縱91厘米　橫33.1厘米

New Bamboos
By Gu An
Hanging scroll, Ink on paper
H. 91cm　L. 33.1cm

圖中繪瘦竹兩枝，新篁數竿，參天而立。竿下穿插荊棘，參差錯落。用筆勁利挺健，墨氣濃潤，以濃墨畫竹竿，淡墨畫新篁，以捺筆寫出竹葉，生動地表現了新竹欣欣向榮的氣勢。

本幅款識“定之為仲權作”。鈐“顧定之印”(白文)、“迂訥老人”(白文)。另鈐鑒藏印“第一希有”(朱文)、“北平李氏所藏”(白文)、“季雲”(朱文)、“南屏珍藏”(朱文)、“武進王氏”(白文)、“葉恭綽”(白文)。

曾經《書畫鑒影》著錄。

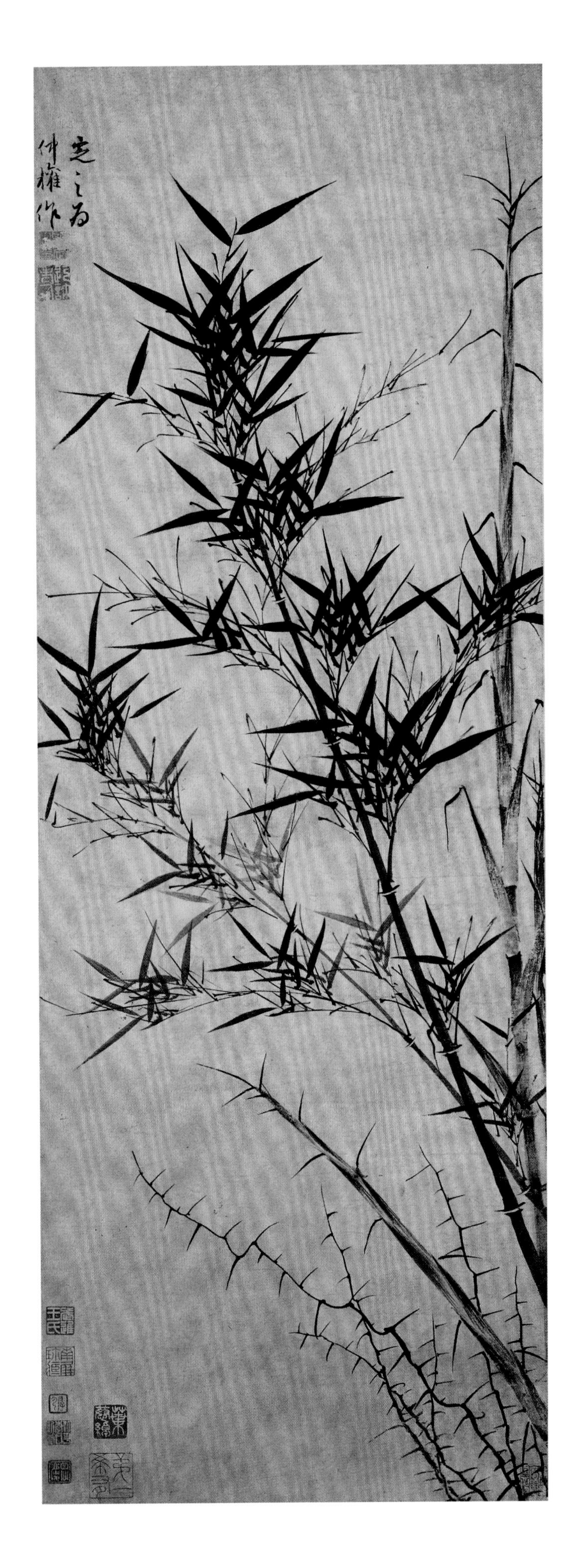

92

陸行直　碧梧蒼石圖軸

絹本　設色　縱107厘米　橫53.2厘米

Towering Cypress, Chinese Parasol Tree, and Taihu Rock

By Lu Xingzhi (dates unknown)
Hanging scroll, Colour on silk
H. 107cm　L. 53.2cm

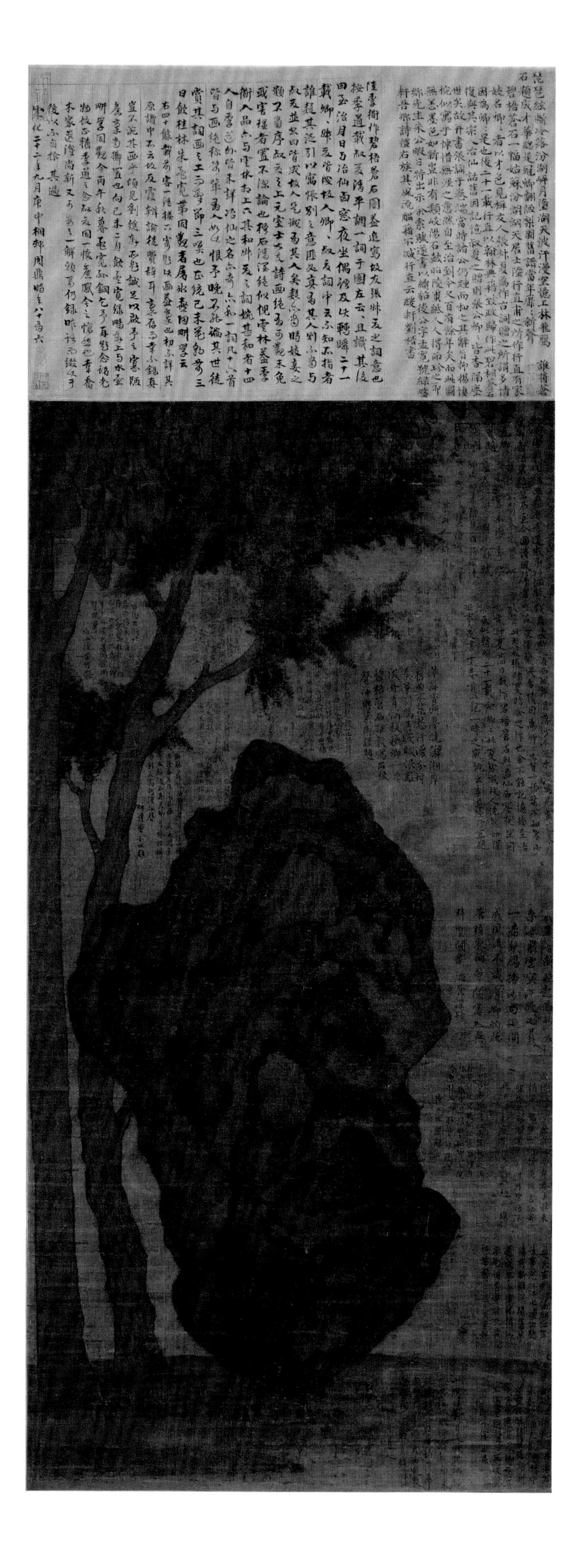

陸行直，字季衡，江蘇吳江人。明初授翰林典籍，工詩文書法，善畫樹石，筆法清勁，為人所稱。

此圖是根據友人張叔夏的題詞擬意而作，繪巨大的湖石一堵，屹立於畫面的正中。石旁梧桐、古柏參天而立，借"夜涼桐葉聲聲"以寓對友人的思念之情。圖中湖石繁皴密染，畫樹雙勾，點葉、夾葉兼用，用筆厚重。構圖平中求險，為陸行直傳世名作。

本幅自題："候蟲淒斷，人語西風岸，月落沙平流水漫，驚見蘆花來雁。可憐瘦損蘭成，多情因為卿卿，只有一枝梧葉，不知多少秋聲。此友人張叔夏贈余之作也，余不能記憶，於至元元年(1335)仲夏二十四日戲作碧梧蒼石，與治仙西窗夜坐，因語及此，轉瞬二十一歲，今卿卿叔夏皆成故人，恍然如隔世事，遂書卷首，以記一時之感慨雲。季道陸行直題"。鈐印"致和齋"(朱文)、"陸季道氏"(朱文)。又題："楚天雲斷，人隔湘天岸。往事悠悠江水漫，怕聽樓前新雁。深閨舊夢還成，夢中猶記憐卿，依約相思碎語，夜涼桐葉聲聲。陸行直重題"。鈐一印不可辨。

本幅還有劉則海、葉衡、治仙、曹仲達、衛德辰、趙由𣏌、陸承孫、徐再思、月道人等十四家題記。上詩塘有明劉稽、周鼎，裱邊有謝希曾等跋。鈐鑒藏印"墨林山人"(白文)等二十五方（印文模糊不可辨）。

曾經《汪氏珊瑚網》、《佩文齋書畫譜》、《式古堂書畫彙考》著錄。

93

張遜　雙鈎竹石圖卷

紙本叔　墨筆　縱43.4厘米　橫668厘米

Bamboos and Rocks Drawn in Delineation
By Zhang Xun (dates unknown)
Handscroll, Ink on paper
H. 43.4cm　L. 668cm

張遜，字仲敏，號溪雲，吳郡（今江蘇蘇州）人。博學工詩，書畫俱絕，尤擅畫竹。墨竹初學李衎，後自以為不及，棄墨竹而用勾勒，遂妙絕當世。

圖中繪坡陀之間，雪映秀竹，寧靜多姿，松枝虬曲，橫如臥龍，湖石與柏幹相襯托，表現了歲寒時節的幽閑逸趣。竹子用雙鈎法，嚴謹工整，筆致勁健，若有雪覆蓋。松針用重墨，以表青翠之色。坡石披麻皴。此卷為張氏傳世孤本。

本幅自題：“伯時相從讀書者三四年，其昆弟特與諸生異，余固知其將有成立也。前年冬，要余於家，時天寒大雪，觀雪於池閣上，出此卷求作竹樹，時以凍，不可，去年春館於梁溪，遂攜此留齋舍，凡閱兩寒暑而後成，雖若有未盡善，然而坡陀之間，扶疏之意，余為吾伯時用心亦勞矣。伯時亦好畫，故樂為之而不辭。至正九年（1349）四月三十日　吳郡張遜題於吳氏舍館”。鈐印“張遜私印”（白文）。另鈐有徐渭仁、謝希曾、周宗責等鑒藏印六十三方。

前後隔水有謝希曾題記兩則，尾紙有倪瓚、察伋、張紳、梁用行、王汝玉、張宥、錢溥、劉珏、陳鑒、來潔、陸廣、謝希曾、徐渭仁、黃芳、寶熙共十四家題詩、題跋（釋文見附錄）。

曾經《朱氏鐵網珊瑚》、《佩文齋書畫譜》、《式古堂書畫彙考》著錄。

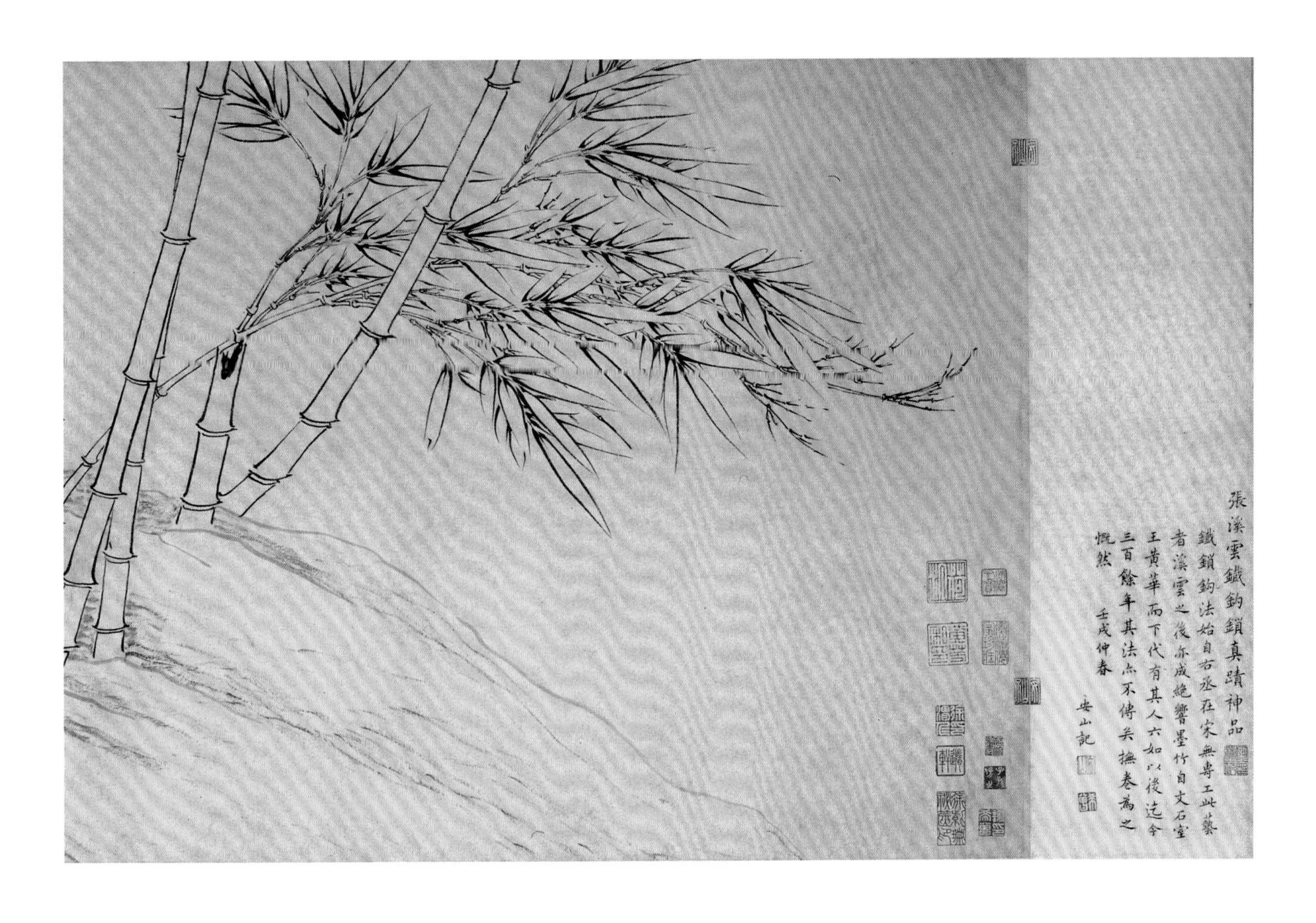

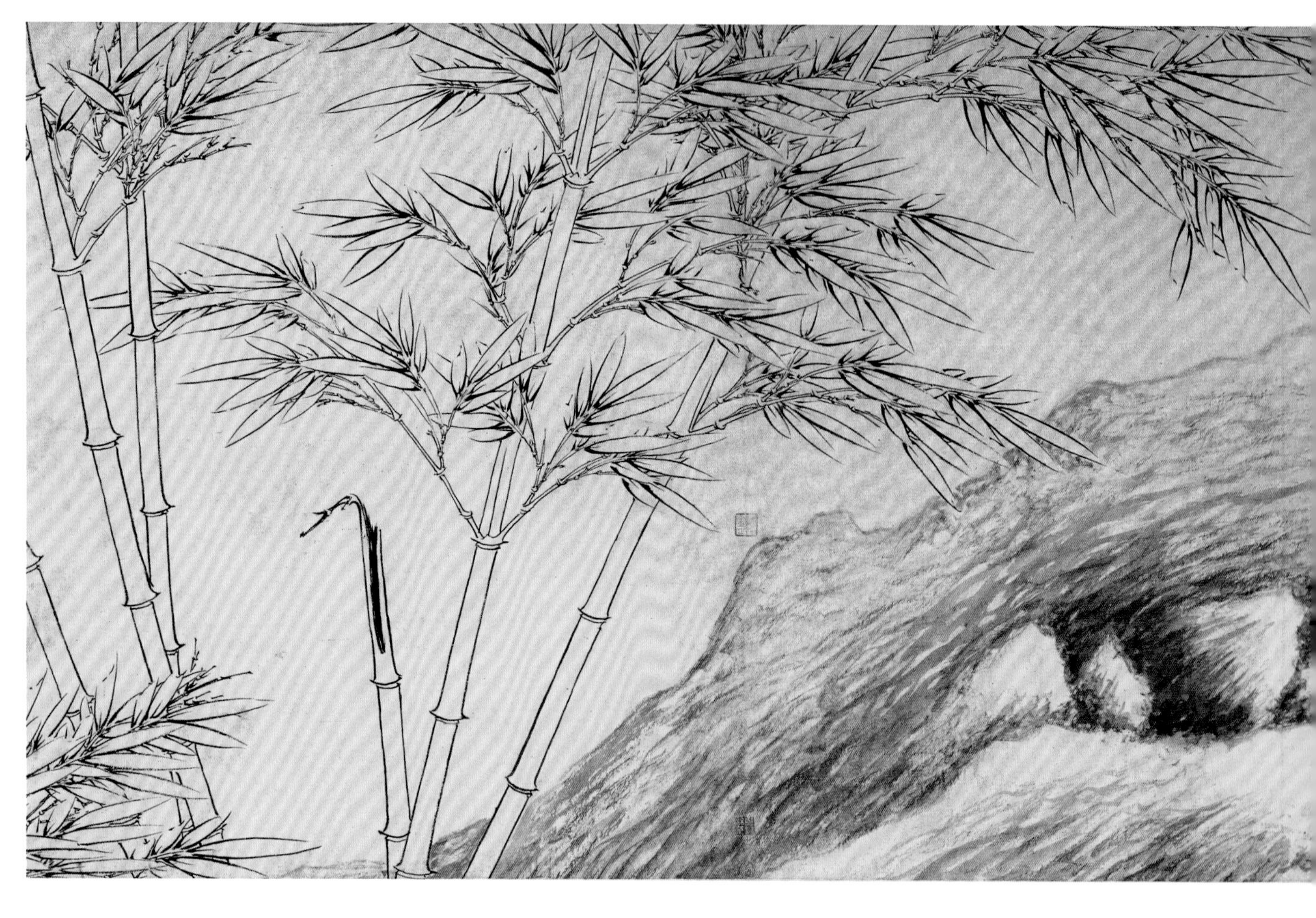

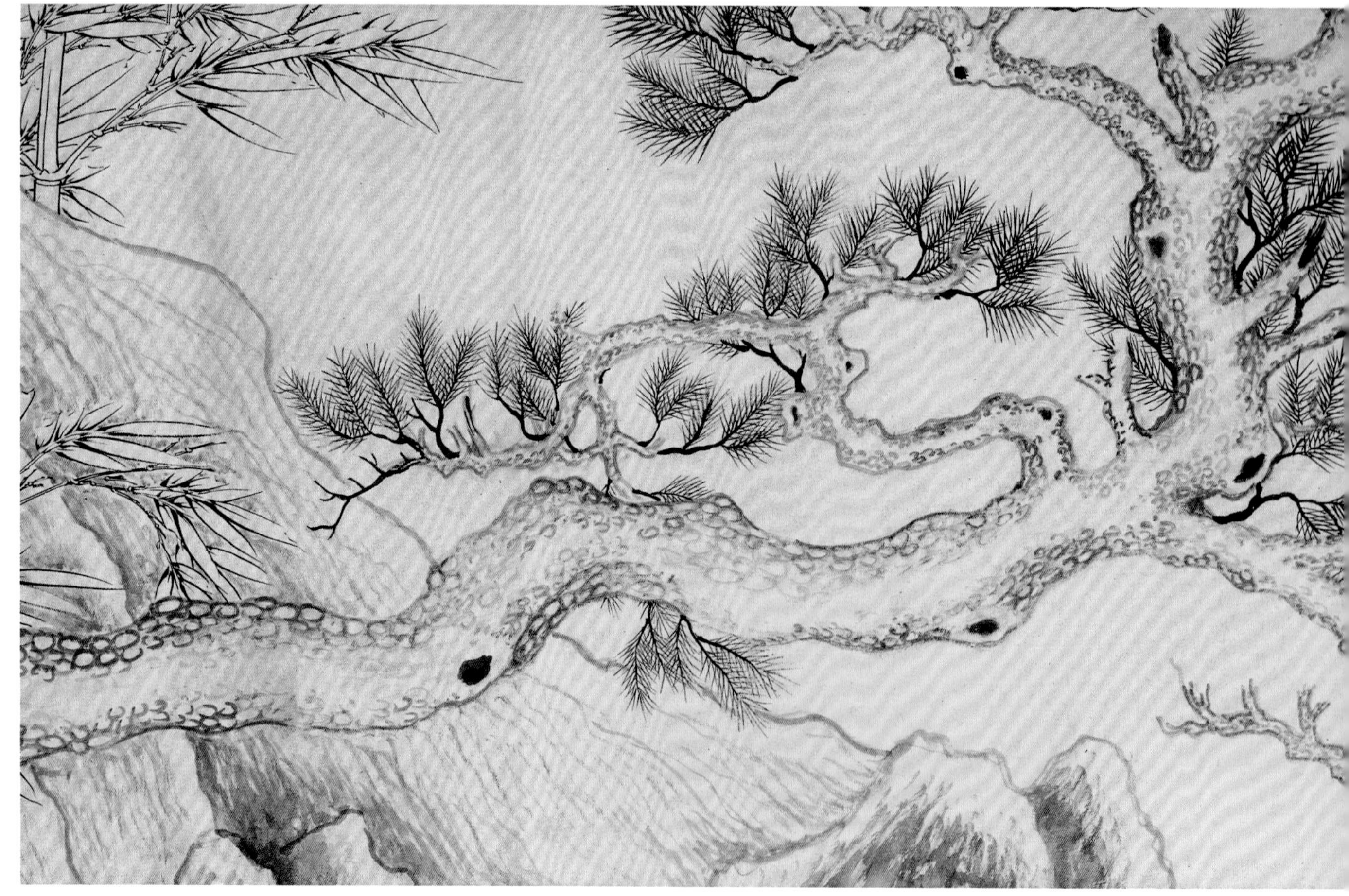

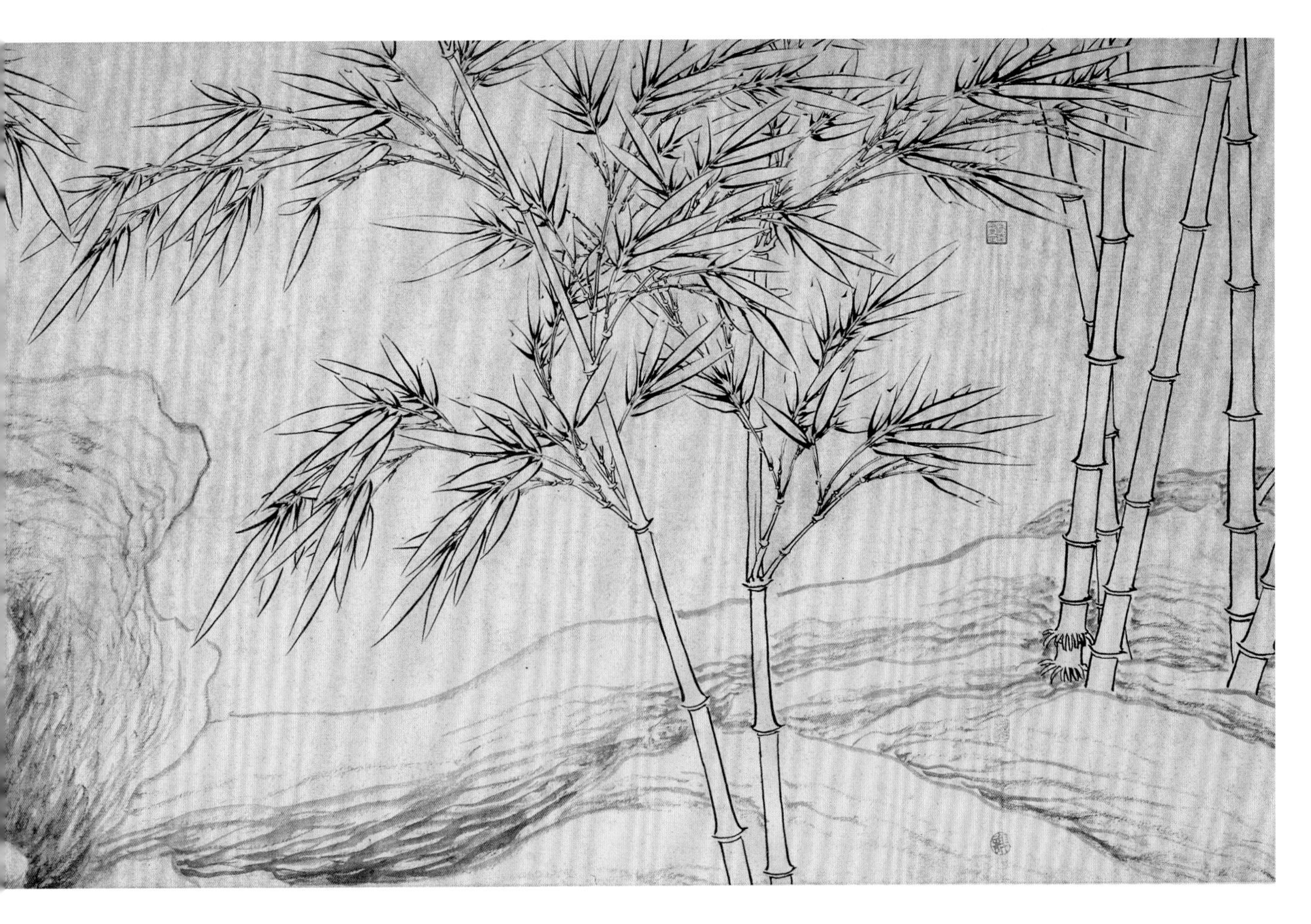

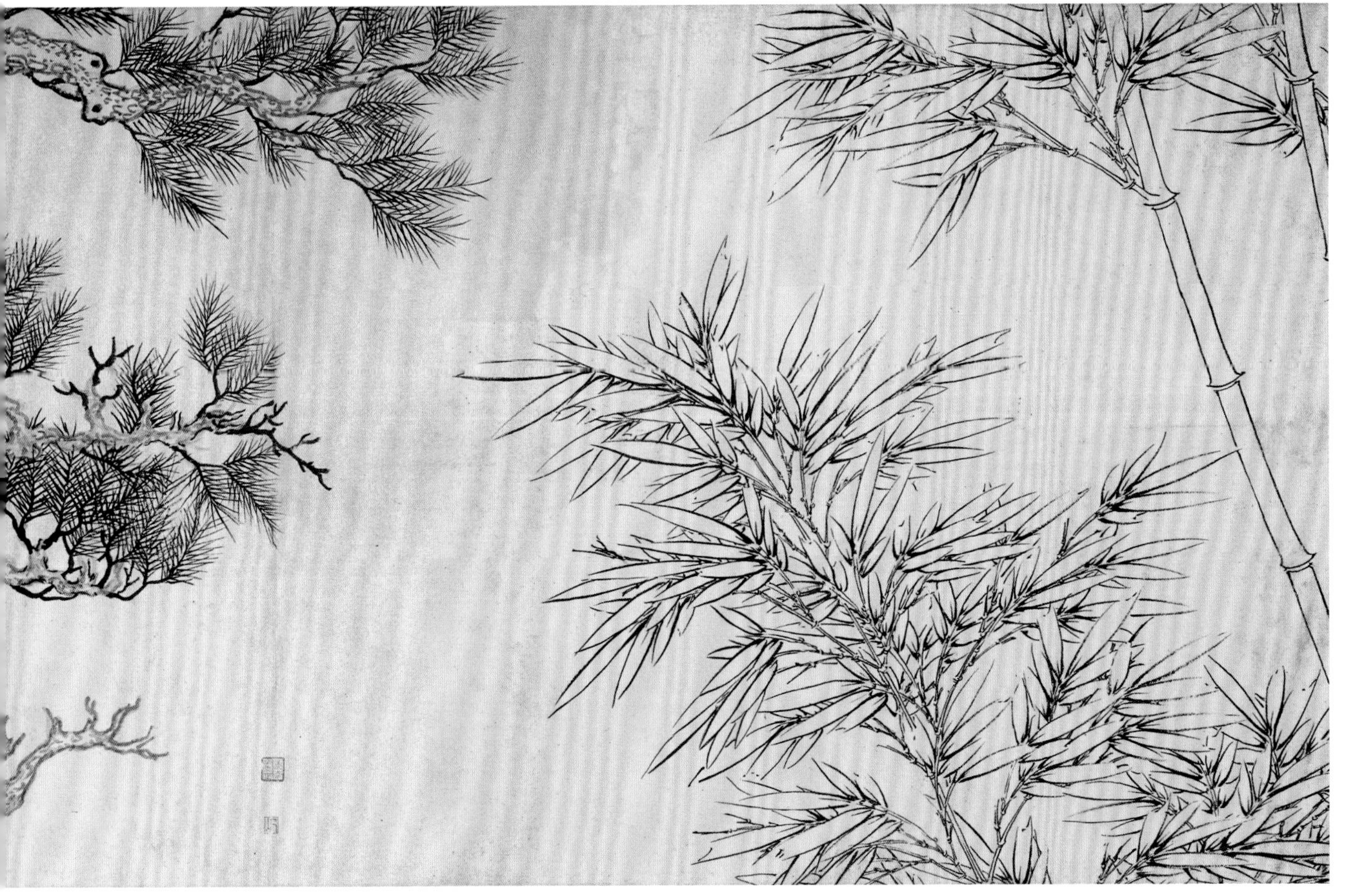

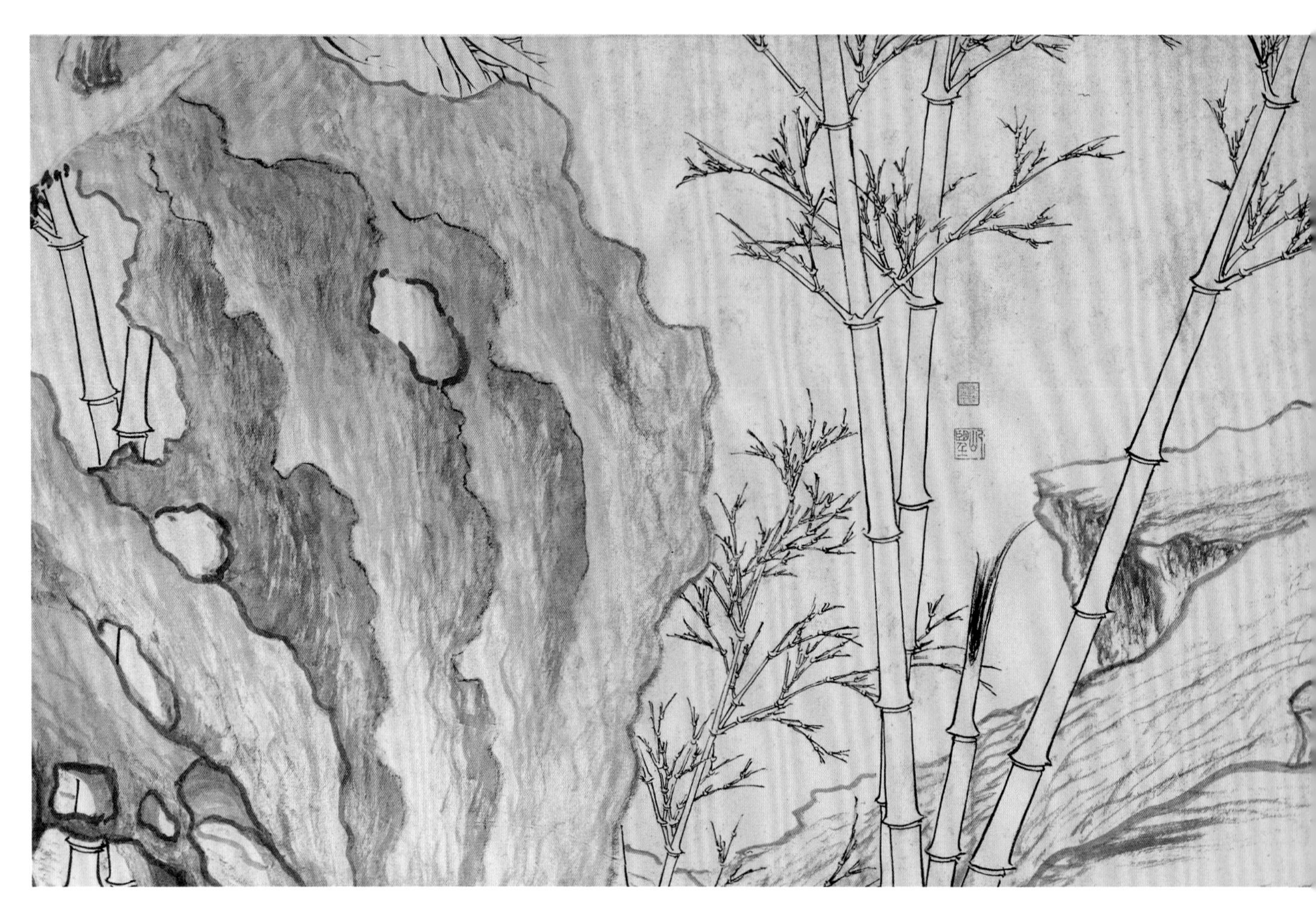

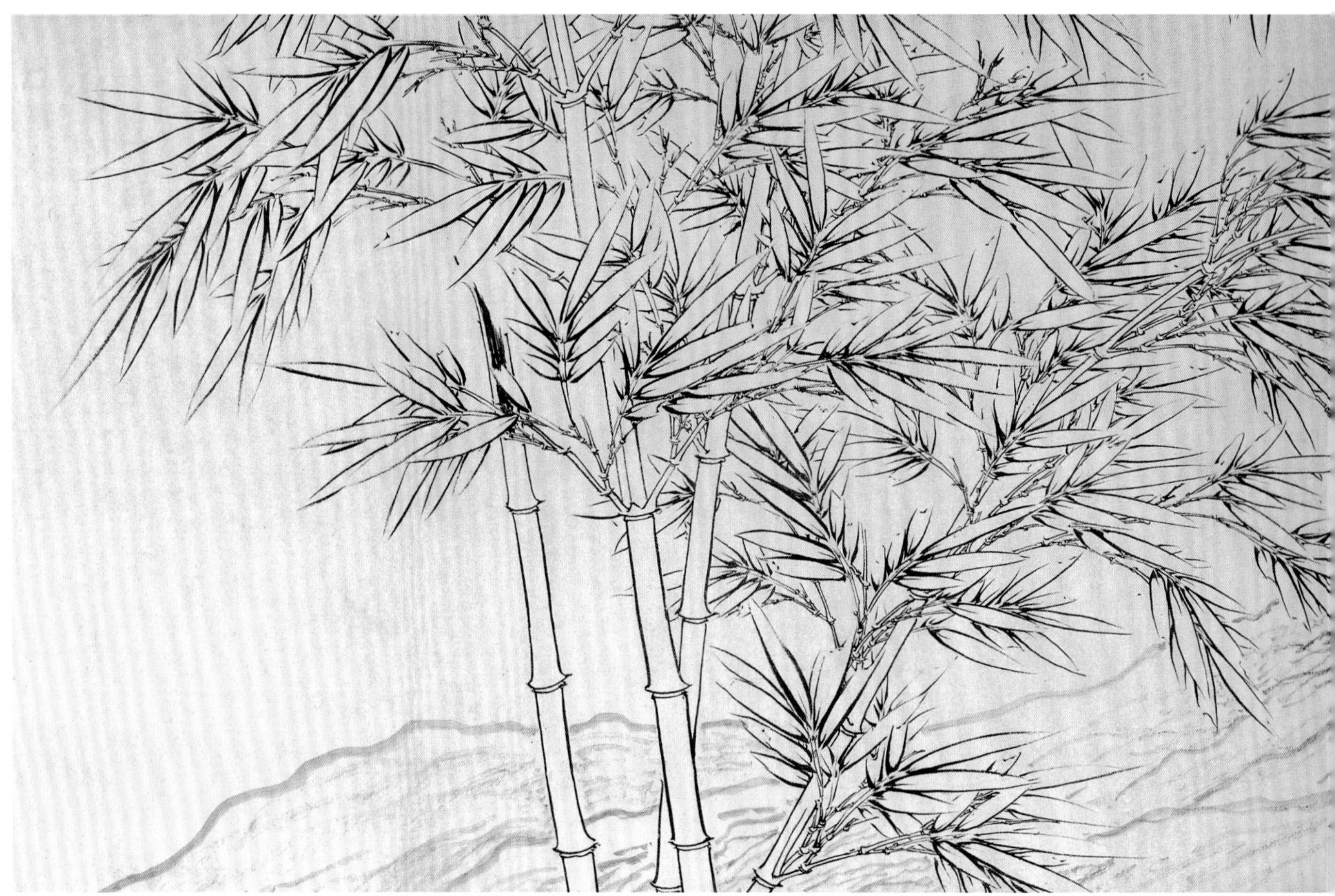

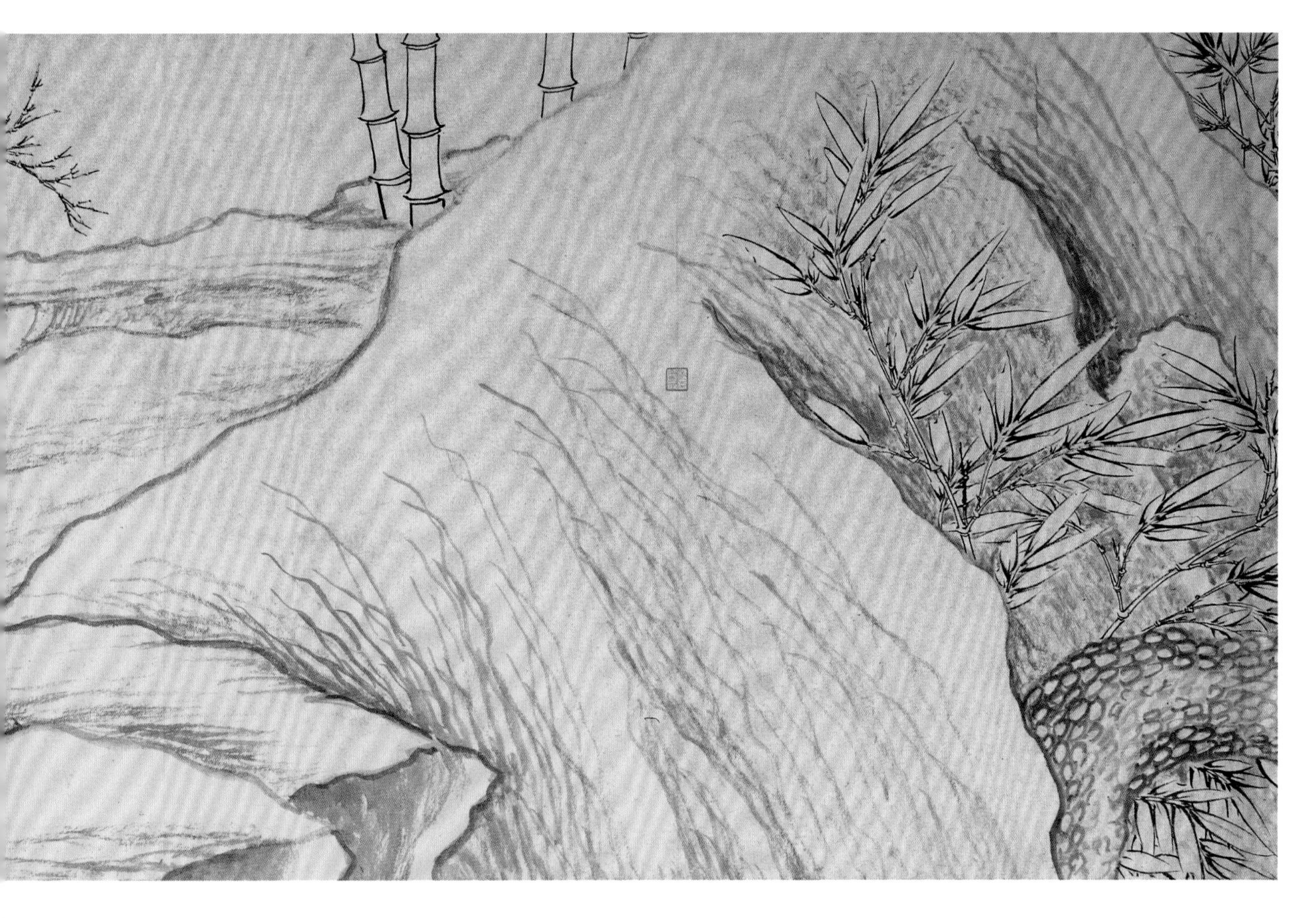

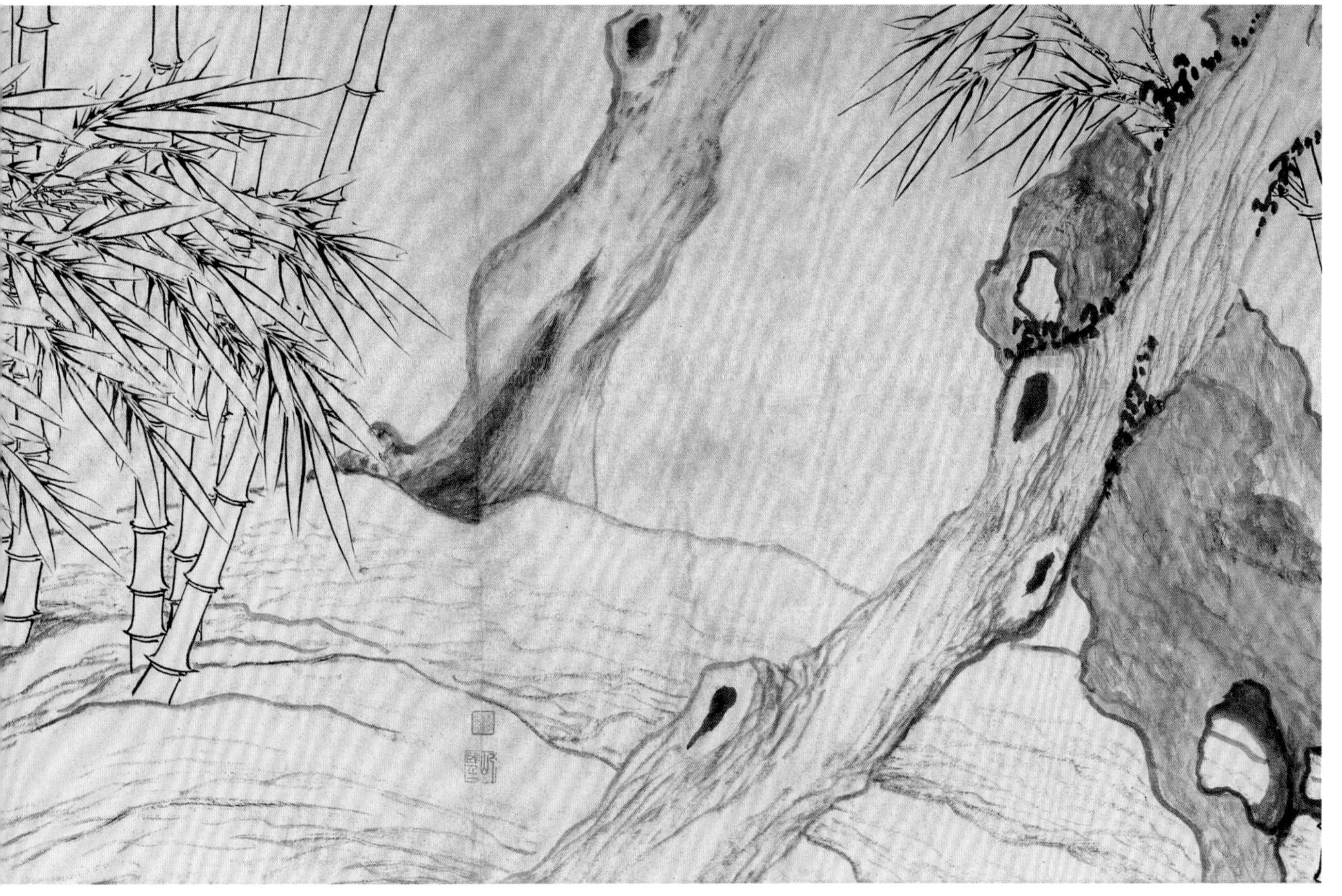

余官翰林歲六年每与院中羣公商榷其鄉里之
好事者乃必以吾沛郡朱永年氏為稱首因出同
郡張溪雲先生為余同人從姊父王伯時父所畫竹
觀之而座中嘖嘖稱不絕諸口乃知名品当示逃乎
鑒賞也余在童卯時則嘗聞先生善畫竹矣然未
知有此精絕耳此蓋流滯江南識鈞鎖三昧正代
別未之見也嗟收家文訖凋落散失子孫不能守其
所藏之物者多矣今此卷獲歸永年猶何幸耶
是日同觀者侍講鄒仲熙君黄善玉汝玉檢討蘇伯
厚宝人府經歷高孟升侍詔滕用亨金則典籍
梁用行也時永樂六年夜六月二十八日書于玉堂之齋
宝云

唐人墨畫竹推絶倫輞川真為竹寫神筆端描出鉤鎖法片片剪落
湘雲春澄清亦得此君意金錯刀成世爭貴數葉蕭疎玉一枝鳳毛龍
角詩雄麗張君畫竹何人傳落墨往往宗輞川佳人天寒翠袖薄滿堂颯
颯生風烟平生跌宕不羈迹遊遍空山與荒澤長松古石總相親尤與此
君情莫逆大娘劍器張顛書奇妙自與常人殊興來大叫數紙盡赤手
探得驪龍珠君今騎鯨躡雲衢百年真跡絶世無爾從何處得此圖
重價自合傾名都我來為爾賦長句詩成總是江南調醉揮如意擊
節歌不知擊折珊瑚樹

永樂己丑秋前五日余獲
請告還吳偶過永年清友佩蘭軒出示溪雲先生畫竹卷中題詠已富又
不容辭率然賦此殊自愧也青城山人王汝玉識

由筆精每為一竿落石根興來寬作一日程雖云不受相促迫腕指
曲折無時停君家本在金華城城南結屋幽而清軒窗六月聞高聲
時有野客兼山僧坐中每染松煙青今年我亦來
卜隣覩見落筆紛縱橫何所似揮禿千兔毫年光不知老將至筆力
豈憚心之勞開圖縱是白雪操滿紙盡得清風標或如青田素鶴之
影或如丹丘白鳳之毛或如鐵鉤鎖或如金錯刀或如蚕頭之攢或
如燕尾之交或如瓊瑤之剪刻或如木葉之出雕或如瀟湘江頭帝
子之羽旄或如連昌宮中美人之翠翹或如節士皓首於山谷或如
壯夫白戟於林皋迴知用心苦由來非一朝幾番見月坐聞紫璚簫
見月復見竹浩興飛雲霄幾番見雪時酹撐黑色貌見雪不見竹長
嘯通林梢譽猶纖絲知瘠肥豈不曰良貫解牛識縈骨豈不為良庖
誰能調朱弄粉巧作沒骨畫顏色艷如兒女嬌彼畫史者雖立於萬
里之下風亦未足以仰視其扶搖當知王君之竹迺非竹王君之竹
如其人王君之人如其玉君之性沖澹竹亦無繁縟君之性瀟爽竹
亦無塵俗直節竹所有王君之節不少曲虛心竹所有王君之心虛
且肅他人無過但寫竹豈解與竹之風無不足王君人共知當今畫
竹真畫師淩來一筆豈易得價重不減珊瑚枝四方載酒來求之王
君不衒亦不辭屏障得此物屏障生清暉篋笥得此物篋笥生風漪
如何王君不我嗔有竹輒來求我詩一顆數百首惱殺雙鴉幾成絲
近方閉戶不敢作君復惱我詩窮為我詩二有名君竹亦有情每寫
贈我酬詩評昨朝又惠雪色紙東西兩葉三五莖東葉三莖初兩晴
葉尚倒枝傾西葉含風生葉俱動枝迎下有郭熙所畫磊落之
白石上有過於倚竹之棘條青寘使我素壁懸此画讀書之眼為之
醒感君此意何以報索紙為作長歌行報以雙南金非我有報以錦
繡段不可久贈君相交期白首此画此詩傳不朽

谿雲張仲敏既為其友王伯時画鉤勒竹并松石一卷
不啻犀燃牛渚奇怪萬寶爭出眩心奪目莫此
為快天游陸子孰獲為伯時之兄仲和作蝸精數筆雅
澹中有奇致則又若大羹玄酒不假調齋功至味自然
藝人予賴是卷也誠所謂百不為多一不為少覽非人間
之至珍也耶况自元迄今宋王鉅儒題識滿卷尤足珍襲
可知今年春予訪劉君以則于寧山之𡮢因以出示予方
病酒翻閱之際不覺宿醒之頓解信一代之奇蹟也因書
其後以歸之者
成化丙戌春三月望前長洲陳鑑緝熙識

夏日燕居翠雨軒中清陰落雲蕉雪堆積
窗几客有持售是卷者清森蕭爽色逼
人殆不為竹之為畫、之為竹而筆法能積變
化真有彝鼎争道意寔神品也遂以厚
價得之異日撿鐵珊網瑚嶲載諸跋中更

有此卷其人既得而藏之可不寶
諸　道光甲辰除夕展卷因題　上海徐渭仁

咸豐八年戊午徐賓之持此卷歸余每
於風日晴和展閱一遍覺天壤間清氣
無過是者庚申四月金閶之變事起倉卒家
人流離輾轉由河南取道荆襄漢沔携
歸長沙故廬免遭厄劫歡喜無量同治元
年壬戌秋將往上海檢閱因識　苕汀黃芳

觀張溪雲雙鉤竹卷高古森嚴有官止神行
之妙真天壤間劇蹟湖南居士得此置吳興
趙氏三竹卷因名其所居曰筠館以庋藏之可
謂知所寶矣
乙丑十二月十九日　寶熙題記

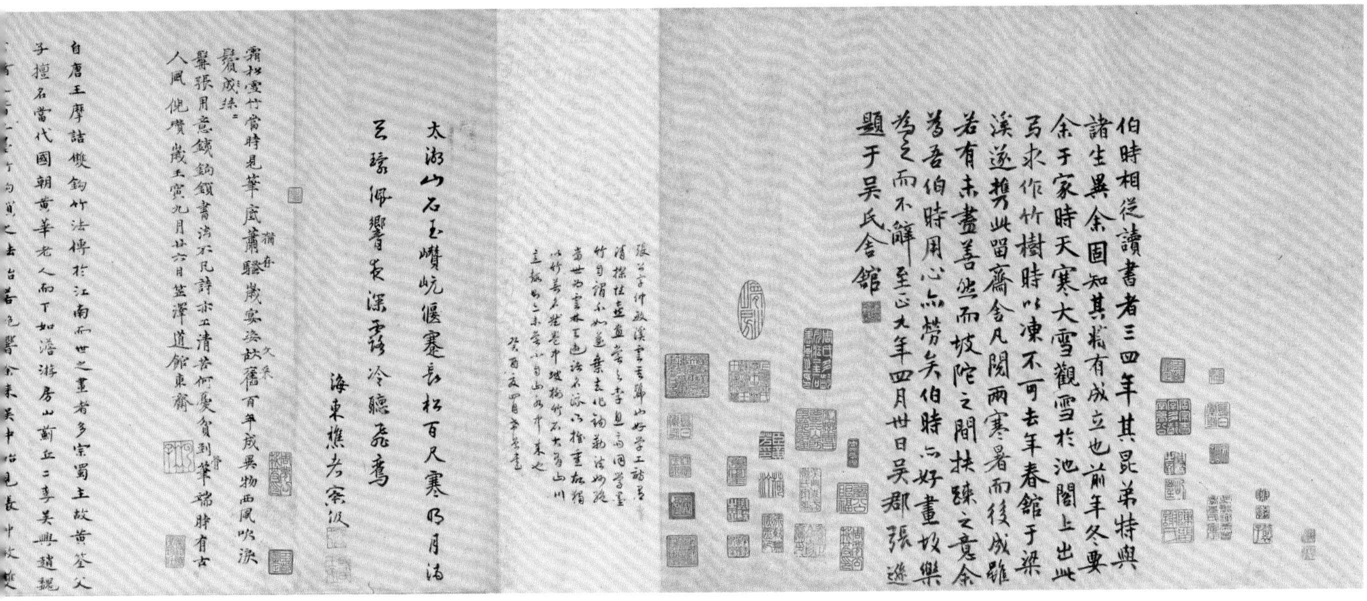

伯時相從讀書者三四年其昆弟特與諸生異余固知其將有成立也前年冬要余于家時天寒大雪觀雪於池閣上出此卷求作竹樹時以凍不可去年春館于梁溪遂携此留齋舍凡閱兩寒暑而後成雖若有未盡善然而坡陀之間扶疎之意余甚嘉吾伯時用心之勞矣伯時亦好畫故樂為之而不辭 至正九年四月廿日吳郡張遜題于吳氏舍館

張公字仲敏溪雲其號山好學工詩書清操杜孟[illegible]竹自謂不如遂棄去化鈎勒法妙絕當世而雲林[illegible]小竹並[illegible]老卷中坡枝竹石大有山川之趣[illegible]來之 癸酉[illegible]

太湖山石玉嶙峋偃蹇長松百尺寒明月清風環佩響長深霧冷聽飛鸞 海東樵者宋汲

霜枝雲竹當時見筆底蕭騷猶存歲晏姿久矣故舊百年成異物西風吹淚鬢絲絲 畢張用意鍊鈎鎖書法不凡詩亦工清苦何憂貧到骨筆端將有古人風 倪瓚 歲壬寅九月廿六日笠澤道館東齋

自唐王摩詰做鈎竹法傳於江南而世之畫者多宗蜀主故黃筌父子擅名當代國朝黃華老人而下如澹游房山薊丘二李吳興趙魏……

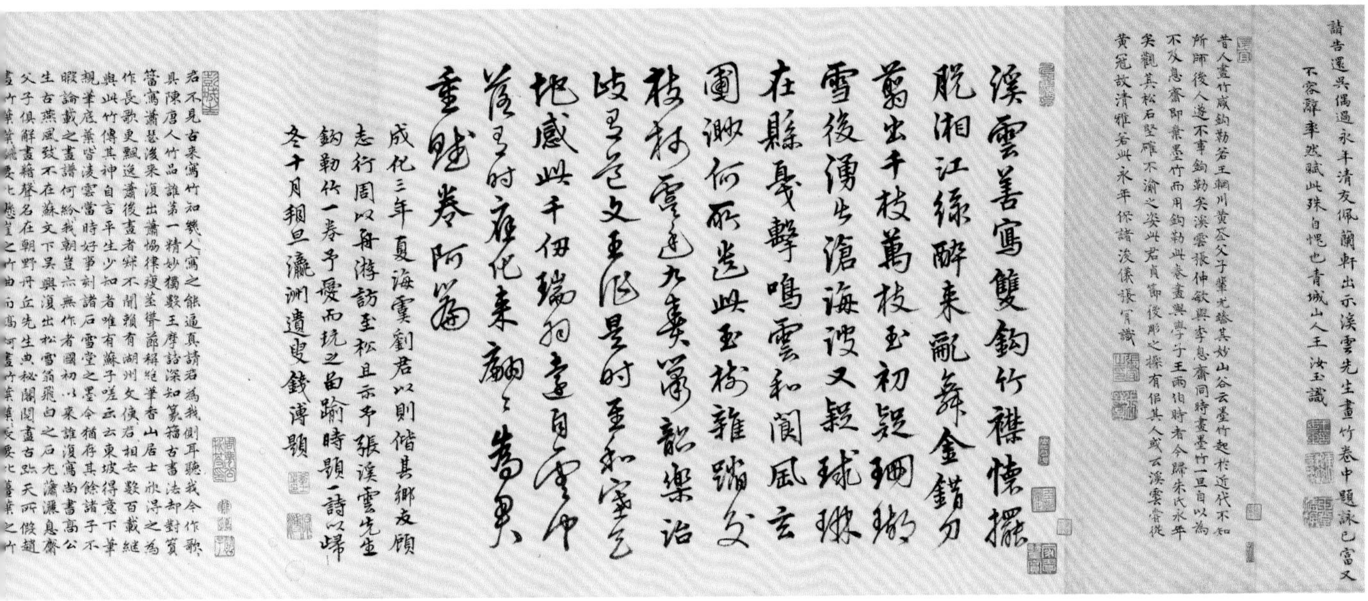

諸告還吳偶過永年清友佩蘭軒出示溪雲先生畫竹卷中題詠已富又不容辭率然賦此殊自愧也 青城山人王汝玉識

昔人畫竹咸鈎勒若王輞川黃筌父子輩尤擅其妙山谷云墨竹起於近代不知所師後人遂不事鈎勒矣溪雲張仲敏與李息齋同時畫墨竹一旦自以為不及息齋即棄墨竹而用鈎勒此卷畫與學士王兩伯時者今歸朱氏永年矣觀其松石堅確不渝之姿此君貞節後彫之操有俱其人或云溪雲嘗從黃冠故清雅若此永年保諸 淩儀識

溪雲善寫雙鈎竹襟懷擺脫湘江綠醉來亂舞金錯刀萬出千枝萬枝玉初疑珊瑚雪後湧出滄海波又疑球琳在縣長聲鳴雲和閬風玄圃瀲何所造此玉樹雜蹈交枝和雲九奏簫韶樂治岐鳳文王[illegible]是時至和寳元地感此千伊瑞羽逢自霞中時雍化來翩翩為君垂題卷阿篇

成化三年夏海虞劉君以則偕其鄉友顧志行周以舟游訪至松且示予張溪雲先生鈎勒竹一卷予愛而玩之留踰時題一詩以歸 冬十月朔旦瀛洲遺叟錢溥題

君不見古來寫竹知幾人寫之能逼真請君為我側耳聽我今作歌具陳唐人竹品誰第一精妙獨數王摩詰深知篆籀古書法卻對篔簹寫蕭瑟後來復出蕭協律瘦莖牽節稱絕筆香山居士欣得之為作長歌更飄逸蕭後畫者殊不聞頗有湖州文僊君相去數百載繼與此竹傳其神自言平生少知者唯有蘇子嗟云云東坡得意下筆親筆底叢篁淩雲當時好事刻諸石雪堂之墨今猶存其餘諸子不暇論載之畫譜何紛紛我朝豈亦無作者國初以來誰復寫尚書高公生古燕風致不在蘇文下吳興復出松雪翁飛白之石尤瀟灑息齋父子俱解畫籍聲名在朝野丹丘先生典秘閣閱畫古然天所假趙……

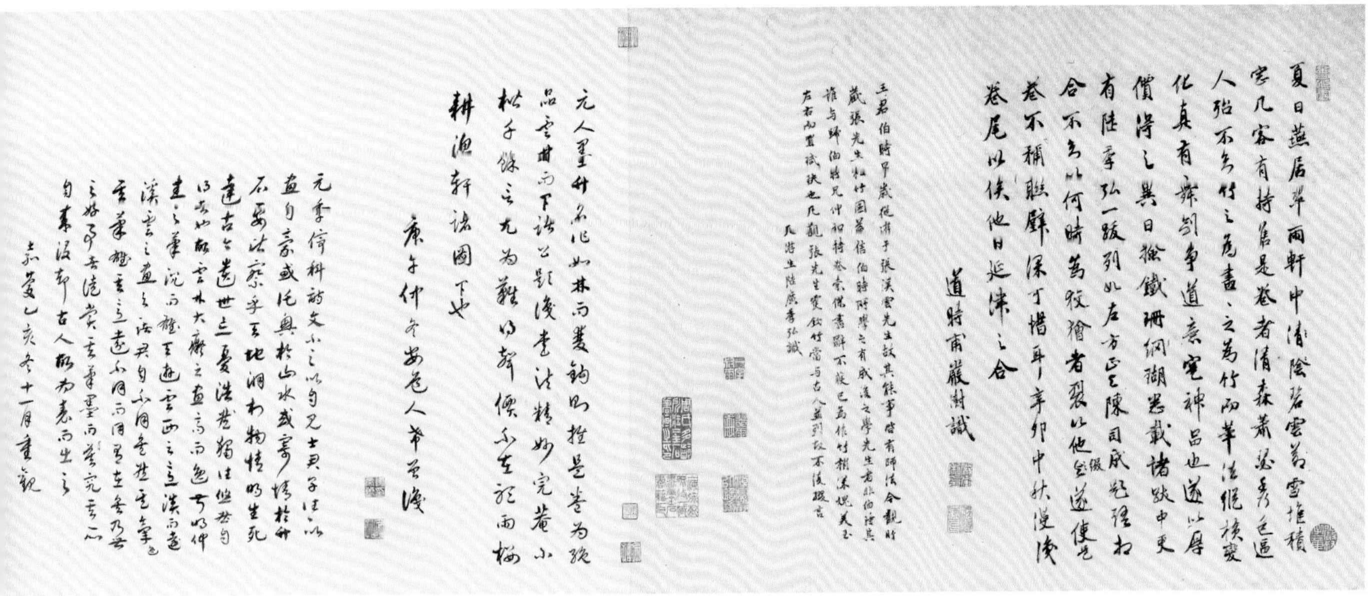

夏日燕居翠雨軒中清陰茗雲擁積案几客有持高是卷者清森蕭瑟飄逸逼人殆不知何為之畫之為竹而筆法絕精變化真有霖雨之意神品也遂以屬償得之異日撫鐵珊網瑚甚載諸跋中更有陸季弘一跋列於右方正是陳同成題詩合不知何時為狡獪者裂以他紙遂使是卷不稱聯辭保守惜耳辛卯中秋漫淺卷尾以俟他日延津之合 道時甫嚴澍識

王君伯時早歲從游于張溪雲先生故其餘事皆有師法今觀所藏張先生松竹圖益信伯時所學之有成淺之學先生者非伯時其誰與歸伯時兄仲和持卷索僕書辭不獲已為作拙語且覺鈎竹當與古人並列於不朽者矣 凡游生陸廣書弘識

元人墨竹各化如林而雙鈎則推是卷為絕品雲林而下諸公題後書法精妙完庵小松千株之尤為難得賢優焉在耕漁軒諸圖下也 庚午仲冬安邑人釋[illegible]

元季倚科[illegible]……乙亥冬十一月重觀

94

佚名　墨筆竹石圖軸
絹本　墨筆　縱138厘米　橫79厘米

Ink Bamboos and Rocks
Anonymous
Hanging scroll, Ink on silk
H. 138cm　L. 79cm

圖中繪新篁數竿，枝葉繁茂，新筍破土而出，根下圓石幽蘭，枯樹新發。坡石濃勾淡染，近似披麻皴，枯樹用書法的飛白法，竹葉用筆勁利，其向背、濃淡、疏密均處理頗佳。為元人墨竹畫上乘之作，惜無款識。

本幅鈐鑒藏印五方，印文模糊不可辨。

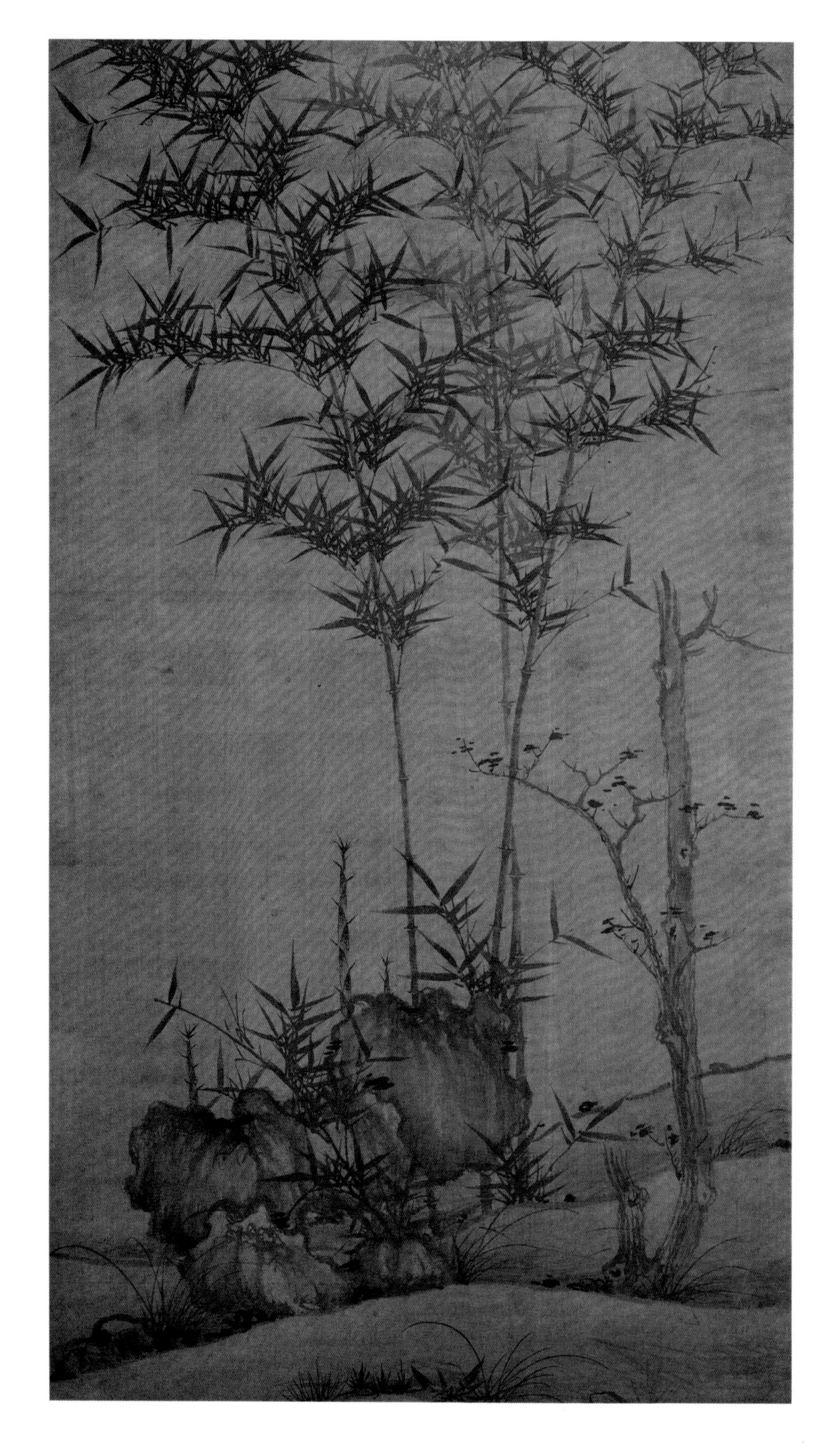

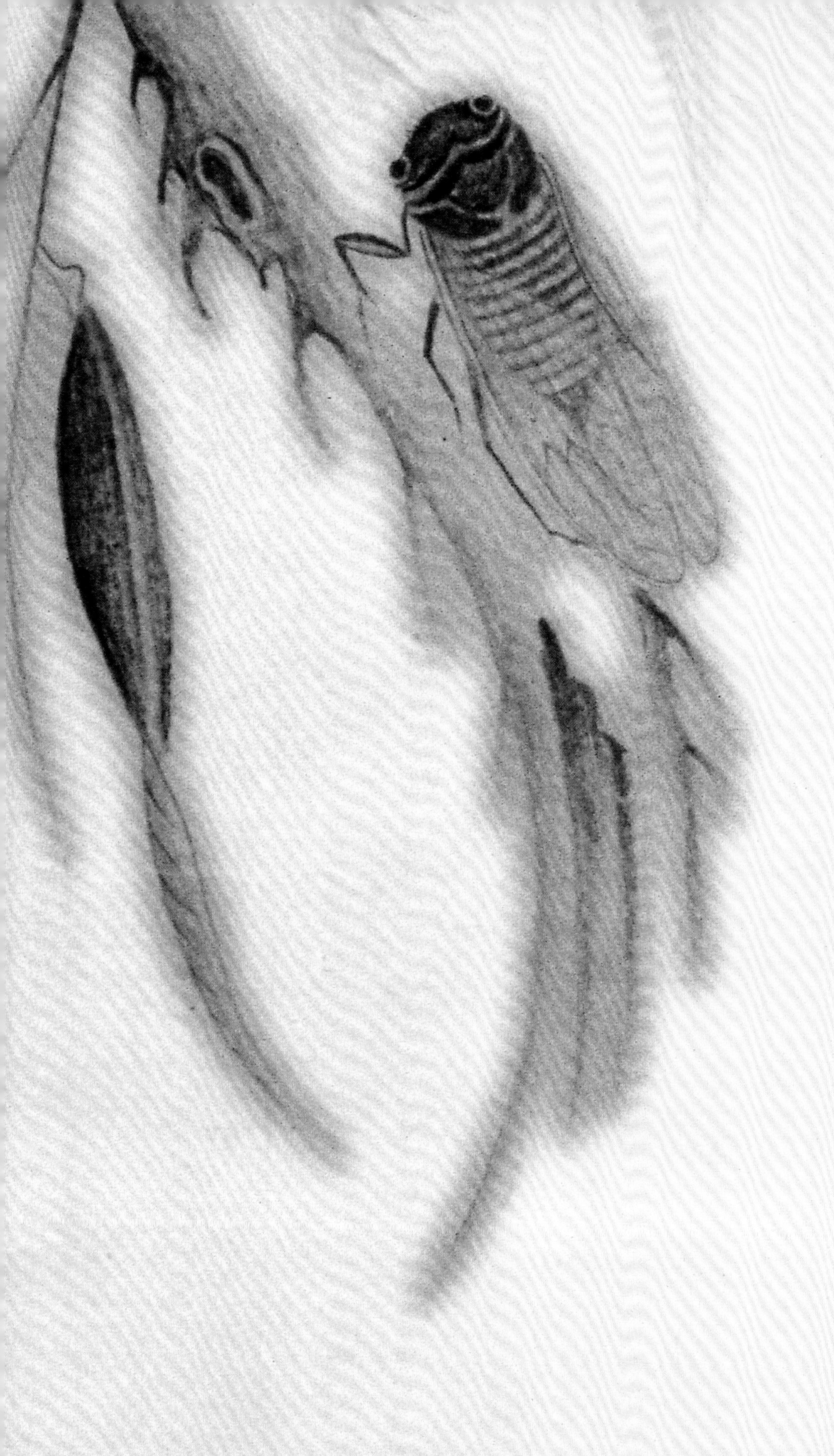

細筆水墨花鳥

Fine Stroke Ink Paintings on Flowers and Birds

95

王淵　桃竹錦雞圖軸

紙本　墨筆　縱111.9厘米　橫55.7厘米

Pheasants, Peach Flowers, and Bamboos
By Wang Yuan (dates unknown)
Hanging scroll, Ink on paper
H. 111.9cm　L. 55.7cm

王淵，字若水，號澹軒，錢塘（今浙江杭州）人。年少時受趙孟頫指教。擅畫花鳥、山水，尤精水墨花鳥。

圖中繪湖石臨溪，雄錦雞棲於石上梳理羽毛，雌錦雞藏於坡石間，其態悠閑恬靜。石旁桃花吐艷，一隻山雀昂首翹尾停棲在桃枝上，碧竹、野草相映其間，春意盎然。錦雞的羽毛已不作精雕細琢之筆，桃花、桃葉用沒骨法，墨竹用雙鉤，格調清雅秀潤，已開水墨寫意花鳥畫新風，並成為後世範本。

本幅款識"至正已丑（1349）王若水為惠明作山桃錦雉圖"。鈐印"澹軒"（朱文）、"王若水印"（白文）。另鑒藏印"子孫永保"（白文）、"密翁自"（朱文）、"海濱程氏"（白文）。

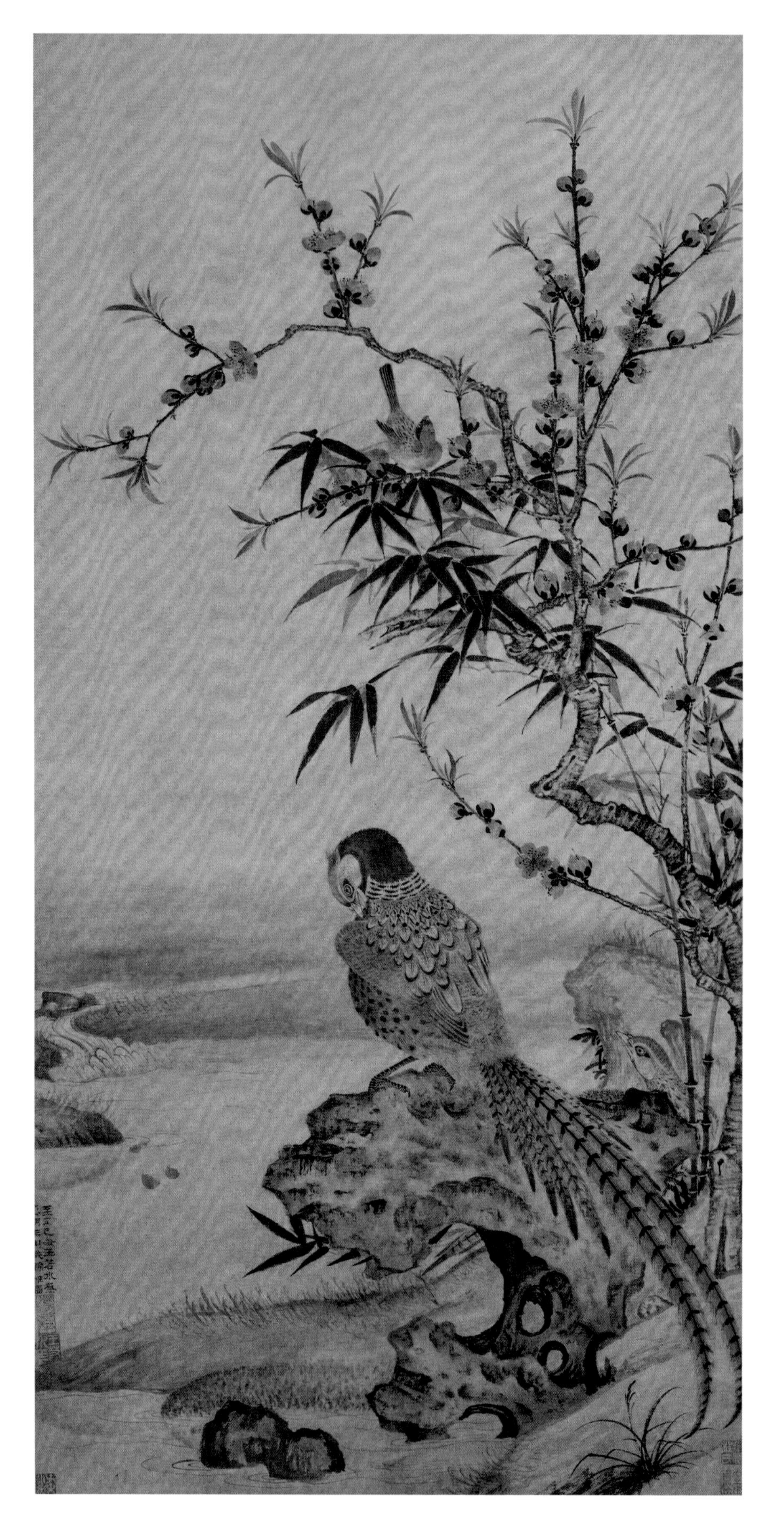

96

王淵　牡丹圖卷

紙本　墨筆　縱37.7厘米　橫61.5厘米

Peony

By Wang Yuan

Handscroll, Ink on paper

H. 37.7cm　L. 61.5cm

圖中繪折枝牡丹，為花王姚黃，一枝花瓣起樓，金蕊吐出，一枝含苞欲放，花葉偃仰，盡顯雍容華貴之貌。花梗用勾勒染墨法，花瓣用細筆白描，花葉用沒骨法。

本幅鈐印“王若水印”（白文）。另有王務道、黃伯成、趙希孔題詩（釋文見附錄）。另鈐鑒藏印“管氏家藏”（白文）、“藏之大千”（朱文）、“珍圖寶骨月情”（白文）、“南北東西只有相隨無別離”（朱文）、“別時容易”（朱文）。

尾紙有李昇書舒元輿作《牡丹賦》，鈐印“濠梁李昇”（白文）。

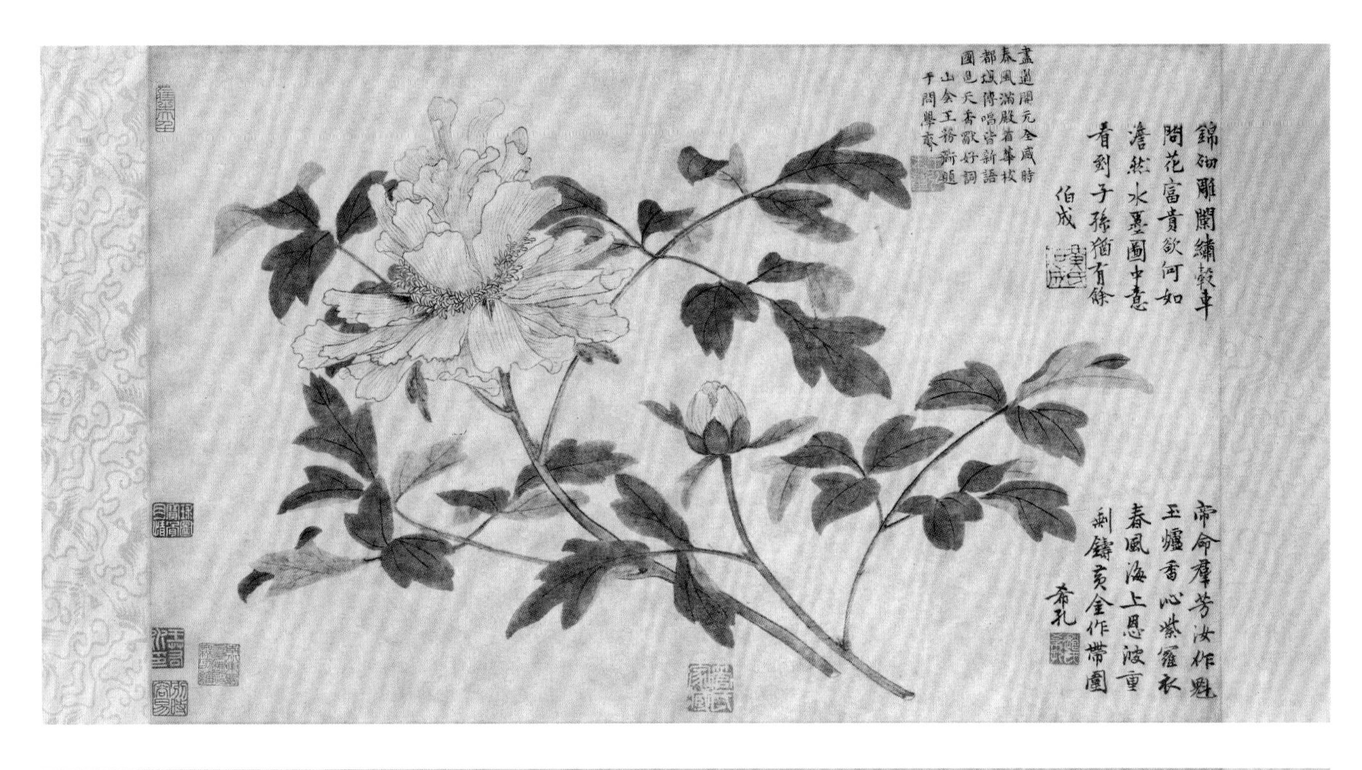

圓玄瑞精有星而景有雲而卿其光下垂遇物流形草木得之
發爲紅英英之甚紅鍾乎牡丹拔類邁倫國香欺蘭我研物情
次第而觀暮春氣極綠苞如珠清露宵偃韶光曉驅動盪支節
如解凝結百脈融暢氣不可遏兀然盛怒如將憤洩淑色披開
照曜酷烈美膚膩體萬狀皆絕赤者如日白者如月淡者如赭
殷者如血向者如迓背者如訣拆者如語含者如咽俯者如愁
仰者如悅裊者如舞側者如跌亞者如醉曲者如折密者如織
踈者如缺鮮者如濯慘者如別初朧朧而上下次鱗鱗而重疊
錦衾相覆繡帳連接晴籠晝熏宿露宵裛或灼灼騰秀或亭亭
露奇或颭然如招或儼然如思或帶風如吟或泫露如悲或重
然如縋或爛然如披或迎日擁砌或照影臨池或山雞已馴或
威鳳將飛其態萬萬胡可立辨不窺天府孰得而見乍疑孫武
來此教戰其戰謂何搖搖纖柯玉欄風滿流霞成波歷階重臺
萬朵千窠西子南威洛神湘娥或倚或扶朱顏色酡各衒紅缸
爭顰翠娥灼灼夭夭逶逶迤迤漢宮三千豔列星河我見其少
孰云其多弄彩呈妍壓景駢肩席發銀燭爐昇絳烟洞府真人
會于羣仙晶熒往來金缸列前凝睇相看曾不人言未及行雨
先驚旱蓮公室侯家列之如麻咳唾萬金買此繁華遑恤終日
一言相誇列幄庭中步障開霞曲廡重梁松篁交加如貯深閨
似隔窗紗彷彿息嬀依稀館娃我來觀之如乘仙槎脈脈不語
遲遲日斜九衢遊人駿馬香車有酒如澠滿坐笙歌一醉是誇
孰知其他我按花品此花第一脫落群類獨占春日其大盈尺
其香滿室葉如翠羽擁抱比櫛蕊如金屑粧飾淑質玫瑰羞死
芍藥自失夭桃斂跡穠李慙出躑躅宵潰木蘭潛逸朱槿灰心
紫薇屈膝皆讓其先敢懷憤嫉煥乎美乎后土之產物也使其
花之如此而偉乎何前代寂寞而不聞今則昌然而大來曷草
木之命亦有時而塞亦有時而開吾欲問汝曷爲而生哉汝且
不言徒留玩以徘徊
右牡丹賦舒元輿所作至正丁亥春正月廿有二日濠梁
李升書于管氏之問學齋

97

王迪簡　水仙圖卷（兩段）
紙本　墨筆　縱31.4厘米　橫80.2、146厘米
清宮舊藏

Narcissus (two sections)
By Wang Dijian (dates unknown)
Handscroll, Ink on paper
(1) H. 31.4cm　L. 80.2cm
(2) H. 31.4cm　L. 146cm

王迪簡，字庭吉，號蕺隱，新昌（今屬浙江）人。擅畫水仙、山水。

此圖原名《元王庭吉淩波圖》卷。圖中繪水仙逢春競放，繁花密葉，穿插錯落，生機蓬勃。葉之正反轉折、花之偃仰開合刻劃得細緻生動。寓有“羣仙淩波”之意。為王氏白描花卉之孤本。長卷中有斷缺，現呈兩段，為殘缺本。

本幅僅殘存鈐印的痕跡。據記載，原鈐有“王庭吉氏”、“蕺隱”二印。

尾紙有自悦題詩跋，僅殘存九字。另有趙新題詩：“洛浦參差珠佩，湘江

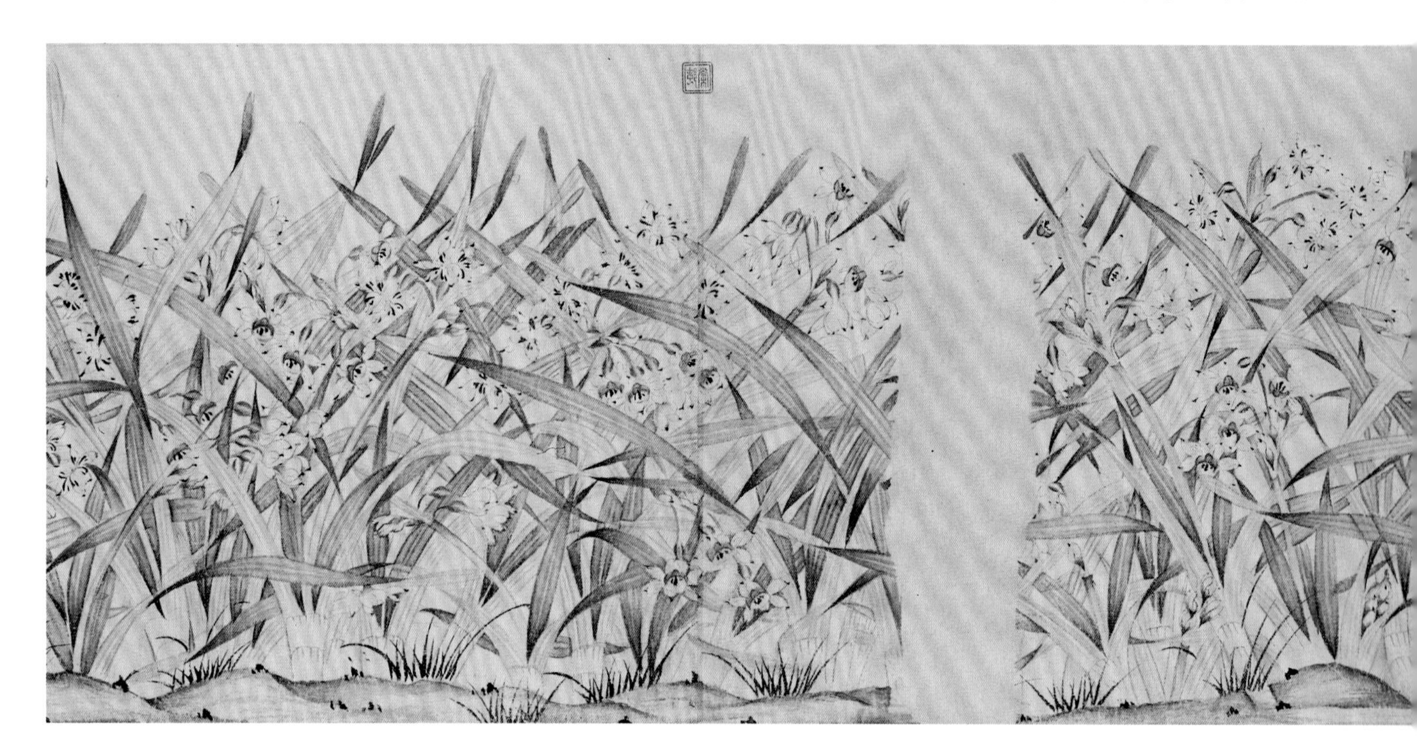

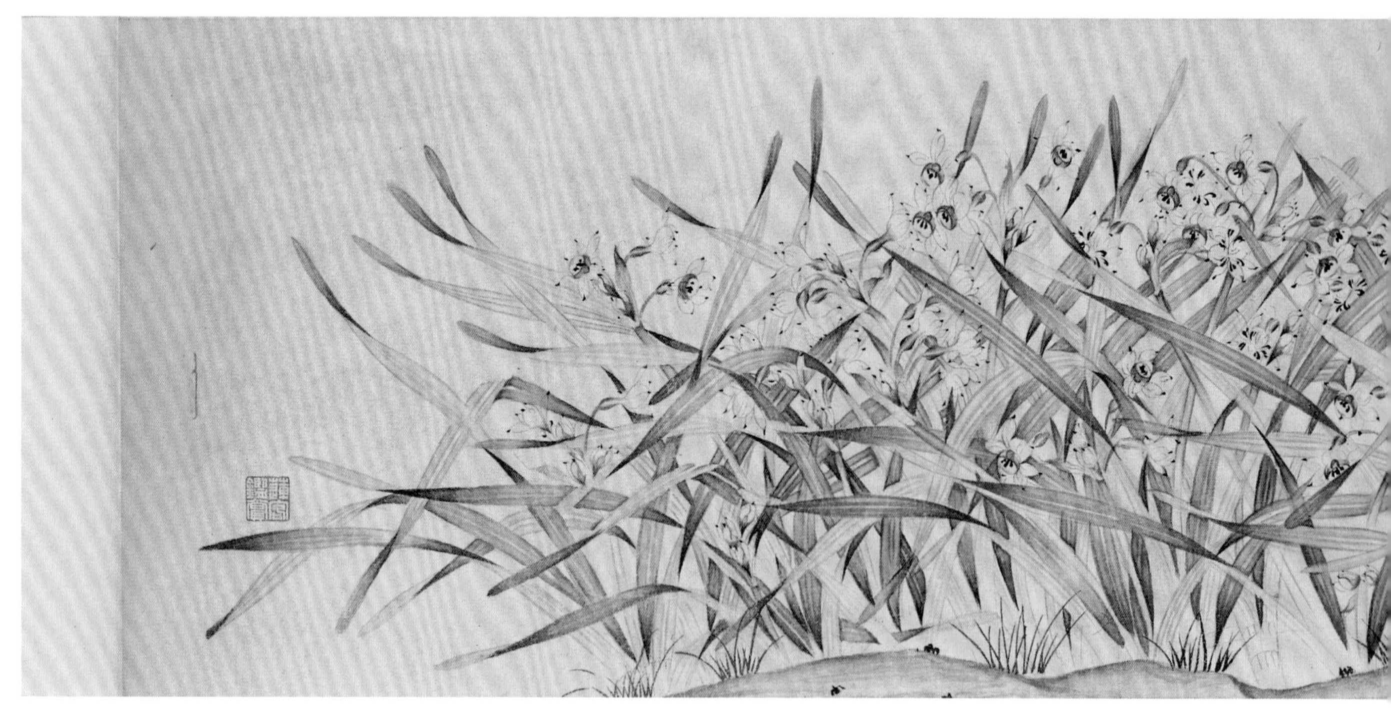

縹渺雲裳，一百瓊肌春恨，十二玉樓夜長。永嘉趙新”。鈐鑒藏印“棠村”（朱文）、“蒼巖子”（朱文）、“蓮客鑒賞”（朱文）。據記載，尾紙原有韓性、胡助章慶、僧悅、趙新四家題跋。

曾經《石渠寶笈》著錄。

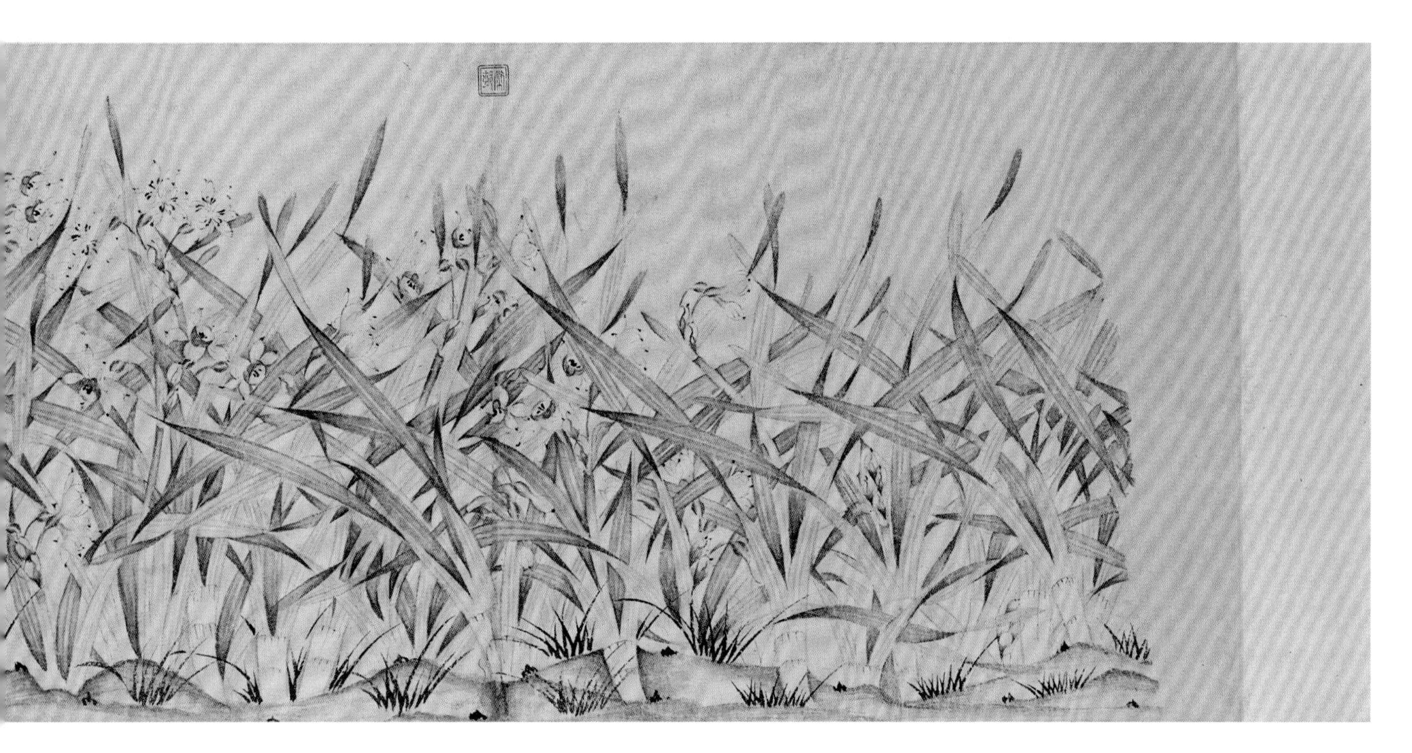

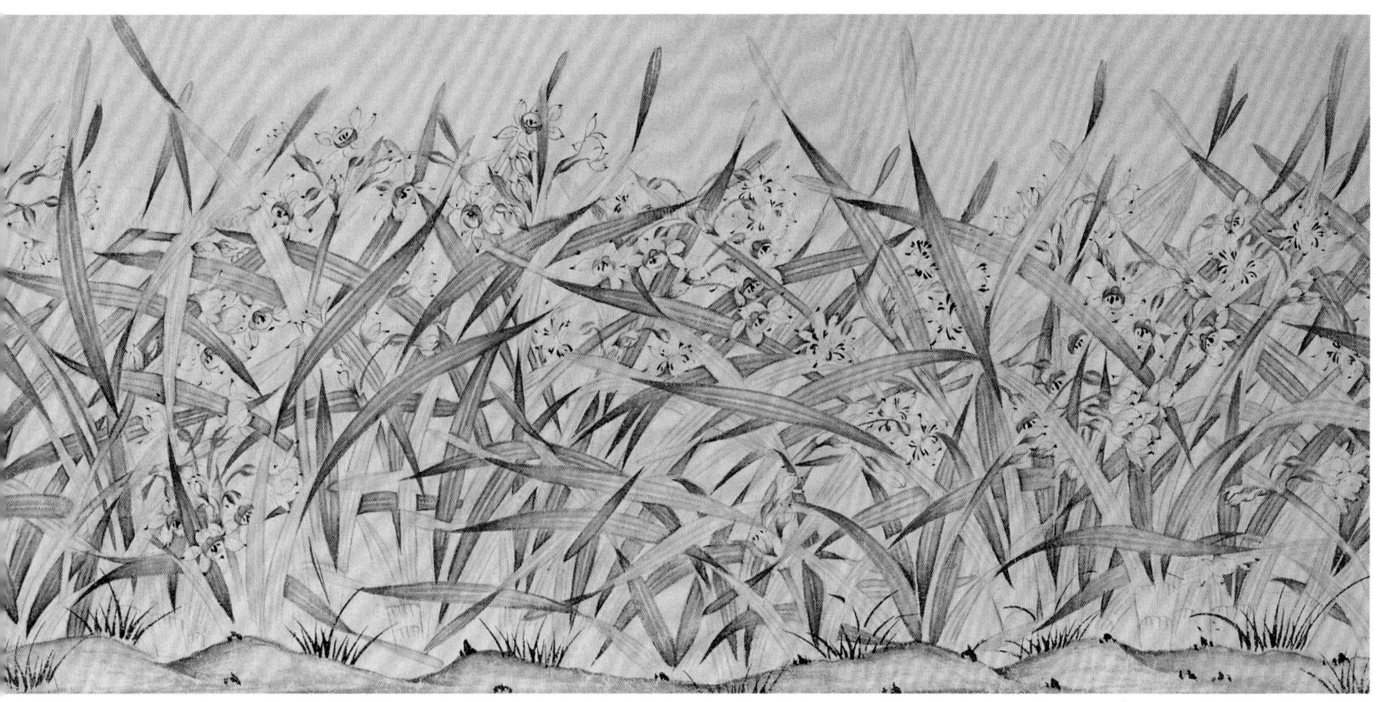

98

堅白子　草蟲圖卷

紙本　墨筆　縱22.8厘米　橫266.2厘米

Grass and Insects

By Jian Baizi (dates unknown)
Handscroll, Ink on paper
H. 22.8cm　L. 266.2cm

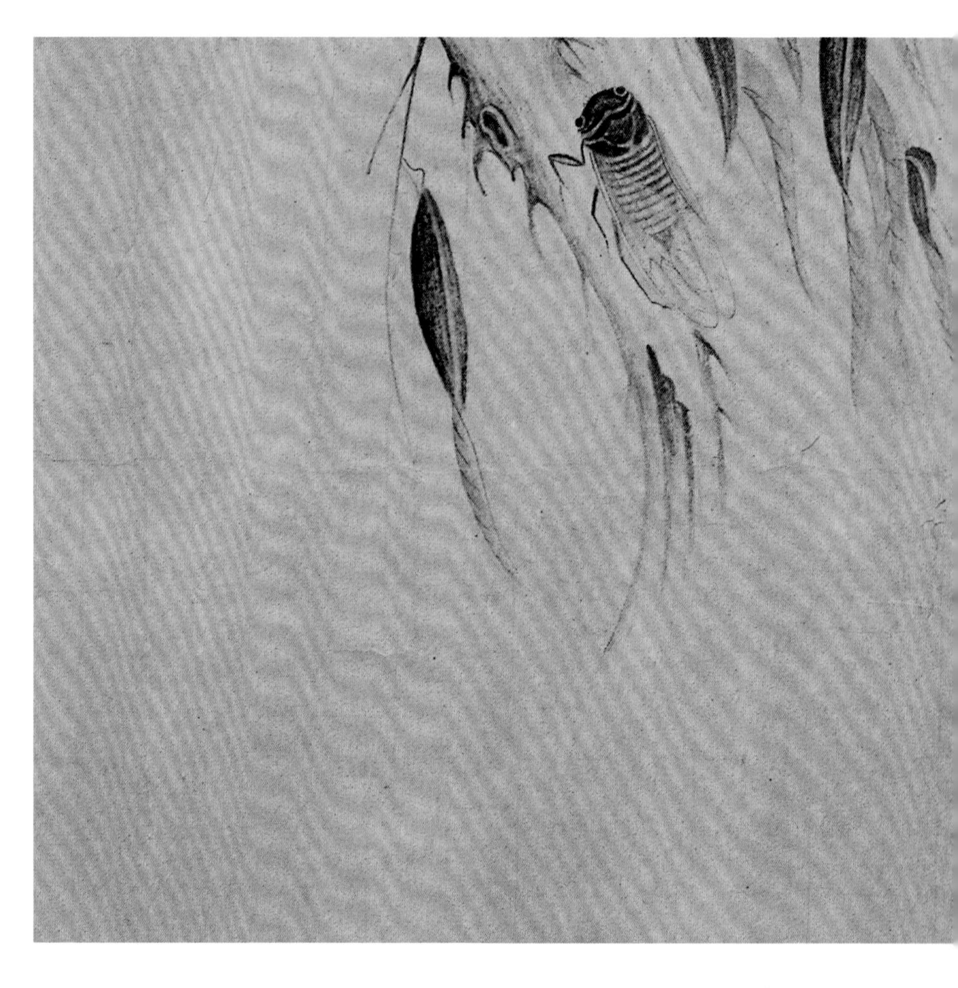

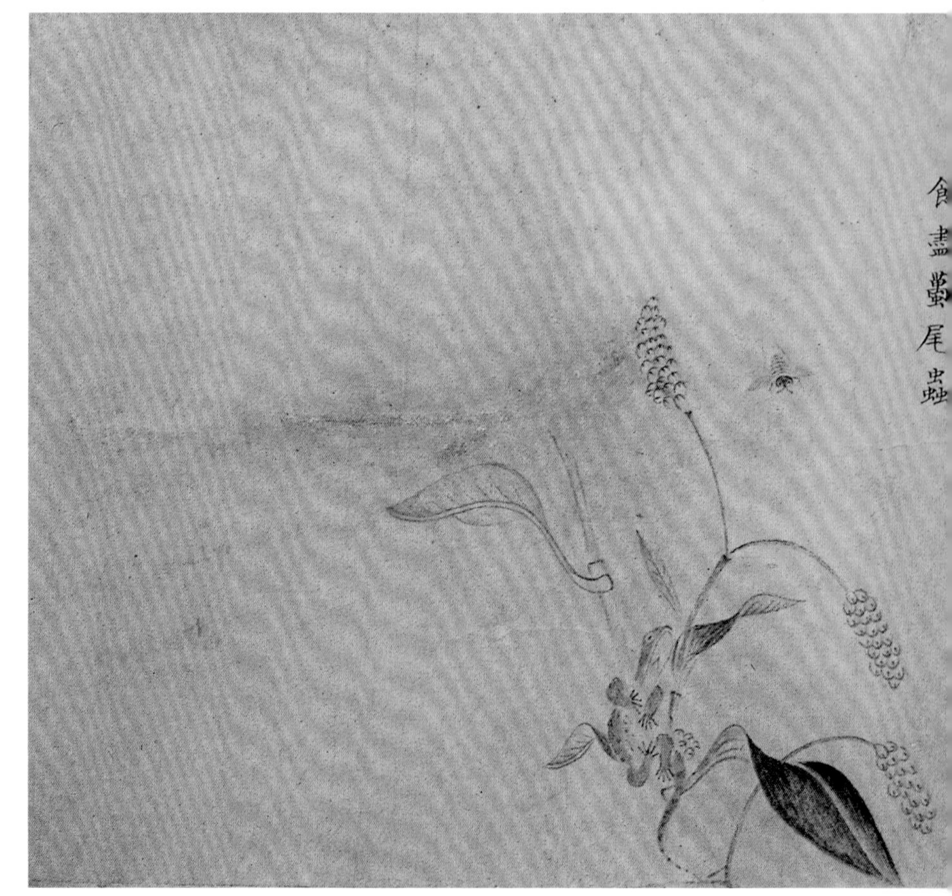

堅白子，工書善畫，尤長於草蟲。其書法似趙孟頫而瀟灑過之。據記載，堅白老人為饒州周伯琦（1298—1396）之別號，待考。

圖中繪天牛、夏蟬、金龜子、壁虎、蟋蟀、蟾蜍、蝸牛等草蟲七種，每蟲旁自錄蘇東坡題雍秀才所畫五言詩一首（釋文見附錄），每詩均以物寓意，似在譏諷當時用事者。圖中草蟲用淡墨勾染，形象生動逼真，筆意文靜，寓意深邃。是堅白子傳世孤本，也是元代繪畫中草蟲類流傳至今的孤品，極為可貴。

本幅自題：“東坡題雍秀才所畫草蟲八物，其真本未嘗見之，昔留京師，蒙子昂學士出示所藏，見其風致高古，不墮丹青筆墨之科，書記尤詳，知非贋本，因集之，庶亦存其餘味云。天曆三年（1330）夏　堅白子遊戲三昧”。鈐印“空寶”（朱文）。

鈐鑒藏印“微江門書屋”（朱文）、“雨舟主人私印”（白文）、“天雨”（朱文）、“王洨”（朱文）、“可山亭草人印”（朱文）。

兩角徒自長
空飛不服箱
為牛竟何事
利吻穴枯桑

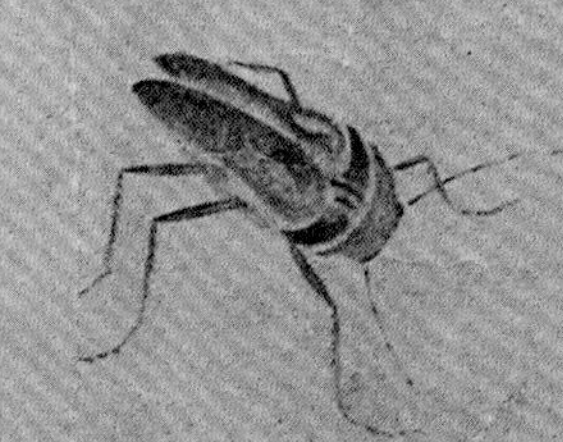

蛻形汙濁中
羽翼便翾好
秋來問何闊
已抱寒莖槁

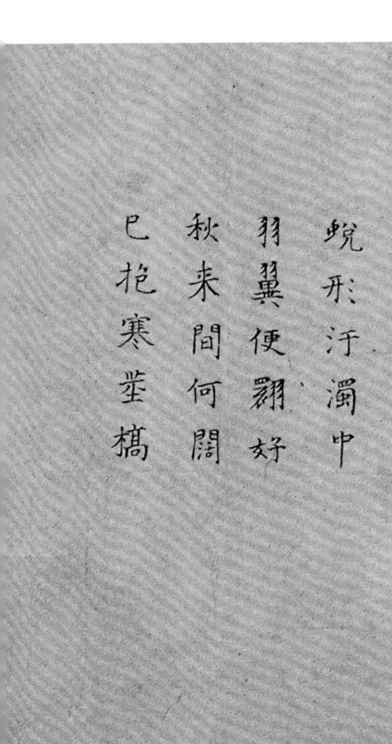

洪鐘起暗室
飄瓦落中庭
誰言轉丸手
能作殷雷聲

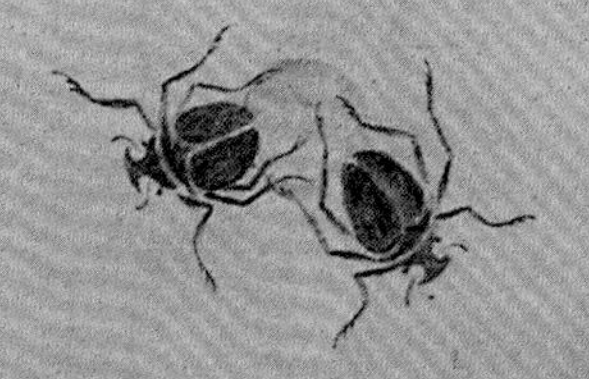

跂〻有足蛇

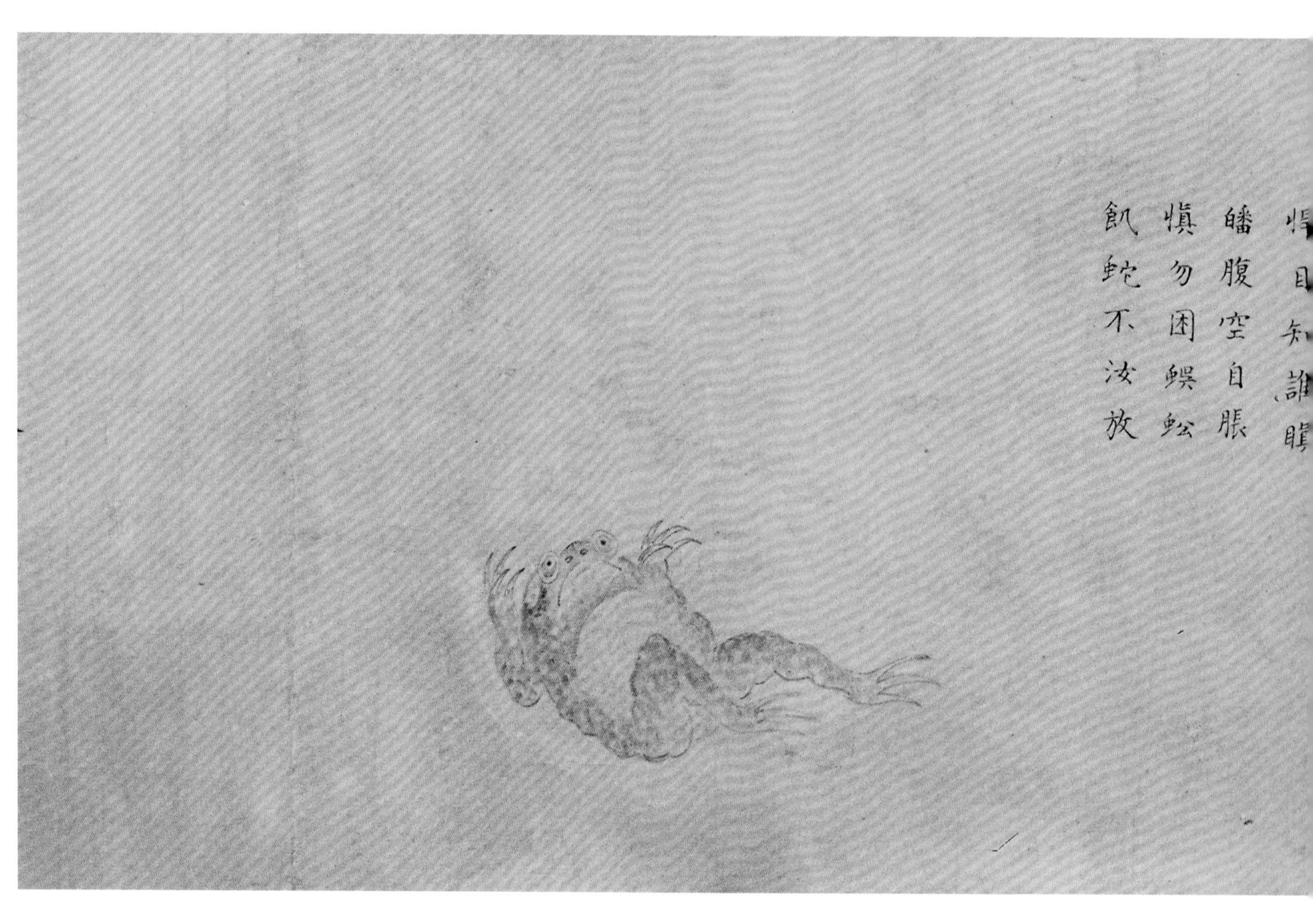
蟠腹空自脹
愼勿困螟蛉
飢蛇不汝放

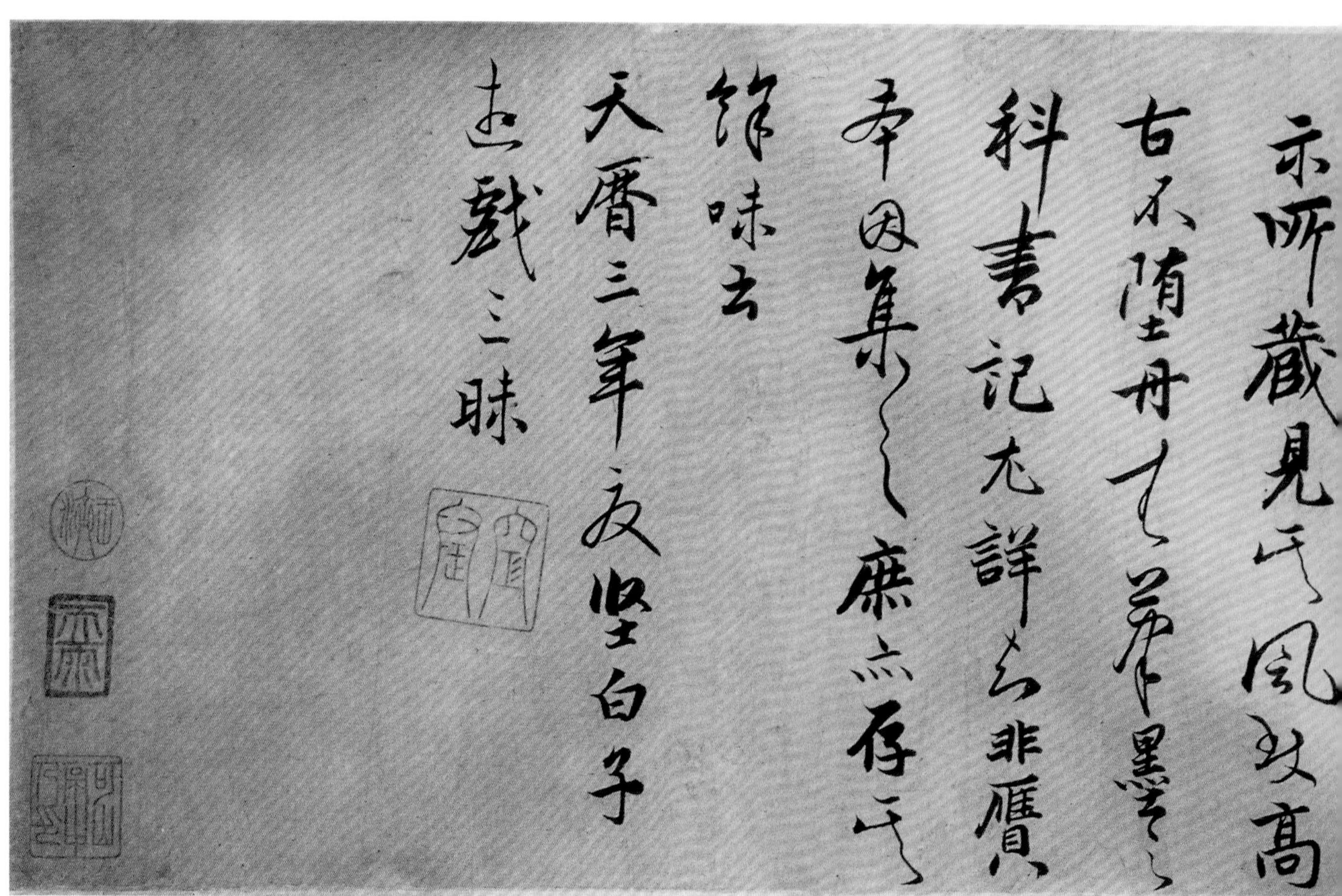
天曆三年友堅白子
戲三昧

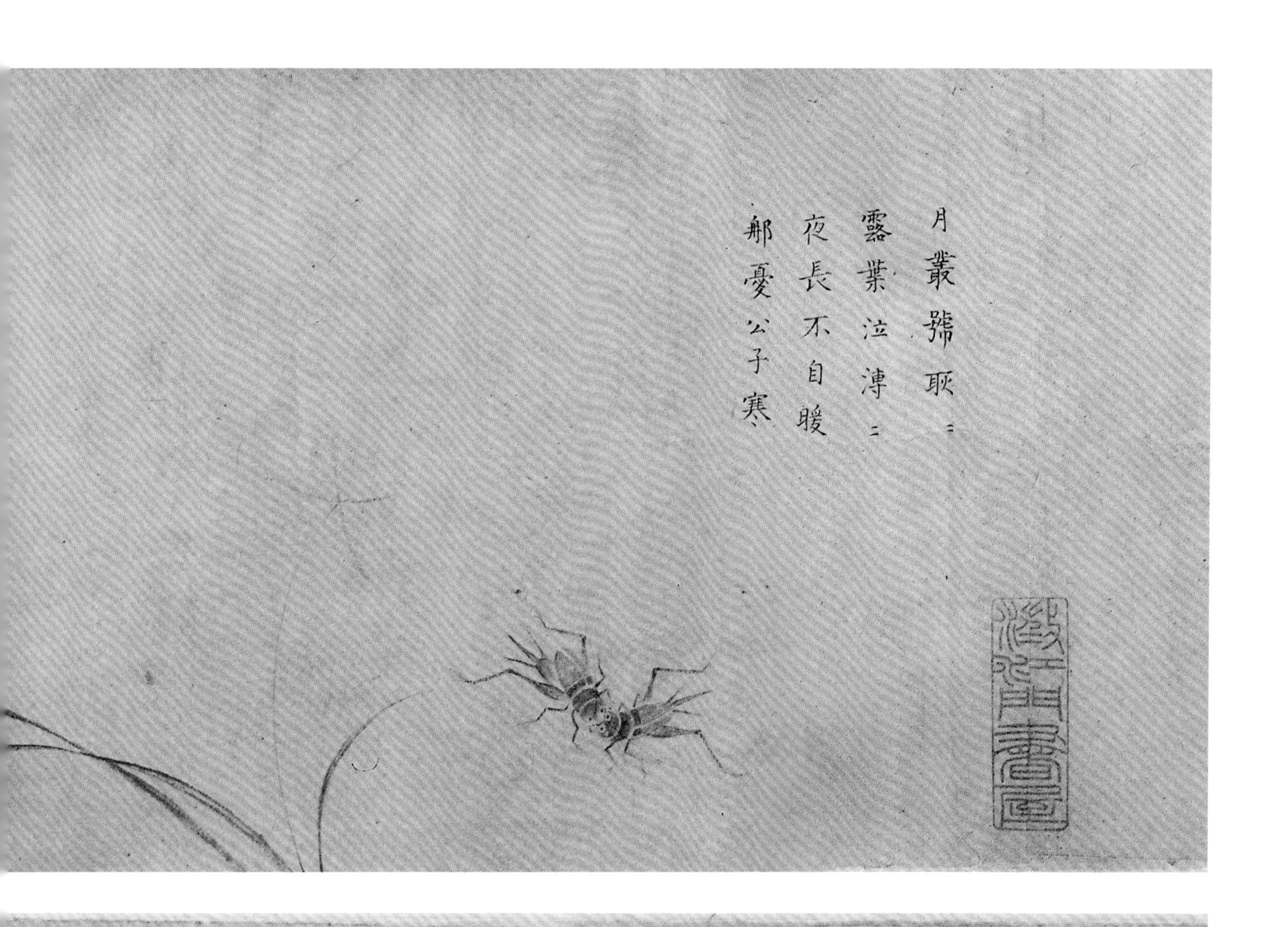
月叢號耿〻
露葉泣漙〻
夜長不自暖
那憂公子寒

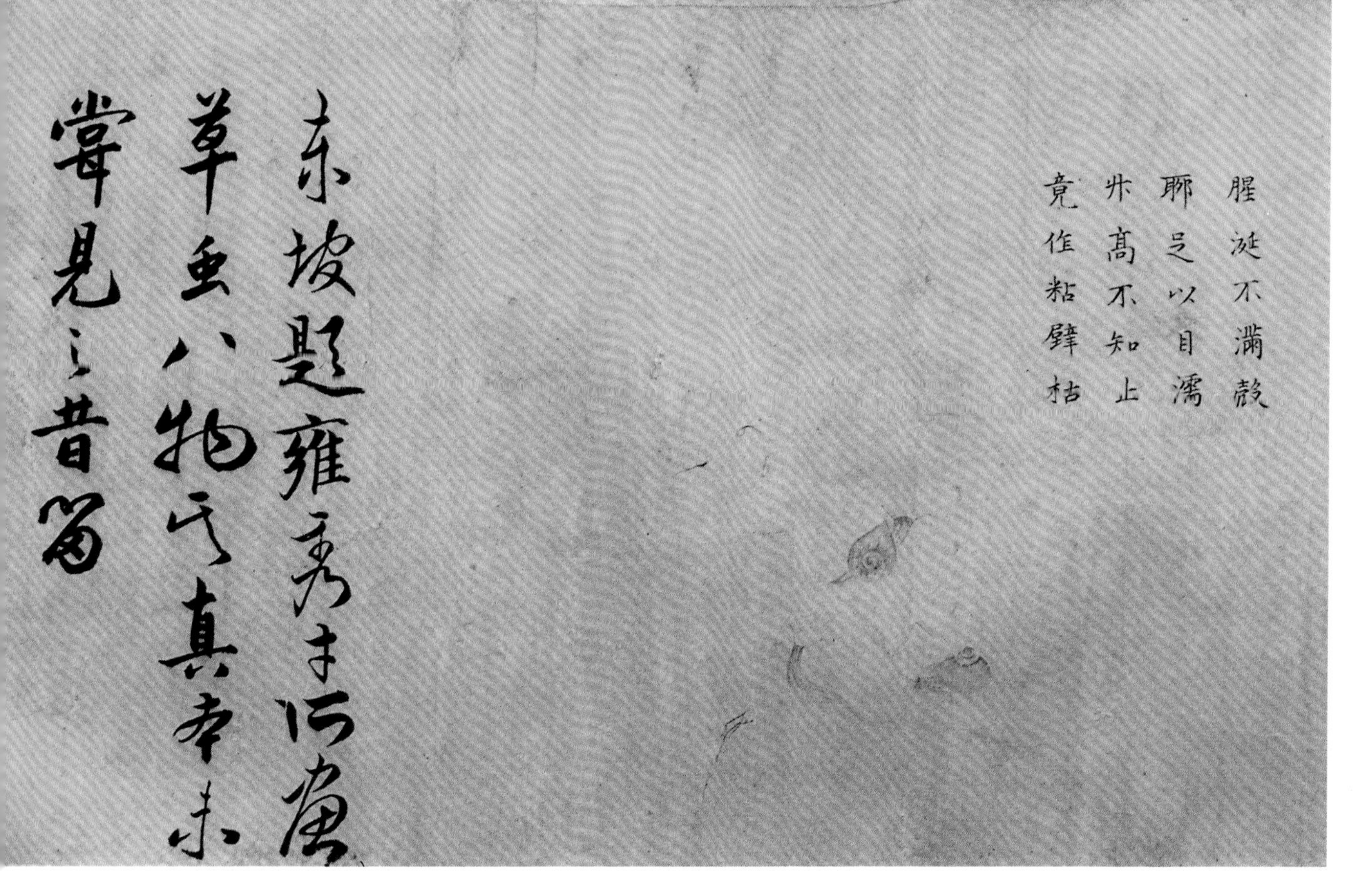
腥涎不滿殼
聊足以自濡
升高不知止
竟作粘壁枯
東坡題雍秀才所畫
草虫八物氏真本未
嘗見之昔留

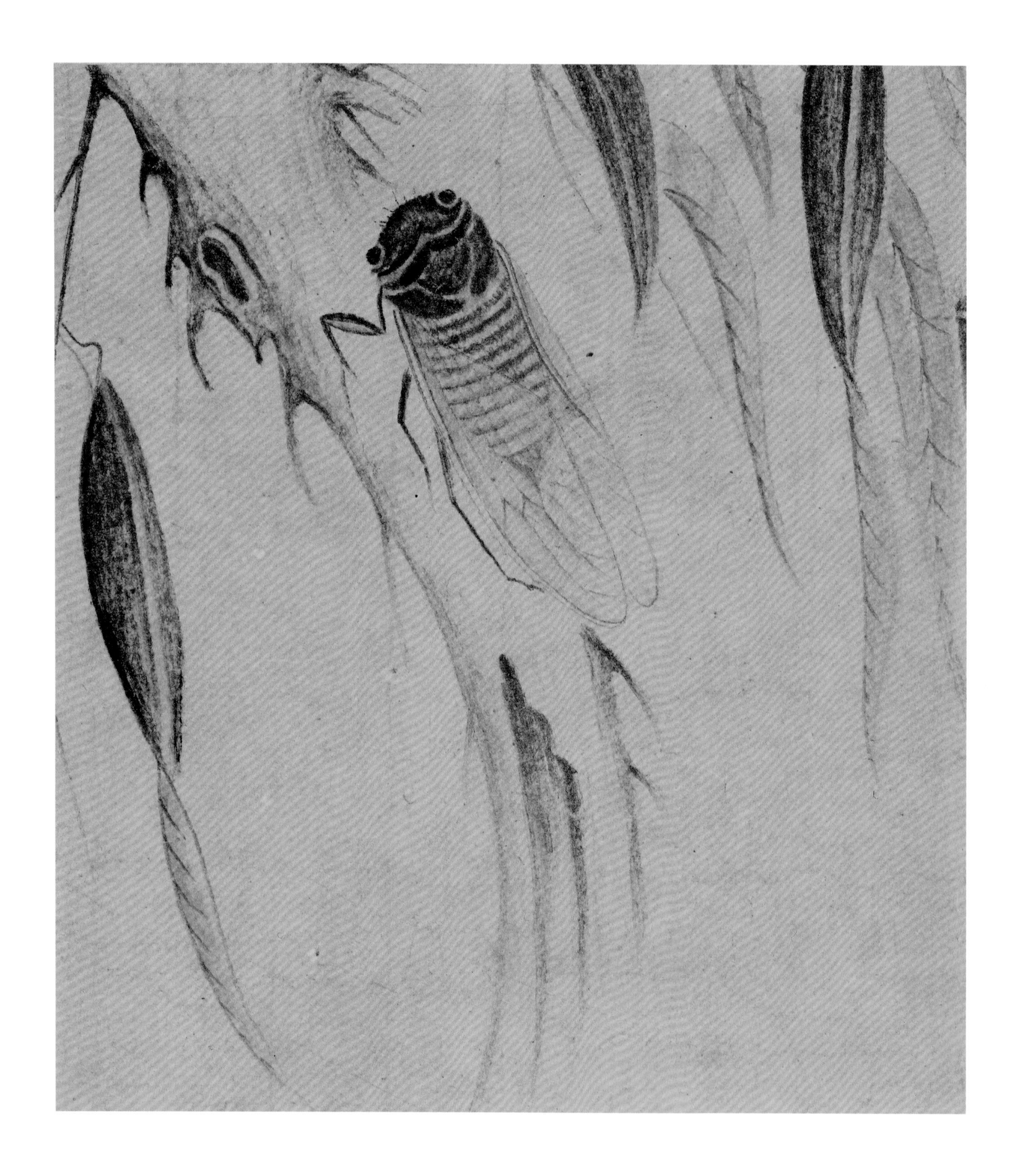

99

臧祥卿　草蟲圖頁
絹本　設色　縱18.6厘米　橫22.5厘米

Grass and Insects
By Zang Xiangqing (dates unknown)
Leaf, Colour on silk
H. 18.6cm　L. 22.5cm

臧良，字祥卿，錢塘（今浙江杭州）人。擅畫花竹翎毛。

圖中繪蘭花開放，兩隻螞蜂，一隻剛落葉上，另一隻欲落未落，形象生動。用筆兼工帶寫，墨色清幽，為臧氏草蟲畫孤本。

本幅鈐印“祥卿”（白文）。

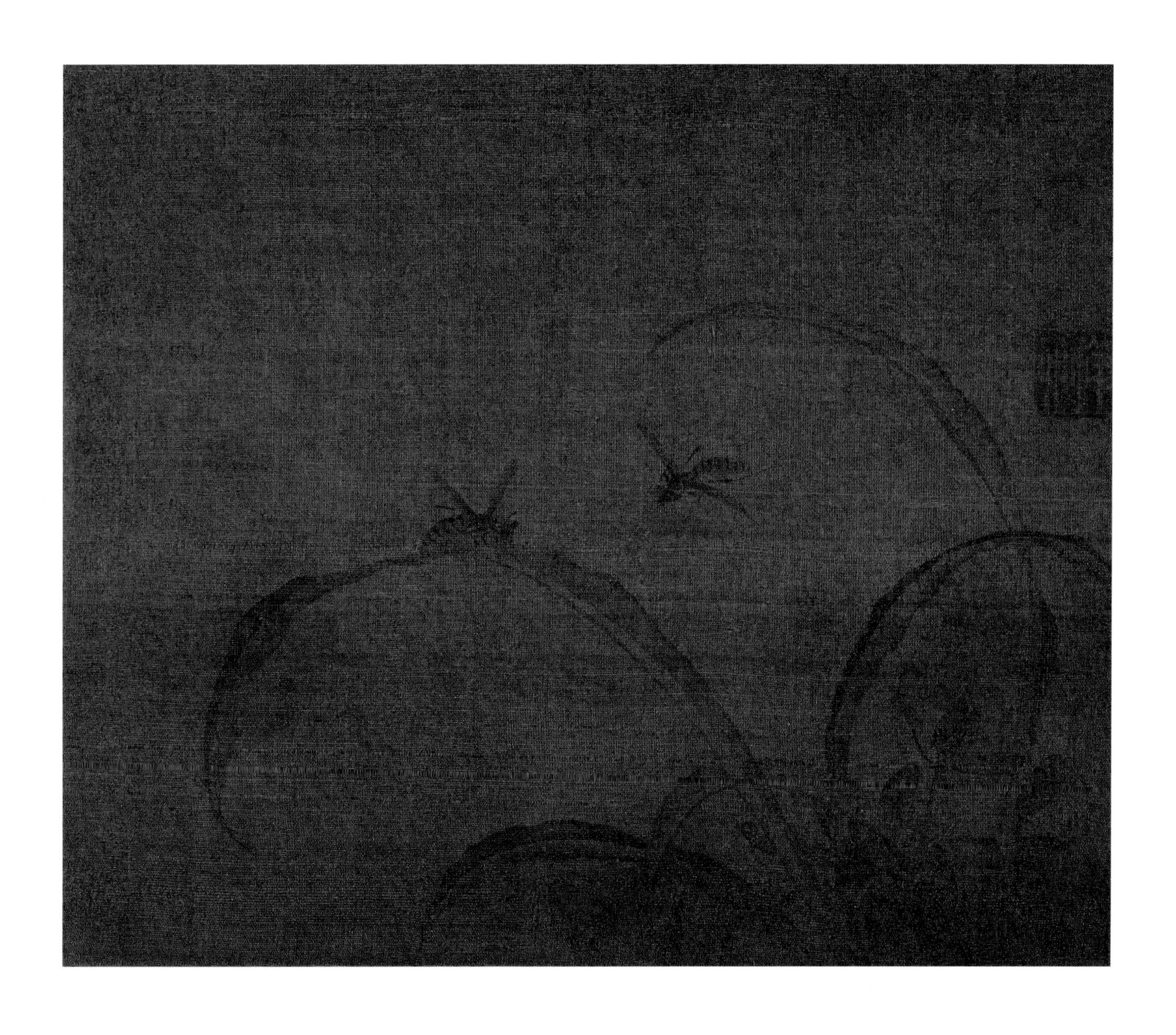

100

盛昌年　柳燕圖軸

紙本　墨筆　縱75.3厘米　橫25.5厘米

Willows and Flying Swallows

By Sheng Changnian (dates unknown)
Hanging scroll, Ink on paper
H. 75.3cm　L. 25.5cm

盛昌年，武林（今浙江杭州）人，擅畫花鳥。

圖中繪倒垂的柳枝，柳葉拂動，婀娜多姿，一燕迎風飛翔，一燕將棲止於柳條之上，兩相呼應。用筆靈活，動勢刻劃細緻，以動取勝，富有自然之趣。

本幅自題："武林盛昌年元齡為良友吳郡、沈彥肅戲作於梁谿寓所。時至正壬辰（1352）三月也。"

另有題詩："楊柳風多暑氣微，一雙下上故飛飛。如何長戀芳塘景，秋社歸時也不歸。蔡丘生"。鈐印不可辨。

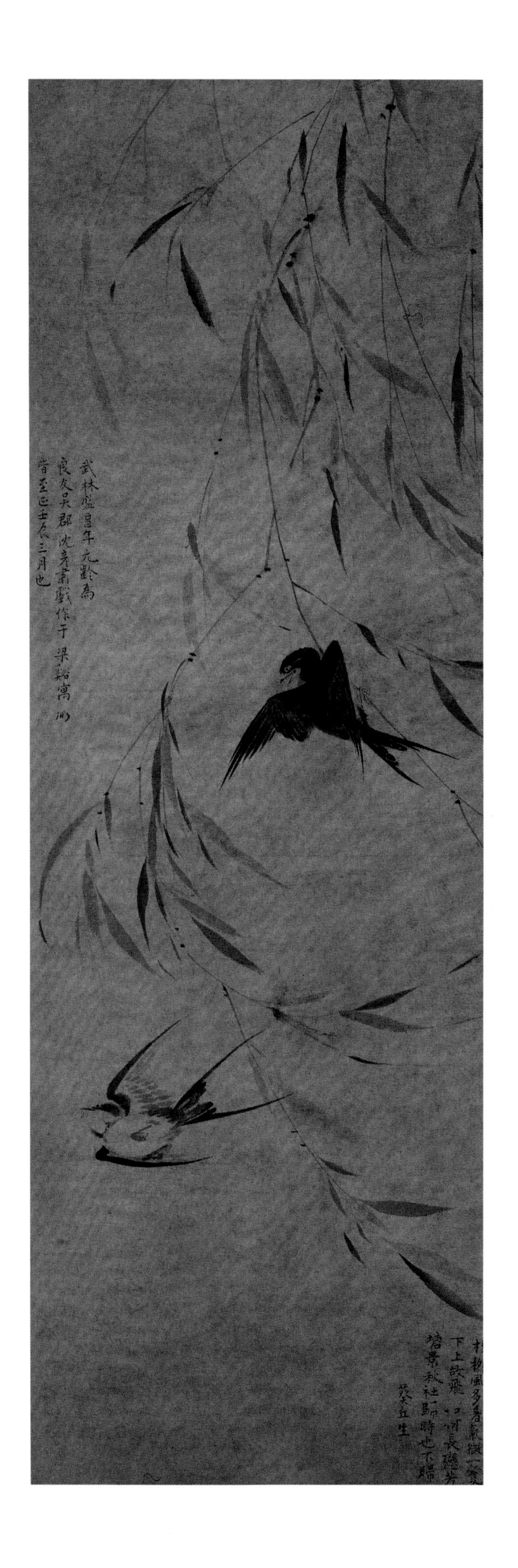

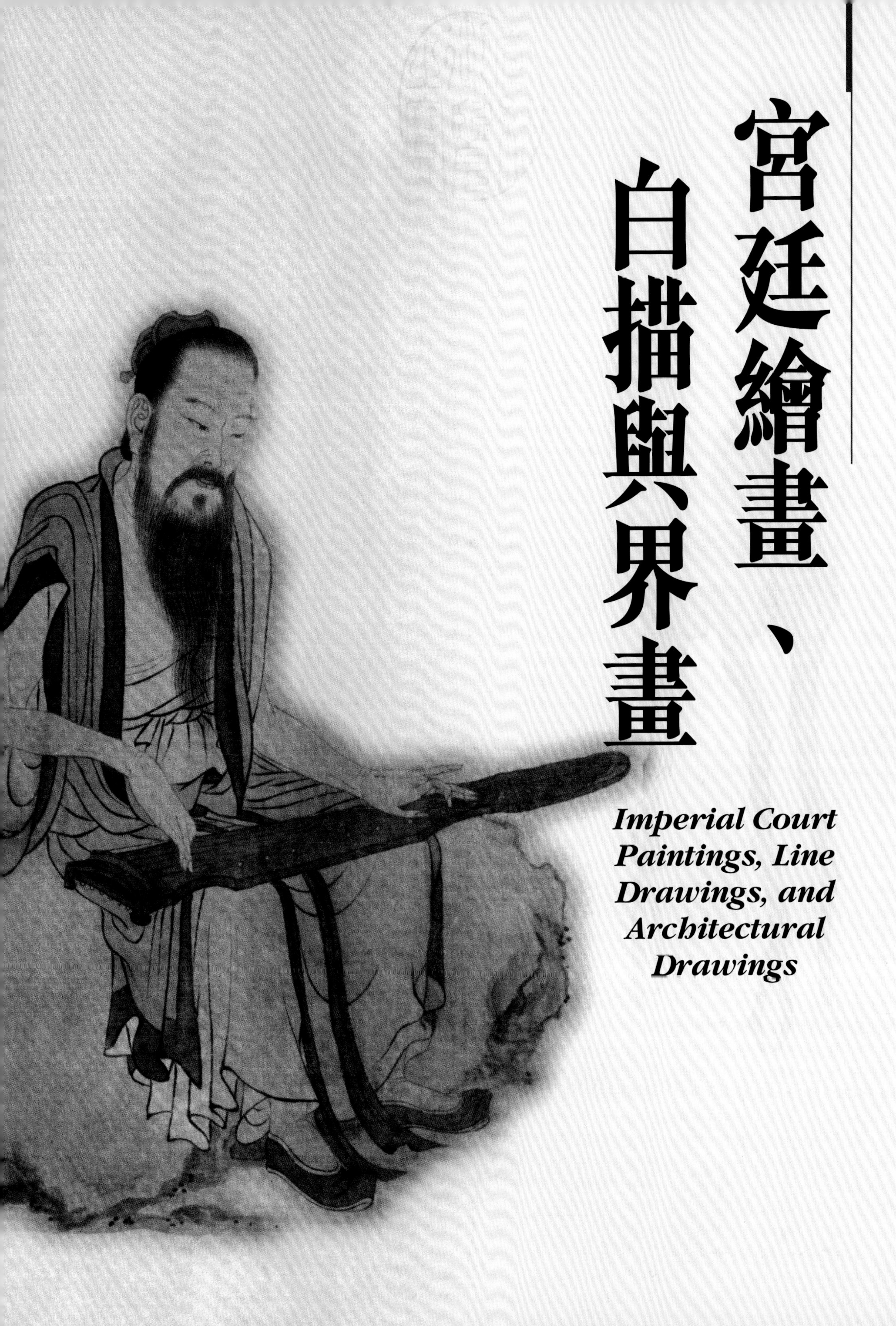

宮廷繪畫、白描與界畫

Imperial Court Paintings, Line Drawings, and Architectural Drawings

101

任仁發　出圉圖卷
絹本　設色　縱34.2厘米　橫201.9厘米
清宮舊藏

Going Out of the Horse Stable
By Ren Renfa (1254-1327)
Handscroll, Colour on silk
H. 34.2cm　L. 201.9cm
Qing Court collection

任仁發（1254—1327），字子明，號月山道人，松江（今屬上海）人，官至都水庸田副使，水利家，參加過江浙、河北等地治河工程。工書善畫，擅長人物、花鳥，尤精於畫馬。

圖中繪三位圉人牽馬、放馬的閑散情景。馬的體形高大，小頭尖喙，四腿修長，為西域良種馬。不設背景，勾勒細勁，敷色講究，有唐人遺風。繪此圖時作者年僅二十七歲。

本幅自題："至元庚辰（1280）春望三日，作出圉圖於可詩堂。月山任子明記"。鈐印"任子明氏"（白文）、"月山道人"（朱文）。另有清乾隆御題詩一首，鈐印"乾隆"（朱文連珠）。鈐清內府藏印十三方，及"李氏碎研齋珍藏圖書記"（朱文）、"蕉林"（朱文）。

引首有陸勉書"出圉圖"。鈐印"陸勉圖書"（白文）。前隔水鈐印"蕉林書屋"（朱文）；後隔水鈐印"八徵耄念之寶"（朱文）、"五福五代堂古稀天子寶"（朱文）。

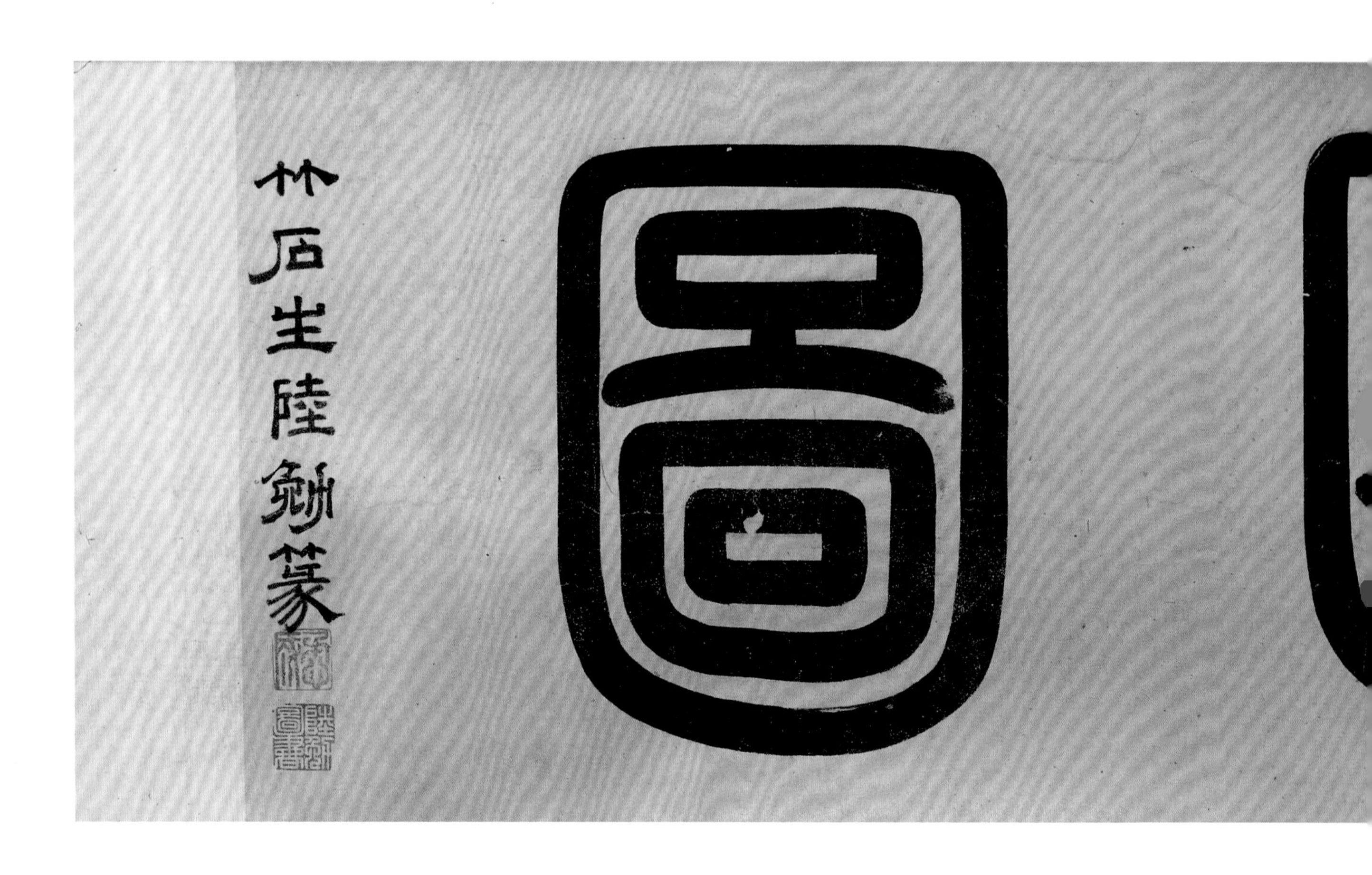

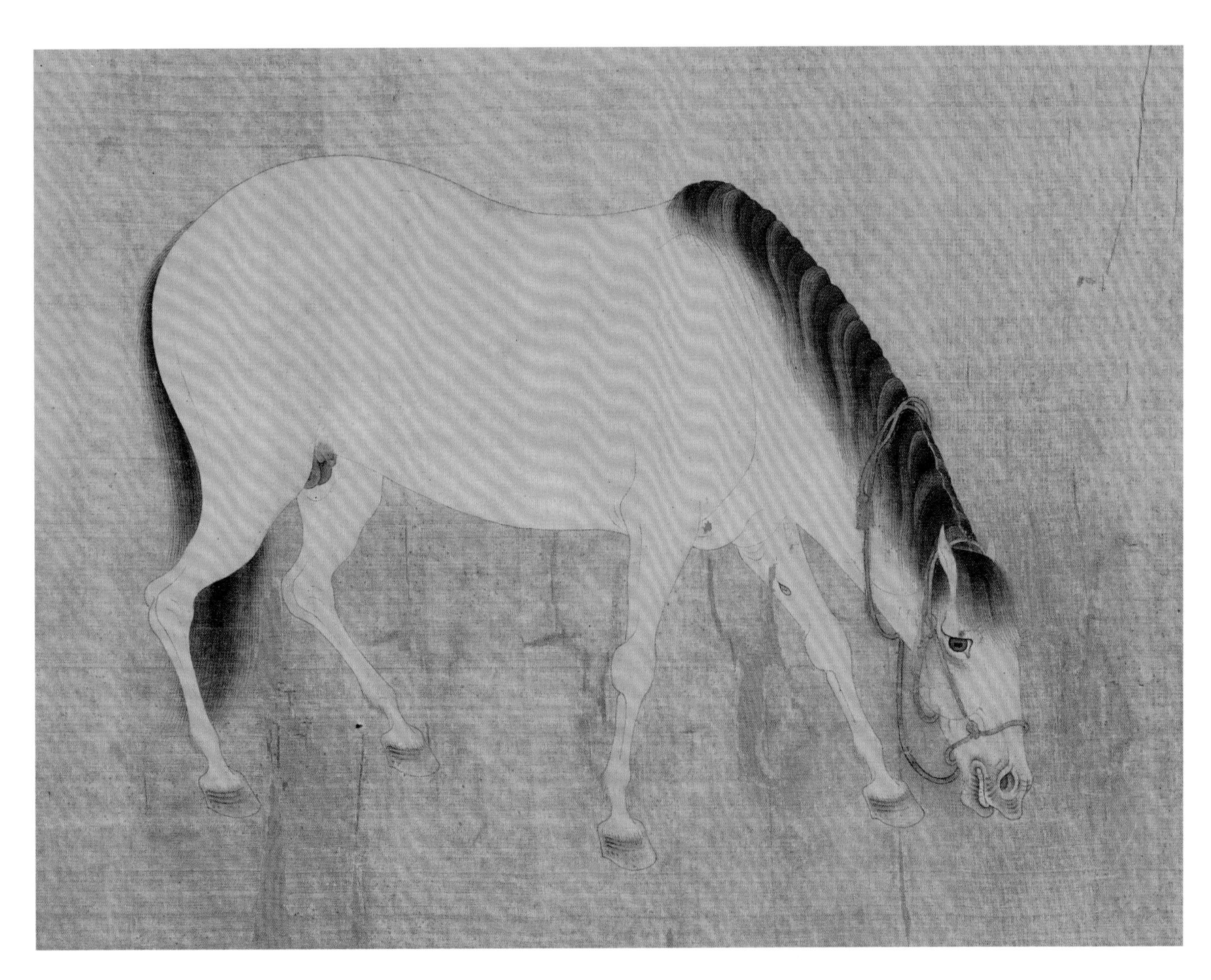

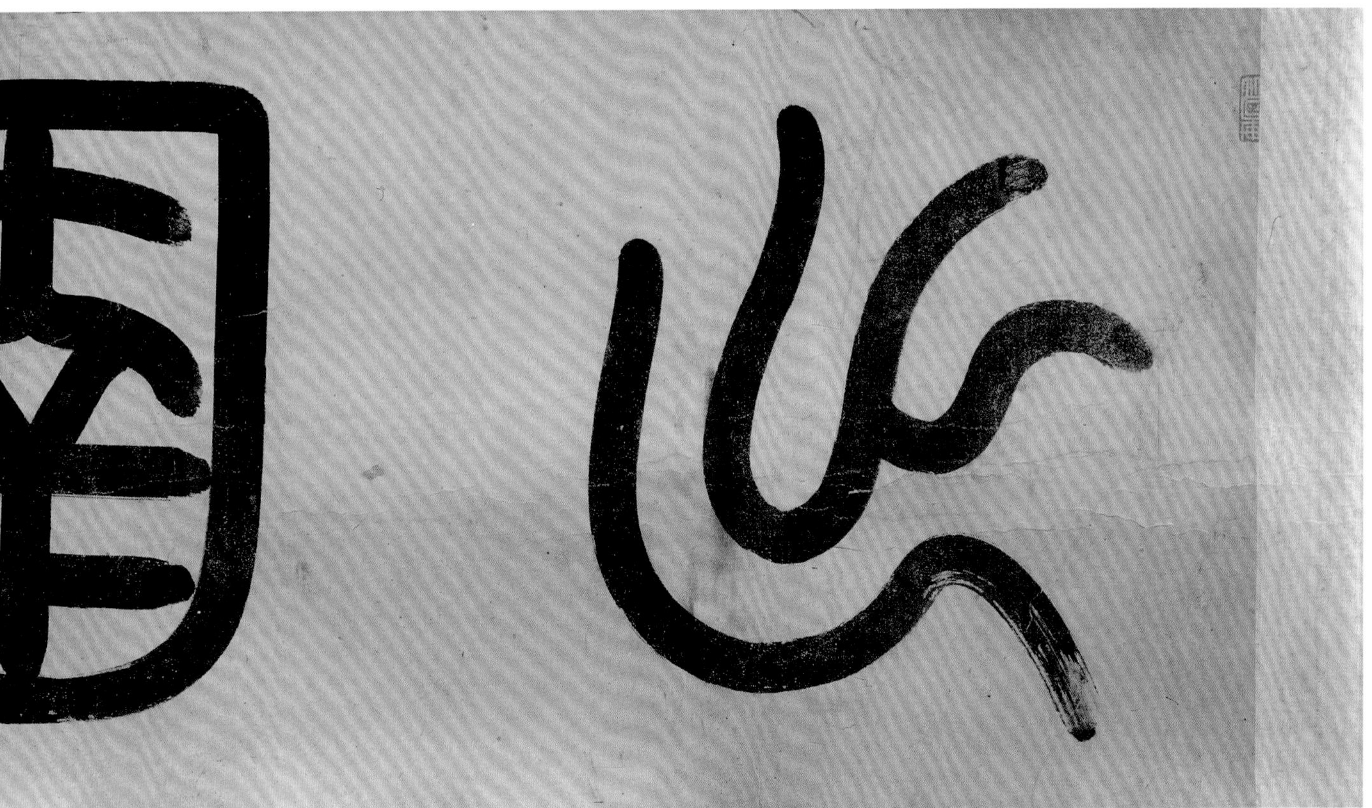

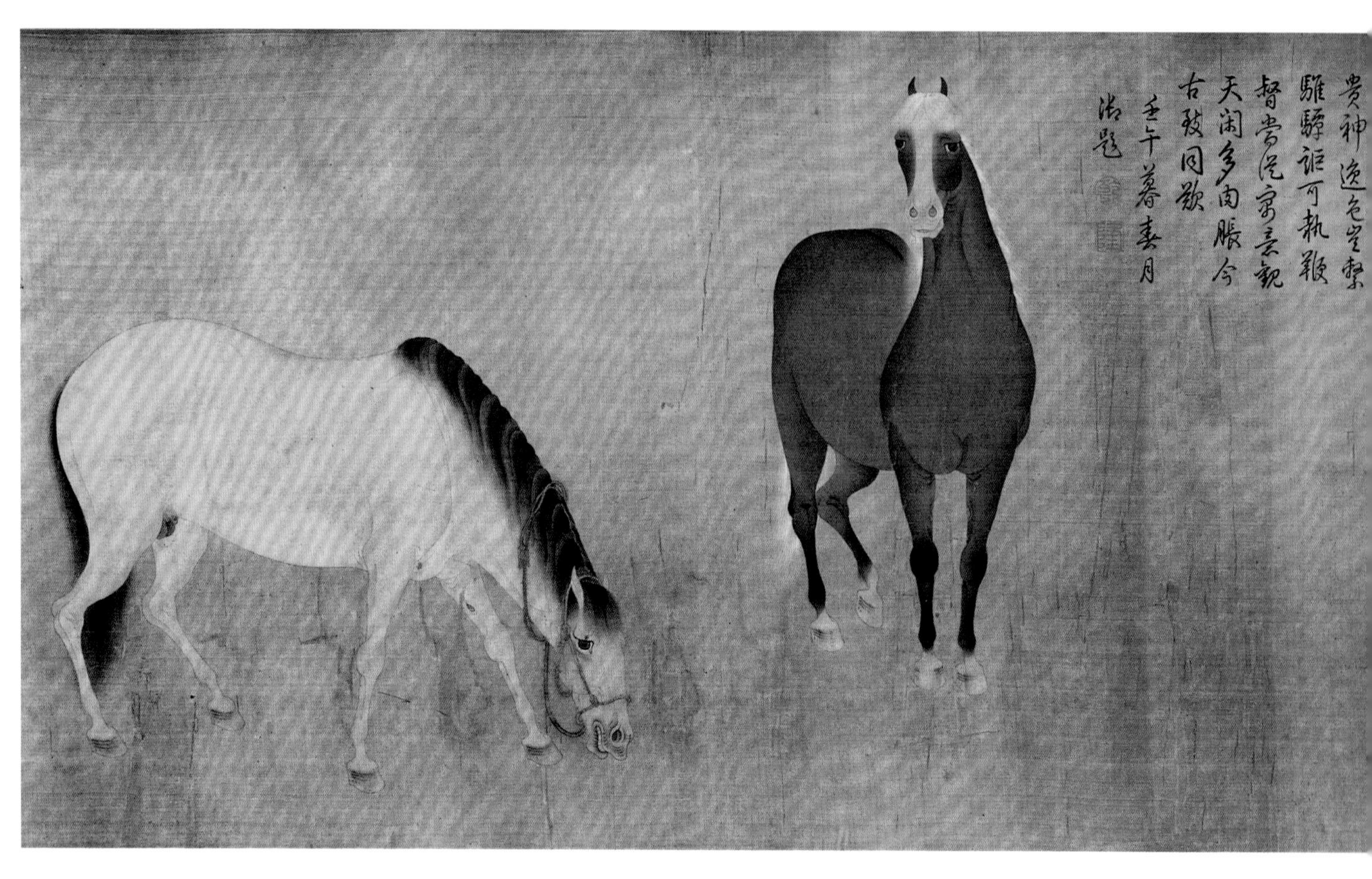

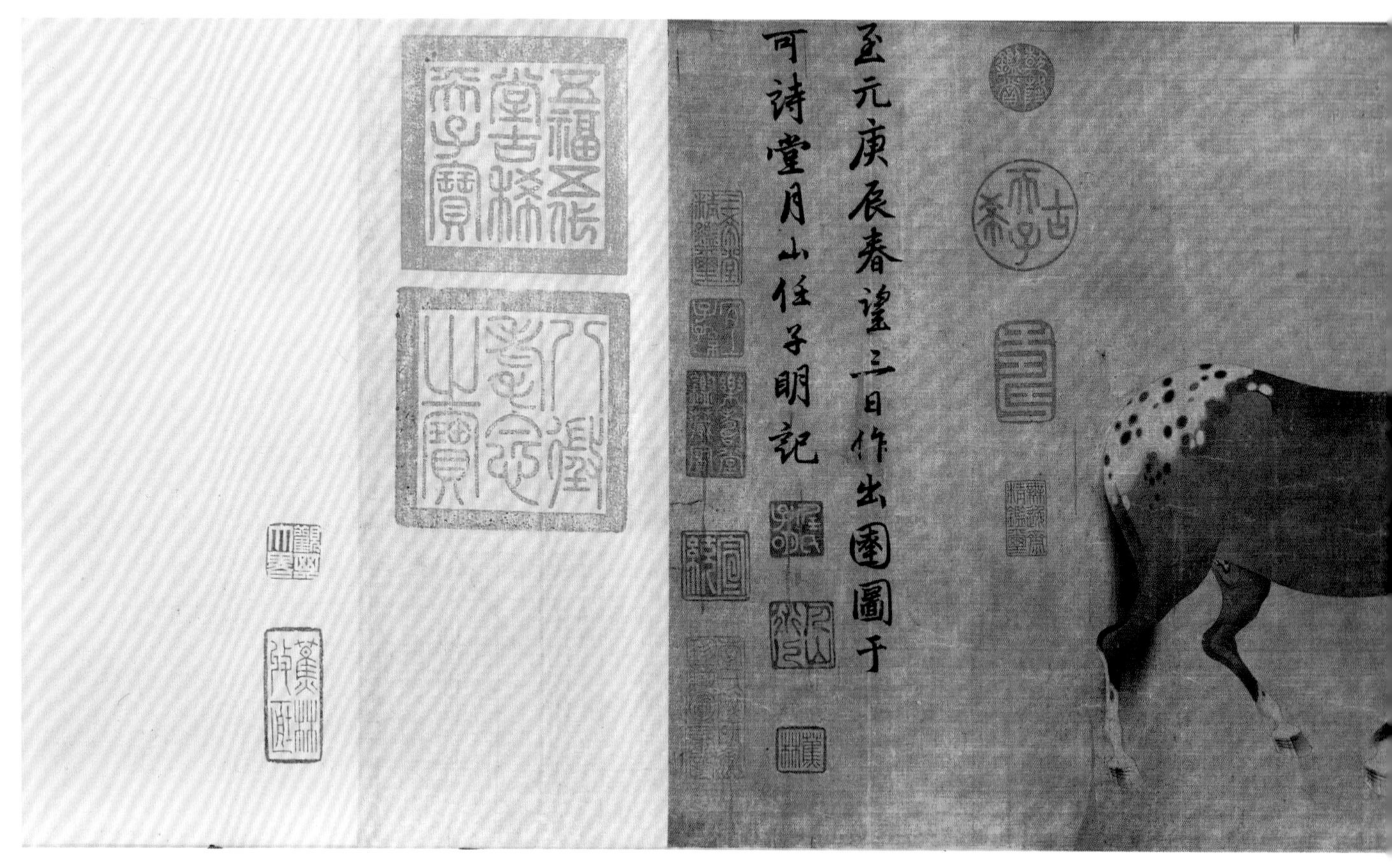
至元庚辰春望三日作出圉圖于
可詩堂月山任子明記

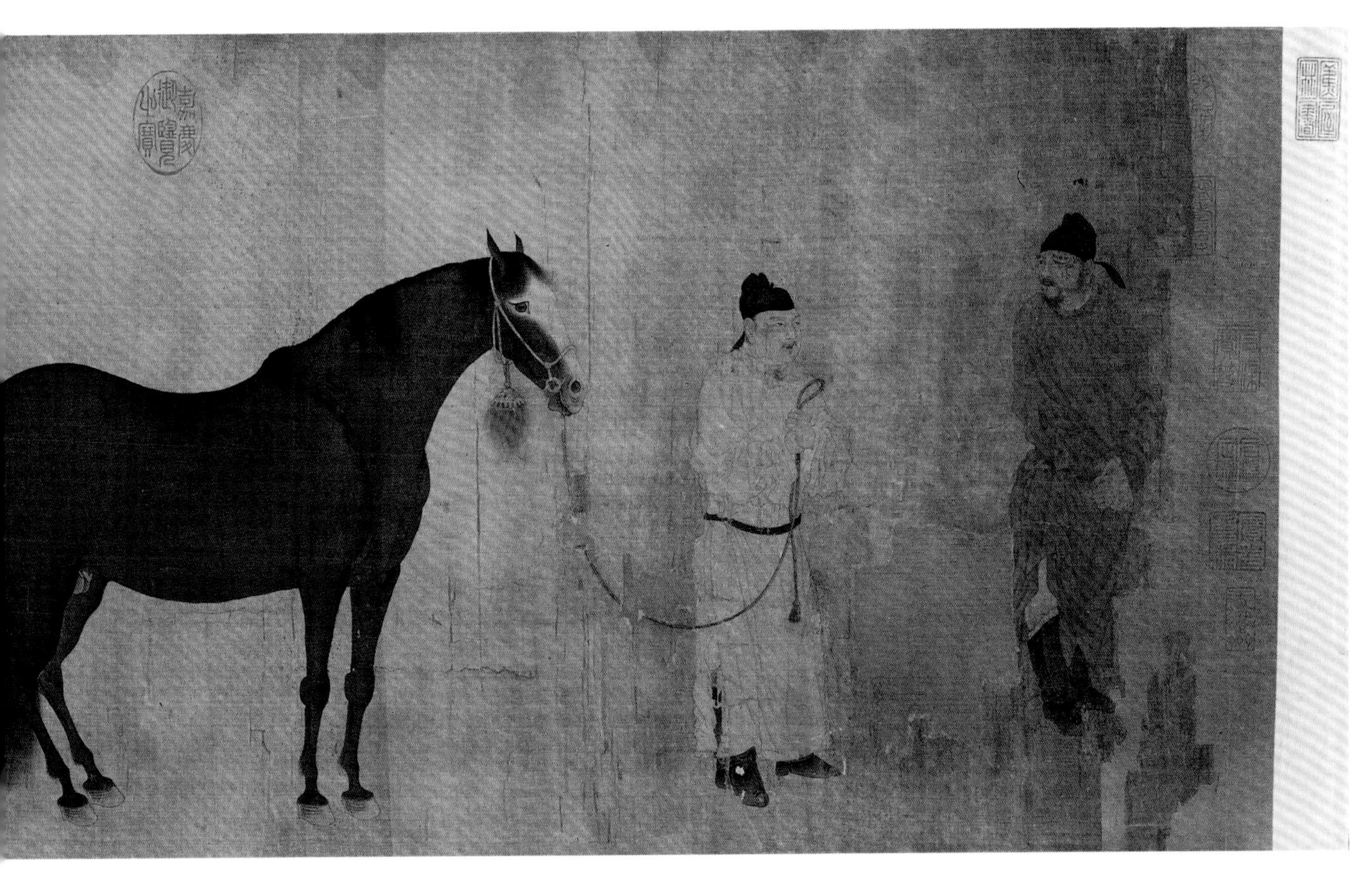

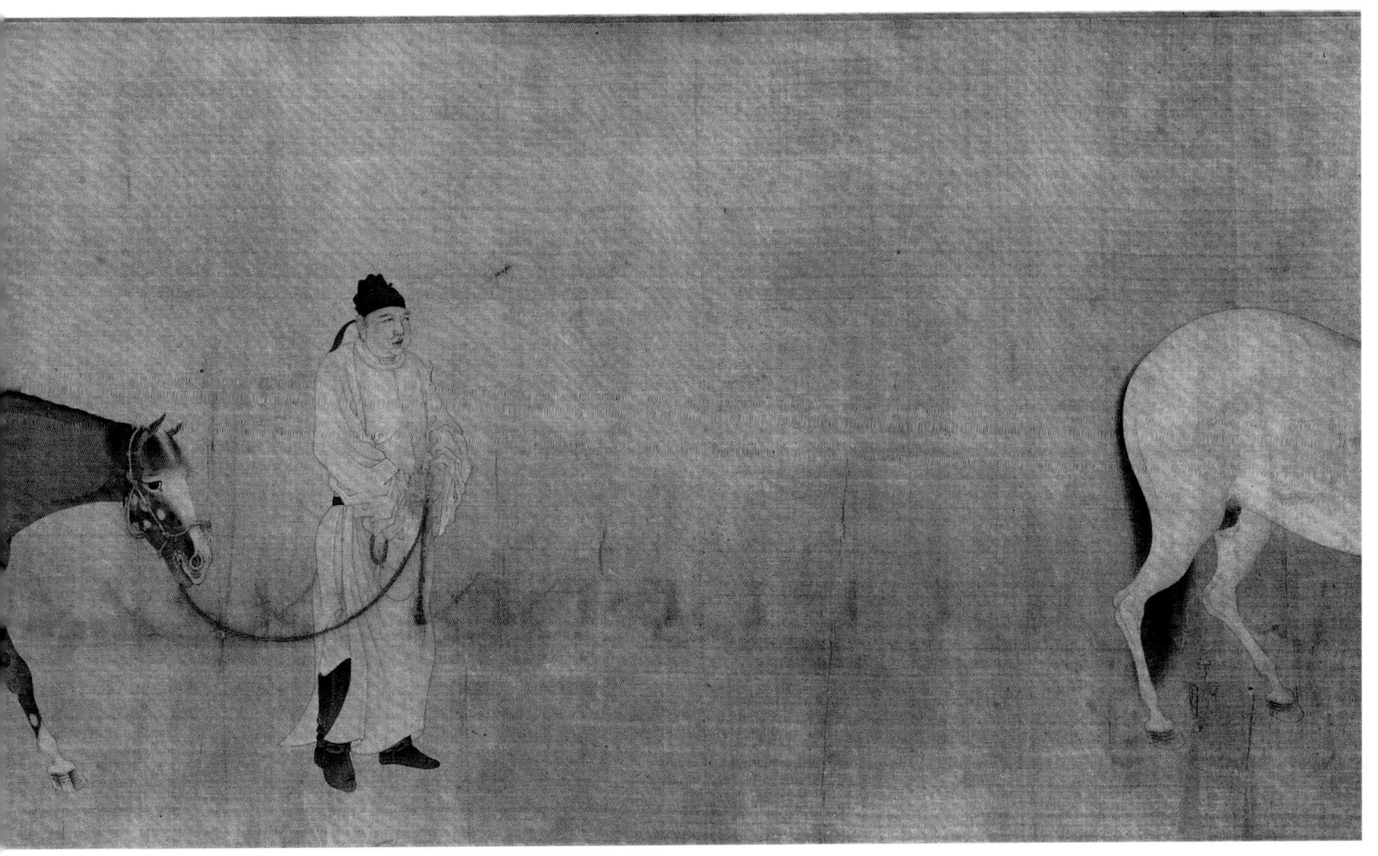

102

任仁發　二馬圖卷
絹本　設色　縱28.8厘米　橫142.7厘米
清宮舊藏

Two Horses
By Ren Renfa
Handscroll, Colour on silk
H. 28.8cm　L. 142.7cm
Qing Court collection

圖中繪肥瘠二馬，肥馬昂首奮蹄，瘠馬低首慢步，用以比喻為官的貪與廉。馬的造型為西域良種馬，繼承了唐代畫法，刻畫細緻，用線、設色都極嚴謹。

本幅自題：“予吏事之餘，偶圖肥瘠二馬，肥者骨骼權奇，縈一索而立峻坡，雖有厭飫芻豆之榮，寧無羊腸踣蹶之患；瘠者皮毛剝落，嚙枯草而立霜風，雖有終身擯棄之狀，而無晨馳夜秣之勞；甚矣哉！物情之不類也如此。世之士大夫，廉濫不同，而肥瘠系焉。能瘠一身而肥一國，不失其為

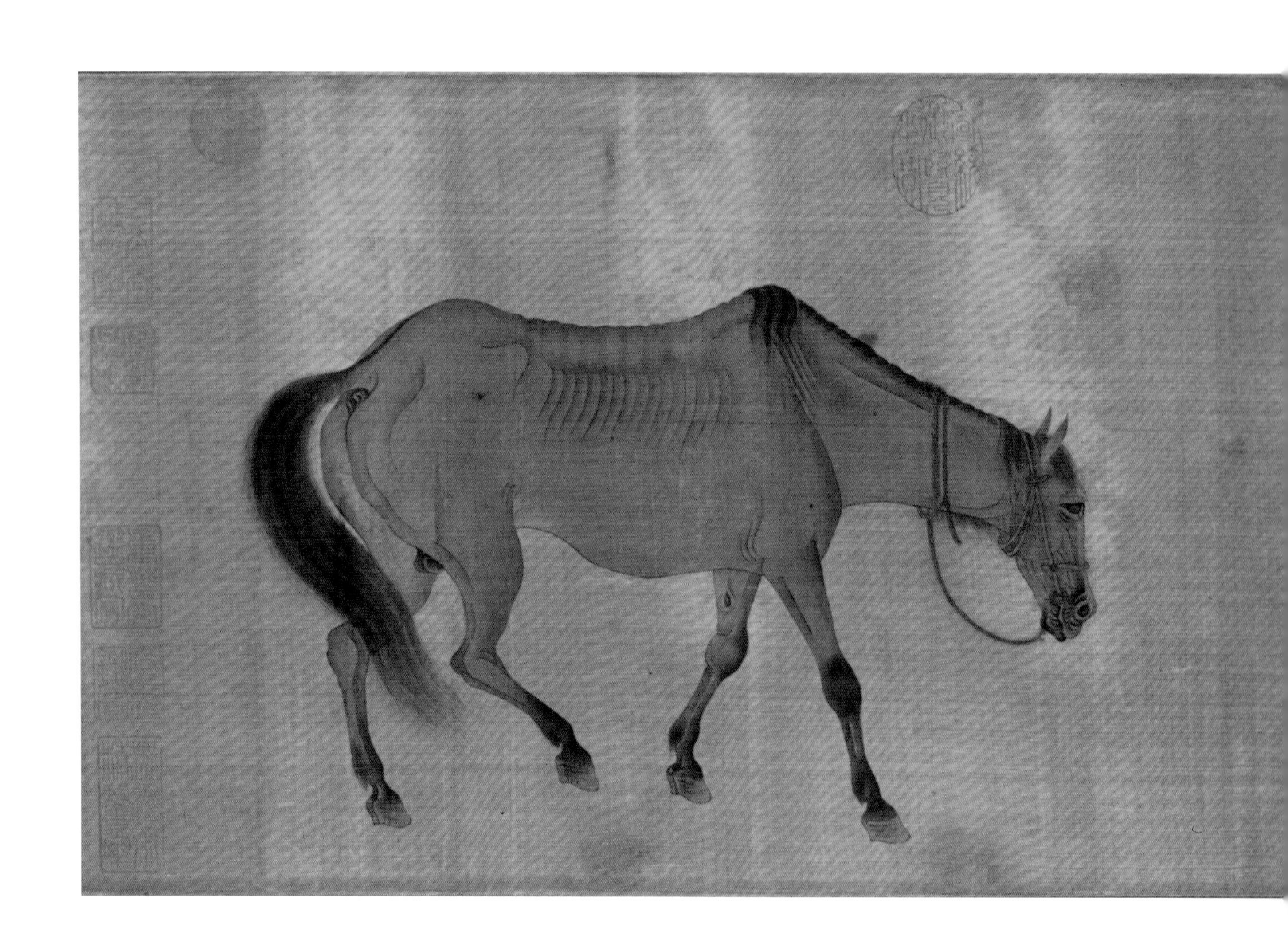

廉；苟肥一已而瘠萬民，豈不貽汙濫之恥歟？按圖索驥，得不愧於心乎？因題卷末，以俟識者。月山道人”。鈐“任子明氏”（白文）、“月山道人”（朱文）等印二十方。

尾紙有柯九思題跋。鈐印“柯氏敬仲”（朱文）、“縕真齋”（朱文）、“蓮居士長物”（朱文）。

曾經《石渠寶笈續編》著錄。

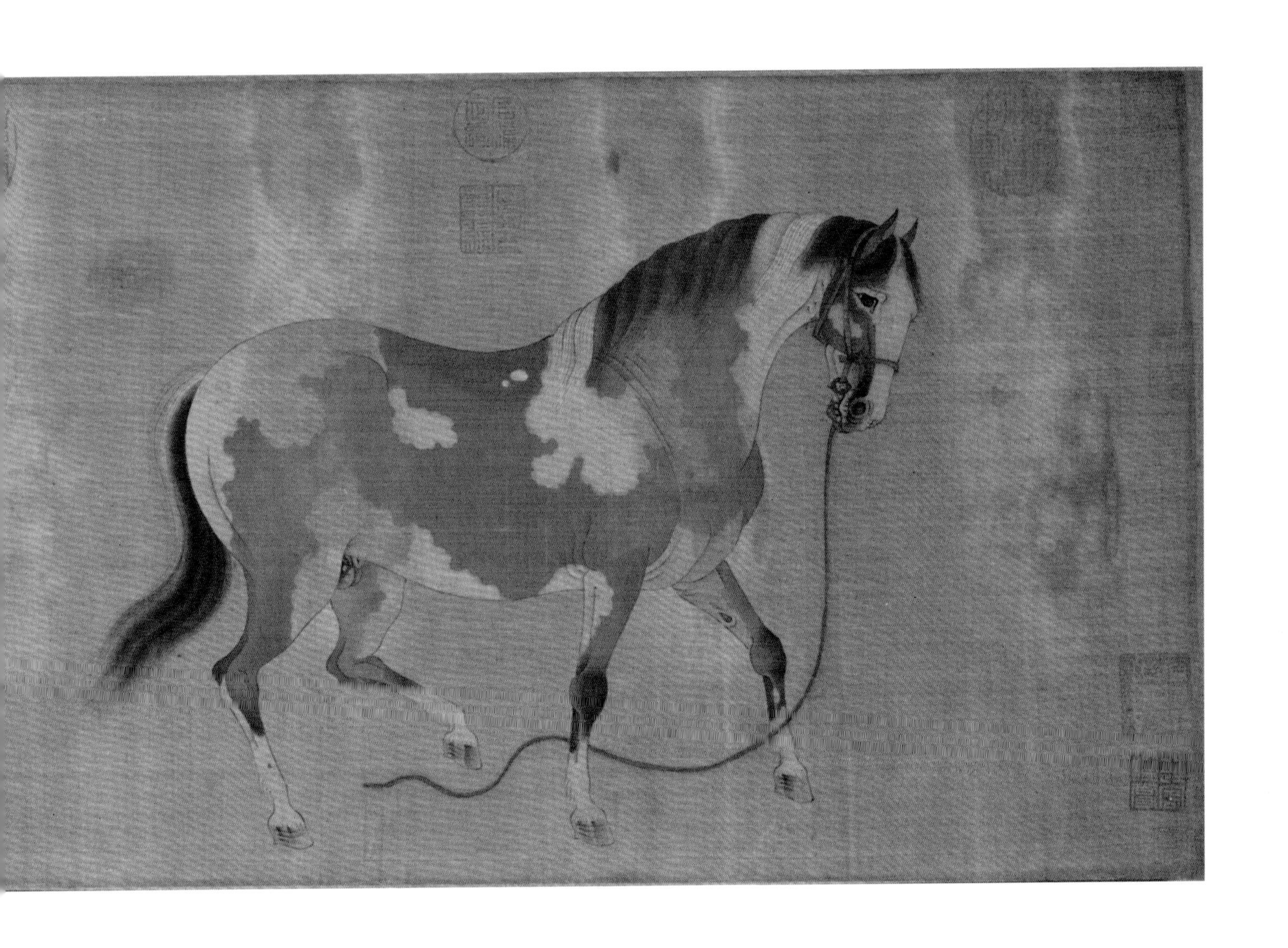

自曹韓之後數百年未有
舍其法而踰之者惟宋李
龍眠得其神
本朝趙文敏公得其骨
吾祕監任公則甚得其
形容氣韻矣豈易及
哉 丹丘柯九思識

一卯此卷前兩卷祇署姓名而已獨此卷附有題識
文簡潔而寓深意者往山秀雅和稱可謂子山能
事畢具於此矣
己丑長夏雨窗蓮字記於杜縣庵

予吏事之餘偶圖肥瘠二馬肥者
骨骼權奇萦一索而立峻坂雖有
厭飫芻豆之榮亦無羊腸踣蹶之
患瘠者皮毛剝落齧枯草而立一容
風雖有終日擯斥之狀而無晨馳夜
秣之勞甚矣哉物情之不類也如此
世之士大夫廉濫不同而肥瘠係焉
能瘠一身而肥一國不失其為廉苟
肥一己而瘠萬民豈不貽汙濫之恥
歟按圖索驥得不愧於心乎因題
卷末以俟識者
月山道人

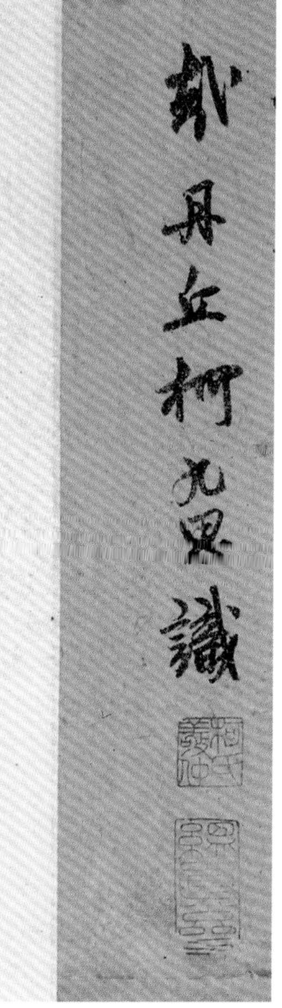

元代善畫馬者任月山並趙吳興堪稱工力悉敵
若以神情氣韻而論之月山似差勝一籌惟吳興手
畢生傳世不[illegible]月山平生著[illegible]存遺
蹟無多故世甚罕覯曾自題所作云畫馬與韓幹
能事畢矣余嘗師之自謂已將臻得三昧視近
世畫手優劣何如出此以俟識者品評焉是則
[illegible]視其與此畫之馬可謂超乎象外矣晚近收藏
家中端匋齋最有聚斂之力其著錄月山作品百什不
獲一收一贗品以贈羅貞松貞松以葉公龍對匋齋
竟爾自曝無真能得此卷以解嘲耳然月山真跡之
難得可想見也[illegible]

103

任仁發　張果見明皇圖卷

絹本　設色　縱41.5厘米　橫107.3厘米
清宮舊藏

Zhang Guo Calling to Pay Respects to Emperor Xuanzong

By Ren Renfa
Handscroll, Colour on silk
H. 41.5cm　L. 107.3cm
Qing Court collection

圖中繪傳説中的“八仙”之一張果老及弟子謁見唐明皇，並於明皇前施展法術的故事。張果老身着青衣，坐繡墩上，面帶微笑，翻掌言語，沉着自如。小童從布袋中放出奔跑的小驢。唐明皇李隆基身着黃袍坐於椅上，全神貫注地看着，略帶驚訝。人物表情刻畫生動，瞬間的動態表現得極為細膩，小驢成為全圖的視覺中心，增強了畫面的故事性。

本幅款識“雲間任仁發筆”。鈐印“任氏子明”（白文）。另有清乾隆御題詩一首。另鈐有“金匱寶藏陳氏仁濤”（朱文聯體）、“希世有”（朱文）及清內府鑒藏印十二方。

前後隔水鈐清內府鑒藏印五方。

尾紙有元代康里巎、危素題跋二則（釋文見附錄），鈐印“子山”（朱文）、“正齋恕叟”（朱文）、“危氏太樸”（白文）、“世外玄賞”（朱文）。鈐鑒藏印“仁濤銘心絕品”（朱文圓）、“金匱室”（朱文）、“仁濤”（朱文圓）、“金匱室主”（白文）。

曾經《秘殿珠林》著錄。

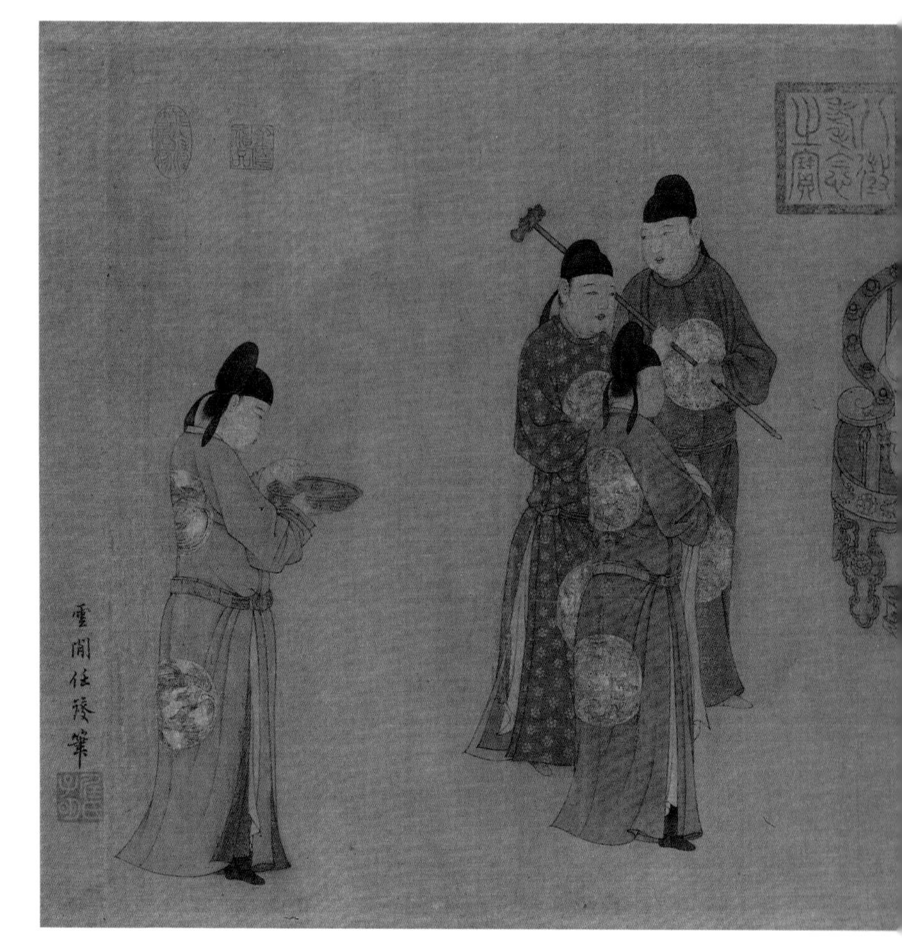

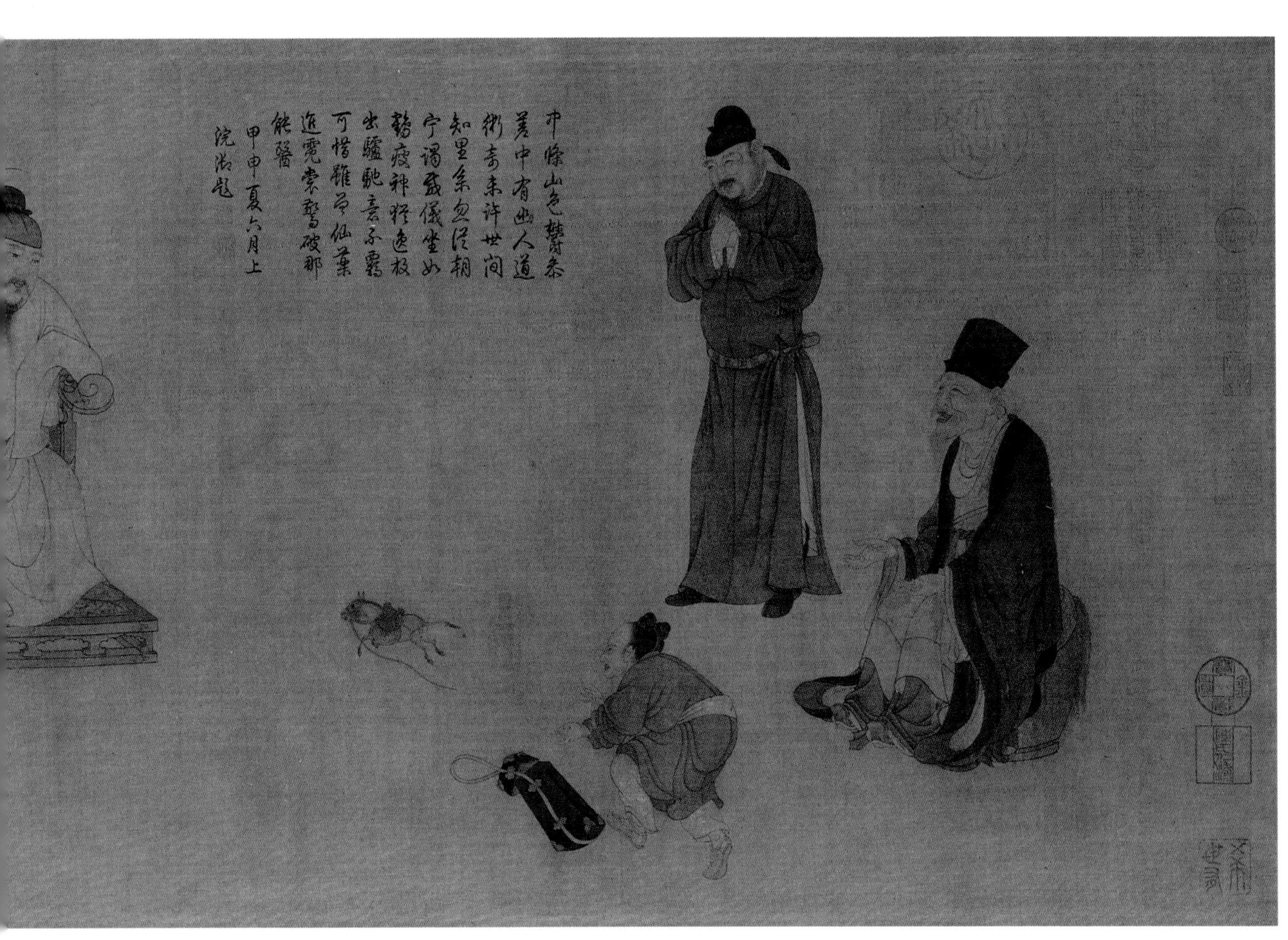

月山宣慰所畫張果見明皇圖筆法精妙人物生動形之同時蓋不多見且月山之為人多才而智有益於世至於水利錢法皆深造極致惜乎不遇於時世之士大夫皆言其精於畫馬是矣然因其不遇但知此而不知彼宜其不然也余之三姪大年月山之婿也故頗詳其一二云

康里巎

飄飄海上任公子來往煙波騎赤鯉袖將長策獻彤庭談笑歸來取金紫著書餘暇工丹青畫史見之心屢驚此圖貌得含元殿唐帝素聞傳客名仙客之李不知數皎皎

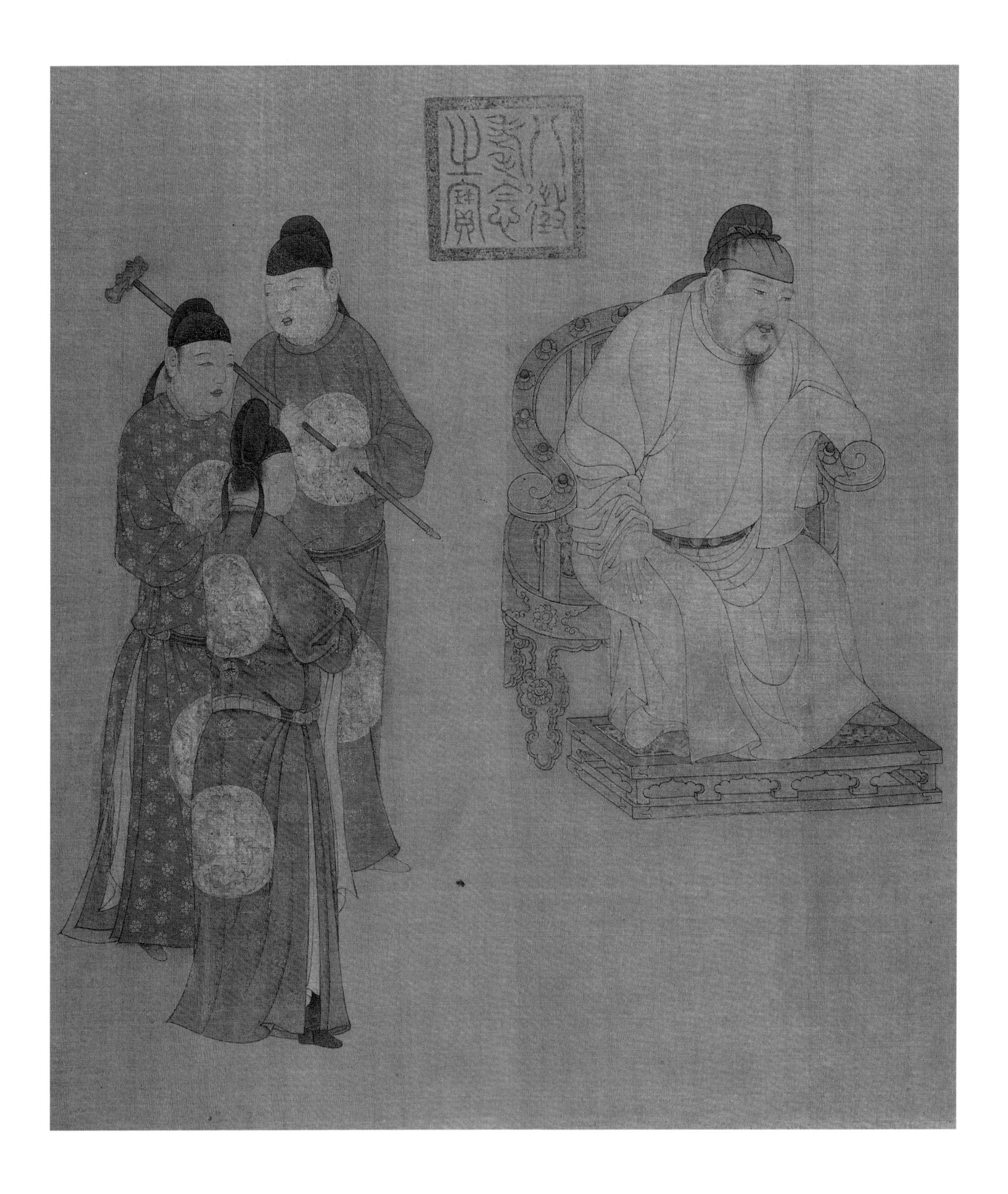

104

任賢佐　人馬圖軸

絹本　設色　縱50.3厘米　橫36厘米
清宮舊藏

Figure and Horse

By Ren Xianzuo (dates unknown)
Hanging scroll, Colour on silk
H. 50.3cm　L. 36cm
Qing Court collection

任賢佐，字子良，松江（今屬上海）人。任仁發之子。曾任縣尹，除奉訓大夫，台州判官。擅畫人馬，承自家筆法。

圖中繪一人牽馬緩步而行。人物身材魁梧，着紅袍，身份顯貴，花驄體壯長腿，為西域寶馬。在造型上繼承唐代繪畫遺風，技法上融入宋人描法。

本幅款識“子良於可詩堂作”。鈐印“任子良氏”（白文）。另鈐“賜本”（朱文）、“石渠寶笈”（朱文）、“張則之”（朱文）等印計十一方。

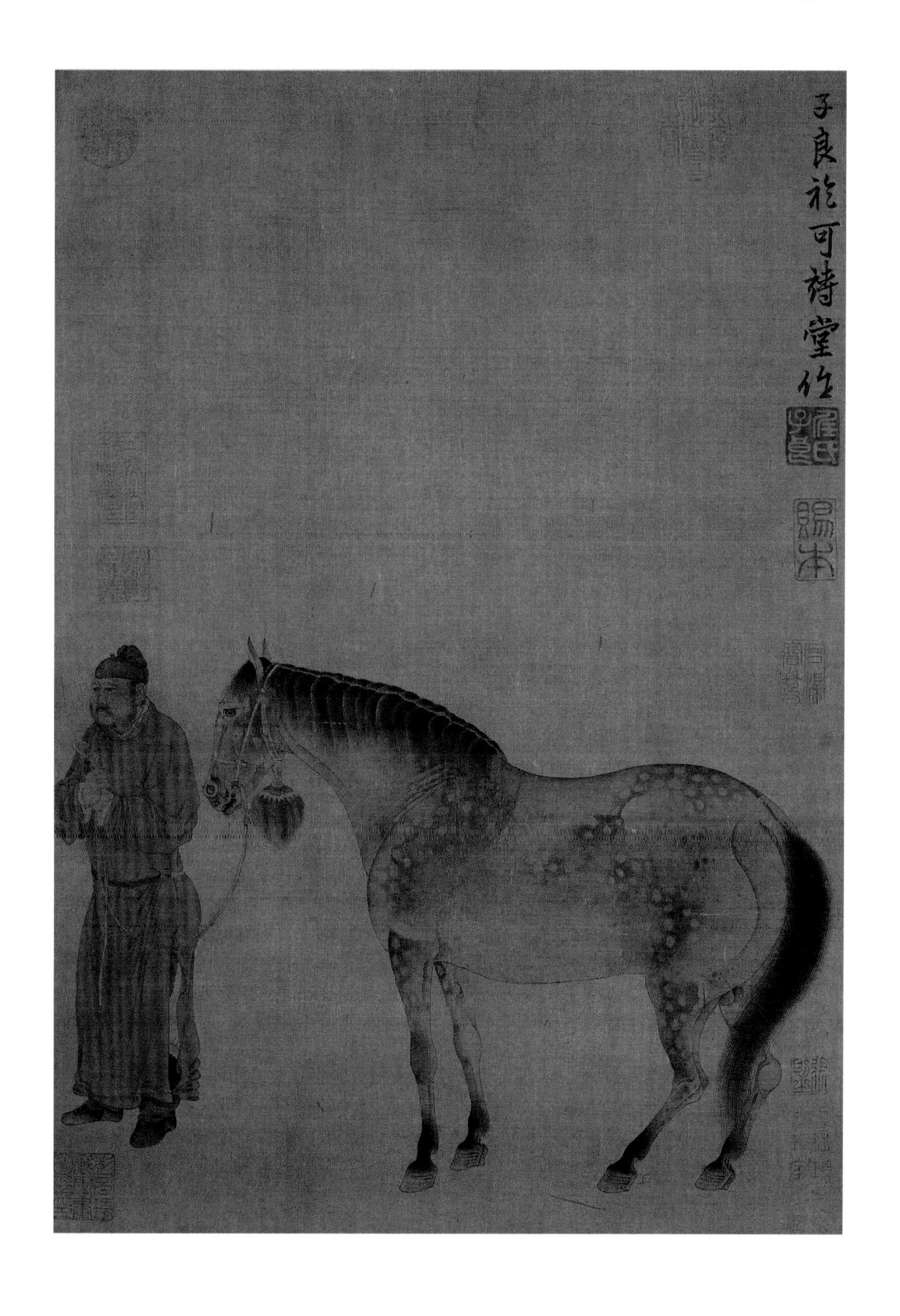

105

佚名　職貢圖卷
絹本　設色　縱26.8厘米　橫163厘米

Foreign Envoy with Tribute Bearers
Anonymous
Handscroll, Colour on silk
H. 26.8cm　L. 163cm

圖中繪西域各國向中原朝廷進貢良馬的情景。進貢者皆域外民族的裝束，前方引導黑奴一人手抱寶刀，一人手執進貢之旗，後方三紅衣使臣手牽駿馬恭敬而行，另一黑奴佩刀護衛。設色柔細，用線勁健，略帶有民間水陸畫濃麗簡放的風格。故宮另藏有任賢佐的《三駿圖》卷，與此圖係一本，可知此圖是《三駿圖》卷的摹本。與此圖相同的尚有美國舊金山亞洲藝術館藏任仁發孫輩任伯溫繪《貢馬圖》卷。

本幅鈐"典禮紀察司印"(朱文半印)，為明內府點收元內府的專用璽。

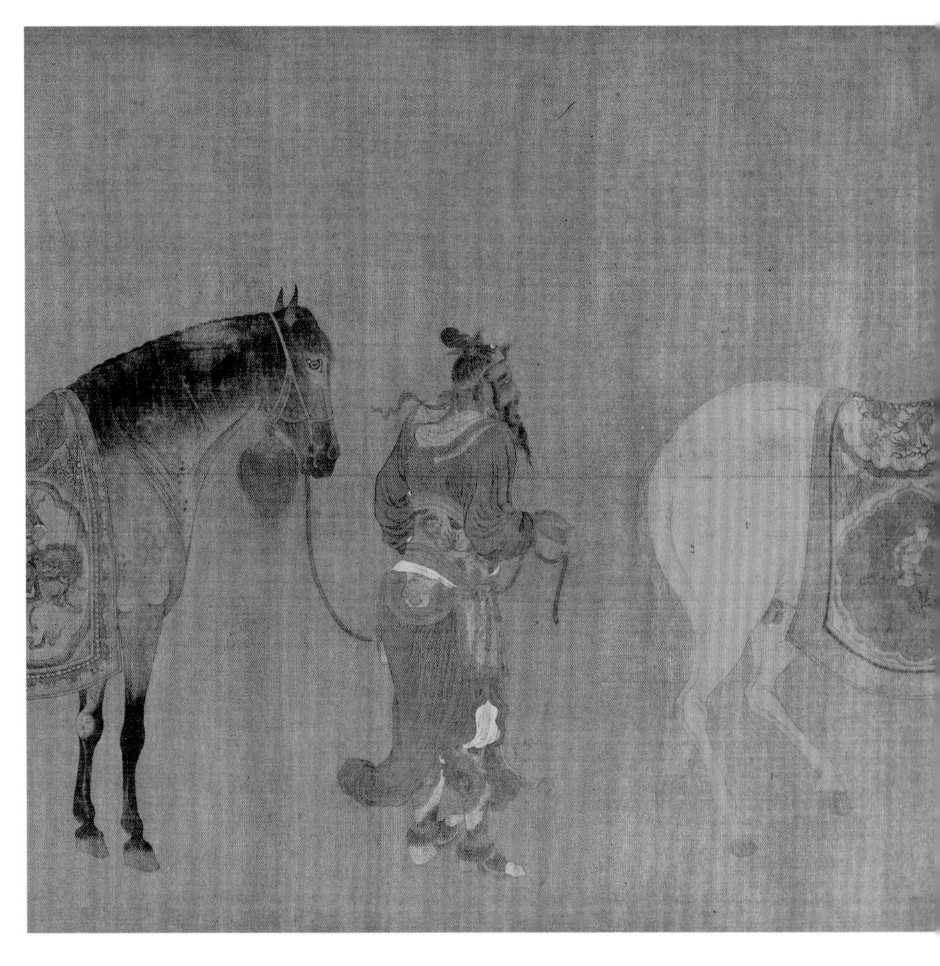

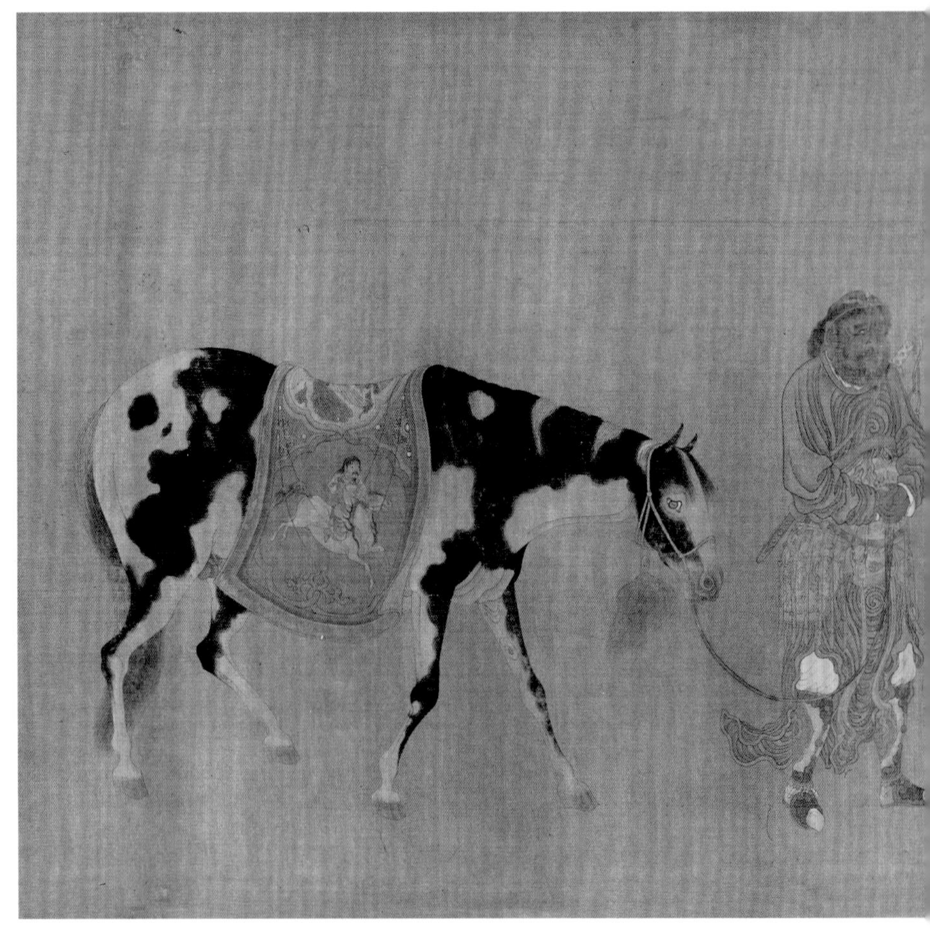

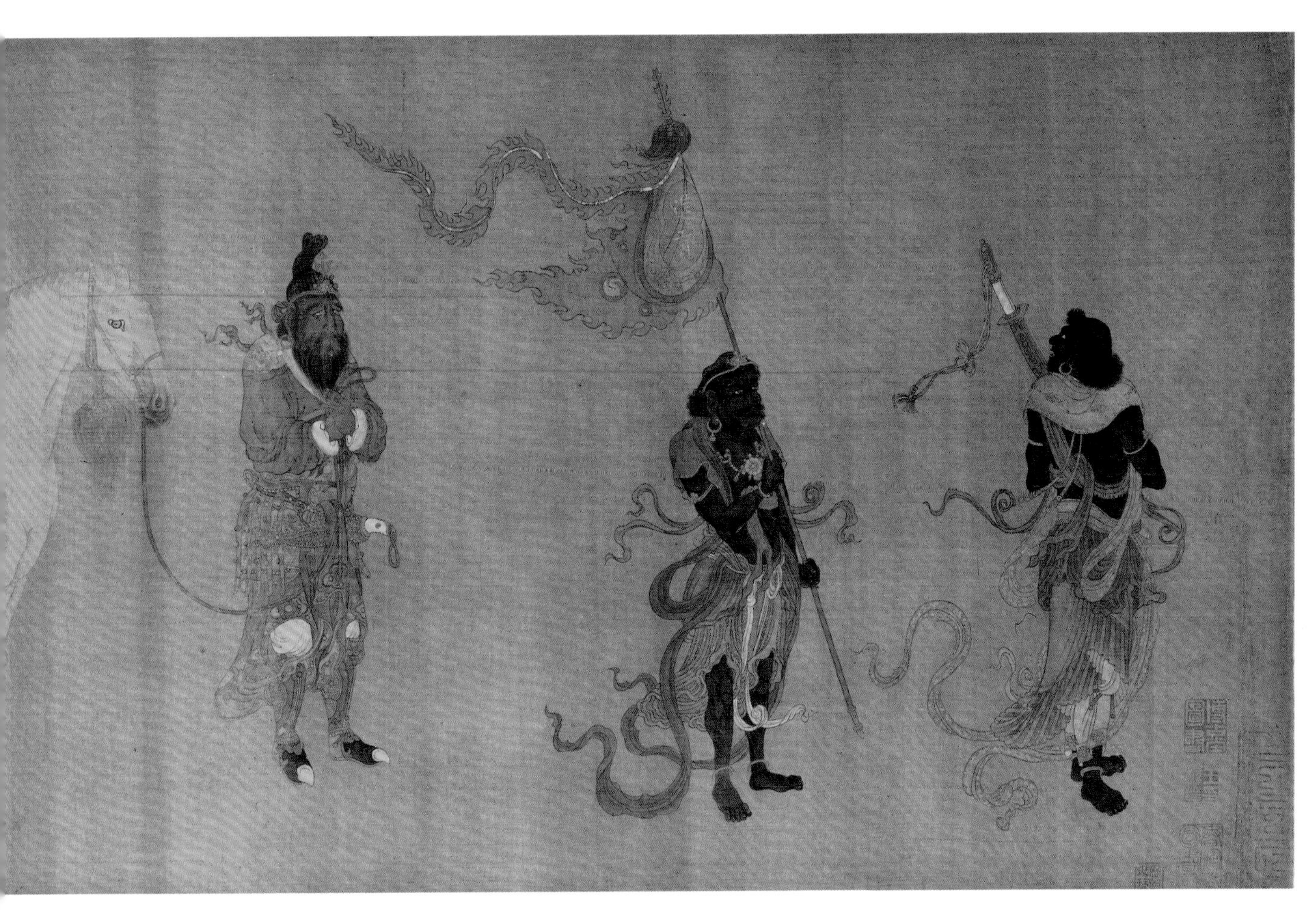

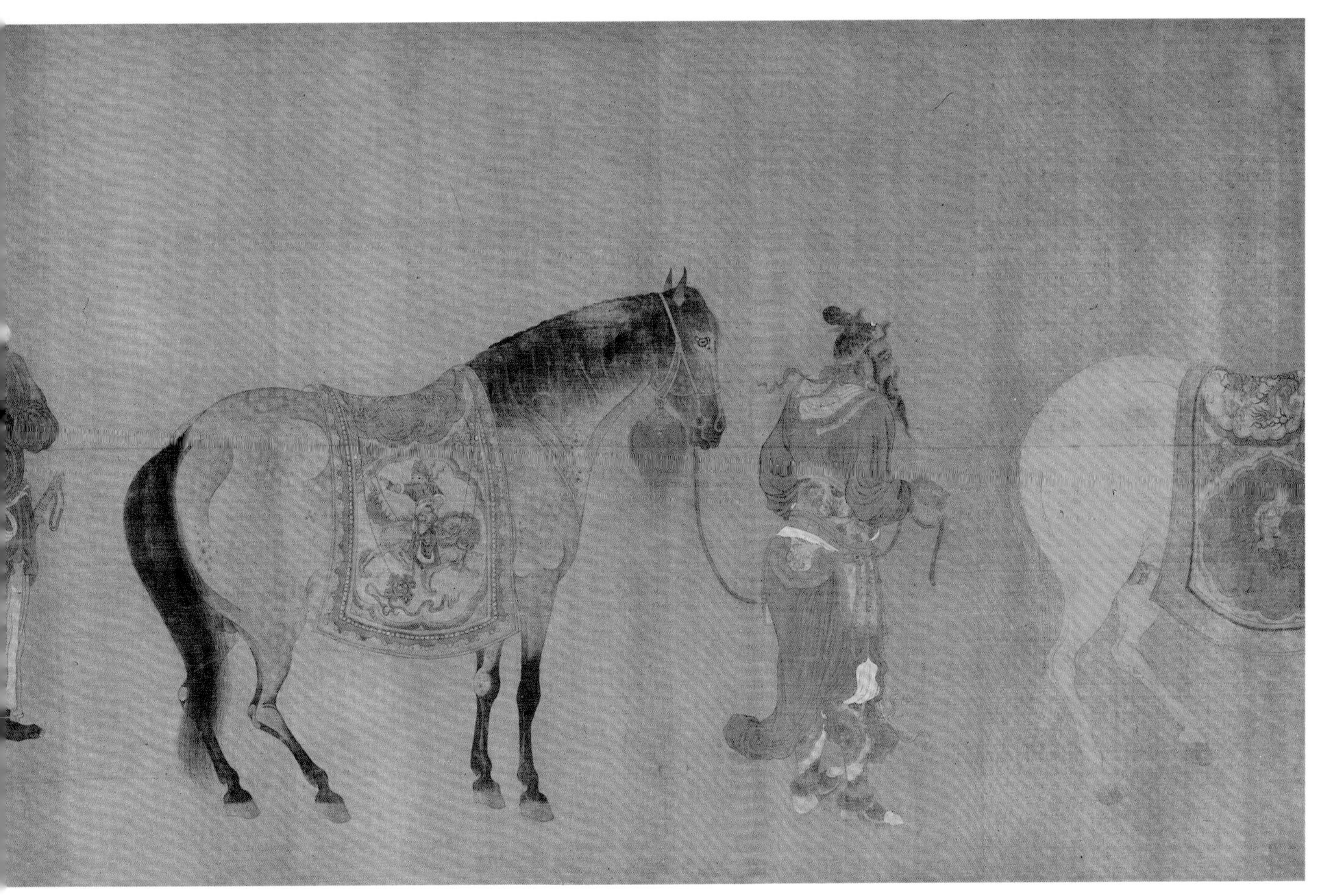

106

王振朋　伯牙鼓琴圖卷

絹本　墨筆　縱31.4厘米　橫92厘米
清宮舊藏

Boya Playing the Lute
By Wang Zhenpeng (dates unknown)
Handscroll, Ink on silk
H. 31.4cm　L. 92cm
Qing Court collection

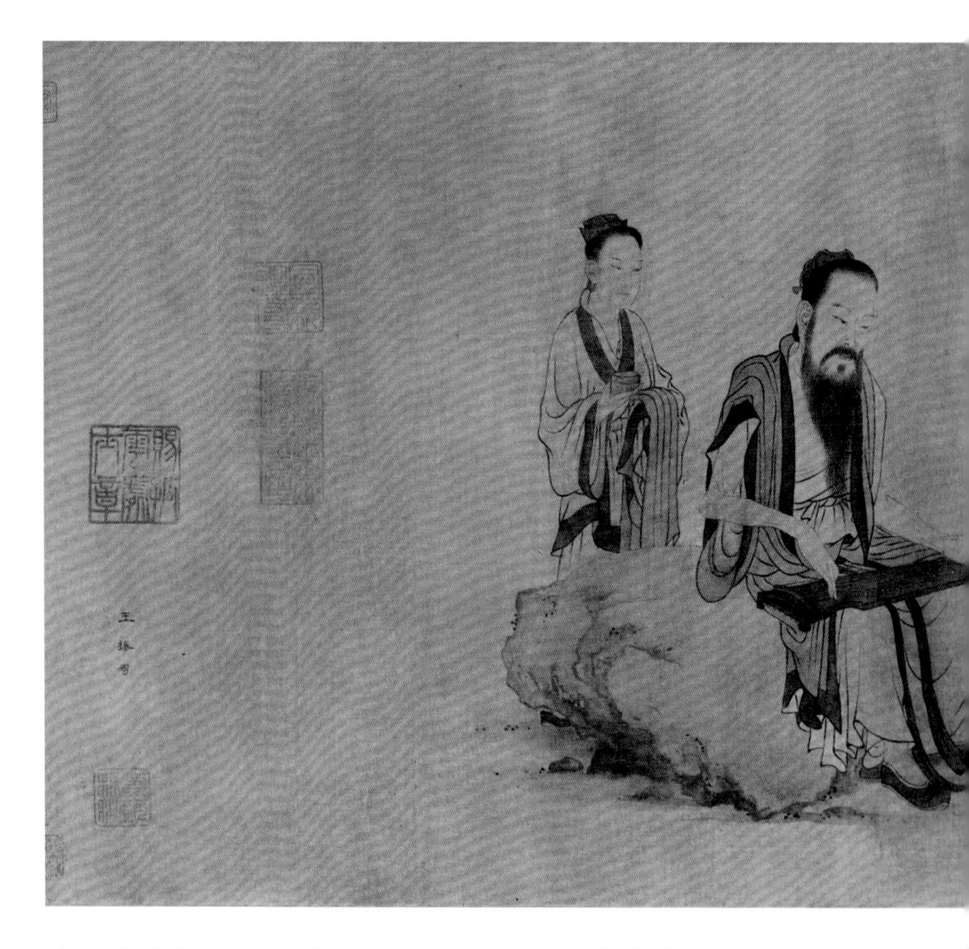

王振朋，字朋梅，永嘉（今浙江溫州）人。官至漕運千戶。擅畫人物、界筆樓閣，因畫藝出眾，深受元文宗賞識，特賜號"孤雲處士"。

此圖取材於《呂氏春秋》，故事記述春秋名士俞伯牙與樵夫鍾子期因琴聲相識並引為知音。圖中伯牙端坐大石之上，長髯及胸，神情專注地撫琴。聽琴的鍾子期坐於下首，雙手微合置於膝上，凝神入定，只有翹起的右足似乎在下意識中隨着節律動。二人身後侍立的童子或專心靜聽，或若有所思，或神色茫然，表現出不同的修養對同一首樂曲的不同反映。雖然沒有畫高山流水作為背景，卻留給觀者更為豐富的想像空間。在技法上運用了白描畫法，線如春蠶吐絲，既連綿不斷，又富於變化，用有形的筆墨營造出無形的音樂的意境。

本幅款識"王振朋"。鈐印"孤雲處士"（朱文）。另鈐鑒藏印"圖書"（朱文、半印）、"蕉林秘玩"（朱文）、"棠村"（朱文）、"子孫永寶"（白文），以及清乾隆、嘉慶、宣統內府藏印。

尾紙有馮子振、趙巖、張原湜三家題詩（釋文見附錄）。鈐藏印"冶溪漁隱"（朱文）、"安定"（朱文）、"秋碧"（朱文）、"蒼巖子"（白文）、"棠村審定"（白文）、"蒼巖子梁清標玉立氏印章"（朱文）、"蕉林"（朱文）。

曾經《石渠寶笈初編》著錄。

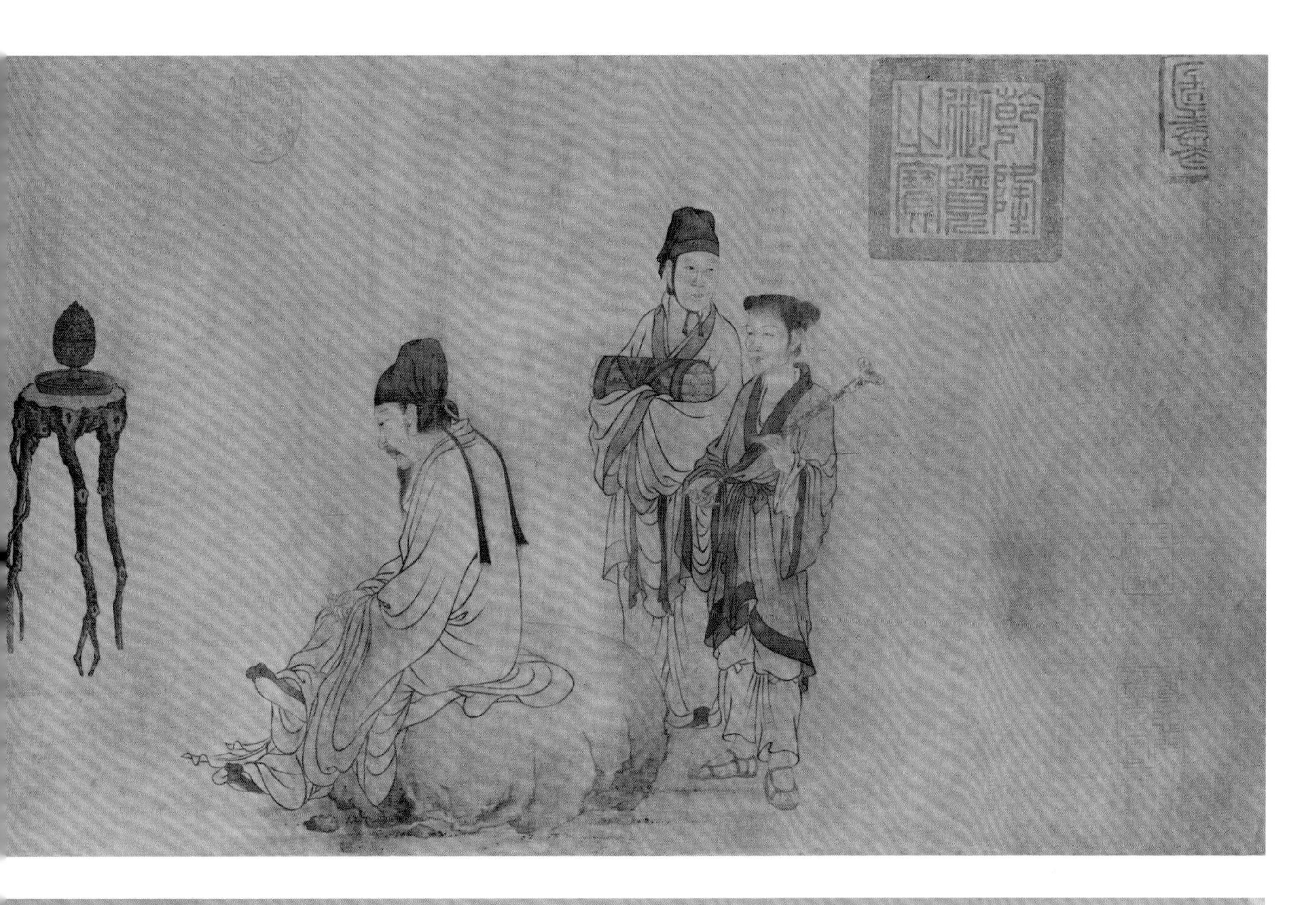

梧桐不肯栖凡禽鳳凰
巢占濃柯陰摩霄千斗
歲月深沍石髯晚寅搜
求一朝奇逢日照臨
斲作虞舜薰風琴隊
之漆之春江滌徽以綴
之冰人襟玉岴軫柱白
雪琳朱絲弦上太古
心伯牙妙手發妙音
長江激瀾吹達奔流
水蕩滴山巔峯皓鶴
起舞玄猿吟萬籟一
齊鳴于霄天清地寧
神明歆析揚汎掃埃
塵衿襟痴寂之膏肓
鍼此時鍾期耳凝沉
為渠傾聽懷悟之虛襟
梆受纖塵侵摯邦
千載空但今悲傑晚
桐前旱衾寢寐想
像疑辰参徽雨濁作

107

佚名　龍舟奪標圖卷
紙本　墨筆　縱25厘米　橫114.6厘米
清宮舊藏

Dragon-boat Race
Anonymous
Handscroll, Ink on paper
H. 25cm　L. 114.6cm
Qing Court collection

《龍舟奪標圖》描繪北宋崇寧年間(1102—1106)三月三日皇室在宮廷後苑金明池舉辦龍舟競渡的盛大場面。圖中殿閣巍峨，龍舟爭渡，旌旗獵獵，櫓槳奮動，情節緊張，氣氛熱烈。筆法秀勁細密，純用白描，給人細膩、明快、素雅之感。白描界畫是元代建築畫中最為典型的新風，宮廷畫家王振朋是這種風格的代表者，因而該圖舊傳為王振朋之筆。王振朋曾兩次畫此題，頗受大長公主的贊賞，引得後人紛紛臨摹。

本幅鈐清乾隆、嘉慶收藏印四方。

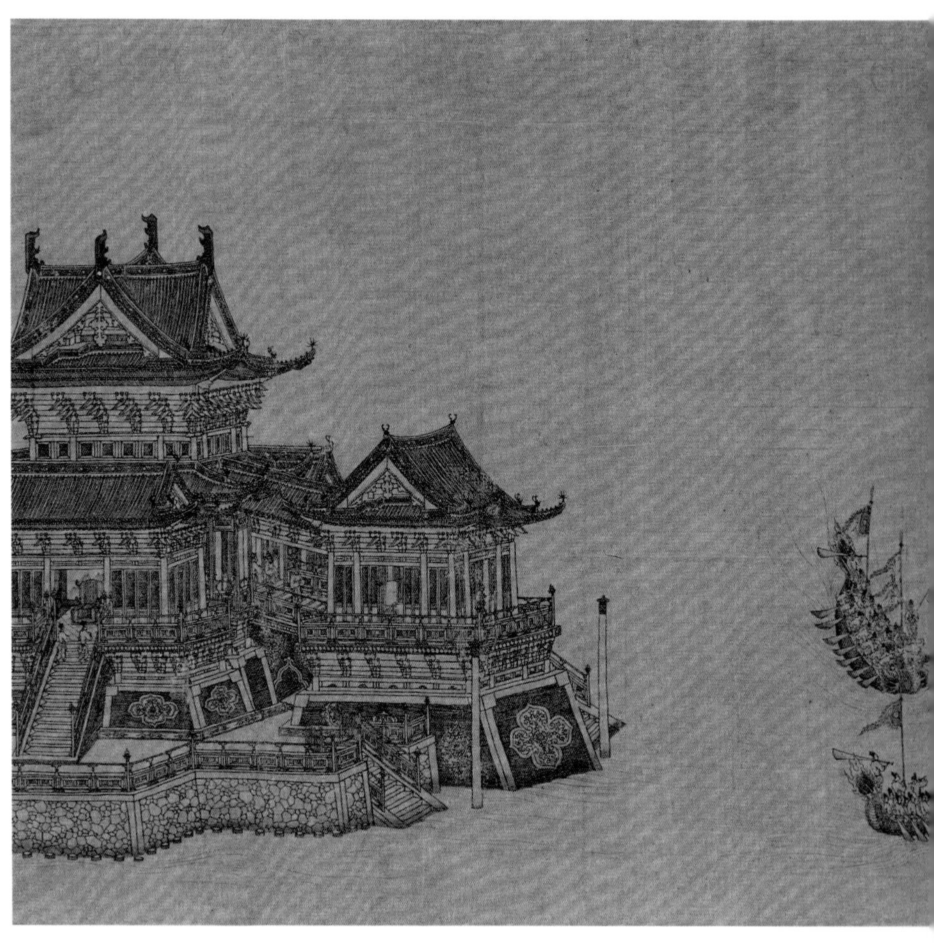

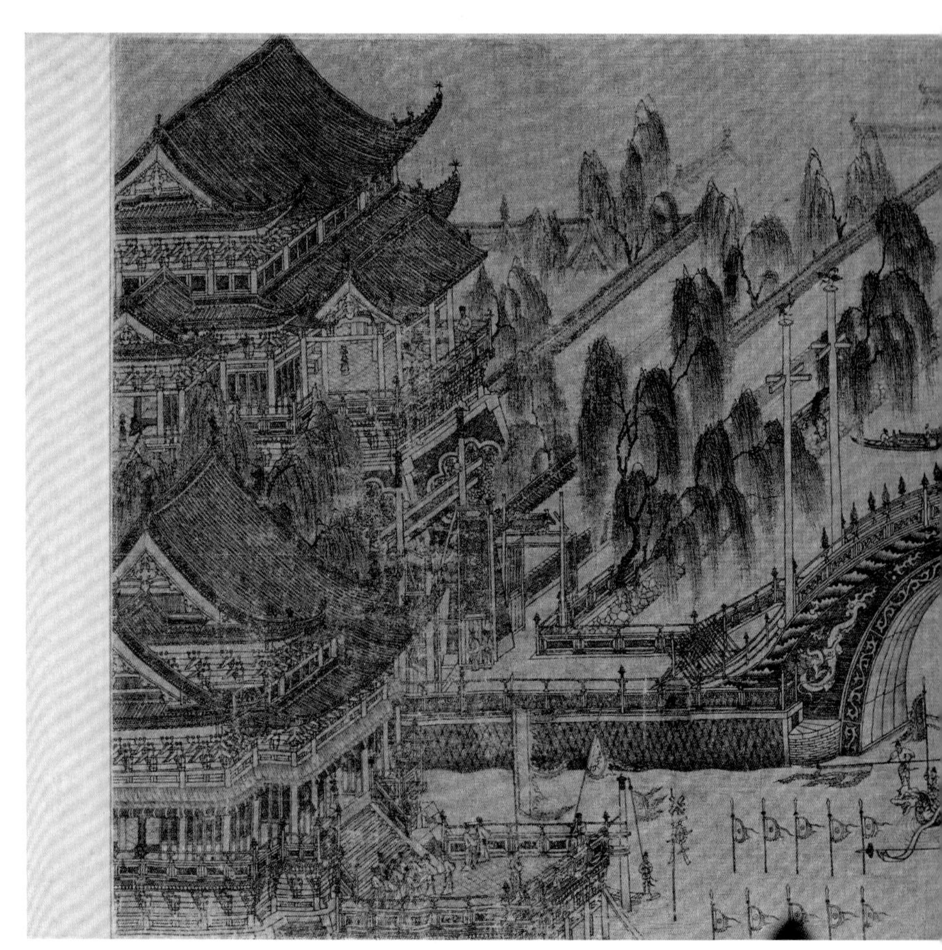

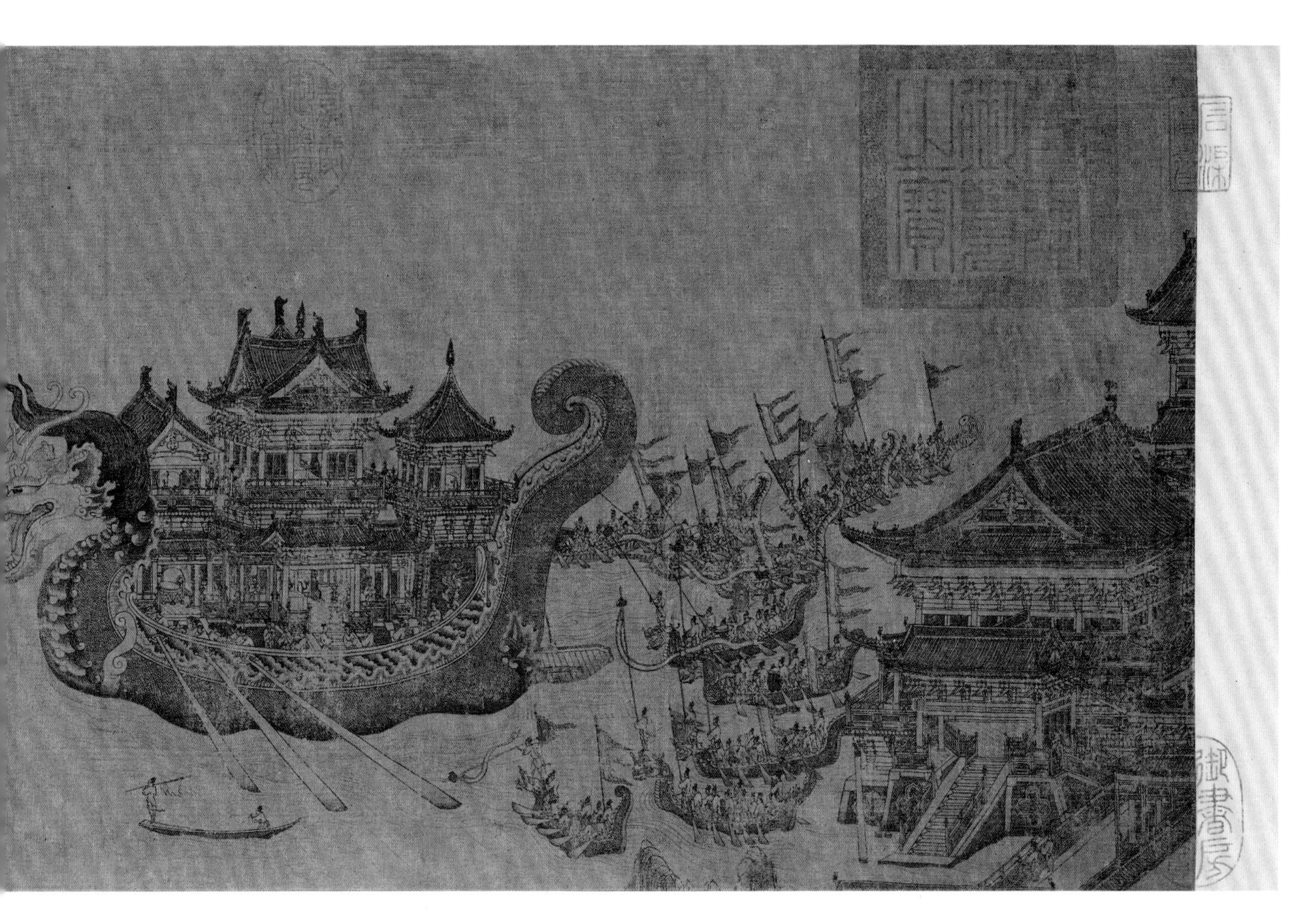

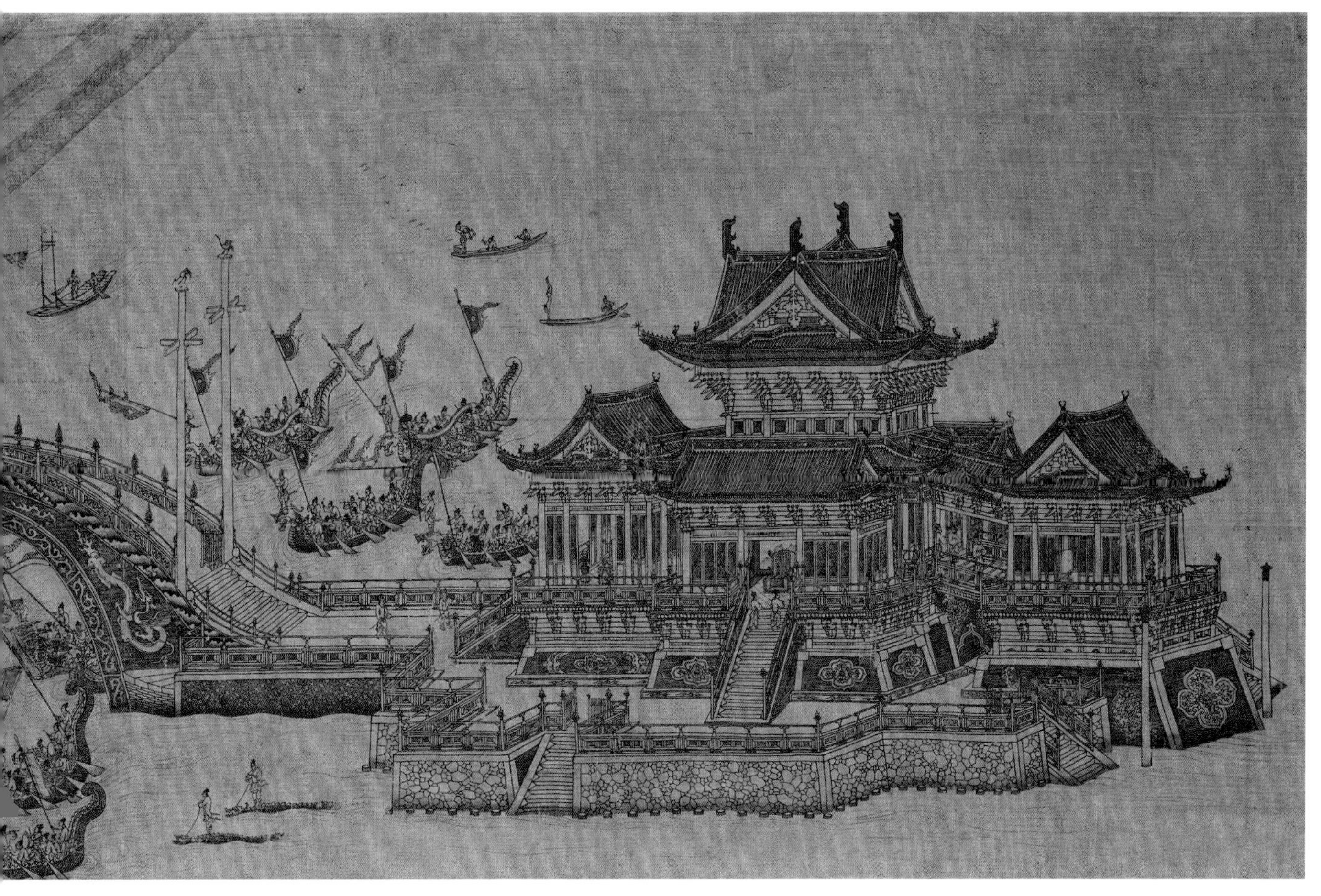

108

夏永　岳陽樓圖頁
絹本　墨筆　縱25.2厘米　橫25.8厘米
清宮舊藏

Yueyang Tower
By Xia Yong (dates unknown)
Leaf, Ink on silk
H. 25.2cm　L. 25.8cm
Qing Court collection

夏永，字明遠，錢塘（今浙江杭州）人。其界畫樓閣取法元代宮廷畫家王振朋，擅長以白描法繪建築，而獨以小幅見長。

岳陽樓位於洞庭湖畔（今湖南境內），相傳最早為三國時東吳名將魯肅訓練水師的閱兵台，更因宋代文學家范仲淹的《岳陽樓記》而著稱於世，與滕王閣、黃鶴樓一起，並稱為中國古代“三大名樓”。

紈扇裝裱。圖中繪高三層的岳陽樓巍峨聳峙，樓前巨壑空茫，遠山一帶，取孟浩然“氣蒸雲夢澤，波撼岳陽城”詩意。筆法秀勁細密，清楚地交代出

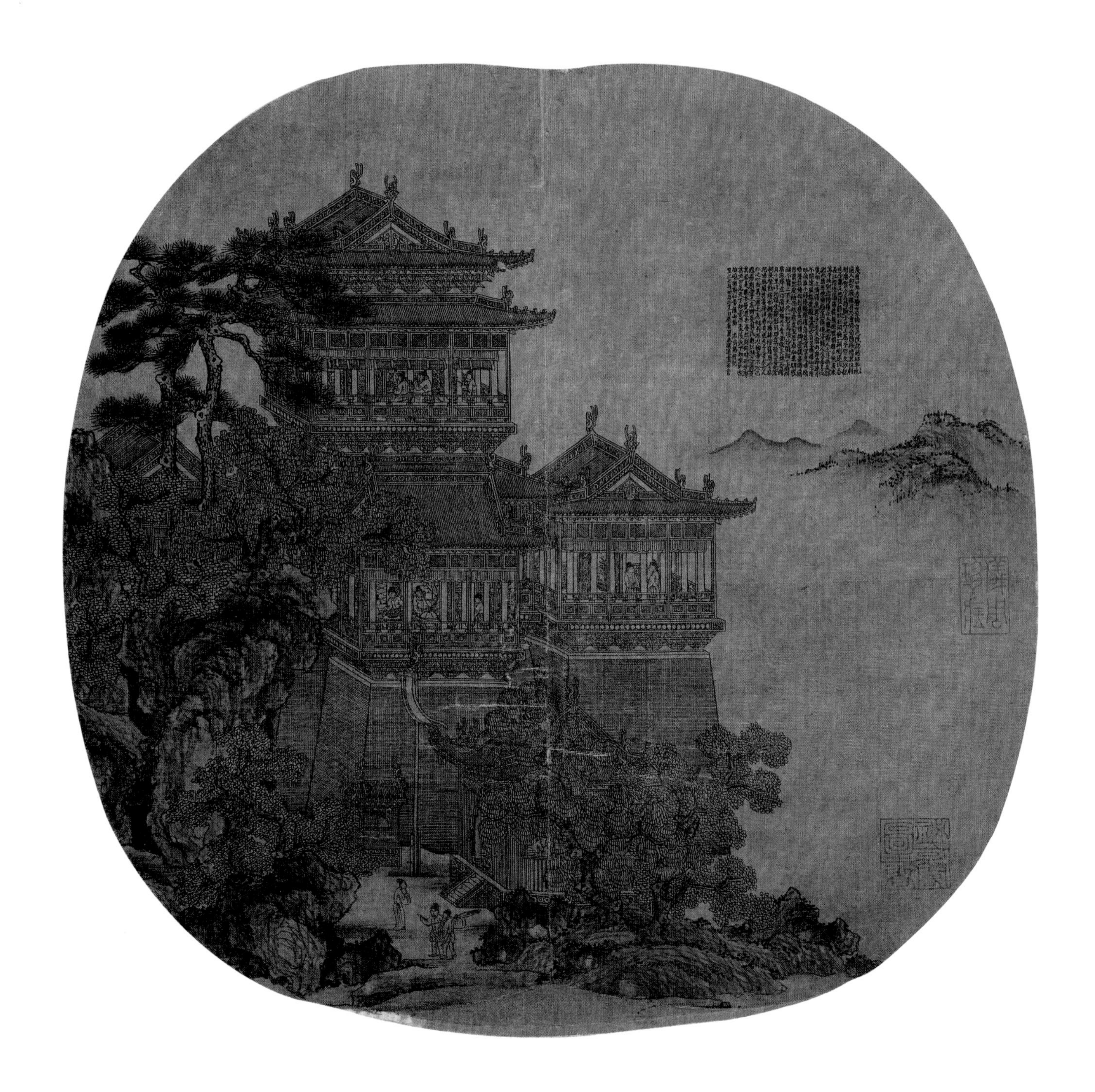

樓閣遠近縱深的層次感。構造準確合度，飛檐、梁柱、斗拱、圍欄等細節描寫具體而精緻。上方以蠅頭小楷錄《岳陽樓記》全文，題字"小如蟻目"、"細若標針"。

本幅款識"至正七年(1347)四月二十二日　錢塘夏永明遠畫並書"。另鈐有鑒藏印"儀周珍藏"(朱文)、"秘奇閣圖書"(朱文)。裱邊鈐"八徵耄念之寶"(朱文)、"太上皇帝之寶"(朱文)。

對開有清乾隆御題詩。

曾經《石渠寶笈續編》著錄。

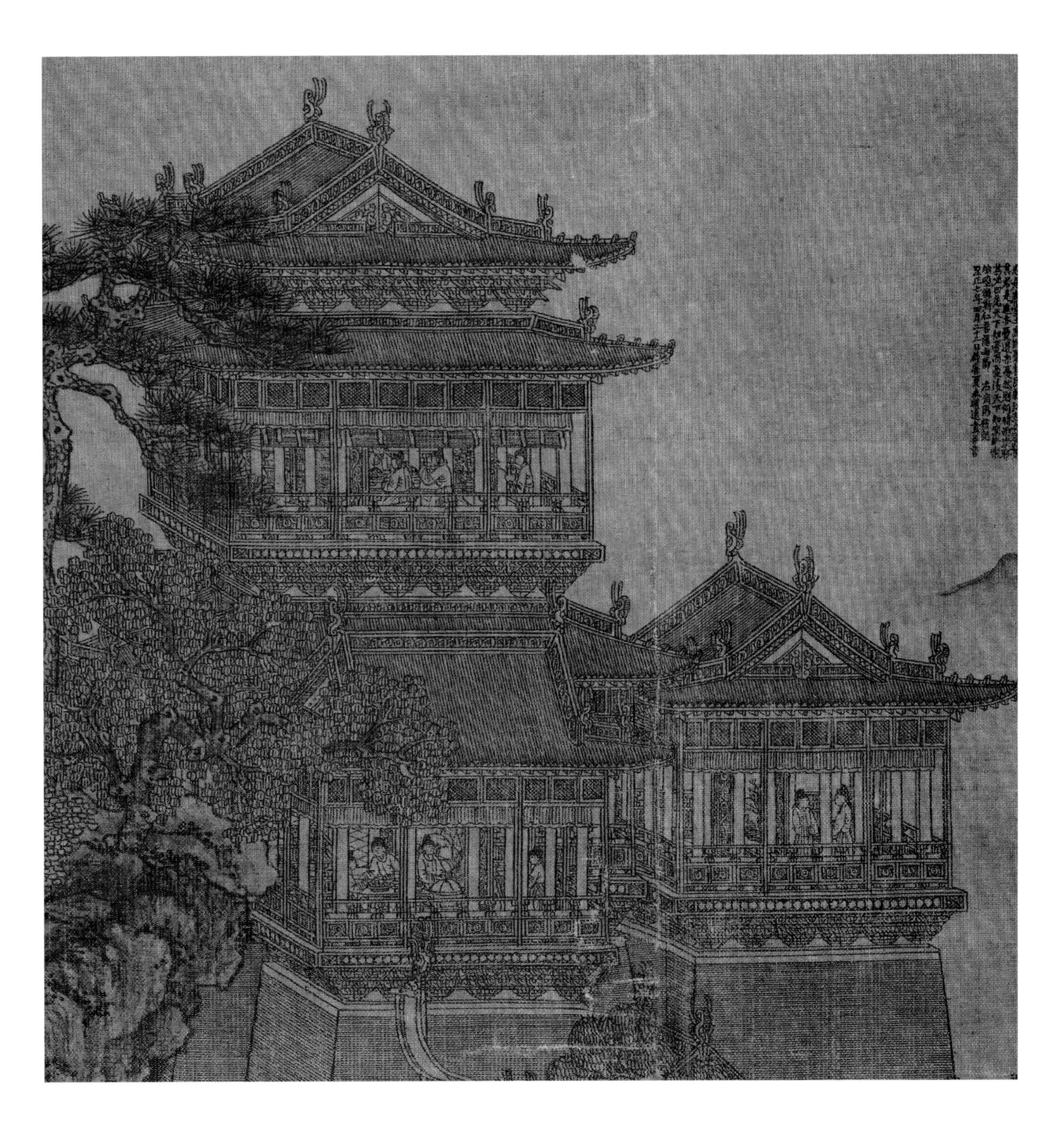

109

夏永　豐樂樓圖頁
絹本　墨筆　縱25.8厘米　橫25.8厘米

Fengle Tower
By Xia Yong
Leaf, Ink on silk
H. 25.8cm　L. 25.8cm

圖中界畫樓閣山水，名樓高聳，遠山平緩潤澤，開闊的水面與依依楊柳交待出江南建築的環境。宏大建築的整體和細部描繪精細，方寸之間微入毫芒。豐樂樓早已不存，上方以蠅頭小楷書寫的"豐樂樓記"，無疑成為這座宋代名樓的重要史料。

本幅鈐印"夏明遠印"(朱文)。

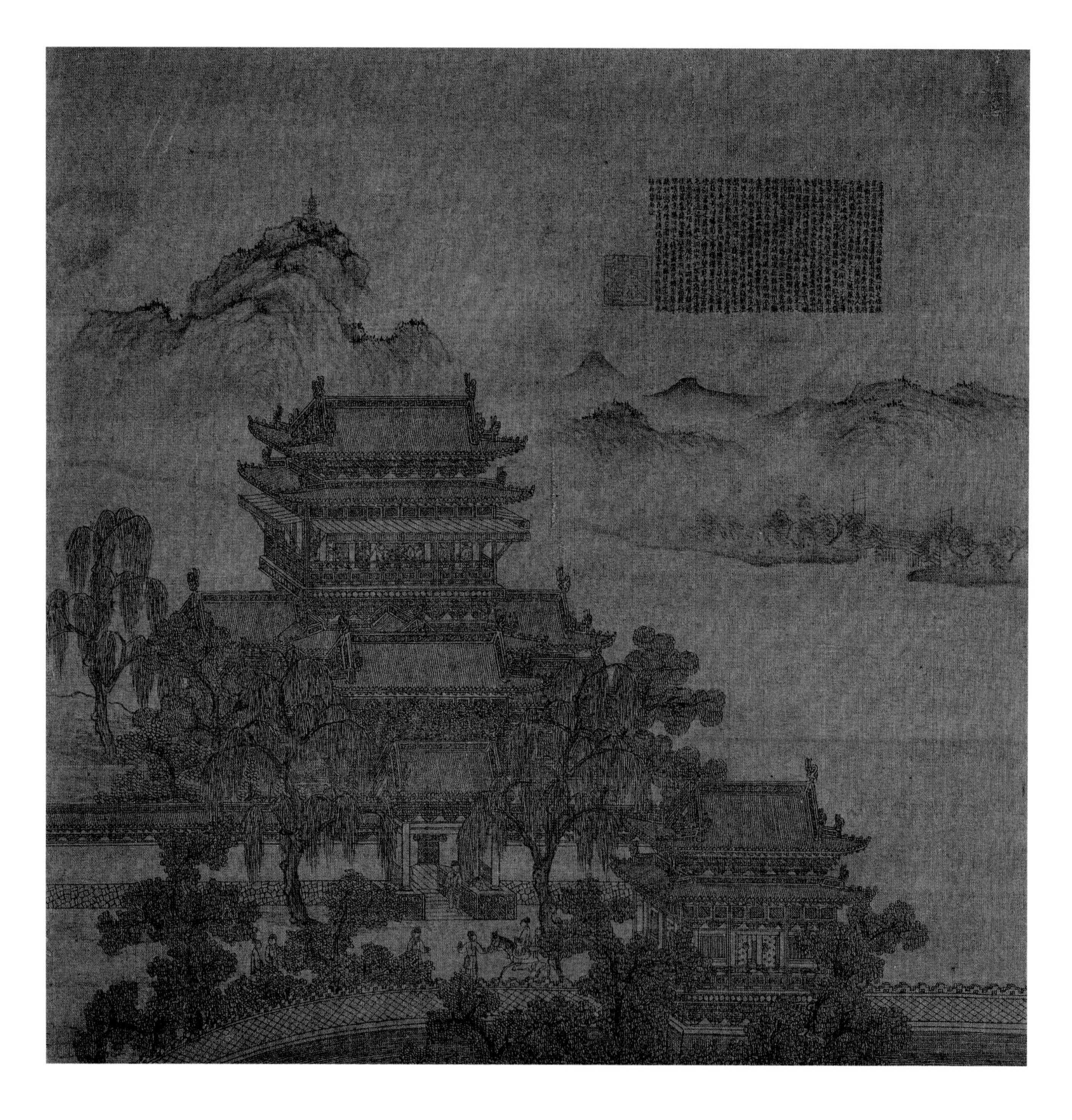

110

夏永　映水樓台圖頁
絹本　墨筆　縱23.9厘米　橫25.3厘米
清宮舊藏

A Tower by the Lake
By Xia Yong
Leaf, Ink on silk
H. 23.9cm　L. 25.3cm
Qing Court collection

紈扇裝裱。圖中繪臨水台上建崇樓，樓平面呈“亞”字形，博脊上起平坐欄杆，再上是重檐歇山頂，四面遮陽板懸起。一高士端坐樓中，其態悠閑。樓前松坊石梁，周圍湖水環抱，遠山一抹。此幅界畫工細嚴謹，結構準確，似為名樓寫照。經鑒定，為夏永真跡。

對幅有清乾隆題詩。鈐鑒藏印“八徵耄念之寶”（朱方）、“太上皇帝之寶”（朱方）、“中和”（朱方）。

裱邊舊籤題“王振鵬映水樓台”，不確。

曾經《石渠寶笈續編》著錄。

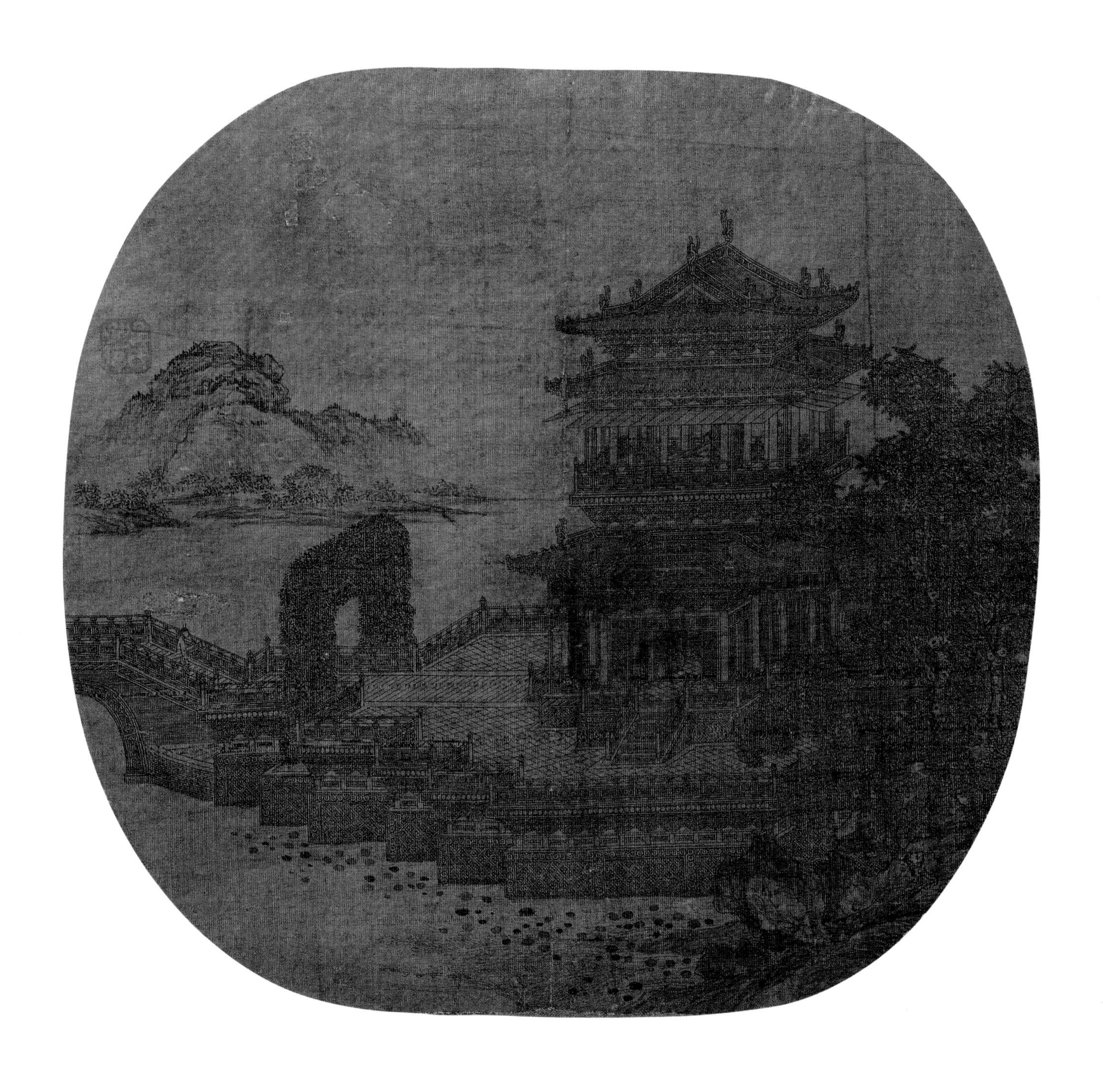

111

朱玉　龍宮水府圖頁
絹本　設色　縱45.6厘米　橫43.3厘米
清宮舊藏

Scenes of the Dragon King's Palace
By Zhu Yu (1293-1365)
Leaf, Colour on silk
H. 45.6cm　L. 43.3cm
Qing Court collection

朱玉（1293—1365），字君璧，崑山（今江蘇崑山）人，元代宮廷畫家，曾從王振朋遊，遂精界畫。

此圖取材於唐人小說《柳毅傳書》的故事，柳毅為搭救龍女，前往龍宮為其傳遞書信。圖中繪柳毅來到龍宮，下馬揖見，龍王率眾侍從出門迎請，大不盈尺的畫面充滿戲劇性。宮闕上下，海浪翻騰起伏。宮闕的描繪用直尺界筆，勾線粗放有力。

本幅鈐印"朱君璧氏"（朱文）。另鈐有清乾隆、嘉慶內府藏印四方。

曾經《石渠寶笈三編》著錄。

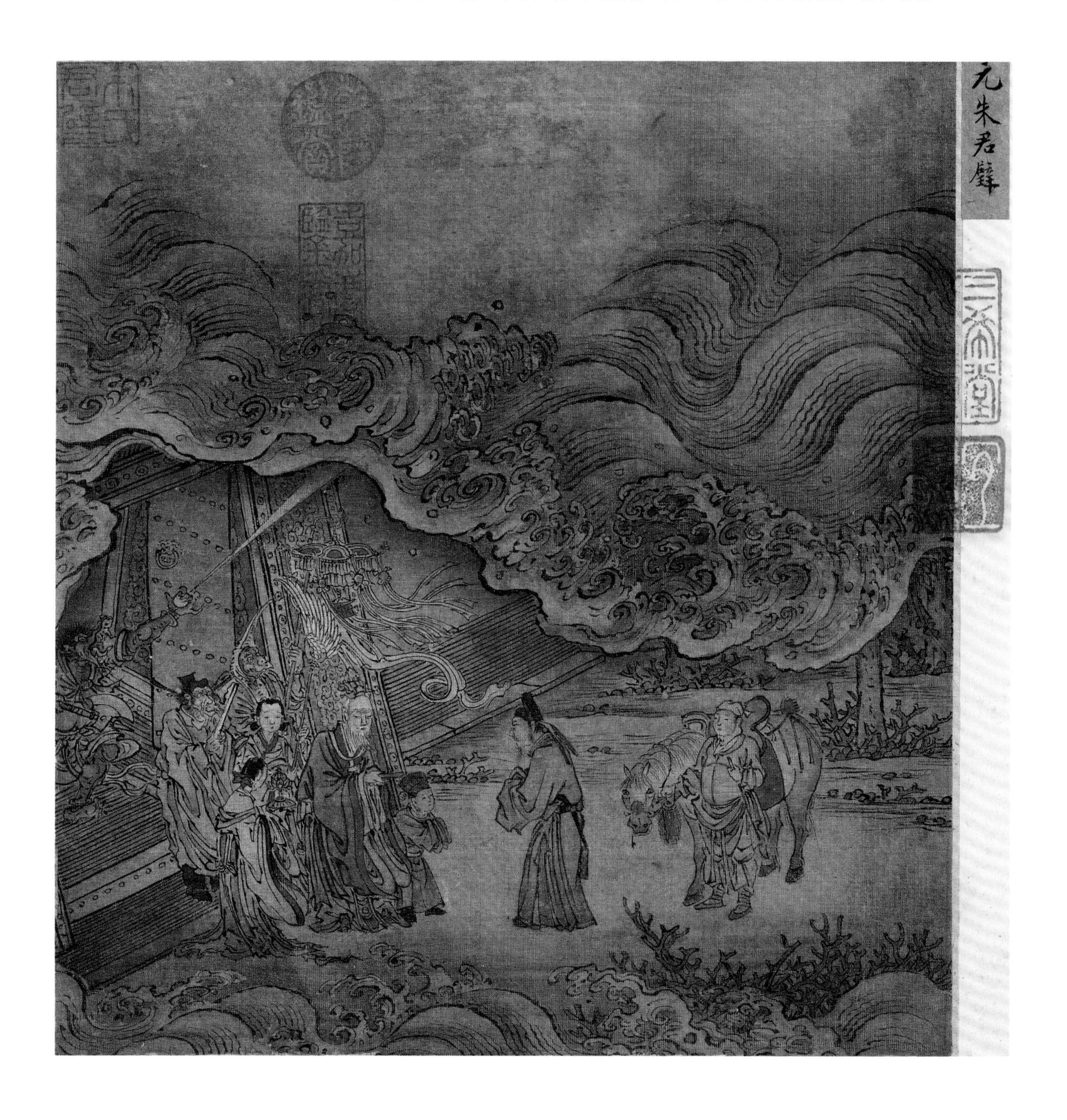

112

佚名　江山樓閣圖軸
絹本　墨筆　縱162厘米　橫92.5厘米

Pavilions and Palaces amid Rivers and Mountains
Anonymous
Hanging scroll, Ink on silk
H. 162cm　L. 92.5cm

圖中繪崇山峻嶺中有瓊閣建於台上，三座門樓為重檐歇山頂，四面迴廊環繞，中央大殿正脊呈十字形，氣勢恢弘。露台向前延伸，起平閣歌台，以作歌舞慶典之用，形式別致。一人騎馬繞山而來，意欲登臨遠眺。殿宇樓閣為白描，以界筆畫出，山峯以披麻皴畫出，殿宇仿佛融入山重水複的自然之中。

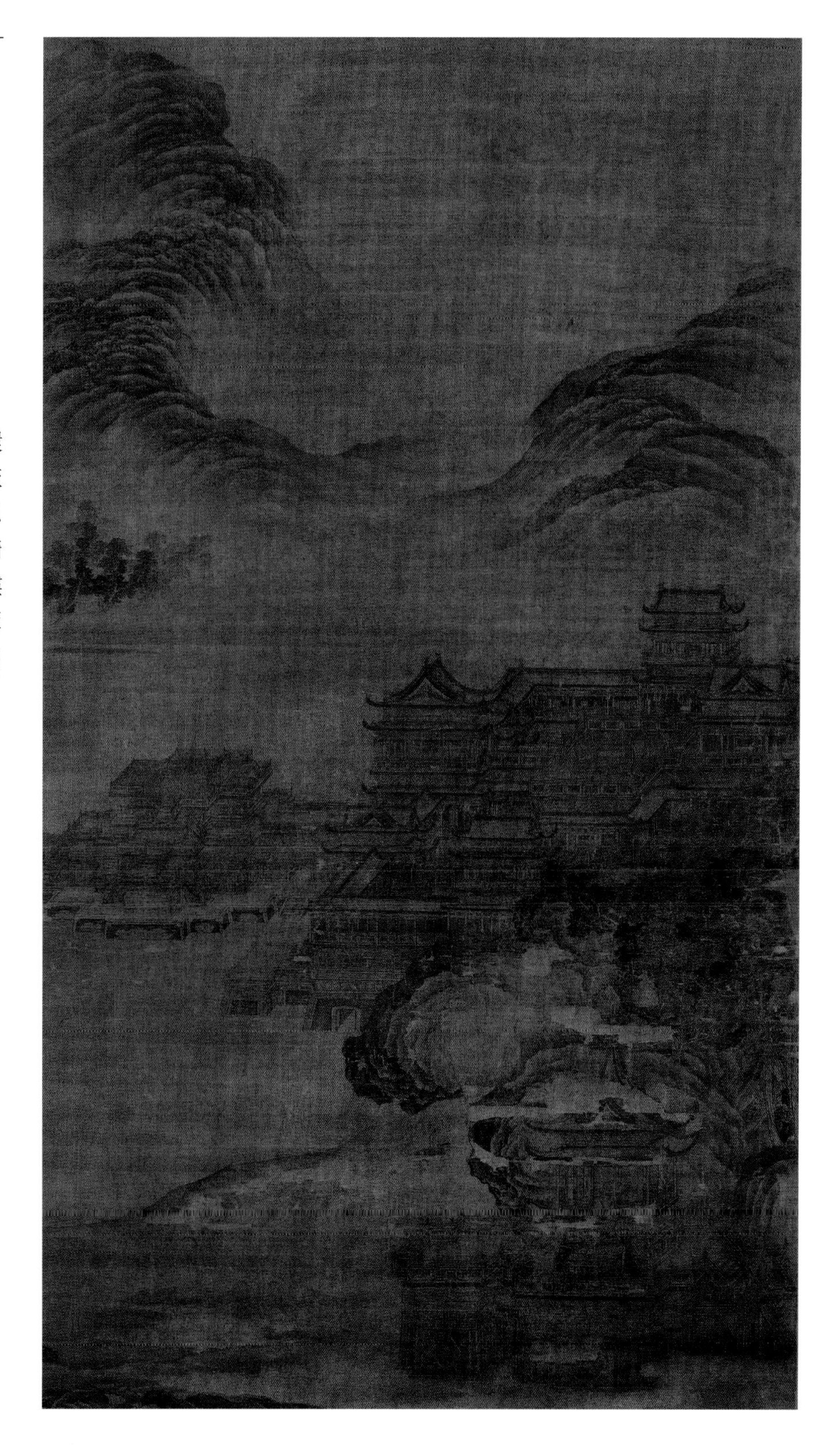

113

商琦　春山圖卷
絹本　設色　縱39.6厘米　橫214.5厘米
清宮舊藏

Mountains in Spring
By Shang Qi (?-1324)
Handscroll, Colour on silk
H. 39.6cm　L. 214.5cm
Qing Court collection

商琦（？—1324），字德符，號壽巖，曹州濟陰（今山東菏澤）人，其父商挺為元初名宦。商琦官集賢直學士、秘書郎，長於青綠山水，曾在京師作山水壁畫。

圖中以橫卷式展開北方的山水景色。圖中繪江水如帶，太行山餘脈的石峯立於江側，蒼松小亭間有遊人踏青。構圖承襲金代山水畫的特點，並形成起承轉合的文章結構。小青綠與水墨合為一體，透露出一些文人氣息。此圖是公認的商琦真跡。

本幅款識"曹南商琦德符"。另鈐有"乾隆御鑒之寶"等藏印九方。

曾經《石渠寶笈初編》著錄。

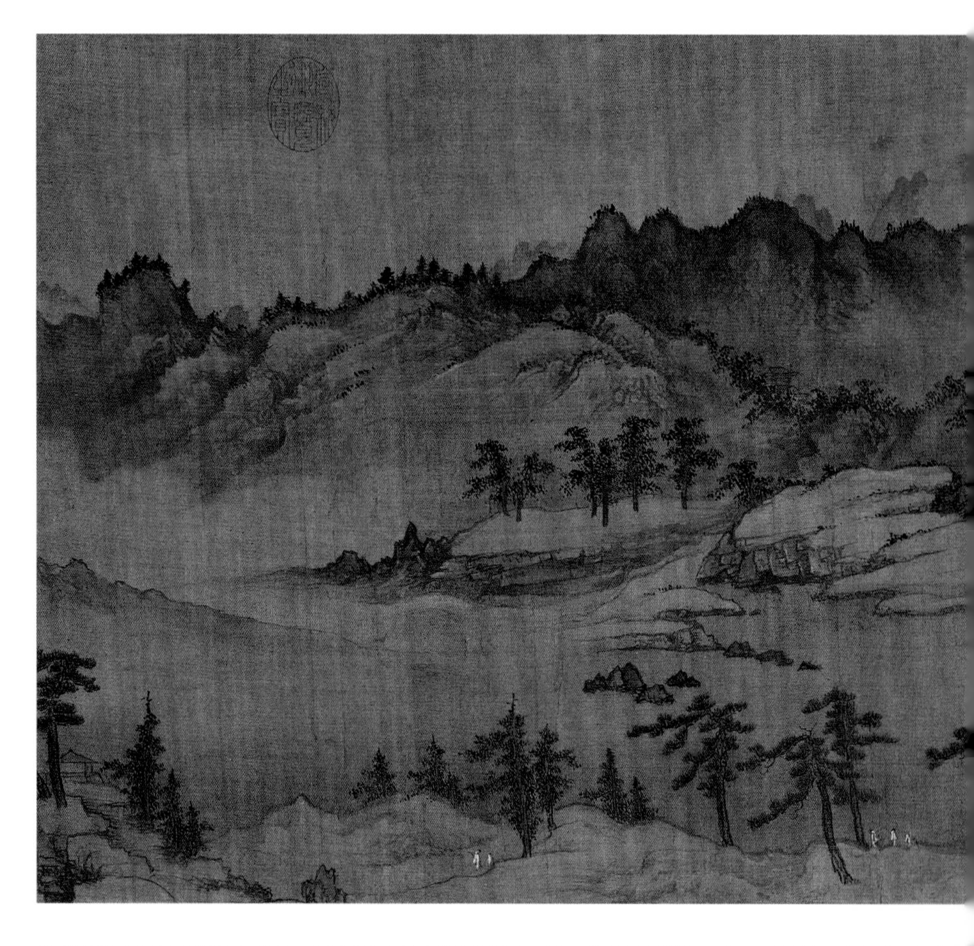

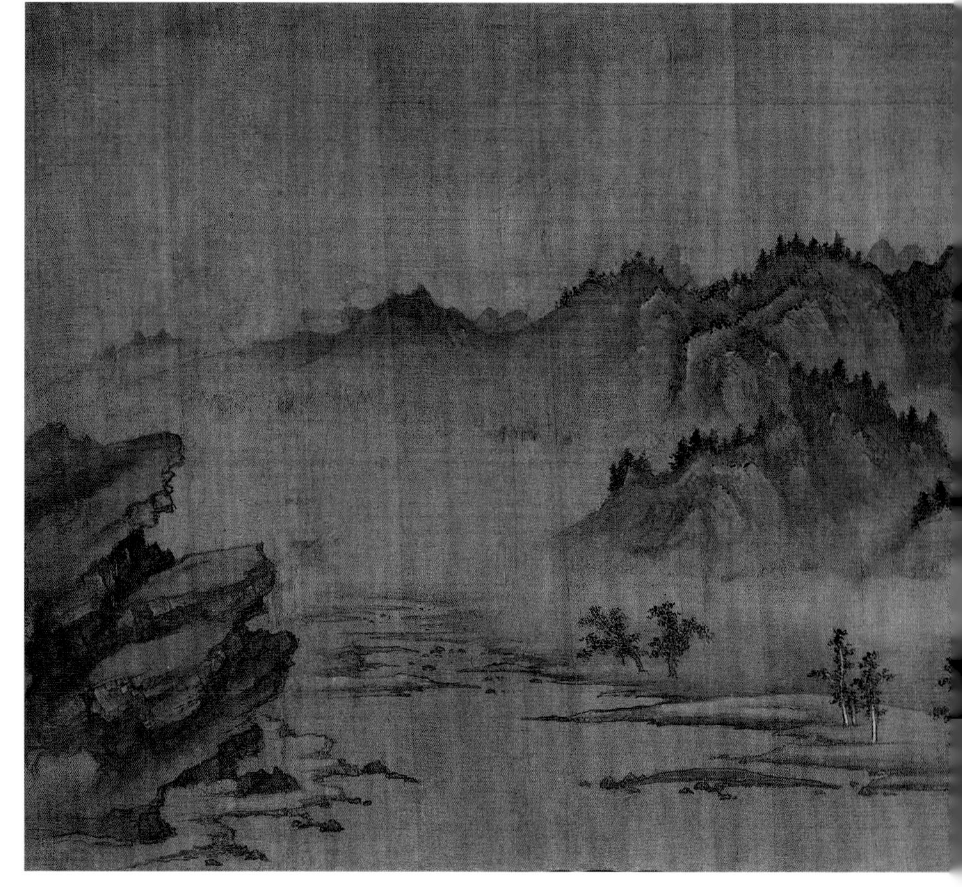

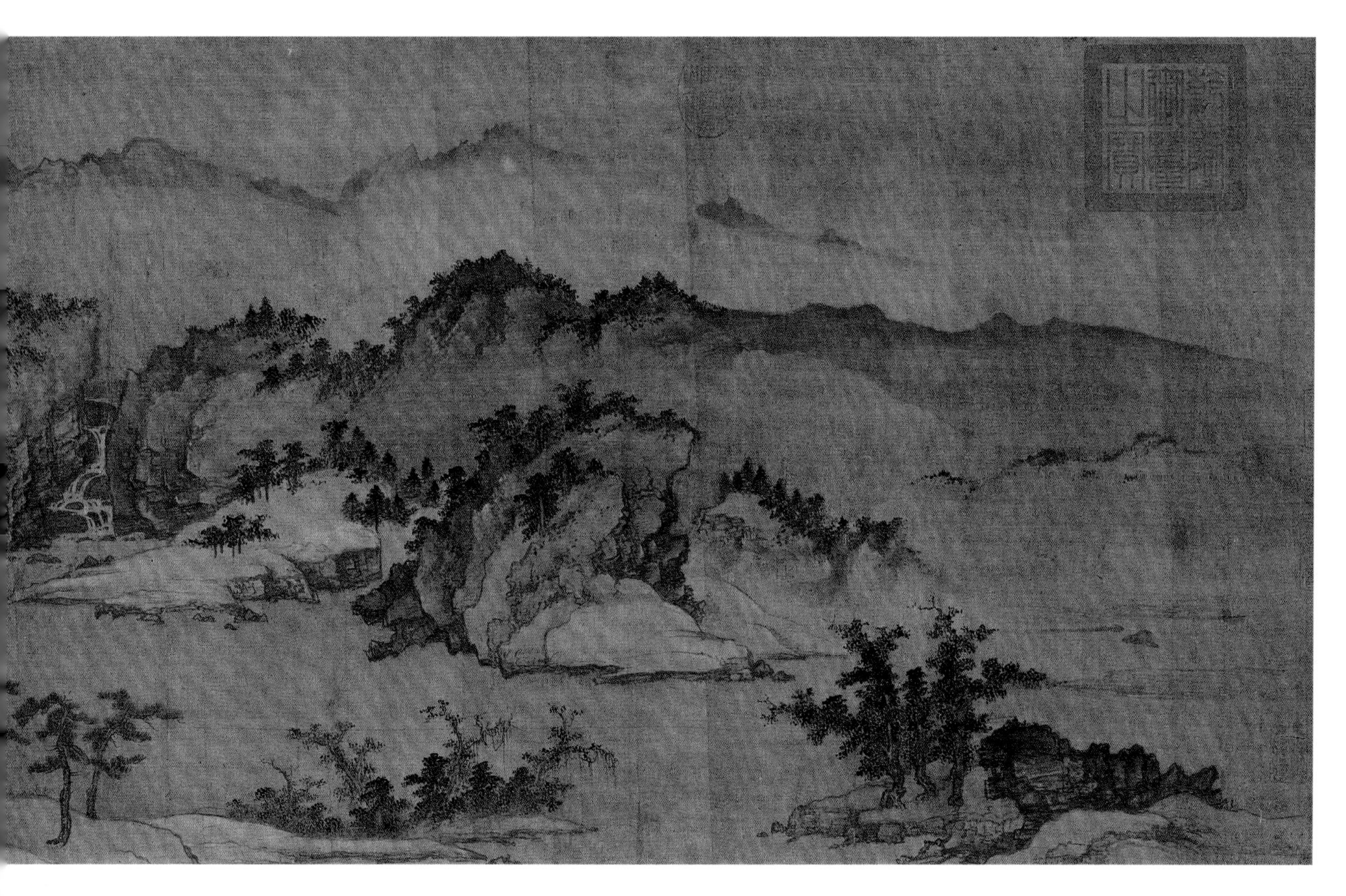

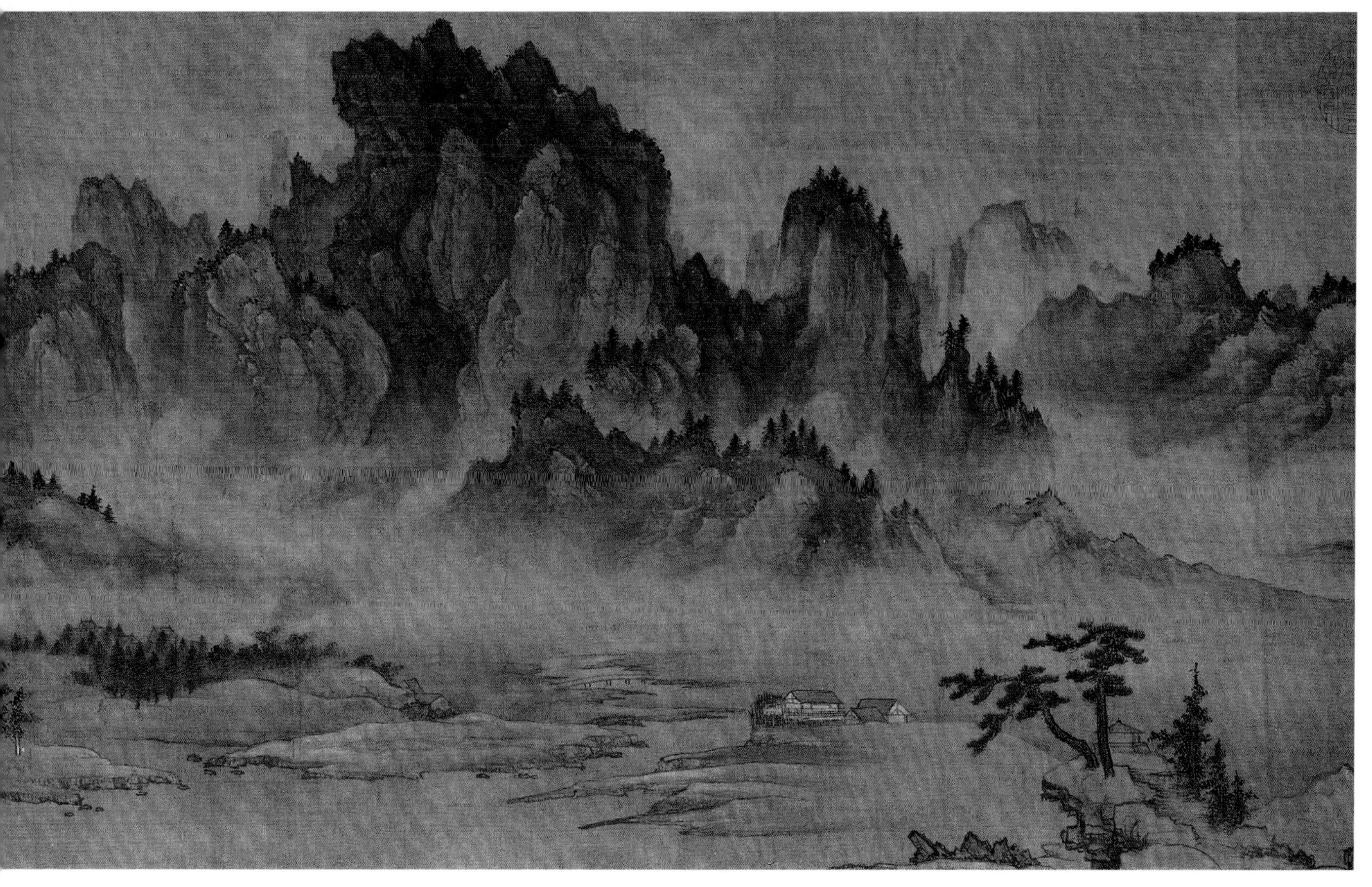

114

周朗　杜秋圖卷

紙本　設色　縱32.3厘米　橫285.5厘米
清宮舊藏

Portrait of Du Qiu
By Zhou Lang (dates unknown)
Handscroll, Colour on paper
H. 32.3cm　L. 285.5cm
Qing Court collection

周朗，至元二年（1336）曾畫《拂朗國進馬圖》，揭傒斯為之贊。

杜秋為金陵女子，曾入宮為唐穆宗皇子的傅姆，後被漳王廢除，賜歸故里。唐代杜牧有《杜秋娘詩》，此圖即根據杜詩為康里巎巎繪製。圖中杜秋娘體態豐腴，高髻長裙，衣帶飄舉。她手執排簫，若有所思，眼中略帶憂鬱，取“金階露新重，閑捻紫簫吹”的詩意。人物以遊絲描寫成，設色雅淡，畫面充盈着和諧嫻靜之美，寄託了對杜秋娘悲劇命運的同情。

本幅款識“周朗伯高”。鈐印“冰壺畫隱”（朱文）。

另有康里巎巎書唐杜牧《杜秋娘》詩、宋璲題記（釋文見附錄）。另鑒藏印“浦江旌表孝義鄭氏”（朱文）、“蒼巖子梁清標玉立氏印章”（朱文）、“仁義裏白麟溪”（朱文）、“協中賞玩”（朱文）、“蕉林梁氏書畫之印”（朱文）、“家在北潭”（朱文）、“安定”（朱文），以及清乾隆、嘉慶、宣統收藏印共二十方，又“合同”半印。

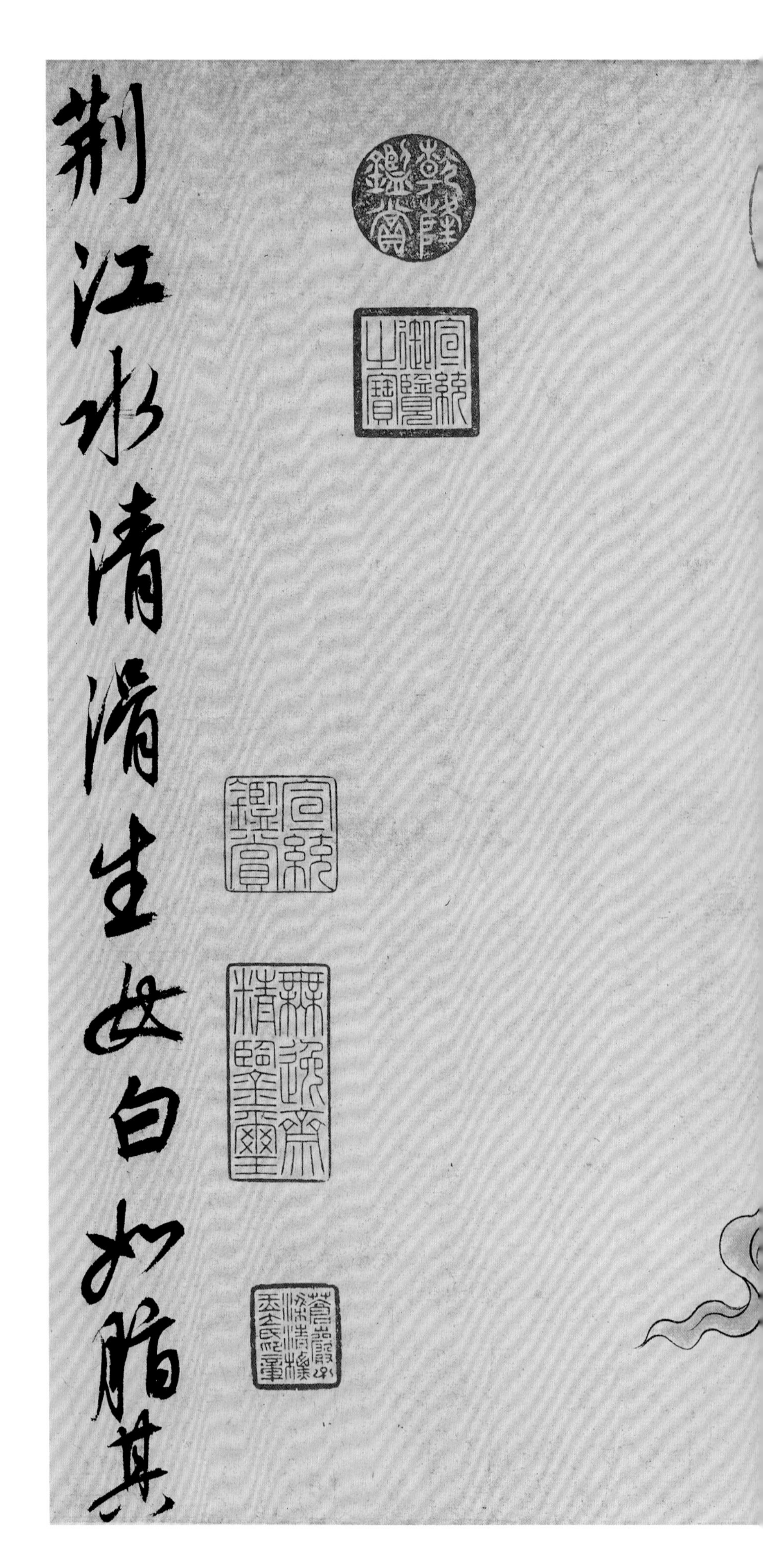

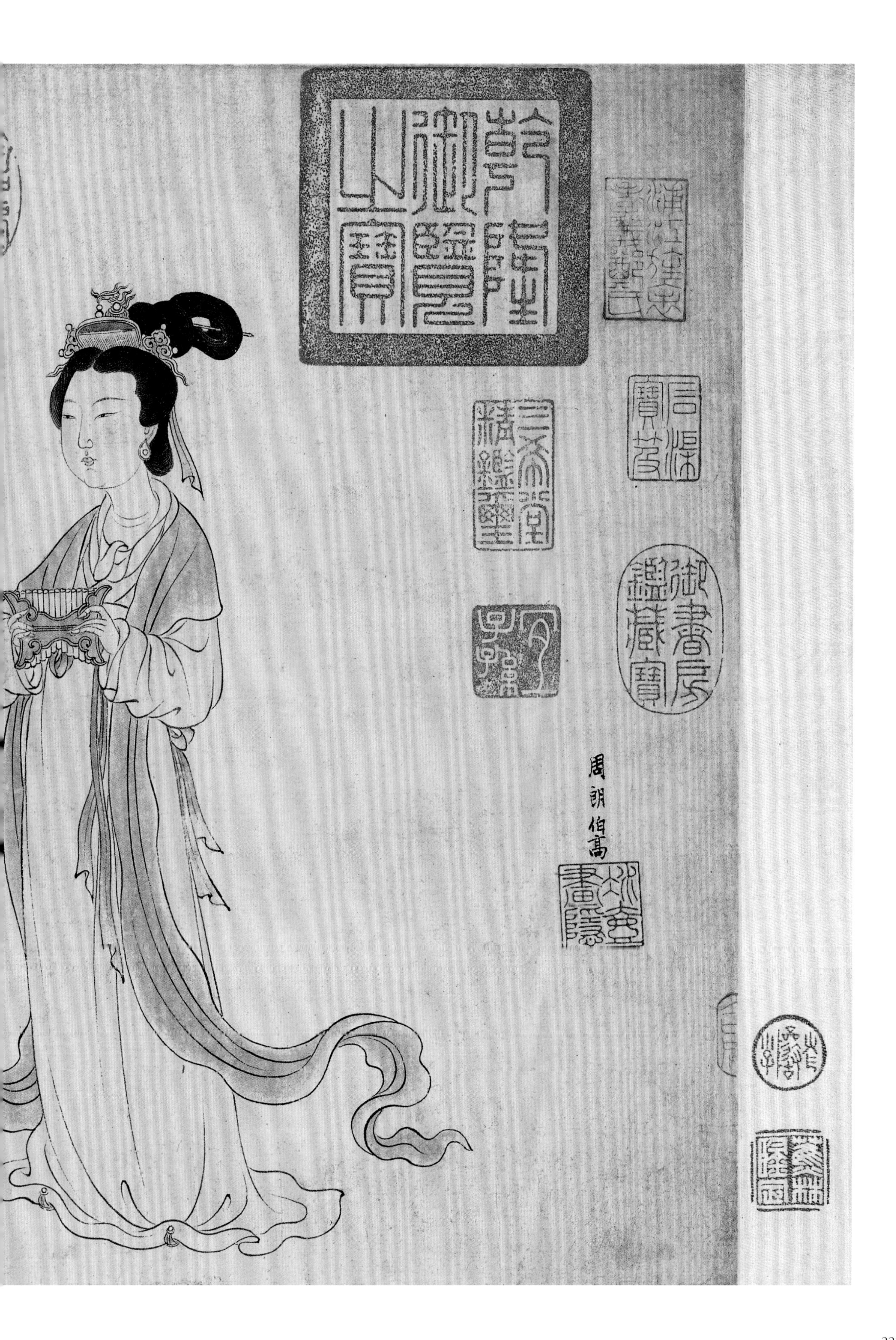
周朗伯高

階露彩重閑捻紫笛
吹簫苦夾城誇南苑爲新
飛紅裹羽林仗獨賜辟邪
旗幟來黃駒貽廄馬不
能飴咸池畢日慶銅雀分
香飄雷音後車遠事注
落花時鶺鴒媒得皇子杜
鬟繚繞、、畫堂、史傳姆天
人親捧持帝精珠絡綵金
盤犀鎮帷長楊射熊羅
戟帳美啞呼漸撒竹馬戲、劍
稍出舞雞奇嶄、整蹲
楓侍宴坐瑤池眉宇儼圖
畫神秀射朝輝一尺桐偶
人江充知自欺王準第土削
秋枚枝鄉歸甃稜掛斗極
迴首尚層邊、、四朝三十載似之
夢復鏡琱漳閣識舊史
更讀已成愁卻一嘆吳江渡
舟人那得知陶來四顧路殘

飛饑主張既雖測撓霞
亦其宜地盡有何物天外
復何之指何為而捉足
何為而馳車何為而行自
何為而窮己身不自曉此
如何思惟因似一樽酒題
作杜秋詩愁來獨長詠
聊可以自貽
至元二年歲丙子正月
廿四日於臺為余書杜
秋娘遂書杜牧之、
詩于其后二月十七日
子山識

僕比留京師一友人酷嗜字學於是日相往來
間取研魚石樂毅論貽之未幾輒以此紙為鄙
觀冰壺之畫全用篆籀瀟灑成至於體態俊逸
處極類費隆文忠公之書風神美茂腕力遒緊
而行押為尤勝識者謂得晉人筆意信二絕也
僕攜歸浦陽青蘿山中同里鄭君仲辯見之
愛賞弗置既而以情來求固不可得而靳也然
莫邪干將雖歸烈士之手復奚憾哉洪武壬
子正月廿二日宋璲記

東里公或云論文篇
今當以史為正

荆江水清滑生女白如脂其
間杜秋者不勞朱粉施
老濞即山鑄後庭千蛾眉
秋持玉斝醉與唱金縷衣
濞既白首叛秋亦紅淚滋吳
江落日渡灞上綠楊垂
裾見天子盼眄獨依依椒壁
懸錦幕鏡奩蟠蛟螭低鬟

[illegible]
舟人那得知歸來四鄰改茂
苑草萋萋清血流不盡仰
天知告誰寒衣一尺素夜借
鄰人機我昨金陵過聞之
為歔欷自古皆一貫變
化安能推夏姬滅兩國逃
作巫臣妻西子下姑蘇一
舸逐鴟夷織室魏豹俘
漢太平基誤置代籍中
兩朝尊母儀光武紹高祖
本系生唐兒珊瑚破高
齊作婢舂黃糜蕭后去
揚州突厥為閼氏女子固不
定士林亦難期射鉤後呼
父釣翁王者師無國要孟
子有人毀仲尼秦因逐客
令柄歸丞相斯安知魏
齊首見斷簀中屍給喪
蹶張輩廊廟冠峨危

115

周朗　佛郎國獻馬圖卷　(明摹)

紙本　白描　縱30.3厘米　橫134厘米
清宮舊藏

Foreign Envoy Presenting a French Tribute Horse to the Yuan Emperor (Copied in the Ming Dynasty)

By Zhou Lang
Handscroll, Line drawing on paper
H. 30.3cm　L. 134cm
Qing Court collection

據《元史》記載，至正二年(1342)七月，羅馬教皇委派教士馬黎諾里(Giovanni dei marignolli,1290-1357)抵大都(今北京)，向元帝妥懽帖睦爾進呈教皇信件和一匹佛郎國馬，這匹被稱作天馬的法國馬，“長一丈一尺三寸，高六尺四寸”，引起朝中的驚嘆。後元帝敕畫家作畫，來記述這一朝貢盛事。周朗曾奉旨作過《佛郎國獻馬圖》。圖中繪譯官將貢馬引向元帝，後隨兩位佛郎國使臣，西裝與中裝混穿，執杖佩劍。元帝為宮女、文臣、相馬師所圍，端詳貢馬。描法纖弱，用墨柔和輕淡，傲岸的元帝和謙卑的使臣對比鮮明，圖中還反映了元代末年漢裝與蒙裝混合的內廷儀規。

本幅款識“臣周朗奉敕畫”。鈐印字跡漶漫不清。前隔水的元代揭傒斯題文係明人臨本。

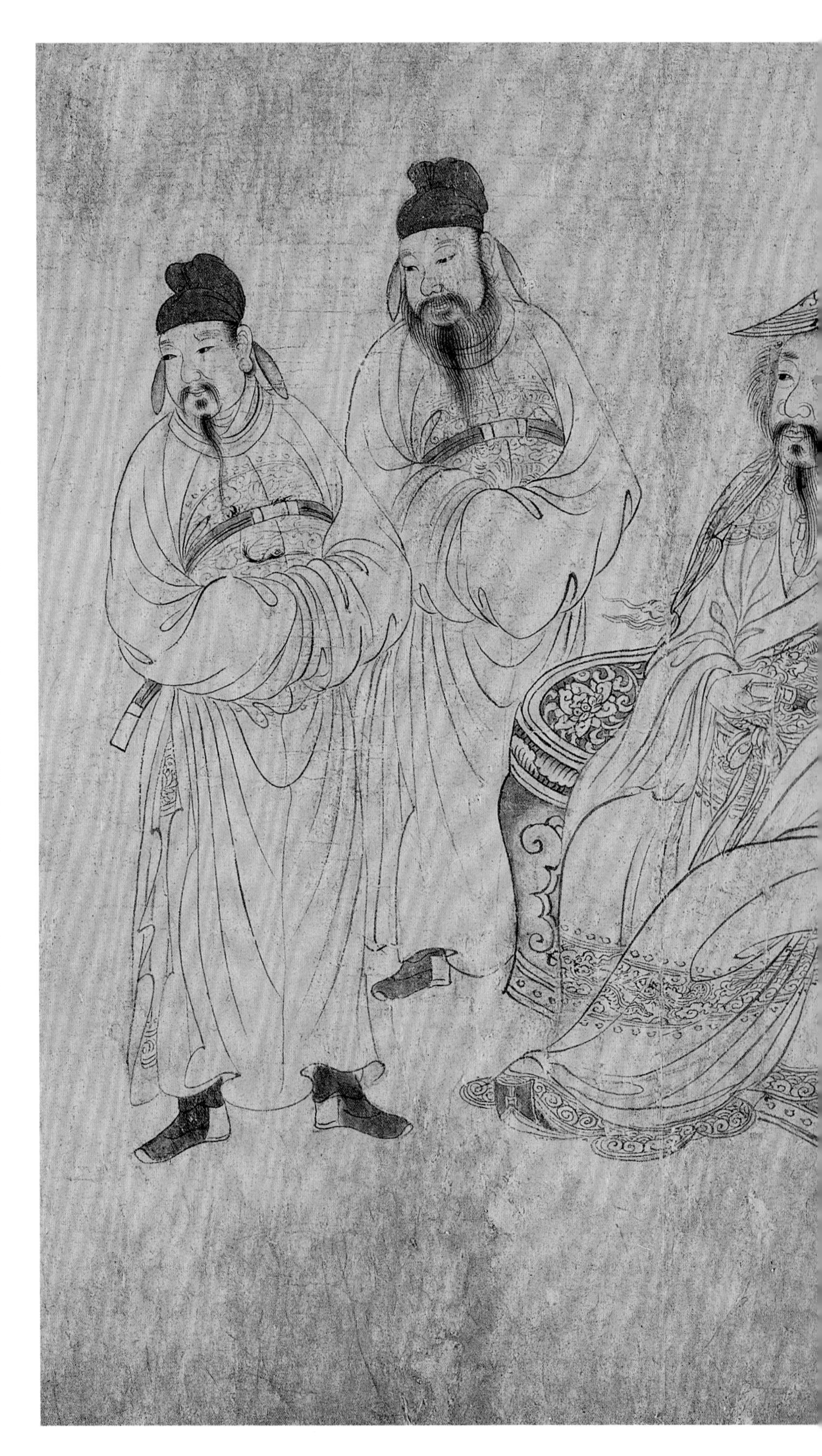

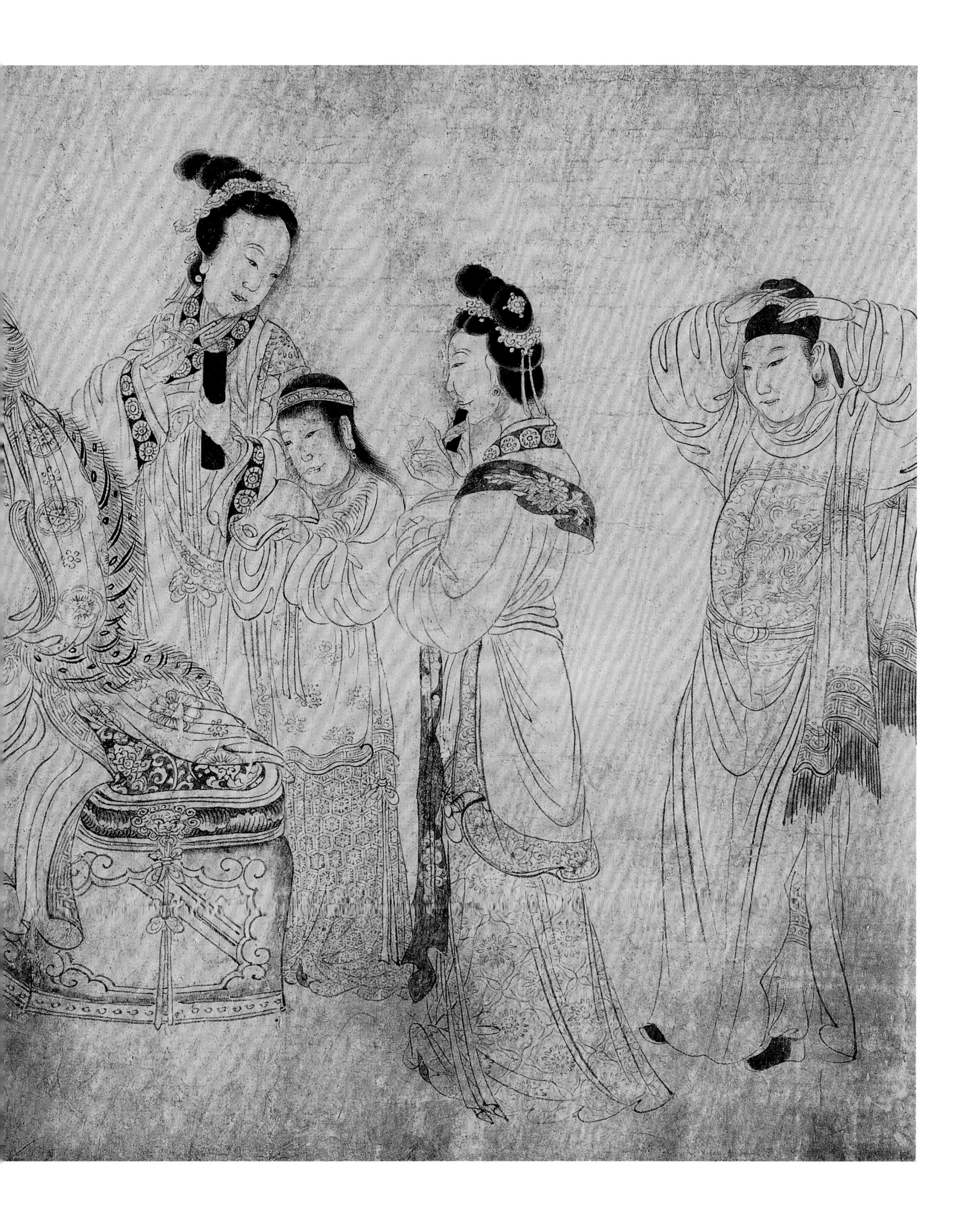

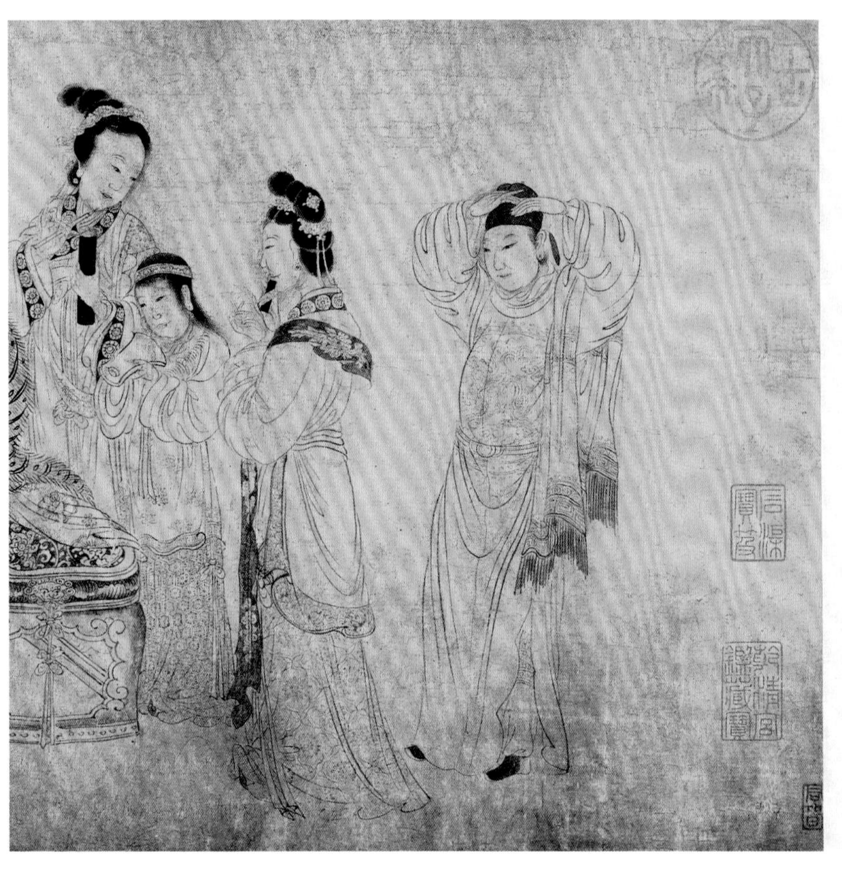

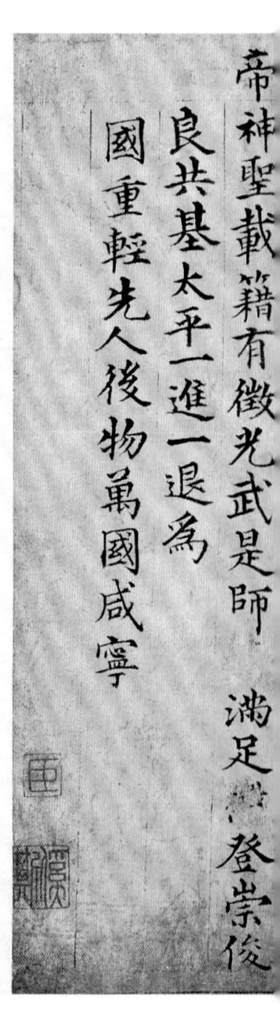

帝神聖載籍有徵光武是師
滿足
登崇俊
良共基太平一進一退爲
國重輕先人後物萬國咸寧

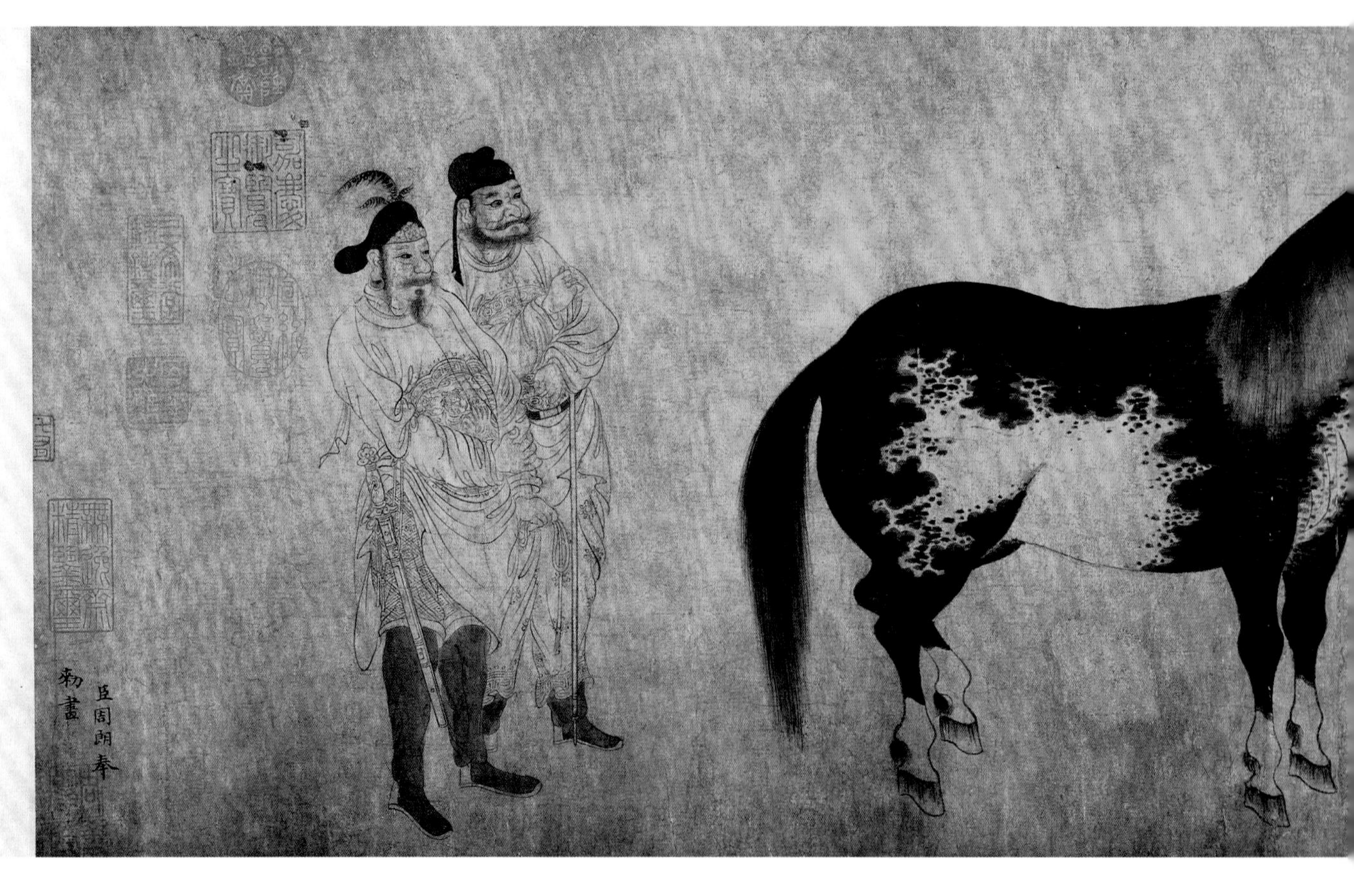

臣周朗奉
勑畫

皇帝御極之十年七月十八日拂郎國獻天馬身長
一丈一尺三寸有奇高六尺四寸有奇昂首高
八尺有二寸廿有一日勅臣周朗貌以爲圖廿有
三日詔臣揭傒斯爲之贊臣推本
聖德及制作之體皆合列于謌頌故以頌體爲之是
日翰林學士承旨巙巙進臣爲贊而
皇帝謙讓弗居申　敕臣朗繪于卷軸二十八日詔臣
復贊之臣本才疏識下豈足以上當
聖心然職在贊述敢不稽首奉詔謹作贊曰
維乾秉靈維房降精有産西極神駿難名彼
不敢有重譯來廷東踰月窟梁雍是徑朝飲太阿
河伯屏營莫秣太華神靈下迎四踐寒暑爰至
上京
皇帝臨軒使拜仰稱臣國拂郎邈限西濵蒙化
效貢顧歸
聖明皇帝謙讓嘉爾遠誠牽于赤墀顧盼若矜
既稱其德亦貌其形高尺者六脩倍猶羸色應
玄武足躡長庚回眸電激顧轡風生卓犖權

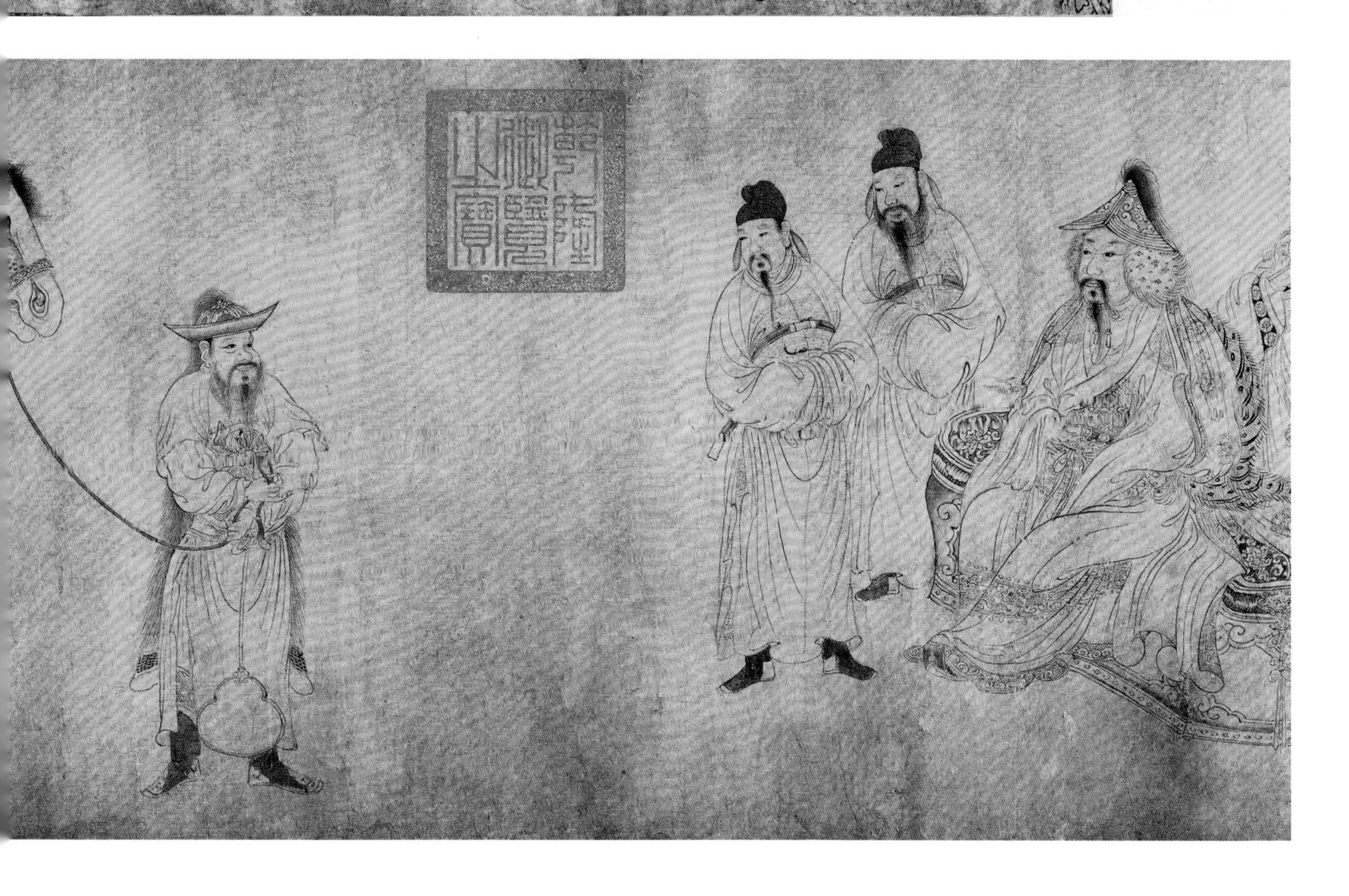

116

陳及之　便橋會盟圖卷
紙本　白描　縱36厘米　橫774厘米
清宮舊藏

Meeting on the Bianqiao Bridge for Concluding a Peace Treaty
By Chen Jizhi (fl.ca. 1285-1320)
Handscroll, Line drawing on paper
H. 36cm　L. 774cm
Qing Court collection

陳及之，號竹坡，富沙人，係北方一布衣文人。

圖中表現初唐歷史故事“便橋會盟”。圖中繪草原民族的生活，有騎兵演練，馬術表演，馬球戲。突厥可汗頡利原計劃進犯長安，正遇見前來制止戰爭的秦王李世民（即後來的唐太宗），便跪在橋頭求和。構圖疏密有致，人物雖小，但神情動態生動，精細至微而不失大度。此圖舊傳為遼畫，但畫中的頡利及仆從系元代蒙古人服飾。

本幅款識“祐中（1320）仲春中浣富沙竹坡陳及之作”。鈐印“竹坡及之戲作”（朱文）。另鈐有“張元曾家藏”（朱文）和梁清標、清乾隆、嘉慶、宣統諸帝的收藏印，共十九方。

曾經《石渠寶笈初編》著錄。

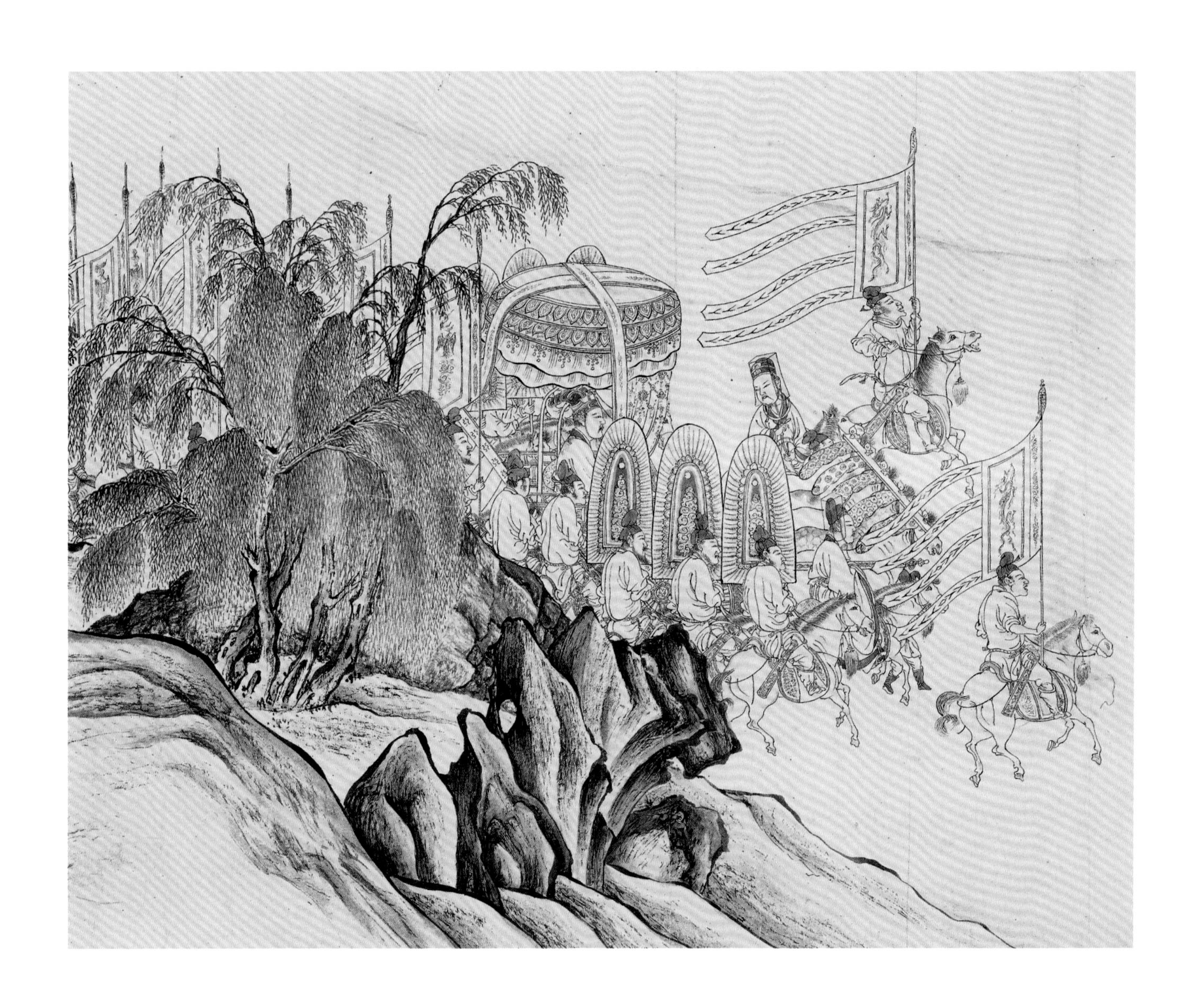

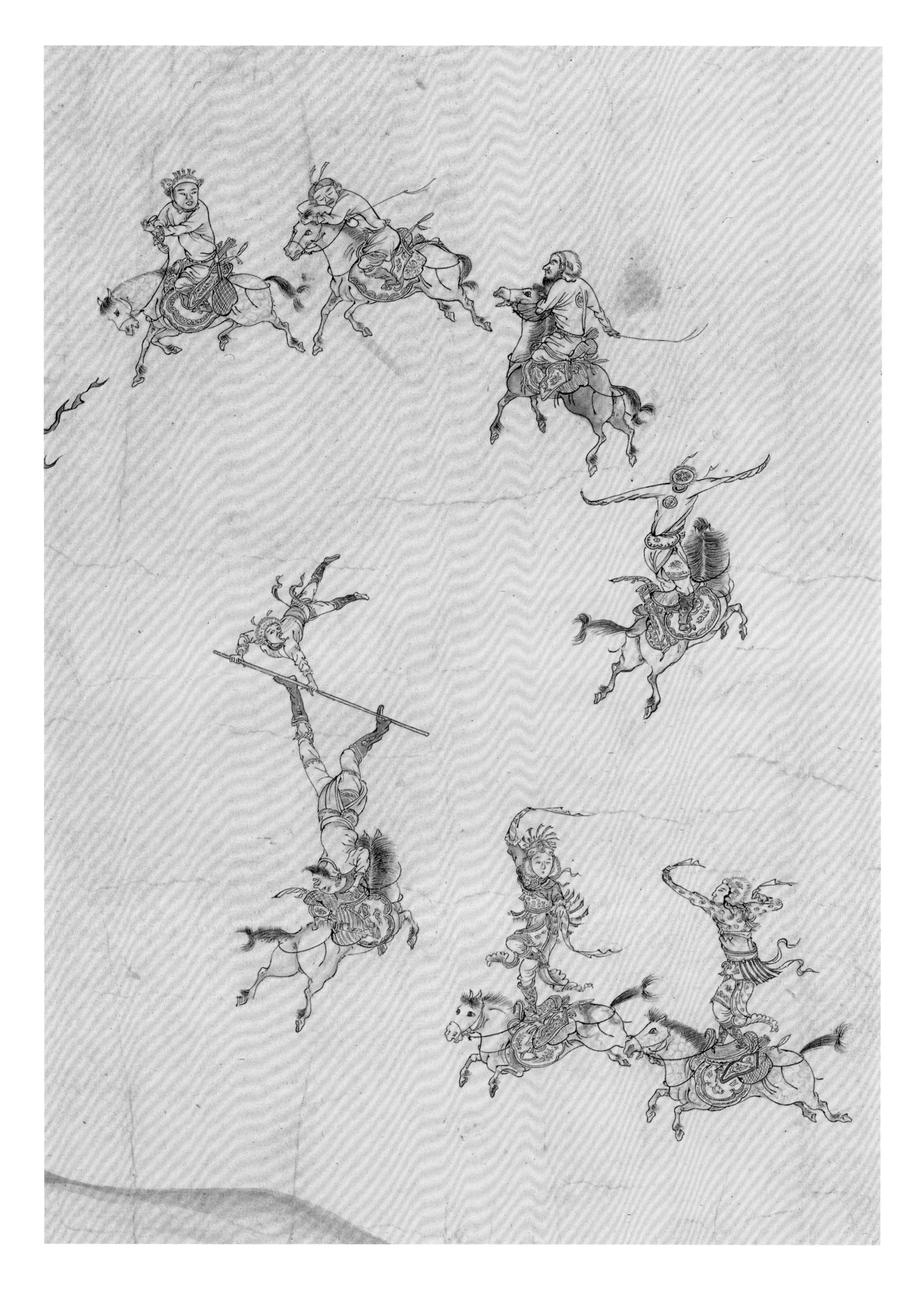

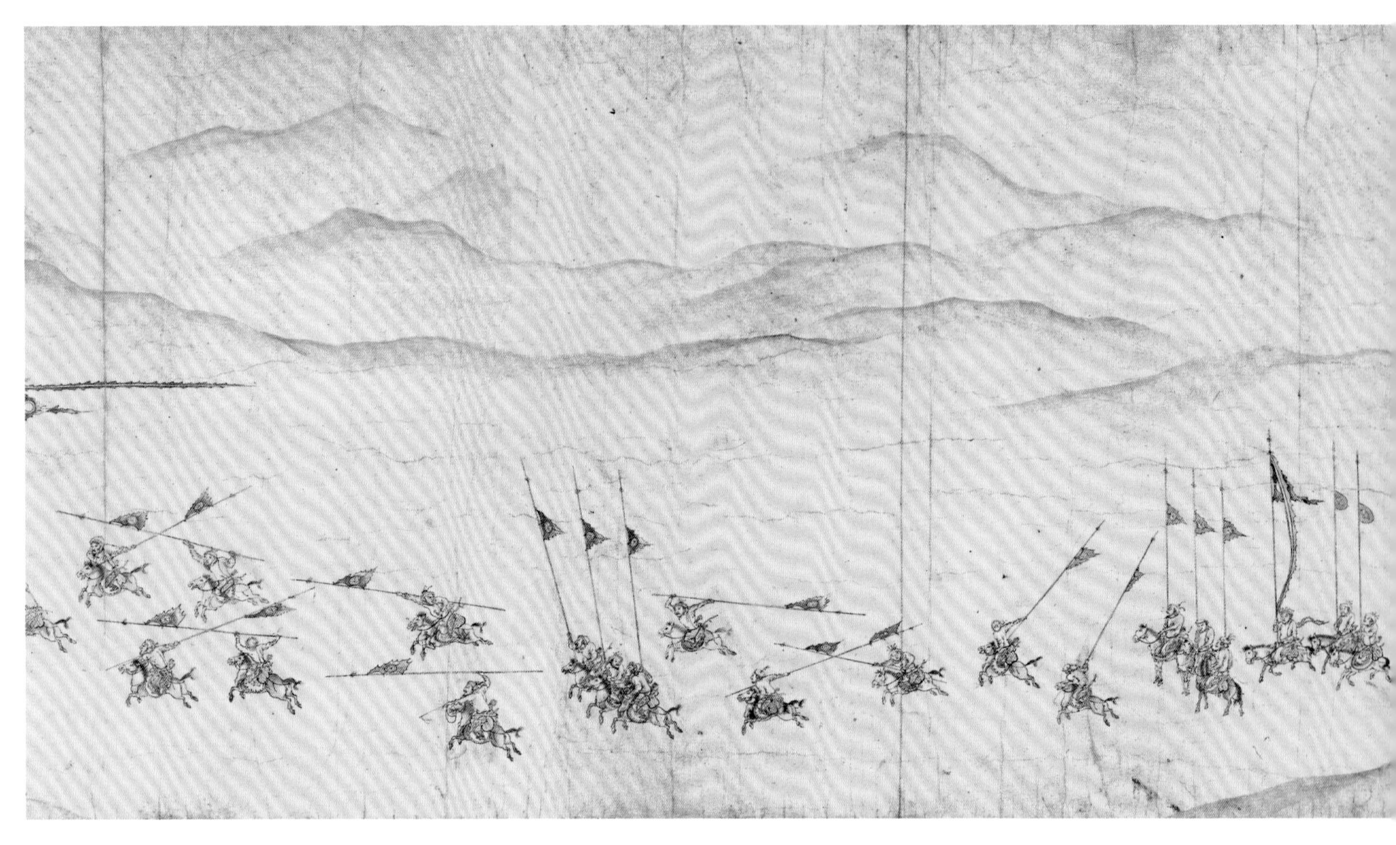

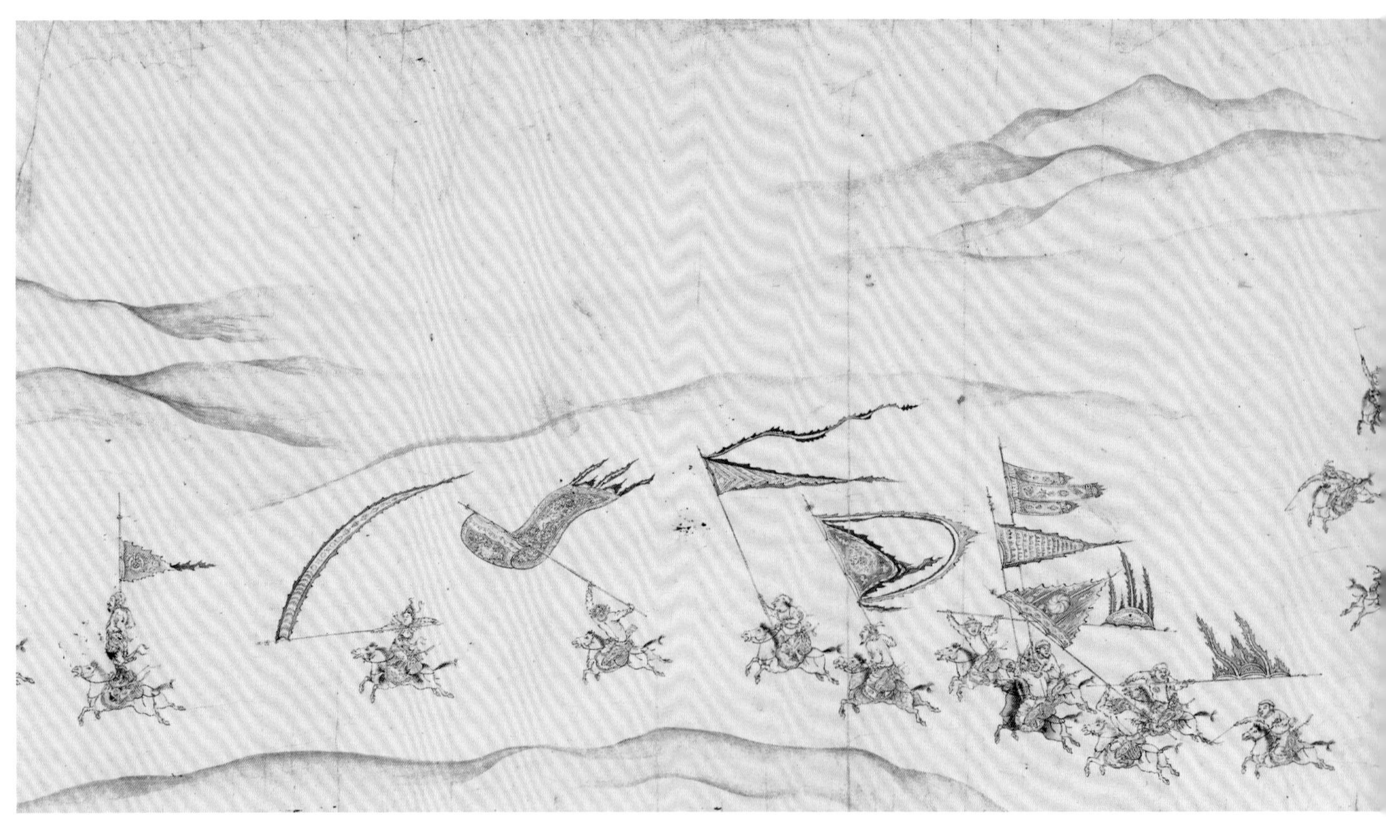

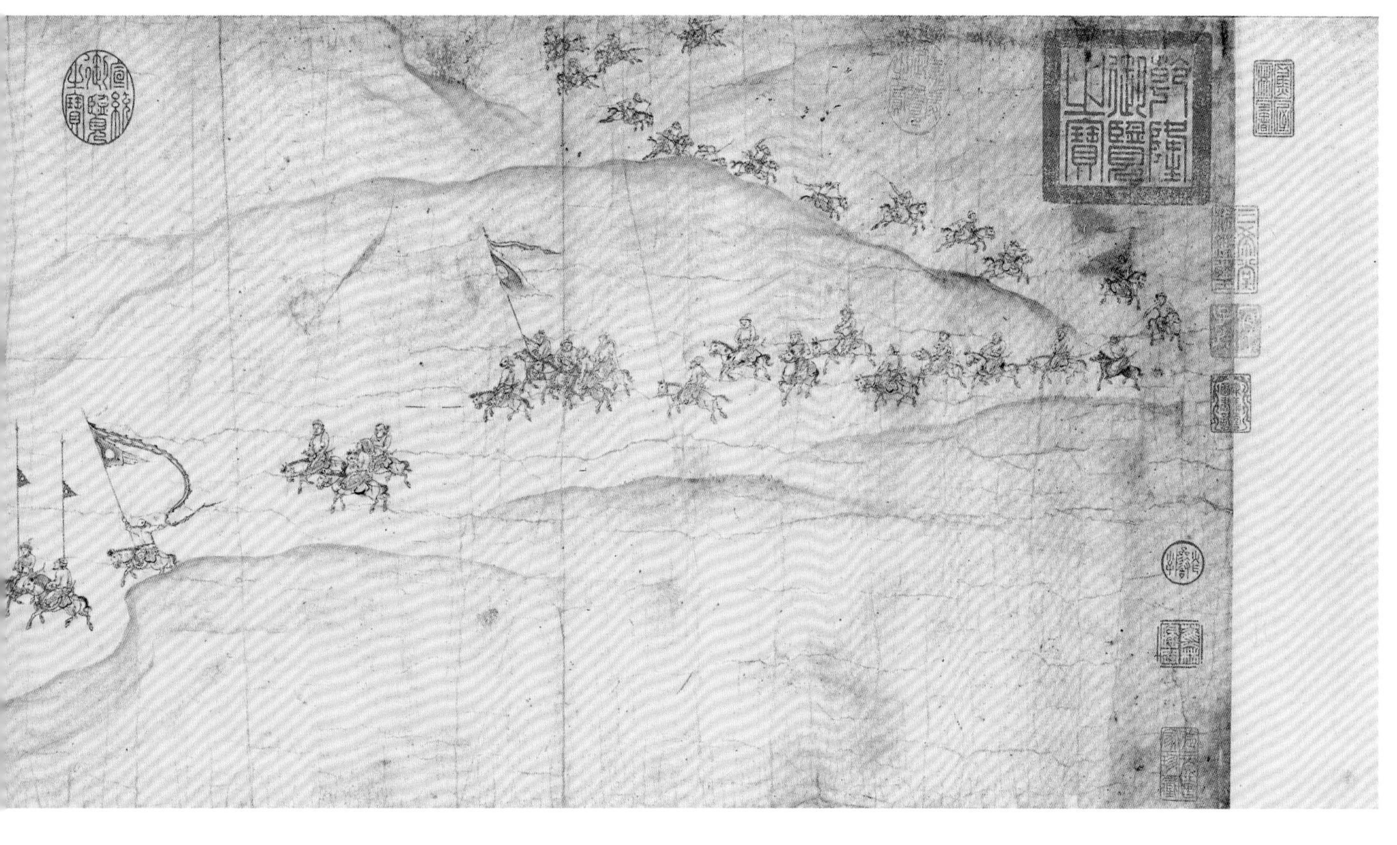

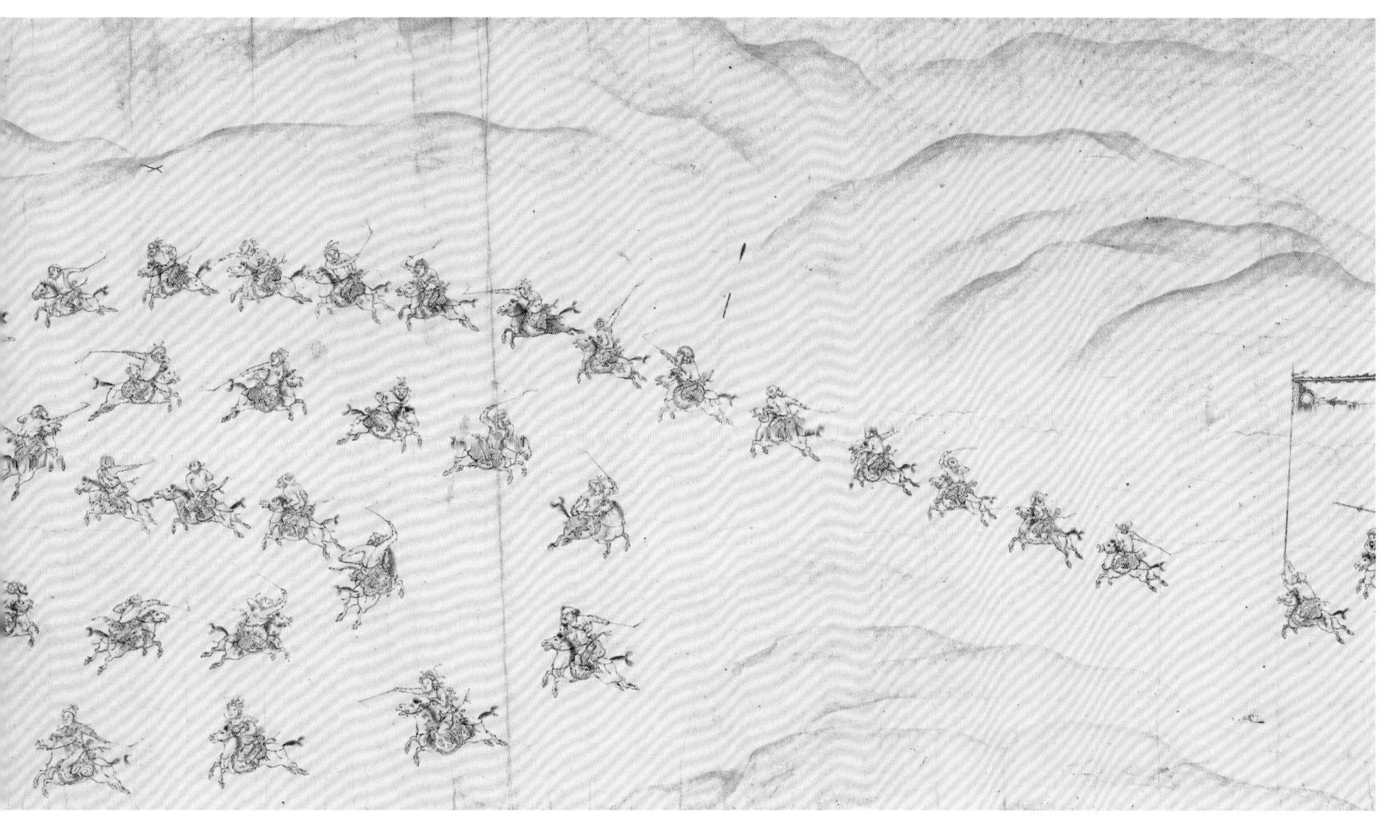

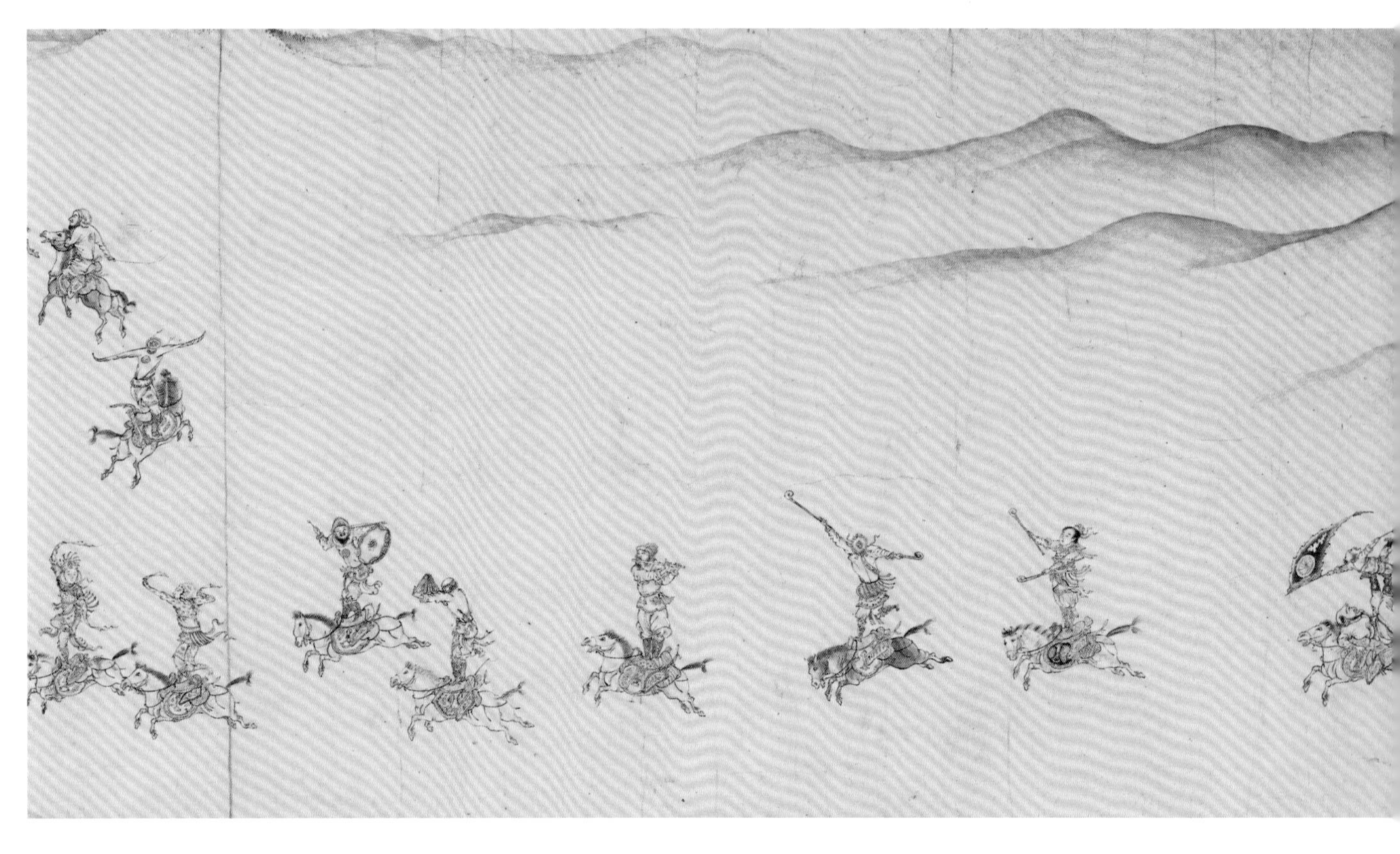

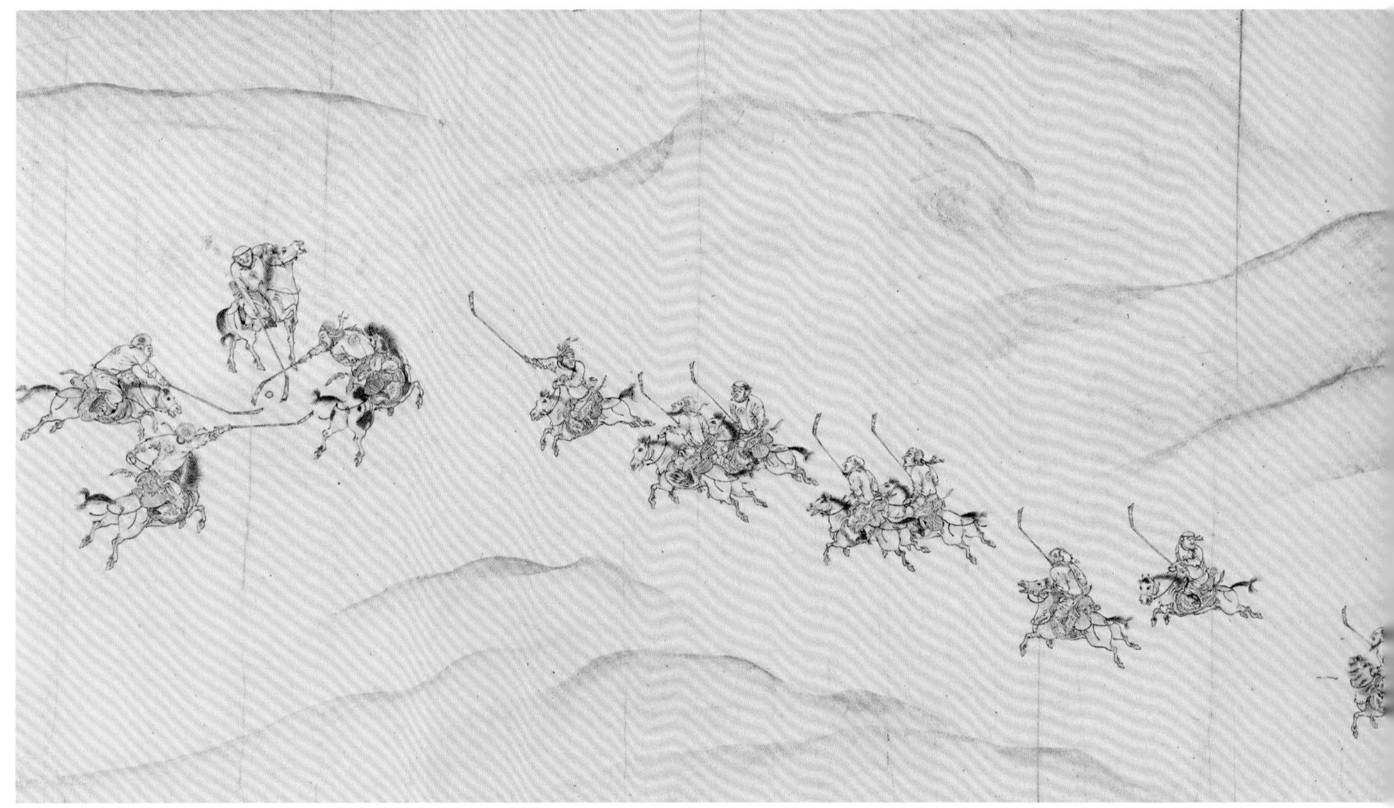

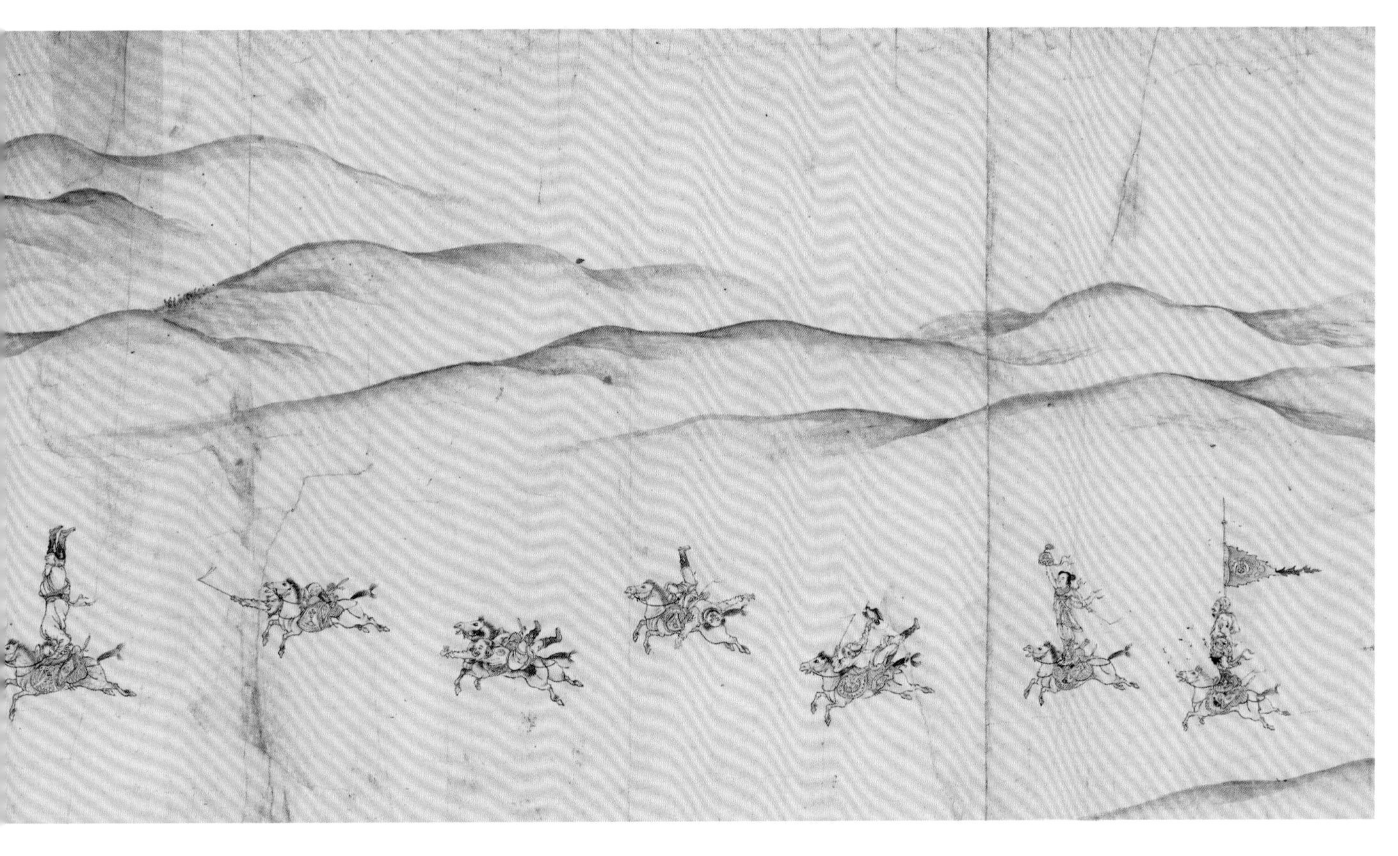

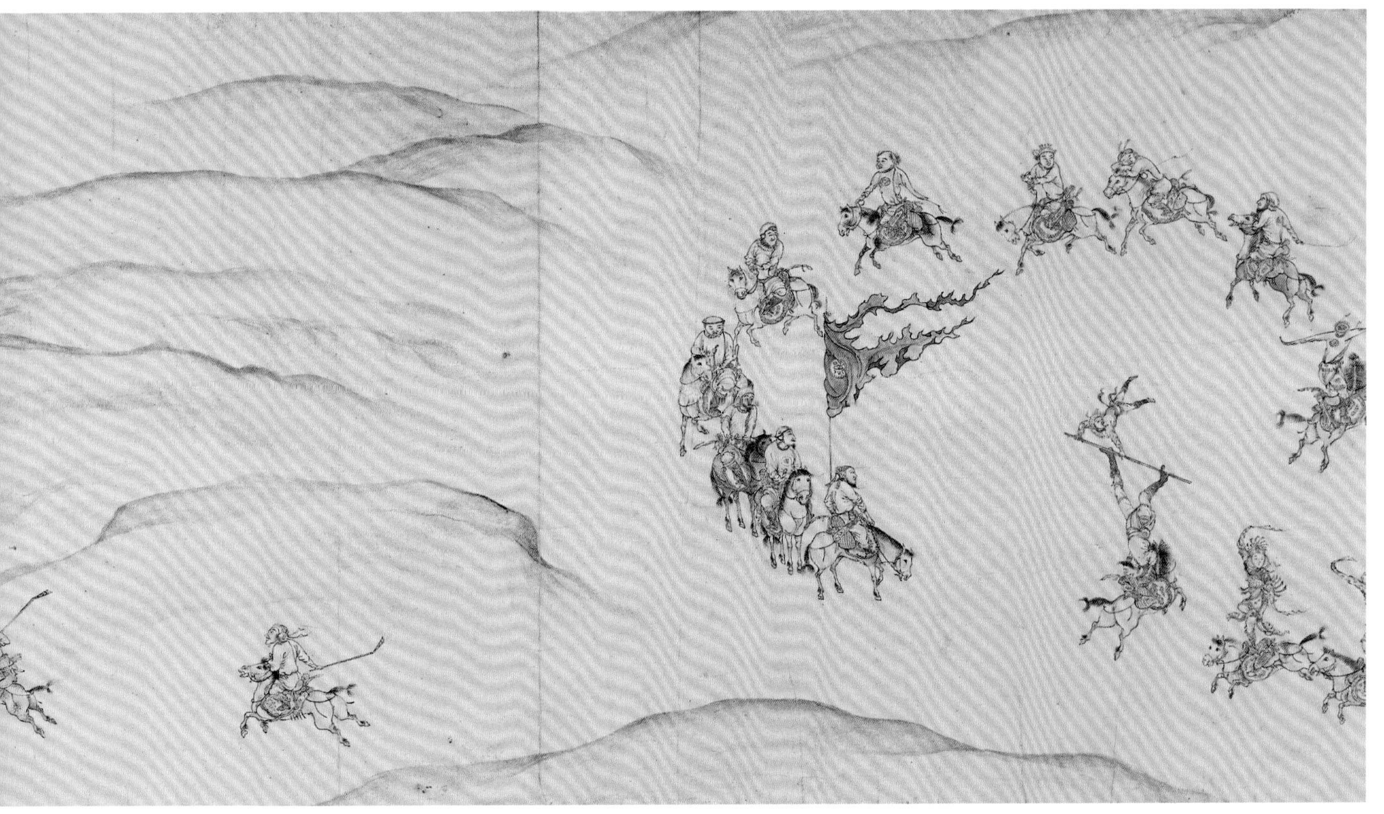

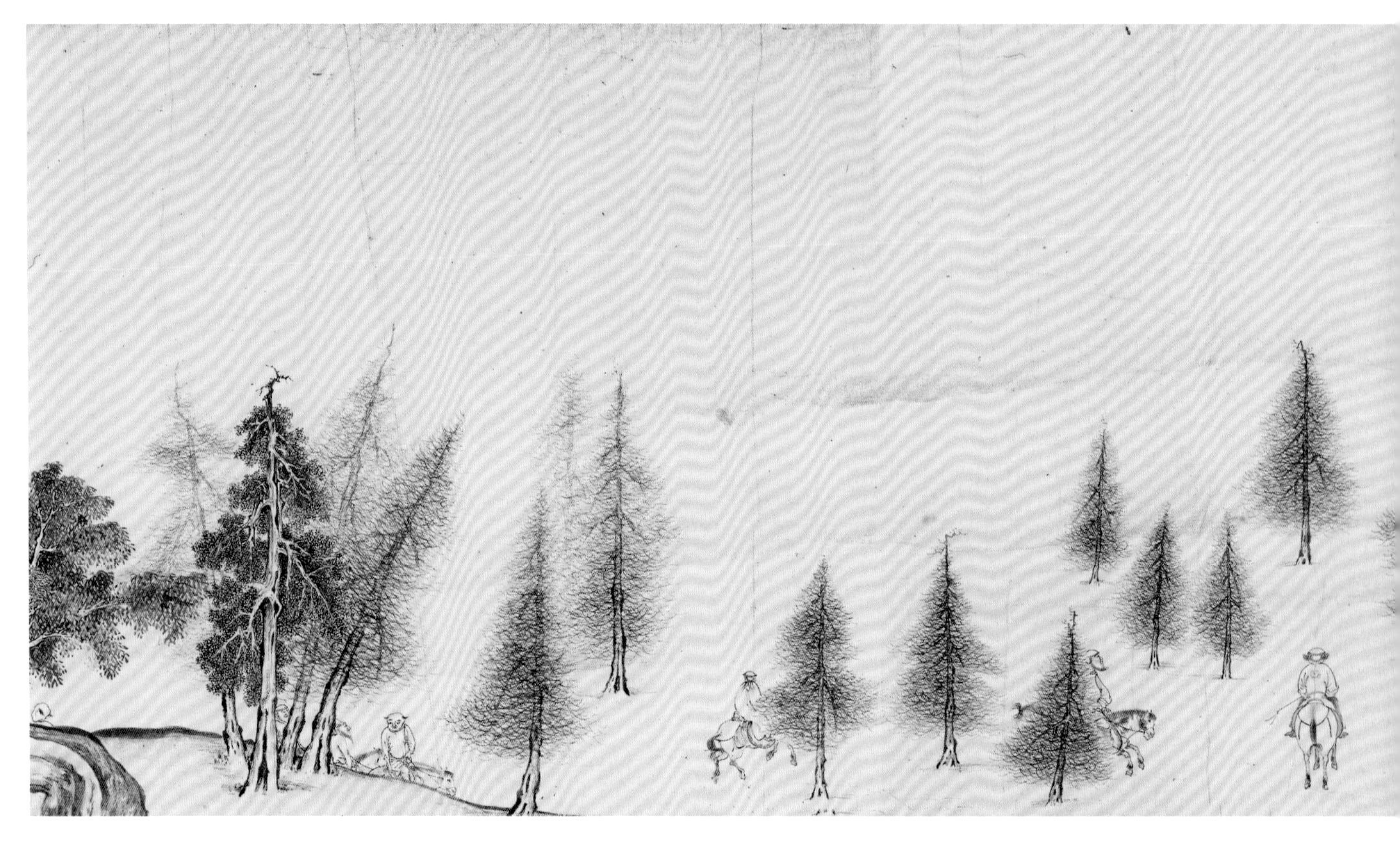

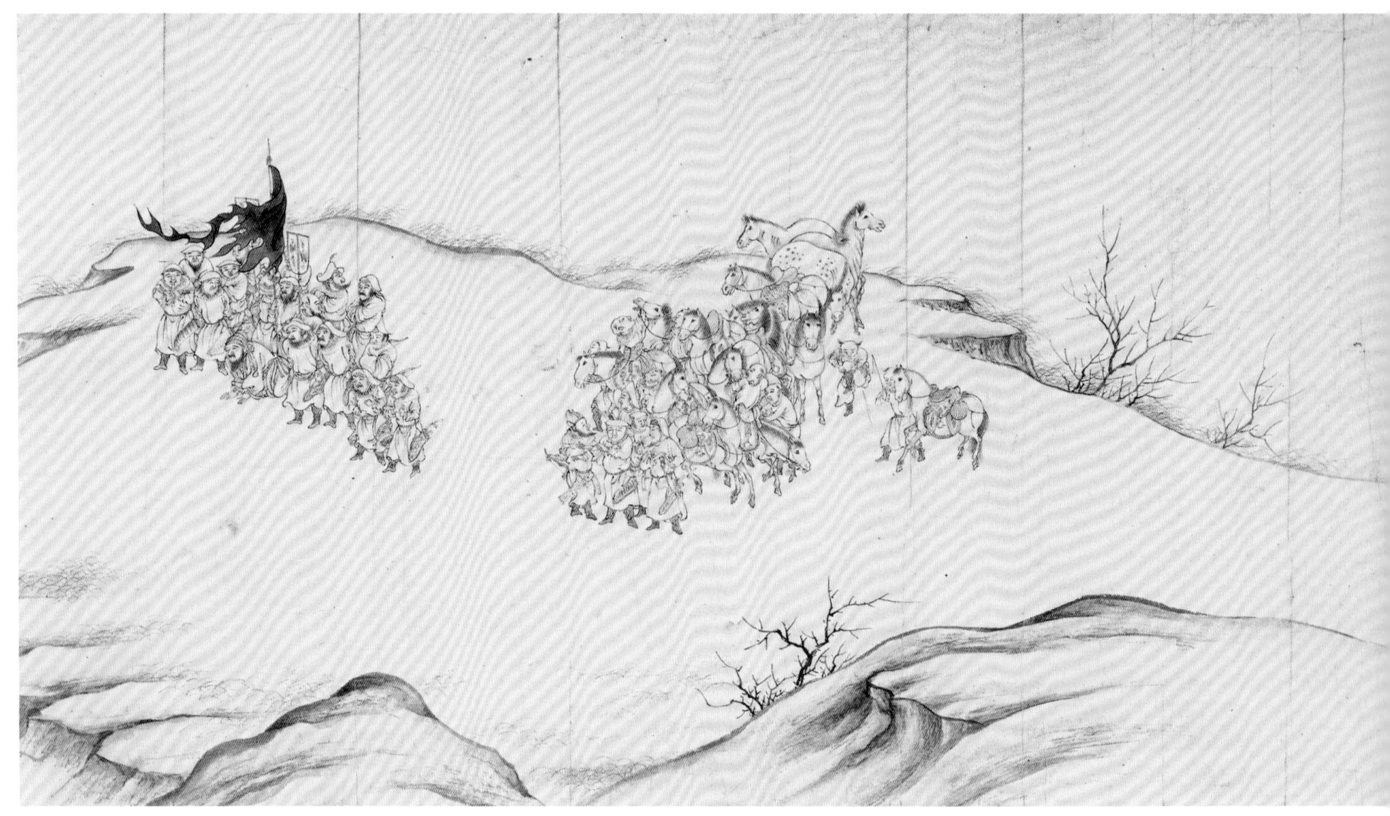

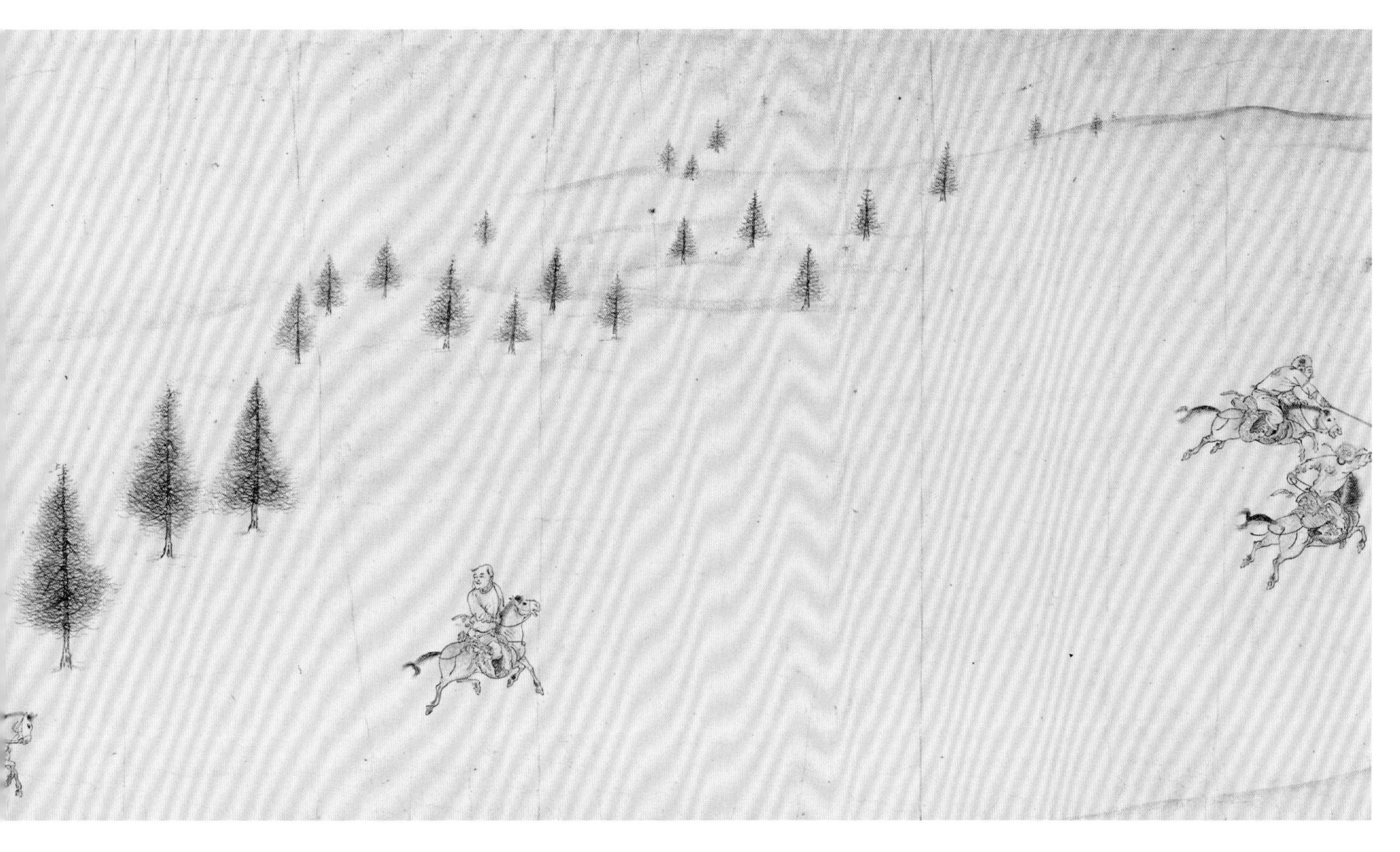

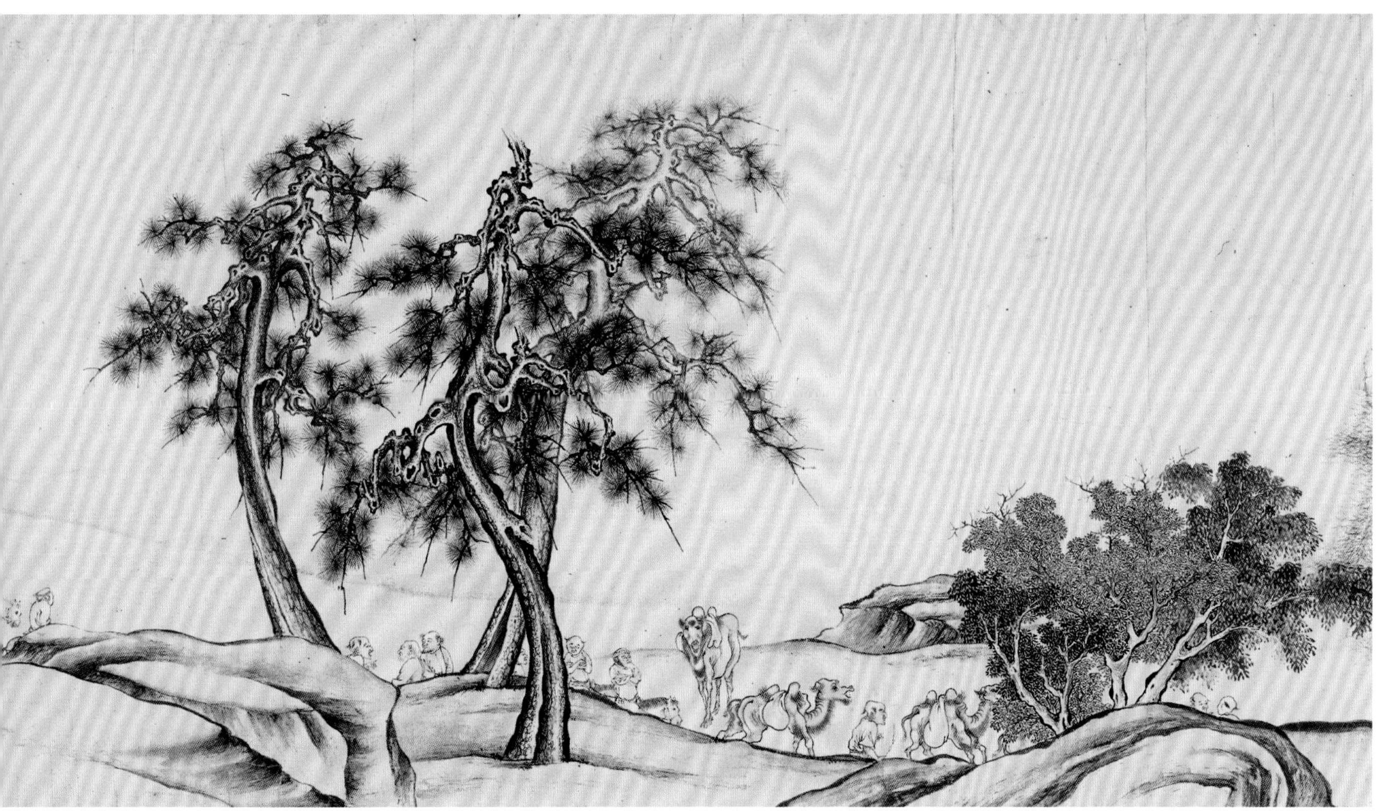

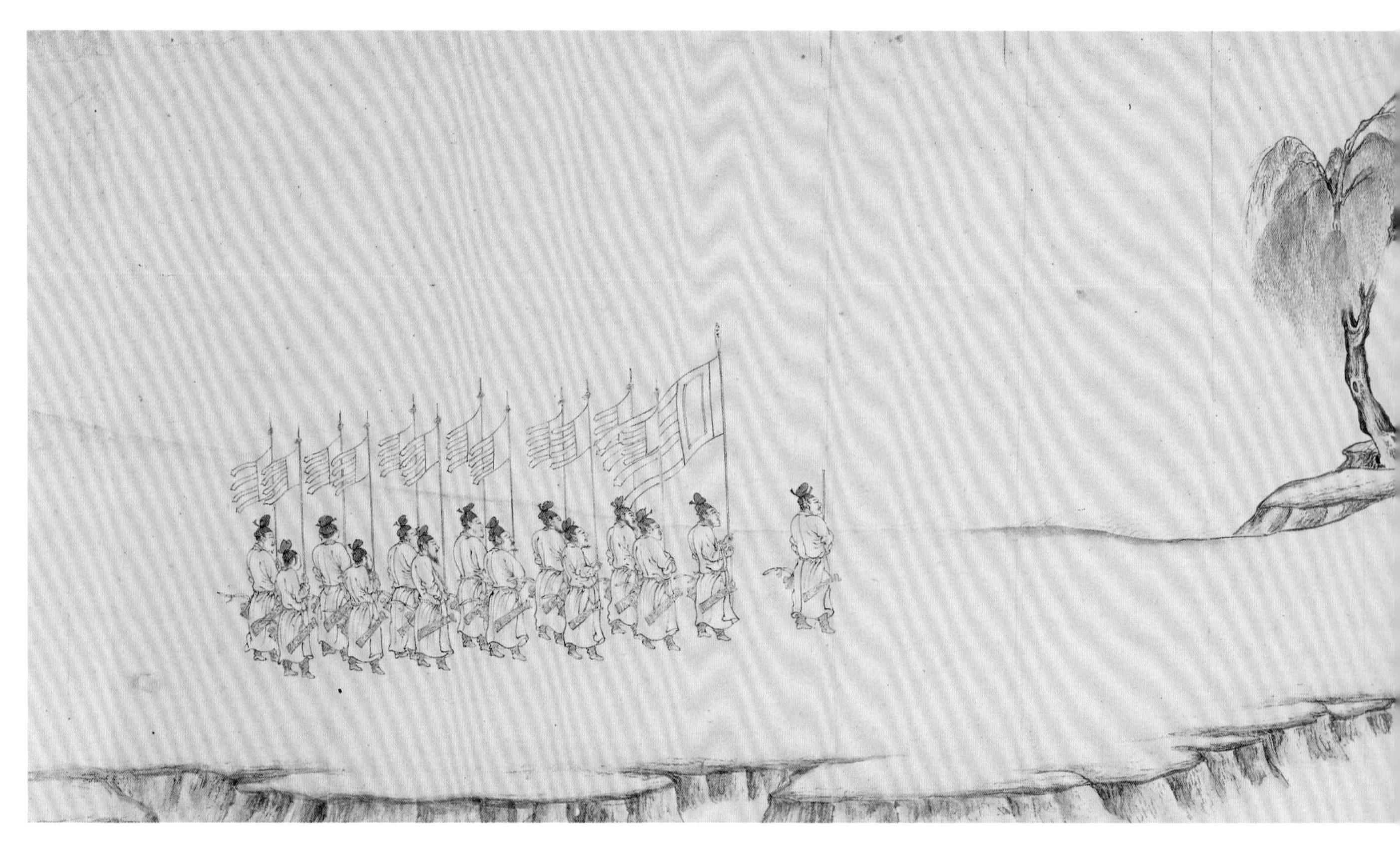

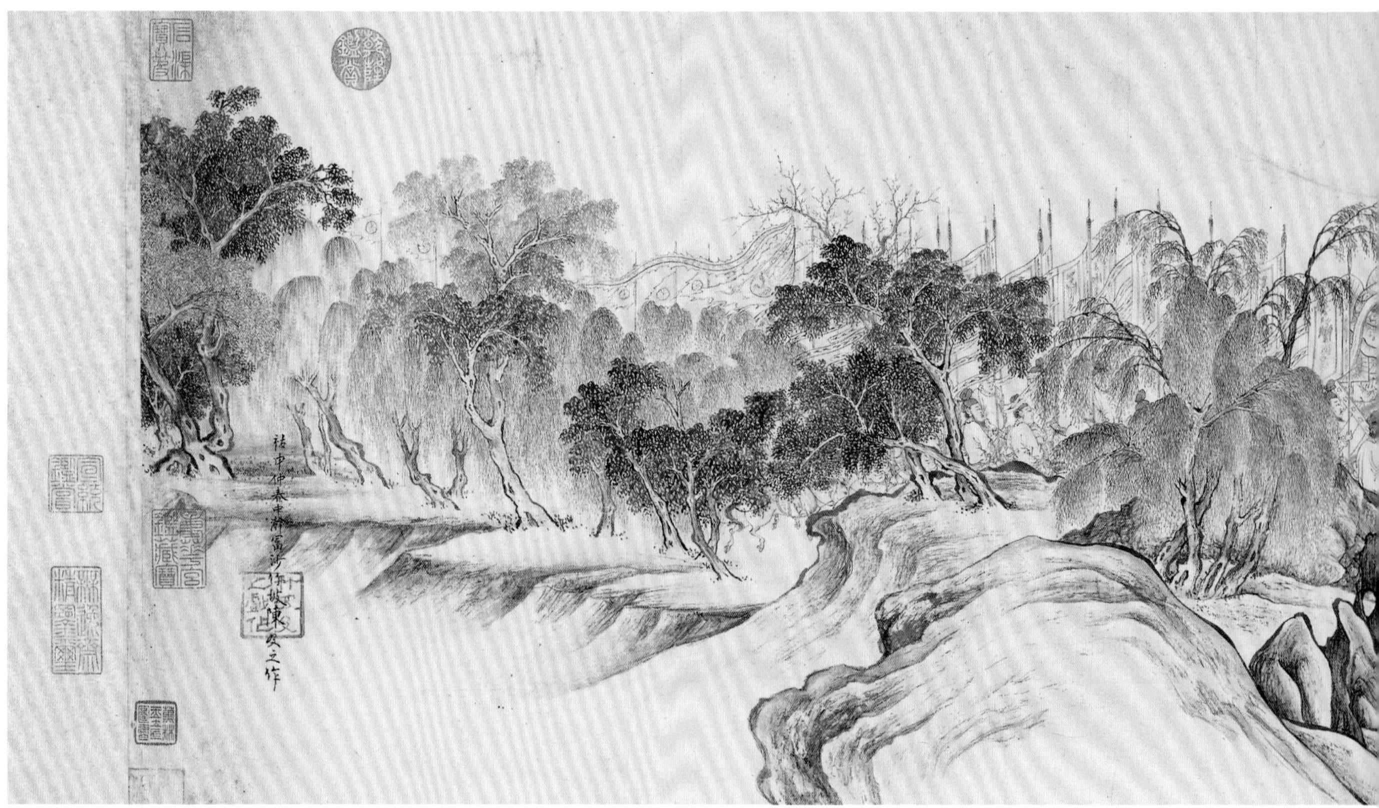

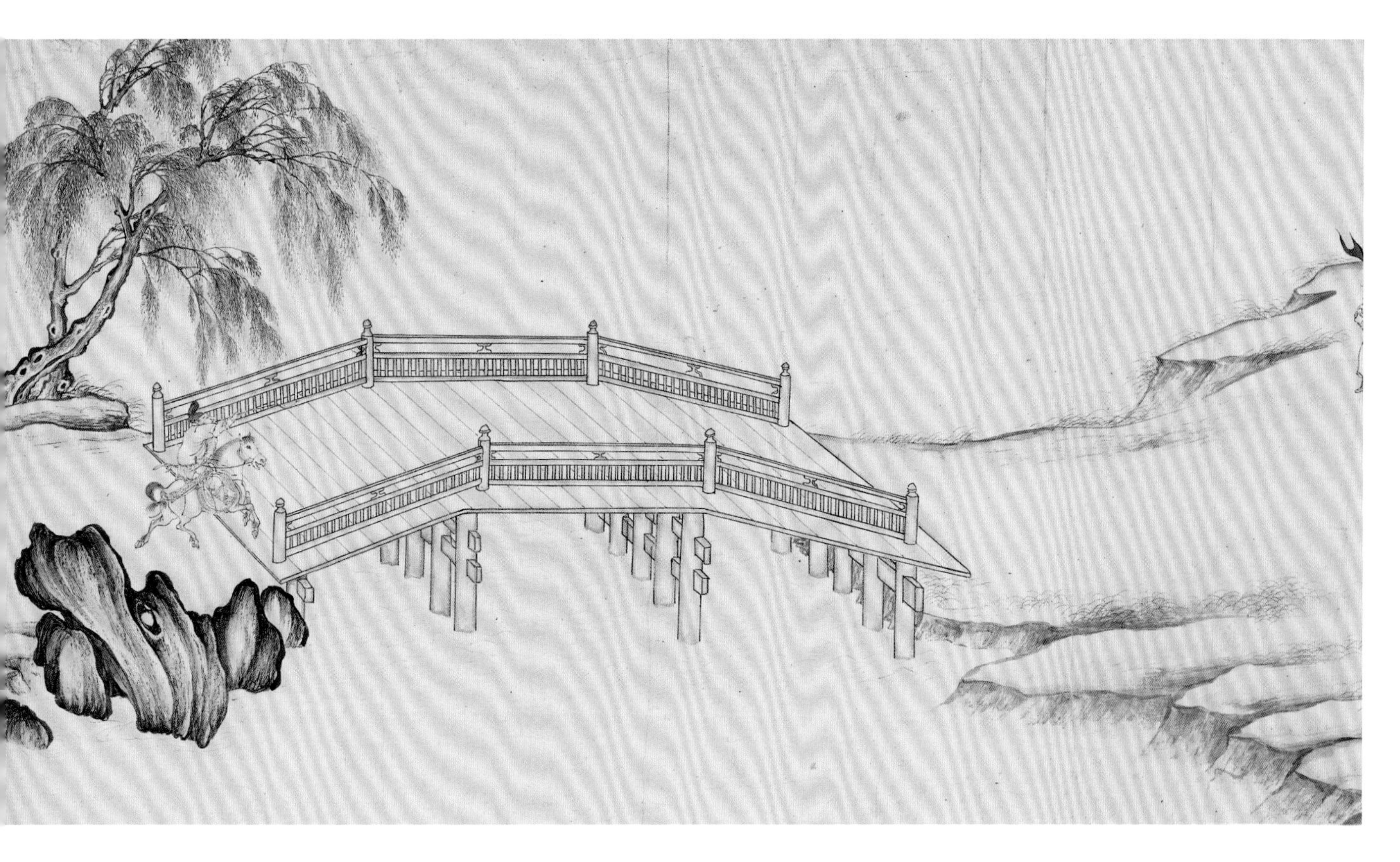

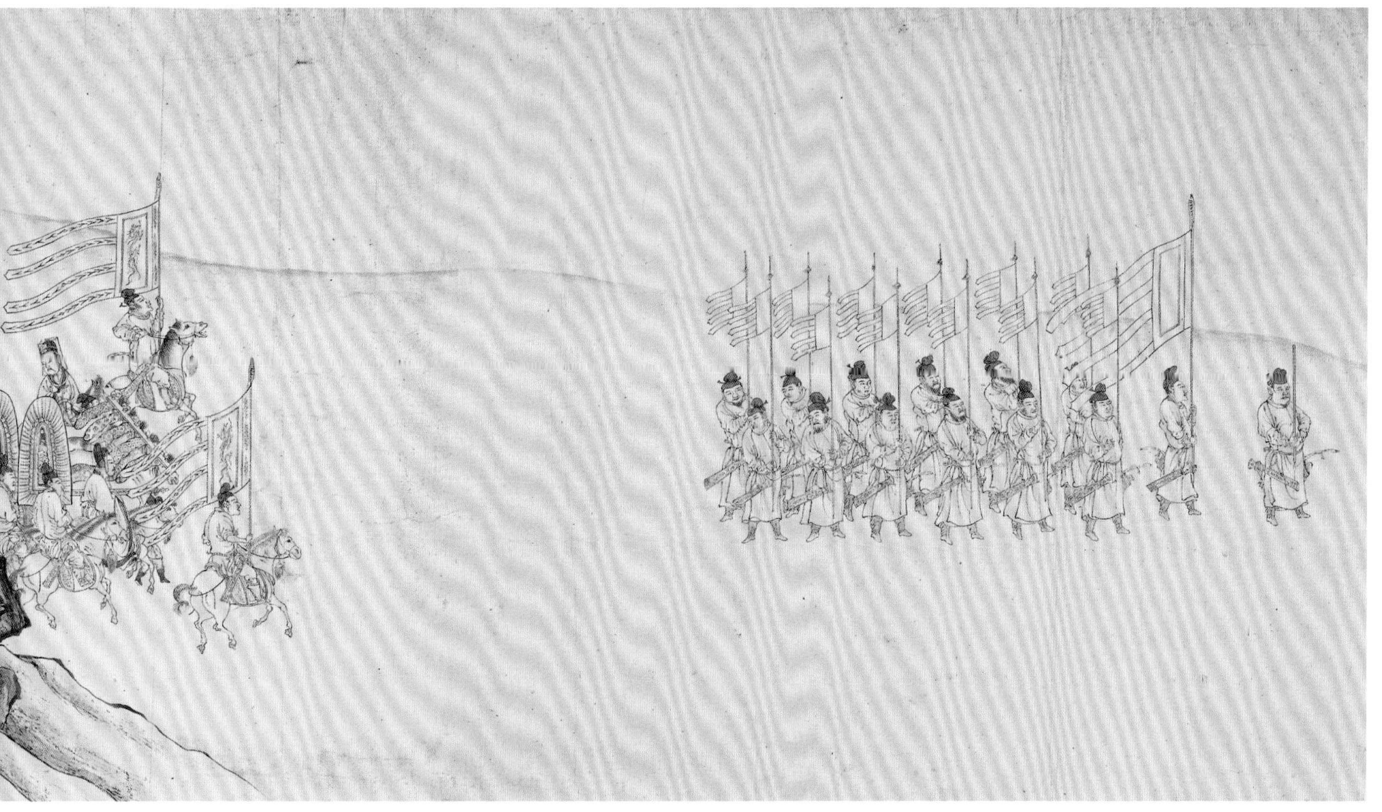

117

王繹　倪瓚　楊竹西小像卷
紙本　墨筆畫　縱27.7厘米
橫86.8厘米

Portrait of Yang Zhuxi
By Wang Yi (dates unknown), Ni Zan
Handscroll, Ink on paper
H. 27.7cm　L. 86.8cm

王繹，字思善，號痴絕生，睦州（今浙江建德）人，寓居杭州。擅畫人物肖像，作畫時於談笑間記取人形貌，落筆傳神，撰有《寫像秘訣》。存世品僅見此一件。

圖中所繪文人楊謙（1283—？），號平山，又號竹西，松江（今上海）人。楊謙面容清癯，頭戴烏巾，衣袍寬鬆，策杖立於松石坡地上，磊落而有神氣。人物以線為主，略施烘染，着墨不多而神情畢肖。倪瓚補松石，筆墨枯淡鬆秀，使畫面更加完整。

本幅有倪瓚題記："楊竹西高士小像，嚴陵王繹寫，句吳倪瓚補作松石。癸卯（1363）二月"。另鈐有項元汴、伍元蕙、宋犖、賀逢錫、裴景福等收藏印四十八方。

本幅前有標名一段，記有題跋、贊文者及繪畫人姓名，另鈐鑒藏印二十餘方。又項元汴墨書"勉"字編號。

尾紙有鄭元祐、楊維楨（釋文見附錄）、蘇昌齡、馬琬、高淳、錢鼒、靜慧、王逢、茅毅等題跋、贊文九段，鈐藏印八十餘方。

曾經《汪氏珊瑚網》、《大觀錄》著錄。

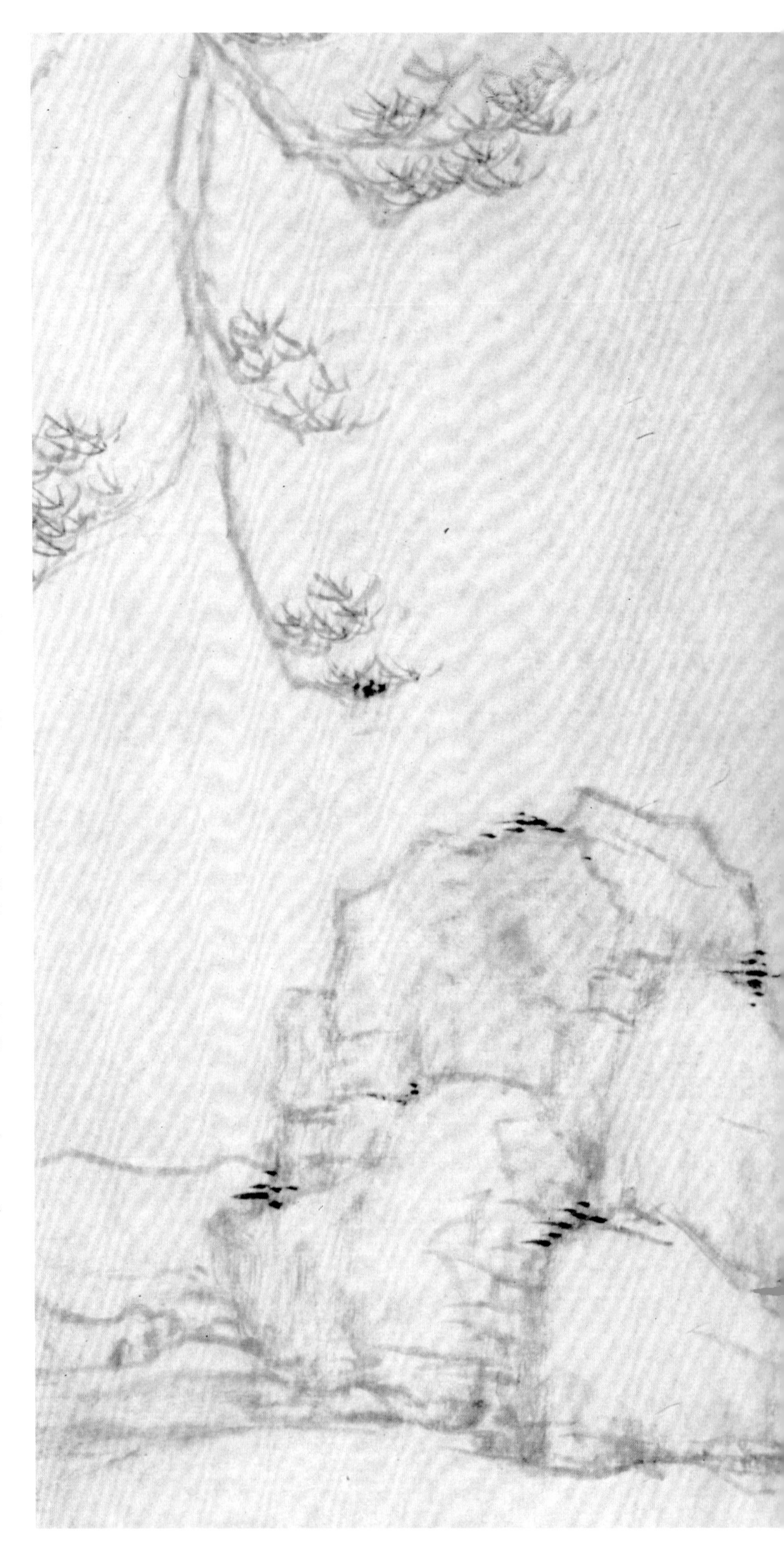

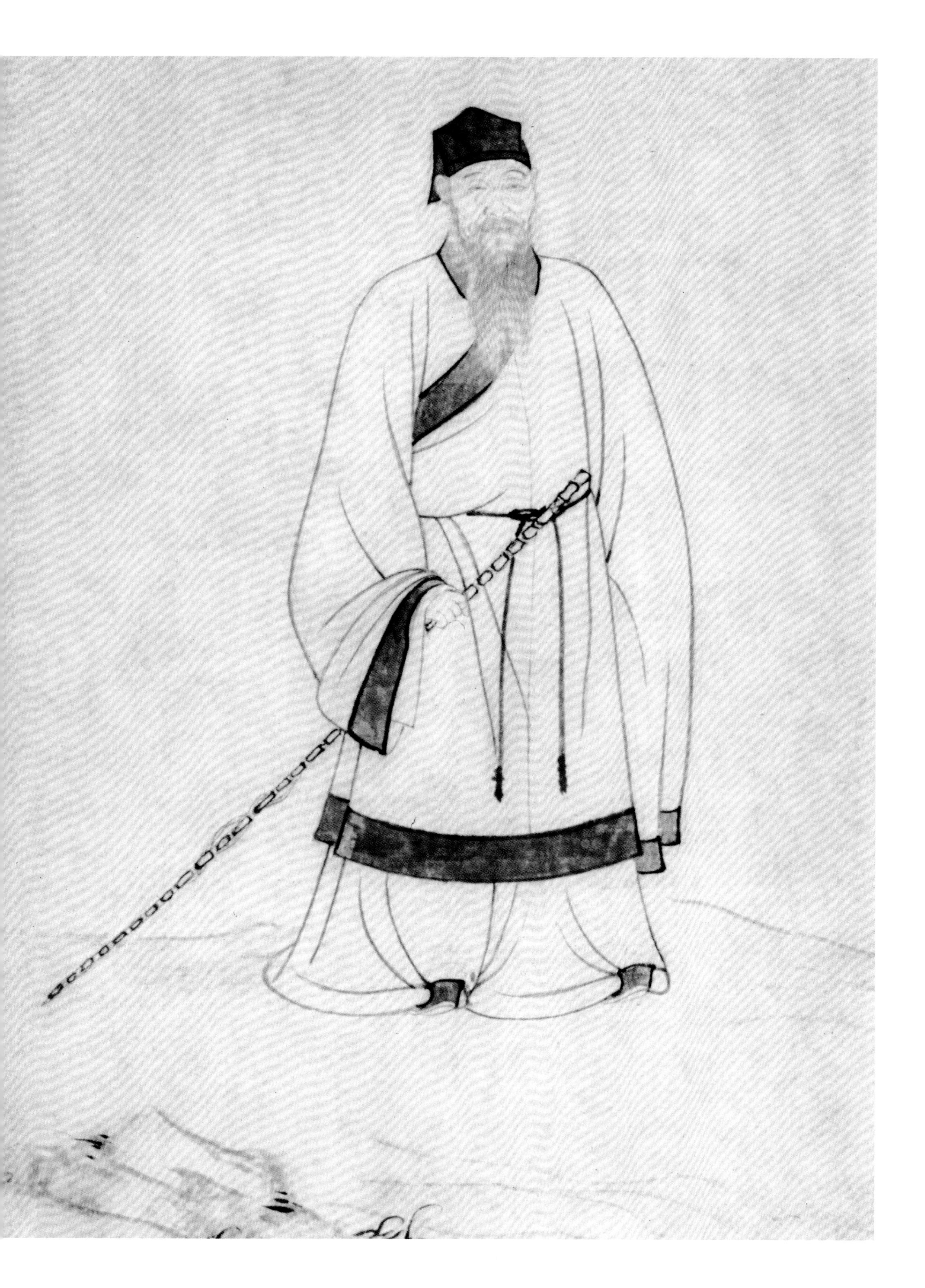

三泖之水東流，九峰之雲高浮，篤生隱人，是為楊侯。楊侯之生，才質具美，繼濟之以方來之講學。嘗本之以鳳閣之詩禮，此所以行修而文雅，譽而醇與自娛。竹西子欲追蹤乎萬天民人，謂其草創之退翁，而不滯於其出處進退，此所以不戚戚於賤貧，不汲汲於富貴。既無慚於淞之朝，脫而無忝於大年之袁𢦟，此所江海知名而耿介，彰明考能溢美論斯林（？）。吾聞其初度在通，專星騰輝乎泖水。吾題其像，既以文自撰之，心寔以禮能發此，則考子祀而一成純，匪但以八千歲為秋春而已也。至正二十二年壬寅歲春二月，遂昌山尚左生人鄭元祐明德父題

楊竹西高士像，嚴陵王繹寫，句吳倪瓚補作松石。癸卯二月。

……又行得為雖寫之老父此竹西翁而以為天地之全人有光於四知之華譜也

須眉之蔚蒼，胸懷之淵亮，其所同者不異中人之規模，其所異者不同眾志之趣向。抱豪傑之才而不屑於濟用，具輪囷之膽而不輕於肆放。故擇金有玉陵俠士之風，然愛客有四圍公子之量。當天下無事，託詩酒以娛情，方海內爭雄，遠廣王以高尚。況以冠林泉之巾，曳長房之杖，放浪乎西疇南畝之間，消搖乎九峰三泖之上。嗟！清斯人，吾誰與望？
扶風人馬文璧謹贊

挺立雪之標而陋執戟之畀，振關西之望而識天下之奇，量江海而不畦，趣烟霞而不羈，輕探囊之金玉，重集戶之簪裾。故瞻具乎雲間而譽流乎海隅。但見萬竹之西高樓渠渠，云山不斷，有琴有書，蕭然為山澤臞，矯然為列仙儒，長欲宇宙而襟韻自殊，顒仰自如也。
句吳生高淳敬贊

蕭然而巖，昂然而廉，有庬其眉，有長其鬚，巾消搖而簪服上古，而襟其閒情，若陸龜蒙，其仙趣若……

……晦之園，一鑑之塘，日宴坐于林堂，物與我其相忘，其泰宇定而發天光者耶。
席帽山人王逢敬題

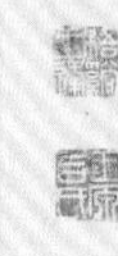

靈驥霜翮，山木瞿然，誰不榮之，[illegible]竹木，權數疇之，豆開一區之向，圖畫之雲山，八席之北，壽顏之顯，[illegible]之儔，寄也。
虛白道人[illegible]贊

竹杖清嚴手自攜，須眉如雪與胸齊〻
松石孤寒相想見，高人楊竹溪。
方巾古衷與寬袍，林下西風冷鬢毛。錯認
龍門僧一幅，恩公倚杖啜櫻桃。
雲林山水不畫人，惟龍門僧一幅有之，張伯雨題贈句有行到龍門無腳力，右肩偏袒喫櫻桃之句。
隽論曾聞王濟之，矜嚴清秘共人知。兩行
小字兼歐褚，想見雲林少嫩時。
王守溪嘗謂雲林少嫩書極妥人，見其晚年古淡，不知自有少嫩時也，此兩行凡改，媚然。
伯謙世丈先生 穀正戊午九月 璧城叔題小詩三首

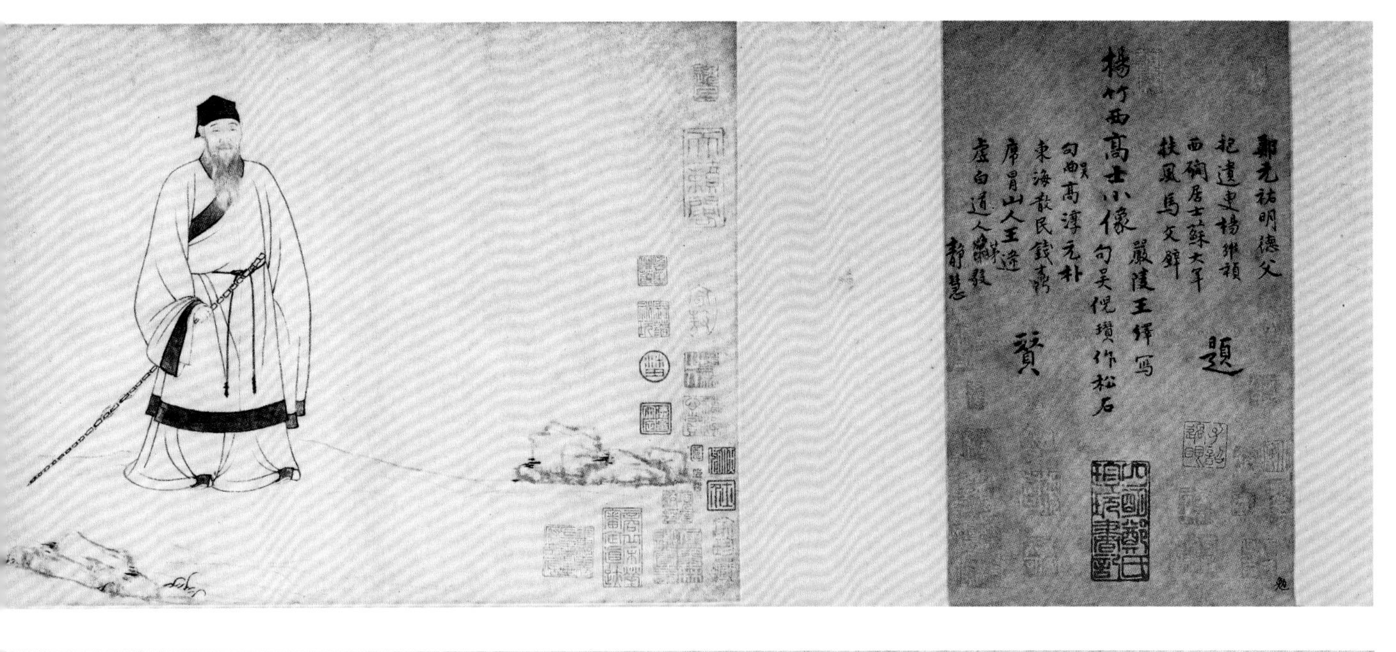

三泖之水東流，九峯之雲高浮，篤生隱人，是為楊侯。楊侯之生，才質具矣，繼濟之以方來之講學，演本之以風閒之詩禮，此所以行修而文辭蔚而醇，迺自號竹西子，欲追蹤乎葛天民，人謂其草刻之遐裔，而不滯於其出處進退，此所以不戚戚於賤貧，不汲汲於富貴，既無慚於淑公之胡，脫而無忝於大年之秀發，此所以江海知名而耿影彰，匪溢美論斯標情。吾聞其初度在通專，星騰輝乎泖水，吾題其像，既以文治撰之心，宜以禮繼登，此則孝子祀而一成純，匪但以八千歲為秋春而已也。至正二十二年壬寅歲春二月，遂昌山尚左老人鄭元祐明德父題

以冠林宗之巾，曳長房之杖，放浪乎五畝之宮，逍遙乎九峰三泖之上。噫，淡斯人吾誰與望。扶風人馬文璧謹贊

挺山雪之標而陋執戟之卑，振關西之望而識天下之奇，量江海而不哇，趣烟霞而不羈，輕探囊之金玉，重集戶之簪裾，故瞻具乎雲間而譽流乎海隅，但見萬川之西，高樓渠渠，云山不礙，有琴有書，蕭然為山澤臞，矯然為列仙儒，長欣欣宇宙而襟韻自殊，頫仰自如也。

句吳生高淳敬贊

蘂然而巖，昂然而廉，有庬其眉，有長其髯，巾消搖而簪服上古，而襜其關情若陸龜蒙，其仙趣若劉海蟾。其動也以智養恬，其靜也以恬養智。其西咲傲乎雲山之光，世方酣戰乎觸蠻，吾方澹造乎羲炎。其豈枯德機而物不可得覘者乎。

東海艾衲散民錢鼒敬贊于海上之飛鯨樓

鶴立長身大布襦，綠光瞳子雪眉須。才名恥列三王後，文物看來兩晉無。牛度玉關迴紫氣，龍眠滄海抱遺珠。憑君更着東維筆，畫作雲林五老圖。

靜慧

118

佚名　杜甫像軸
紙本　墨筆　縱69.7厘米　橫24.7厘米

Portrait of Du Fu
Anonymous
Hanging scroll, Ink on paper
H. 69.7cm　L. 24.7cm

圖中繪唐代詩人杜甫側身拱手，頭戴竹笠，長帶飄舉，身着交領右衽長袍。人物六分面，衣紋描法細勁簡練，領、袖口處及長邊用淡墨暈染，有儒雅文仕之風。

本幅有解縉，劉崧題詩。鈐鑒藏印“項元汴印”（白文）、“墨林山人”（白文）、“項子京家珍藏”（朱文）、“潞翕審定”（朱文）、“查瑩私印”（白文）、“蔣□”（朱文）、“祖詒審定”（朱文）。

上裱邊有程棫林題圖名，兩邊陸費墀，張塤、馮應榴題詩。

劉崧題詩中記：“草堂杜拾遺戴笠小像　吳興趙文敏公所畫”。一說為趙孟頫畫。

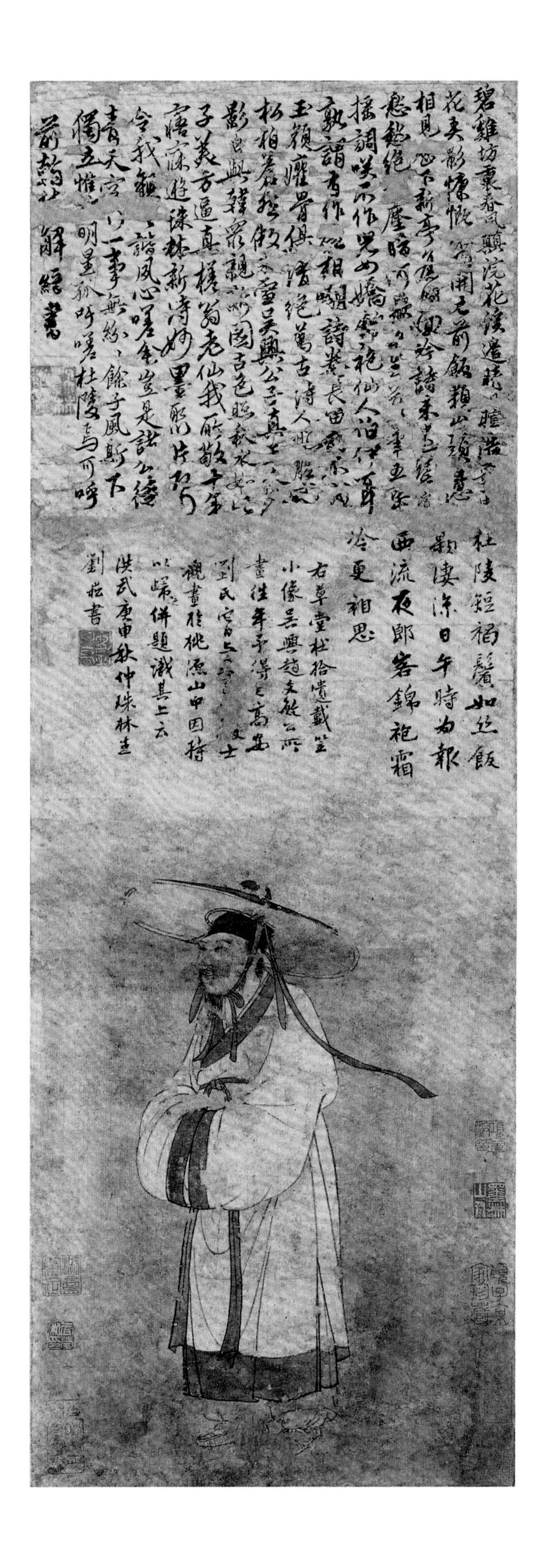

119

佚名　諸葛亮像軸

紙本　設色　縱60.5厘米　橫45.2厘米
清宮舊藏

Portrait of Zhuge Liang

Anonymous
Hanging scroll, Colour on paper
H. 60.5cm　L. 45.2cm
Qing Court collection

圖中繪三國時蜀丞相諸葛亮跣足坐榻上，面相豐滿，雙目有神，朱衣白裳，左肘支迎首上，右手托如意，面微向左側，似正與人交談。表情輕鬆愜意，鬚眉描繪細緻生動。衣紋線描細勁，用色沉穩。此圖舊題為趙孟頫作。

本幅鈐印"趙子昂氏"（朱文）。另鈐有"林西草堂"（白文）、"唐"（朱文圓）、"良伯"（朱文）、"與古為徒"（白文）及清內府乾隆、嘉慶、宣統藏印二十餘方。

上詩塘有清代張式題贊一則。

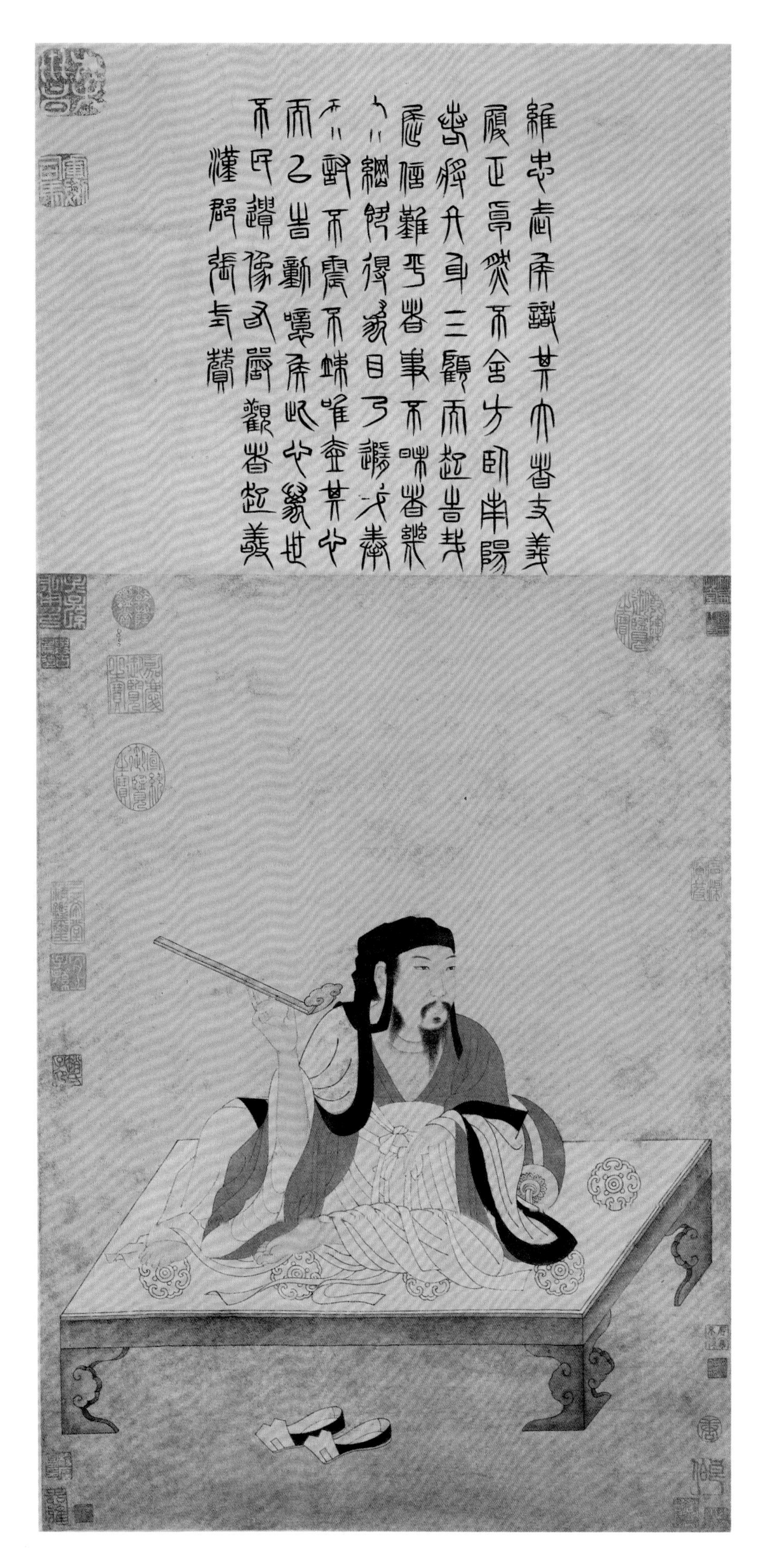

120

佚名　老子授經圖卷
紙本　墨筆　縱24.8厘米　橫117.7厘米
清宮舊藏

Lao Zi Giving the Classic of Way and Virtue
Anonymous
Handscroll, Ink on paper
H. 24.8cm　L. 117.7cm
Qing Court collection

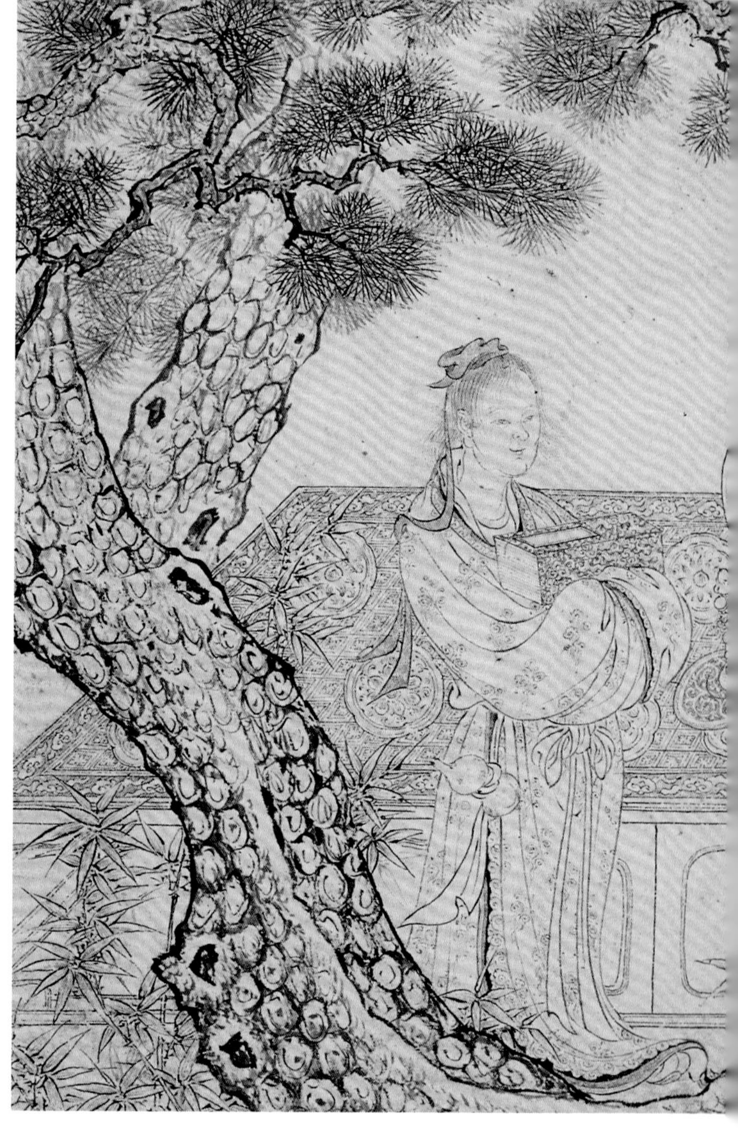

據《史記》説，道家始祖老子西遊至函谷關，關令尹喜強留求教，老子遂將所著《道德經》授之而去。圖中繪蒼松之下，老子披髮長髯，坐於榻上，身後小童手捧書函侍立。關令尹喜跪於榻前接受經卷。此圖以白描法畫出，老子的睿智超脱，尹喜的虔誠恭敬，均刻劃細膩生動。衣飾華麗，袍袖飛動，充滿動感。

本幅款識“盛懋子昭畫”，疑為後添款。另鈐有“張伯駿範我氏精玩書畫之印”（朱文）、“張捷之印”（白文）、“項墨林鑒賞章”（白文）、“宜爾子孫”（白文）以及“乾隆御覽之寶”（朱文圓）、“嘉慶御覽之寶”（朱文圓）等鑒藏印二十餘方。

尾紙有吳睿隸書《道德經》全文、胡子昂題記。鈐明清鑒藏印四十四方，又半印三方。

曾經《秘殿珠林》著錄。

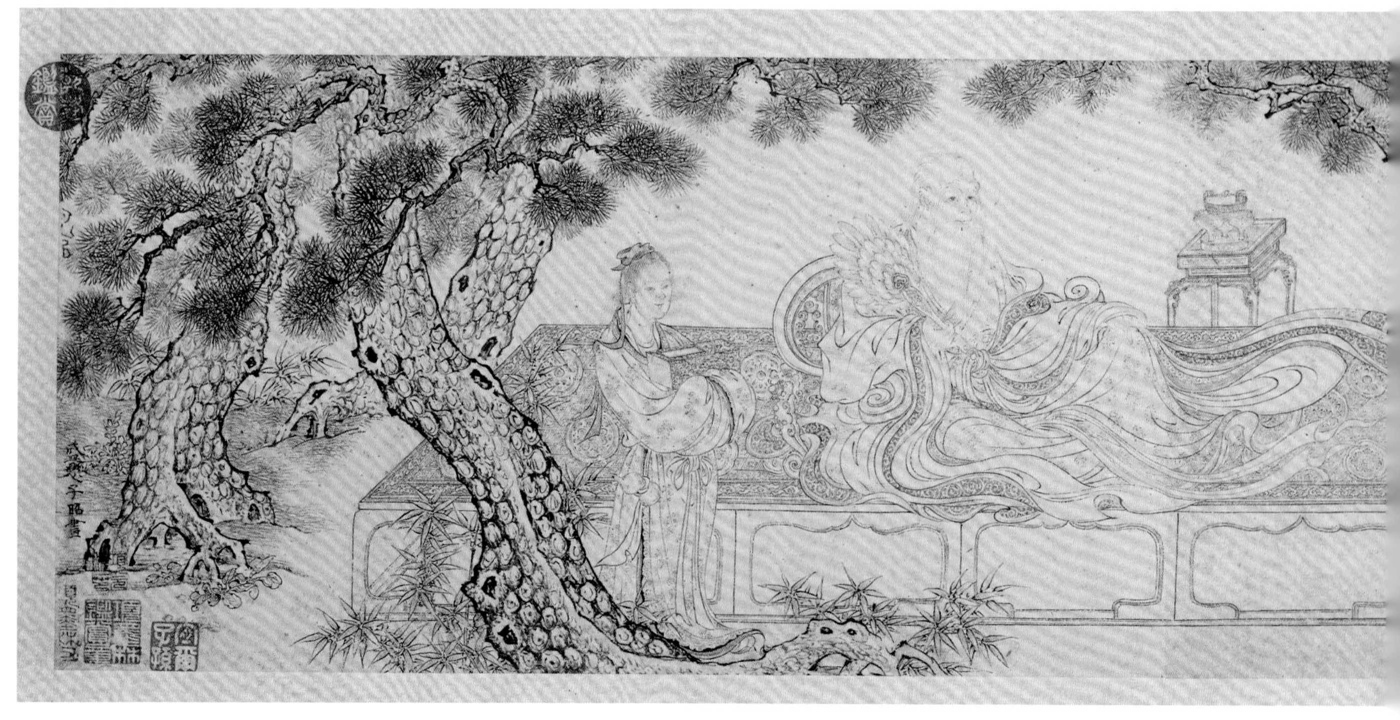

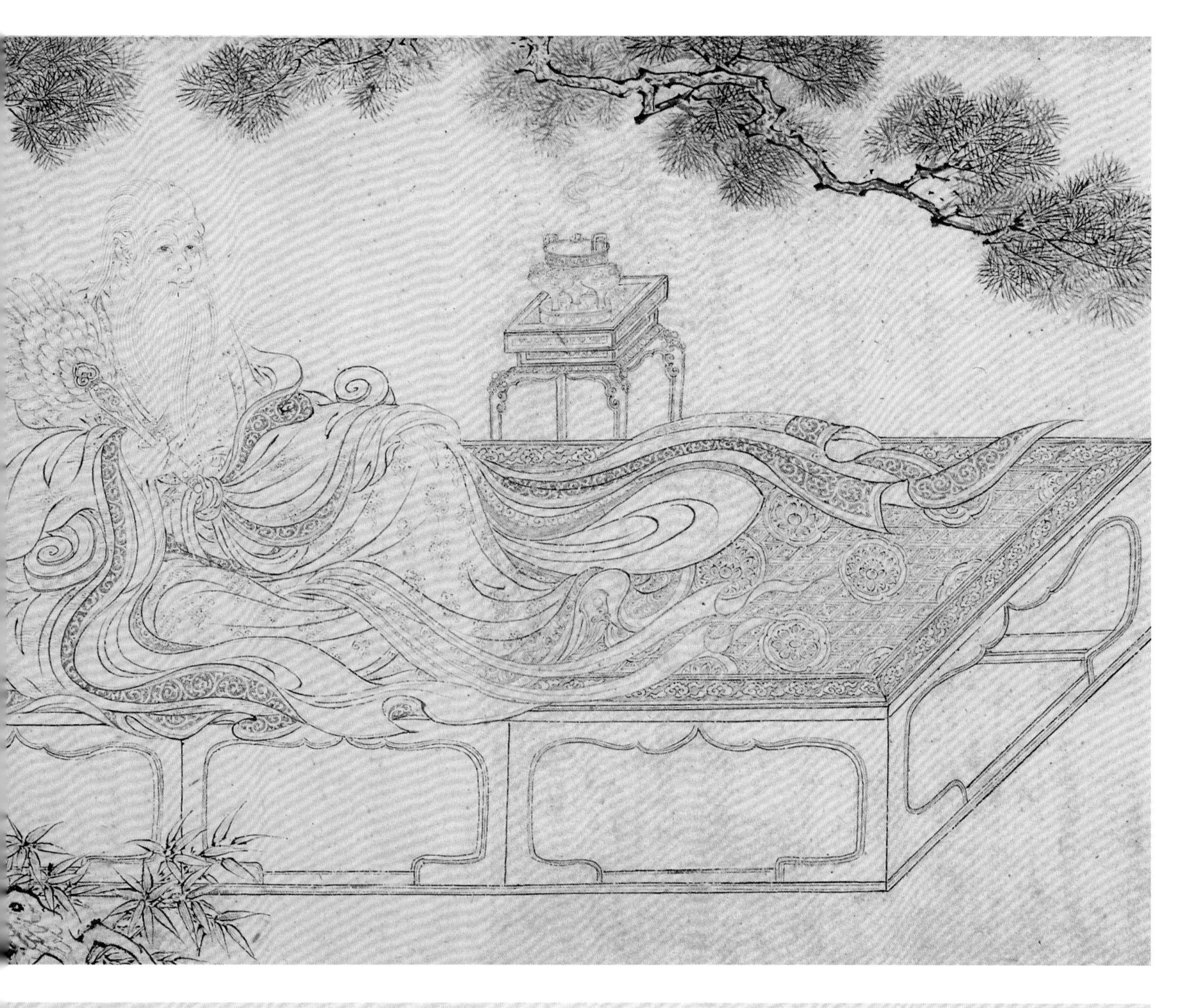

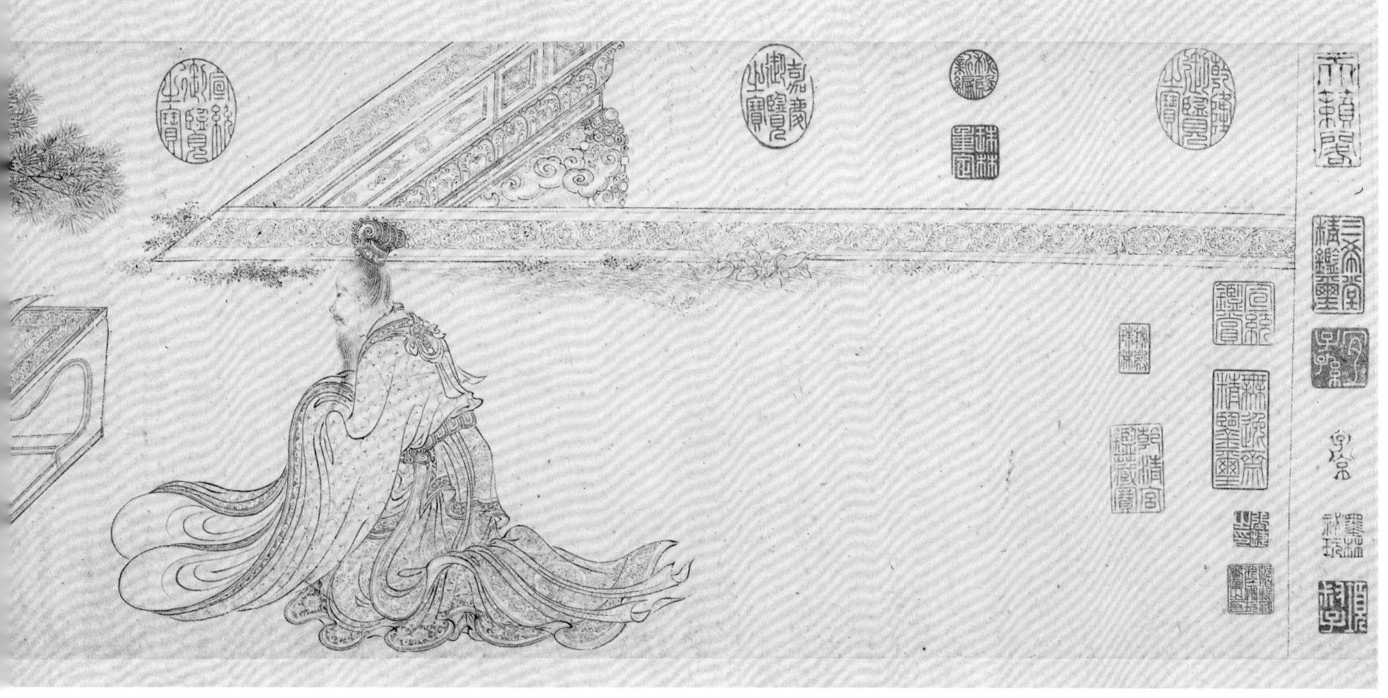

121

佚名　九歌圖卷

紙本　墨筆　縱39.5厘米　橫728.7厘米

The Nine Songs
Anonymous
Handscroll, Ink on paper
H. 39.5cm　L. 728.7cm

楚辭《九歌》為戰國時楚大夫屈原為祀神樂曲所作。圖中繪諸神及神話人物，依次為：

東皇太乙，太乙星名，天上尊神。他頭戴冠，抄手於胸前，神情莊重，有侍女相隨。

大司命，主宰生命之神，能誅惡獲善。形像為拄杖長髯老者，正俯身安撫蒼龍。

少司命，專司兒童命運之神。他年輕瀟灑，臨風而立，侍女手中持節。

東君即日神。他頭戴皮帽，左手持弓，右手搭箭，作開弓欲射之勢。

雲中君為雲神，亦為雷神。他端坐於華蓋車輦之上，蒼龍、眾神作前引，另有隨從掌扇、推輦，最後是一伏虎神將。

湘君、湘夫人，為湘水之神。她們頭戴鳳冠，相對站立，長衣廣袖隨風而飄。

河伯為大河之神。他盤腿坐於龜背上，一旁有巨龍相隨。

山鬼即山神。她赤身露體，腰束草裙，手持靈芝，騎於黑豹背上。

國觴，是為國犧牲的人，他們身穿鎧甲，手握兵器，勇猛拼搏。圖中用大石將他們與前面的眾神分隔開。

本幅書題“九歌圖”，另有款識“李伯時為蘇子由作”，為後添。另鈐鑒藏印“紹興”（朱文，偽）、“神品”（朱文）等二十方，又半印二方。

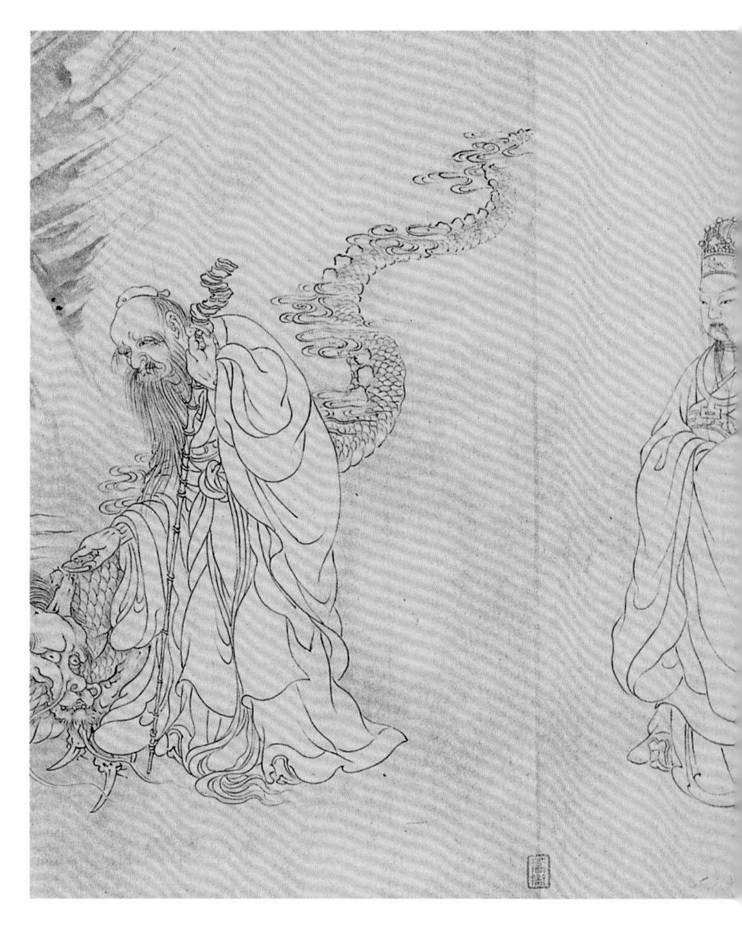

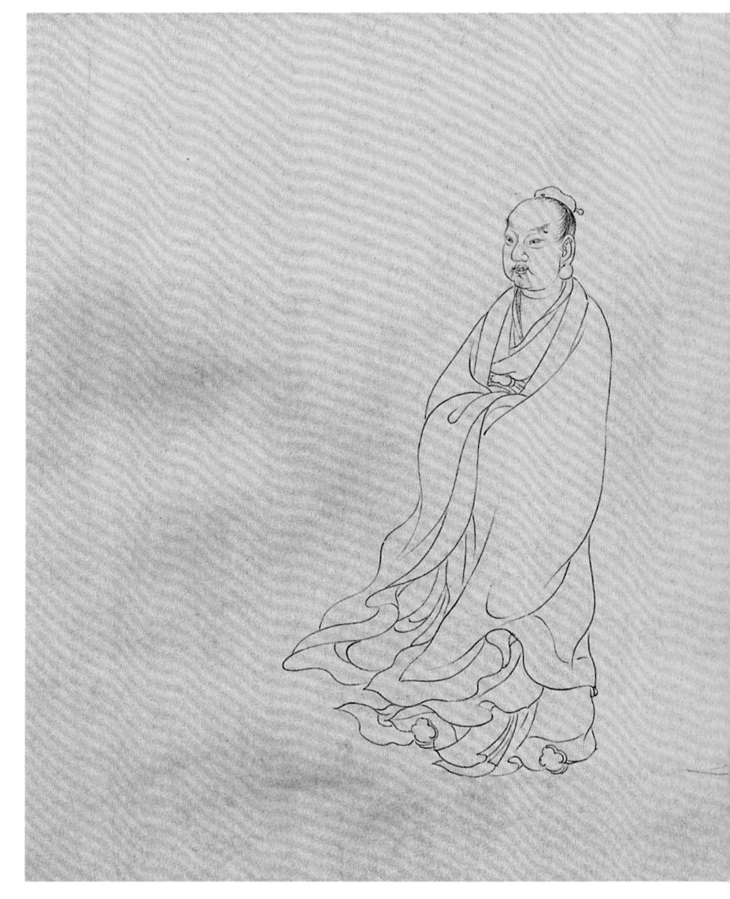

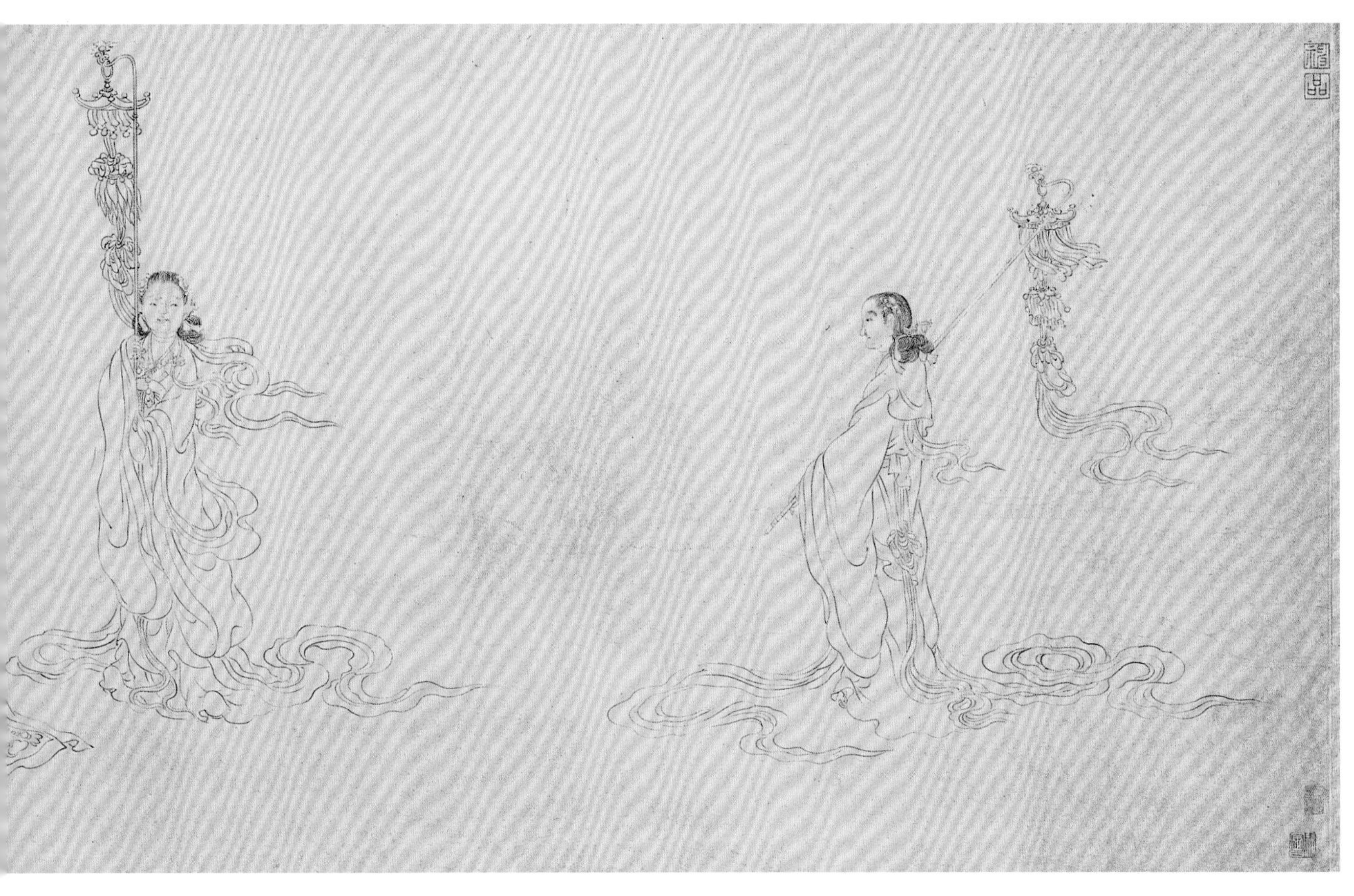

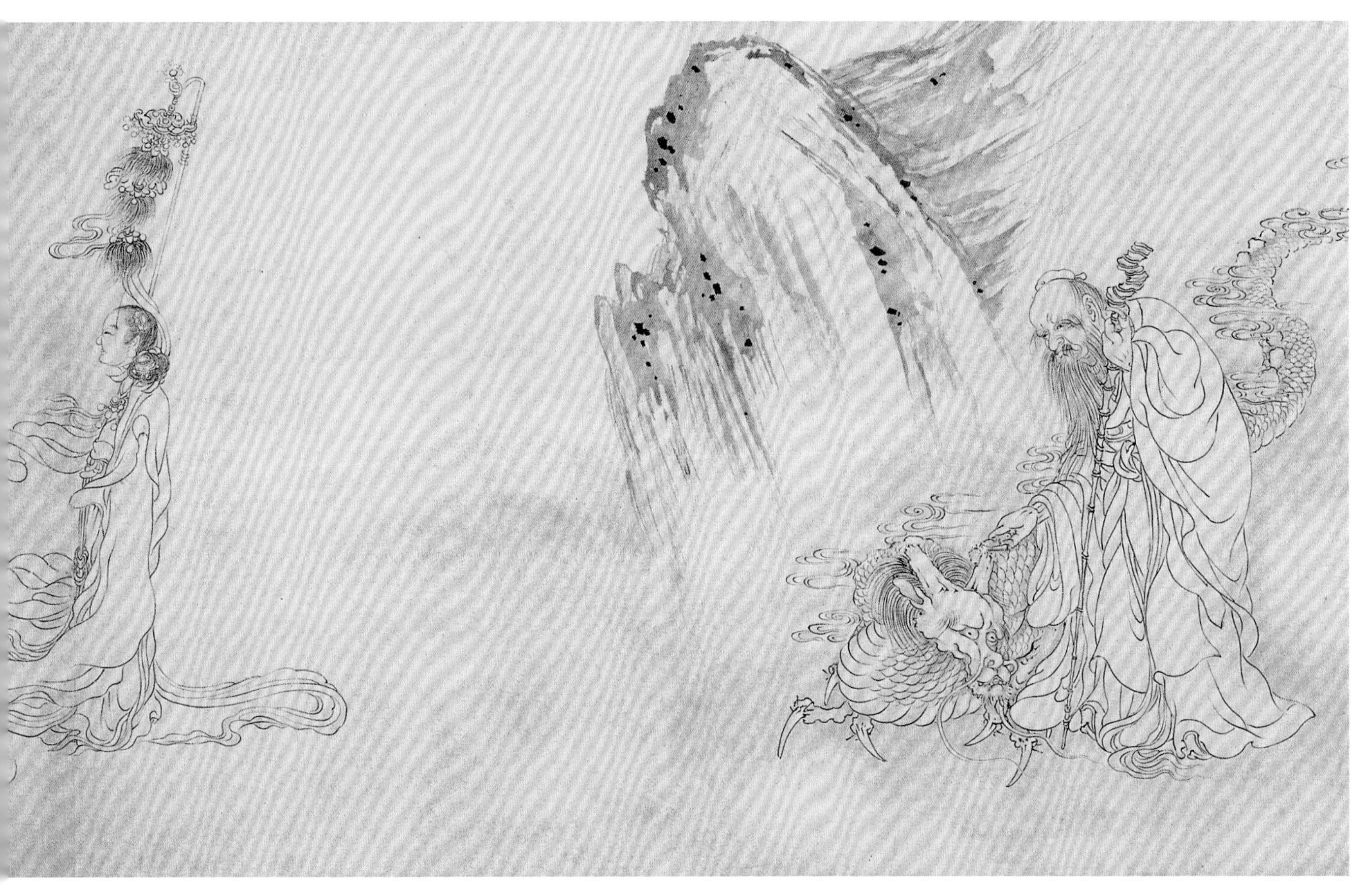

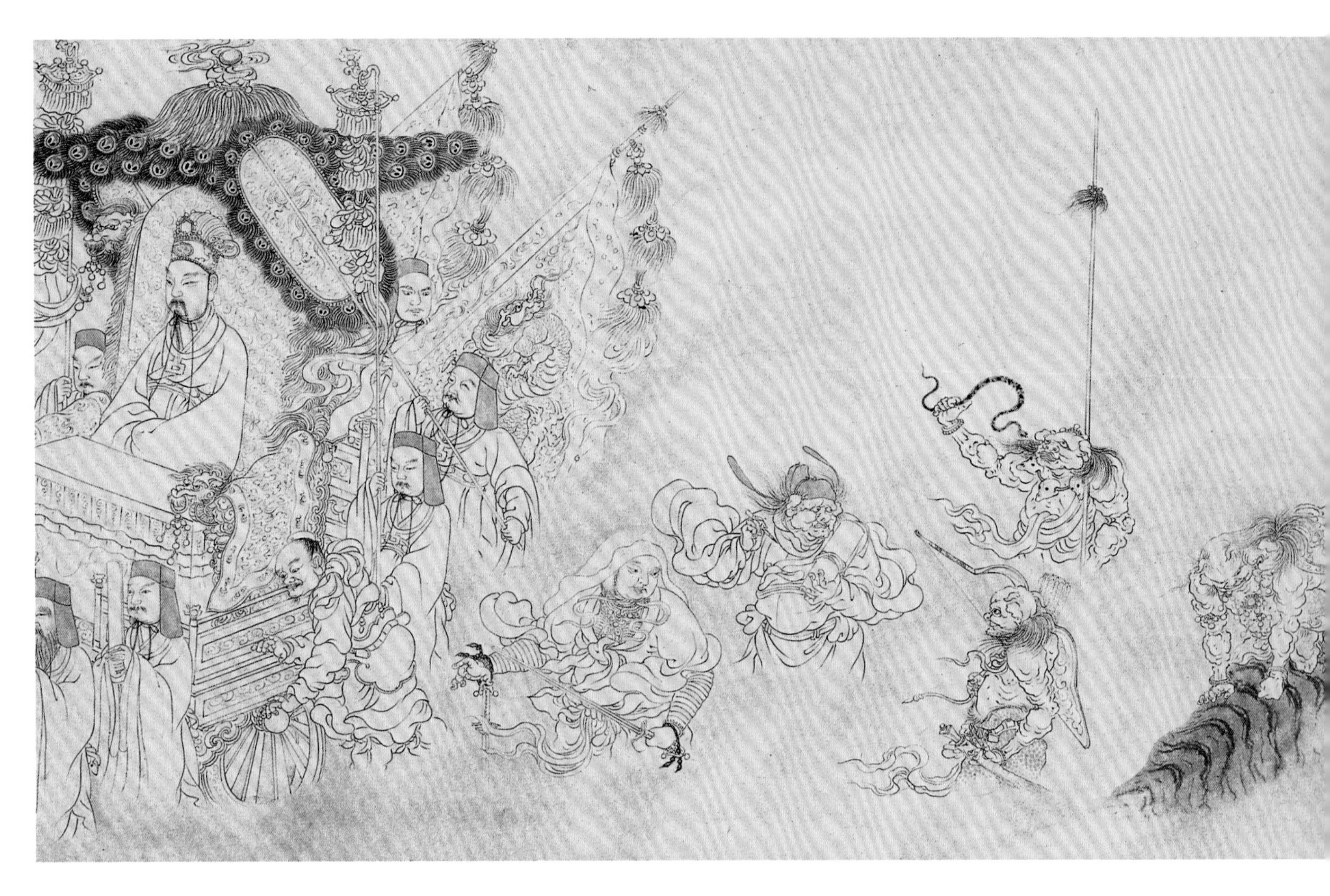

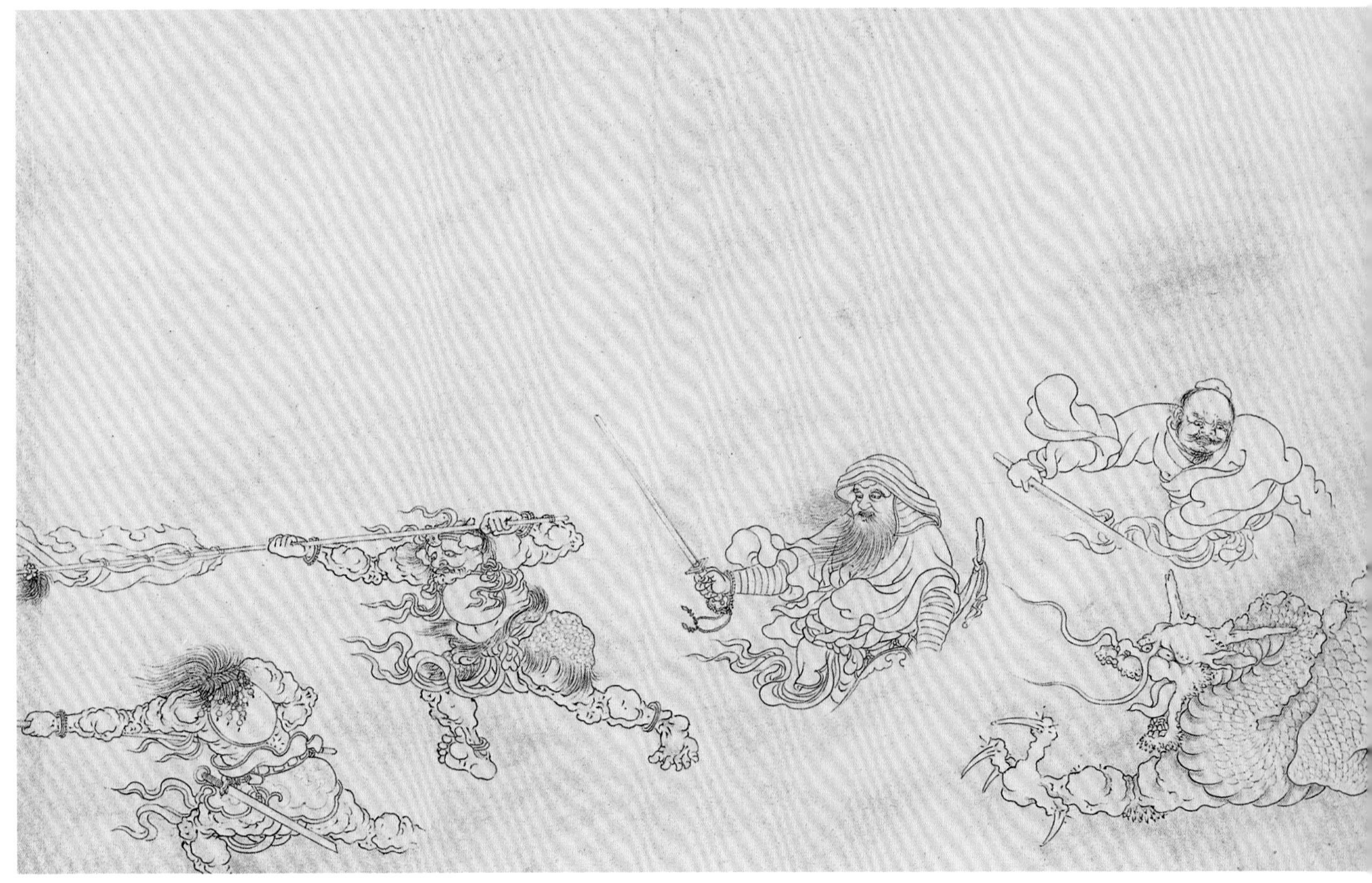

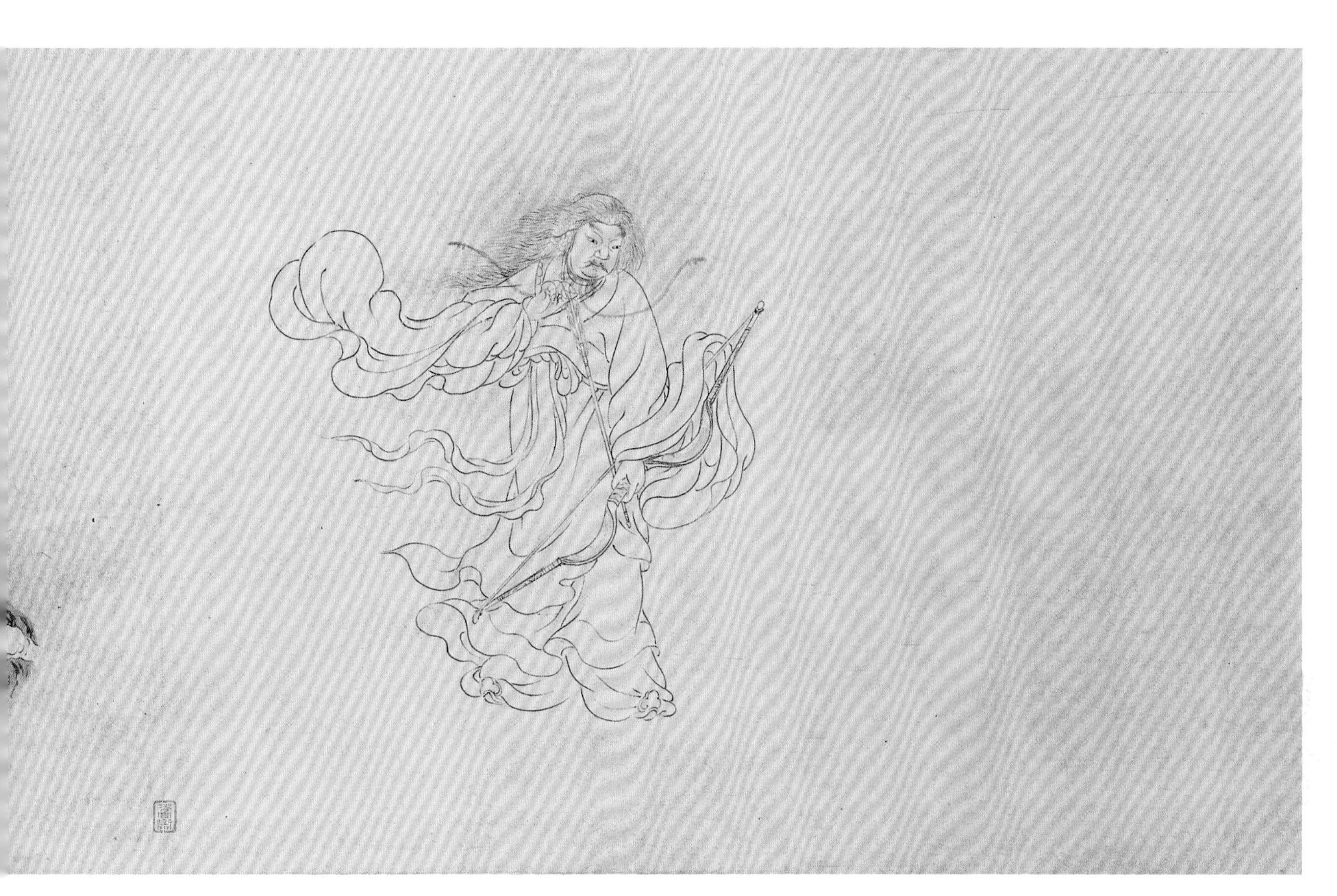

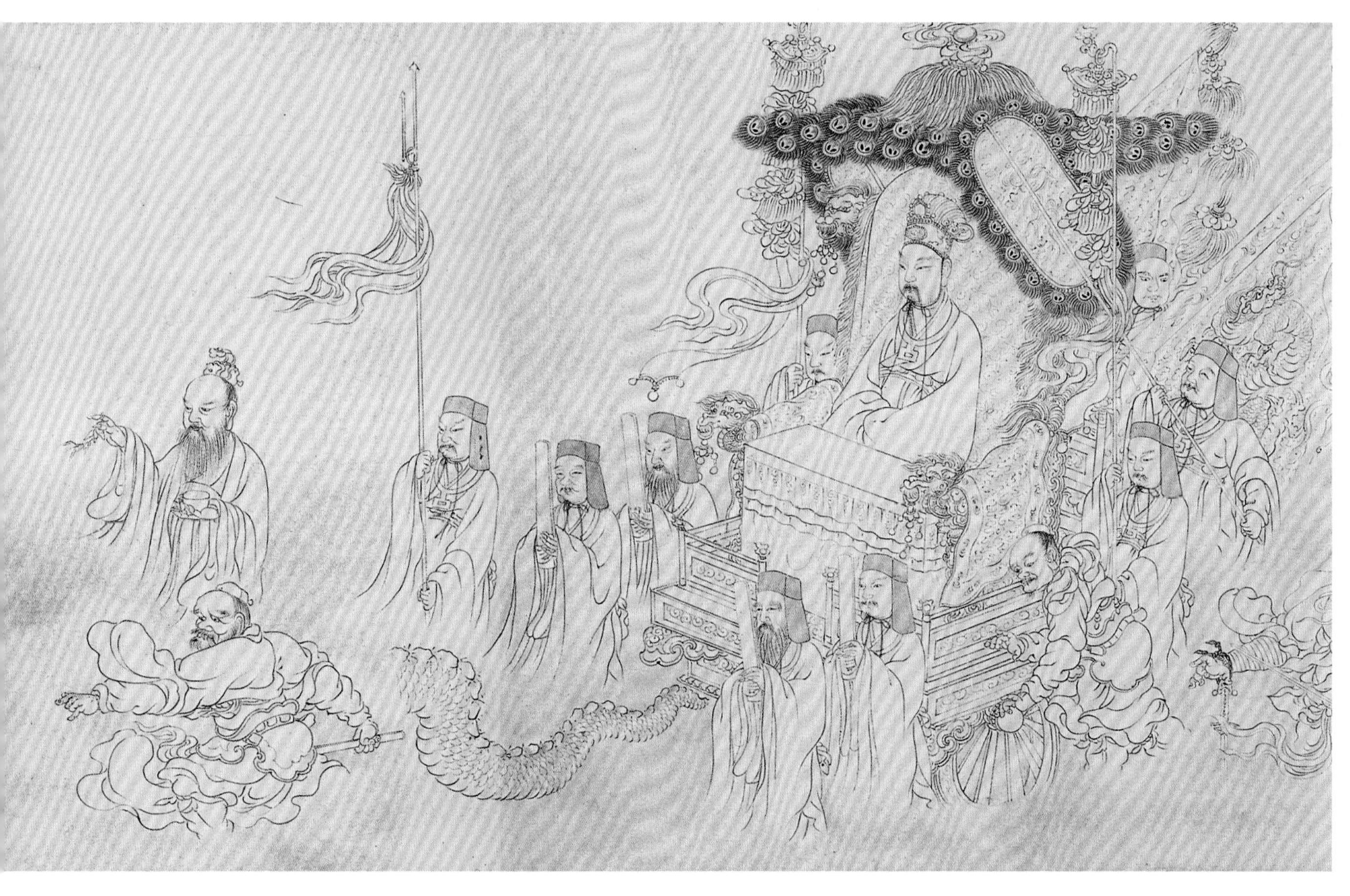

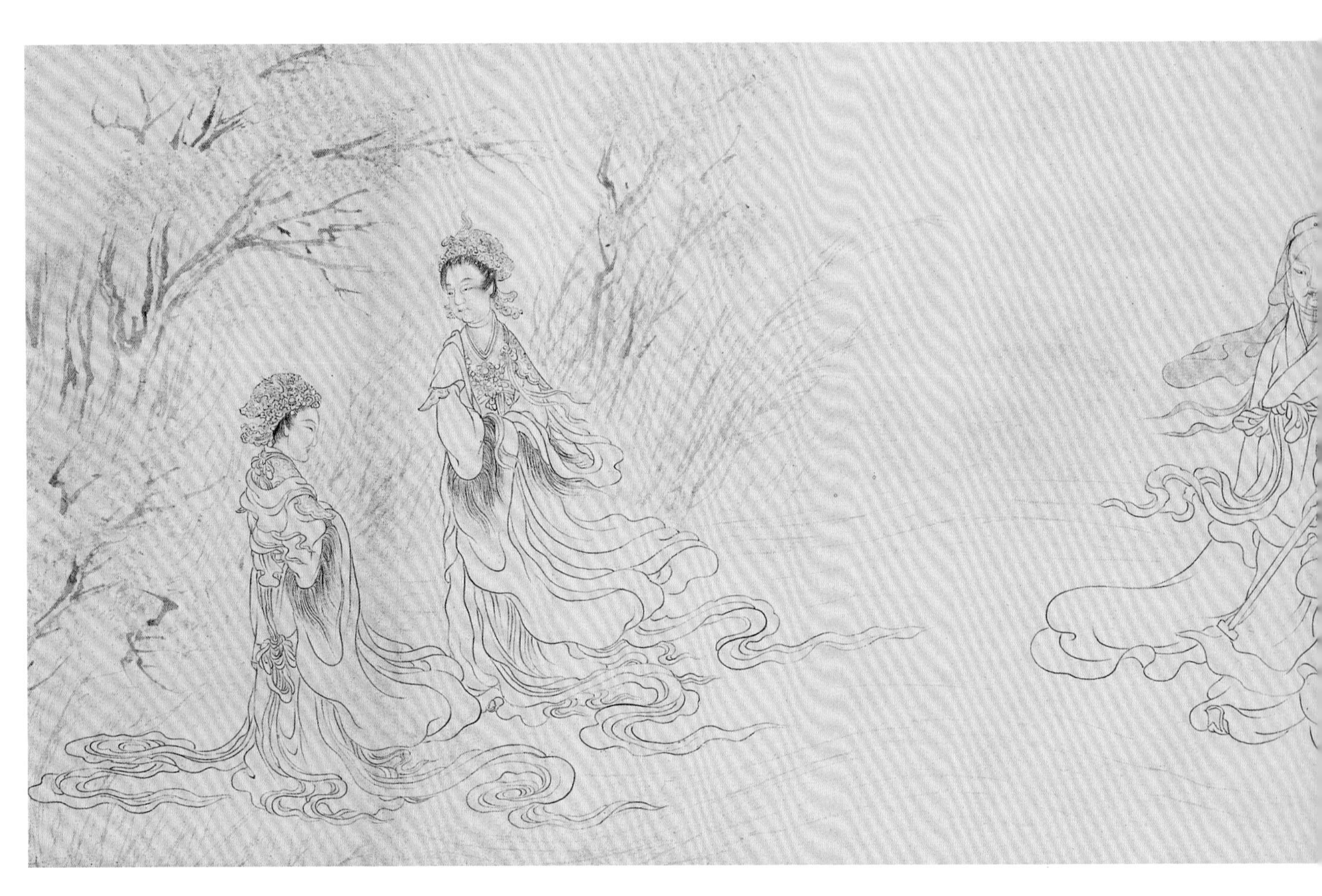

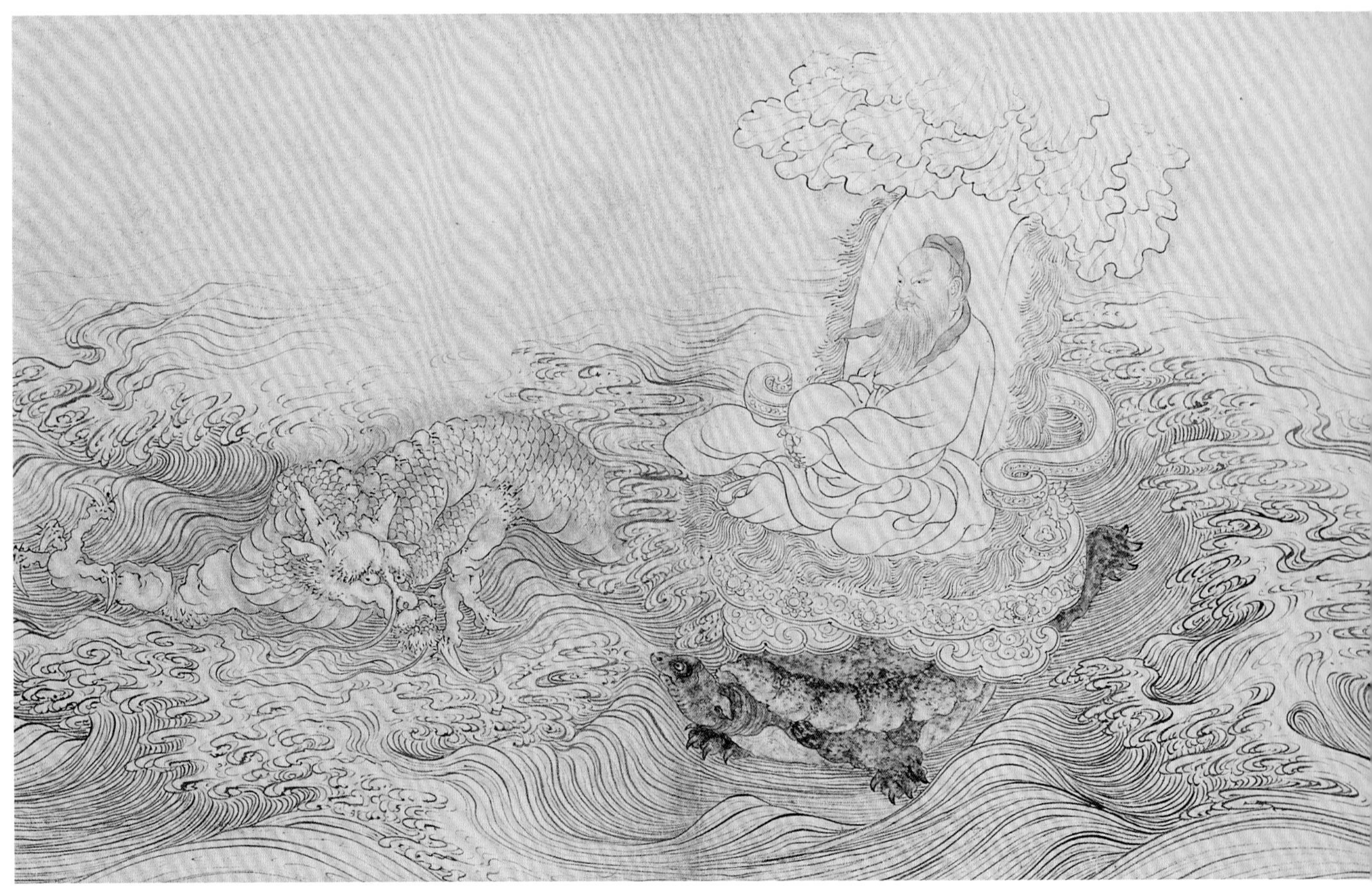

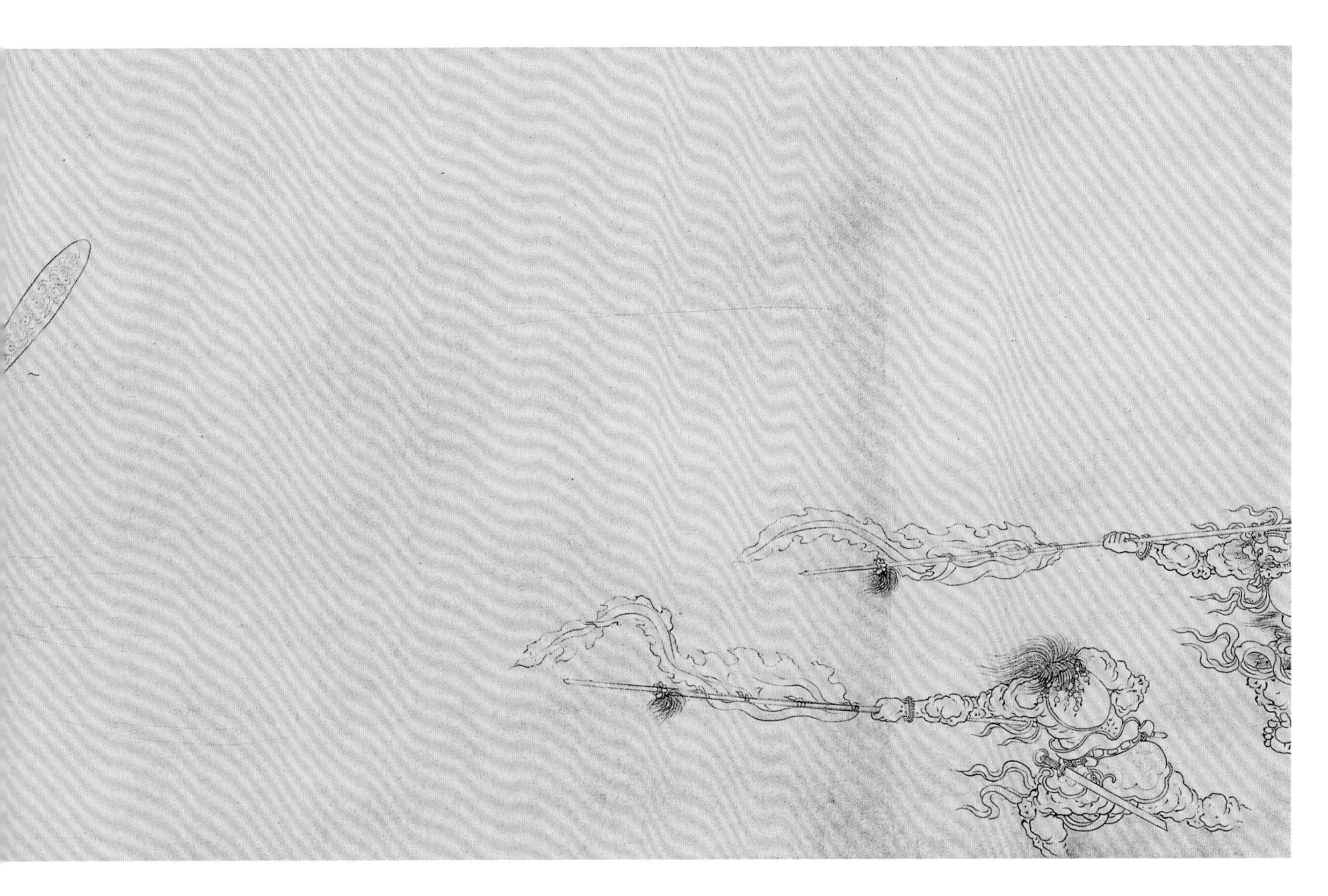

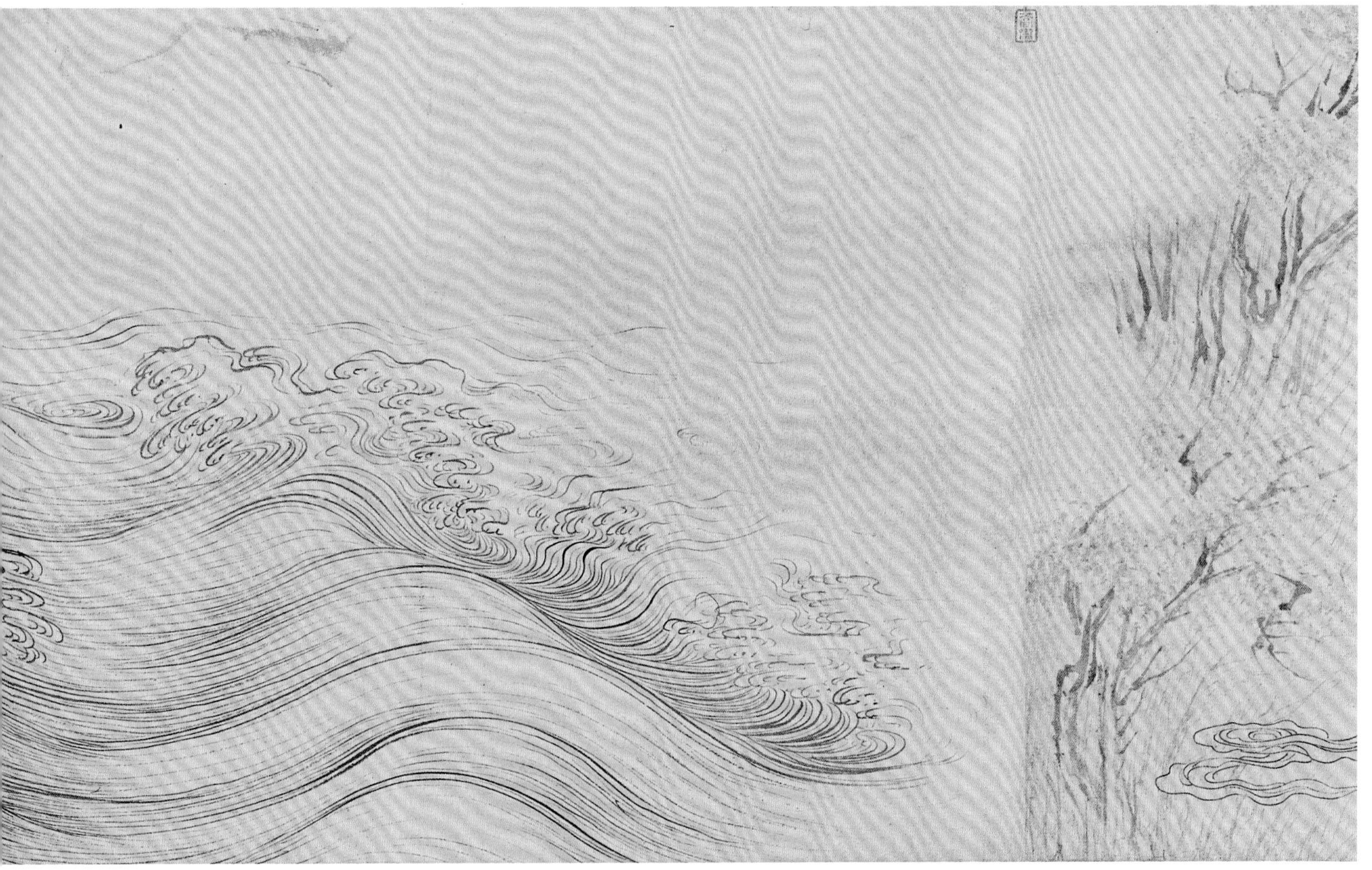

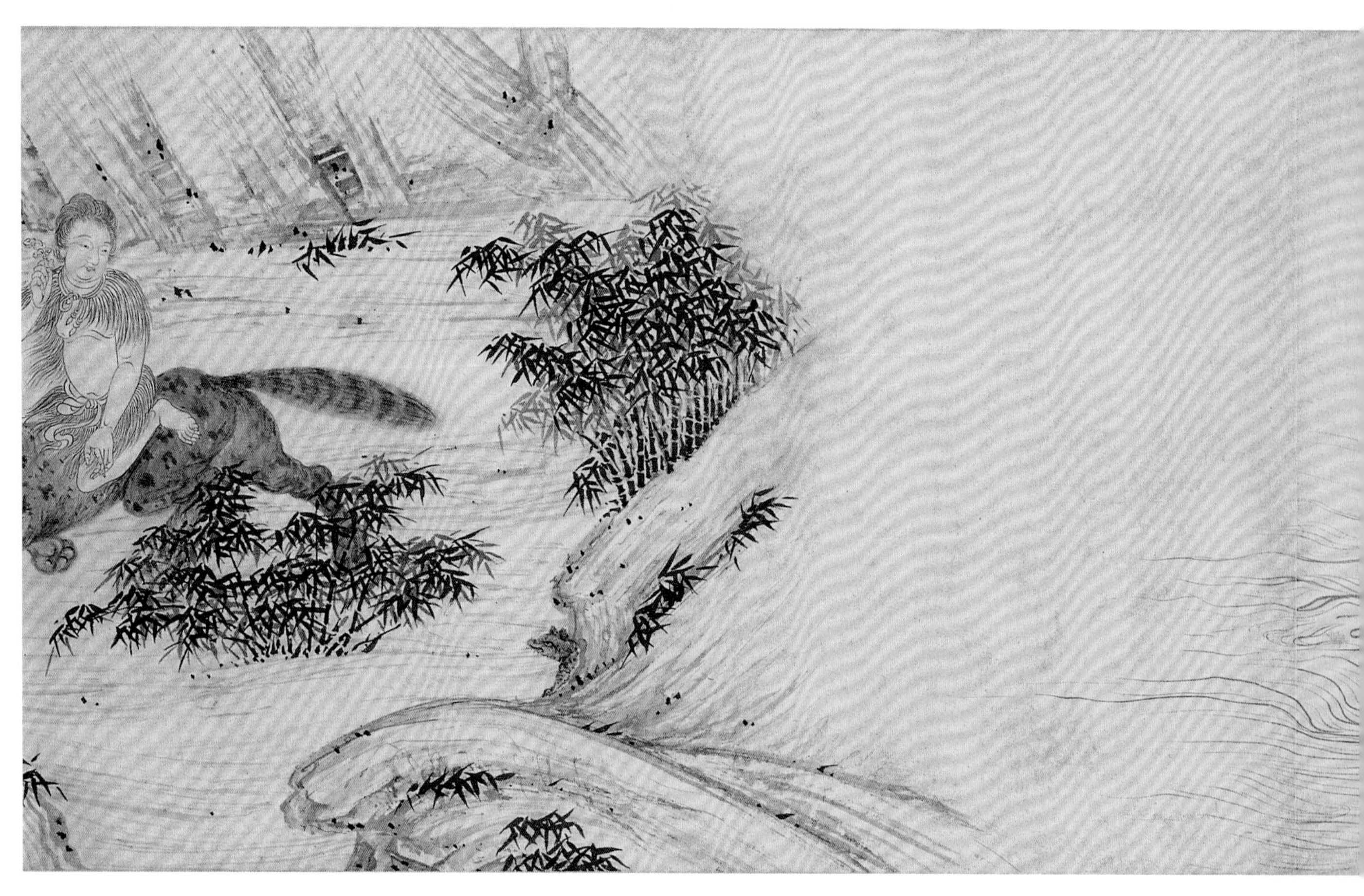

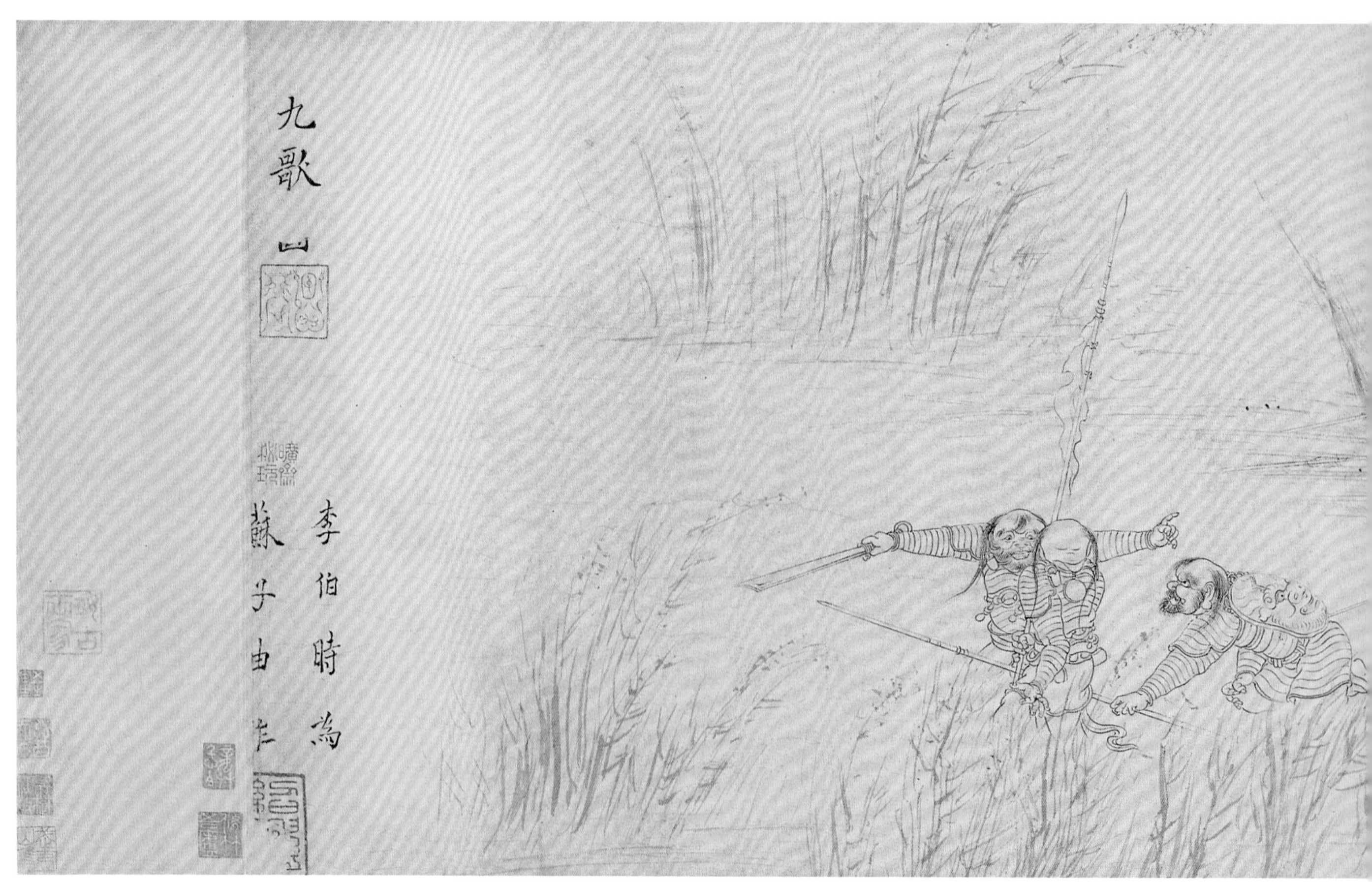
九歌 四
李伯時為
蘇子由作

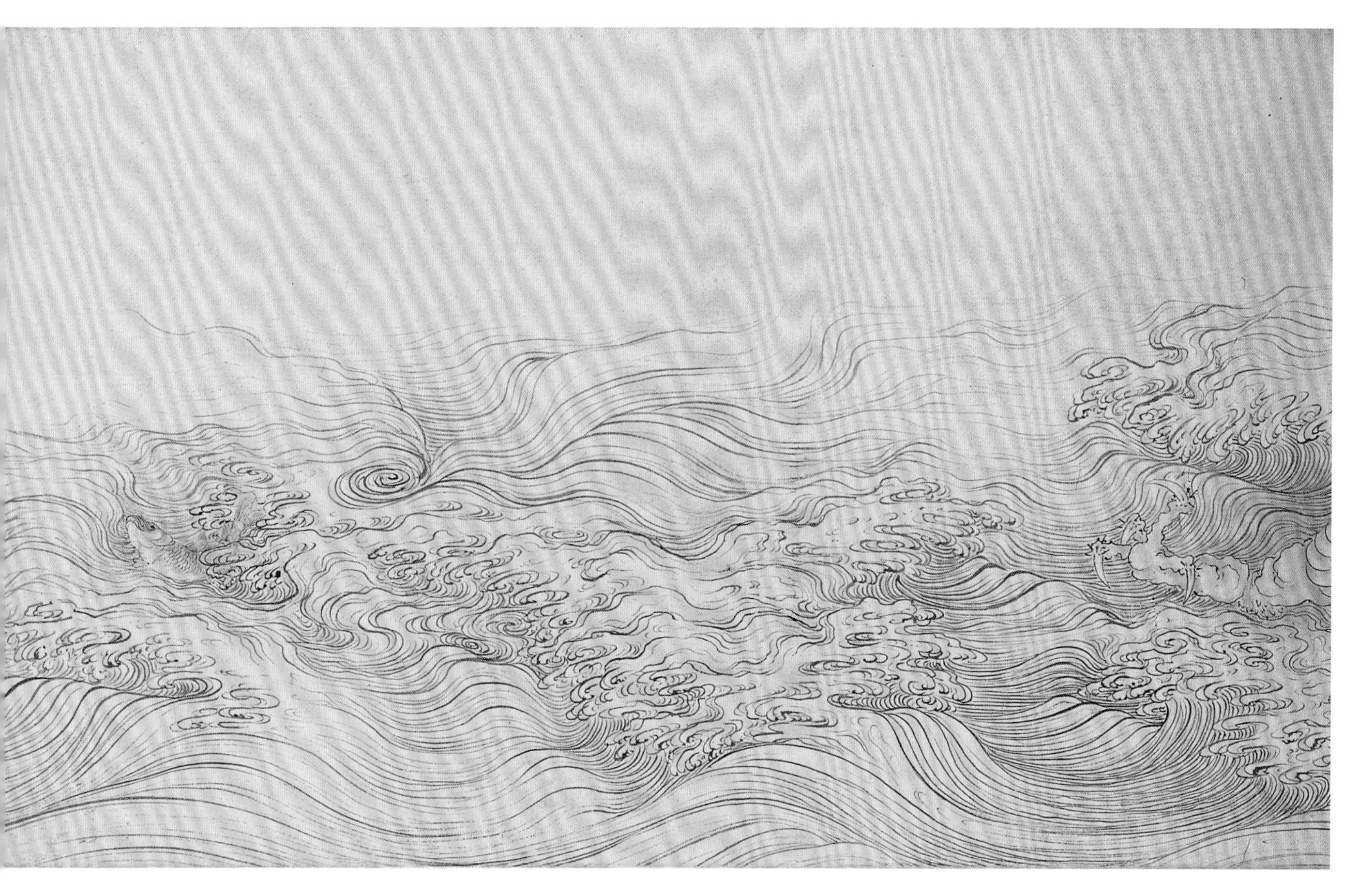

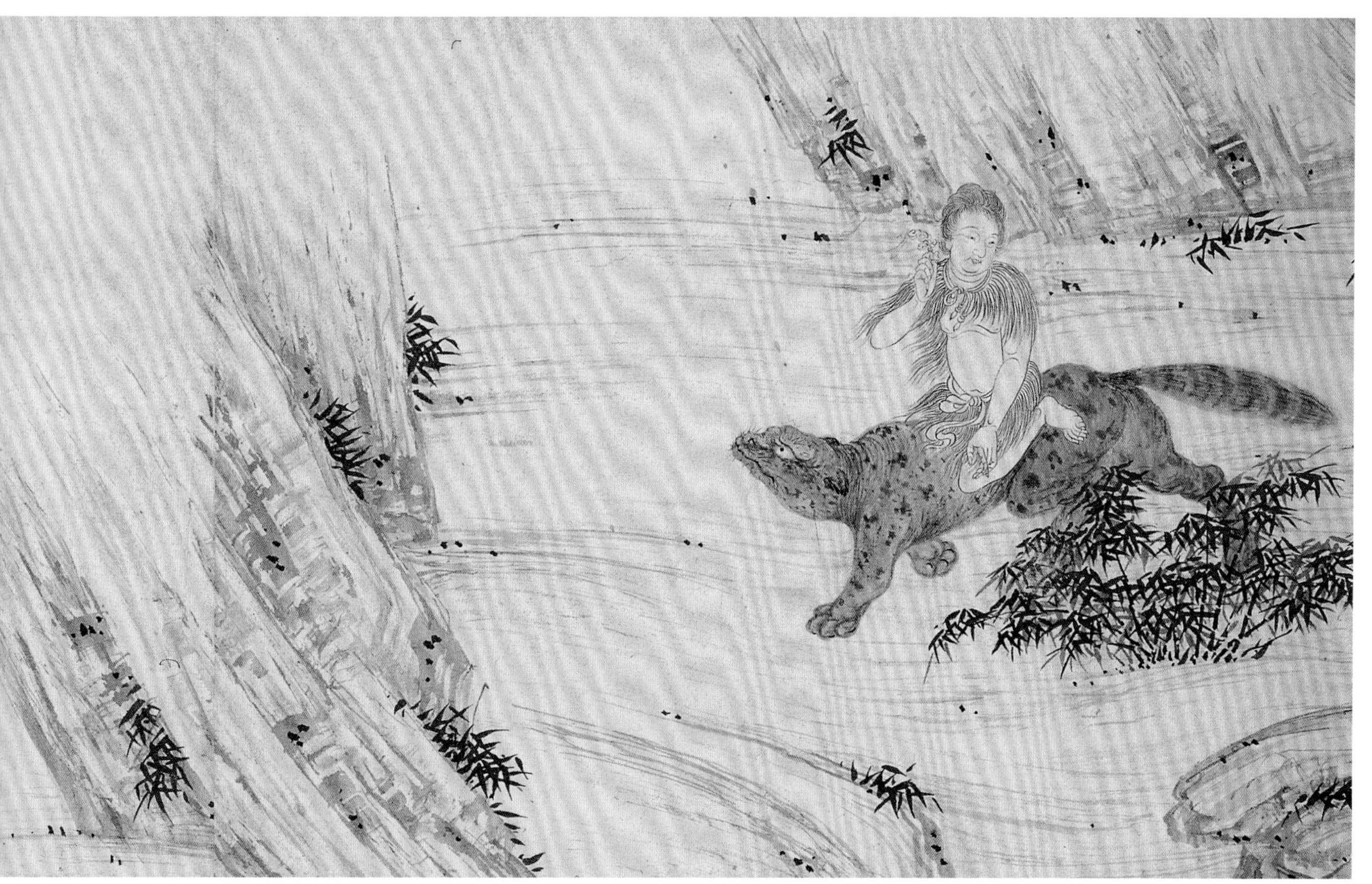

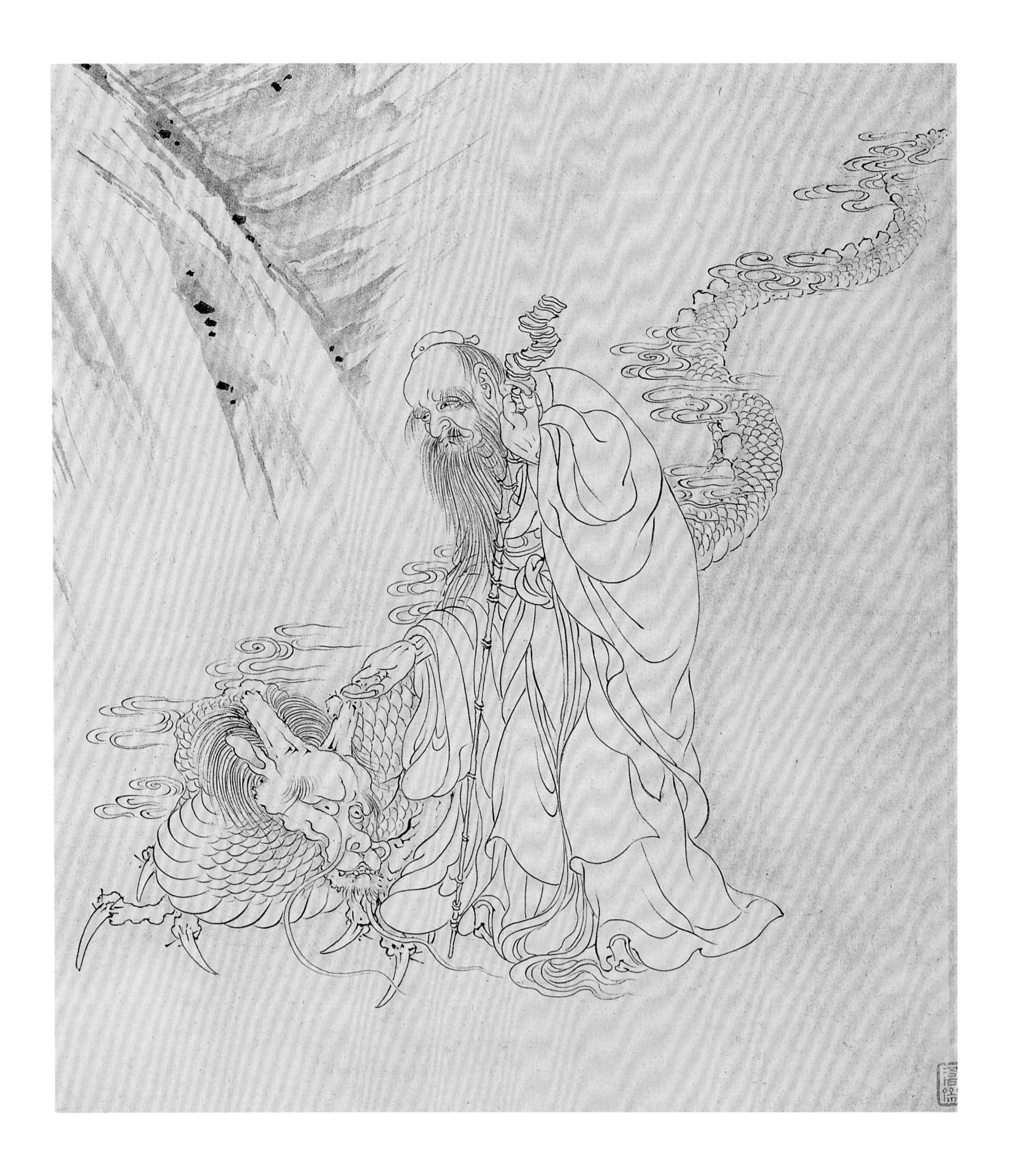

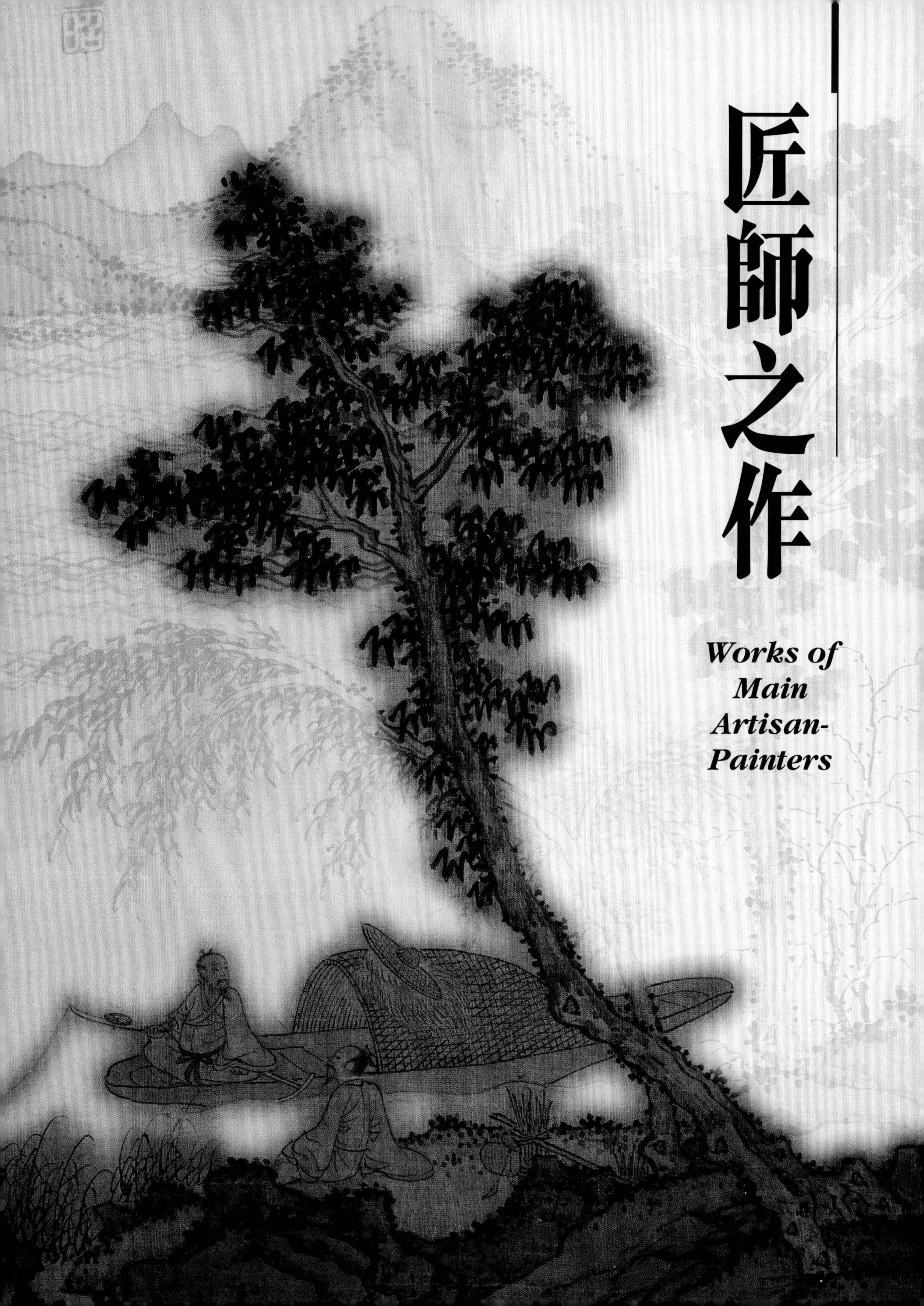

匠師之作

Works of Main Artisan-Painters

122

胡廷暉　春山泛艇圖軸

絹本　設色　縱143厘米　橫55.5厘米

Boating on the Stream around Mountains in Spring

By Hu Tinghui (dates unknown)
Hanging scroll, Blue-and-green on silk
H. 143cm　L. 55.5cm

胡廷暉，浙江湖州人，與趙孟頫同里。他曾被趙孟頫請到家中為其補全李昭道《摘瓜圖》，後憑記憶默寫了一幅，以至達到亂真的地步，使趙孟頫大為驚訝。

圖中繪青山高聳入雲，松木葱鬱，山間樓宇亭榭有曲廊相通，士人遊樂其中。山腳下，溪橋潭水，波光如鱗，有人泛舟賞景，洋溢着一派春和景明的氣象。用鐵線描勾廓，再敷彩，繼承了唐代青綠山水的畫法。此圖與台北故宮博物院所藏《明皇幸蜀圖》面貌相似。

本幅有印半方“廷暉”（白文），另鈐有康有為、王季遷等收藏印。

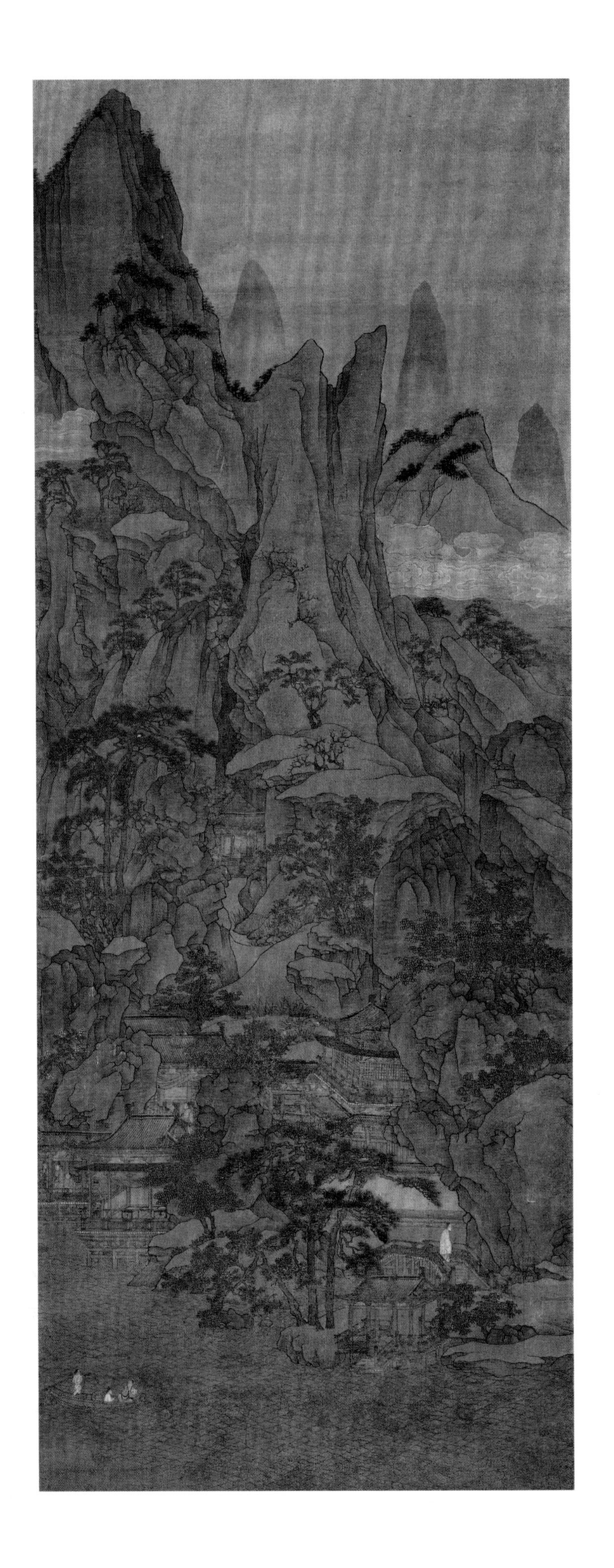

123

盛懋　秋江待渡圖軸

紙本　墨筆　縱112.5厘米　橫46.3厘米
清宮舊藏

Waiting for the Ferry at a River Bank in Autumn

Sheng Mao (dates unknown)
Hanging scroll, Ink on paper
H. 112.5cm　L. 46.3cm
Qing Court collection

盛懋，字子昭，臨安（今浙江杭州）人，寓居嘉興（今浙江嘉興）。出身於丹青世家，幼承家學，擅畫山水。

圖中繪溪山平遠，林木森然，坡地上一人趺坐，旁有行囊，小童侍立。透過空曠的水域，遠處有一渡船。林木蒼鬱，蘆葦叢生，飛雁遠去，表現出一派清幽的秋日景色。用墨近濃遠淡，用筆精謹。

本幅自題："至正辛卯歲（1351）三月十又六日，武唐盛懋子昭為卣白作秋江待渡。"鈐印"盛懋"（白文）、"子昭"（朱文）。上方有老圃、瑩玉庵、俞英、劉公敍、莊廣義及清乾隆六家題記。另鈐有"都尉耿信公書畫之章"（白文）、"信公珍賞"（朱文）、"耿會侯鑒定書畫之章"（朱文）、"笪"（朱文）及清內府藏印共三十方，又半印一方。裱邊鈐印"笪在辛氏"（朱文）、"江上笪氏圖書印"（朱文）。

曾經《古緣萃錄》著錄。

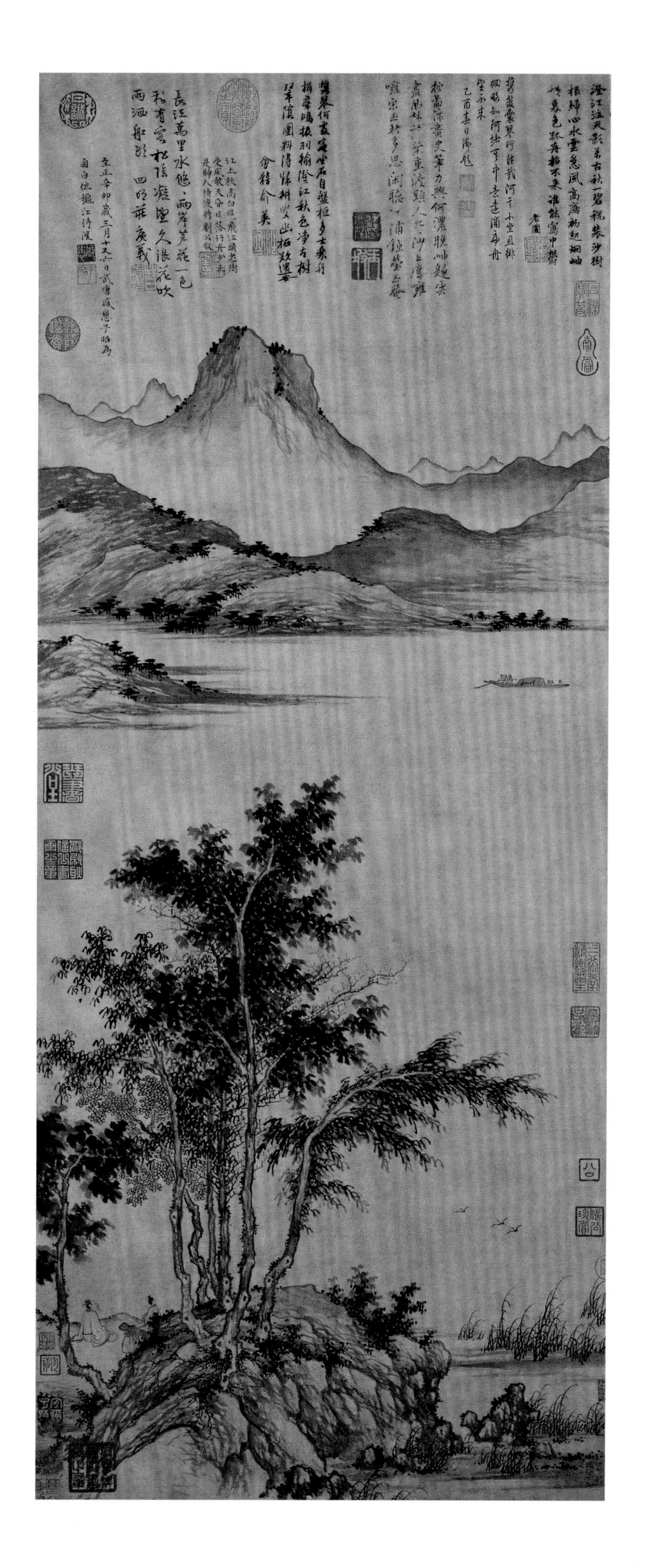

124

盛懋　松石圖軸

紙本　墨筆　縱77.4厘米　橫27.2厘米

Pines and Rocks

By Sheng Mao
Hanging scroll, Ink on paper
H. 77.4cm　L. 27.2cm

圖中繪一株古松，枝幹下垂，松針細勁，松下有秀石溪流。筆墨蒼勁渾厚，透露出剛猛之氣。松樹畫法用淡墨皴染樹幹，濃墨點苔，松針筆勢爽利尖峭，坡石以水墨暈染，濃墨點苔。此圖是一幅祝壽圖，以青松壽石寓長壽之意。

本幅自題：“至正已亥（1353）仲秋二十二日武唐盛懋子昭作此圖書為祐禎壽。”鈐印“子昭”（白文）、“盛懋”（白文）。另鈐藏印“口公讀過”（白文）、“見陽圖書”（朱文）、“寒雲珍藏元人名跡”（朱文）、“子安珍藏記”（白文）。

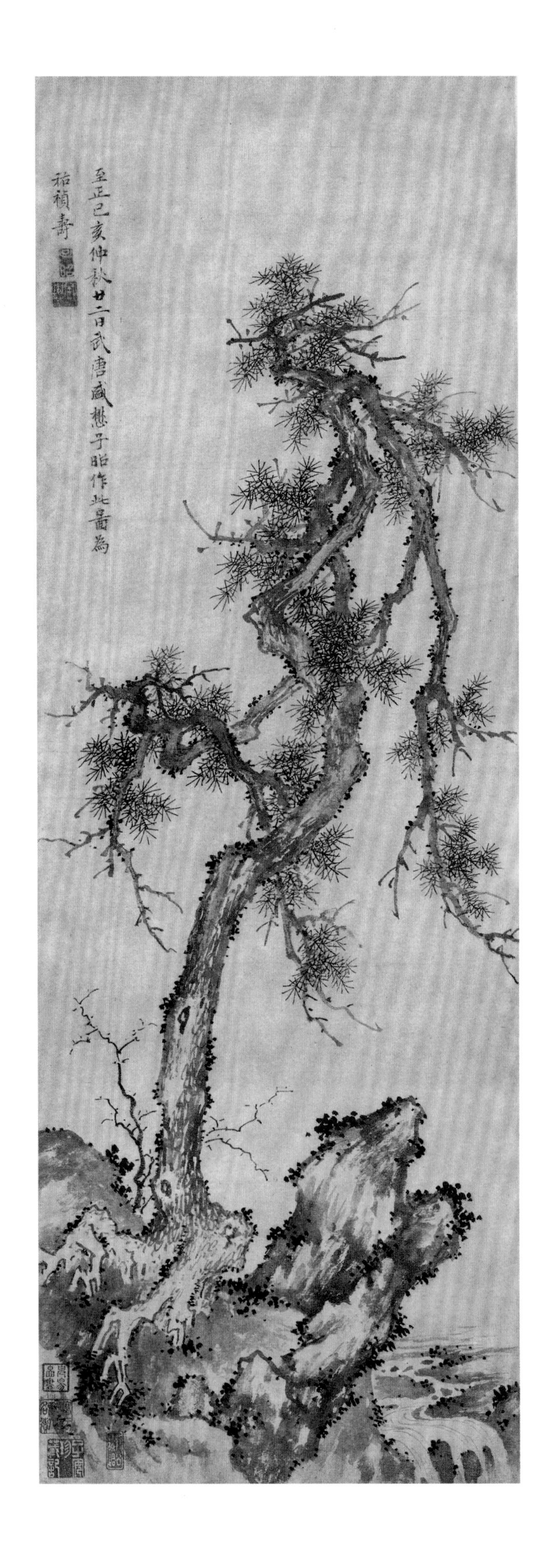

125

盛懋　漁樵問答圖頁
絹本　設色　縱29.1厘米　橫20.3厘米

Dialogue between Fisherman and Woodcutter
By Sheng Mao
Leaf, Colour on silk
H. 29.1cm　L. 20.3cm

圖中繪江水濤濤，遠處山巒起伏，江中篷船上一漁人垂杆而釣，坡岸樹陰下樵夫踞坐，與舟中人對語，身旁置柴一擔。筆墨精到，設色淡雅，營造出靜謐祥和的氛圍。漁樵問答是常見的表現隱逸文人的題材。

本幅款識“盛懋”。鈐印“子昭”（白文）。對開有明代吳惠、黃諫題詩。

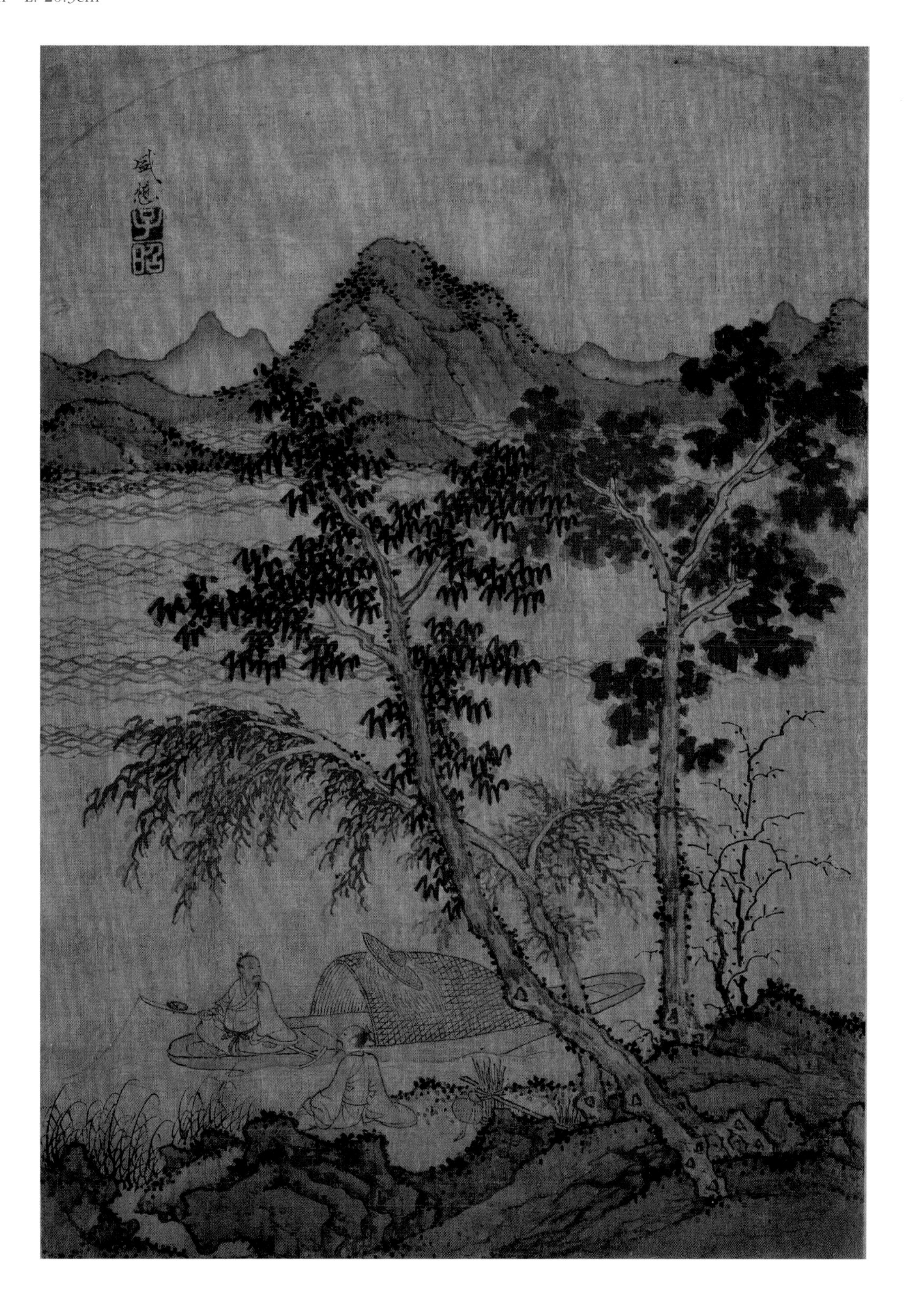

126

盛懋　坐看雲起圖頁
絹本　設色　縱27厘米　橫28厘米

A Scholar Sitting on the Ground while Watching the Rising Clouds
By Sheng Mao
Leaf, Colour on silk
H. 27cm　L. 28cm

紈扇裝裱。圖中繪古木平崗，一士人手執如意，席地而坐，林木參差錯落。崗下山石嶙峋，水中葦草叢生。雙雁振翅，雲霧迷濛，遠近山峯隱現於雲海之中，表現了隱逸文人幽雅的生活情趣。設色淡雅，用筆用墨均精工細緻。

本幅鈐印"子"、"昭"(白文連珠)。

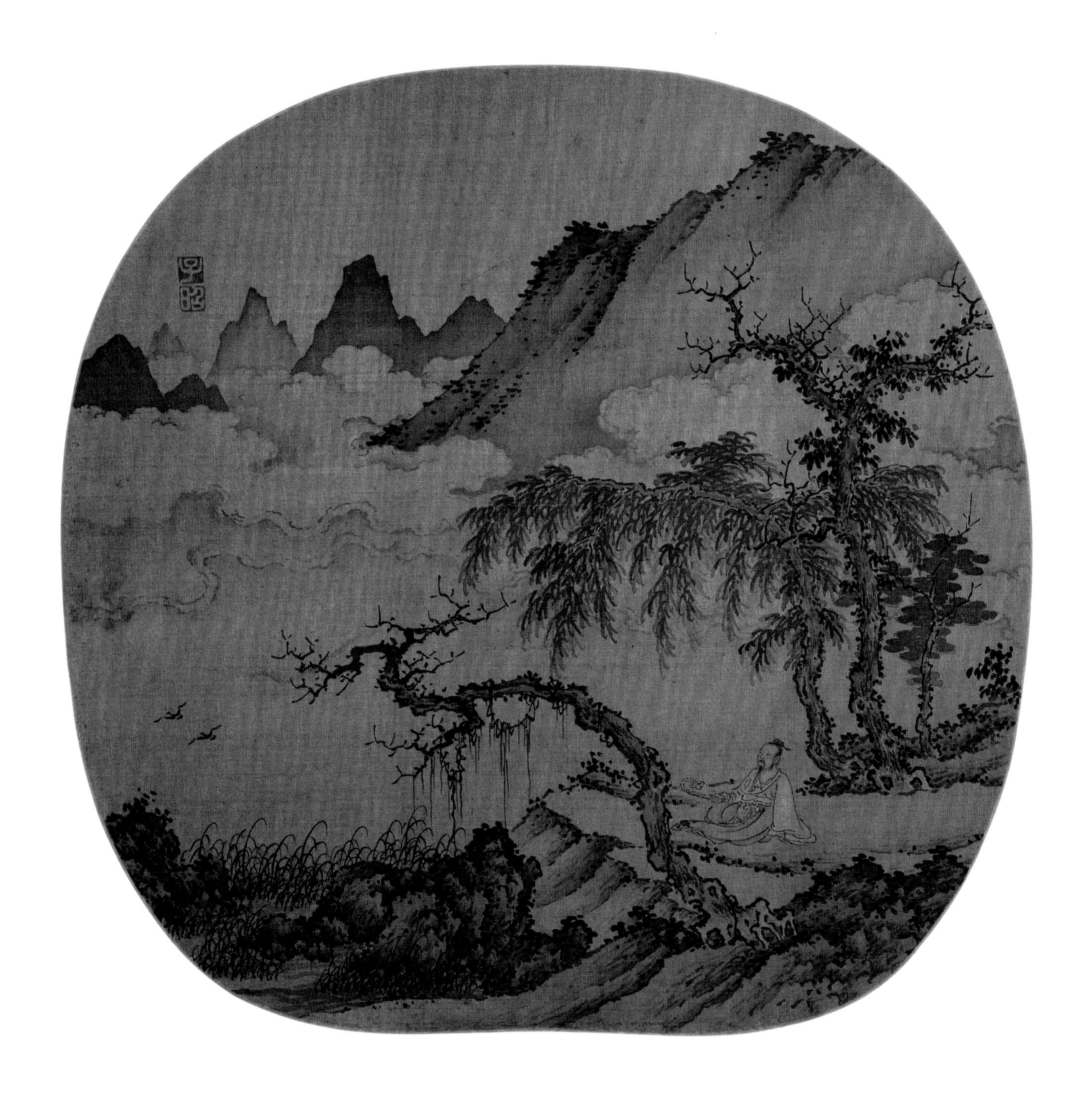

127

盛懋　秋溪放艇圖頁
絹本　設色畫　縱24.9厘米
橫24.5厘米

Boating on the River in Autumn
By Sheng Mao
Leaf, Colour on silk
H. 24.9cm　L. 24.5cm

紈扇裝裱。圖中繪土坡上喬木蔥鬱，長者泊舟岸邊，一晚生正奮力划槳而來，遠山沙渚如帶。此圖筆墨、構圖、表現手法均具盛懋的典型畫風。

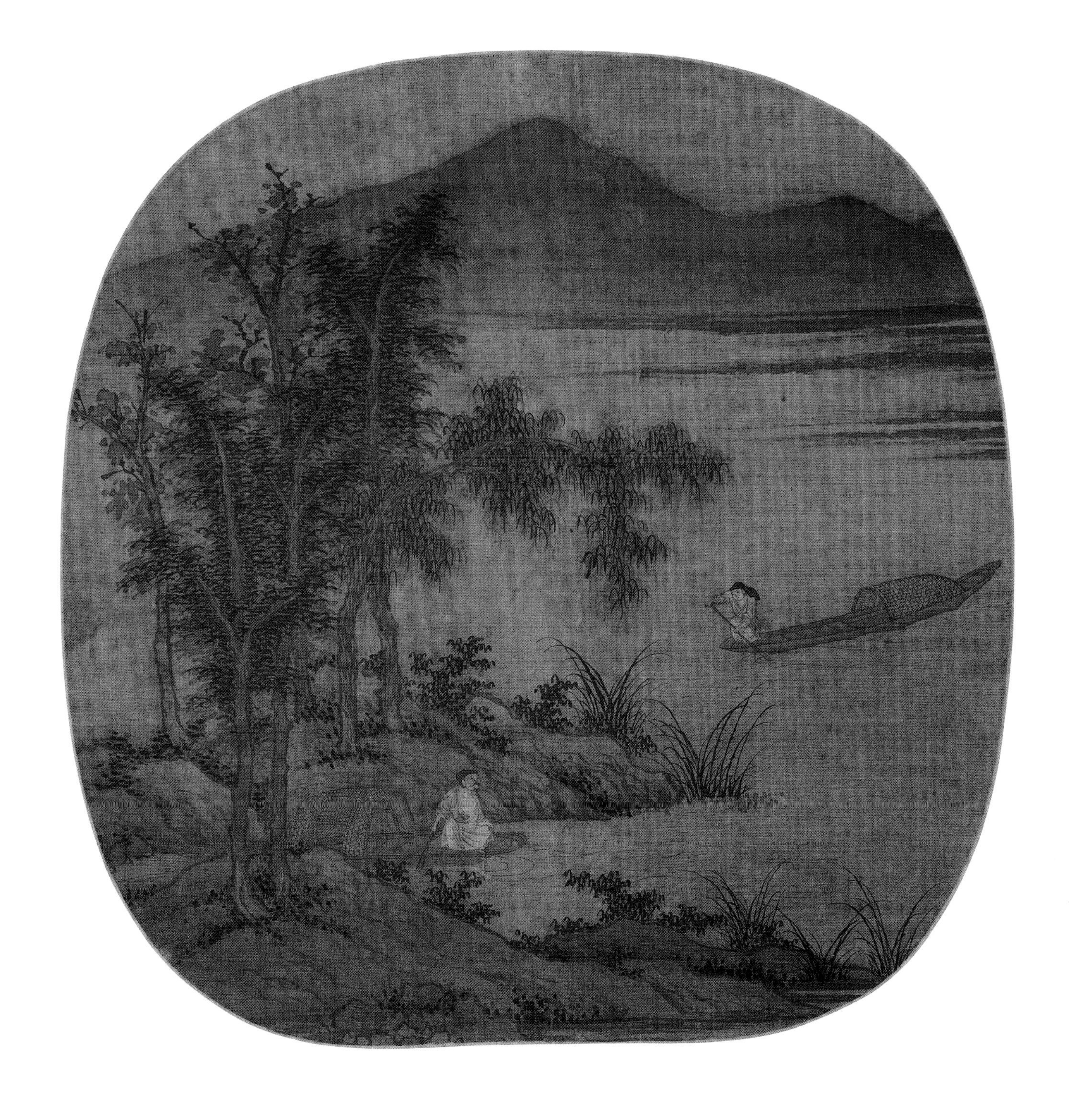

128

雪界翁　張師夔　鷹檜圖軸
絹本　設色　縱147.3厘米　橫96.8厘米

An Eagle Perching on the Juniper
By Xue Jieweng, Zhang Shinao (their dates unknown)
Hanging scroll, Colour on silk
H. 147.3cm　L. 96.8cm

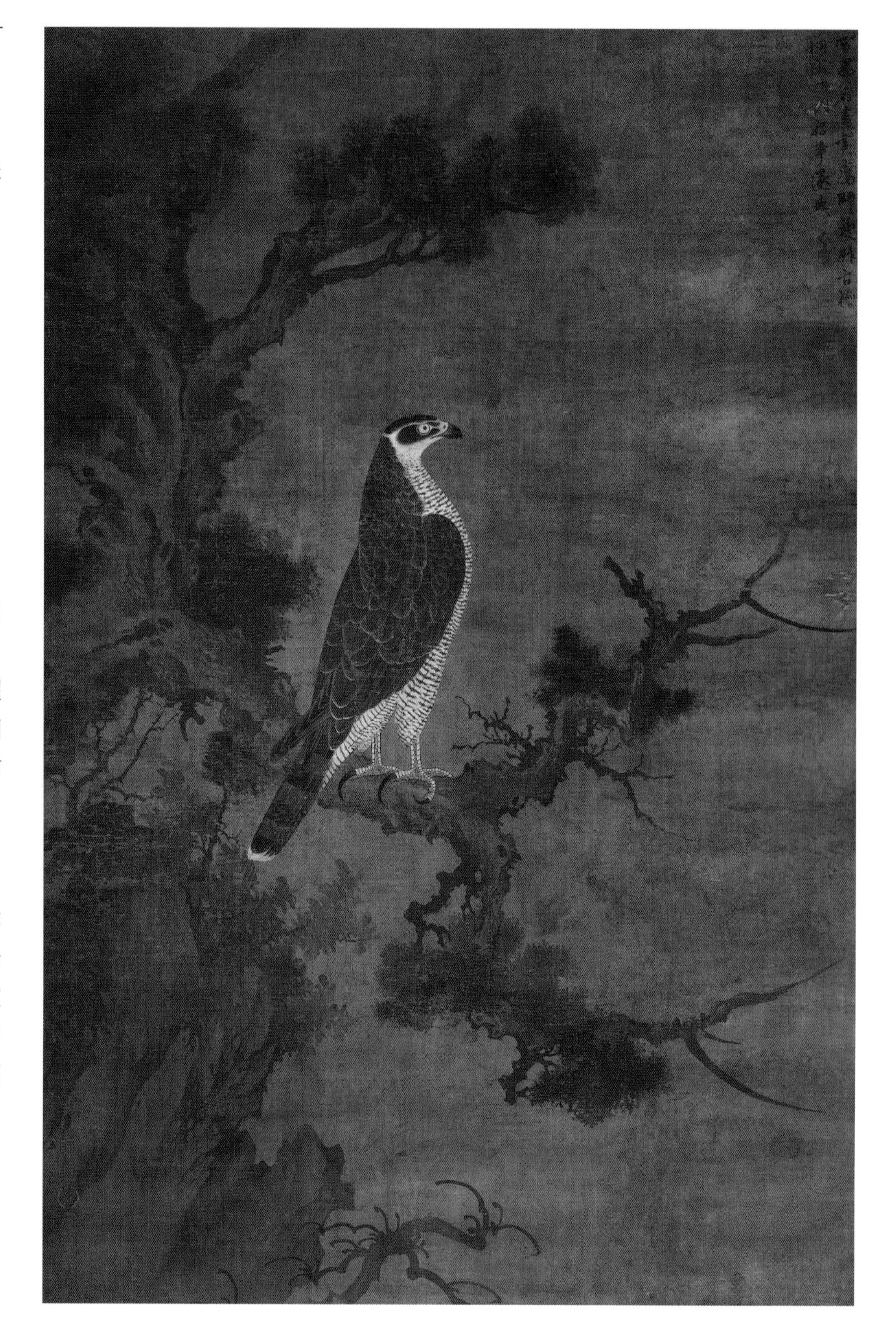

雪界翁，畫史失載。

張師夔，名舜咨。善畫山水、樹石。

圖中繪山石間一株古檜，枝幹挺勁，枯枝與新葉相映。老幹橫斜，蒼鷹昂首傲立其上，目光炯炯，兩爪犀利，緊抓枝幹，給人堅如磐石、臨危不懼之感。蒼鷹以工筆重彩寫出，刻畫細膩，具有宋代院體花鳥畫遺風，古檜山石用小寫意畫法，二者搭配協調，極具特色。

本幅自題："雪界翁畫黃鷹，師夔作古檜，桐城口氏好事，遂與之。"鈐印印文漫漶不辨。另鈐印"粱"（朱文圓）、"黃冑珍藏"（朱文）。此圖曾經著名畫家黃冑收藏，後捐贈給故宮博物院。

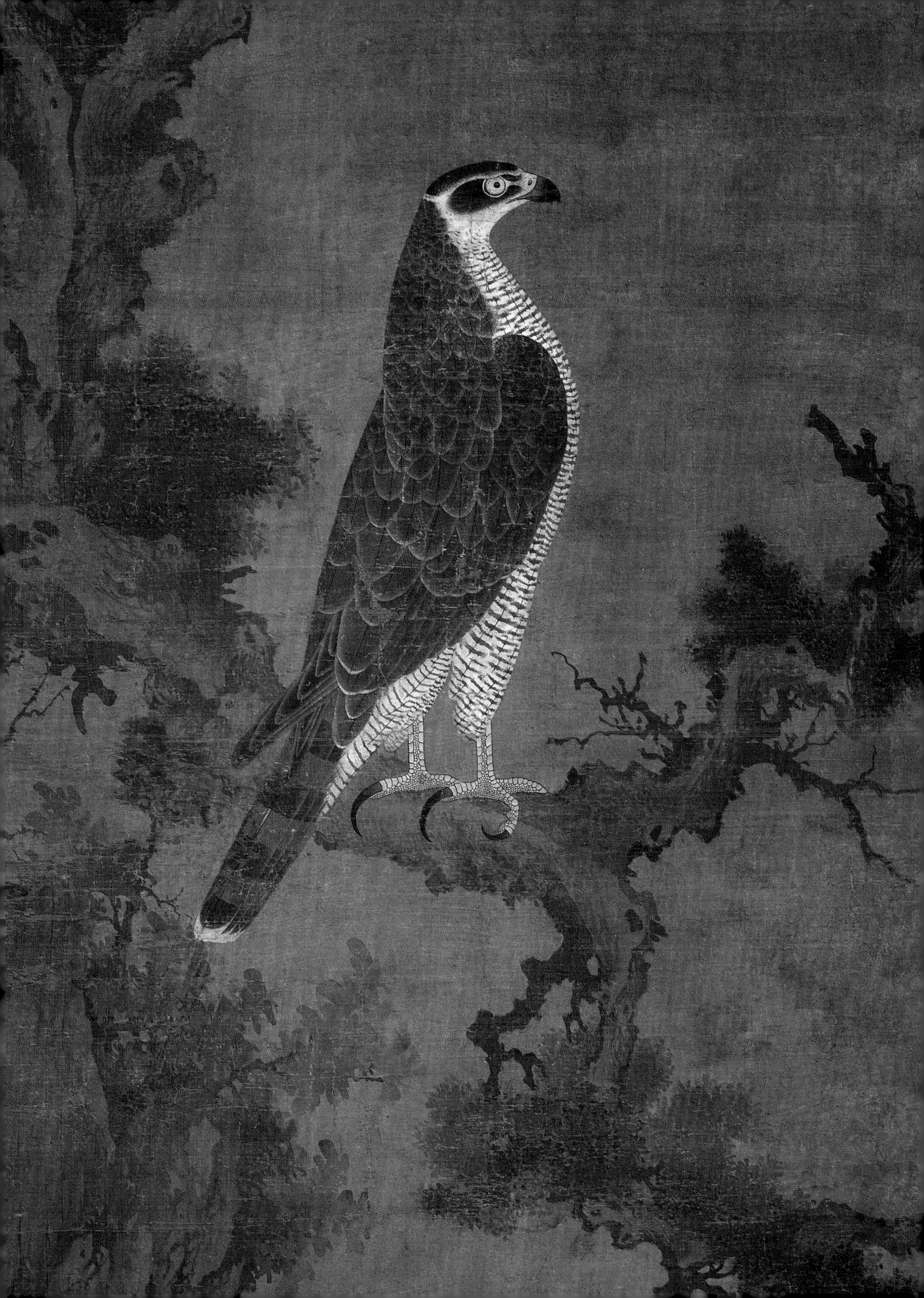

129

佚名　農村嫁娶圖卷
絹本　設色　縱22.5厘米　橫131厘米
清宮舊藏

A Scene of Marriage in a Village
Anonymous
Handscroll, Light Colour on silk
H. 22.5cm　L. 131cm
Qing Court collection

圖中繪頭披青紗的婦女騎牛來到村口柳林下，前方引導者執扇騎驢，頭束白巾。迎候者皆頭披青紗，彼此相見，竊竊私語，兩婦女相對施禮。兩位長者相見奉酒，村中鼓樂相迎。人物用顫筆描法繪出，略施淡赭色，具有南宋遺風。此圖原名為《瘤女圖》，圖中內容尚有待考證。

本幅鈐藏印"盧崇興印"（白方）及清內府鑒藏印五方。

曾經《石渠寶笈》著錄。

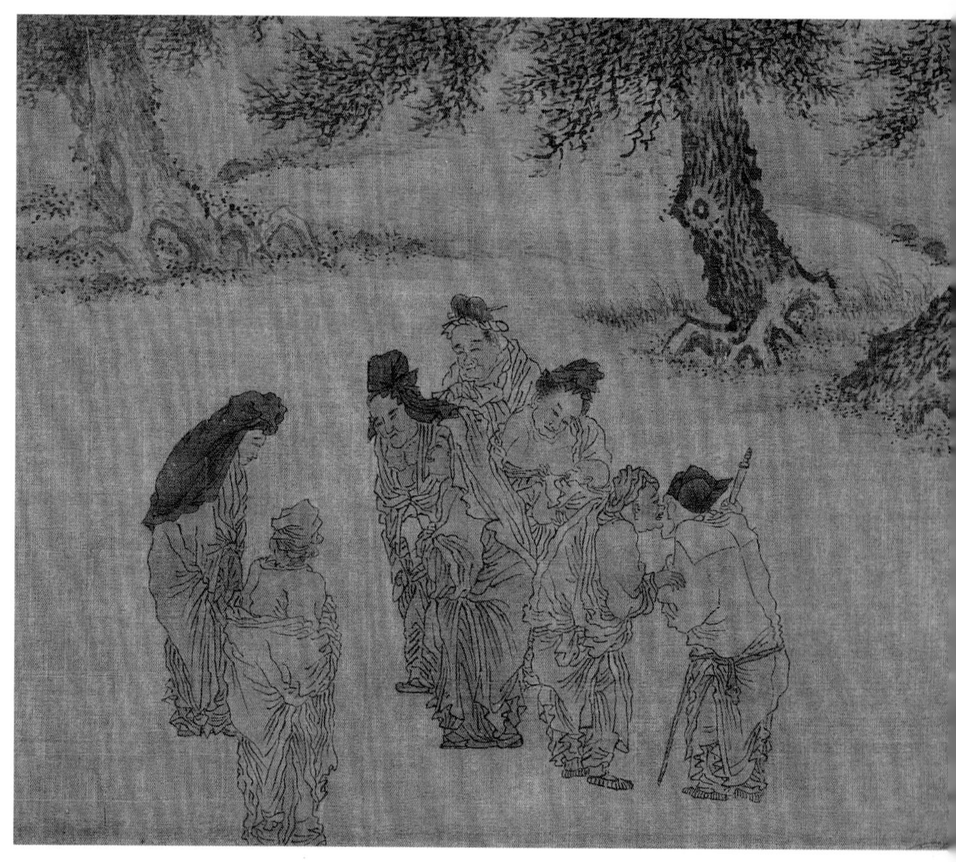

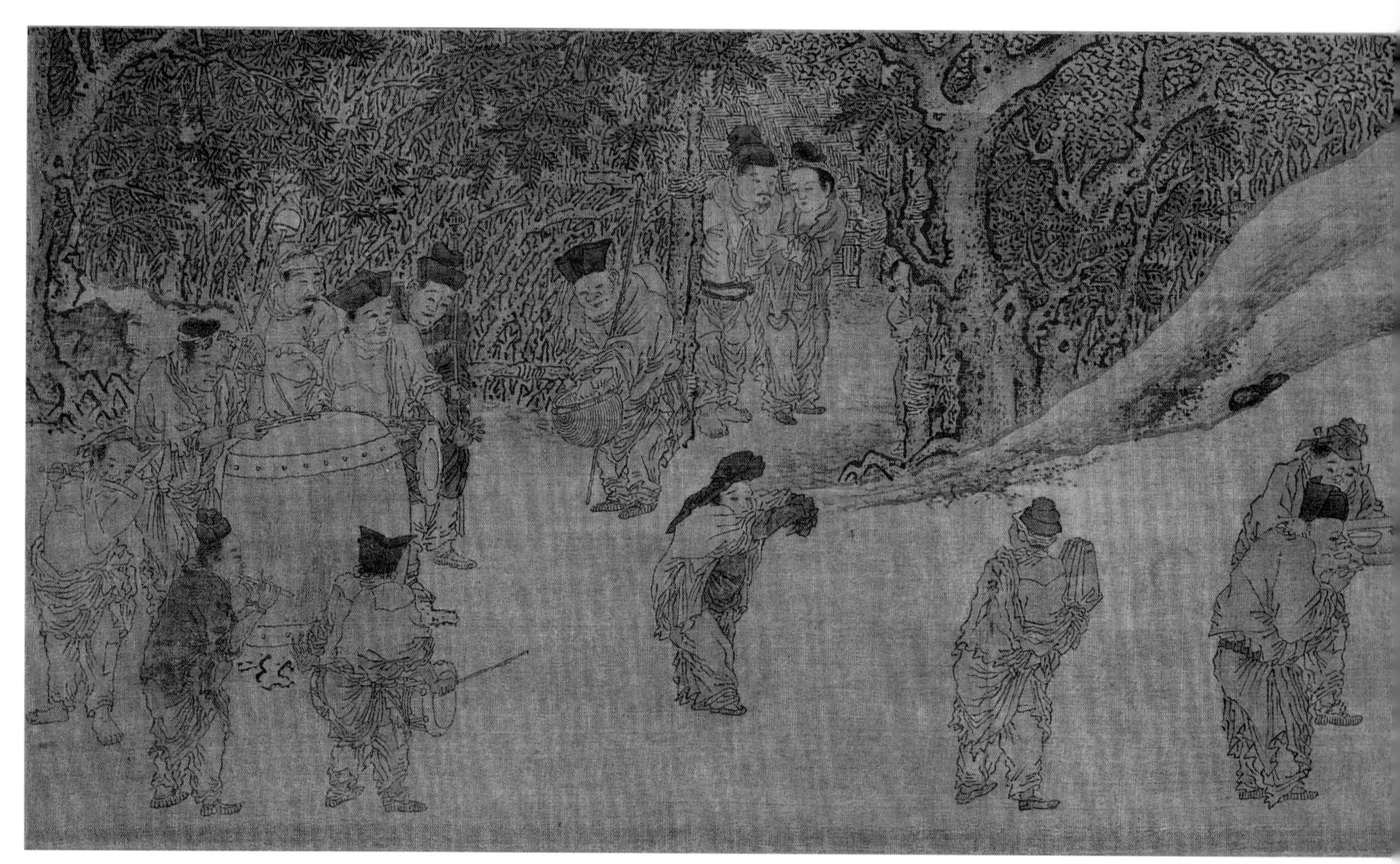

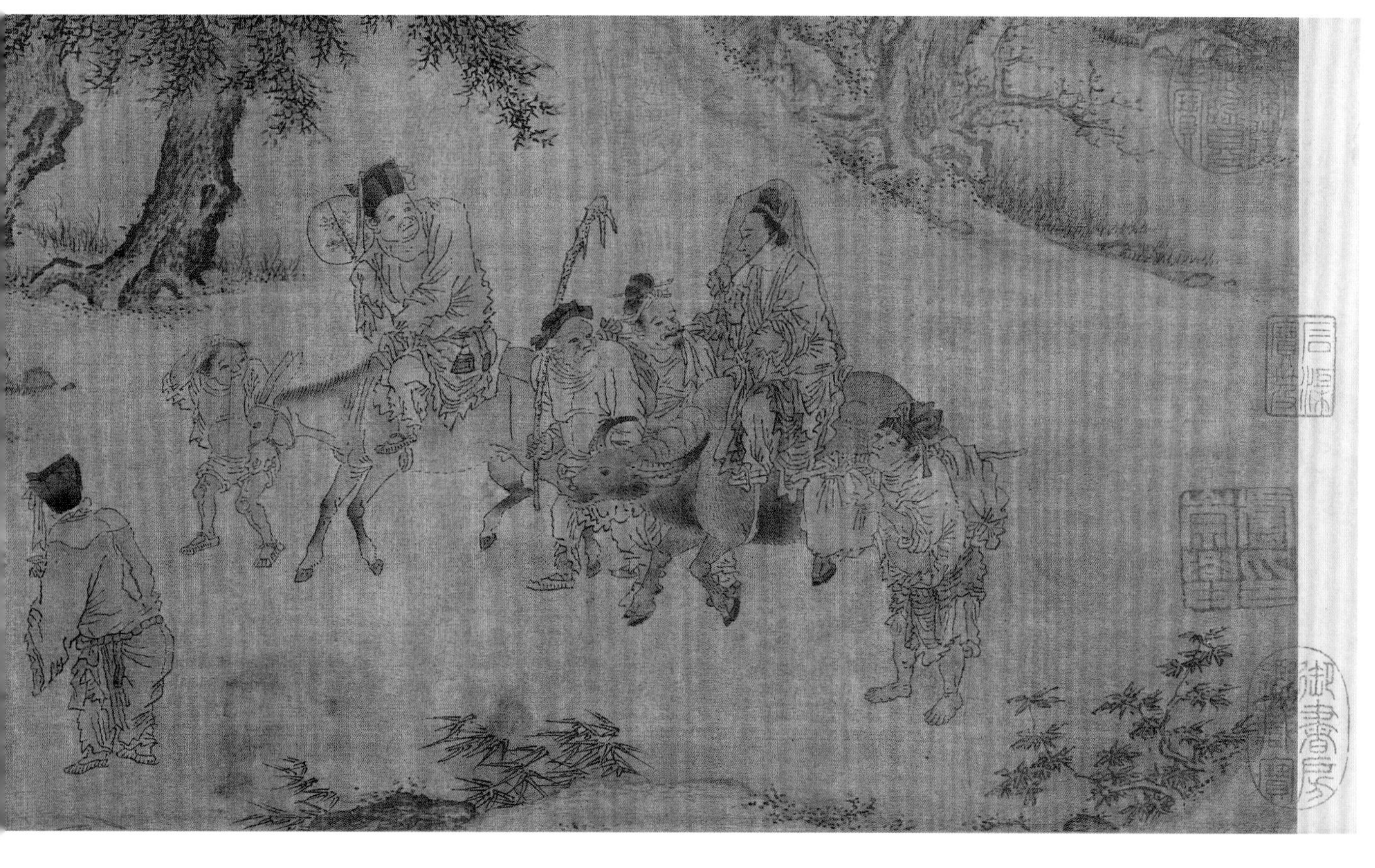

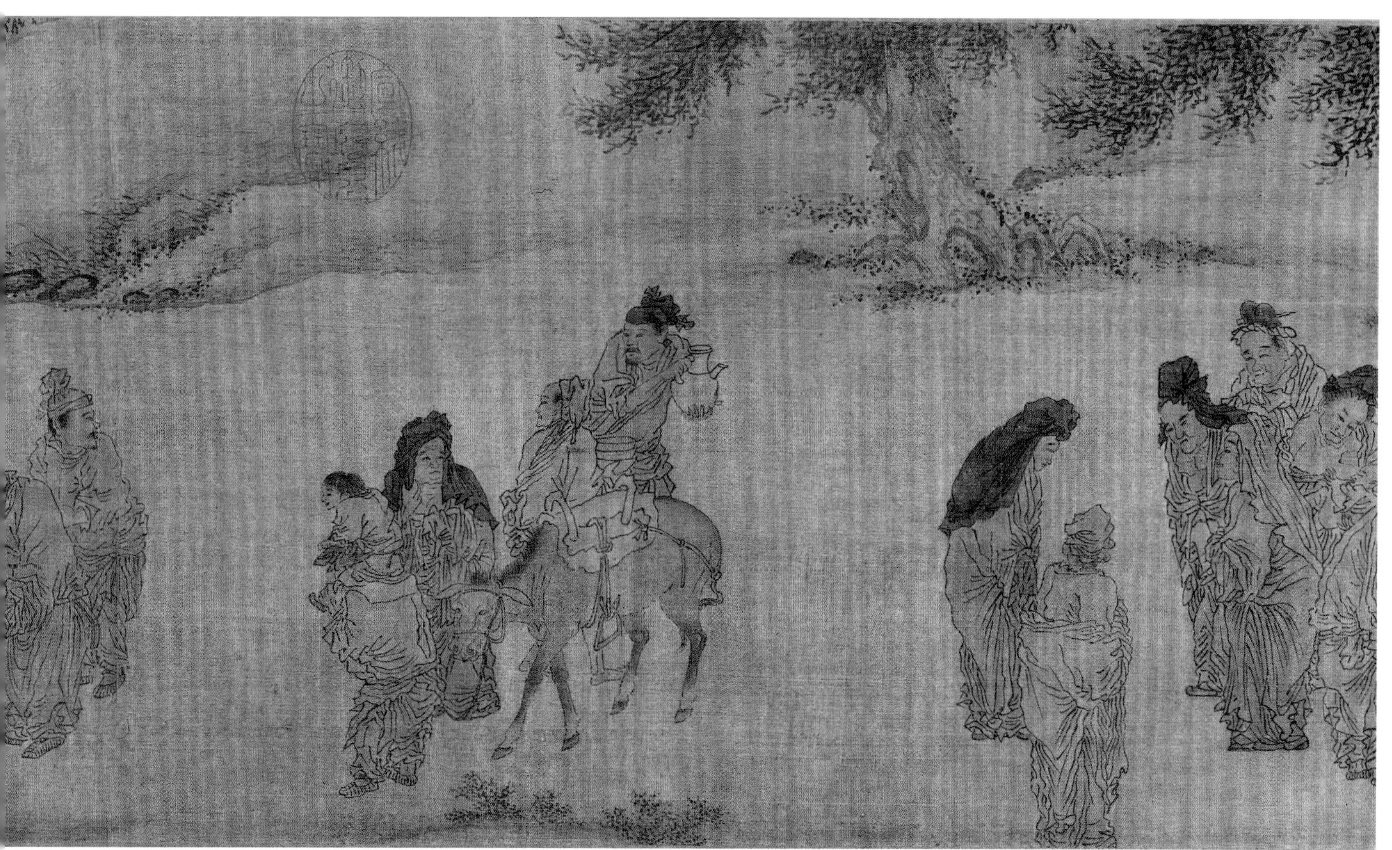

130

佚名　商山四皓圖軸

絹本　設色　縱155.3厘米　橫77.2厘米
清宮舊藏

Four Hoary-Headed Hermits in the Shang Mountain

Anonymous
Hanging scroll, Colour on silk
H. 155.3cm　L. 77.2cm
Qing Court collection

商山四皓是漢代初年商山四名隱士，因鬚髮皆白，故稱四皓。漢高祖劉邦曾遣使迎請輔政，四人不應。後劉邦欲廢太子，呂后用張良計，請四皓出山輔太子，劉邦見此，遂輟廢太子之議。

圖中使臣身着紅袍，手捧詔書，童子站在溪水小橋上拱手相迎。山中雲霧繚繞，喬松挺秀，洞府幽深，有二老者相坐對弈，一老者拄杖觀棋，另一老者策杖下行。

舊題為南宋劉松年作，觀其畫風，實近元代盛懋一派。

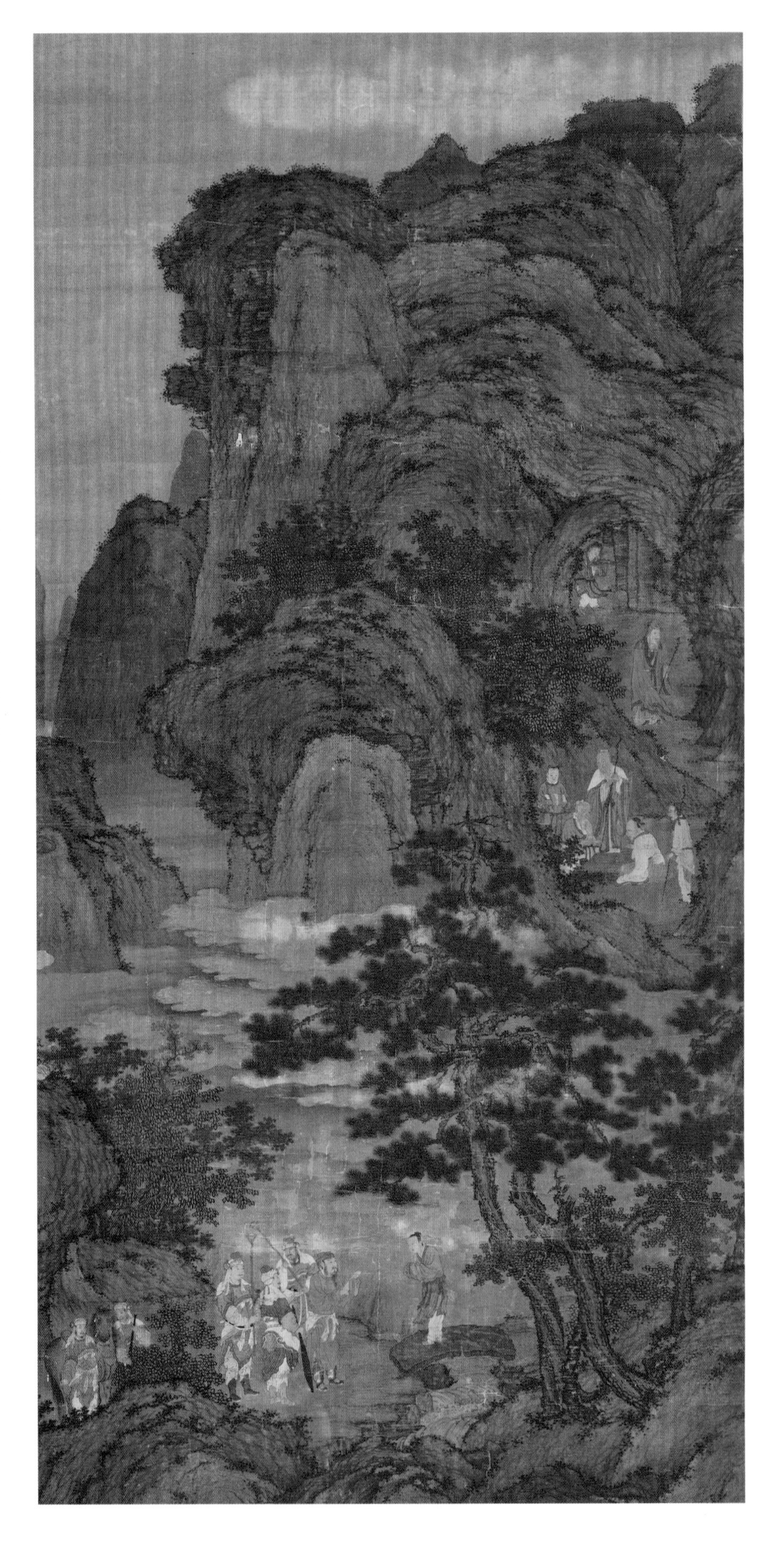

131

佚名　東山絲竹圖軸

絹本　設色畫　縱187.5厘米
橫43.7厘米
清宮舊藏

Meeting Guests in Crescendo of Music in Dongshan Mountain

Anonymous
Hanging scroll, Colour on silk
H. 187.5cm　L. 43.7cm
Qing Court collection

圖中描繪東晉謝安，早年隱居於會稽之東山，縱情聲色故事。後出仕，為宰相，因指揮“淝水之戰”，以少勝多，大敗前秦而名垂青史。圖中繪崇山峻嶺，雲霧繚繞，瀑布溪流蜿蜒山間。山下庭院內仕女衣着鮮麗，管弦高奏。院外謝安攜僕正在迎客，貴客身着紅袍，前有儀仗，後有馬隊。人物刻畫細膩，山水環境清逸，彷彿有絲絲樂聲流溢而出。此圖原名《仙莊圖》。

本幅款識“延祐六年夏　趙孟頫”，係後添。鈐藏印“嘉慶鑒賞”（朱方）、“三希堂精鑒璽”（朱方）、“宜子孫”（白方）、“嘉慶御覽之寶”（朱方）、“宣統御鑒之寶”（朱方）、“石渠寶笈”（朱方）、“寶笈三編”（朱方）。

曾經《石渠寶笈》著錄。

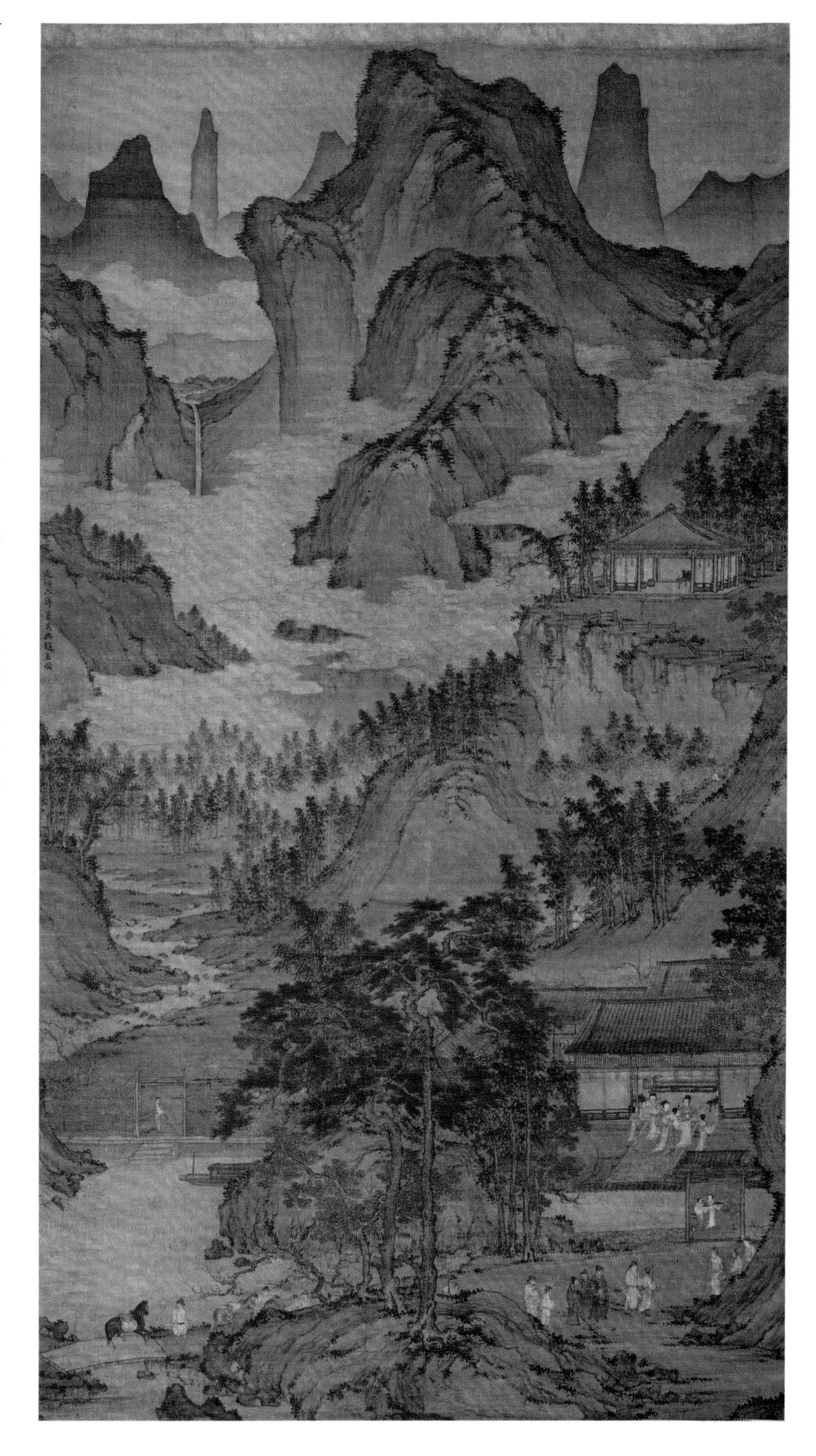

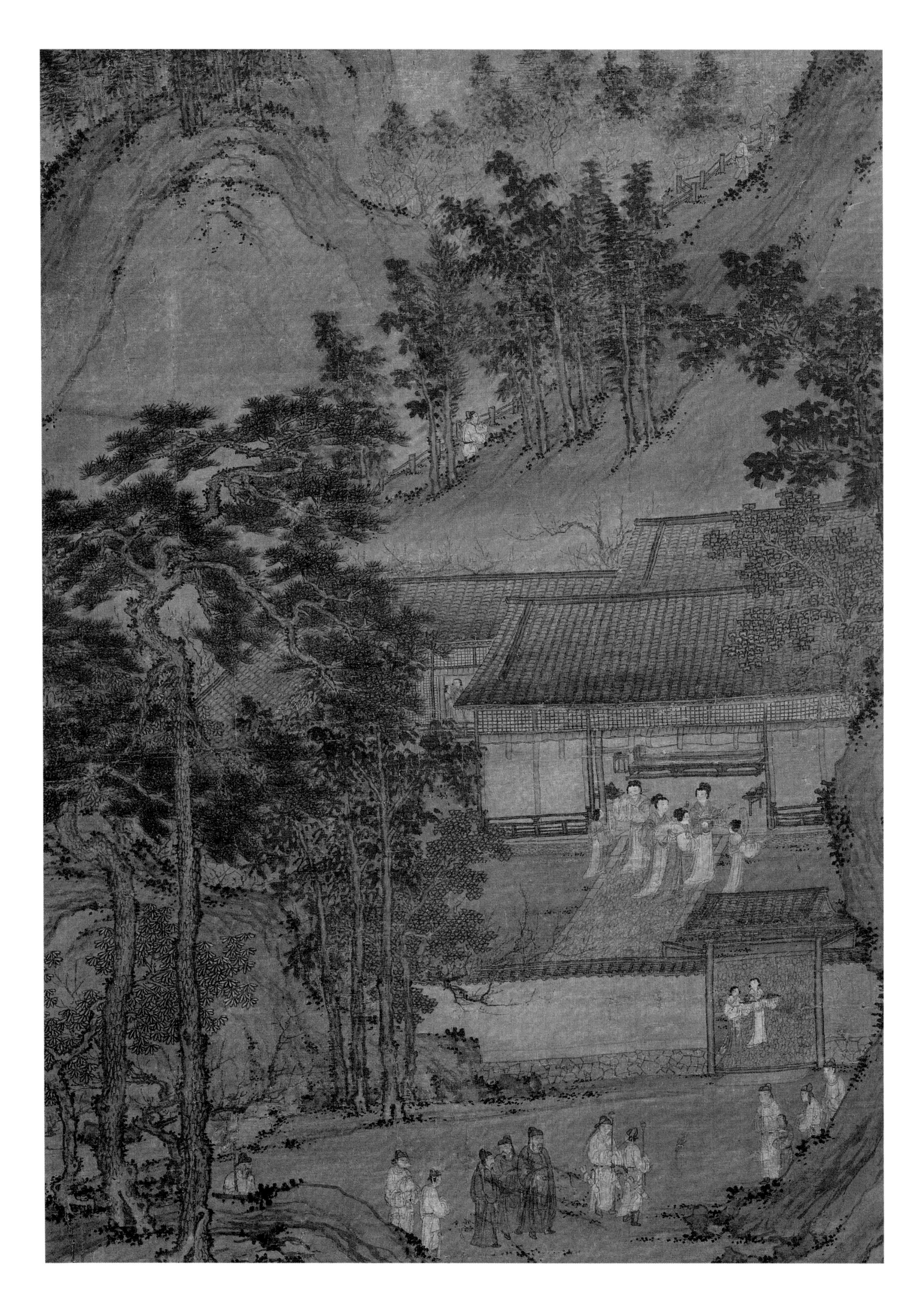

132

佚名　魚籃觀音像軸

紙本　墨筆　縱70.3厘米　橫27.7厘米

Portrait of Yulan (fish-basket) Avalokitesvara

Anonymous

Hanging scroll, Ink on paper

H. 70.3cm　L. 27.7cm

此圖典出《觀音感應傳》。

魚籃觀音繪一村姑形象，頭束雙髻，用淡墨染出，身着長裙，左手持竹製笊籬，右手提籃，象徵排除羅剎。簡筆寫意，充滿禪意。

本幅款識“□□□主筆”。另有僧幻住明本題偈語：“有漏笊籬，渾無孔竅，更問如何，靈靈自照。”明本，元仁宗賜普應國師，為趙孟頫挈友，止處名幻住山房。另鈐印“譚氏區齋書畫之章”（朱文）、“和庵文”（朱文）、“譚敬私印”（白文）。裱邊鈐印“粵人譚敬印”（白文），“和庵鑒定真跡”（朱文）。

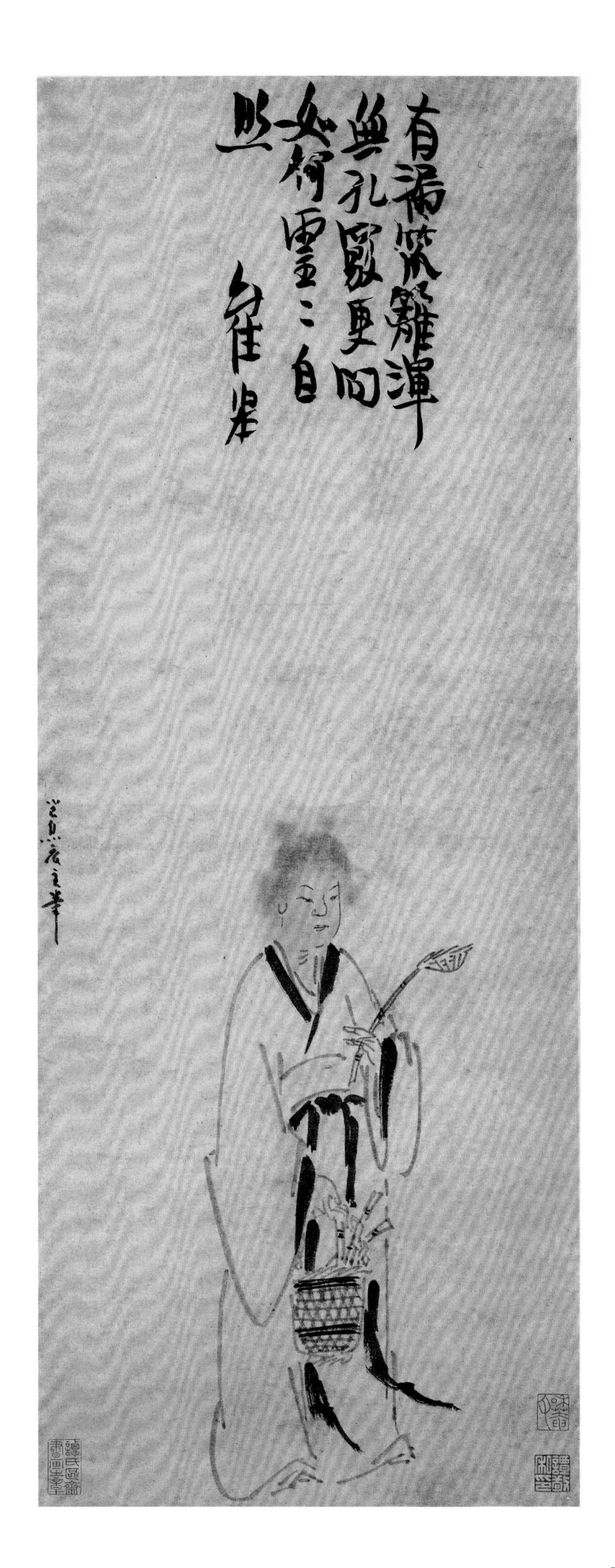

133

顏輝　李仙像軸
絹本　設色畫　縱146.5厘米　橫72.5厘米
清宮舊藏

Portrait of the Immortal Li Tieguai
By Yan Hui (dates unknown)
Hanging scroll, Colour on silk
H. 146.5cm　L. 72.5cm
Qing Court collection

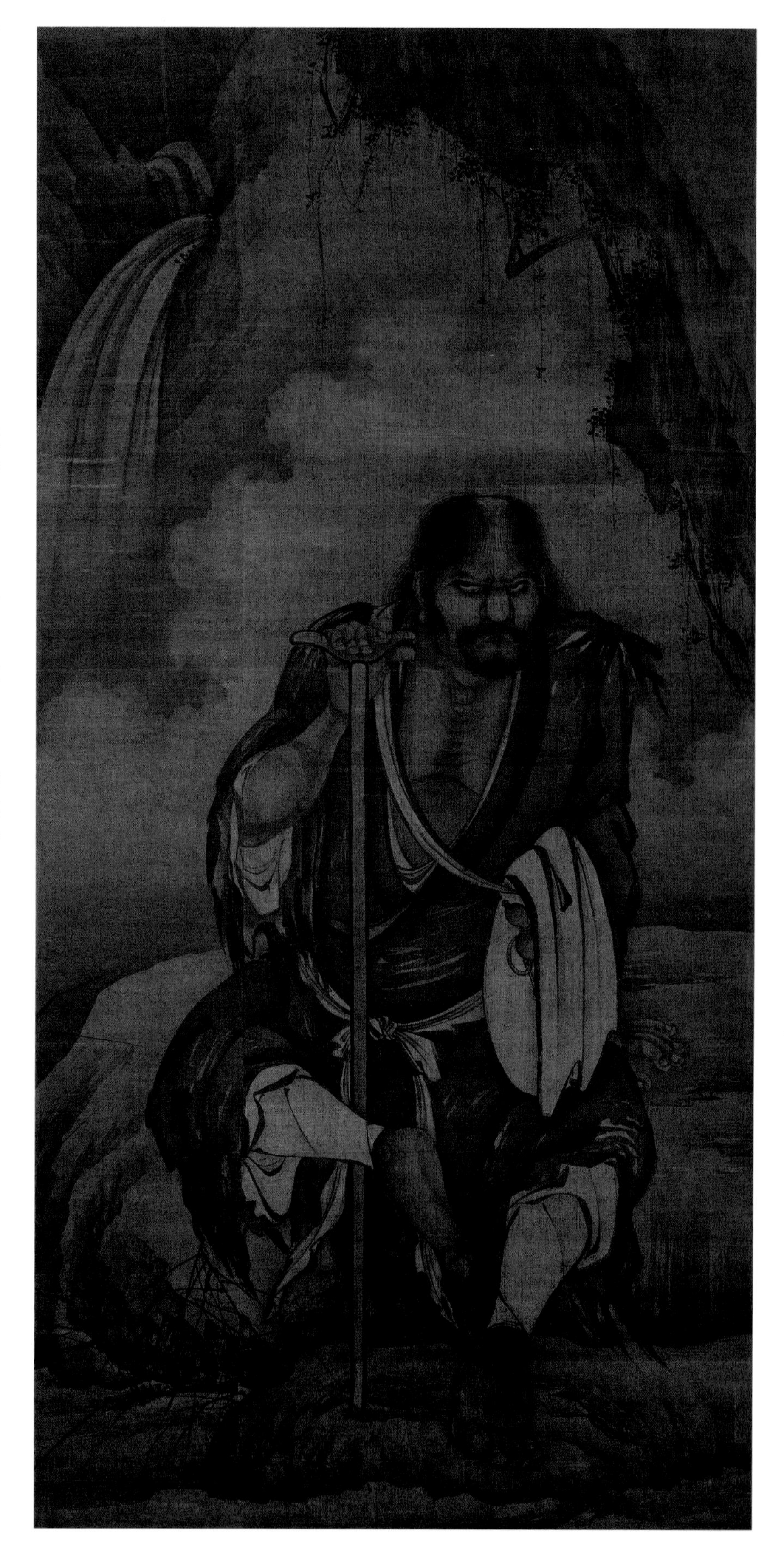

顏輝，字秋月。江山（今浙江江山）人，一作廬陵（今江西吉安）人。擅畫道釋人物，長於畫鬼。元大德（1297—1307）年間曾繪輔順宮壁畫。

圖中繪“八仙”之一鐵拐李披髮赤足，擰眉怒目，衣裳粗簡，拄杖坐山石上。背後雲氣飛騰，山間飛瀑直下。人物面部用細筆刻畫，極為傳神，衣紋用筆粗簡，具有壁畫特點。

本幅款識“月顏輝”。印鈐“秋月”（朱方）。此圖上部被裁過，故署款不全，當缺一“秋”字。另鈐有“張則之”（朱方）及清內府藏印十方。

曾經《秘殿珠林》著錄。

134

許震　鍾離仙像軸

紙本　墨筆　縱113.2厘米　橫55.6厘米

Portrait of the Immortal Zhong Liquan

By Xu Zhen (dates unknown)
Hanging scroll, Ink on paper
H. 113.2cm　L. 55.6cm

許震，號墨龍道人，疑為道士，擅畫寫意人物。此圖係許震唯一的傳世之作。

圖中繪“八仙”之一鍾離權，傳說他是全真道的“正陽祖師”，掌管羣仙名錄。他一手持葫蘆，挎靈芝仙草，一手持麈尾扇，信步而來。面部和手足刻畫細微，以破筆粗墨揮灑出衣衫，筆墨形成了粗細對比。其形象極似永樂宮壁畫中《呂洞賓度鍾離權》，可見這一圖像在民間流傳的一致性。

本幅款識“墨龍道人”。鈐“許震之印”（白文），“墨龍道人”（白文）。

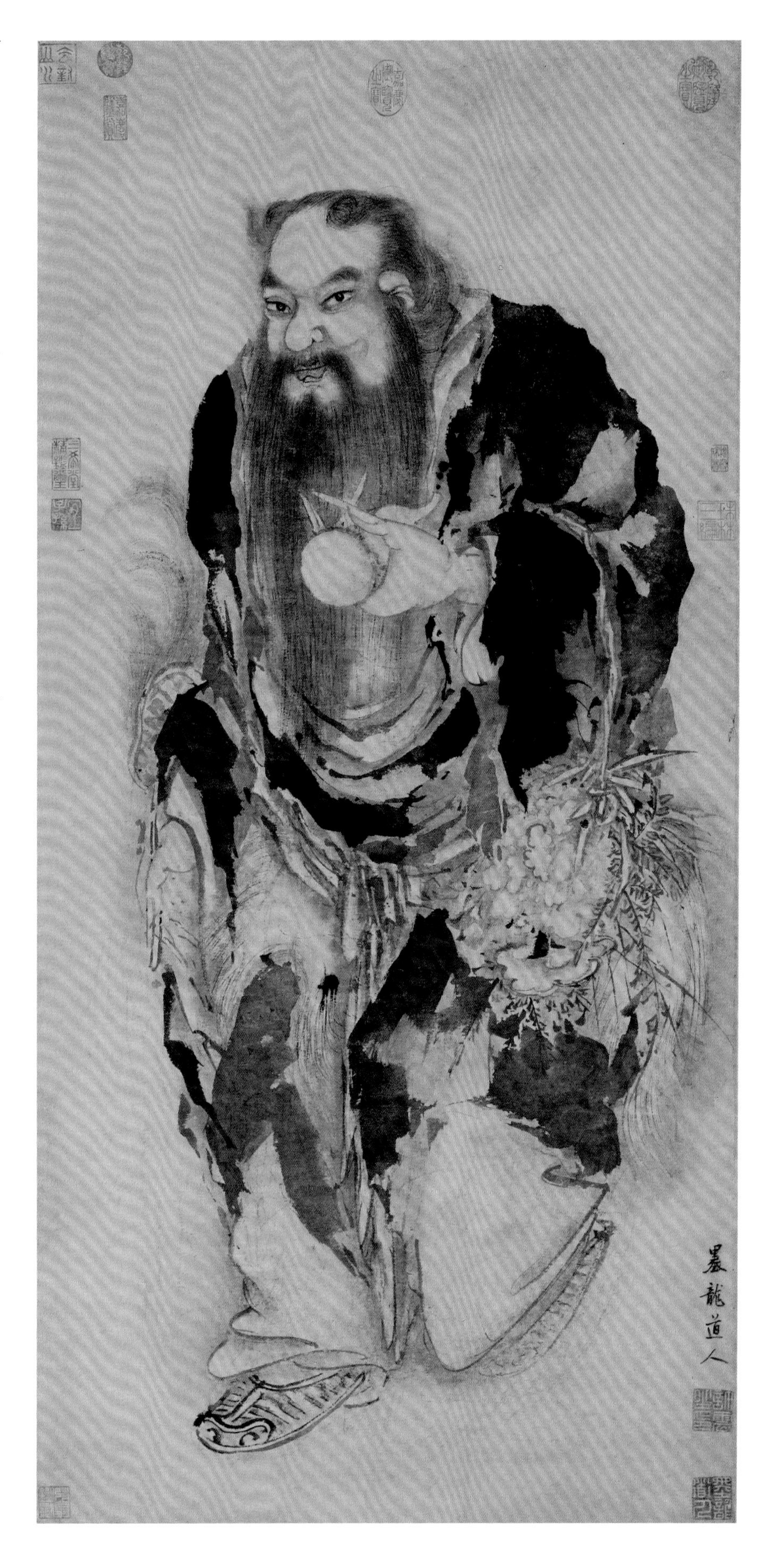

135

佚名　揭鉢圖卷

絹本　設色　縱31.8厘米　橫97.6厘米

Uncovering the Alms Bowl-A Story of Hariti

Anonymous

Handscroll, Colour on silk

H. 31.8cm　L. 97.6cm

此圖典出《佛説鬼子母經》及《鬼子母失子緣》。鬼子母名訶梨帝母（梵文Hariti），原為外道鬼女，證得初果後為護法諸天之一，是守護幼兒的天神。

圖中為佛陀教化鬼子母的情節之一。佛陀結跏趺坐於束腰須彌仰蓮座上，右手施無畏印，左手作降魔印。弟子迦葉，阿難以及護法諸神環衛左右。右邊繪鬼子母失子後倚坐哭泣，眾鬼女環侍左右，一小兒伏其膝上。中間繪山石上有一透明圓缽罩住小童賓迦羅，眾鬼卒為揭開覆缽而艱難運作。此圖從技法、構圖、人物造型等方面保留了許多宋代繪畫的特徵，因此可能是宋畫摹本。

卷首有倪燦書“揭缽圖真跡”。

尾紙有清代倪燦書《寶積經》（釋文見附錄），鈐“臣燦之章”（白方）、“雁園”（朱方）。另有清代劉樹勛觀款。

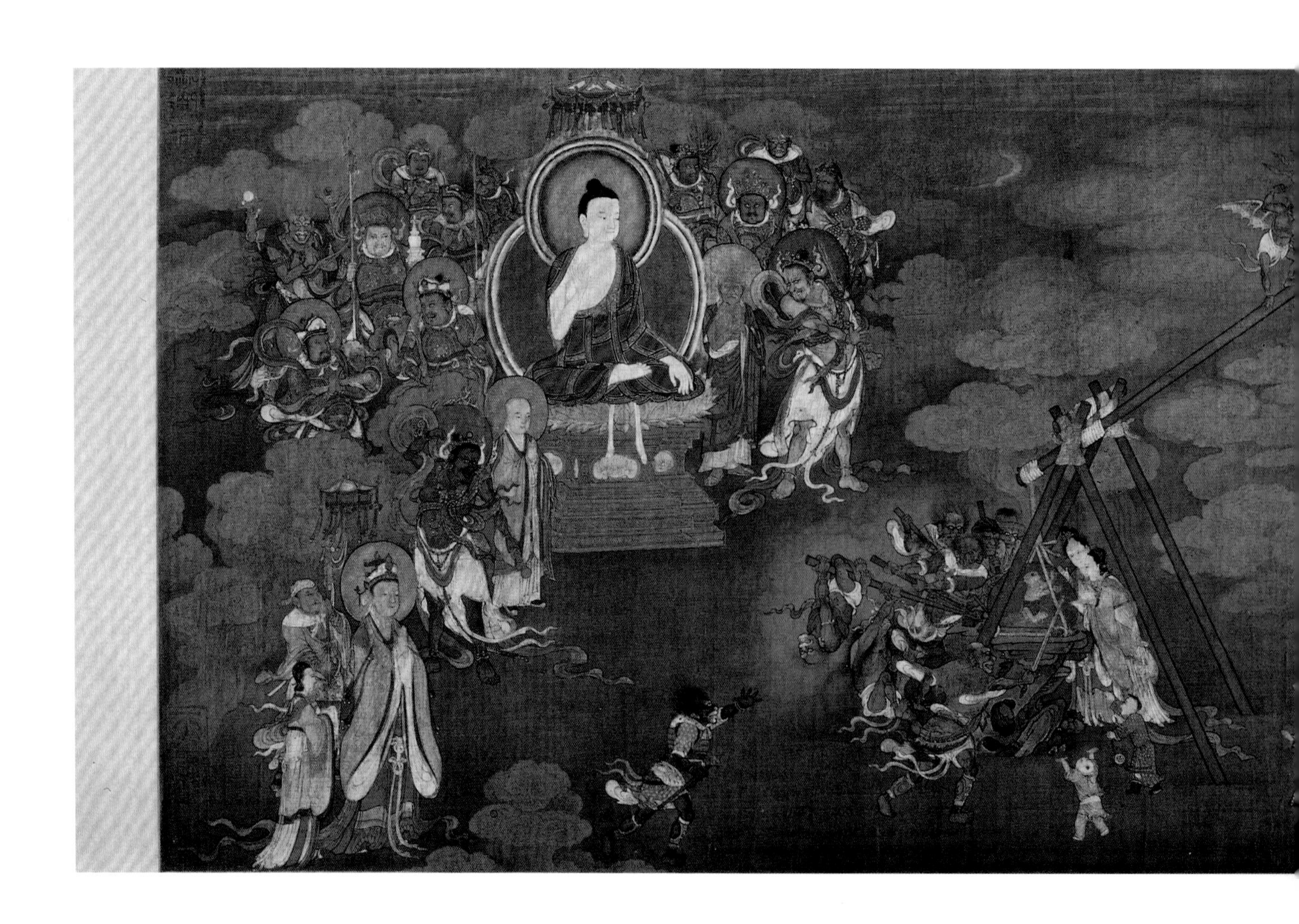

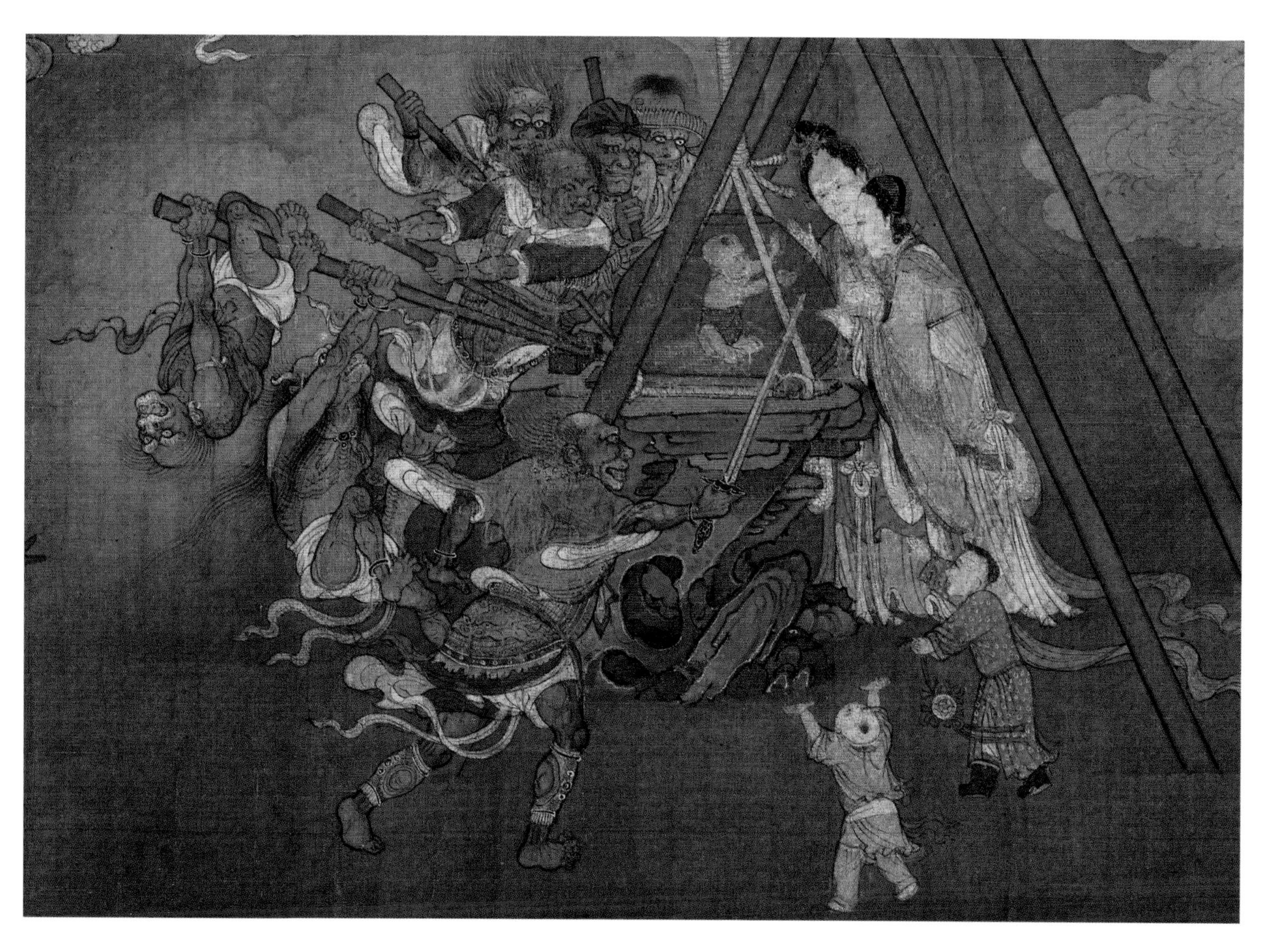

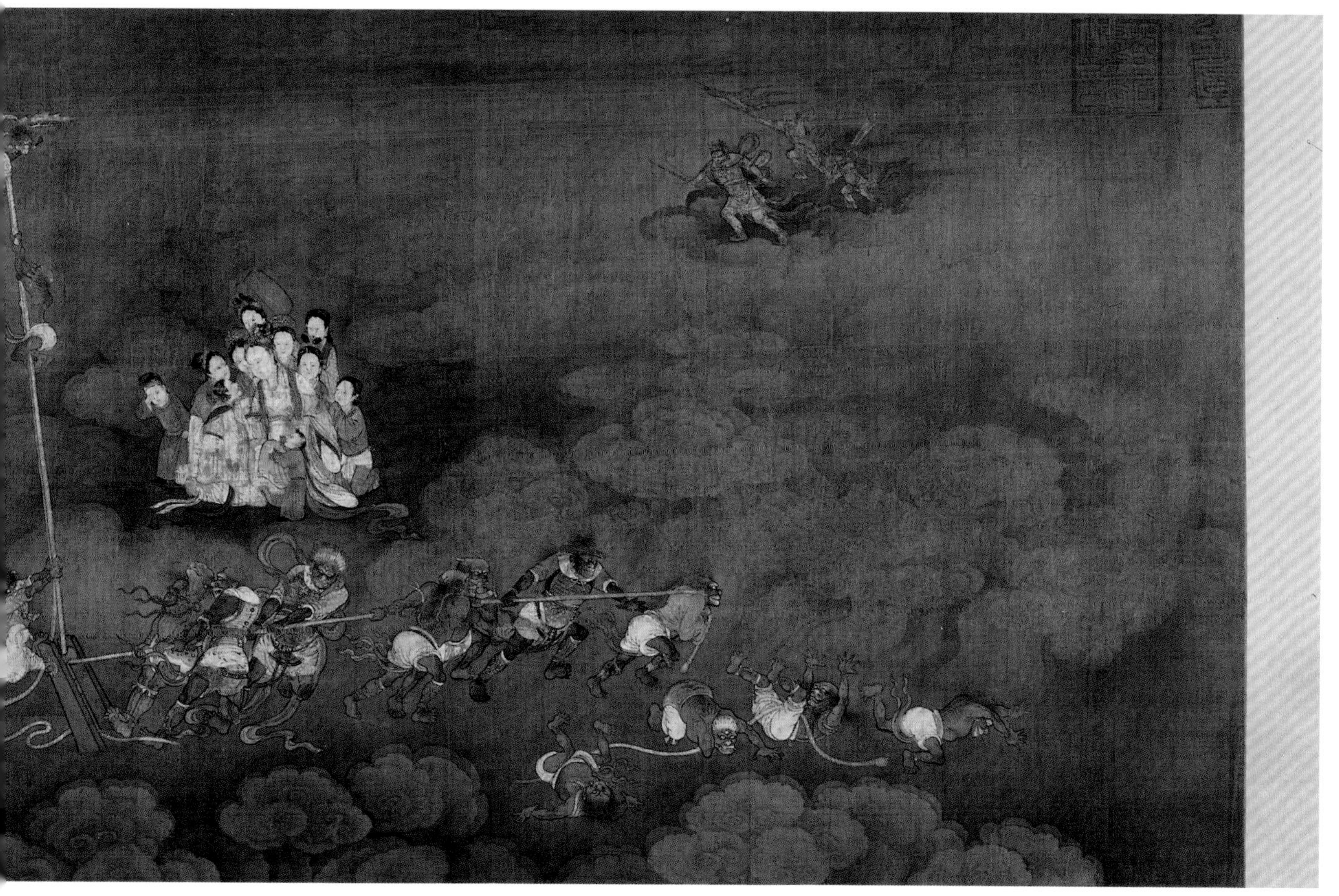

136

朱好古　張伯淵　七佛說法圖

泥質　設色　縱320厘米　橫1810厘米

Buddha and Six Immortals Expounding Buddhist Doctrine and Scripture

By Zhu Haogu, Zhang Boyuan (dates unknown)
Mural in Colour　H. 320cm　L. 1810cm

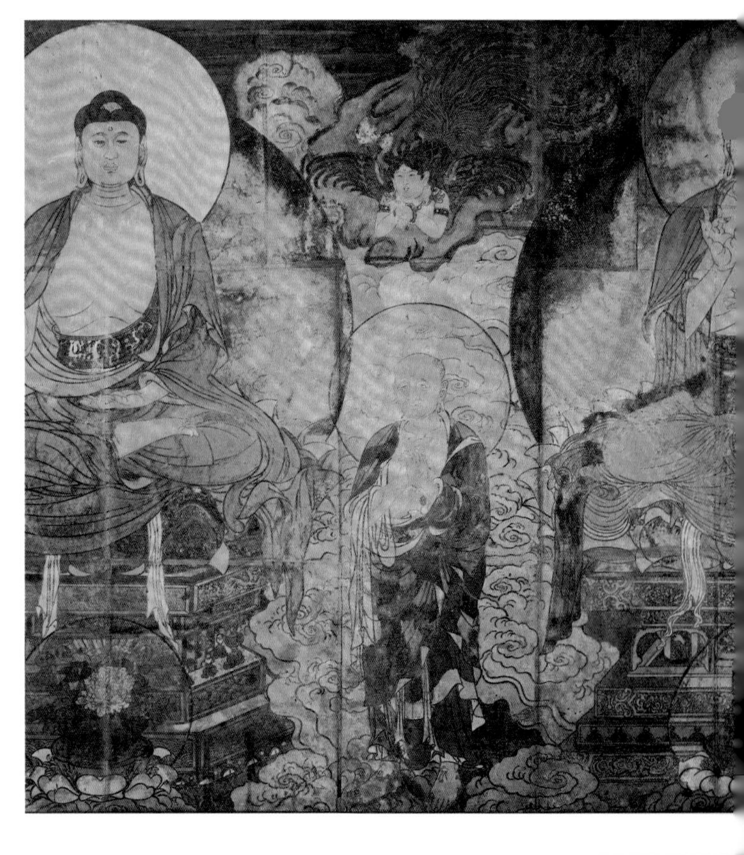

朱好古，襄陵（今山西襄汾）人，為山西畫工領袖，與同邑張茂卿、暢雲瑞有"襄陵三畫"之稱。朱好古是元代唯一有文字記載的畫師。原興化寺後殿曾存有朱好古與門徒張伯淵的題記。

《七佛説法圖》原為山西稷山興化寺中殿南壁壁畫，成畫於元代延祐七年（1320）。

七佛是指釋迦牟尼與在他出現之前悟得正覺的六位佛尊。圖中七佛均結跏趺坐。頭生螺髮，肉髻，袒胸，着紅色通肩式袈裟，內着綠色僧袛支。勾線遒勁有力，色彩沉穩厚重，局部飾以瀝粉貼金。

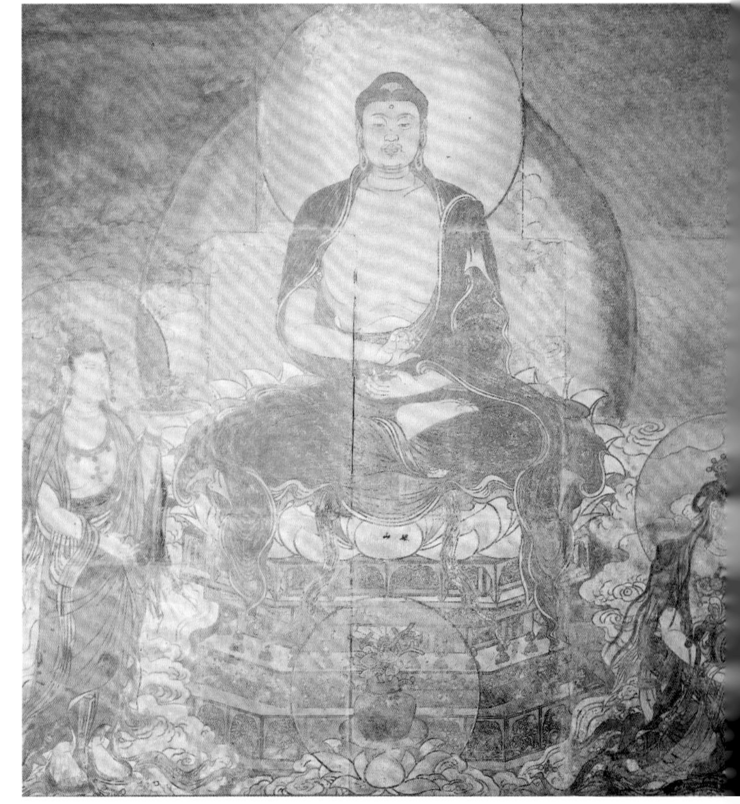

中央為毘婆尸佛（Vipásin），手作說法印，座前有瓶花供養。左側面容剛毅的苦行頭陀是迦葉，右側儀容穎秀的為阿難。上方雲氣繚繞之際有迦陵頻迦兩身，人首鳥翼鳳尾。毘婆尸佛左側為尸棄佛（Sikhin），右側為毘捨浮佛（Viśvahu），作轉法輪印相，此二佛座前供有薰爐，各侍立一供養菩薩。再左為拘留孫佛（Krakucchandha），手作辯證印，座前供奇石盆，左側踞座一菩薩，雙手捧奇石。再右為拘那含牟尼佛（Kanākamuni），座前鮮花供養，右側踞座一菩薩，雙手鮮花。二菩薩上方各有一身童子飛天。左側第三尊為迦葉佛（Kāsÿapa），右手施無畏印，左手施定印，座前珊瑚供養，侍立一供養菩薩，持蓮花。右側第三尊為釋迦牟尼佛（Sakyamuni），手作轉法輪印，座前靈芝鹿茸供養，侍立一供養菩薩，手托奇石。

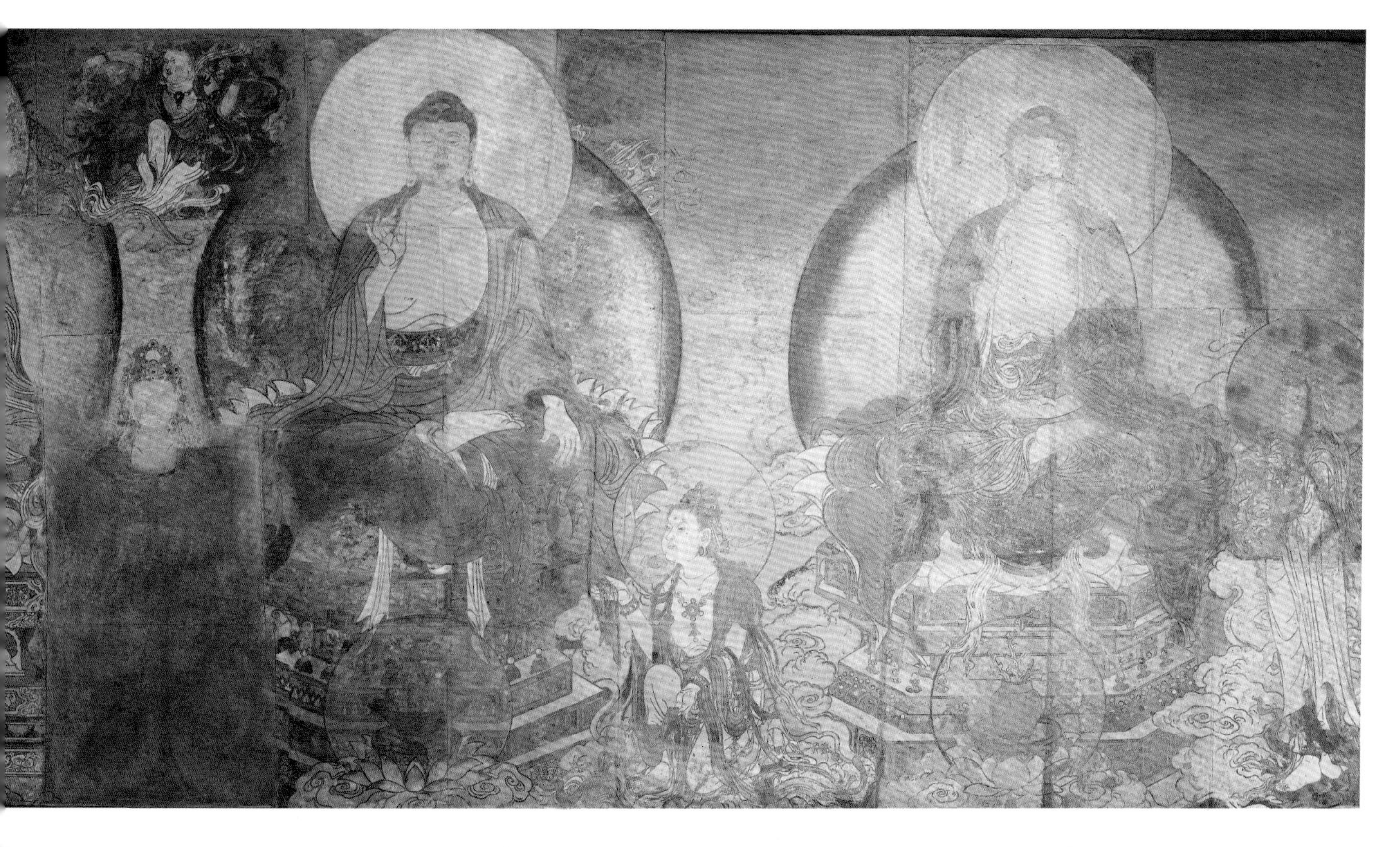

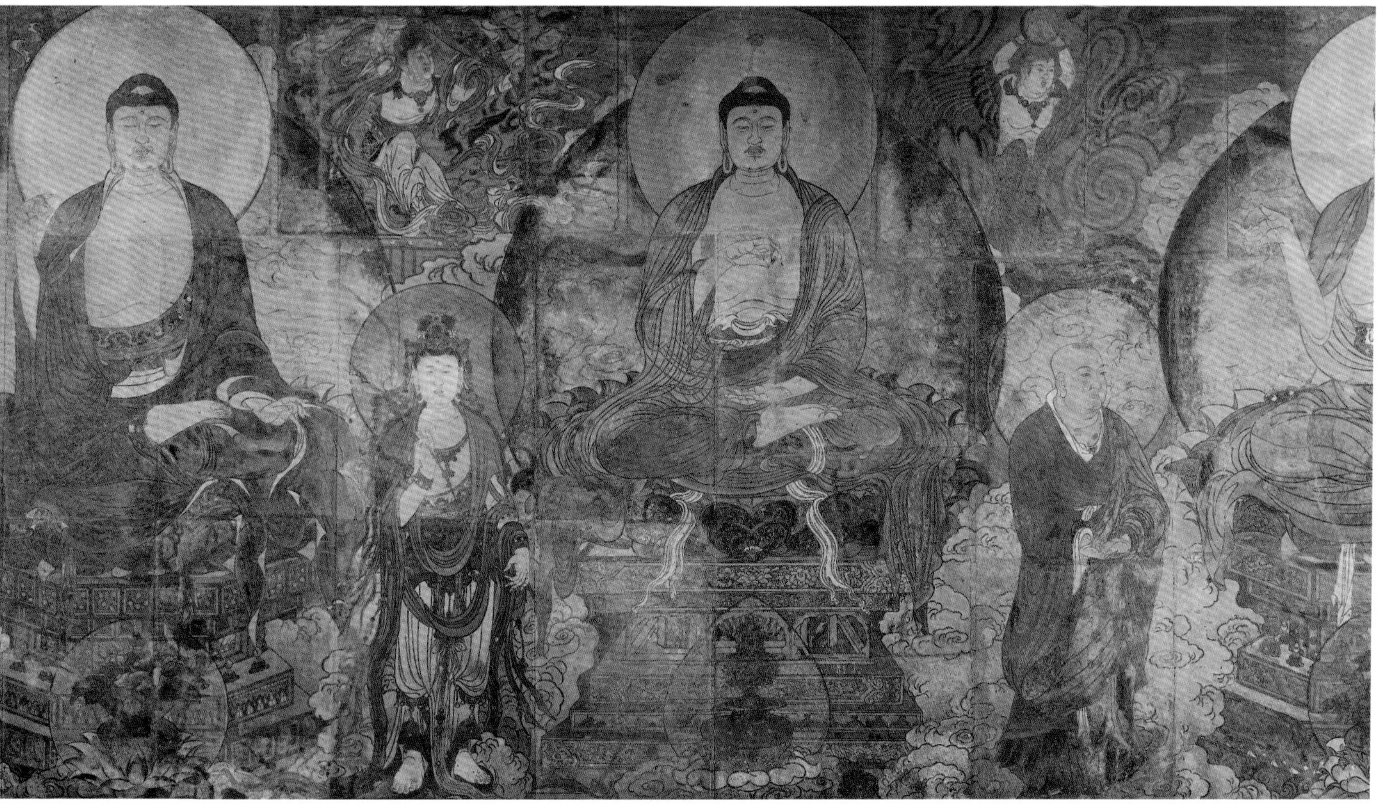

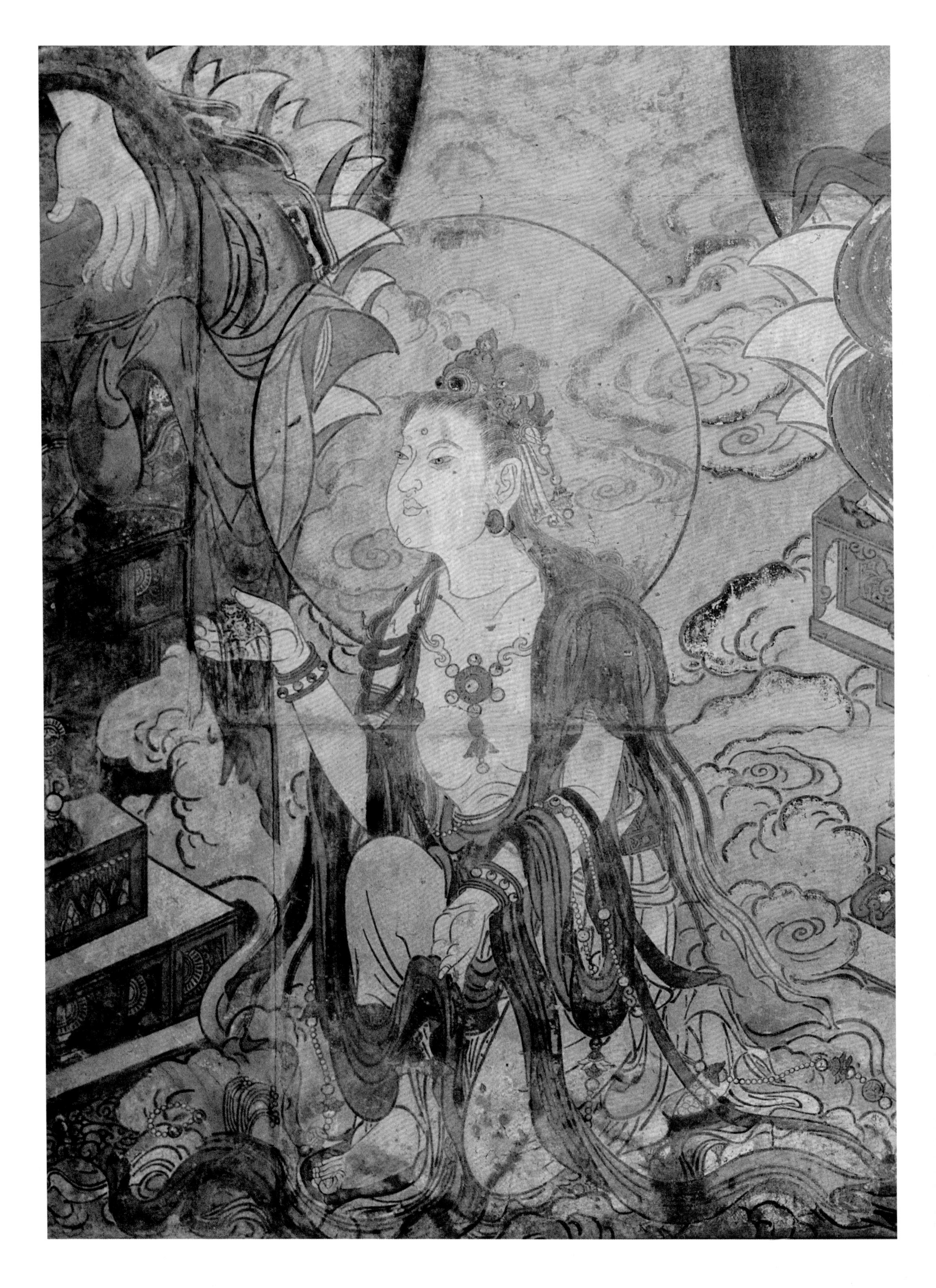

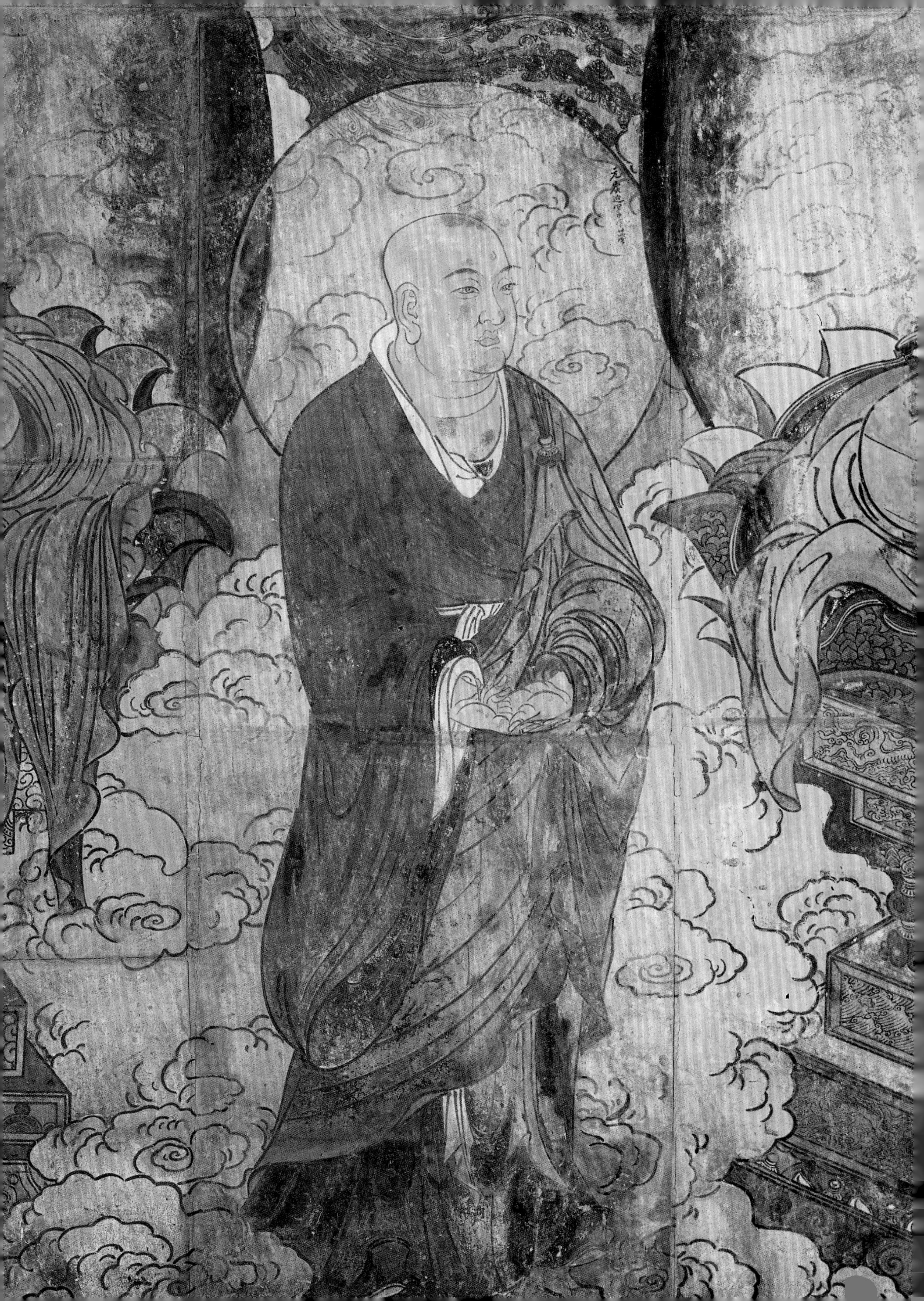

137

雲中千佛圖

泥質　設色　縱127厘米　橫92厘米

A Thousand Immortals in Clouds (incomplete)

Anonymous

Mural in Colour　H. 127cm　L. 92cm

《雲中千佛圖》為壁畫殘片，出自河南溫縣慈勝寺。據《縣志》載：慈勝寺“佛殿有寫、畫、塑三絕。”1949年前寺院遭破壞，壁畫大部被揭盜出國門。今大雄寶殿西壁尚殘留以殿宇樓閣為題材的瀝粉壁畫。

圖中千佛表示三世十方諸佛，均結跏趺坐於圓形光環內，姿態各異，刻畫入微，周側雲氣繚繞；用筆極其細緻，施色古樸沉穩。左上方題記：“□吳村慈勝院住持化緣僧講經沙門普順，同化緣僧徒□□、義□、義□、義慶、義□、義□、孫徒僧、□僧。”

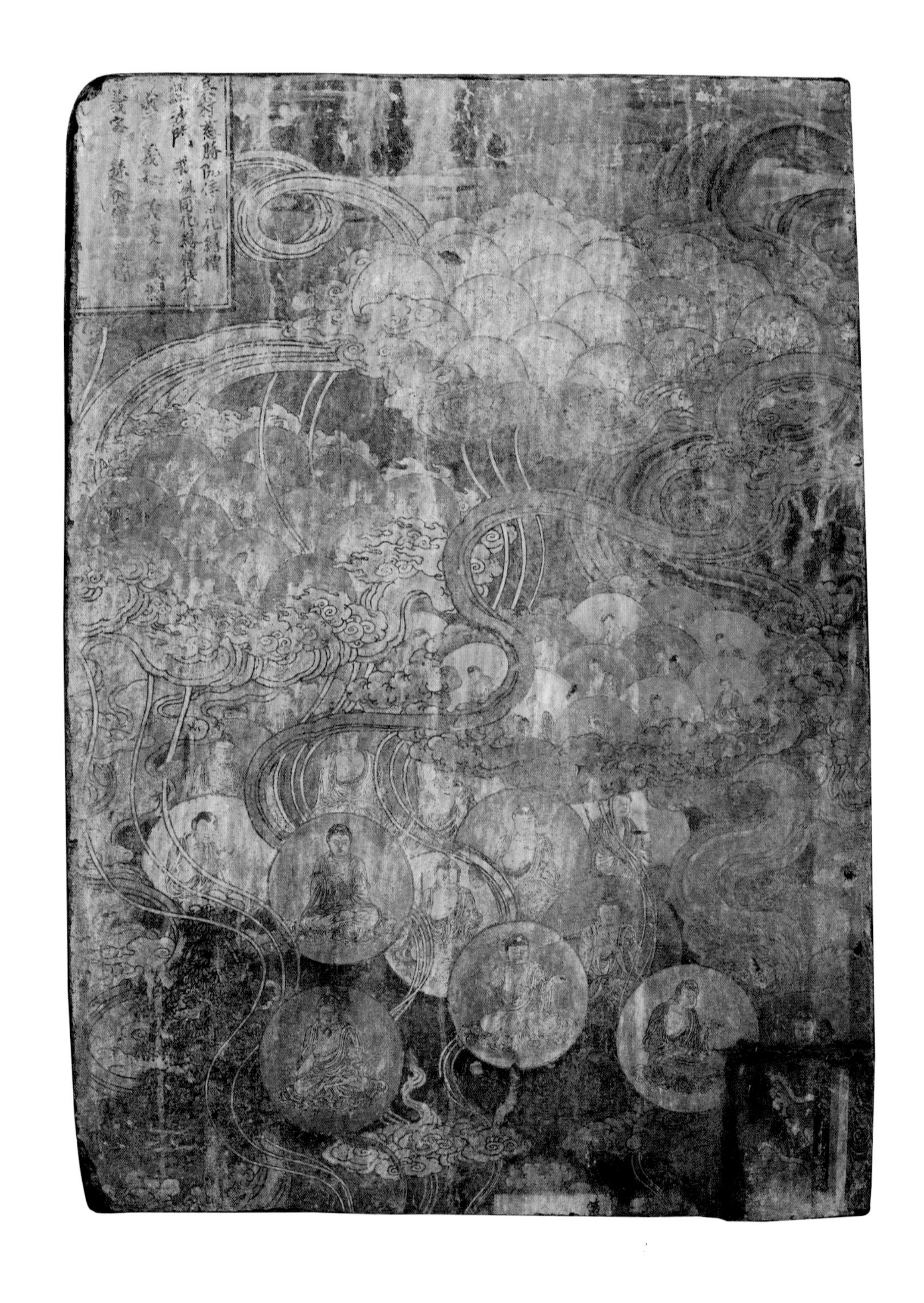

138

天蓬元帥頭像

泥質　設色　縱15.4厘米　橫17.2厘米

Head Portrait of Generalissimo Tianpeng

Anonymous

Mural in Colour　H. 15.4cm　L. 17.2cm

天蓬元帥為護衞道教尊神北極紫微大帝的四將之一，謂都統大元帥天蓬真君。天蓬長三頭六臂，執斧、索、弓、箭、劍、戟六物，墨衣玄冠，領兵三十萬眾。

此天蓬元帥頭像為壁畫斷片，雙頭，形象威猛，圓眼斜立，方口獠牙，毛髮豎起，氣吞山河。天蓬畫像在唐末時已經流行。此像與山西永樂宮壁畫十分接近。

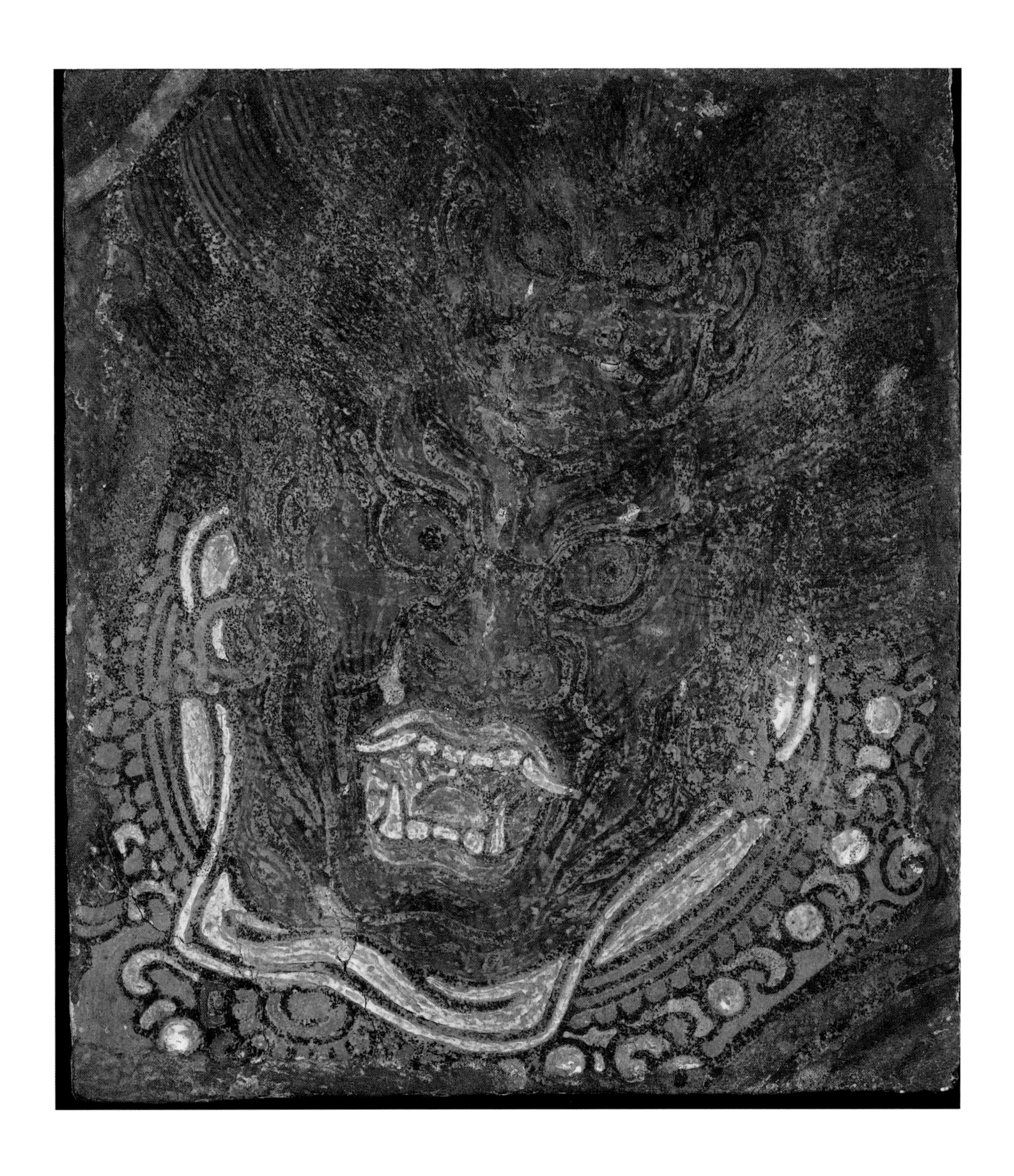

139

松雲圖

泥質　設色　縱55.7厘米　橫40.7厘米

Pines and Clouds

Anonymous

Mural in Colour　H. 55.7cm　L. 40.7cm

壁畫殘存局部。左上有榜題：“第七十四摩耶（梵文Maya）聖母從天下處。摩耶佛母下忉利天至涅盤（槃）所悲啼呼號而不已已。”內容出自佛本行故事。據《佛本行經》說：釋迦牟尼的母親摩耶夫人在藍毗尼園生下他後七天便去世，升入忉利天宮稱為聖母。釋迦由姨母波闍提夫人撫養成長。釋迦牟尼八十歲時在拘尸那迦城的雙樹下涅槃。此時佛母從忉利天下降撫棺悲啼呼號。

此圖為這段情節的背景。圖中松濤陣陣，雲氣湧動，反應出高超的繪畫技藝。雲頭的畫法與山西永樂宮三清殿、青龍寺腰殿諸壁中之雲氣十分接近。

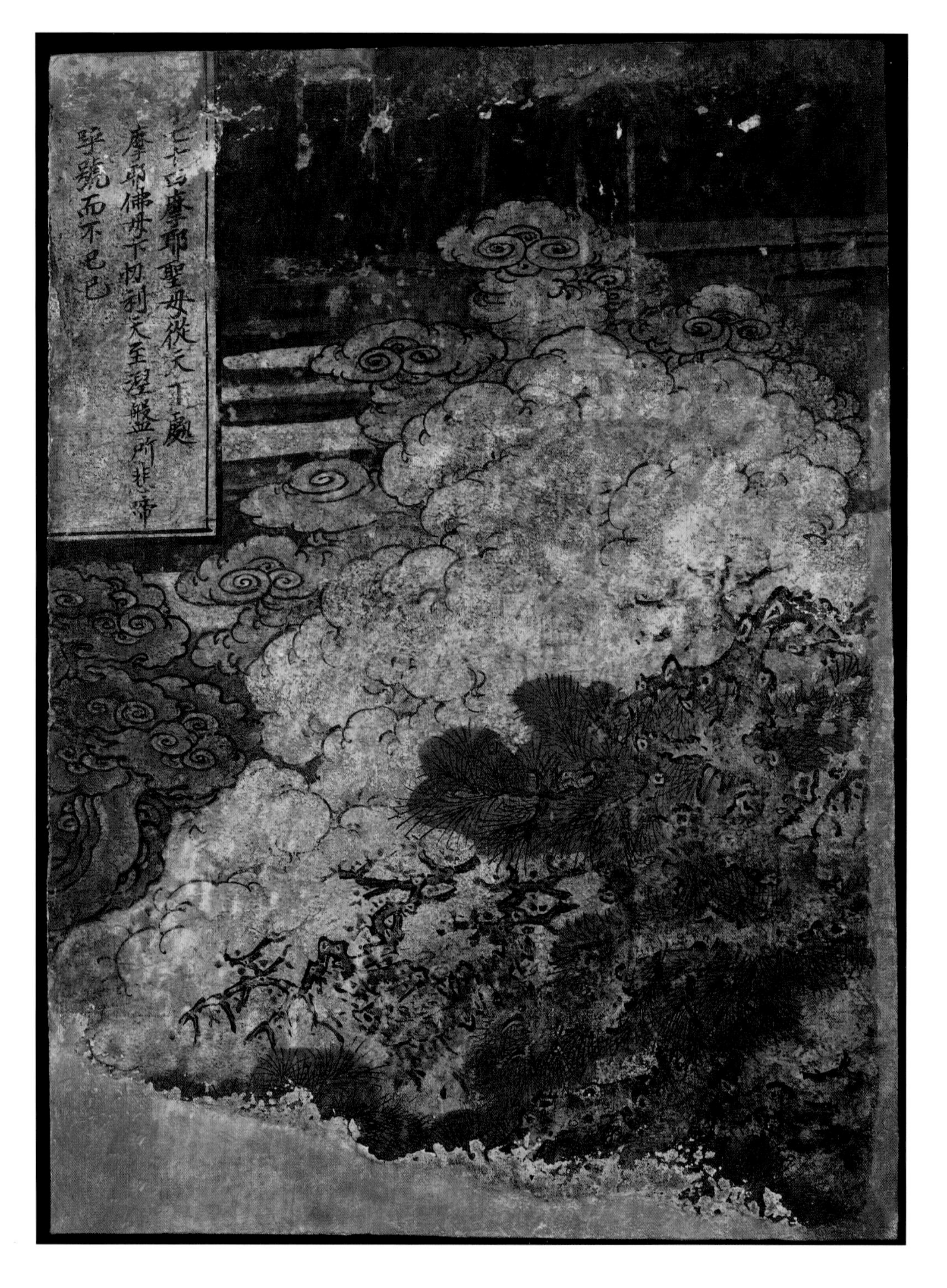

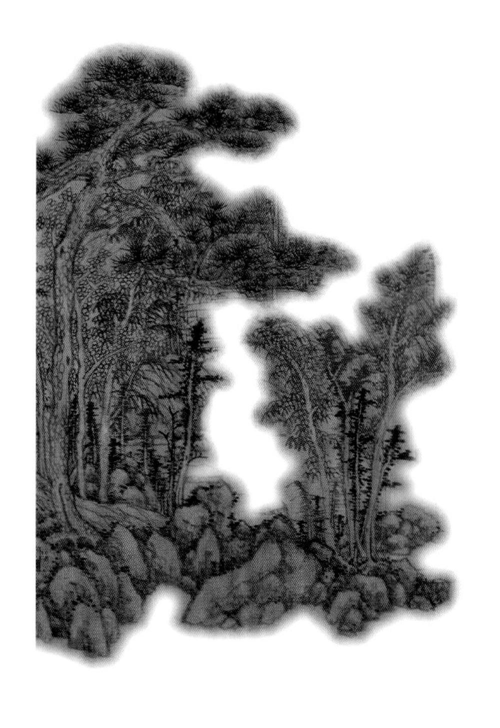

附錄一 題跋題記釋文

圖 1 錢選 山居圖卷

俞貞木跋：

“山居記

居水村而慕山林者，往往厭塵喧而樂幽僻，豈以山林為深靜而喧囂之不到乎？此古之幽人清士每依山以結廬也。友人賈伯起居蘇城之東北，清溪環舍，與婁江通，農人、野客、漁舟、估舶晨夕之所見也。乃扁其室曰：‘山居’，且曰吾家先世居城西之山塘，與虎丘相密，邇兵後故廬不存，而未嘗不往來於懷也。近得錢舜舉所畫《山居圖》，遂裝裱成卷來需餘文以記。吁！伯起可為好事者乎？居水村而慕山林，處新居而思故宅，念念不忘乎先世，則其所謂山居者，非止於燕遊寄傲而已也！雖然山中之樂，非靜者不能知之，非惟不能知之，抑且不能得之，欲得之者惟甘淡泊而忘寂寞者為能也。夫長松之下，深竹之間，聽風泉於永晝，瞻花卉於芳辰，酌酒賦詩，觀雲待月，其樂可勝言哉！非習靜愛閑者其能得此樂乎？余居一口，雖遠鄰屋市聲之雜，有林居幽寂之閑，猶欲更移家以入山，顧力有不足者，常以白頭如斯，不能遂所志也！若伯起之年，未艾有孝敬之子、賢良之婿，他日再移家入山以怡暮景蓋未晚也！尚當試目以俟重為作山居記。洪武三十年（1397）春上巳　立菴獨叟俞貞木書於端居方丈”。鈐“立菴”（朱文）等二印。

圖 5 錢選 西湖吟趣圖卷

尾紙題詩：

“童子煨爐不奈寒，先生坐久墨將乾。只因香影都吟盡，可是而今下筆難。西齋”。鈐印“悠然軒”（白文）。

“咸平處士詩中仙，愛梅結屋孤山顛，庭栽九樹意自足，瓶插一枝春更妍。踏火蒼頭思爛漫，淩風白鶴舞翩躚，苦吟成癖耽佳句，留得清名後世傳。舜舉寫此圖，觀其運筆、着色頗極神妙，西湖風景如在目前，令人展玩忘本心，持以請題其後云。洪武壬申（1392）春　天竺釋弘道”。鈐“存翁”（白文）印。

“古來嗜物多英豪，愛蓮愛菊或愛桃，所愛花開徒爛漫，清致爭似江梅高。衝寒踏雪西湖路，忽見湖邊梅半吐，南枝折取晚歸來，擁幾相看忘寐寤，口花冷蕊回陽春，朣朦塵月傳蒼神，不管更深困童鶬，對花如對冰玉人，老我觀梅心亦醒，愧乏詩才詠香影，邂逅將軍展此圖，如在咸平見和靖。雙溪行素生”。鈐“行素生”（朱文）等印三方。

圖 9 趙孟頫 浴馬圖卷

王稚登題：

“李伯時好畫馬，繡長老勸其無作，不爾當墜馬身，後更不作，只作大仕耳。趙集賢少便有李習，其法亦不在李下，嘗據床學馬滾塵狀。管夫人自牖中窺之，政見一匹滾塵馬，晚年遂罷此技，要是專精致然。此卷凡十四騎，奚官九人，飲流嚙草，解鞍倚樹，昂首踞地‘長嘶小頓，厥狀不一，而騄驥千里之氣，溢出毫素之外，’王生老矣，猶能把如意擊唾壺歌‘烈士暮年’耳。熱烏烏也！庚辰六月　雲棲館中漫題　王稚登”。

宋獻題記：

“余往在京師，見廄馬出浴德勝池，真是一川雲錦。今觀此圖，洵稱神腕，具見蘭筋血汗外，別有躡空騰影之氣在也。若十四駿情態，則百穀言之詳矣。崇禎癸酉（1633）與夏長卿中翰同觀　灝上宋獻”。

圖 11　趙孟頫　秀石疏林圖卷

柯九思題詩：

“水精宮裏人如玉，窗看鷗波可釣魚。秀石疏林秋色滿，時將健筆試行書。丹丘柯九思題”。鈐印“柯氏敬仲”（朱文）。

羅天池題記：

“許謙白雲遺稿云：‘子昂作畫初不經意，對客取紙墨遊戲，點染欲樹則樹，欲石即石。’又鐵網珊瑚：‘魏公能以飛白作石，金錯刀作墨竹。’二説直屬此卷，作跋且與松雪自題若合符契，雖董文敏、王父安不復能贊一詞。道光丙午（1846）十一月十六日　寶澄堂主人羅天池記　時年四十有二”。鈐印“六湖”（朱文）。

六畝道人跋：

“松雪此畫，自題及諸名賢跋語，已盡其妙，後來沈文洎香光，皆從此出，可一一尋源，吉光片羽，遠勝二百五十四祿材，余得之真慶幸也。戊子十二月朔　六畝道人病手識”。

圖 12　趙孟頫　幽篁戴勝圖卷

倪瓚題詩：

“枝閑戴勝樂春暉，政是鳴鳩拂羽時。文采風流今寂寂，鷗波落月想神姿。瓚”。

胡儼題跋：

“此畫乃故元趙文敏公所寫《幽篁戴勝圖》，余嘗過戶部員外郎雲間張寅暘家，留飲，座間見此圖，筆意瀟灑，甚愛之。酒闌，寅暘卷以相奉。前詩倪元鎮所作，後詩余題也。於今二十六年矣。昔東坡寓物不留意於物，米老好書畫惓惓不置。余養痾江村，故人寥落時復展玩，足以遣興。蓋初好之未免有米癖，既而邈然，亦頗有吻合於坡者，因復題其端，以示子孫云。時宣德壬子（1432）冬十月書於城南別墅。”鈐印“養浩”（朱文）、“壺川口月”（白文）、“太子賓客”（白文）、“胡若思氏”（白文）、“頤菴”（朱文）。

胡儼題詩：

“新篁雨洗淨娟娟，戴勝飛來片羽鮮，臨罷蘭亭修稧帖，又將幽思寫黃筌。永樂五年（1407）正月十二日丁卯郊祀慶成歸試郭記墨。胡儼題”。

圖 15　趙氏一門三竹圖卷

都穆跋：

“元仁宗嘗取趙魏公書閣管夫人及其子待制書裝為卷軸，命藏之秘書，曰：‘使後世知我朝有一家，夫婦、父子皆善書也。’今觀靜伯所藏竹卷，又有以見趙氏夫婦、父子之妙於畫而不止於善書。此固後世之所未見者，宜靜伯之寶也。正德乙亥（1515）二月十日　京口都穆”。鈐“都穆之印”（白文）印。

周天球跋：

“萬曆癸巳（1593）七月既望，重閱此卷於城南草堂，亦平生於文敏公有緣，乃得竟日展玩也。時清風滌暑，荷香襲人，甚適哉！遂記卷末。八十野老周天球”。鈐“六止居士”（白方）、“周天球印”（白方）、“周氏公瑕”（白方）印。

王稚登跋：

“文敏公畫竹，如仙壇一帚，閑掃落花。管夫人如翠袖天寒，亭亭獨倚。特製如珊瑚寶玦，落魄王孫。萬曆戊戌（1598）六月廿又五日購得此卷，坐青箱庫展閱題。王稚登”。

圖 22　黃公望　丹崖玉樹圖軸

無名氏題詩：

“霧閣雪窗飄渺間，丹崖玉樹絕躋攀。桃源只尺無人識，海上徐生漫往還。”鈐印“自家意思”（白文）。

張翥題詩：

"一峯居士精神健，此筆前生應畫師。南郭子綦今喪我，東方曼倩不逢時。澗溪巖岫絕幽遠，草樹雲煙相蔽虧。意欲求翁寫東絹，只慚投老買山遲。河東張翥題"。鈐印"讀書輩"（白文）。

徐霖題詩：

"山上出雲山下雨，樹杪飛泉千丈吐。何人結屋雲泉間，滿地松陰如太古。丹丘老仙性愛山，芒鞋竹杖不放閑。江湖安得具小舟，掛冠來與此老遊。金溪徐霖"。鈐印"徐霖"（朱文）、"用濟"（朱文）、"懷柏山人"（朱文長圓）。

陸行直題詞：

"千巖萬山，白雲心自閑。結屋萬山深處也，分得雲半間。人生良鮮歡，世事紛紛行路難。早去同尋瑤草，莫把做畫圖看。壺中"。鈐印"壺中天"（朱文葫蘆）。

王國器題詞：

"金澗飛來晴雨，蓮峯倒插丹霄。藥仙樓閣隱岧嶢，幾樹碧桃開了。醉後豈知天地，月寒莫辨瓊瑤，一聲鶴叫萬山高，畫出洞天春曉。筠庵"。鈐印"太瘦生"（白文）、"□清□士"（白文）。

圖 31　倪瓚　林亭遠岫圖軸

本幅題詩：

"歸人渡水少，空林掩煙舍。獨立望秋山，鐘鳴夕陽下。高啟題"。

"雲林八法寫倪迂，夏木幽亭翠幾株。雨後長洲政如此，騎駝山色近何如。灌園翁顧敬"。

"憶過梁溪宅，於今向廿年。賦詩清閟閣，試茗惠山泉。夜雨牽幽夢，春雲黯遠天。鄉情與離思，看畫共悽然。迂謬生呂敏"。

"葱蒨夏林綠，高齋□□曛。纓花垂泫露，遠岫斂歸雲。停箑風初至，移樽酒半醺。明朝憶佳賞，迴首念離羣。辛亥五月過和道西齋重題。敏"。

"每看新圖乙舊遊，遠情閑景共悠悠。亂鴻沙渚煙中夕，黃葉江村雨外秋。難後得安翻訝夢，醉來因感卻生愁。那能便結滄洲伴，重向煙波覓釣舟。太原王行題"。鈐印"王止□"（白文）。

"灑掃空齋住，渾忘應世情。身閑成道性，家散剩詩名。古器邀人玩，新圖揀客呈。可憐山水興，投老失升平。此余處圍城時懷雲林詩也。今道路既通，猶未得一聚首為恨。適志學徵君持此求題，因書其上。尋陽張羽"。鈐印"張來儀"（白文）。

"雲湧岡巒起伏，煙籠草樹淒迷。空見蘭亭筆法，不逢夔府詩題。武陵顧弘"。

"青山隔橫塘，疏林蔽幽逕。同中人來歸，閑亭秋色暝。俞允"。

"雲開見山高，木落知風勁。亭下不逢人，斜陽澹秋影。□宿卞同"。

"落花愁殺未歸人，亂後思家夢更頻。縱有溪頭茆屋在，也應芳草蔽深春。陳則"。

"開圖見新景，翻思舊遊處。山閣曉來看，寒江片帆去。微微遠天雁，漠漠遙汀樹。無那鬱煩襟，沉吟起延□。彭城金震題"。

"遠山有飛雲，近山見歸鳥。秋風滿空亭，日落人來少。徐賁"。

"羣樹葉初下，千山雲半收。空亭門不掩，禁得幾多秋。王璲"。

圖 58　朱德潤　秀野軒圖卷

朱德潤自題：

"秀野軒記　一元之氣生物，而得其氤氳扶輿，以成其精英淑粹者為秀焉。故鄉雲景星，天之秀也。崇崖繚溪，山之秀也。麒麟鳳凰，羽毛之秀也。賢林碩德，人之秀也。人介乎兩間，又能攬其物之秀而歸之好樂，寓之遊息。如昔人棲霞之樓，醒心之亭，見諸傳記者不一也。吳人周君景安，居余杭山之西南，其背則倚錦峯之文石，面則挹貞山之麗澤；右則肘玉遮之障，左則盼天池之阪，雙溪界其南北。四山之間，平疇沃野，草木葱蒨，車然而軒者，景安之所遊息也。軒之傍，幽蹊曲檻，佳木秀卉，翠軿玉映於欄楯之間，得江浙行省左丞周公題其軒之顏曰'秀野'，以誌其美，此其是歟。嗟乎，物有託而傳，野得人而秀，雷塘謝池是已。景安居是軒也，又將觀列史諸書，以鑒其事。服前言往行，以進其學。使他日有偉然秀出於余杭之野者，吾於景安有望焉。因書以為記。至正二十四年(1364) 歲甲辰四月十日　睢陽山人時年七十有一　朱德潤畫並記”。

張監跋：

“余昔遊吳中諸山，至周氏秀野軒，領覽天池、玉遮諸勝，今數年矣。近歸寓軒，獲觀周侍寓御之篆，朱提學之新圖，恍然若夢遊也。景安求余著語，聊爾塞責。耄余材盡，愧無佳語爾。我憶天池與玉遮，幽軒水木澹清華。宇筆運振風林竹，錦綺晴連曉涇花。山罽敷床朝看雨，澗泉漱石夜分茶。番陽大篆睢陽畫，不負春陵處士家。至正二十又五年(1365) 五月既望　京口張監天民書　時年八十五歲”。

朱吉跋：

“秀野軒者，吳周景安眺覽之所也。鄱陽周公為題其顏，我先公寫而圖之，復從而記之。蓋軒與吾先隴密邇，景安乃先公之愛友，非若是孰從而得哉？先公暮年每倦於此，明年遂即世，此絕筆也。景安亦已物故，景安之婿何幼澄氏持以示余，拜觀圖後題詠，多吳中秀士。俯仰之間，已四十餘年矣。諸公亦多淪沒，豈易得哉？且夫名之著者因以德境之勝者由乎人。他日何氏子孫傳世永久，亦足以侈外家之雅集矣。幼澄宜寶藏焉。余既賦之以詩，復求識之於後，遂書而歸之。永樂庚寅（1410）二月望日　朱吉識”。

圖 72　佚名　瑤嶺玉樹圖軸

本幅題詩：

“山川高下白皚皚，貝闕珍寶玉樹埋，試問蹇驢何處繫，幾多清興貯吟懷。愚齋書”。

“天教藤六妙施功，一夕瓊瑤萬里同；知足孫康能映雪，小齋如在玉壺中。□一述”。

“江山帶礪接蓬婆，一道飛泉落澗阿；堪羡長安利名客，馬蹄踏雪上陂陀。金樞散人姚玭”。

“蔌蔌冰花凜凜風，峨峨我山色曉瓏璁；已知藤六傳消息，身柢瑤林玉樹中。檇李淩翰”。

圖 88　顧安　墨筆竹石圖軸

裱邊題詩：

“人間墨竹盛湖州，理法兼工未易求，松雪丹丘歸一手，清風獨擅歲寒樓(定之所居日歲寒樓見其自題畫)。庚寅秋七月　石雪居士徐宗浩題　時年七十有一”。鈐印“宗浩長壽”(白文)。

“清曉清風吹過後，露出青青一罅天，一似推蓬偷眼看，竹林半抹古蒼煙。丙戌九秋　半丁老人年七十有一”。鈐鑒藏印“江村秘藏”(朱文)、“高士奇圖書記”(朱文)、“高詹事”(白文)、“半丁審定”(白文)、“山陰陳年藏”(白文)、“吳彬”(白文)。

圖 89　顧安　風雨竹石圖卷

本幅題詩：

“為愛劉郎梅雪齋，纖埃不動始澄懷，向陽蕊綻春當戶，入夜寒凝曉覆階。夢裏梨雲甘落寞，臘前柳絮孰安排。欲知千古清剛意，更向山顛與水涯。遂昌鄭元祐”。鈐印“鄭氏明德”(朱文)。

“秋窗久不葺，碧紙已雲腐。忽來猛雨莫容遮，撲耳風如撾濕鼓。　劉子意獨殊，第閱縱橫書。縱然四壁有跳魚，此身自若華屋居，明朝補治當勝初。錢塘王謙”。鈐印“自牧”(白文)。

“一握青鸞屋，仙壇掃落梅，翠濃渾欲滴，帶得雨香來。江村女孫祥”。

高士奇題記：

“元顧定之，名安，嘗任泉州路判官，善墨竹，下筆蒼潤，其自題有石室遺意。良然江村竹窗高士奇”。鈐印“澹人”(朱文)、“竹窗”(朱文)。

圖 90　顧安　幽篁秀石圖軸

徐宗浩跋：

“元顧定之，名安，號迂納居士，東淮人，寓居崑山，官泉州路行區密院判官，工行楷，法趙承旨。元統中以寫竹得名。行筆遒勁，風梢雲干，得蕭協力之法，懸巖竹法。文湖州、張寧、方洲集云：趙松雪寫竹九疊法，後世惟九龍山人得之，息齋而下，弗論此幅。顧定之所寫，揮毫用墨，澹潤老煉。今百餘年，相對如雨窗凝睇之時。雖孟端恐未易與，其推崇如此。此貼作細竹縱坡，直掃至頂。節葉瘦勁，荀草坡石，□盡筆墨能事，清潤之氣，撲人眉睫間，正老年精鋭筆也。餘論竹絕句雲；'筆扎端凝御服碑，寒柯數節亦清奇，獨傳九疊吳興法，低首東安顧定之。'明初夏太常竹石，雖師王孟端，而晴竹結構，多得定之意。蓋定之既居崑山，彼時流傳之作尚多可見。今相距六百年，著錄者只匯政中歲寒高節為仲高作一貼，寓目者，有繭紙為仲權作。又紙本竹石為柳居作與。此絹本而已。故宮所藏三幅，南遷後不知流落何所。幾經桑海，僅存此數，可不寶諸。壬辰正月　石雪居士徐宗浩識於歲寒　時年七十有三"。鈐印"徐宗浩"（白文）、"孺子後人"（白文）。

圖 93　張遜　雙鉤竹石圖卷

前隔水

謝希曾題記：

"張溪雲鐵鈎鎖真跡神品。鐵鎖鈎法始自石丞，在宋無專工此藝者，溪雲之後，亦成絕響。墨竹自文石室璜華而下，代有其人。六如以後，乞今三百餘年，其法亦不傳矣。撫卷為之慨然。壬戌仲春，安山記。"後鈐"安山"朱方、"希曾"白方、"阿曾秘玩"朱方。

尾紙題跋

倪瓚題詩：

"霜松雪竹當時見，筆底猶存歲宴姿。文采百年成異物，西風吹疾鬢絲絲。髯張用意鐵鈎鎖，書法不凡詩亦工，清苦何優貧到骨，筆端時有古人風。倪瓚　歲壬寅九月二十六日　笠澤道館東齋"。鈐印"雲林"（朱文）。

察伋題詩：

"太湖山石玉巑岏，偃蹇長松百尺寒，明月滿天璩佩響，夜深露冷聽飛鸞。海東樵者察伋"。鈐印"察氏王安"（朱文）。

張紳跋：

"自唐王摩詰雙鈎竹法，傳於江南，世之畫者多宗蜀主，故黃筌父子擅名當代。國朝黃華老人而下，如澹遊、房山、薊丘、二李、吳興趙魏公諸人，皆工墨竹，鈎鎖之法，殆若絕響。余來吳中，始見張仲敏雙鈎，往往得摩詰遺意。此卷乃為其友王君□所作，其松石坡地向背前後，又有董北苑法，誠可愛也。雲門山樵張紳識"。鈐印"雲門山樵"（朱文）。

圖 96　王淵　牡丹圖卷

本幅題詩：

"盡道開元全盛時，春風滿殿看華枝。都城傳唱皆新語，國色天香獨好詞。山陰王務道題於問學齋"。鈐印"王弘本草"（白文）。

"錦砌雕闌轂車，問花富貴欲何如，澹在水墨圖中意，看到子孫猶有餘。伯成"。鈐印"黃氏伯成"（朱文）。

"帝命羣芳汝作魁，玉爐香沁紫羅衣，春風海上恩波重，剩鑄黃金作帶圍。希孔"。鈐印"趙氏希孔"（白文）。

圖 98　堅白子　草蟲圖卷

自錄蘇軾詩：

"兩角徒自長，空飛不服箱；為牛竟何事，利吻穴枯桑。"（天牛）

"蜕形污濁中，羽翼便翾好；秋來間何闊，已抱寒□槁。"（夏蟬）

"洪鐘起暗室，飄瓦落中庭；誰言轉丸手，能作殷雷聲。"（金龜子）

"跋跋有足蛇，脈脈無角龍；為虎君勿笑，食盡蠆尾蟲。"（壁虎）

"月叢號耿耿，露葉泣溥溥；夜長不自暖，□憂公子寒。"（蟋蟀）

"悍目知誰瞋，皤腹空自脹；慎勿困蜈蚣，飢蛇不汝放。"（蟾蜍）

"腥涎不滿殼，聊足以目濡，升高不知止，竟作粘壁枯。"（蝸牛）

圖 103　任仁發　張果見明皇圖卷

康里巎跋：

“月山宣尉所畫張果見明皇圖，筆法精妙，人物生動。求之同時，蓋不多見。且月山之為人多才而智，有益於世。至於水利錢法，皆深造極致。惜乎不遇於時，世之士大夫皆言其精於畫馬，是矣，然因其不遇，但知此而不知彼，宜其爾也。余之三侄大年，月山之婿也，故頗詳其一二雲。康里巎”。

危素題詩：

“飄飄海上任公子，來往煙波騎赤鯉。袖將長榮獻彤庭，談笑歸來取金紫。著書餘暇工丹青，畫史見之心屢驚。此圖貌得含元殿，唐帝素聞仙客名。仙客之年不知數，皎皎朱顏等嬰孺。明皇豈是學仙手，奇禍已胎終不悟。拂衣卻入中條雲，笙鶴世人那可聞。天高海闊日月遠，稽首噯我長生文。臨川危素題”。

圖 106　王振朋　伯牙鼓琴圖卷

馮子振題詩：

“梧桐不肯棲凡禽，鳳凰巍佔濃柯陰。摩霄千斗歲深，底石B　睨冥搜尋。一朝奇逢日照臨，斲作虞舜薰風琴。膠之漆之春江潯，徽以瑟瑟冰人襟。玉聯軫柱白雪琳，朱絲弦上太古心。伯牙妙手發妙音，長江激澗吹遙岑。流水蕩潏山嶔崟，皓鶴起舞玄猿吟。萬籟一寂喁於瘖，天清地寧神明歆。折楊泛掃埃塵衿，俗病竅竅膏肓鍼。此時鐘期耳凝沉，為渠傾聽懷愔愔。虛襟弗受纖塵侵，聾卻千載豈但今。飛仙曉榻蓊翠衾，寤寐想像疑辰簷。微雨灑作九夏霖，隔箔厭倦秋霜砧。韶華鶯燕妊上林，鹿鳴嚘嚘食野芩。畫師摸索朋盍簪，度縑墨汁痕淋淋。二客對坐黃葉林，情懇意密園蕭森。老悰追思馬駸駸，價重百舶海外賝。便當瓦裂釜與鬵，曠世鑄以雙南金。王振鵬臨摹《鍾期聽伯牙鼓琴圖》，其心手相應之狀與傾耳嘿聽之態皆有妙意，書韻語志之。海一粟”。鈐印“怪怪道人”(朱文)。

圖 114　周朗　杜秋圖卷

康里巎巎書唐杜牧《杜秋娘》詩：

“荊江水清滑，生女白如脂。其間杜秋者，不勞朱粉施。老濞即山鑄，後庭千雙眉。秋持玉斝醉，與唱金縷衣。濞既白首叛，秋亦紅淚滋。吳江落日渡，灞上綠楊垂。聯裾見天子，盼眄獨依依。椒壁懸錦幕，鏡奩蟠玉螭。低鬟認新寵，窈裊復融怡。月上白璧門，桂影涼參差。金階露新重，閑捻紫簫吹。莓苔夾城路，南苑鷹初飛。紅裝羽林仗，獨賜辟邪旗。歸來煮豹胎，厭飫不能飴。咸池升日慶，銅雀分香悲。雷音後車遠，事往落花時。蘙媒得皇子，壯髮綠緌緌。畫堂受傅姆，天人親捧持。虎精珠絡褓，金盤犀鎮帷。長楊射熊羆，武帳弄啞咿。漸拋竹馬劇，稍出舞雞奇。嶄嶄整冠珮，侍宴坐瑤池。眉宇儼圖畫，神秀射朝輝。一尺桐偶人，江充知自欺。王幽茅土削，秋放故鄉歸。觚稜拂斗極，回首尚遲遲。四朝三十載，似夢復疑非。潼關識舊吏，吏鬢已成絲。卻嘆吳江渡，舟人那得知。歸來四鄰改，茂苑草菲菲。清血灑不盡，仰天知告誰？寒衣一尺素，夜借鄰人機。我昨金陵過，聞之為歔欷。自古皆一貫，變化安能推！夏姬滅兩國，逃作巫臣妻。西子下姑蘇，一舸逐鴟夷。織室魏豹俘，作漢太平基。誤置代籍中，兩朝尊母儀。光武紹高祖，本系生唐兒。珊瑚破高齊，作婢舂黃糜。蕭后去揚州，突厥為閼氏。女子固不定，士林亦難期。射鈎後呼父，釣翁王者師。無國邀孟子，有人毀仲尼。秦因逐客令，柄歸逐相斯。安知魏齊首，見斷簀中屍。給喪蹶張輩，廊廟冠峨嵬。珥貂七葉貴，何妨戎虜支。蘇武卻生返，鄧通終死饑。主張既難測，翻覆亦其宜。地盡有何物？天外復何之？指何為而捉？足何為而馳？耳何為而聽？目何為而窺？已身不自曉，此外何思惟。因傾一樽酒，題作杜秋詩。愁來獨長詠，聊可以自貽。

至元二年歲丙子（1336）正月二十四日，冰壺為余畫杜秋娘，遂書杜牧之之詩於其後。二月十七日　子山識”。

宋璲題記：

“僕比留京師，一友人酷嗜字學，於是日相往來。間取研魚石樂毅論貽之，未幾輒以此紙為報。觀冰壺之畫，全用篆籀法寫成，至於體態俊逸處，極類梵隆。文忠公之書，風神美茂，腕力遒緊而行狎為尤勝，識者謂得晉人筆意，信二絕也。僕攜歸浦陽青蘿山中，同里鄭君仲辯見之，愛賞費置，既而以情來求，因不可得而靳也。然莫邪干將獲歸烈士之手，復奚憾哉！洪武壬子(1372)正月二十二日宋璲記。

康里公或云謚文憲，今當以史為正。”

圖117　王繹　倪瓚　楊竹西小像卷

鄭元祐跋：

“三泖之水東流，九峯之支高浮。篤生隱人，是為楊侯。楊侯之生，才質具美。能濟之以方來之講學，兼本之以夙聞之詩禮。此所以行修，而文辭邕而醇。廼自號竹西子，欲追蹤乎葛天民。人謂其草玄之暇裔，而不滯於其出處進退。此所以不戚戚於賤貧，不汲汲於富貴。既無慚於次公之穎脱，亦無忝於大年之秀髮。此所以江海知名，而畎求躬耕。誇匪溢美，論斯稱情。吾聞其初度在邇，壽星騰輝乎泖水。吾題其像既以文，若揆之心宜以禮，能若此則參千祀而一成純，匪但以八千歲為春秋而已也。至正二十二年壬寅歲（1362）春二月　遂昌山尚左老人鄭元祐明德父題”。

楊維楨題詩：

“汝豈無相漢之籌？而遽從赤松之遊。汝豈無霸越之策？而自理鴟夷之舟。仙蹤寄乎葛杖，勁氣吞乎吳鈎。集車轍於戶外，登歌吟於西樓。不識者以為傲世之叔夜，識者以為在鄉之少游。抱遺叟在雲間小蓬台書”。

圖135　佚名　揭鉢圖卷

倪燦書《寶積經》（應為《雜寶藏經．鬼子母失子緣》）：

“鬼子母者，是鬼神王般若迦妻。有子一萬，皆大力士之力。其最小子賓伽羅。此鬼子母兇妖暴虐。殺人兒子，以自噉食。人民患之，仰告世尊。（世尊）爾時即取其子賓伽羅，盛着鉢底。（時）鬼子母，週遍天下。七日之中，推求不得，憂愁煩惱。傳聞他人（言），云佛世尊，有一切智。即至佛所，問兒所在。時佛答（言）：‘汝有萬子，唯失一子，（何故）煩惱愁憂，而推覓耶？世間人民，或有一子，或三五子，而汝殺害。’鬼子母白佛言：‘我今若得見賓伽羅，永不殺世人之子。’佛即使鬼子母見賓伽羅。於鉢下盡其神力不能得取，還求於佛。佛言：‘汝今受三皈五戒，壽盡不殺，當還汝子。’鬼子母（即）如佛敕，受於三皈及其五戒。受持已訖，即還其子。佛言：‘汝好持戒。汝是迦葉佛時，羯膩王第九女。大作功德，以不持戒，故受鬼形。’秣陵倪燦書”。

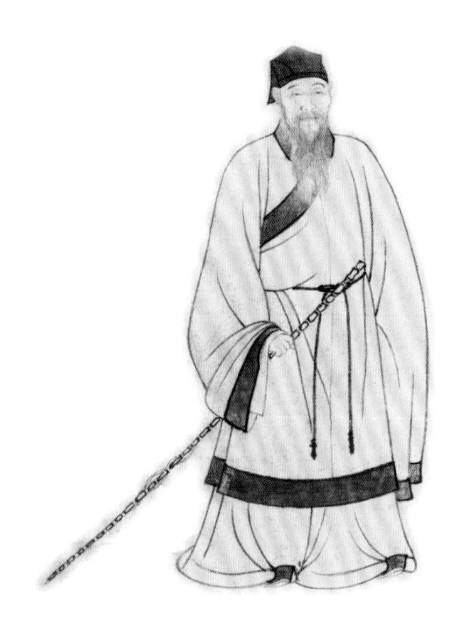

附錄二

元人集繪卷

圖卷共集八圖，依次為張觀《山林清趣圖》、沈鉉《平林遠山圖》、劉堪《疏林遠山圖》、趙衷《隔岸望山圖》、《雲山情趣圖》、吳瓘《古木竹石圖》、《江山雪霽圖》、《林塘曉色圖》。尾紙有趙衷一跋。每圖間隔水上有吳湖帆題簽，另有吳湖帆題識六處。此卷為元人裝裱。入清內府收藏。曾經《石渠寶笈續編》、《式古堂書畫彙考》著錄。

元五家合繪卷

圖卷共集五圖，依次為趙雍《松溪釣艇圖》、王冕《墨梅圖》、朱德潤《松溪放艇圖》、張觀《疏林茅屋圖》、方從義《山水圖》。每幅上有清乾隆御題詩一首。此卷裝裱時間約在明中早期。入清內府收藏。曾經《石渠寶笈續編》著錄。